"十二五"國家重點圖書出版規劃項目
哈佛燕京圖書館書目叢刊第十五種

沈津 主編

美國哈佛大學
哈佛燕京圖書館藏
中文善本書志

Annotated Catalogue of the Chinese Rare Books
in the Harvard-Yenching Library,
Harvard University, U.S.A.

· 1 ·

經部

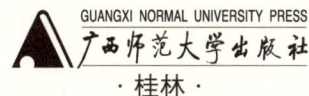
廣西師範大學出版社
· 桂林 ·

圖書在版編目（CIP）數據

美國哈佛大學哈佛燕京圖書館藏中文善本書志 / 沈津主編. —桂林：廣西師範大學出版社，2011.4
ISBN 978-7-5495-0412-1

Ⅰ．美… Ⅱ．沈… Ⅲ．古籍—善本—圖書館目錄—哈佛大學　Ⅳ．Z838

中國版本圖書館 CIP 數據核字（2011）第 025198 號

廣西師範大學出版社出版發行
（廣西桂林市中華路 22 號　郵政編碼：541001
　網址：http://www.bbtpress.com　）
出版人：何林夏
全國新華書店經銷
廣西民族印刷廠印刷
（廣西南寧市高新區高新三路 1 號　郵政編碼：530007）
開本：787 mm ×1 092 mm　1/16
印張：175　　　字數：4000 千字
2011 年 4 月第 1 版　　2011 年 4 月第 1 次印刷
定價：2168.00 元（全 6 册）
如發現印裝質量問題，影響閲讀，請與印刷廠聯繫調換。

美國哈佛大學哈佛燕京圖書館
中文善本書志
九四老人顧廷龍題

《篆文六經四書》六十三卷　清李光地等編
清康熙內府刻本

《五經旁訓》十九卷　元李恕撰　明金閶魯鄒岳刻清印本

《十三經解詁》六十二卷　明陳深撰　明萬曆刻本

《學耕五經》五種五十八卷　清乾隆刻本

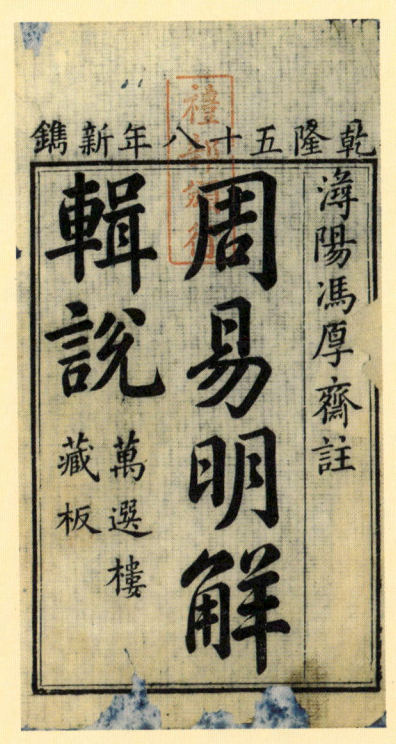
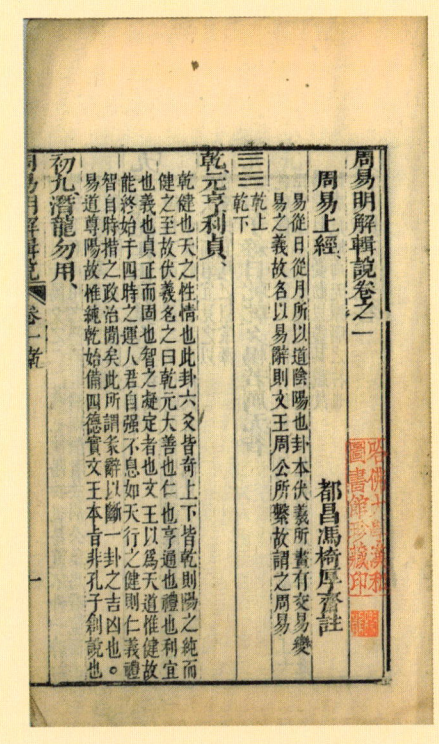

《周易明解輯說》四卷　宋馮椅撰　清乾隆五十八年(1793)刻本

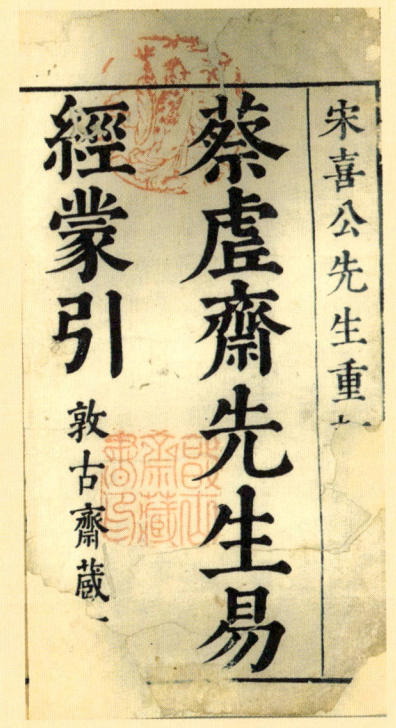
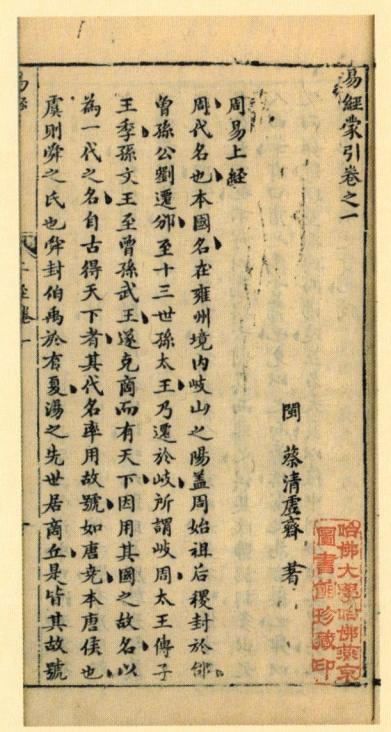

《易經蒙引》二十四卷　明蔡清撰　明末敦古齋刻本

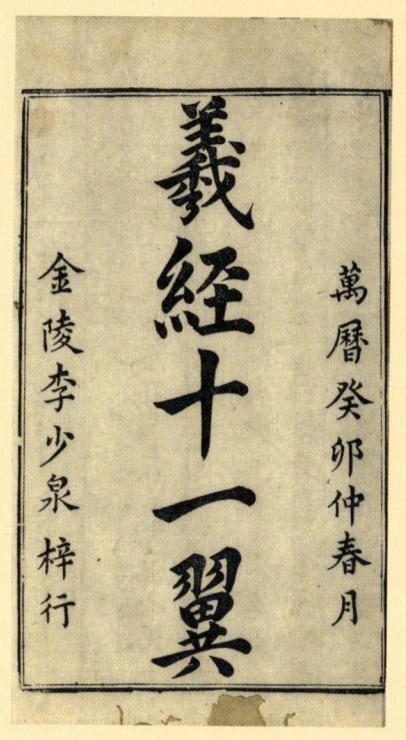
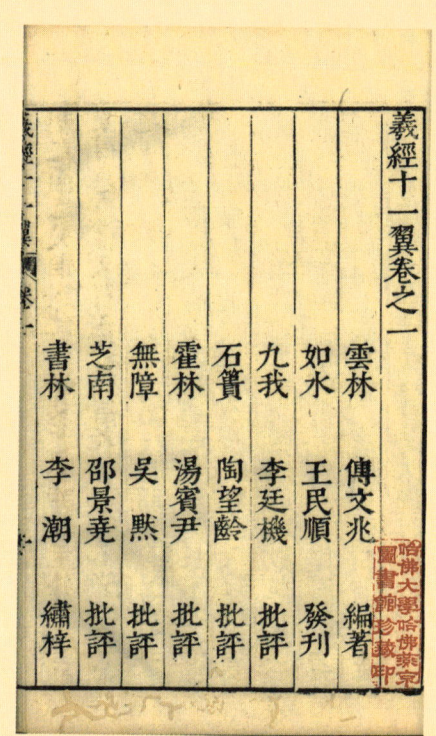

《羲經十一翼》五卷首一卷　明傅文兆撰　明萬曆書林李潮刻本

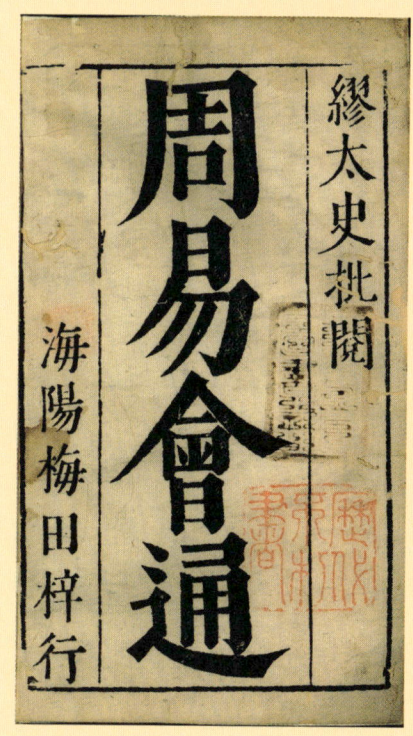
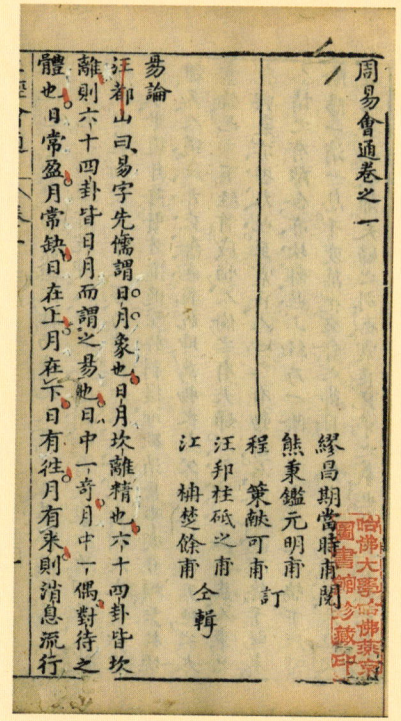

《周易會通》十二卷　明汪邦柱、江柟撰　明萬曆四十五年（1617）海陽梅田江氏生生館刻本

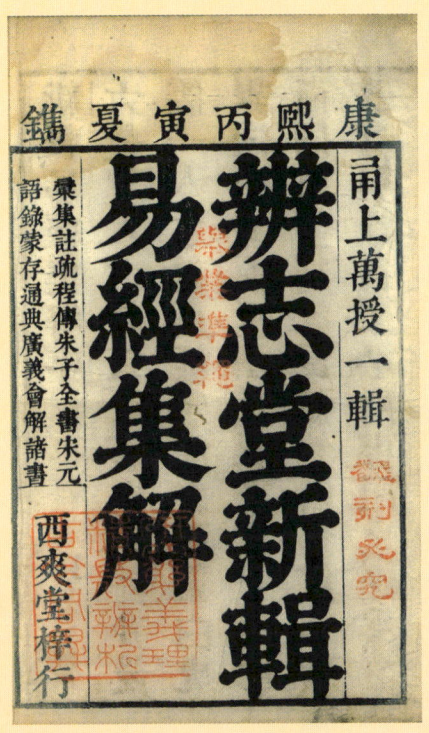 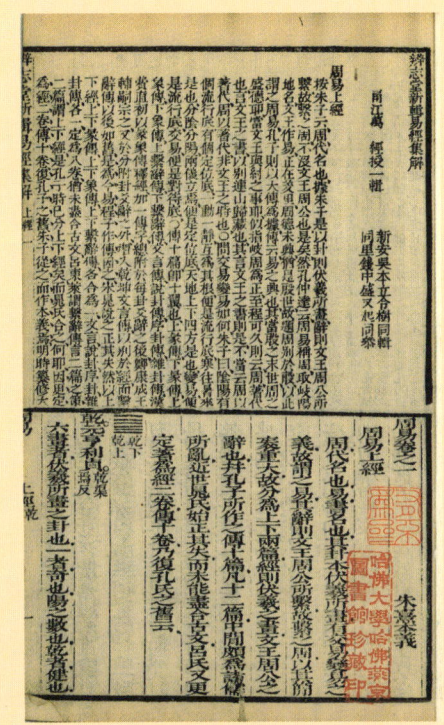

《辨志堂新輯易經集解》四卷首一卷　清萬經輯　清康熙二十五年(1686)西爽堂刻本

 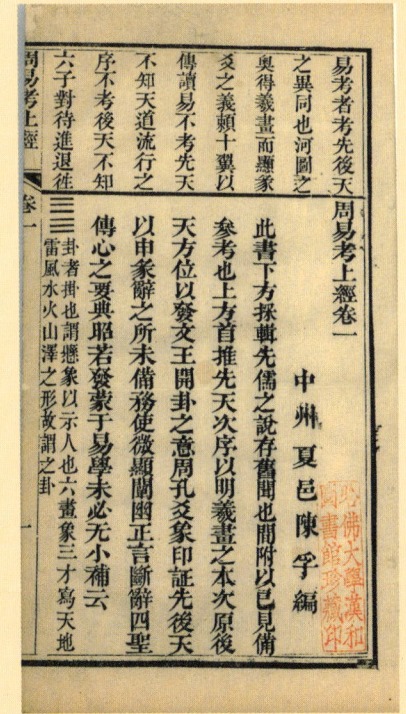

《周易考》四卷首一卷　清陳孚編　清乾隆六十年(1795)刻本

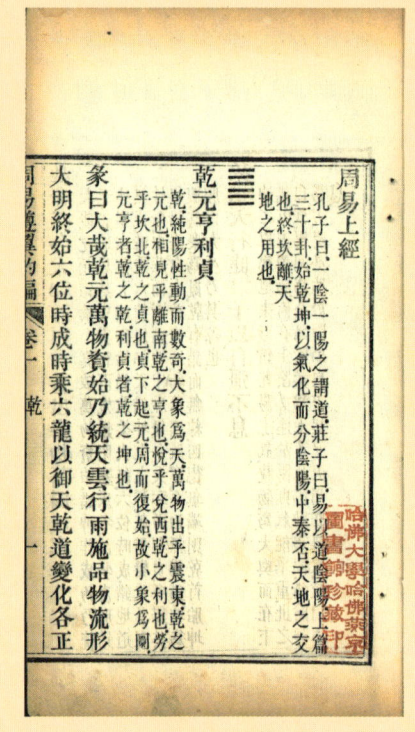

《周易遵翼約編》十卷首一卷　清匡文昱撰　清乾隆五十一年(1786)匡氏居易廬刻本

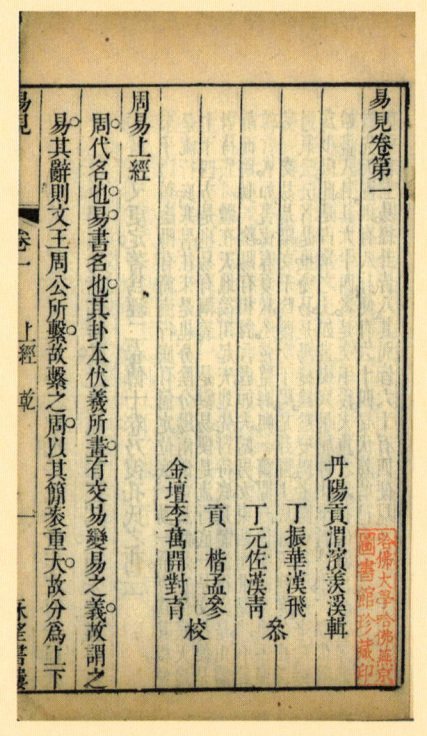

《易見》九卷首一卷《易見啟蒙》二卷　清貢渭濱撰　清乾隆二十四年(1759)貢氏脉望書樓刻本

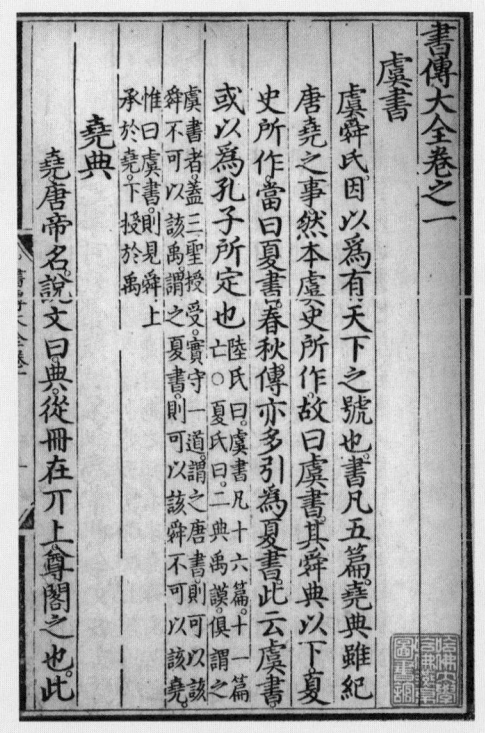

《書傳大全》十卷《綱領》一卷《圖》一卷
明胡廣等輯　明刻本

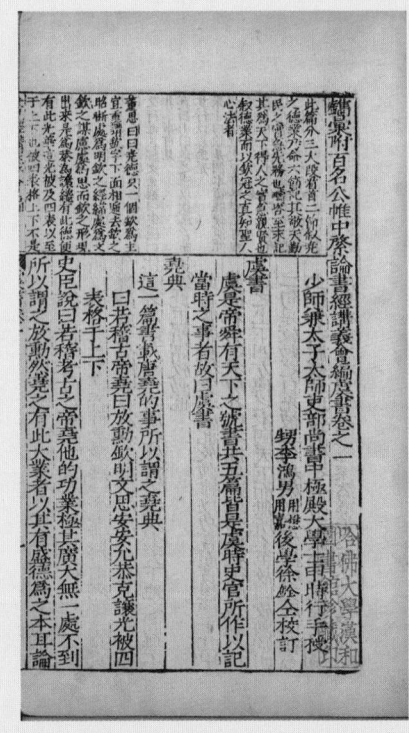

《鍥彙附百名公帷中纂論書經講義會編》十二卷　明申時行撰　明書林楊春榮刻本

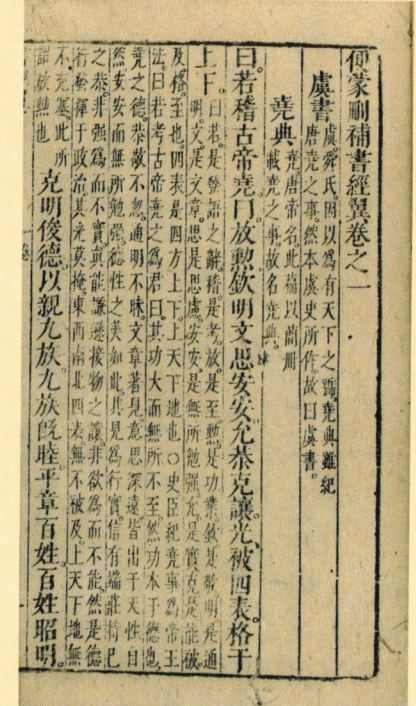

《便蒙刪補書經翼》七卷　明謝廷讚撰　明崇禎長庚館刻本

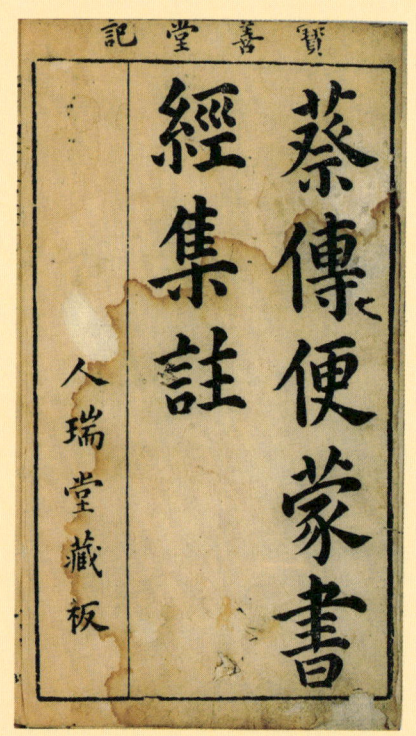
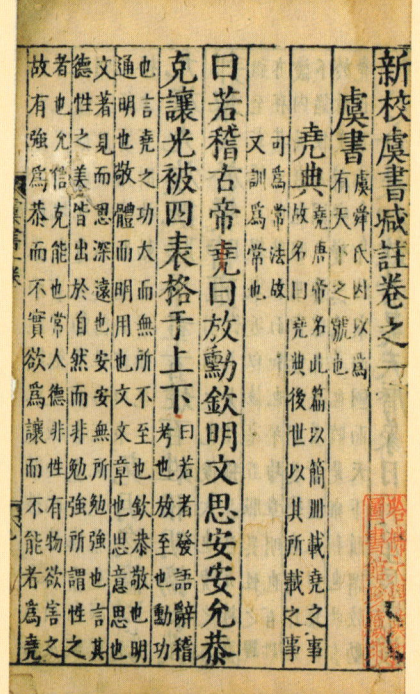

《新校尚書蔵注》六卷　明潘叔應撰　明萬曆書林寶善堂刻本

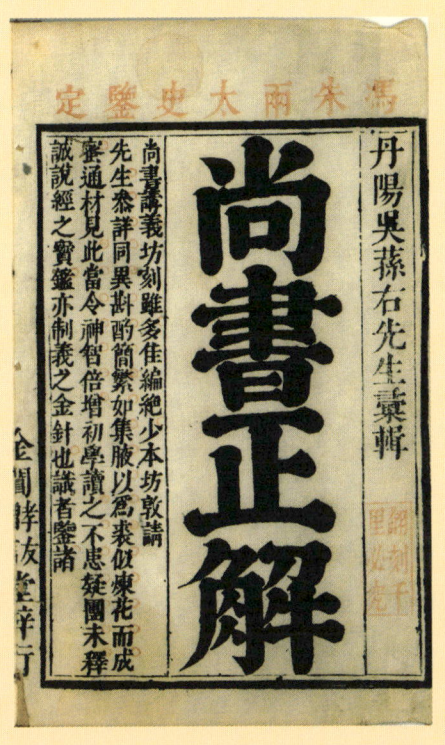
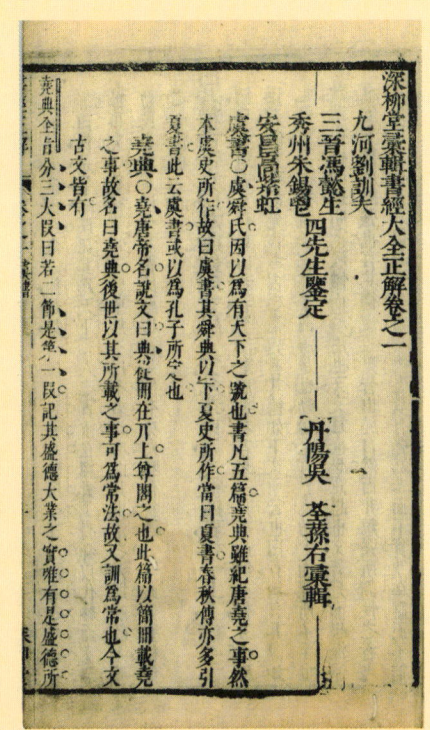

《深柳堂彙輯書經大全正解》十二卷《圖》一卷《深柳堂禹貢增刪集注正解讀本》一卷　清吳荃撰
清康熙二十九年（1690）孝友堂、贈言堂刻本

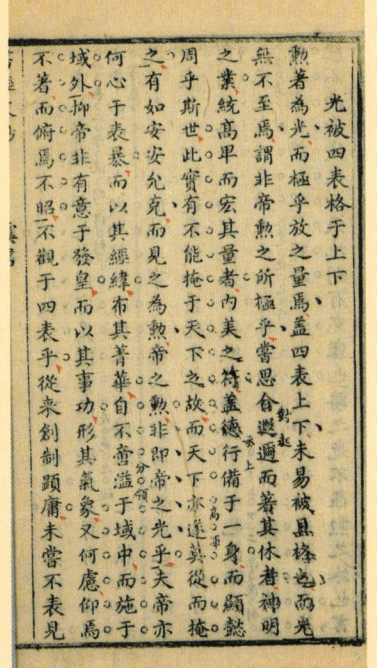

《書經文鈔》不分卷　清曹希煌撰　清乾隆五十五年（1790）博古堂刻本

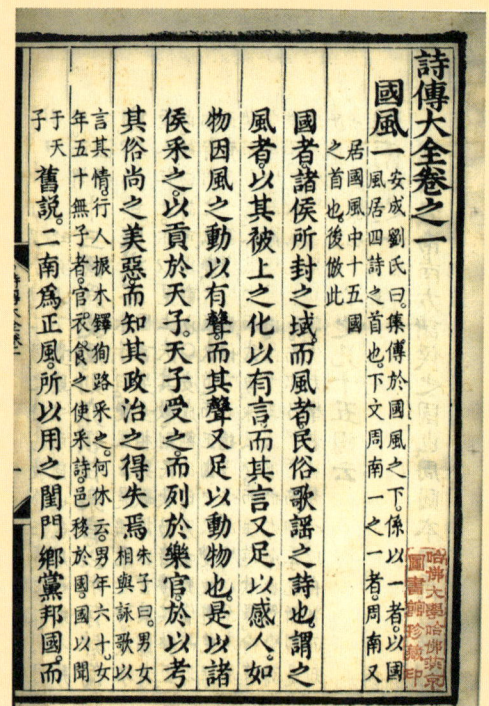

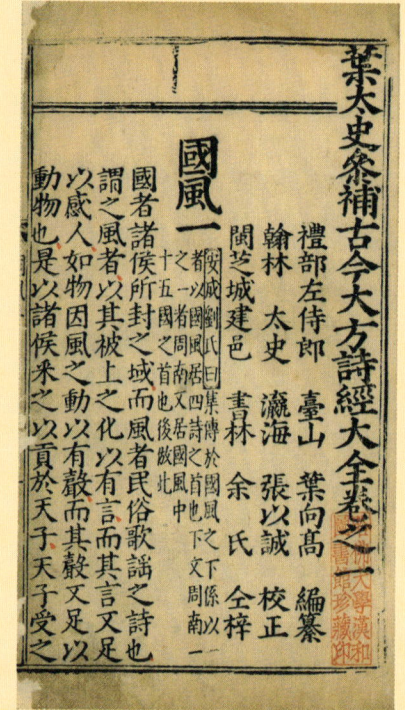

《詩傳大全》二十卷《綱領》一卷《圖》一卷
《詩序辨說》一卷 明胡廣等輯 明永樂十
三年（1415）內府刻本

《葉太史參補古今大方詩經大全》十五
卷首一卷《綱領》一卷《圖》一卷 明葉向
高輯 明閩芝城建邑書林余氏刻本

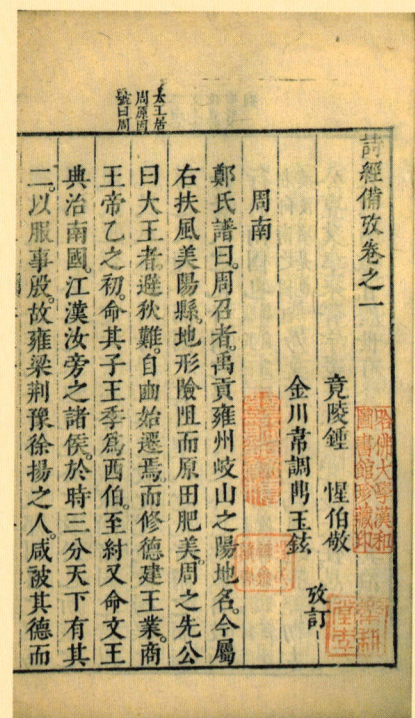

《詩經備考》二十四卷 明鍾惺、韋調鼎撰
明崇禎十四年（1641）刻本

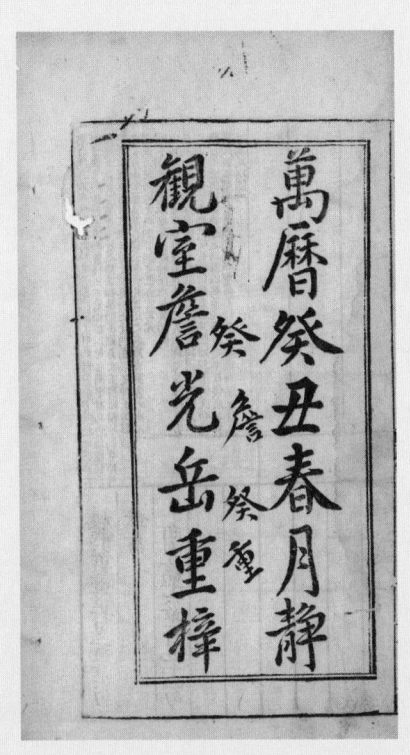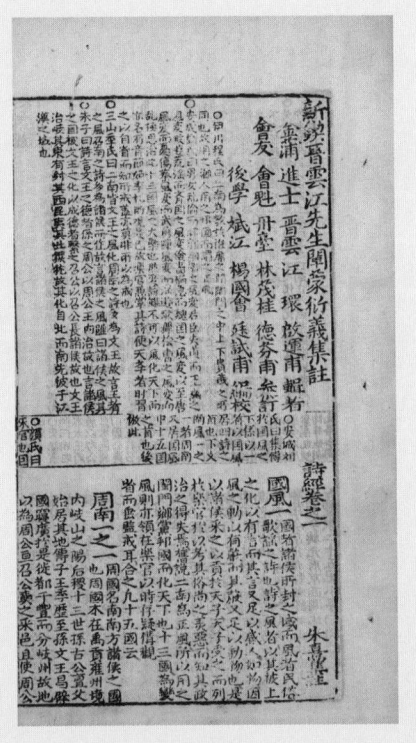

《新鋟晉雲江先生闈蒙衍義集註》不分卷　明江環撰　明萬曆四十一年(1613)詹光岳靜觀室刻本

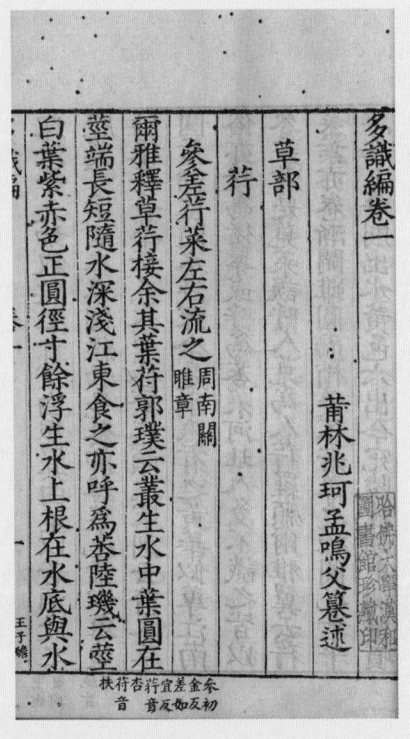

《多識編》七卷　明林兆珂撰　明萬曆三十四年(1606)柜朐別業刻本

 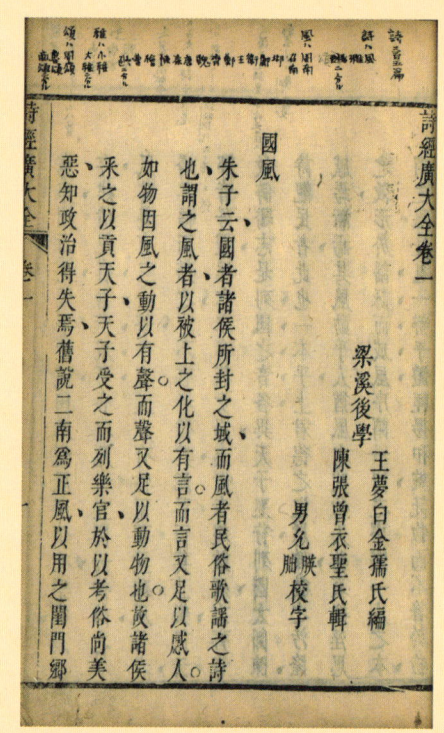

《詩經廣大全》二十卷　清王夢白、陳曾撰　清康熙刻本

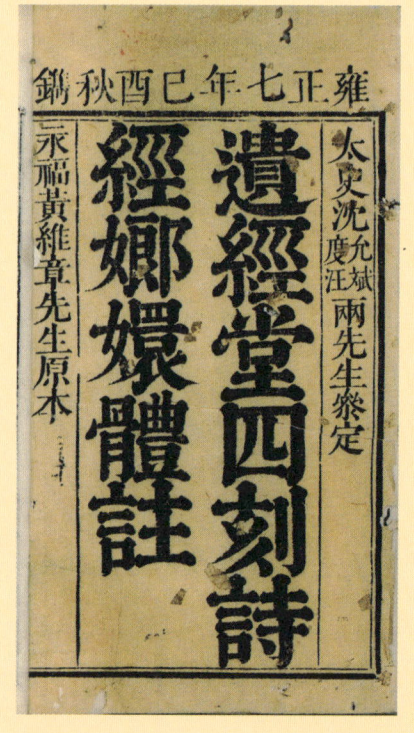 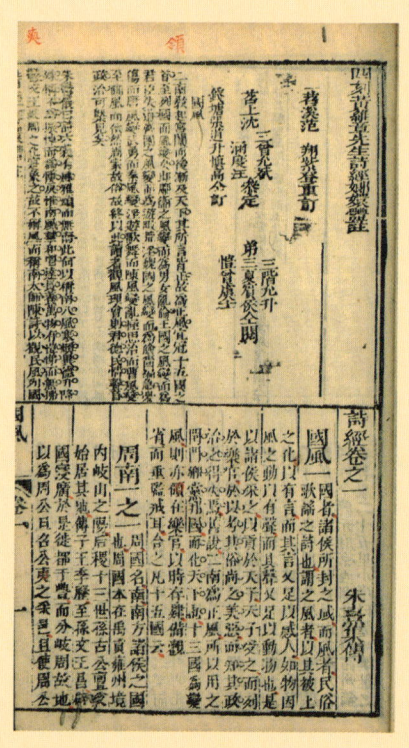

《四刻黃維章先生詩經娜嬛體注》八卷　清黃文煥撰　清雍正七年(1729)沈三曾刻本

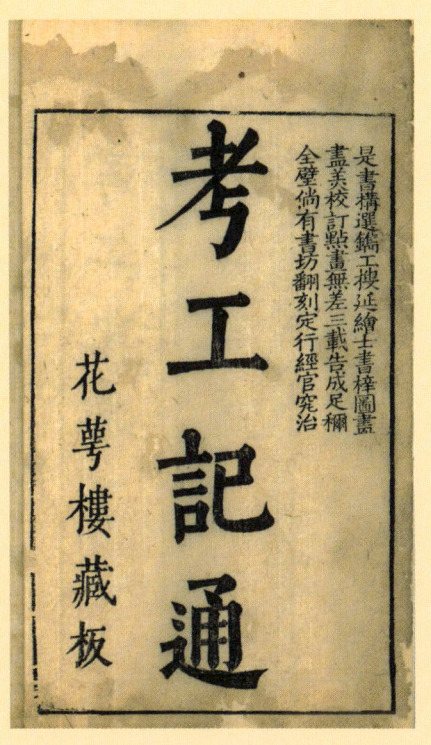
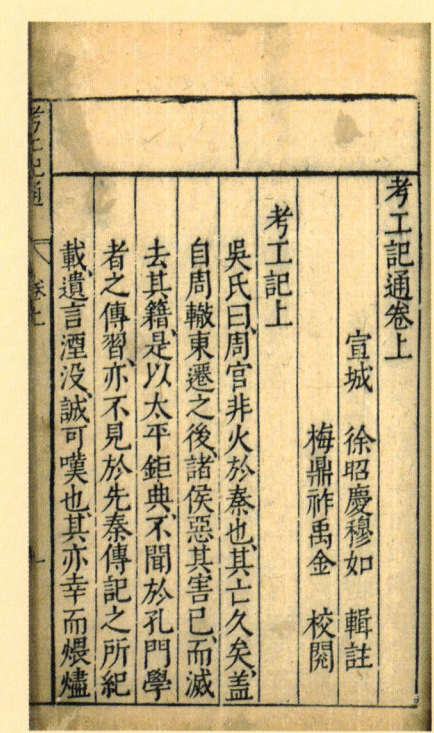

《考工記通》二卷　明徐昭慶輯注　明萬曆花萼樓刻本

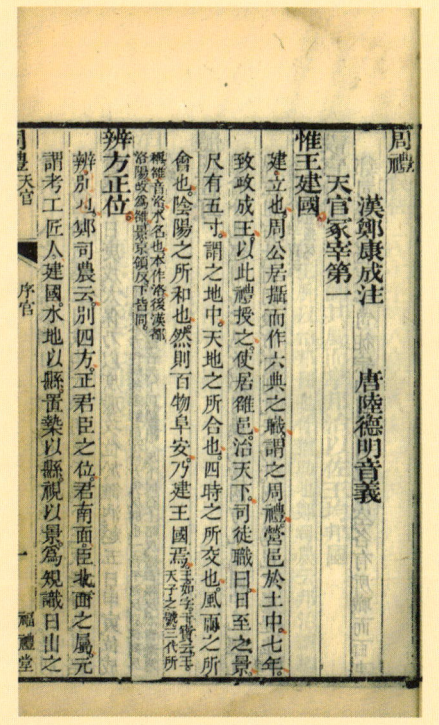

《周禮》六卷　漢鄭玄注　唐陸德明音義　清乾隆五十二年(1787)周震榮福禮堂刻本

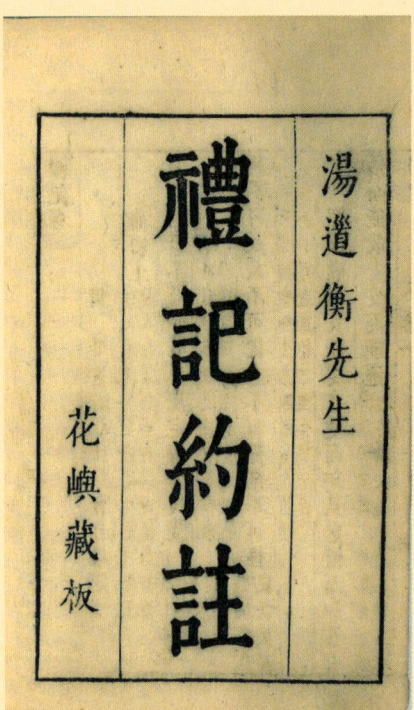
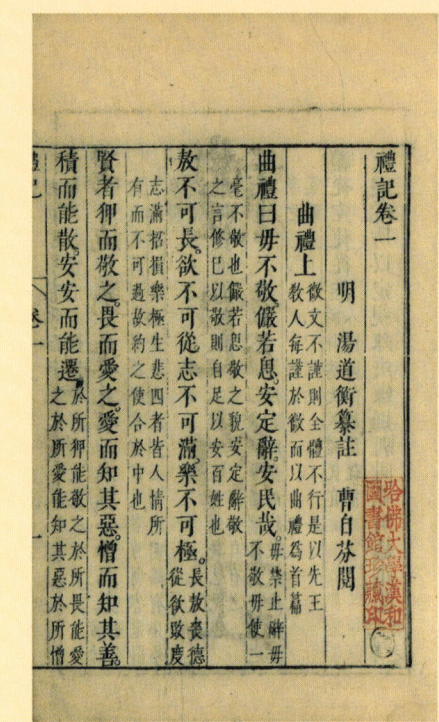

《禮記約注》三十卷　明湯道衡撰　明末花嶼刻本

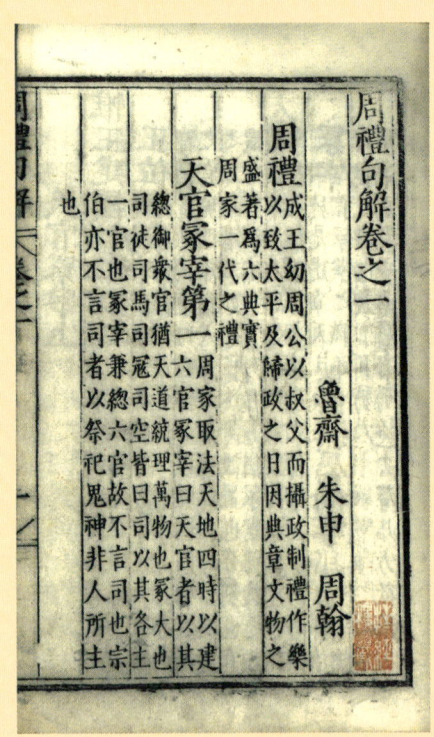

《周禮句解》十二卷　宋朱申撰
明嘉靖三十五年（1556）蔡揚金刻本

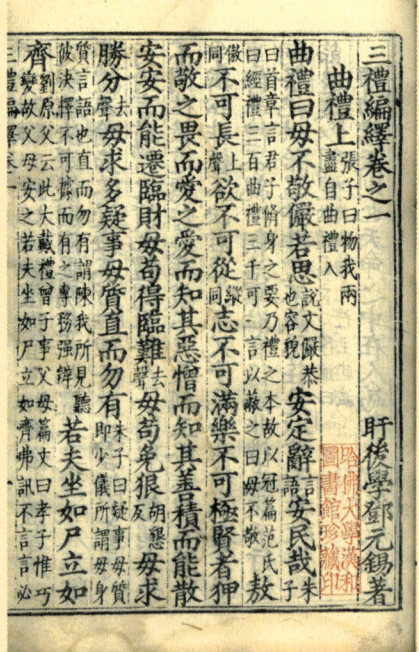

《三禮編繹》二十六卷　明鄧元錫撰
明萬曆三十三年（1605）史繼辰、饒景曜等刻本

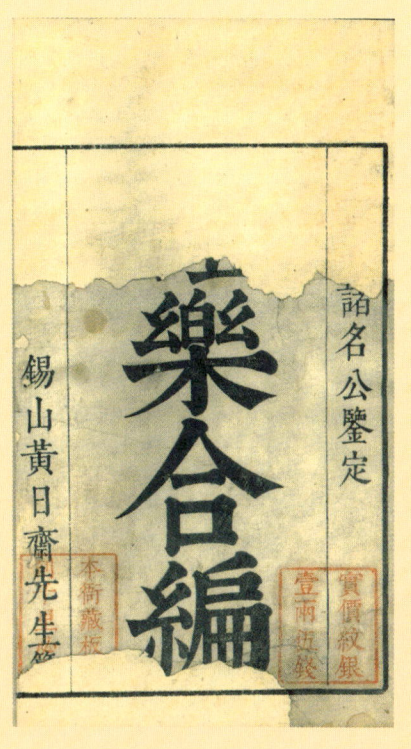
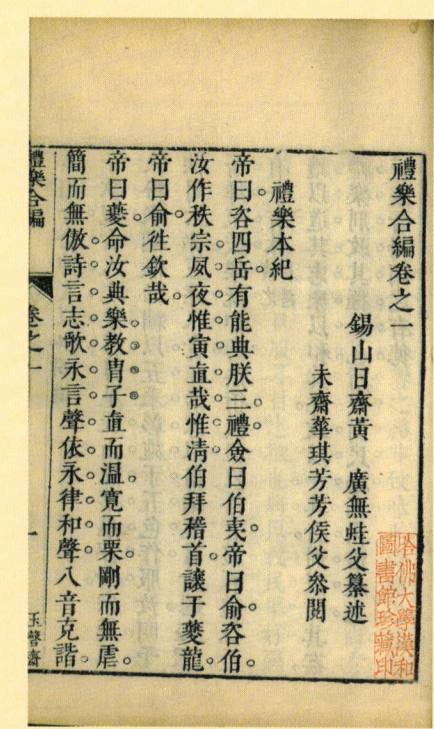

《禮樂合編》三十卷　明黃廣撰　明崇禎六年(1633)黃氏玉磬齋刻本

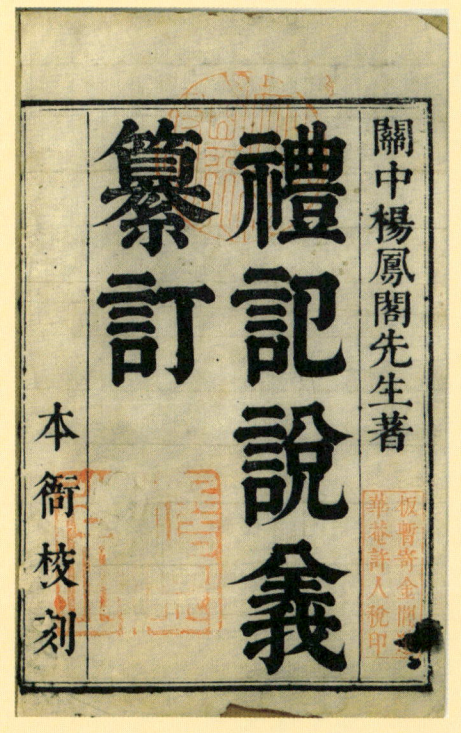
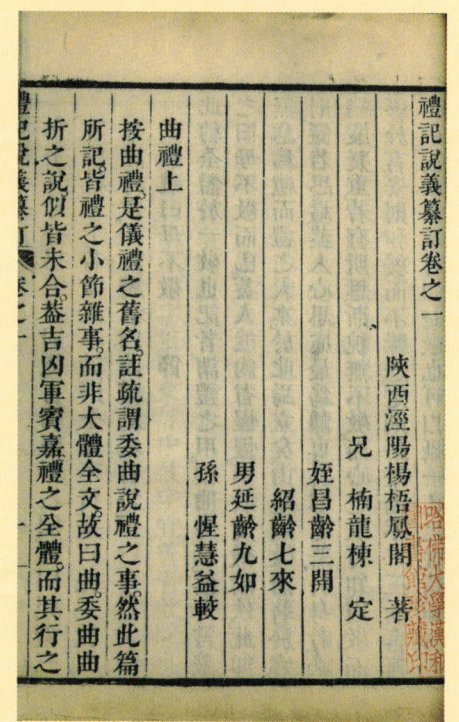

《禮記說義纂訂》二十四卷　明楊梧撰　清康熙十四年(1675)楊昌齡等刻本

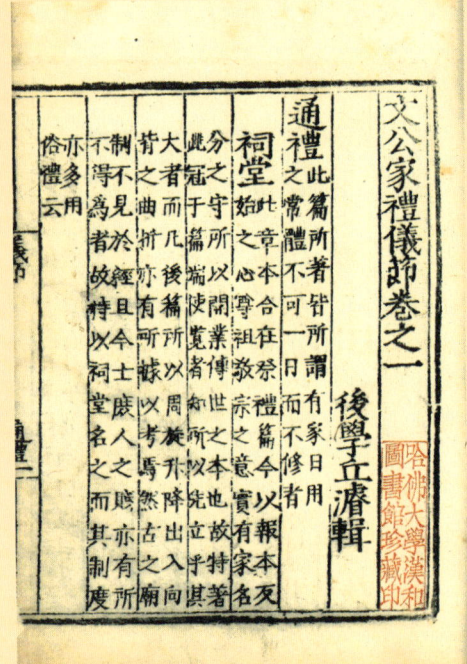

《文公家禮儀節》八卷 明丘濬撰 明弘治三年(1490)順德知縣吳廷舉刻本

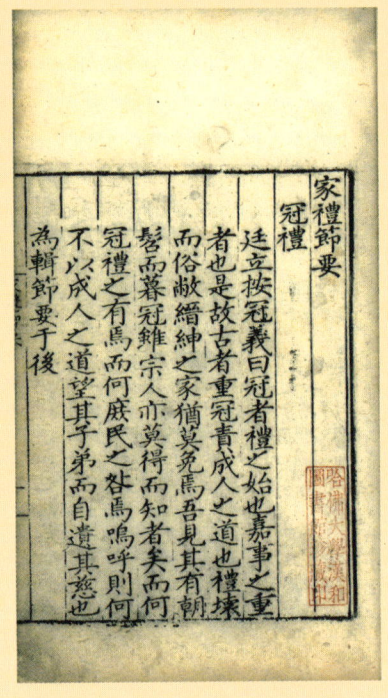

《家禮節要》不分卷 明朱廷立撰 附《射禮儀節》一卷 明楊一清增注 明嘉靖十五年(1536)王汝孝太原府刻本

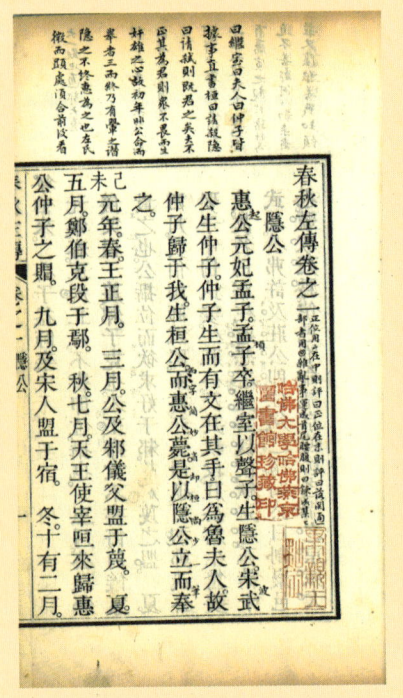

《春秋左傳》十七卷 清雍正十三年(1735)果親王府刻四色套印本

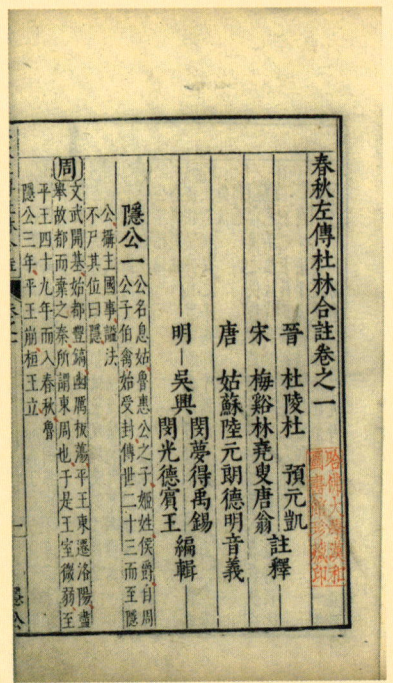

《春秋左傳杜林合註》五十卷《異名考》一卷《列國圖說》一卷《總目》一卷《列國指掌圖》一卷《諸侯興廢》一卷 晉杜預、宋林堯叟撰 唐陸德明音義 明閔夢得、閔光德輯 明萬曆二十二年(1594)吳興閔氏刻本

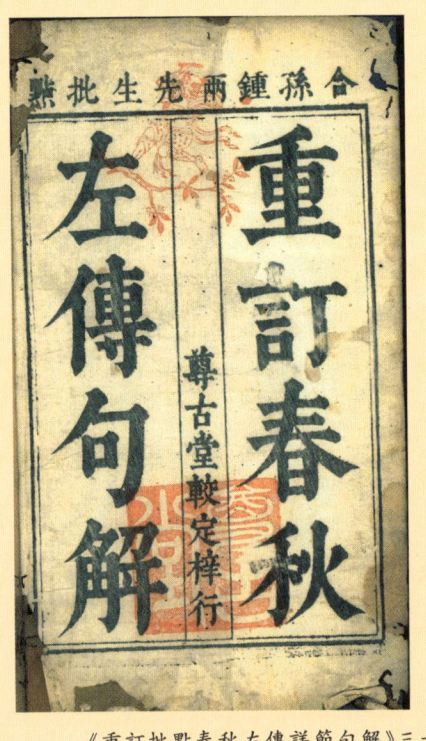
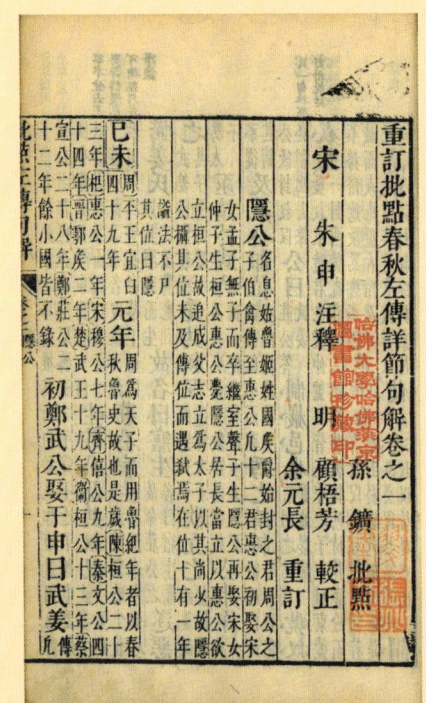

《重訂批點春秋左傳詳節句解》三十五卷　宋朱申撰　明崇禎尊古堂刻本

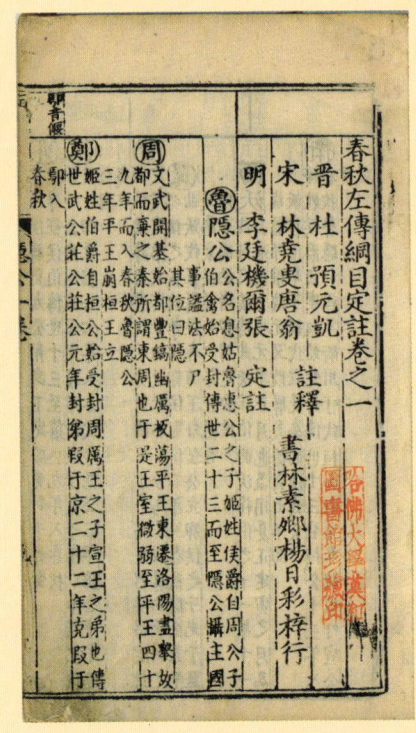
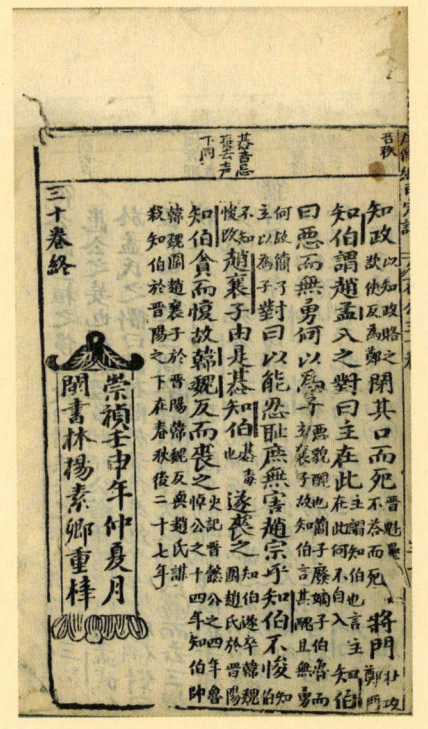

《春秋左傳綱目定注》三十卷　明李廷機撰　明崇禎五年（1632）閩書林楊素卿刻本

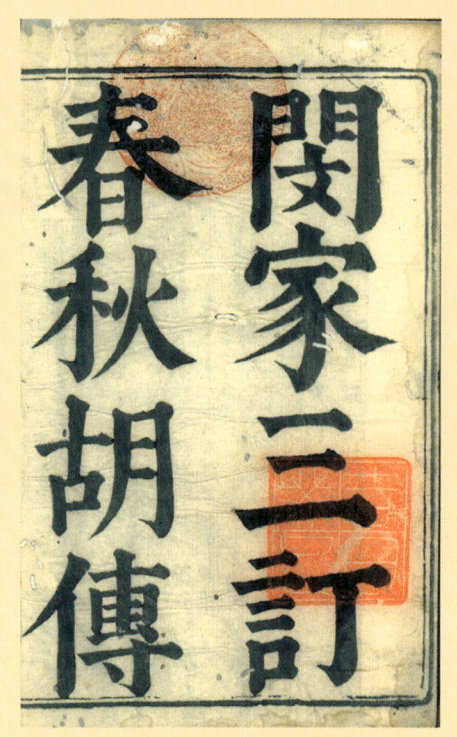 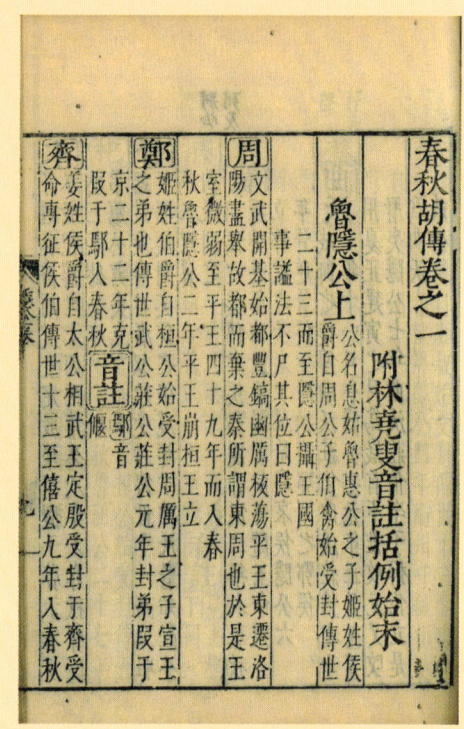

《春秋胡傳》三十卷　宋胡安國撰　宋林堯叟音註　《綱領》一卷《總目》一卷《列國東坡圖說》一卷
《諸侯興廢說》一卷《正經音訓》一卷　明萬曆二十一年（1593）閔家刻本

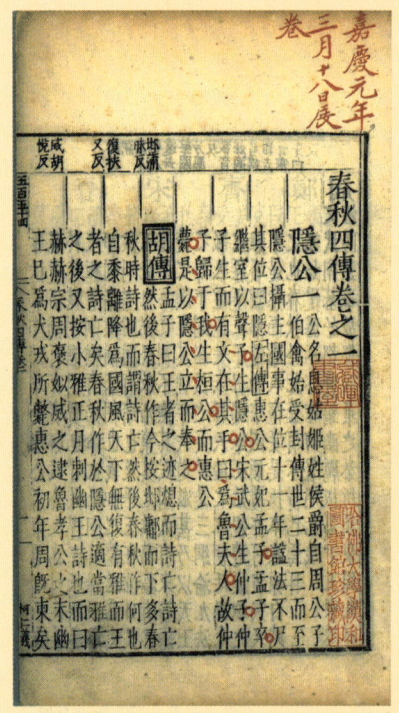 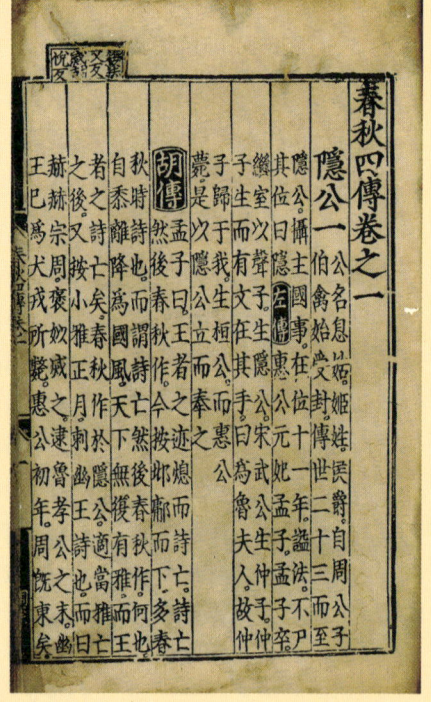

《春秋四傳》三十八卷《綱領》一卷《總目》一卷《列國東坡圖說》一卷《春秋二十國年表》一卷《諸侯興廢說》一卷　明嘉靖刻本

《春秋四傳》三十八卷《綱領》一卷《總目》一卷《列國東坡圖說》一卷《春秋二十國年表》一卷《諸侯興廢說》一卷　明刻本

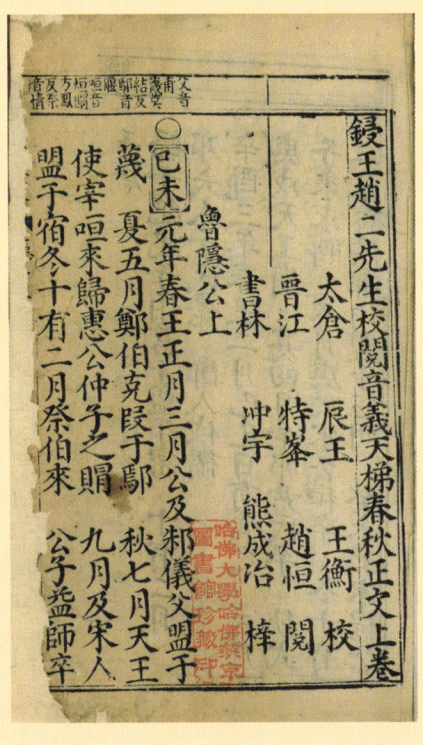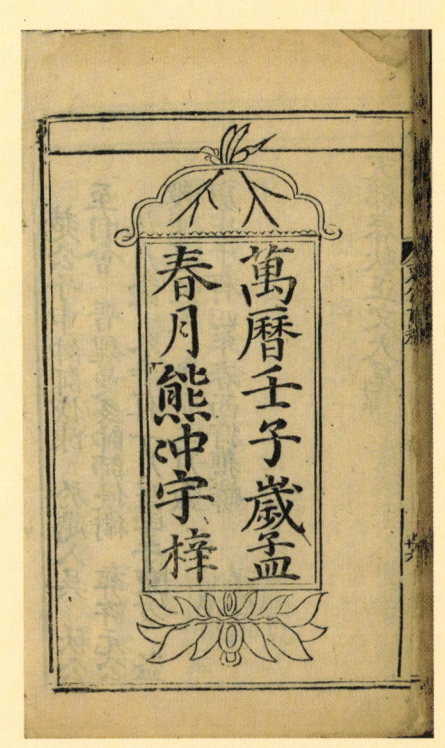

《鍥王趙二先生校閱音義天梯春秋正文》二卷　明萬曆四十年(1612)書林熊沖宇刻本

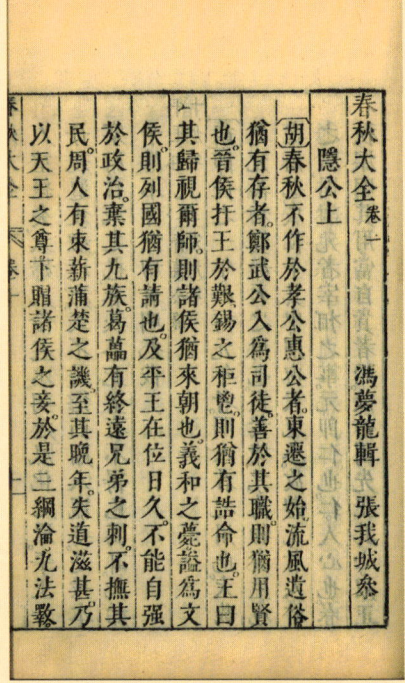

《春秋大全》三十卷附錄三卷　明馮夢龍撰　明刻本

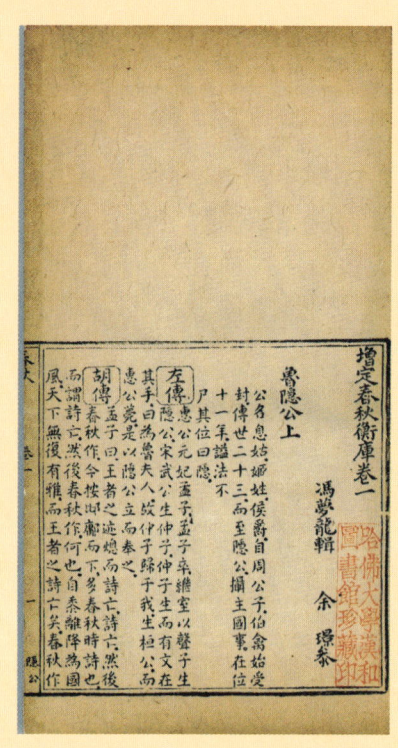

《增定春秋衡庫》三十卷附錄三卷《備錄》一卷　明馮夢龍撰　明天啟刻本

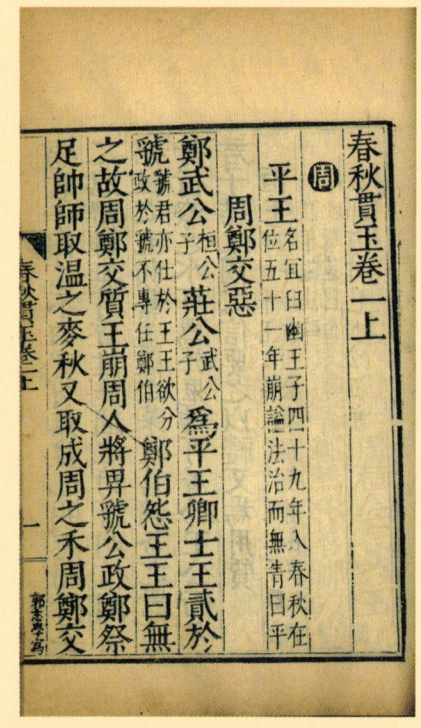
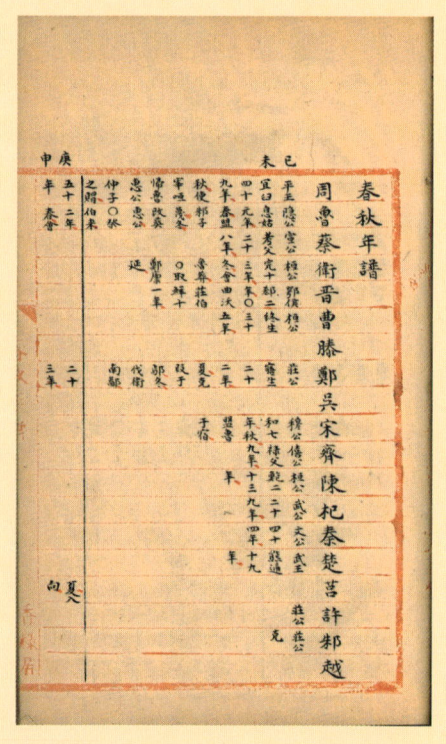

《春秋貫玉》四卷《世系》一卷　明顏鯨撰
明萬曆三十四年（1606）史繼辰浙江刻本

《春秋年譜》不分卷　清瞿世壽撰
稿本

 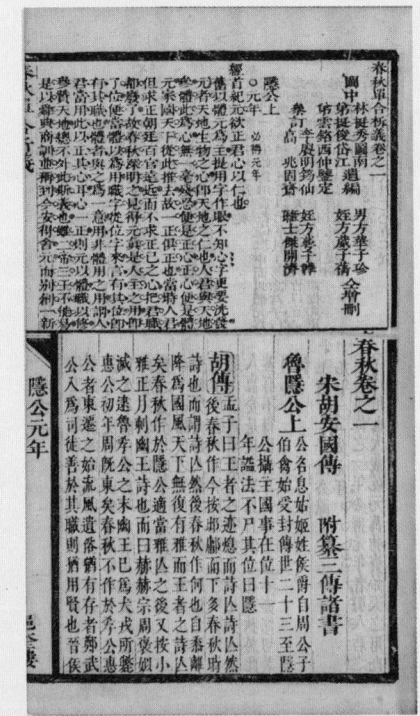

《春秋單合析義》三十卷　清林挺秀、林挺俊撰　清康熙三十四年(1695)挹奎樓刻本

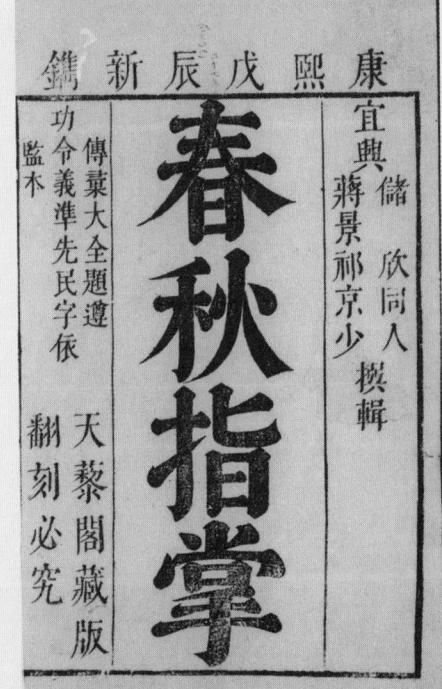 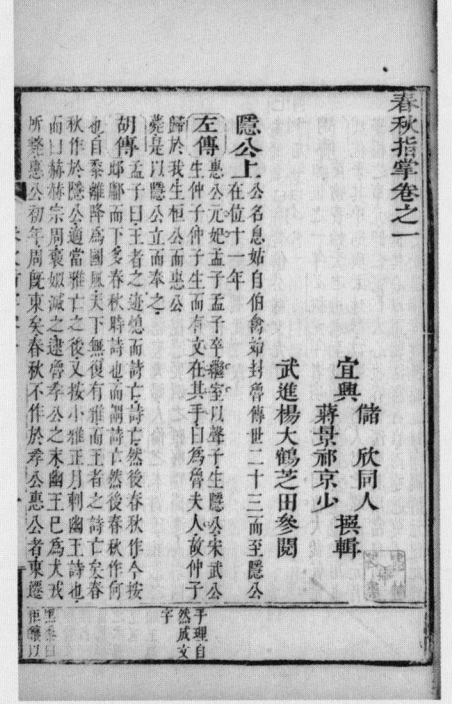

《春秋指掌》三十卷前二卷附二卷　清儲欣、蔣景祁撰　清康熙二十七年(1688)天藜閣刻本

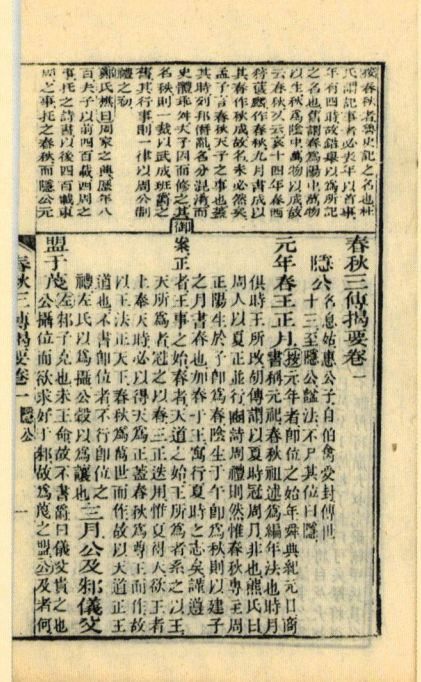

《春秋識小錄》九卷附一卷　清程廷祚撰　清乾隆八年(1743)刻本

《春秋三傳揭要》六卷首一卷　清周蕙田撰　清乾隆五十九年(1794)許寶善自怡軒刻本

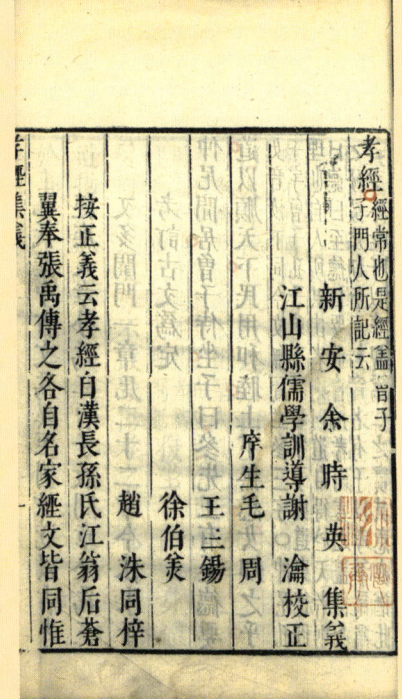

《董子春秋繁露》一卷 漢董仲舒撰
附《太玄集事》一卷《揚子太玄經》一
卷 漢揚雄撰 明天啓陸氏崢霄館
刻本

《孝經集義》一卷 明余時英撰
《孝經刊誤》一卷 宋朱熹撰 明
天啓四年(1624)余紹祿等刻本

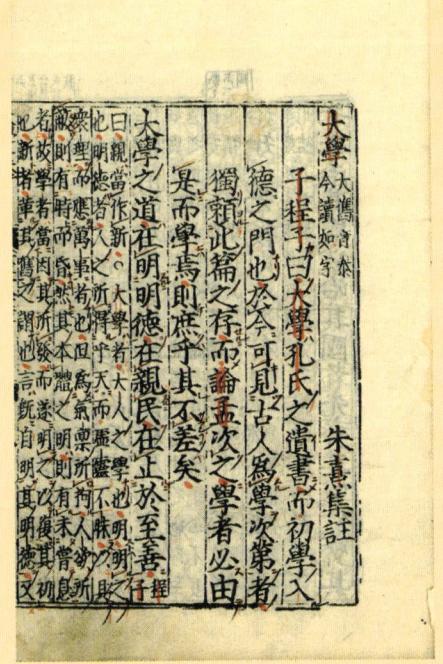

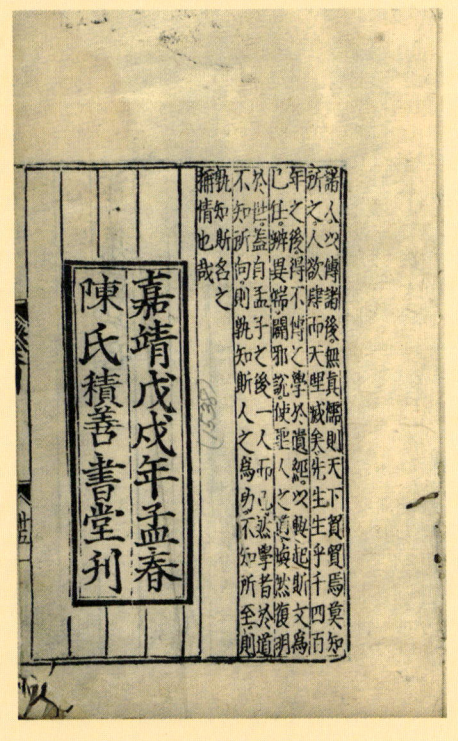

《四書集注》二十一卷 宋朱熹撰 明嘉靖十七年(1538)陳氏積善書堂刻本

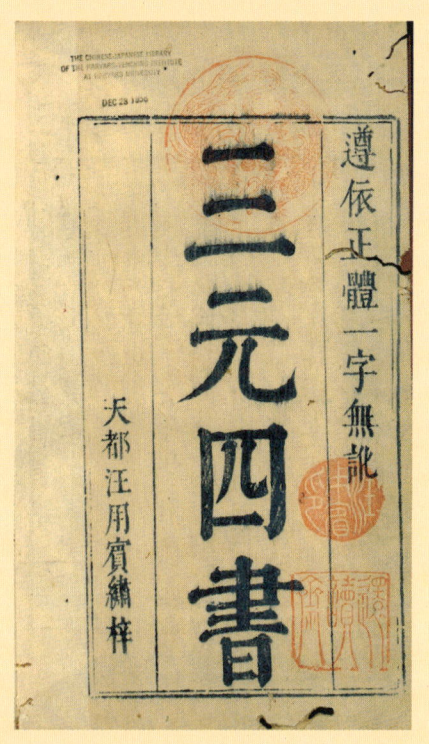 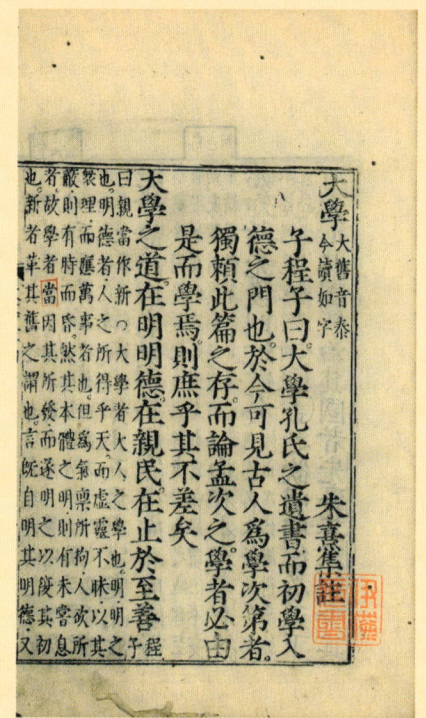

《四書集注》二十一卷　宋朱熹撰　明書林蔡瑞陽文峰堂刻本

 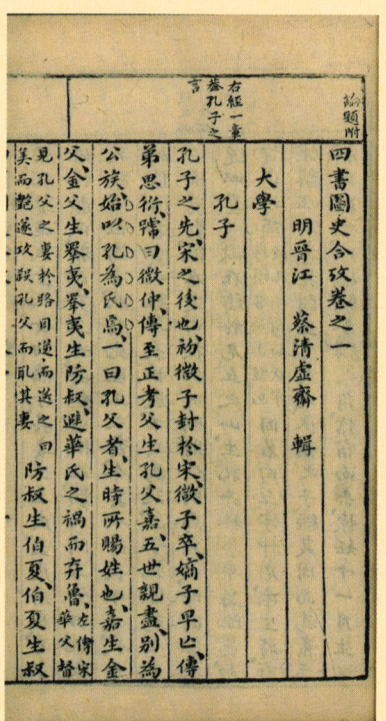

《四書圖史合考》二十四卷　題明蔡清輯　明末金閶擁萬堂刻本

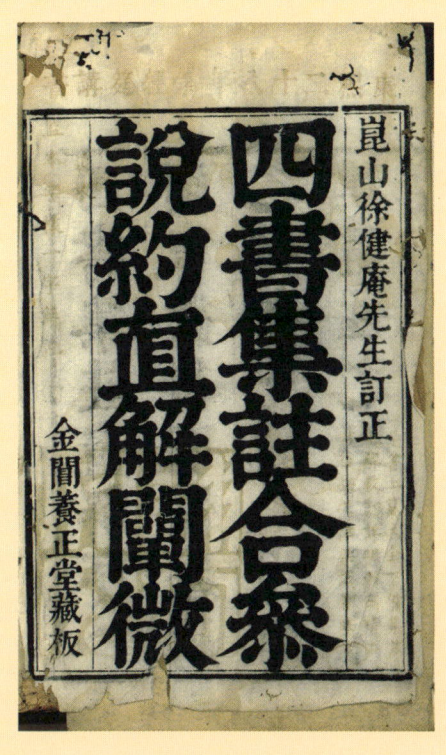

《四書集注闡微直解》二十七卷　明張居正撰　清康熙二十八年(1689)刻本

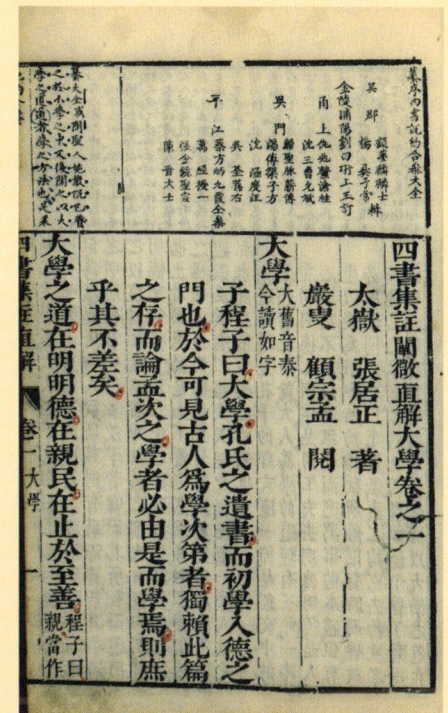

《四書參》十九卷　明李贄批評　明
楊起元等批點　明張明憲等參訂　明
張兆隆刻朱墨套印本

《鼎鐫睡庵湯太史四書脉》六卷
明湯賓尹撰　明萬曆刻本

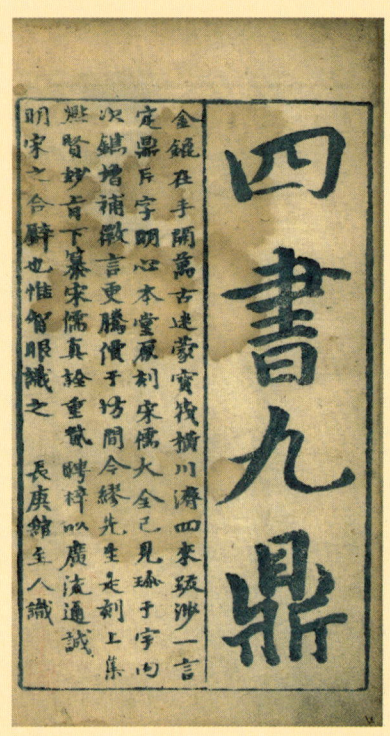
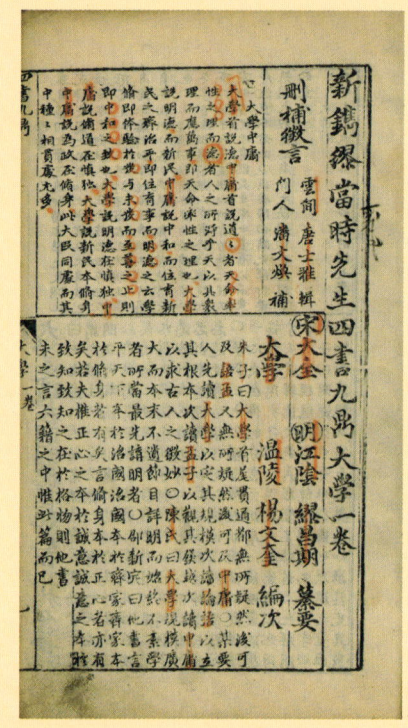

《新鐫繆當時先生四書九鼎》十三卷　明繆昌期撰　明末長庚館刻本

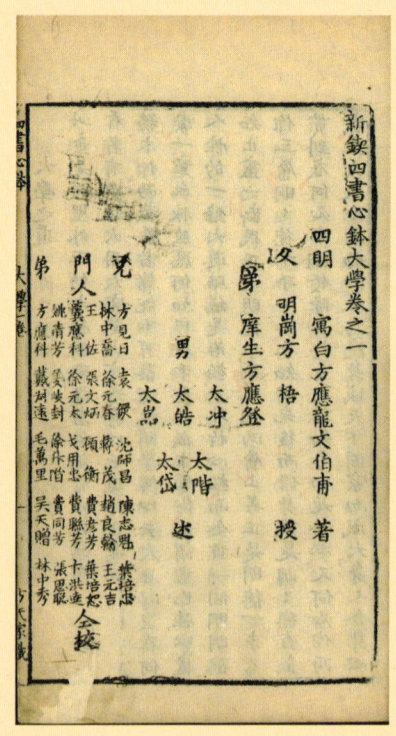

《新鍥四書心鉢》九卷　明方應龍撰
明萬曆方氏刻本

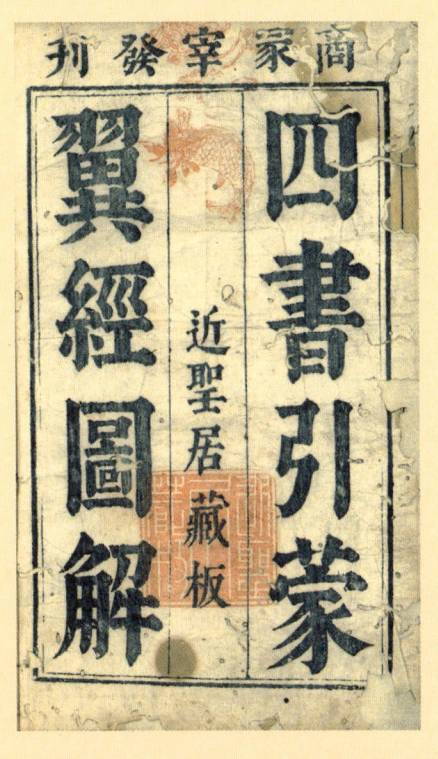
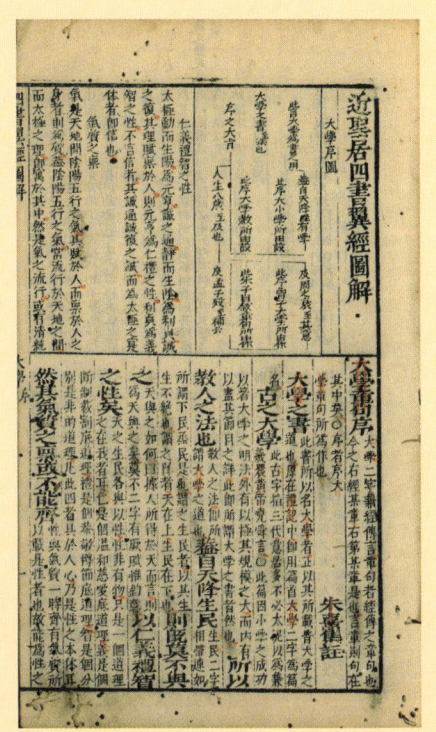

《近聖居四書翼經圖解》十九卷　明余應虬撰　明末近聖居刻本

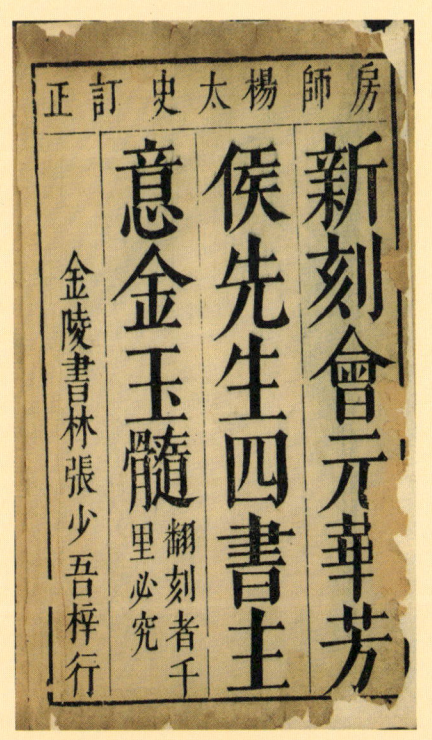
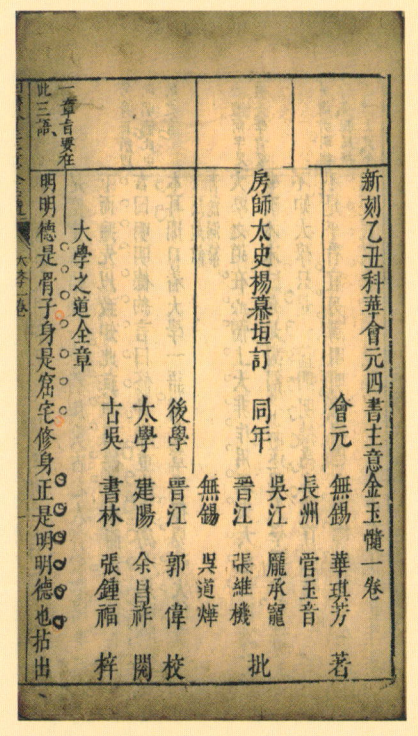

《新刻乙丑科華會元四書主意金玉髓》十四卷　明華琪芳撰　明金陵書林張少吾刻本

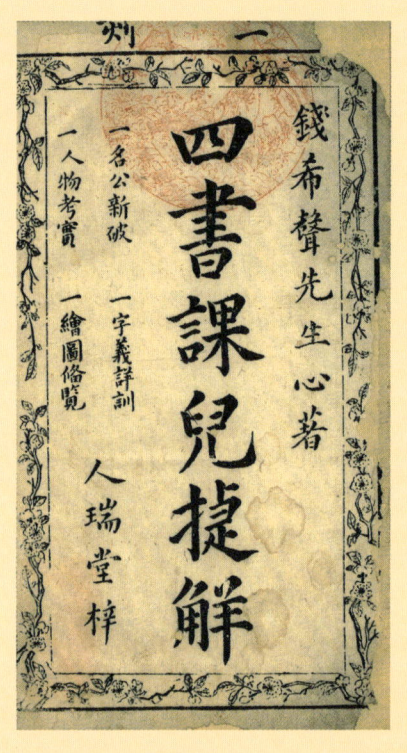
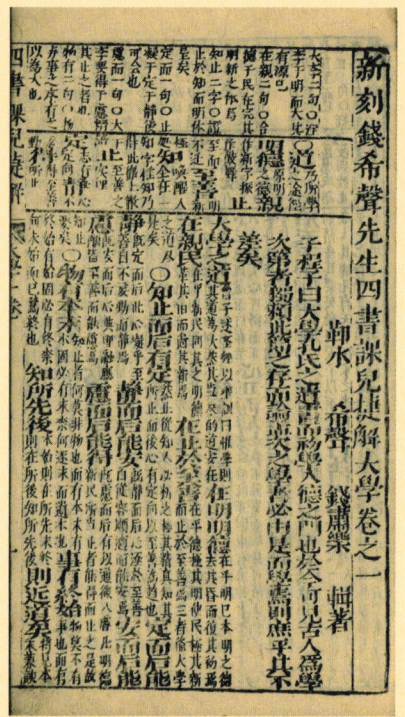

《新刻錢希聲先生四書課兒捷解》八卷　明錢肅樂撰　清初人瑞堂刻本

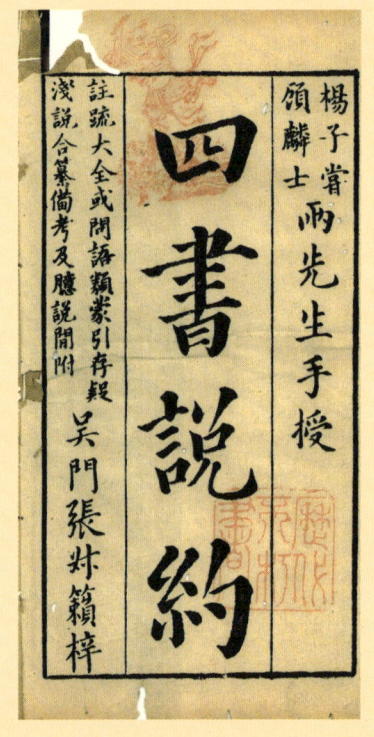
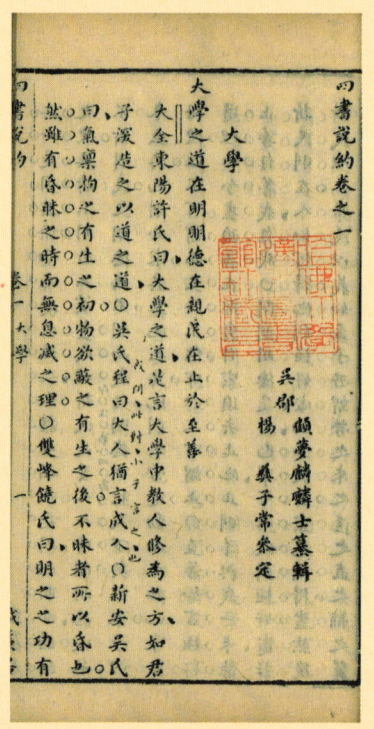

《四書說約》二十卷　明顧夢麟撰　明崇禎十三年（1640）顧氏織簾居刻本

 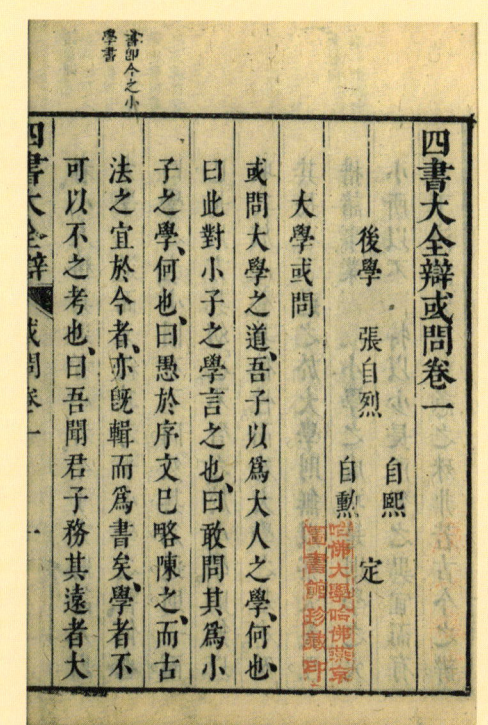

《四書大全辯》六十二卷首一卷　明張自烈撰　清順治八年(1651)李萬陽刻本

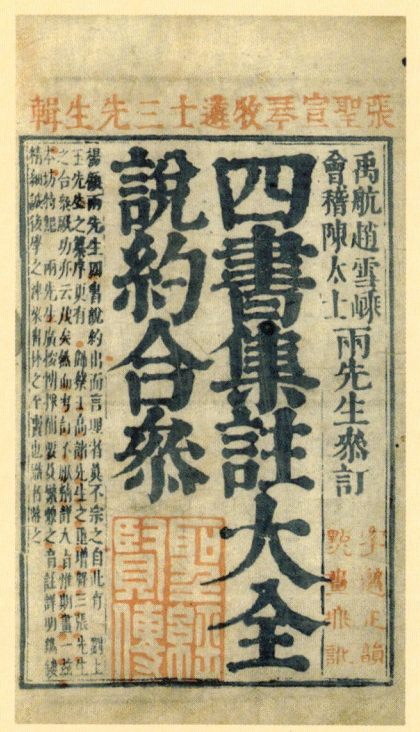 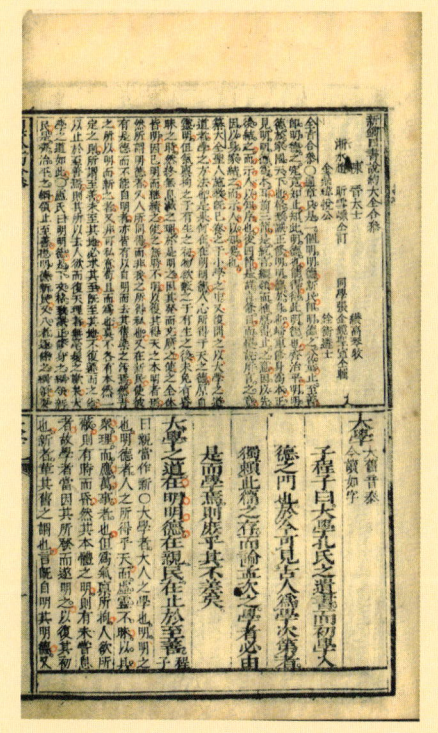

《新鐫四書說約大全合參》十九卷　清趙昕、陳晉等輯　清初武林□雨齋刻本

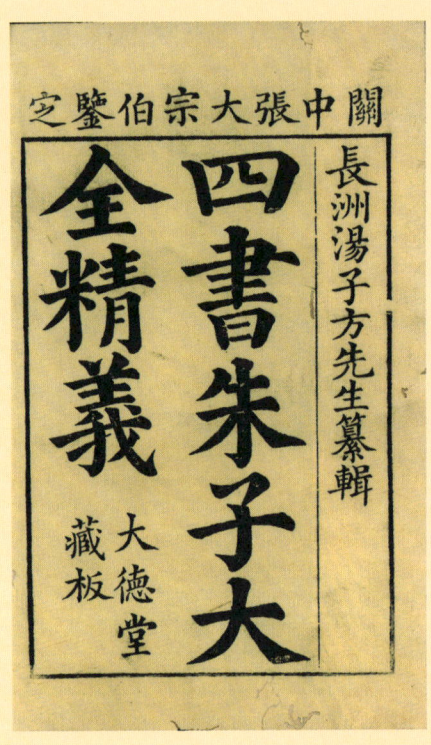
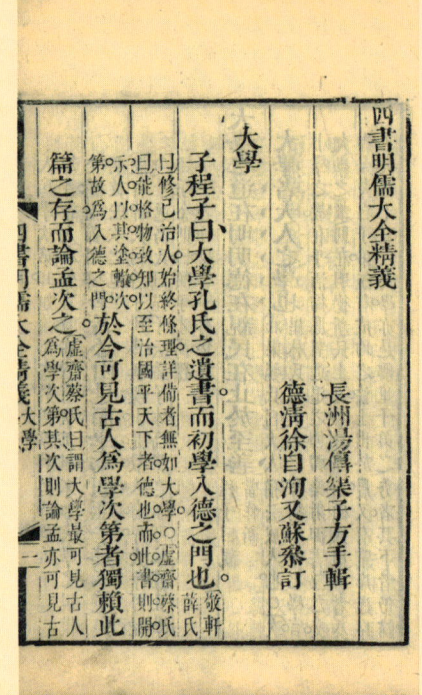

《四書明儒大全精義》三十八卷　清湯傳榘輯　清康熙四十四年(1779)刻後印本

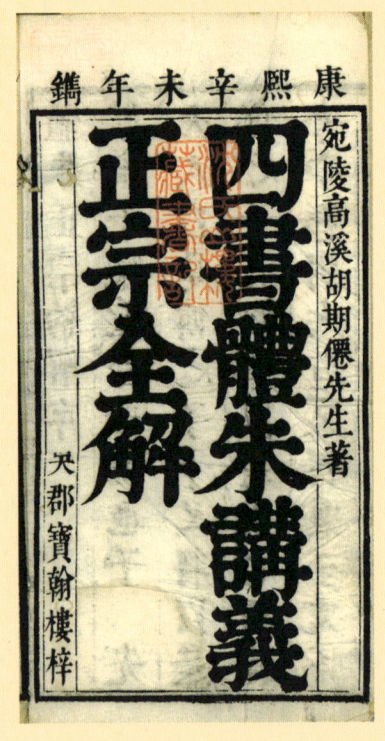
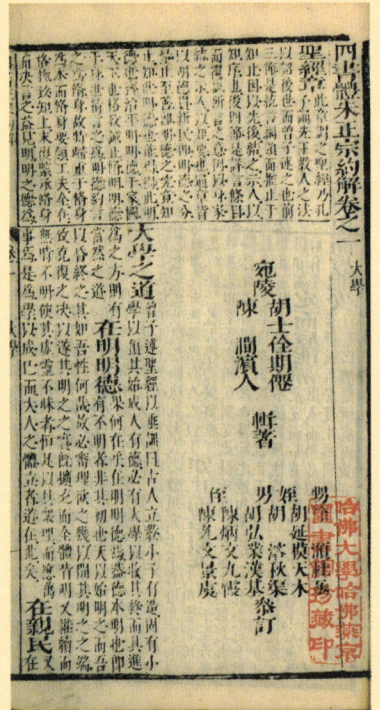

《四書體朱正宗約解》十九卷　清胡士佺、陳澗輯　清康熙三十年(1691)寶翰樓刻本

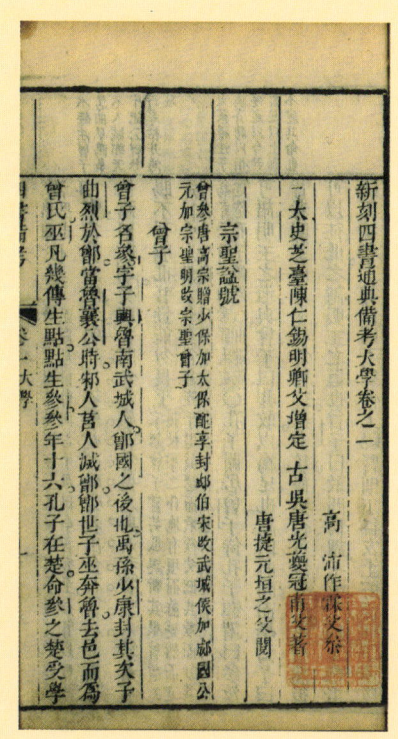

《新刻四書通典備考》十二卷　清唐光夔撰　清康熙三十三年(1694)文樞堂刻本

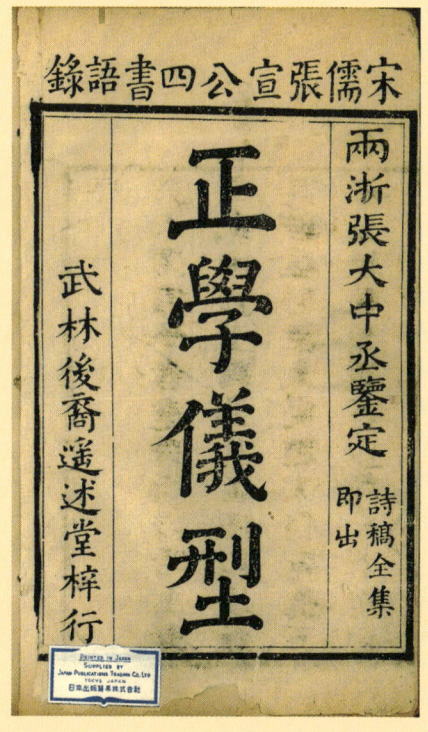
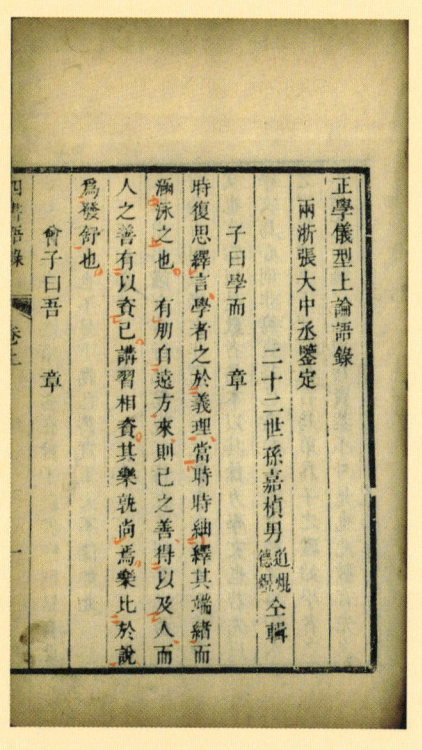

《正學儀型四書語錄》二卷　宋張栻撰　清張嘉楨等輯
清康熙三十三年(1694)武林張氏遙述堂刻本

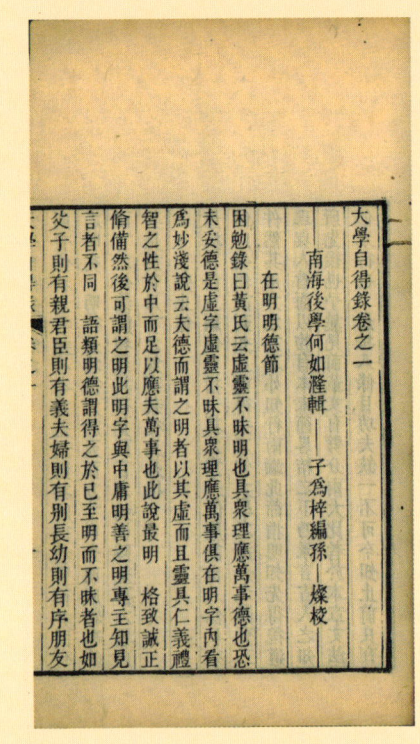

《四書自得錄》十卷《續錄》一卷　清何如瀣撰　清乾隆二十六年(1761)刻後印本

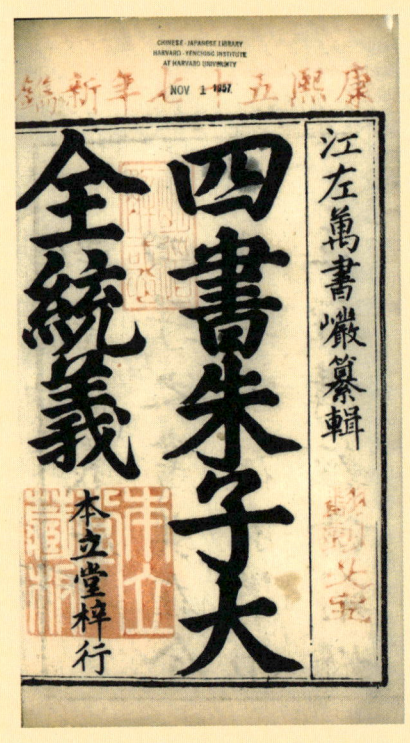
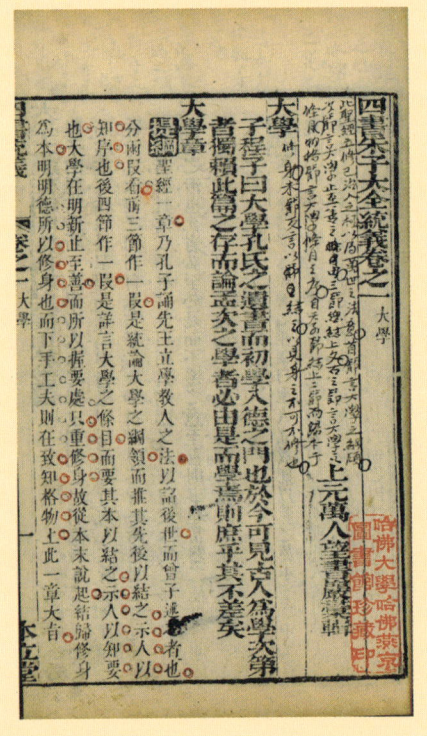

《四書朱子大全統義》十九卷　清萬人望輯　清康熙五十七年(1718)本立堂刻本

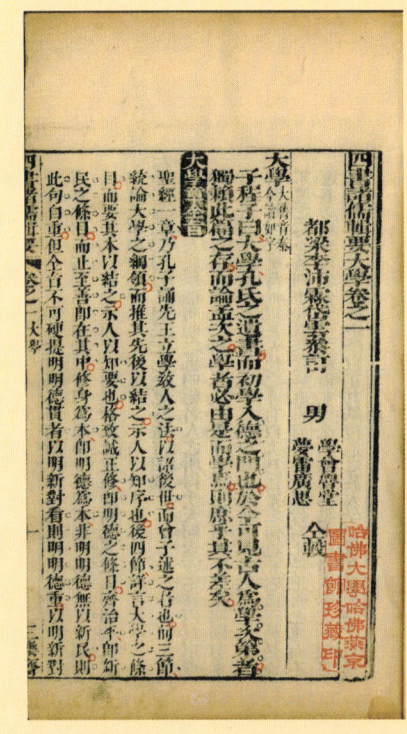
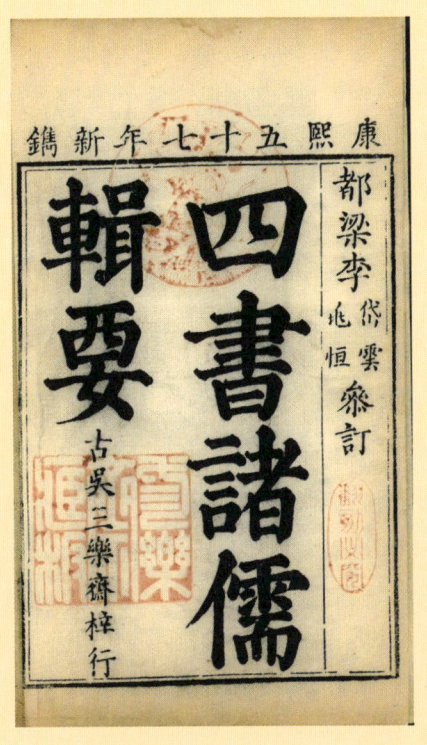

《四書諸儒輯要》四十卷　清李沛霖撰　清康熙五十七年(1718)三樂齋刻本

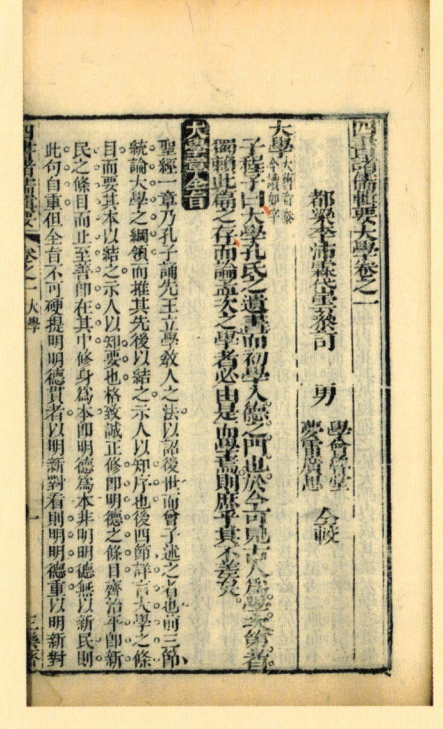
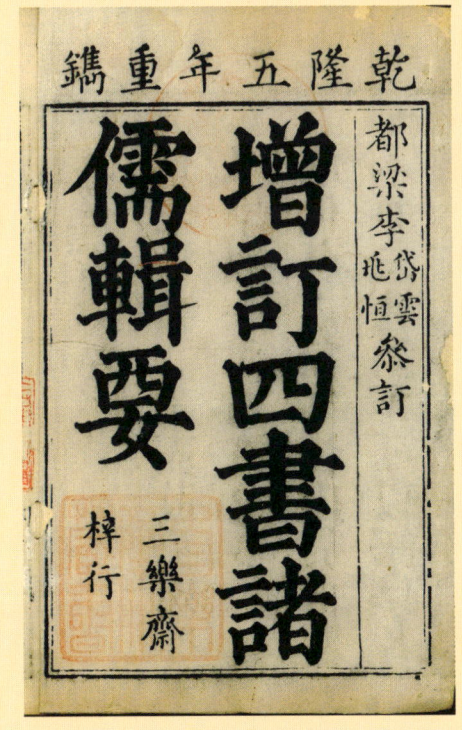

《四書諸儒輯要》四十卷　清李沛霖撰　清乾隆五年(1740)三樂齋重刻本

論語詳說卷之一

學而第一

因篇首有學而二字故記者取之以名篇第者次第一者數之始論語一書二十篇而學而乃其第一篇也朱子曰此為書之首篇故所記多務本之意學而這一篇書帷其為論語一書之頭篇故中間所記載者多都是務根本的意思如首章以時習為學之本次章以孝弟為行仁之本三省章以忠信為傳習之本。千乘章以五者為治國之本。弟子賢賢二章必德行為文學之本君子章又以忠信為學之本慎終章以引行為化民之本乃入道之門積德之基乃者繼事之辭道者人倫日用所當行者也門則以

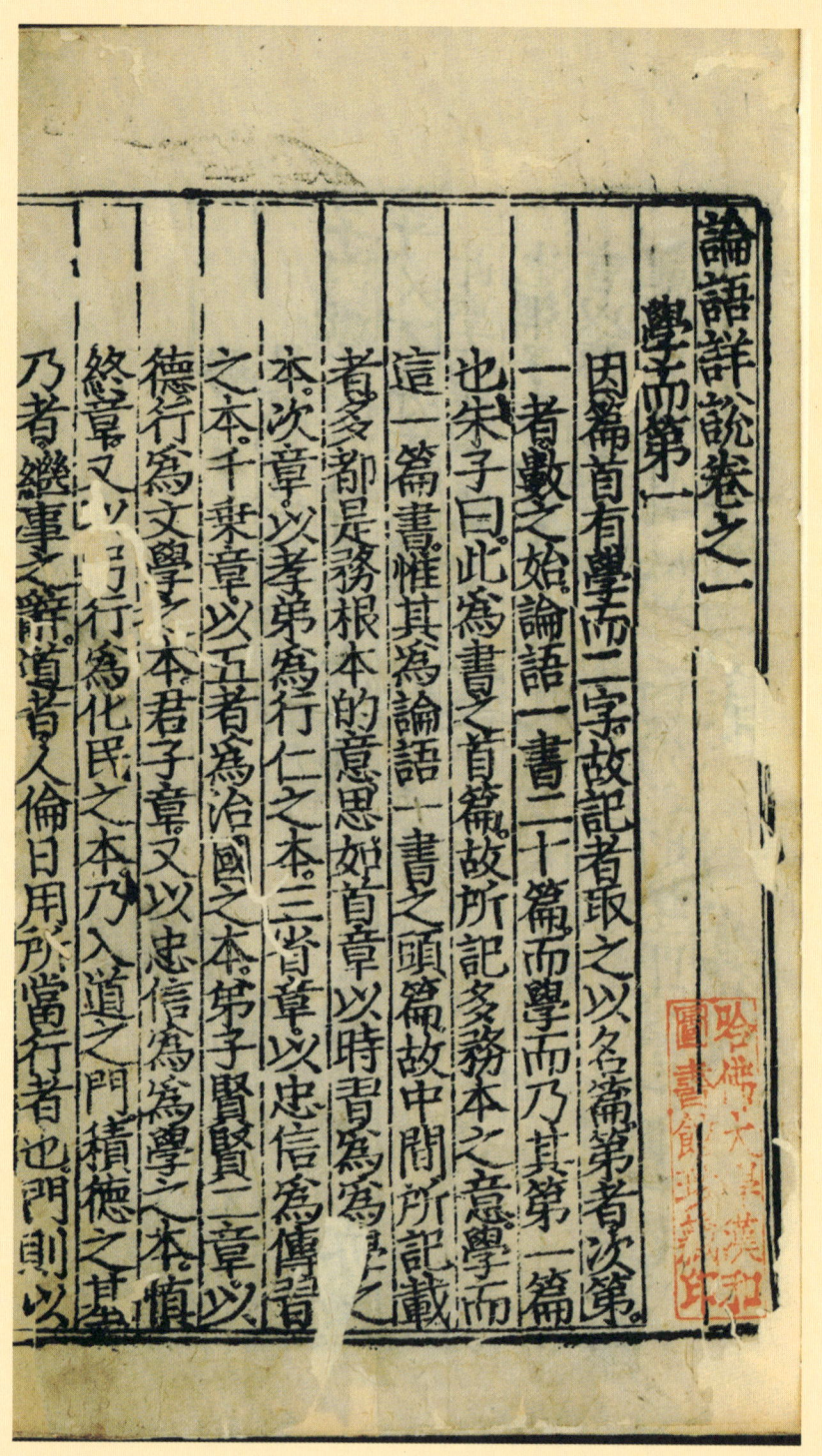

《論語詳說》十卷　明曹端撰　明刻本

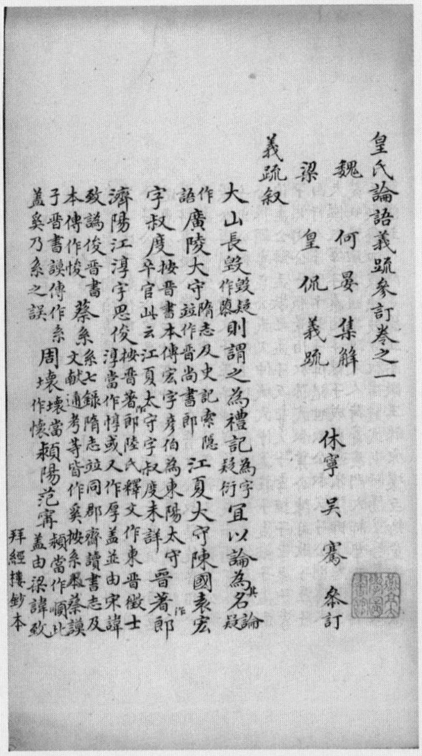

皇氏論語義疏參訂卷之一

魏　何晏　集解
梁　皇侃　義疏

休寧　吳騫　參訂

義疏叙

大山長致發題則謂之為禮記為字宜以論為名疑
語廣陵太守諡隋志及史記索隱作晉尚書郎
字叔度按晉書本傳宏字身伯為東陽太守晉著
濟陽江淳字思俊晉書作厚蓋晉之作東陽太守晉著作郎
作傳作俊按續晉陽秋亦同而晉書云釋文作晉散
致誤江淳字思俊書晉陽秋同郭敦魏志及
本傳作俊系文獻考晉書晉陽秋此誤
子晉書誤傳作秦顏范當作頎陽范寗
盖奏乃秦之誤周壤作懷賴陽范寗
　　　　　　　　　　　　拜經樓鈔本

拜經樓鈔有上條毛斧季考文補
及考文孝作皇侃論語義
至而考邊注鈔一名補遠
此頌蒙佐吳考雨子蕃新補遠鈔題作跋此本
歸全文六不匙齋此刊于業者十一业義
接十卷半板勘之縷注跋但
書曾義跋之寶錢业自家方藏之家塾以俵
童鈔如固表學刊布吳可求寳珠
辛未春三月二十八日　　　　拜經樓題記

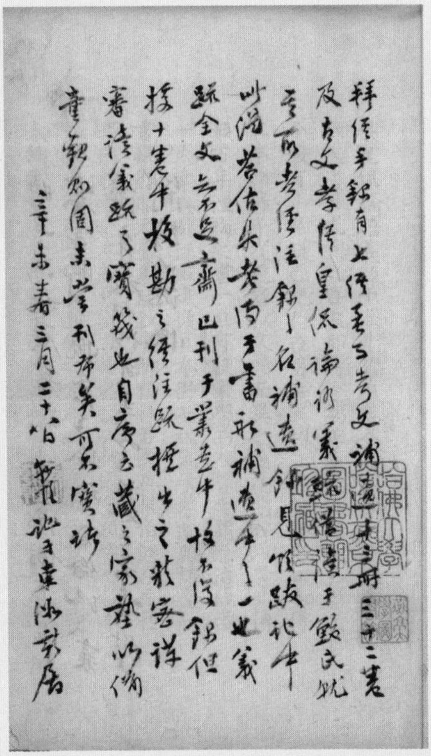

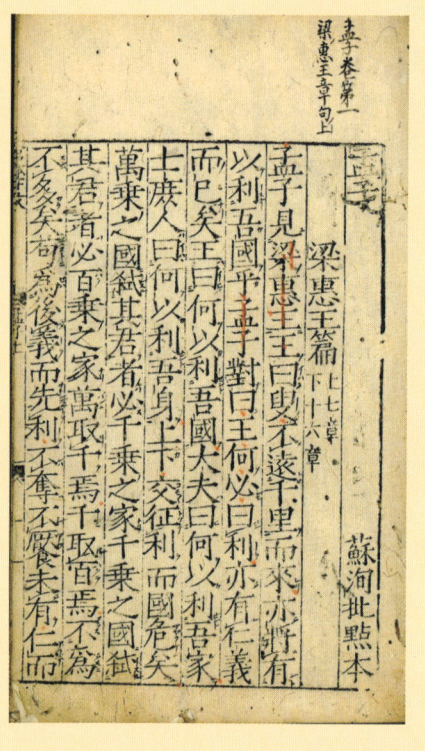
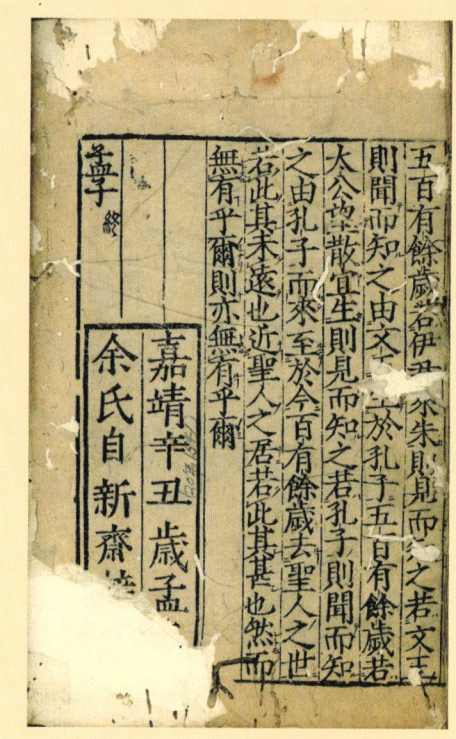

《孟子》二卷　題宋蘇洵批點　明嘉靖二十年（1541）余氏自新齋刻本

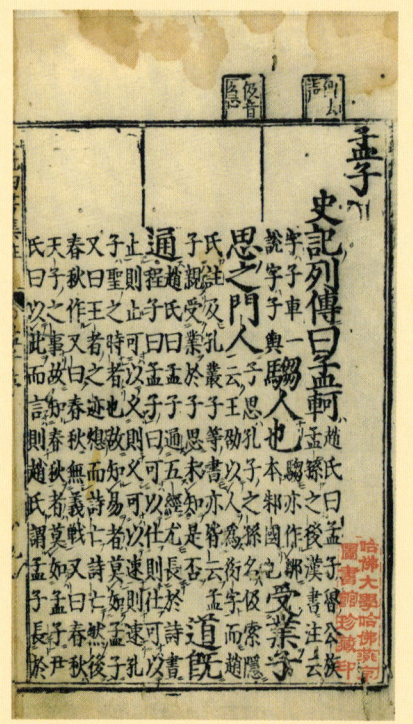
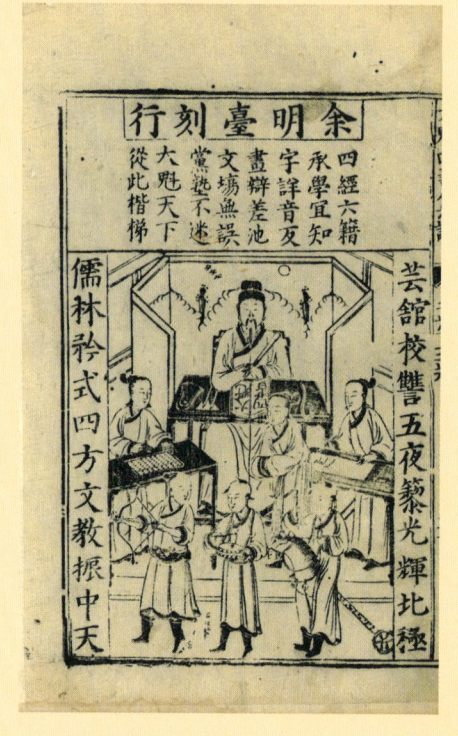

《孟子集注》七卷　宋朱熹集注　明萬曆書林余明臺刻《大魁四書集注》本

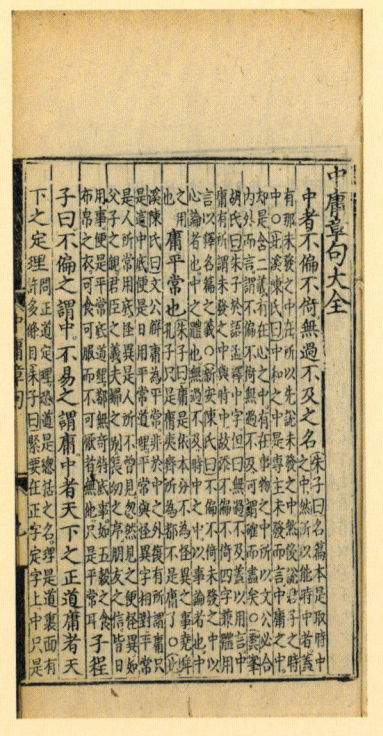
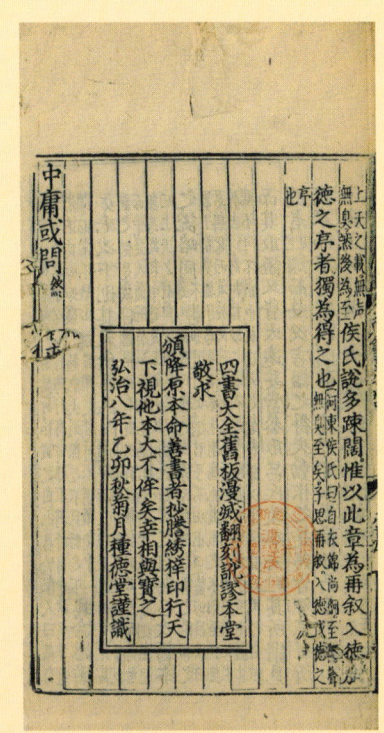

《中庸章句大全》一卷《中庸或問》一卷《讀中庸法》一卷
明胡廣等輯　明弘治八年(1495)熊氏種德堂刻本

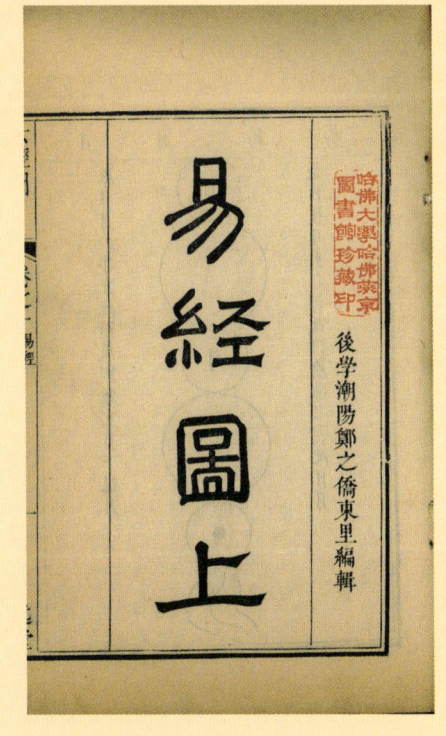

《六經圖》十二卷　清鄭之僑撰　清乾隆八年(1743)鄭氏述堂刻本

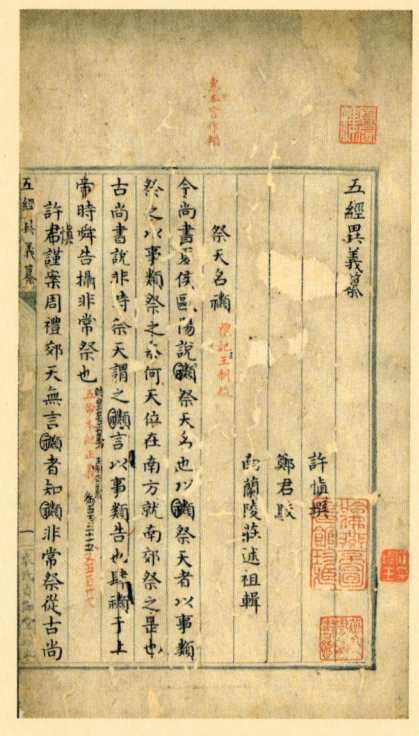

《五經異義疏》一卷《拾遺》一卷
清莊述祖撰　清袁氏貞節堂抄本

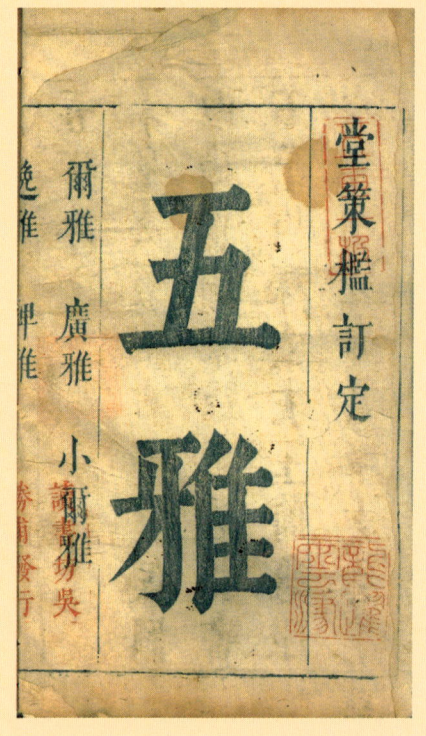
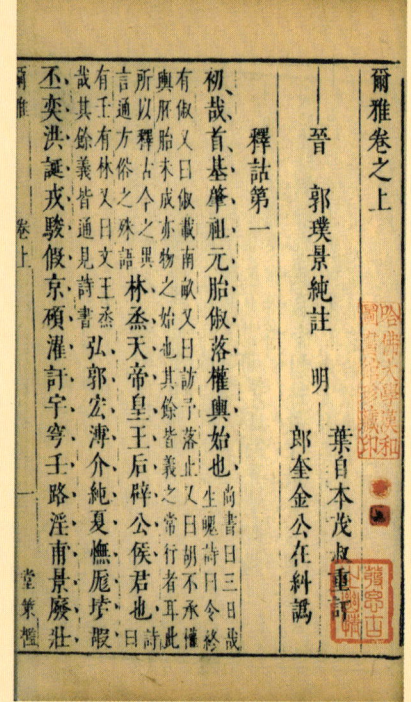

《五雅》四十一卷　明郎奎金編　明天啟六年(1626)郎氏堂策檻刻本

 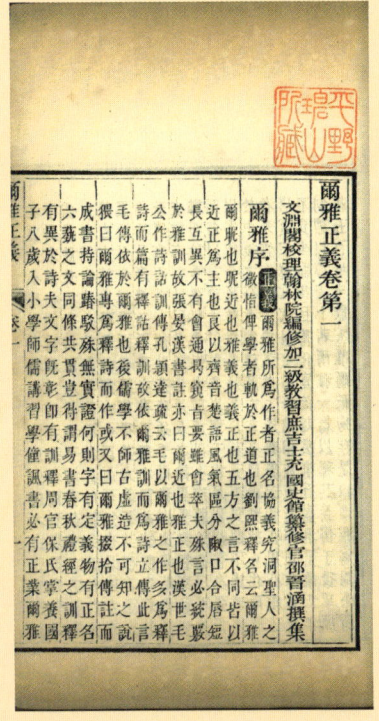

《爾雅正義》二十卷　清邵晉涵撰　清乾隆五十三年(1788)邵氏面水層軒刻本

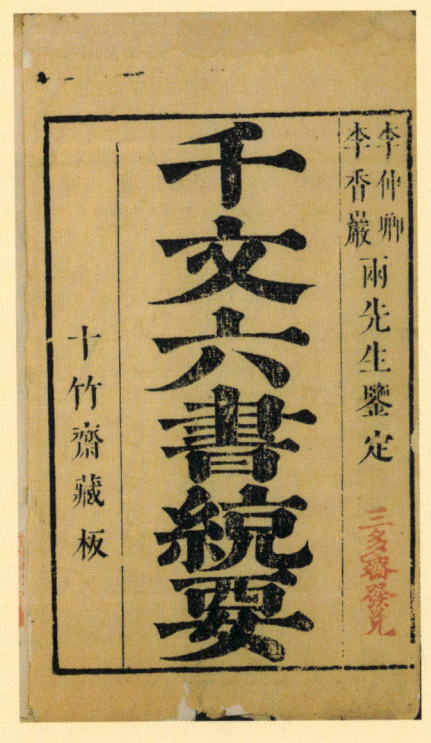 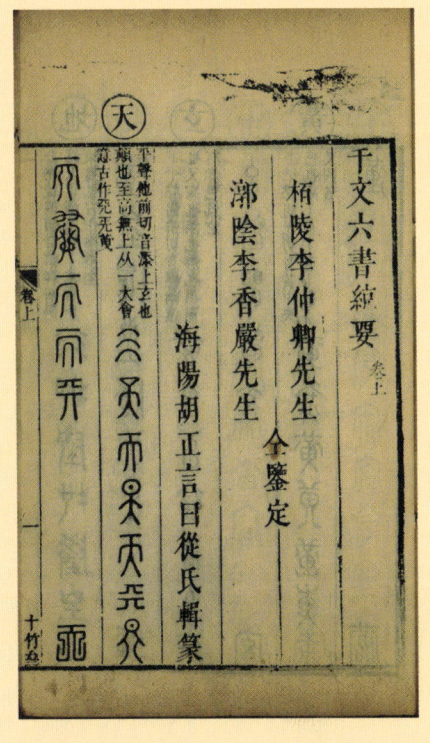

《千文六書統要》二卷　明胡正言撰　附《篆法偏旁正譌歌》一卷　明李登撰
明胡正言補篆　清康熙十竹齋刻本

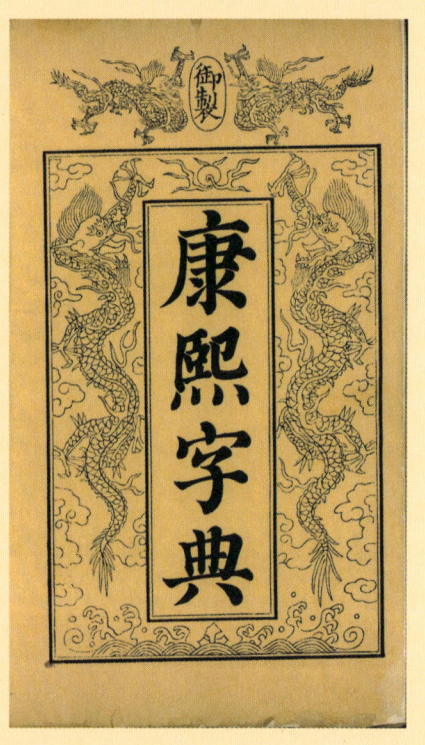
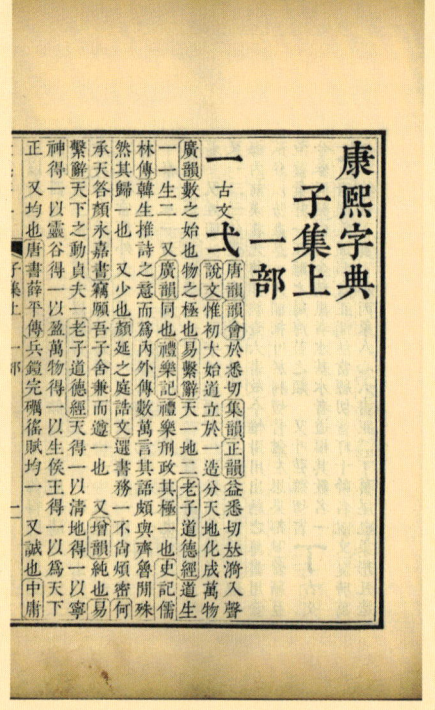

《康熙字典》十二集三十六卷《總目》一卷《檢字》一卷《辨似》一卷《等韻》一卷《補遺》一卷《備考》一卷 清張玉書等奉敕纂修 清康熙五十五年（1716）內府刻本

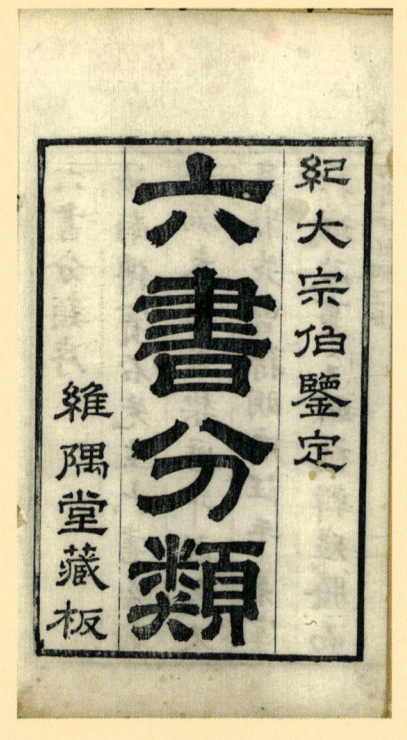
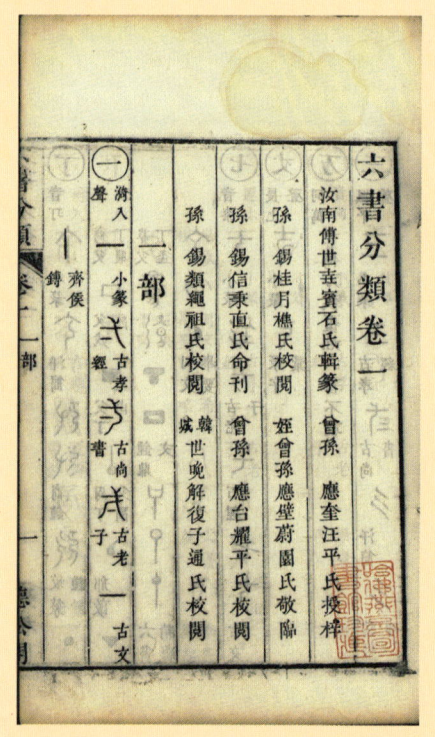

《六書分類》十二卷首一卷 清傅世垚撰 清乾隆五十四年（1789）聽松閣刻嘉慶元年（1796）印本

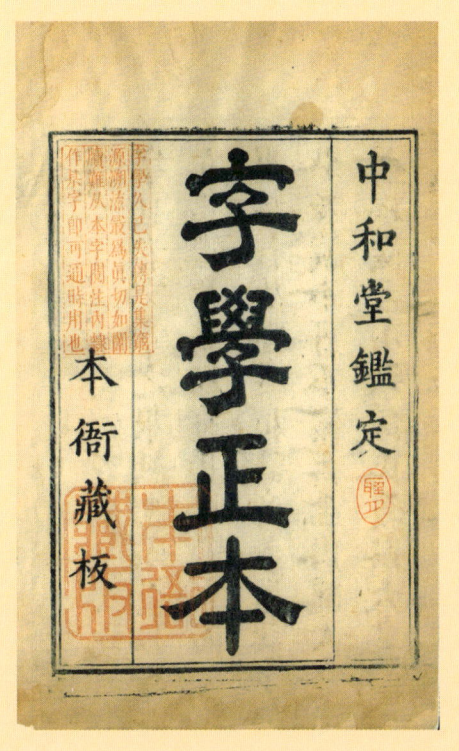
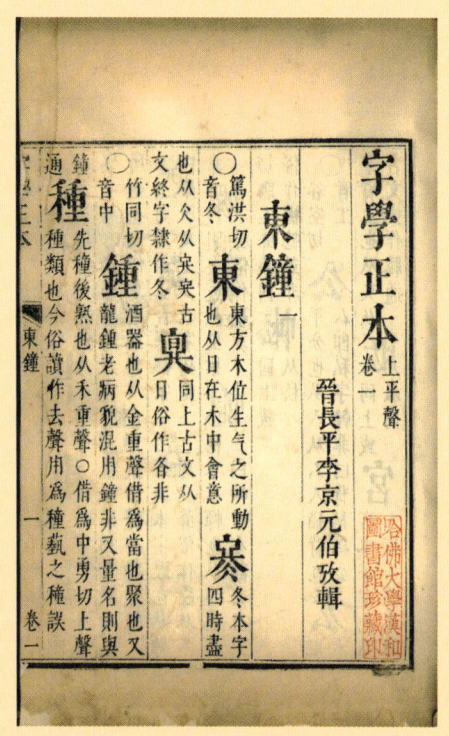

《字學正本》五卷　清李京撰　清康熙八年（1669）高夢說刻本

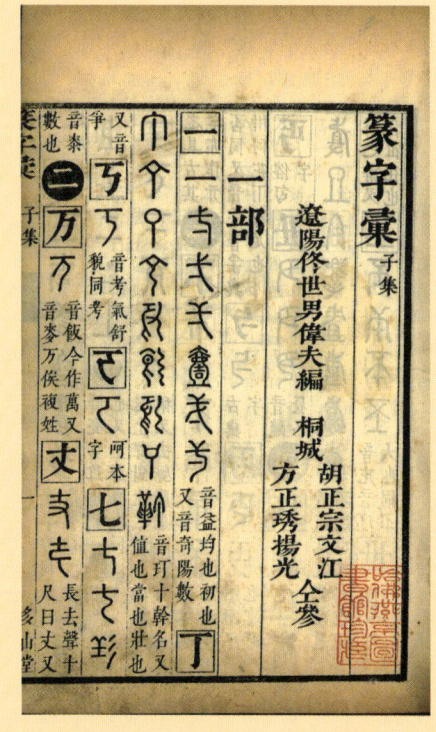

《篆字彙》十二卷　清佟世男編　清康熙多山堂刻本

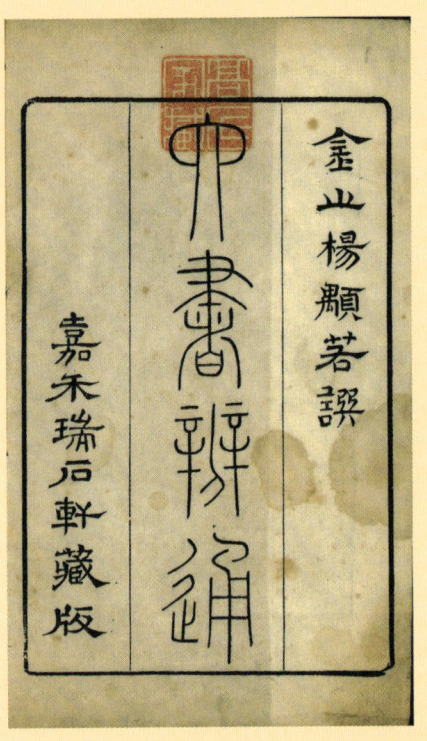 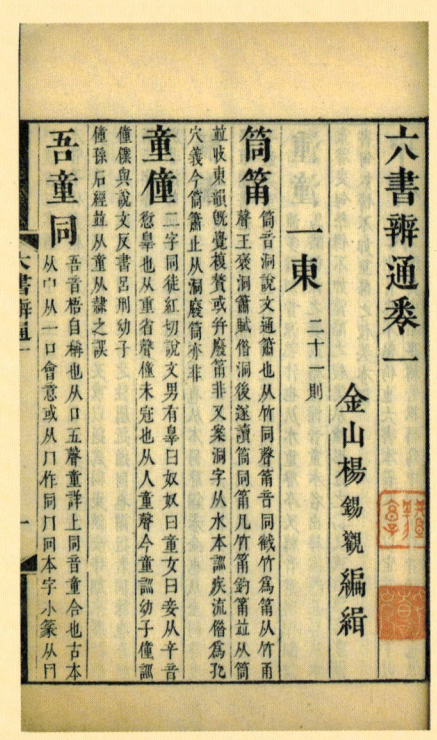

《六書例解》一卷《六書雜說》一卷《八分書說》一卷《六書辨通》五卷《辨通補》一卷《辨通續補》一卷
清楊錫觀撰　清雍正至乾隆楊氏蘭秘齋刻乾隆五十一年(1786)馮浩補板印本

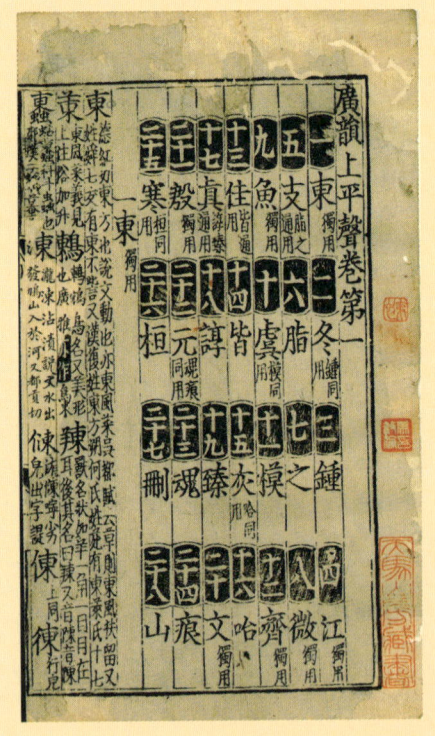 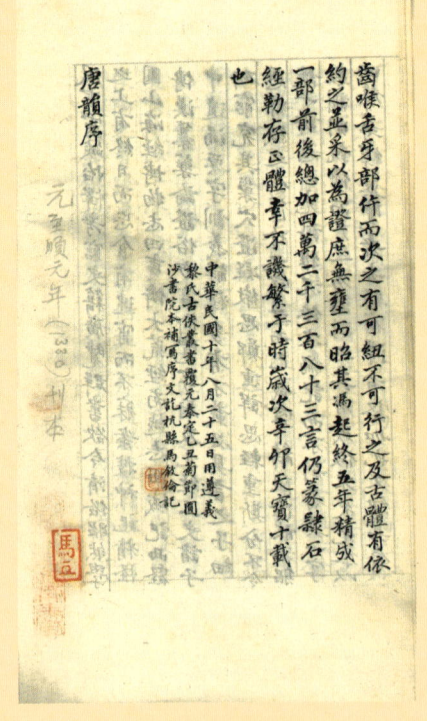

《廣韻》五卷　明刻本

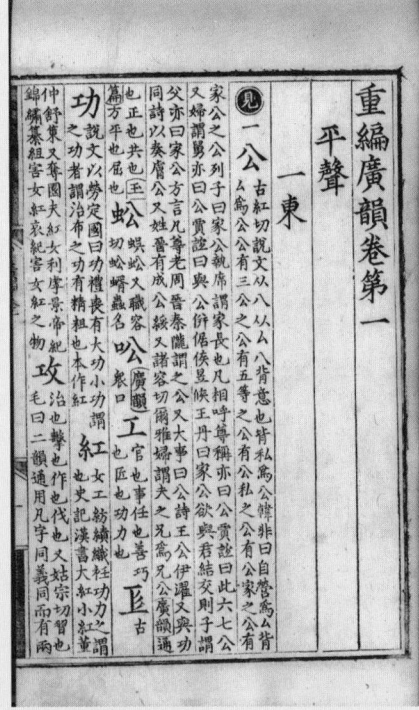

《重編廣韻》五卷　宋陳彭年等撰
明朱祐檳重編　明嘉靖二十八年
(1549)益藩刻本

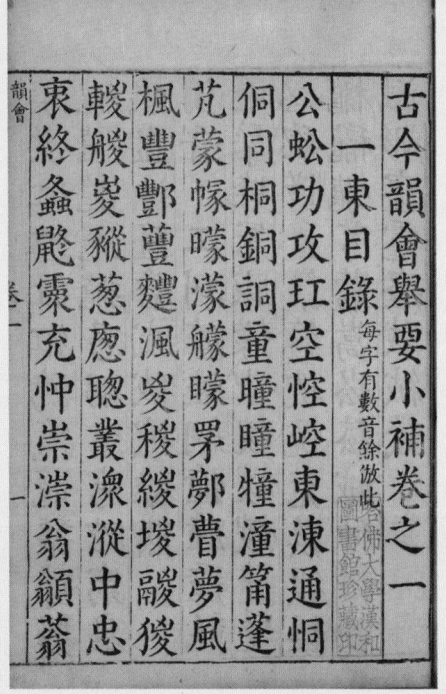

《古今韻會舉要小補》三十卷　明方日升撰　明萬曆三十四年(1606)周士顯刻重修本

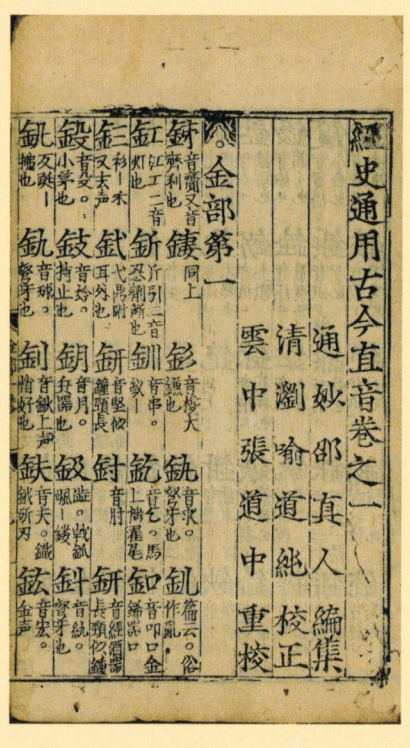
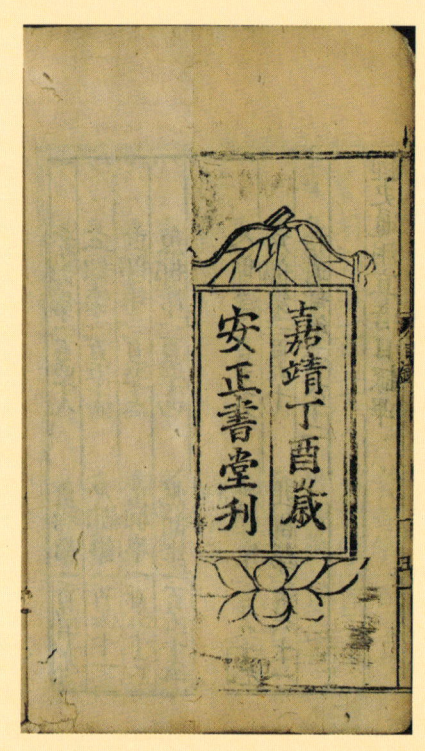

《經史通用古今直音》四卷　題明邵真人撰　明嘉靖十六年(1537)劉氏安正書堂刻本

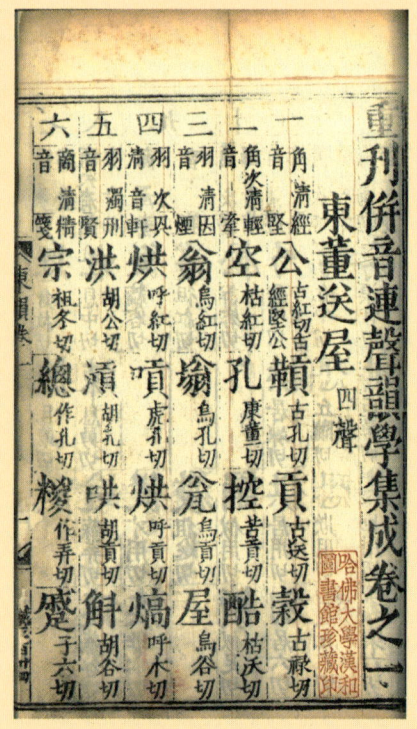
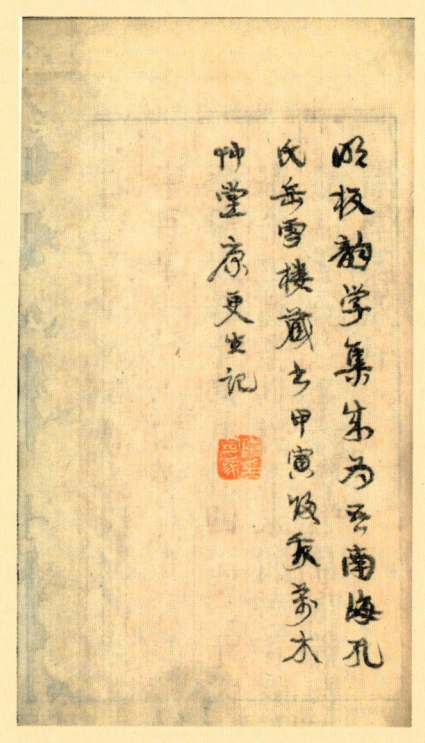

《重刊併音連聲韻學集成》十三卷《直音篇》七卷　明章黼撰
明萬曆六年(1578)揚州知府虞德燁維揚資政左室刻公文紙印本

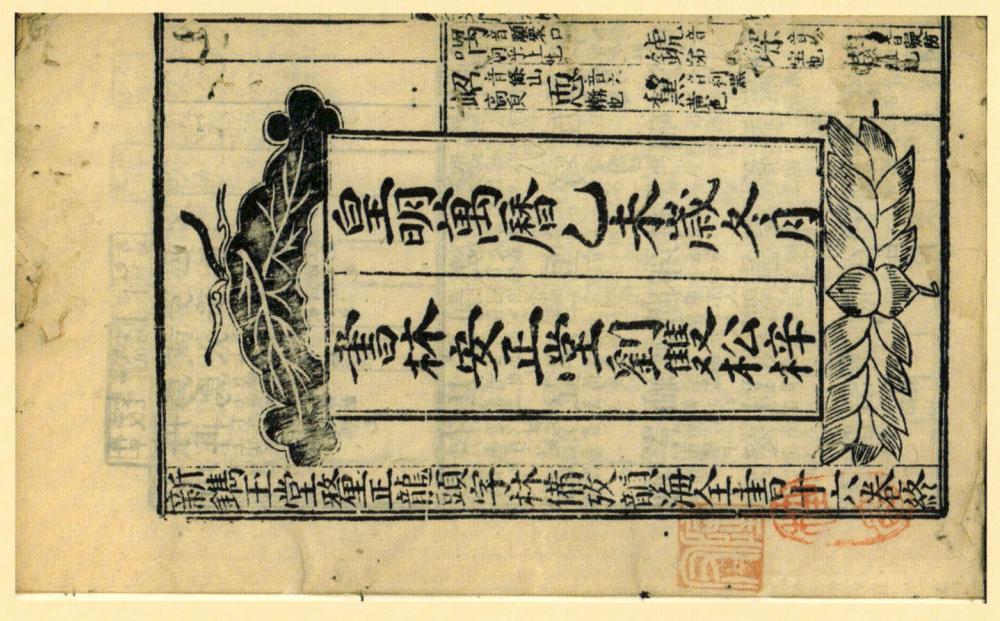

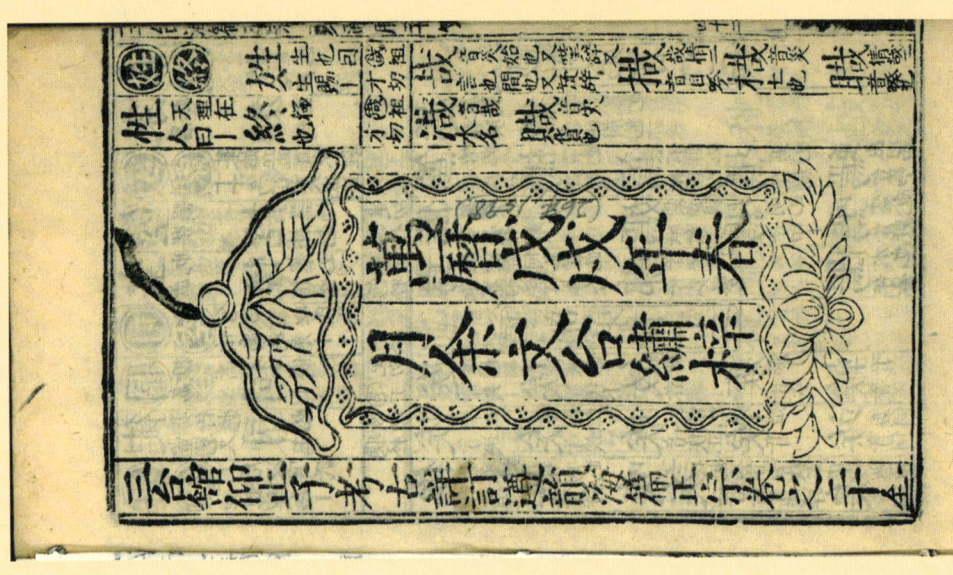

《三台館仰止子考古詳訂遵韻海篇正宗》二十卷 明余象斗撰 明萬曆二十六年（1598）余氏書林雙峰堂刻本

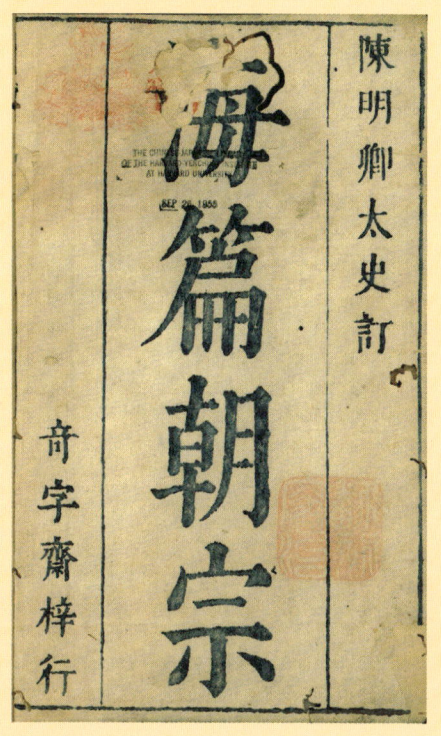
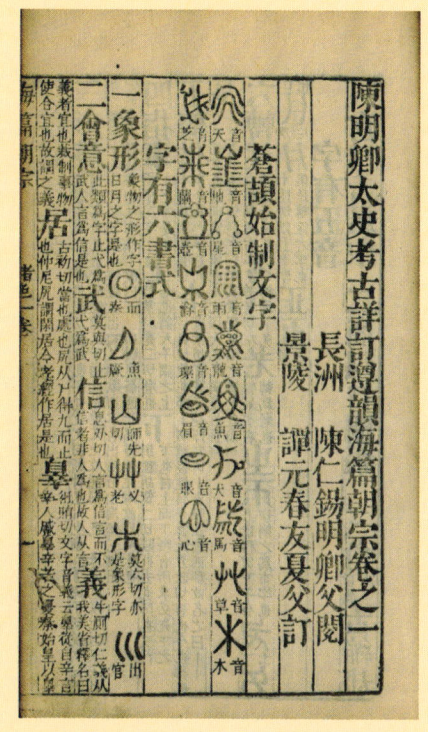

《陳明卿太史考古詳訂遵韻海篇朝宗》十二卷　明陳仁錫撰　明奇字齋刻本

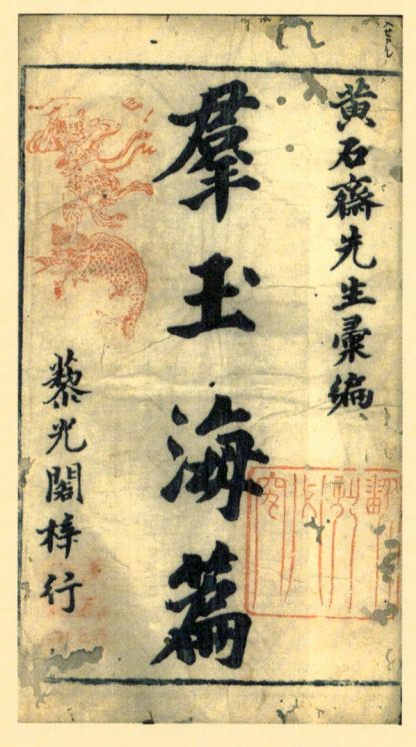
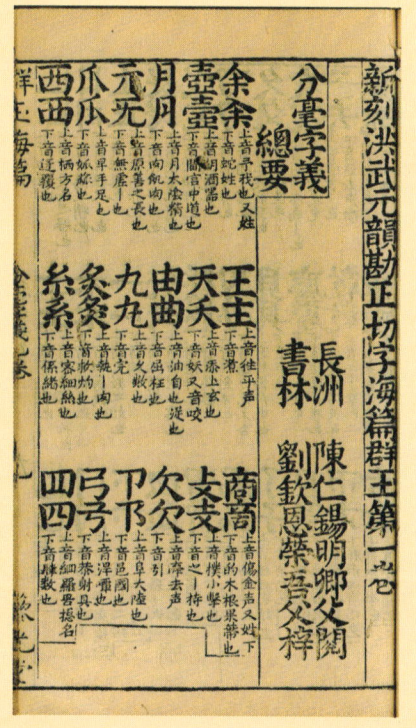

《新刻洪武元韻勘正切字海篇群玉》二十卷《大藏直音》三卷　明黃道周輯　《篆林肆考》十五卷
明鄭大郁輯　明崇禎十四年(1641)書林劉欽恩藜光堂刻本

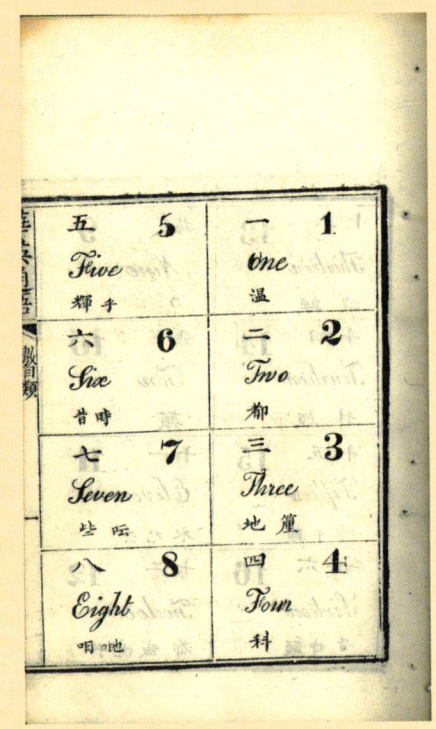

《華英通語》一卷　清子卿編著　清子芳重訂　清咸豐十年(1860)刻本

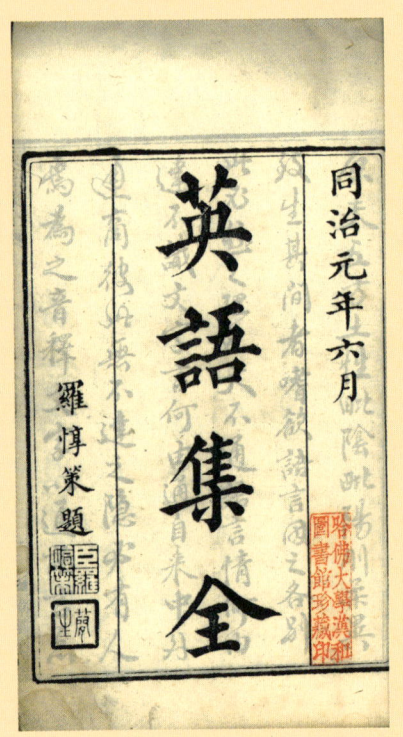
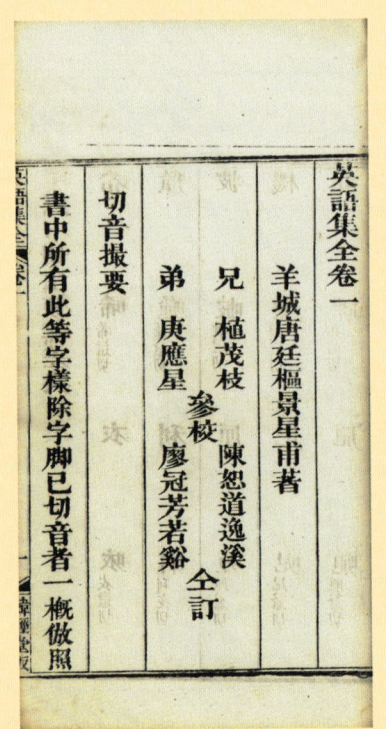

《英語集全》六卷　清唐廷樞編　清同治元年(1862)廣東刻本

主　編　沈　津

撰　寫　經部：沈　津　嚴佐之
　　　　史部：沈　津　谷輝之　劉　薔
　　　　子部：沈　津　張麗娟
　　　　集部：沈　津
　　　　叢部：沈　津　劉　薔

沈津，1945年出生於天津，安徽合肥人。1966年畢業於武漢大學圖書館學系。在上海圖書館任職時，追隨顧廷龍館長研習目錄版本之學。1986年2月至1987年10月，作爲訪問學者，在美國紐約州立大學石溪分校做圖書館學研究。1988年獲研究館員職稱。曾任中國圖書館學會第三屆理事、學術委員會委員、古籍版本分委員會副主任、上海圖書館特藏部主任、上海市第七屆政協委員。參與《中國古籍善本書目》的編纂、審校、定稿工作。1990年任職於香港中文大學中國文化研究所。1992年4月再次赴美，爲哈佛大學哈佛燕京學社訪問學者。現爲哈佛燕京圖書館善本室主任。著有《書城挹翠錄》、《美國哈佛大學哈佛燕京圖書館中文善本書志》、《中國珍稀古籍善本書錄》、《翁方綱年譜》、《顧廷龍年譜》、《書城風弦錄》、《書韻悠悠一脈香》、《老蠹魚讀書隨筆》、《書叢老蠹魚》。編有《翁方綱題跋手札集錄》、《顧廷龍書題留影》、《中國大陸古籍存藏研究》、《美國哈佛大學哈佛燕京圖書館藏中文善本彙刊》。

嚴佐之，1949年1月生。華東師範大學教授、博士生導師。1981年畢業於華東師範大學古籍研究所，獲文學碩士學位。1994年晉職教授，現爲華東師範大學終身教授、古籍研究所所長、思勉高等人文研究院中國經典研究中心主任，並國家新聞出版總署全國古籍整理出版規劃領導小組成員、國家教育部全國高等院校古籍整理研究工作委員會委員、北京大學中國古典文獻學研究中心兼職教授。研究方向：目錄版本學、儒學文獻整理研究。撰有專著《古籍版本學概論》、《近三百年古籍目錄舉要》（獲1995年教育部優秀學術著作出版獎、華東地區優秀圖書出版獎）等，主編《朱子全書》（獲2003年國家新聞出版總署第六屆國家圖書獎提名獎、優秀古籍圖書獎一等獎、2004年上海市哲學社會科學優秀成果二等獎）。現承擔教育部古委會重大古籍整理研究專案《朱子全書外編》主編、《顧炎武全書》主編、教育部重大攻關專案《儒藏》（精華本）主編。

劉薔，1969年生。文學博士，清華大學圖書館科技史暨古文獻研究所副研究員。素心於故紙披閲，曾到寶島臺灣及日本、美國、歐洲等地遊學訪問，訪求中國古書。已參與完成多項國家及教育部古籍整理項目，目前主持國家社科基金課題"海內外現存清宮天禄琳琅書的調查與研究"。出版專著有《清華園裏讀舊書》，點校整理《窳櫎日記鷗堂日記抄》，重訂主編《清華大學圖書館藏善本書目》，發表學術論文50餘篇。

谷輝之，1951年生，浙江上虞人。浙江圖書館研究館員。1976年始從事古籍整理編目工作，先後參與編纂《中國古籍善本書目》、《中國古籍總目》、《續修四庫全書》，任編輯委員會委員。1994年8月至2000年9月任浙江圖書館古籍部副主任、主任。1997年獲文學博士學位。2000年9月應美國哈佛大學哈佛燕京學社邀請，在哈佛燕京圖書館訪學一年。曾選編《張宗祥書學論叢》，選輯《柳如是詩文集》，點校《古今詞統》等，撰寫《陳訓慈先生與浙江圖書館》、《文瀾閣》、《浙藏敦煌文獻·敍錄》、《毛先舒年譜》等。

張麗娟，1967年生，河北晉州人。副研究館員。1984年入北京大學中文系古典文獻專業學習，1988年獲學士學位，1991年獲碩士學位。2005年起攻讀北京大學中文系古典文獻專業博士研究生，2010年7月獲文學博士學位。從事圖書館古籍工作多年，1991年至1999年供職於國家圖書館善本部，1999年至今供職於北京大學圖書館古籍部。曾先後在香港大學馮平山圖書館、臺北輔仁大學中文系、美國哈佛大學哈佛燕京圖書館做訪問研究。主要研究方向爲古籍版本學、宋代出版史等，出版專著有《宋本》（與程有慶合作），並發表學術論文多篇。

序

中國目錄之學,肇自漢代劉向、劉歆父子。《漢書·藝文志》云:"至成帝時,以書頗散亡,使謁者陳農求遺書於天下。詔光祿大夫劉向校經傳、諸子、詩賦,步兵校尉任宏校兵書,太史令尹咸校數術,侍醫李柱國校方技。每一書已,向輒條其篇目,撮其旨意,錄而奏之。會向卒,哀帝復使向子侍中奉車都尉歆卒父業。"二劉所撰書錄僅存《戰國策》、《管子》、《晏子》、《列子》、《鄧析子》、《孫卿書》、《說苑》、《山海經》八篇,考作者之行事、時代、學術,略於敍述評論書之本身,這應是中國最早的解題目錄。宋代晁公武《郡齋讀書志》、陳振孫《直齋書錄解題》等,明代高儒《百川書志》、焦竑《國史經籍志》、晁瑮《寶文堂書目》等始標注舊槧,枚舉同異,遂為清代藏書家重視版本之濫觴,而學者亦多借重稽考。

中國傳統目錄學、版本學的著述中,書志、讀書志、藏書志、訪書記、提要、書錄、敍錄、經眼錄、題跋記等,都注重介紹古籍圖書的形式內容。唐韓愈《進學解》即有"記事者必提其要,纂言者必鉤其玄"之言,其《王公神道碑銘》又云"維德維績,志於斯石,日遠彌高",蓋志者,記載之意。無論何種寫作形式,對書之描述,卻是有簡有詳。一般來說,書目僅著錄一書之書名、卷數、作者、版本、冊數,稍為簡略,於所藏善本之內容特色無從彰顯。同樣,經眼錄、題跋記、訪書記等也較簡明,其記錄亦各取所需。而書志是在書目的基礎上發展起來的,對書名、卷數、作者、版本、行款、版式,以及著者簡歷、內容、牌記、序跋、題識、刻工、諱字、流傳著錄、藏印等詳載備錄。

流傳至今的各種書志,不外乎四種類型:一為政府(或機構)出面所編,如《欽定天祿琳琅書目》、《四庫全書總目》等;一為私家所編,如陸心源《皕宋樓藏書志》、葉德輝《郋園讀書志》、傅增湘《藏園群書題記》、潘宗周《寶禮堂宋本書錄》等;一為坊賈所編,如王文進《文祿堂訪書記》、嚴寶善《販書經眼錄》等;一為學者讀書所得,如張舜徽《清人文集別錄》、袁行雲

《清人詩集敍錄》等。

　　公家藏書志較少。有清一代，稽古右文，內廷書目，極有可稱。如《欽定天祿琳琅書目》十卷，清于敏中等奉敕編，所收皆屬皇家典藏，皆秘笈珍函、宛委叢編、瑯嬛墜簡，其緣起則是弘曆於乾隆九年命內直諸臣檢閱秘府藏書，擇其善本進呈御覽，並於昭仁殿列架度置。《書目》收錄圖書429種，每種皆考其時代爵里，並著授受源流。又《欽定天祿琳琅書目後編》二十卷，清彭元瑞等奉敕編，所收664種圖書，體例一依前目，每書舉篇目、詳考證、定鑒賞、訂補缺，前人題跋印記亦為附錄。此《天祿琳琅書目》，實為清代宮中所藏善本書志，它和《四庫全書總目》最大的不同，就在於它是典型的注重著錄版本的"書目"。

　　各種藏書志中，私家藏書志最多，其中最重要者，推《讀書敏求記》四卷，其特色在詳於圖書版本的著錄與鑒定，或從版式、行款、字體、刀刻、紙張、墨色、裝幀以及序跋、印章等方面確定雕板年代，或從初印、重印，抑或是原本、翻刻來審酌一書版本之優劣，使圖書著錄遠非早期的僅有書名、卷數、作者、版本、冊數而已。《四庫全書總目》將之列入存目，謂其"述授受之源流，究繕刻之異同，見聞既博，辨別尤精，但以版本而論，亦可謂之賞鑒家矣"。清代書志大小幾近百種，其佳者流傳亦多。如海昌耆宿吳騫，耽道學古，居浙江海寧新倉里，於小桐溪畔築拜經樓，藏書五萬卷，多善本。晨夕坐樓中，展誦摩挲，成《拜經樓題跋記》。

　　坊賈所編書目，其所依據古籍俱為"臨時"藏本，具有流動性，故書目有"經眼錄"之性質。王文進《文祿堂訪書記》董康序云："綜其所列四部書，都七百五十餘種，去取精慎，考覈翔實，一書之官私刊本、雕造區域，及名人鈔校，流傳源委，皆記其跋語與收藏圖記，細如行格字數、刊工姓氏，靡弗備紀，其用力可謂勤矣。"王氏以一販鬻之書友，積三十年之力，勤苦搜訪，發潛闡幽，斠訂同異，津逮學林，不僅較乾嘉間錢時霽(聽默)、陶正祥(五柳)而過之，實亦可與清代重要藏書家相媲美。

　　近現代學者中，將讀書心得寫成專書且最具功力者，當推袁行雲《清人詩集敍錄》，凡80卷，近二百萬言，著錄清人詩集2511種，皆作者半生精力所經眼者。《敍錄》縝密細緻，實事求是，不僅吸收前輩考據家之長，又能化古求新，注此存彼，爬梳別抉，糾謬補闕，輯佚鉤玄，考證辨誤，縱論時風，發微抉隱，融會貫通，此《敍錄》當可視為清人詩集總目提要。此外如清周中孚的《鄭堂讀書記》，就其所見古今各書，將內容寫成提要，詳其得失,間附己見,共收錄四千餘種。清耿文光《萬卷精華樓藏書記》,著錄書籍二千餘種,創始於光緒五年(1879),完成於十四年(1888),九易寒暑,四易其稿。其式爲先錄撰人、次列版本、次加解題、次錄序跋、次採本書要語、次集諸家論說,或書所見、記所得,每書各著提要,俾覽者得以考見本末,至文字異同、篇帙分合,亦必詳爲辨訂,巨細不遺。原有序跋,取其有關宏旨者節錄概略,亦爲留心文獻者所共許。至如作者生平仕履,必多方考索,務使有所憑藉。

晚清民國以來,隨着時勢、環境等各種因素的發展變化,私人藏書百川匯海,逐漸轉爲公藏。清光緒三十四年(1908),地方大吏端方在南京奏請朝廷,創設江南圖書館(南京圖書館前身)。1910年,京師圖書館(國家圖書館前身)正式成立。1913年,浙江藏書樓(浙江圖書館前身)開館。這些都是中國公共圖書館的雛形。1949年以後,中國各省市都在原有基礎上加強了公共圖書館和大學圖書館建設,同時也創設了一些新的圖書館,如上海圖書館。可以說,這些圖書館收藏的古籍圖書幾乎佔了全國總收藏量的百分之九十左右,其中包括大量珍貴文獻。這些先人留下的寶貴文化遺產,成爲今天研究者據以瞭解歷史、瞭解昨天所不可缺少的資料,而公家收藏也爲合理、有效利用提供了前提條件。

對於收藏古籍圖書較爲豐富的大型圖書館來說,既有令人驕傲的"鎮庫之寶",也有視若枕秘的孤槧秘本。但若館藏珍本多多,卻嚴錮深扃,既不與研究者利用共賞,又不傳播流布,而只是"養在深閨、待字閣中",那真是一種資源浪費。如果能請館內專家對鮮爲人知、難得面世的珍本予以揭示,爲研究所用,那也算是對學界的"功德"了。因此,大型圖書館編著善本書志,不僅是對館藏古籍善本文獻的詳細記錄,使家底清楚,同時可以提供給研究者各種資訊,也可爲其他圖書館編目人員核對版本提供依據,那不僅僅是擴大影響,而且是開發古籍文獻,實現資源共享的最好方法。從另一個角度來說,也能訓練、培養古籍版本人才。

中國是收藏中文古籍最多的地方,雖然古籍整理在20世紀五十年代至"文革"前做了不少工作,八十年代以後乃至現今,又陸續出版了不少有關書目、書影或提要(包括專類的提要,如戲曲小說、詩文集、醫家釋道,等等)類著作。其中影響最大的有王重民著《中國善本書提要》、吳格整理《嘉業堂藏書志》、杜澤遜編著《四庫存目標注》、袁行雲著《清人詩集敘錄》等。可惜的是,以公共圖書館藏善本書爲對象撰成書志者卻不多見,中國國家級大館如國家圖書館,省市館如上海、南京、浙江,以及重要的大專院校圖書館,都沒有自己的善本書志。也許大有大的難處,館大業盛,資源豐富,人丁興旺,門面大,需應付的場面也大不一樣,編寫善本書志遇到的困難也多,顧慮也大,反而是一些小型圖書館在這方面先聲奪人。我所看到國內出版的館藏善本書志,有《蘇州市圖書館藏古籍善本提要》(經部172種,鳳凰出版社,2004年),及《武漢市圖書館古籍善本書志》(經部119種,湖北人民出版社,2004年)。以武漢市圖書館爲例,該館善本藏書不多,與湖北省館相比,是小巫見大巫,和其他省市一級大圖書館相較,更是不能望其項背。然而,小館也可以做大事,可以做大館一時半會兒做不到的事,那就是將數量有限的館藏善本寫成書志,而且已經出版了經部(第一輯)。書志著錄了原書各種記錄及刻工、鈐印等,匯輯資料並加上編者識見,有圖有文,圖文並茂。

其他如香港地區,1970年出版了饒宗頤編著的《香港大學馮平山圖書館藏善本書錄》,著錄229部,約6萬字。2003年又重新編著《香港大學馮平山圖書館藏善本書錄》,著錄704部,約25萬字。香港中文大學圖書館也於1999年出版了《香港中文大學圖書館藏中文善本書錄》,著錄848部,約30萬字。而臺北"國家圖書館"於1994年開始"第二階段古籍整編計劃",組織了13人撰寫該館所藏善本書志,從1996年出版《"國家圖書館"善本書志初稿》"經部"始,到2000年出版"叢部"止,共12冊,著錄12 369部,約400萬字。

在北美,則有王重民著、袁同禮修訂《美國國會圖書館中文善本書錄》(該館印,1957年),著錄1 775部,約10萬字;王重民著、屈萬里校訂《普林斯頓大學葛思德東方圖書館中文善本書志》(臺北藝文印書館,1974年),著錄1 136部,約8萬字;李直方著《華盛頓大學遠東圖書館藏明板書錄》(該館印,1975年),著錄138部,約1萬字;沈津著《美國哈佛大學哈佛燕京圖書館中文善本書志》(上海辭書出版社,1999年),著錄1 433部,約152萬字;柏克萊加州大學東亞圖書館編《柏克萊加州大學東亞圖書館中文古籍善本書志》(上海古籍出版社,2005年),著錄768部,計98萬字。此外還有加拿大多倫多大學的《加拿大多倫多大學東亞圖書館藏中文古籍善本提要》(廣西師範大學出版社,2009年),著錄626部,計70萬字。

上述這些善本書志,有的較簡單,如香港二館、美國國會、葛思德館、華大遠東館書志,較少揭示書之內涵,所以信息量較少。而臺北的書志則採用傳統方式,就書客觀著録,館藏特色也難以反映,如中國現存最早的套印本元資福寺刻朱墨套印本《金剛般若波羅蜜經》,是中國文獻學、版本學、版畫史上必説的重要圖書,但書志從書名到鈐印,僅有二百餘字的簡單記録,其文獻價值很難彰顯。

美國哈佛大學哈佛燕京圖書館是歐美地區研究中國傳統文化的重鎮,收藏中、日、韓、越出版物,以及用英文撰寫的有關東亞研究的論文、專著等約100餘萬册。所藏善本約11 300部,包括中國善本書3 800部(含明代至清乾隆地方志700部)、日本善本書3 700部、韓國善本書3 800部。中國善本書中,包括宋元明清刻本、稿本、抄本、活字本、套印本、版畫等,其中明刻本1 500部,清初至乾隆刻本約1 600部。明刻本中,有近200部是中國(包括臺灣、香港地區)、日本、韓國和美國其他公共圖書館所未有的名目或版本,又有百餘部是見於著録的清代禁毁圖書。在普通書庫中的中文綫裝圖書,大部分是1928年至1949年間,在北京等地購得,數量近20 000部,包括2 100餘種地方志和千種左右的叢書。

《魏書·逸士傳·李謐》云:"丈夫擁書萬卷,何假南面百城。"早在1936年,羅振玉即爲"哈佛漢和圖書館"(哈佛燕京圖書館前身)題有"擁書權拜小諸侯"的篆額。如若從版本學的角度去看,雖公私藏弃未能盡致,仍如一席豐盛的菜肴,各類海味山珍、人間美饌都有,燕京藏書之盛可以概見。可以説,"哈佛燕京"的中文善本收藏數量和質量,在歐美地區來説,足可與美國國會圖書館相抗衡,在中國,也可與一些省市圖書館相頡頏。

筆者以爲,撰寫善本書志,不僅要將群書部次甲乙,條别異同,推闡大義,疏通倫類,更應辨章學術,考鏡源流,乃至蒐討佚亡,而備後人之徵考。前人於書志寫作,認爲應"辨版刻之時代,訂抄校之精粗,改卷數之多寡,别新舊之異同,以及藏書印記、先輩佚聞"等,所以撰寫書志應在前人的基礎上更加詳細地揭示書之内容版本,盡可能使之精審確鑿,而不僅僅是一張圖書館藏書卡片的放大。這樣的書志才會對讀者更加適用。因此,燕京《書志》的寫作,是將原書之書名、卷數、行款、板框寬廣、題名、序跋先作揭示,再著録作者之簡歷、各卷之内容、撰著之緣由、序跋之摘録、版本認定之依據、全書之特點,以及諱字、刻工、寫工、繪工、印工、出版者、他處之入藏、收藏鈐記等,盡可能地將書中得到的信息詳細勾稽,依次排比,供研究者參考利用,每篇書志平均1 000至1 500字,最長者5 000字。透過書志，研究者可以找到對他有用的信息並加以利用。這樣的寫作方式，筆者姑且稱之爲"哈佛模式"。

"哈佛燕京"中文善本書志的撰寫，並非一蹴而成，其中甘苦亦非局外人所知。津最先寫的是宋元明代刻本，始於1992年5月，至1994年4月，除去節假日，500餘日疲於奔命的寫作，方才完成1 400餘種152萬字，並於1999年由上海辭書出版社出版。之后，因工作增多，時寫時停，再三年又專做古籍整理、調整書庫、讀者工作等，書志撰寫幾乎停頓。直至2006年始得繼續，至2008年歲末，終於完成了1 600餘種清刻本以及抄稿本書志。需要说明的是，這部廣西師大版的《美國哈佛大學哈佛燕京圖書館藏中文善本書志》，是在1999年辭書版《美國哈佛大學哈佛燕京圖書館中文善本書志》（即宋元明部分）基礎上的修訂與續增。兩者之不同處在於："辭書"版中之舛誤多有改正，某些版本之敘述不詳者也略加補苴，同時增加了若干明刻本及1 600部清代善本（含稿本、抄本），"燕京"所藏善本盡載此志。新增寫的清代善本書志，是集體創作的成果，由沈津、嚴佐之、劉薔、谷輝之、張麗娟合作撰寫。嚴、谷、劉、張都是國內從事版本目錄學、文獻學教學與研究的專業人員，亦都曾作爲"哈佛燕京"的訪問學者，在燕京一年（200餘個工作日），分別撰寫經部、史部、子部、叢部書志。豐富的學識和工作經驗，使得他們在撰寫書志時，既得心應手，又不斷挑戰自我，每人都完成了約30萬字的工作量。

撰寫"書志"的過程中，也發現並揭示了一批國內沒有收藏的善本圖書，如明楊繼盛手稿《彈劾嚴嵩奏疏草稿》、明藍格抄本《欽明大獄錄》、清初毛氏汲古閣抄本《離騷草木疏》、清袁氏貞節堂抄本《五經異義纂》、清中期吳騫稿本《皇氏論語義疏參訂》、清末丁日昌稿本《砲錄》、兩本《永樂大典》，以及一些明清文集、戲曲小說等。在此之前，"哈佛燕京"於2003年與廣西師範大學出版社合作，從已寫成的善本書志中覓得國內沒有收藏，具有較高資料及文獻價值的善本67種，如《休寧蓀浯二溪程氏宗譜》、《潞城縣志》、《龍門集》、《三渠先生集》、《新刻全像漢劉秀雲臺記》、《新刻全像點板張子房赤松記》等予以影印出版，化孤本爲不孤，罕本爲不罕，爲海內外讀者提供學術研究之便，體現了"哈佛燕京"發掘中華民族優秀文化遺產及"學術乃天下之公器"的理念。這項工作今後還會持續去做，如"哈佛燕京"藏未刻稿本、未刻抄本、罕見清人文集等的集刊影印。值得驕傲的是，由廣西師範大學出版社出版的《美國哈佛大學哈佛燕京圖書館藏中文善本彙刊》,曾獲得第十四屆"中國圖書獎"(2003年),這或許也可視作撰寫"書志"的收穫。

另外,"書志"也糾正了《中國古籍善本書目》中一些版本著錄的不確和疏忽之處。蓋"哈佛燕京"藏明代善本,有一部分是第二次世界大戰後從日本購得,書的封面裝潢雖已變更,但卻保存了原書扉頁或牌記,爲書的出版年提供了確切依據。然國內藏有些圖書佚去扉頁和牌記,或已殘缺不全,當時只能籠統定爲"明刻本"。現今哈佛藏本有了確證,版本項著錄也可更加準確。

"燕京"自1928年成立,至今已82年,前後共有三任館長,而本書志寫作,始終貫穿三位館長之辛勞。蓋因首任館長裘開明先生(1928.1—1965.9)的不遺餘力,方達成如此豐富的館藏。裘氏早有編纂善本書志之念,然心有餘而力不足。吳文津館長(1965.10—1997.12)任內,專從香港中文大學聘請筆者擔綱此事。鄭炯文館長(1998.5—)繼任后,於各處籌款,聘請國內學者嚴、谷、劉、張四人來館相助援手,裘氏遺願,於此得償,亦幸事也。願這部承載了幾代"哈佛燕京"人心願的書志,能爲學林這座大廈加一小石,添一小磚,以供學界參考利用。如今,"燕京"的書志撰寫終於告一段落,但並未完全落下帷幕,蓋因館藏史部方志類中乾隆及以前的版本有近700部,今後將另行編纂出版,權作"書志"之補編。

春去冬來,星霜荏苒。《美國哈佛大學哈佛燕京圖書館藏中文善本書志》即將出版,欣喜、欣慰之餘,津亦心懷悚惕:洋洋巨書,帝虎亥豕,烏焉成馬,舛誤在所難免,懇請大雅方家,多所賜正。最后,我要向責任編輯任雅君、馮勤先生致謝,他們在一年半的時間里,盡心盡責,細加勘讀,使"書志"的瑕疵減少許多。又"書志"的書名及作者索引標記,均由任雅君獨力完成。還有何朝暉教授、張海惠女士,他們在"燕京"期間,也曾助我寫過數十篇書志,這是不能忘卻的。"書志"出版事宜,自始至終都由廣西師範大學出版社集團何林夏董事長兼總裁、雷回興分社長爲之關心操勞。總之,沒有各方的努力,這本書志是很難面世的。

沈 津

2010年10月

凡 例

一、本書志所收之書，爲美國哈佛大學哈佛燕京圖書館所藏中文善本，含宋、元、明、清刻本、稿本、抄本、活字本、套印本、版畫之全部，計3 097種。

二、館藏輿圖、碑帖、拓片、誥命、文告等，以及中國少數民族文字（滿、蒙、藏文）、日本刻本、朝鮮刻本均不在本書撰寫之内。

三、本書志撰寫體例，爲一書之書名、卷數、編著者、版本、册數、批校題跋者、行格字數、板框之高寬、序跋、書之大體内容、版本源流、扉頁牌記、刻工姓名、收藏情況、鈐印等。

四、每書之書名，悉依原書卷一第一頁卷端所題著録，原書多卷而各卷題名不一時，以首卷卷端題名爲準。

五、凡殘缺不全之書，書名後仍著原書卷數，現存卷數詳見於書志。原書卷數無考時，則作□□卷。

六、每書之板框高寬，均依卷一第一頁所定。

七、凡一書有年代可據，或其他序跋等資料可考者，皆詳著其刊刻年代、刻書處或刻書人姓名。無考者，則統稱某朝刻本。

八、凡抄本，有資料可據者，則詳著其抄寫年代及抄寫者姓名。如無依據，則統稱爲某朝抄本。凡正楷書進呈之本，則稱寫本。

九、館藏善本地方志約700種，將來擬另寫爲專志。

十、書志之分類，按經、史、子、集、叢部排列，小類以及具體排列，以著者時代先後爲序，或大體依據《中國古籍善本書目》。

十一、叢書及各部類中彙編之書，子目盡可能按原書目録列出。

十二、本書志末附有書名、作者索引，但叢書子目的書名、作者索引從略。

十三、本書志中，每篇標題後所列號碼，爲館藏索書號。

十四、書志中所附圖片，是從3 097種善本書中遴選而來，經、史、子、集四部，每部均選100種，叢部則予以全録。

十五、本書涉及大量古人著述及引用資料，著者在引用時所加標點原則爲粗斷，以能解文意爲度。書中引文及著者行文中，對一些人所熟知、約定俗成的書名、略稱，如易、詩、總目等，常或不加標點，或沿用其説，以保留古意。

十六、本書引文中，或有個別錯訛字，或有不少簡字（如"于""迹"等），經校原書確認，當爲原誤，對此著者不便擅改，故予保留原貌。

十七、本書中存在大量異體字，考慮到本書內容的特殊性及讀者群習慣，尤其可能會影響書名、牌記、印章等特征標記的準確性，因此採取了從寬從俗、保留古貌的原則。

目 録

分類目録 …………………………………………………… 1

經部 ………………………………………………………… 1

史部 ………………………………………………………… 305

子部 ………………………………………………………… 861

集部 ………………………………………………………… 1355

叢部 ………………………………………………………… 2289

參考書目 …………………………………………………… 2385

附　録

 書名拼音索引 …………………………………………… 2389

 書名筆畫索引 …………………………………………… 2417

 作者拼音索引 …………………………………………… 2445

 作者筆畫索引 …………………………………………… 2463

分類目錄

經　部

0001	清康熙刻本篆文六經四書 …… 3
0002	明刻本九經 …… 3
0003	明嘉靖刻隆慶重修本十三經注疏 …… 4
0004	明崇禎刻本十三經注疏 …… 5
0005	清康熙刻本通志堂經解 …… 6
0006	明萬曆刻本兩蘇經解 …… 9
0007	明崇禎刻本五經全文訓解 …… 10
0008	明刻清印本五經旁訓 …… 10
0009	明萬曆刻本五經大全 …… 11
0010	明萬曆刻本五經大全 …… 12
0011	明萬曆刻本五經大全 …… 12
0012	明萬曆刻本十三經解詁 …… 12
0013	明萬曆刻清初補板印本五經疑問 …… 13
0014	明天啓刻本五經旁訓 …… 14
0015	明萬曆刻本五經集注 …… 14
0016	清乾隆刻本學耕五經 …… 15
0017	明末毛氏汲古閣刻本關氏易傳蘇氏易傳 …… 15
0018	明萬曆刻本易傳 …… 16
0019	清抄本周易口訣義 …… 16
0020	明崇禎刻本大易疏解 …… 17
0021	明刻本周易傳義 …… 17
0022	明刻本新刊大字周易本義 …… 17
0023	清康熙刻本周易本義 …… 18
0024	明萬曆刻本楊氏易傳 …… 20
0025	清乾隆刻本周易明解輯說 …… 20
0026	明正統刻本周易傳義大全 …… 21
0027	明萬曆刻本易經蒙引 …… 22
0028	明末刻本易經蒙引 …… 22
0029	明隆慶刻本今文周易演義 …… 23
0030	明萬曆刻本周易古今文全書 …… 23
0031	明萬曆刻本周易象義 …… 24
0032	明萬曆刻本新刻易測 …… 25
0033	明萬曆刻本重訂易經疑問 …… 25
0034	明萬曆刻九經解本周易正解 …… 26
0035	明萬曆刻本羲經十一翼 …… 26
0036	明刻本周易大全纂 …… 27
0037	明萬曆刻本周易會通 …… 27
0038	明崇禎刻本易經注疏大全合纂 …… 28
0039	清乾隆刻本古周易訂詁 …… 28
0040	清康熙刻本周易玩辭困學記 …… 29
0041	清康熙刻本田間易學 …… 31
0042	清康熙刻本大易辨志 …… 32
0043	清康熙刻本周易通 …… 33
0044	清康熙刻本周易辨 …… 34
0045	清乾隆刻本壽山堂易說 …… 36
0046	清康熙刻本御纂周易折中 …… 38
0047	清康熙刻本日講易經解義 …… 39
0048	清乾隆刻本孔門易緒 …… 39
0049	清康熙刻本辨志堂新輯易經集解 …… 41
0050	清雍正刻本周易函書別集 …… 42
0051	清雍正刻本卜法詳考 …… 44
0052	清乾隆刻本易箋 …… 45
0053	清乾隆刻本周易孔義集說 …… 46
0054	清康熙刻本易經述 …… 47
0055	清康熙刻本易經大全會解 …… 48
0056	清康熙刻本易經大全會解 …… 49
0057	清康熙刻本周易述解辨義 …… 49
0058	清乾隆刻本易圖解 …… 50
0059	清乾隆刻本易經揆一易學啓蒙補 …… 51
0060	清乾隆刻本周易讀翼揆方 …… 52
0061	清乾隆刻本易研 …… 53
0062	清乾隆刻本周易考 …… 54
0063	清抄本易象集說附錄 …… 55
0064	清乾隆刻本周易象意 …… 55
0065	清抄本周易井觀 …… 57
0066	清乾隆刻本周易遵翼約編 …… 57
0067	清乾隆刻本易見易見啓蒙 …… 58

編號	書名	頁碼
0068	清乾隆刻本周易便解	59
0069	清乾隆刻本易經貫一	60
0070	清乾隆刻本周易象解	61
0071	清雍正刻本易史易簡録	61
0072	清抄本易醒增删定本	62
0073	清抄本易鈔五種	63
0074	明嘉靖刻隆慶重修本尚書注疏	64
0075	明刻套印本東坡書傳	65
0076	明刻本書經集注	65
0077	清乾隆刻本尚書通考	66
0078	明刻本書傳大全	67
0079	明刻本鐫彙附百名公帷中縈論書經講義會編	67
0080	明崇禎刻本便蒙删補書經翼	68
0081	明萬曆刻清印本尚書疏衍	69
0082	明萬曆刻本新校尚書减注	69
0083	清康熙刻本尚書舌存	69
0084	明崇禎刻本書經注疏大全合纂	70
0085	明萬曆刻本尚書軌範撮要圖	70
0086	清乾隆刻本尚書古文疏證朱子古文書疑	71
0087	清康熙刻本深柳堂彙輯書經大全正解	73
0088	清康熙刻本禹貢譜	74
0089	清康熙刻本禹貢錐指	75
0090	清乾隆刻本尚書後案	77
0091	清乾隆刻本尚書釋天	78
0092	清乾隆刻本書經文鈔	79
0093	明永樂內府刻本詩傳大全	80
0094	明嘉靖刻本詩説解頤	80
0095	明刻本葉太史參補古今大方詩經大全	81
0096	明萬曆刻本毛詩鄭箋纂疏補協	81
0097	明萬曆刻本新刻徐玄扈先生纂輯毛詩六帖講意	82
0098	明崇禎刻本詩經備考	82
0099	明崇禎刻本詩經注疏大全合纂	83
0100	明崇禎刻本詩經説約	83
0101	明崇禎刻本詩經類考	84
0102	明萬曆刻本六家詩名物疏	84
0103	明萬曆刻本新鍥晉雲江先生闡蒙衍義集注	85
0104	明萬曆刻本多識編	85
0105	清康熙刻本毛詩日箋	86
0106	清康熙刻本詩經廣大全	87
0107	清雍正刻本四刻黄維章先生詩經嫏嬛體注	88
0108	清乾隆刻本詩經增訂旁訓	88
0109	清乾隆刻本毛詩名物圖説	89
0110	明萬曆刻三經評注套印本檀弓	90
0111	明萬曆刻本考工記通	90
0112	明嘉靖刻十三經注疏本周禮注疏	91
0113	清乾隆刻本周禮	91
0114	明嘉靖刻本周禮句解	91
0115	明刻本周禮補亡	92
0116	明刻套印本周禮	92
0117	明天啓刻本注釋古周禮	92
0118	明萬曆刻三經評注套印本考工記	93
0119	清乾隆刻本周官精義	93
0120	明刻本儀禮注疏	95
0121	清乾隆刻本儀禮易讀	95
0122	清乾隆刻本儀禮章句	96
0123	清乾隆刻本儀禮經注疏正譌	97
0124	明刻本禮記集注	98
0125	明萬曆刻本張翰林校正禮記大全	99
0126	明萬曆刻九經解本周禮完解	99
0127	明萬曆刻九經解本禮記通解	99
0128	明末刻本禮記約注	100
0129	明崇禎刻本禮經貫	100
0130	明萬曆刻本三禮編繹	101
0131	明崇禎刻本禮樂合編	101
0132	清康熙刻本禮記説義纂訂	102
0133	清乾隆刻本日講禮記解義	103
0134	清乾隆刻本三禮述注	104
0135	清乾隆刻本儀禮經傳內外編	106
0136	清乾隆刻本五禮通考	107
0137	清乾隆刻本讀禮説	109
0138	明弘治刻本文公家禮儀節	110
0139	明嘉靖刻本家禮節要	111
0140	清乾隆刻本家禮集議	112
0141	清刻本家禮會通	112
0142	明萬曆刻增修清印本樂律全書	113
0143	明萬曆刻樂律全書本靈星小舞譜	114
0144	清康熙刻本樂典	114
0145	明萬曆刻本樂記	115
0146	明末刻本春秋三書	115
0147	清乾隆刻本春秋公羊穀梁諸傳彙義	116
0148	清雍正刻本春秋左傳	116
0149	明萬曆刻本春秋左傳杜林合注	117
0150	明刻本精選東萊先生左氏博議句解	118
0151	明崇禎刻本重訂批點春秋左傳詳節句解	118
0152	清康熙刻本春秋左傳類對賦注	119
0153	明嘉靖刻本唐荆川先生編纂左氏始末	120
0154	明萬曆刻本春秋左傳注解辯誤	120
0155	明萬曆刻套印本春秋左傳	121

0156	明崇禎刻本春秋左傳綱目定注	121		0202	明刻本周會魁校正四書大全	153
0157	明萬曆刻本春秋左傳注評測義	122		0203	明萬曆刻本四書蒙引	154
0158	清康熙刻本讀左日鈔	122		0204	明末刻本四書圖史合考	154
0159	清康熙刻本左傳快評	123		0205	清康熙刻本四書集注闡微直解	155
0160	清乾隆刻本增補左繡匯參	124		0206	明崇禎刻本石渠閣刪注四書人物考	156
0161	清乾隆刻本春秋左傳杜注	125		0207	明天啓刻本四書人物考訂補	157
0162	明末刻本公羊傳穀梁傳	126		0208	明刻套印本四書參	158
0163	明天啓刻本春秋公羊傳春秋穀梁傳	126		0209	明萬曆刻本刻四書便蒙講述	159
0164	清抄本穀梁大義述補	126		0210	明萬曆刻經言枝指本四書名物考	159
0165	明內府刻本春秋傳	127		0211	明萬曆刻本鼎鐫睡庵湯太史四書脉	160
0166	明刻本春秋傳	127		0212	明末刻本皇明百方家問答	161
0167	明萬曆刻本春秋胡傳	128		0213	明崇禎刻本四書湖南講	162
0168	明崇禎刻四書六經讀本本春秋胡傳	128		0214	明末刻本新鐫繆當時先生四書九鼎	163
0169	明嘉靖刻本春秋四傳	128		0215	明萬曆刻本新鐫黃貞父訂補四書周莊	
0170	明刻本春秋四傳	129			合解	163
0171	清康熙刻本春秋經傳闕疑	129		0216	明萬曆刻本新鍥四書心鉢	165
0172	明嘉靖刻本春秋集傳大全	131		0217	明萬曆刻本四書眼	165
0173	明萬曆刻本春秋貫玉	131		0218	明末刻本近聖居四書翼經圖解	166
0174	明萬曆刻九經解本春秋直解	132		0219	明崇禎刻本四書備考	167
0175	明萬曆刻本鍥王趙二先生校閱音義天梯			0220	清乾隆刻本增補四書精繡圖像人物備考	
	春秋正文	132				167
0176	明刻本春秋大全	133		0221	明刻本新刻乙丑科華會元四書主意金	
0177	明天啓刻本增定春秋衡庫	133			玉髓	168
0178	明天啓刻本麟書捷旨	134		0222	明末刻本三太史彙纂四書人物類函	168
0179	清順治刻本春秋大成春秋大成講意	135		0223	明萬曆刻本新鐫彙附雲間三太史約文暢解	
0180	清稿本春秋年譜	136			四書增補微言	168
0181	清康熙刻本春秋本義	138		0224	明末刻本四書徵	169
0182	清乾隆刻本日講春秋解義	139		0225	明崇禎刻本四書經學考	170
0183	清康熙刻本春秋單合析義	140		0226	明末刻本近聖居三刻參補四書燃犀解	170
0184	清康熙刻本春秋指掌	141		0227	清初刻新鐫錢希聲先生四書課兒捷解	171
0185	清乾隆刻本春秋因學錄	142		0228	明崇禎刻本四書說約	172
0186	清乾隆刻本春秋集義	143		0229	明崇禎刻本四書十一經通考	173
0187	清乾隆刻本春秋識小錄	144		0230	清順治刻本四書大全辯	173
0188	清乾隆刻本春秋經傳類求	146		0231	清初刻本新鐫四書說約大全合參	176
0189	清乾隆刻本春秋說約	147		0232	清康熙刻本四書大成	177
0190	清乾隆刻本春秋三傳揭要	147		0233	清康熙刻本四書朱子語類	178
0191	明刻本春秋繁露	148		0234	清康熙刻本四書大全	180
0192	明天啓刻本董子春秋繁露	148		0235	清康熙刻本四書講義困勉錄續錄	182
0193	明嘉靖刻隆慶重修本孝經注疏	149		0236	清乾隆刻本四書講義困勉錄續錄	183
0194	明萬曆刻本十三經注疏本孝經注疏	149		0237	清康熙刻本四書明儒大全精義	184
0195	明天啓刻本孝經集義	149		0238	清雍正刻本駁呂留良四書講義	185
0196	清康熙刻本孝經大全	150		0239	清康熙刻本增訂四書大全	186
0197	明崇禎刻本孝經集傳	151		0240	清乾隆刻本方百川先生經義	187
0198	明刻本四書集注	152		0241	清乾隆刻本漱芳軒合纂四書體注	188
0199	明嘉靖刻本四書集注	152		0242	清康熙刻本四書體朱正宗約解	189
0200	明刻本四書集注	153		0243	清康熙刻本新刻四書通典備考	190
0201	明成化刻本四書集注大全	153		0244	清康熙刻本正學儀型四書語錄	191

0245	清康熙刻本四書繹注 ………… 192	0291	清乾隆刻本西漢儒林傳經表 … 236
0246	清康熙刻本石渠閣新訂四書講義童子問	0292	清乾隆刻本省吾堂五種 ……… 237
	………………………………… 193	0293	清道光刻本經義未詳説 ……… 238
0247	清乾隆刻本四書朱子本義匯參 … 194	0294	明天啓刻本五雅 ……………… 239
0248	清乾隆刻本四書朱子或問語類 … 196	0295	明刻遞修本爾雅注疏 ………… 239
0249	清乾隆刻本四書自得錄 ……… 196	0296	清乾隆刻本爾雅正義 ………… 240
0250	清雍正刻本四書典林 ………… 197	0297	清嘉慶刻本爾雅蒙求 ………… 241
0251	清乾隆刻本四書古人典林 …… 199	0298	清康熙刻本埤雅 ……………… 242
0252	清乾隆刻本四書疑問 ………… 200	0299	抄本讀雅筆記 ………………… 243
0253	清康熙刻本四書朱子大全統義 … 201	0300	明崇禎刻津逮秘書本急就篇 … 244
0254	清康熙刻本四書朱子異同條辨 … 201	0301	明萬曆刻本説文解字 ………… 244
0255	清康熙刻本四書諸儒輯要 …… 203	0302	明天啓刻修補印本重刊許氏説文解字
0256	清乾隆刻本四書諸儒輯要 …… 203		五音韻譜 ……………………… 244
0257	清乾隆刻本四書左國彙纂 …… 204	0303	明天啓刻修補印本重刊許氏説文解字
0258	清嘉慶刻本四書典制類聯音注 … 205		五音韻譜 ……………………… 245
0259	清刻本四書總字音 …………… 206	0304	明刻本重刊許氏説文解字五音韻譜 … 245
0260	明嘉靖刻十三經注疏本論語注疏解經 … 206	0305	明崇禎刻本説文長箋 ………… 245
0261	明刻本論語詳説 ……………… 207	0306	清康熙刻本説文廣義 ………… 246
0262	明萬曆刻九經解本論語詳解 … 207	0307	清乾隆刻本説文字原集注 …… 247
0263	清稿本皇氏論語義疏參訂 …… 207	0308	清乾隆刻本説文字原考略 …… 248
0264	清稿本論語古韻 ……………… 208	0309	清同治刻本説文廣義校訂 …… 249
0265	明嘉靖刻本孟子 ……………… 208	0310	明刻本大廣益會玉篇 ………… 250
0266	明萬曆刻三經評注套印本孟子 … 209	0311	清康熙刻本汗簡 ……………… 251
0267	明萬曆刻大魁四書集注本孟子集注 … 209	0312	明末刻本漢隸字源 …………… 253
0268	清嘉慶刻本載詠樓重鐫硃批孟子 … 210	0313	明刻本六書正譌 ……………… 253
0269	明弘治刻本中庸章句大全 …… 210	0314	明崇禎刻本六書正譌 ………… 254
0270	清康熙刻本顧涇陽先生學庸意 … 211	0315	明崇禎刻清印本六書正譌 …… 254
0271	清乾隆刻本學庸説文 ………… 211	0316	明正德刻本六書本義 ………… 255
0272	清乾隆刻本學庸竊補學庸竊補提要 … 212	0317	清乾隆刻本增訂金壺字考 …… 255
0273	清乾隆刻本御定仿宋相臺岳氏本五經 … 213	0318	明崇禎刻套印本廣金石韻府 … 256
0274	清康熙刻本六經圖考 ………… 214	0319	清康熙刻套印本廣金石韻府 … 257
0275	清乾隆刻本六經圖 …………… 215	0320	明崇禎刻本金石韻府 ………… 258
0276	清康熙刻本石齋先生經傳九種 … 217	0321	明萬曆刻本摭古遺文再增摭古遺文 … 259
0277	清康熙刻本初學辨體增删定本 … 219	0322	清乾隆抄本摭古遺文再增摭古遺文 … 259
0278	清康熙刻本初學辨體增删定本 … 221	0323	明刻本新校經史海篇直音 …… 260
0279	清雍正刻本讀書小記 ………… 221	0324	明萬曆刻本重刊詳校篇海 …… 260
0280	清乾隆刻本群經補義 ………… 224	0325	清順治刻本重刊詳校篇海 …… 261
0281	清乾隆刻本經玩 ……………… 225	0326	明萬曆刻本六書總要 ………… 261
0282	清乾隆刻本御覽經史講義 …… 226	0327	明萬曆刻本翰林重考字義韻律大板海篇
0283	清雍正刻本文章練要 ………… 227		心鏡 …………………………… 262
0284	清抄本五經異義纂 …………… 229	0328	明萬曆刻本字彙 ……………… 263
0285	清乾隆刻本易堂問目 ………… 229	0329	明萬曆刻本字考 ……………… 263
0286	清乾隆刻本古經解鈎沉 ……… 230	0330	清康熙刻本六書通 …………… 264
0287	清乾隆刻本經讀考異 ………… 232	0331	清乾隆刻本六書通 …………… 265
0288	清乾隆刻本稽古日鈔 ………… 233	0332	明崇禎刻本篆林肆考 ………… 266
0289	清乾隆刻本一幅集 …………… 233	0333	明萬曆刻本同文千字文 ……… 266
0290	清乾隆刻本五經揭要 ………… 234	0334	明萬曆刻本簡文編 …………… 266

0335	清順治刻本篆書正 ………… 267	0359	明萬曆維揚資政左室公文紙印本重刊併音連聲韻學集成 ………… 286
0336	清乾隆刻本千文六書統要 ………… 267	0360	明嘉靖刻本奇字韻 ………… 286
0337	清康熙刻本正字通 ………… 268	0361	明隆慶刻本詩韻輯略 ………… 287
0338	清康熙刻本康熙字典 ………… 268	0362	明刻格致叢書本新刻韻學大成 ………… 287
0339	清康熙刻本六書分類 ………… 269	0363	明萬曆刻本鐫玉堂鼇正龍頭字林備考韻海全書 ………… 287
0340	清乾隆刻本六書分類 ………… 270		
0341	清乾隆刻本隸辨 ………… 271	0364	明萬曆刻本三台館仰止子考古詳訂遵韻海篇正宗 ………… 288
0342	清康熙刻本字學正本 ………… 272		
0343	清康熙刻本篆字彙 ………… 273	0365	明刻本陳明卿太史考古詳訂遵韻海篇朝宗 ………… 289
0344	清康熙刻本六書準 ………… 274		
0345	清雍正刻本六書例解六書雜說八分書說六書辨通 ………… 275	0366	明崇禎刻本新刻洪武元韻勘正切字海篇群玉 ………… 289
0346	清乾隆刻本六書故六書通釋 ………… 277	0367	明萬曆刻本韻法直圖韻法橫圖 ………… 290
0347	明初刻本廣韻 ………… 279	0368	清康熙刻本音學五書 ………… 290
0348	明刻本廣韻 ………… 279	0369	清康熙刻本諧聲品字箋 ………… 291
0349	明嘉靖刻本重編廣韻 ………… 279	0370	清康熙刻本康熙甲子史館新刊古今通韻 ………… 293
0350	明刻本韻補 ………… 280		
0351	明萬曆刻本大明萬曆乙亥重刊改併五音類聚四聲篇萬曆己丑重刊改併五音集韻 ………… 281	0371	清康熙刻本古今韻略 ………… 294
		0372	清康熙刻本類音 ………… 295
0352	明萬曆刻重修本古今韻會舉要小補 ………… 281	0373	清康熙刻本重訂馬氏等音 ………… 296
0353	明刻本洪武正韻 ………… 282	0374	清乾隆刻本萬言肄雅 ………… 297
0354	明隆慶刻本洪武正韻 ………… 283	0375	清乾隆刻本佩文詩韻提綱 ………… 298
0355	明萬曆刻本洪武正韻高唐王篆書 ………… 283	0376	清乾隆刻本詩韻瑤林 ………… 299
0356	明萬曆刻本洪武正韻彙編 ………… 284	0377	清乾隆刻本問奇一覽 ………… 300
0357	明嘉靖刻本經史通用古今直音 ………… 284	0378	清乾隆刻本韻歧 ………… 301
0358	明成化刻嘉靖萬曆遞修本新編併音連聲韻學集成 ………… 285	0379	清咸豐刻本華英通語 ………… 301
		0380	清同治刻本英語集全 ………… 303

史　部

0381	明崇禎刻清順治補輯印本十七史 ………… 307	0396	明嘉靖重修本漢書 ………… 318
0382	明萬曆刻本二十一史 ………… 308	0397	明崇禎汲古閣刻本漢書 ………… 318
0383	明天順刻本史記 ………… 309	0398	明崇禎刻本前漢書 ………… 319
0384	明嘉靖刻重修本史記 ………… 309	0399	明萬曆刻本漢書評林 ………… 319
0385	明嘉靖刻本史記題評 ………… 310	0400	明崇禎刻本鹿門先生批點漢書 ………… 320
0386	明萬曆自刻本史記評林 ………… 310	0401	明刻本班馬異同 ………… 320
0387	明萬曆刻本史記綜芬評林 ………… 311	0402	明萬曆刻本史漢方駕 ………… 321
0388	明萬曆刻本古史 ………… 312	0403	明天啟刻本後漢書 ………… 321
0389	明刻本重訂古史全本 ………… 313	0404	明萬曆刻本范氏後漢書批評 ………… 322
0390	元刻元明遞修本通志 ………… 313	0405	清乾隆刻本尚史 ………… 322
0391	明內府寫本北史 ………… 314	0406	明萬曆監刻本三國志 ………… 325
0392	明刻本五代史 ………… 315	0407	清乾隆刻本三國志 ………… 325
0393	明崇禎刻清順治康熙補修本函史 ………… 315	0408	明崇禎刻本三國志纂 ………… 326
0394	明萬曆刻本藏書 ………… 317	0409	明崇禎刻本左記 ………… 327
0395	明天啟刻本續藏書 ………… 317	0410	明末刻本季漢書 ………… 327

編號	書名	頁碼
0411	宋刻元明遞修本晉書	328
0412	明萬曆刻本晉書	328
0413	清乾隆刻本晉書	329
0414	元大德饒州路儒學刻本隋書	329
0415	清乾隆刻本隋書	330
0416	明末刻本南唐書	331
0417	明崇禎汲古閣刻陸放翁全集本南唐書	331
0418	明嘉靖刻本宋史新編	331
0419	明洪武內府刻嘉靖萬曆天啓遞修本元史	332
0420	清乾隆刻本元史類編	333
0421	清雍正刻本明史藁	334
0422	清乾隆刻本明史	336
0423	明崇禎福建刻本名山藏	337
0424	清嘉慶刻本竹書紀年集證	338
0425	明崇禎刻本資治通鑑目錄	339
0426	明天啓刻本通鑑釋文辯誤	340
0427	明萬曆刻本通鑑釋文辯誤	340
0428	明宣德刻本少微家塾點校附音通鑑節要	340
0429	明嘉靖刻本新刊憲臺考正宋元通鑑全編	341
0430	明隆慶刻本新刊翰林考正綱目點音少微通鑑節要會成	342
0431	明崇禎刻本重刻翰林校正少微通鑑大全	342
0432	明嘉靖刻張鯤補刻本資治通鑑綱目	342
0433	清順治刻本雍正補刻本資治通鑑綱目發明	343
0434	清康熙刻本御批資治通鑑綱目全書	344
0435	清乾隆刻本通鑑綱目釋地糾謬補注	345
0436	明嘉靖刻本資治通鑑綱目集說	346
0437	明萬曆刻本皇王大紀	347
0438	明刻本新刊翰林考正綱目點音資治通鑑正要會成	348
0439	明隆慶刻本新刊憲臺考正綱目點音資治通鑑節要會成	348
0440	明天啓刻本宋元通鑑	348
0441	明末刻本宋元資治通鑑	349
0442	明崇禎刻本新鐫通鑑集要	350
0443	明崇禎刻本通鑑直解	350
0444	明崇禎刻本通鑑全史彙編歷朝傳統錄	351
0445	明嘉靖刻本世史正綱	352
0446	明崇禎刻清初重修本重刻詳訂世史類編	352
0447	明嘉靖刻本諸史會編大全	353
0448	明萬曆刻本新刻九我李太史校正古本歷史大方通鑑	353
0449	明萬曆刻本鐫紫溪蘇先生會纂歷朝紀要旨南綱鑑	354
0450	明萬曆刻本鼎鐫葉太史彙纂玉堂鑑綱	354
0451	明萬曆刻本鼎鐫趙田了凡袁先生編纂古本歷史大方綱鑑補	355
0452	明弘治刻本歷代世譜	355
0453	明嘉靖刻本人代紀要	356
0454	明陳仁錫刻本甲子會紀	357
0455	明萬曆刻本考信編	357
0456	明萬曆刻本列國史補	358
0457	清順治刻本皇王史訂	358
0458	清康熙刻本綱鑑會編	359
0459	清康熙刻本御定歷代紀事年表	360
0460	清乾隆刻本史罄	361
0461	清康熙刻本兩漢記	362
0462	明萬曆刻本秘冊彙函本大唐創業起居注	363
0463	明抄本天運紹統	363
0464	明萬曆刻本昭代典則	364
0465	明刻本憲章錄	365
0466	明刻本重刻校正增補皇明資治通紀	365
0467	明萬曆刻本皇明資治通紀	366
0468	明刻本皇明資治通紀	366
0469	明末刻本新鐫李卓吾先生增補批點皇明正續合併通紀統宗	367
0470	明崇禎刻本皇明通紀集要	367
0471	明崇禎刻本皇明法傳錄嘉隆紀續紀三朝法傳全錄	368
0472	明末刻本皇明從信錄	369
0473	明末翻刻本皇明從信錄	369
0474	明崇禎刻清初增刻本通紀直解	369
0475	明萬曆刻本皇明嘉隆兩朝聞見紀	370
0476	明萬曆刻本世穆兩朝編年信史	370
0477	明崇禎刻本兩朝從信錄	371
0478	清乾隆刻本明紀全載	372
0479	清康熙刻本重鐫朱青巖先生擬編明紀輯略	373
0480	明抄本大明英宗睿皇帝實錄	373
0481	清乾隆刻本皇清開國方略	374
0482	明萬曆刻本通鑑紀事本末	375
0483	清康熙刻本通鑑本末紀要	376
0484	清乾隆刻本紀元本末	377
0485	明萬曆刻本皇明鴻猷錄	378
0486	清康熙刻本交山平寇本末	379
0487	清乾隆刻本欽定廓爾喀紀略	379
0488	清內府寫本聖駕親征噶爾旦方略	380
0489	清乾隆刻本欽定平定臺灣紀略	381

0490	清乾隆刻本平定兩金川方略 ……	382	0536	清雍正刻本諭行旗務奏議…… 418
0491	清康熙刻本三藩紀事本末 ……	383	0537	清雍正刻本大義覺迷錄…… 418
0492	清乾隆刻本皇朝武功紀盛 ……	384	0538	清乾隆刻本三朝聖訓 …… 419
0493	清道光刻本逸周書 ……	385	0539	明永樂刻本歷代名臣奏議 …… 420
0494	明萬曆刻套印本國語 ……	387	0540	明崇禎刻清修補印本歷代名臣奏議 421
0495	明萬曆刻本戰國策 ……	388	0541	明萬曆刻本古奏議 …… 422
0496	明萬曆刻本戰國策譚棷 ……	388	0542	明嘉靖刻本秦漢書疏 …… 422
0497	明萬曆刻套印本戰國策 ……	389	0543	明萬曆刻本西漢書疏東漢書疏…… 423
0498	明刻本新刻李太史選釋國策三注旁訓評林 ……	389	0544	明弘治銅活字印本會通館校正宋諸臣奏議 …… 423
0499	清康熙刻本戰國策去毒 ……	390	0545	明嘉靖刻本皇明名臣經濟錄 …… 424
0500	清雍正刻本戰國策 ……	391	0546	明嘉靖刻本皇明名臣經濟錄 …… 425
0501	清乾隆刻本戰國策選 ……	392	0547	明刻本皇明疏議輯略 …… 426
0502	清康熙刻本秦蜀兼籌 ……	393	0548	明萬曆刻本皇明奏疏類鈔 …… 427
0503	明成化內府刻本貞觀政要 ……	394	0549	明萬曆刻本皇明疏鈔 …… 427
0504	清康熙刻本貞觀政要 ……	394	0550	明萬曆刻本皇明留臺奏議 …… 428
0505	清乾隆刻本十國春秋 ……	395	0551	清康熙刻本朱簡齋公奏議 …… 429
0506	明萬曆刻本隆平集 ……	397	0552	明嘉靖刻本諫垣奏草 …… 430
0507	清康熙刻本隆平集 ……	398	0553	明嘉靖刻本桂洲奏議 …… 431
0508	明刻本吾學編 ……	399	0554	清康熙刻乾隆補刻本掌銓題藁 …… 431
0509	明萬曆刻本弇山堂別集 ……	400	0555	明萬曆刻本譚襄敏公奏議 …… 433
0510	明刻鹽邑志林本前令鄭壺陽靖海紀略 ……	400	0556	手稿本明楊繼盛奏疏草稿 …… 434
0511	明萬曆刻本皇明典故紀聞 ……	401	0557	明刻清印本海防奏疏撫畿奏疏計部奏疏 …… 435
0512	明萬曆刻本皇祖四大法 ……	401		
0513	明崇禎刻本皇明大政記 ……	402	0558	明天啓刻本楊全甫諫草 …… 436
0514	明崇禎刻本皇明大訓記 ……	402	0559	明天啓刻本撫津疏草 …… 436
0515	明崇禎刻本皇明大事記 ……	403	0560	明崇禎刻本周忠毅公奏議 …… 437
0516	明萬曆刻本建文朝野彙編 ……	403	0561	清康熙刻本于山奏牘 …… 438
0517	明萬曆刻本建文書法儗 ……	403	0562	清康熙刻本于清端公政書 …… 439
0518	明萬曆刻本世廟識餘錄 ……	404	0563	明刻本朝野申捄疏 …… 440
0519	明天啓刻本三朝要典 ……	405	0564	清雍正刻本總制宣化錄 …… 441
0520	明崇禎刻本頌天臚筆 ……	405	0565	清乾隆刻本孫文定公奏疏 …… 441
0521	明萬曆刻本郢事紀略 ……	406	0566	稿本先福奏摺底稿 …… 442
0522	明抄本欽明大獄錄 ……	406	0567	清抄本嵩年奏檔 …… 443
0523	明抄本南城召對 ……	408	0568	稿本漕糧漕運奏稟 …… 444
0524	明抄本甲乙記政錄續丙記政錄 ……	408	0569	稿本錢糧奏摺 …… 445
0525	清初刻本明朝小史 ……	409	0570	稿本倉米奏稟 …… 446
0526	清乾隆刻本豫變紀略 ……	410	0571	清抄本袁端敏公奏稿 …… 446
0527	清康熙刻本平閩紀 ……	411	0572	清抄本防夷奏議 …… 447
0528	清抄本甲申日紀 ……	412	0573	清抄本川匪奏稟 …… 448
0529	明天啓刻本漢詔疏 ……	413	0574	稿本青海奏疏 …… 449
0530	明崇禎刻本皇明詔制 ……	413	0575	清抄本江寧將軍都興阿髮亂陣中奏稿…… 450
0531	清乾隆刻本大清太祖高皇帝聖訓 ……	414	0576	清咸豐抄本捐務題稿 …… 451
0532	清乾隆刻本大清太宗文皇帝聖訓 ……	415	0577	清咸豐抄本鹽務奏稿 …… 452
0533	清乾隆刻本大清世祖章皇帝聖訓 ……	416	0578	清抄本李鴻章劉含芳辦理旅順海防往來電稿 …… 453
0534	清雍正刻本上諭內閣 ……	416		
0535	清雍正刻本上諭八旗 ……	417	0579	抄本劉式訓奏議函電稿 …… 454

0580	清光緒抄本西藏奏稿	455	0626	清雍正刻本金華徵獻略	493
0581	手稿本聯豫文稿	456	0627	清道光抄本殘明表忠錄	494
0582	清光緒抄本梁誠書啓簿及函電文牘	457	0628	清國史館寫本欽定國史大臣列傳	495
0583	明萬曆刻本聖門通考	459	0629	明刻套印本晏子春秋	495
0584	明萬曆刻本聖門人物志	460	0630	明萬曆刻本聖蹟圖	496
0585	明天啓刻本聖門志	462	0631	明末刻本聖蹟圖	497
0586	明崇禎刻本聖門志	462	0632	清初刻本聖蹟全圖	497
0587	清康熙刻本大成通志	463	0633	明萬曆刻本義勇武安王集	498
0588	清乾隆刻本尊聞錄	464	0634	清乾隆刻本關聖帝君聖蹟圖志全集	498
0589	明萬曆刻本新鐫增補全像評林古今列女傳	465	0635	清康熙刻本忠武志、卧龍崗志	499
0590	明刻本古先君臣圖鑑	465	0636	明萬曆刻重修本蘇長公外紀	500
0591	明萬曆刻本歷代相臣傳	466	0637	明嘉靖刻本濟美錄	501
0592	明萬曆刻本二俠傳	466	0638	明萬曆刻本浦江鄭氏旌義編	501
0593	明萬曆刻本鹽梅志	467	0639	清乾隆刻本衍慶錄	502
0594	明萬曆刻本歷代象賢錄	467	0640	清乾隆刻本平南王元功垂範	502
0595	明萬曆刻本鏡古錄	468	0641	清康熙刻本崇祀名宦錄	504
0596	明萬曆刻本聖學宗傳	469	0642	清雍正刻本韓柳二先生年譜	505
0597	明萬曆刻本歷朝忠義彙編	469	0643	清道光刻本翁氏家事略記	505
0598	明萬曆刻本逸民史	470	0644	手稿本中興將帥別傳	506
0599	清雍正刻本歷代名吏錄	470	0645	稿本繩其武齋自纂年譜	507
0600	清乾隆刻本古今長者錄	471	0646	手稿本清宗室敬徵日記	508
0601	清康熙刻本安危注	472	0647	手稿本觀妙居日記	509
0602	清乾隆刻本晚笑堂畫傳明太祖功臣圖	473	0648	稿本北洋海軍來遠兵船管駕日記	510
0603	清乾隆刻本歷代名賢齒譜	474	0649	手稿本李儀日記	511
0604	明刻本新刊名臣碑傳琬琰之集	476	0650	稿本張彭春日記	512
0605	清順治刻本五朝宋名臣言行錄	476	0651	清末寫本玉牒宗室	513
0606	清乾隆刻本宋十賢傳	477	0652	明嘉靖刻本休寧蓀浯二溪程氏宗譜	514
0607	明天啓刻本蘇米志林	478	0653	清咸豐木活字本(浙江紹興)山陰梅溪王氏宗譜	515
0608	明嘉靖刻本新刊皇明名臣言行錄	478	0654	清道光木活字本(江西南昌)東關甘氏支譜	516
0609	明嘉靖刻本皇明名臣言行錄	479	0655	清道光刻本正紅旗滿洲哈達瓜爾佳氏家譜	517
0610	明嘉靖刻本殿閣詞林記	480	0656	清同治木活字本餘姚朱氏宗譜	519
0611	明萬曆刻本國朝列卿記	480	0657	清道光刻本(安徽涇縣)張香都朱氏支譜	520
0612	明嘉靖自刻本皇明名臣言行錄新編	481	0658	清光緒刻本(安徽涇縣)張香都朱氏續修支譜	522
0613	明崇禎刻本皇明開國臣傳	482	0659	清同治刻本南海九江朱氏家譜	523
0614	明崇禎刻本皇明遜國臣傳	482	0660	清同治木活字本蕭山任氏家乘	525
0615	明崇禎刻本皇明輔世編	483	0661	清道光木活字本(安徽黟縣)濟陽江氏宗譜	526
0616	明萬曆刻本皇明十六種小傳	483	0662	稿本梯山汪氏家譜	527
0617	明崇禎刻本皇明表忠紀	484	0663	清道光木活字本蕭山石板衖李氏宗譜	528
0618	清康熙刻本明名臣言行錄	484	0664	稿本㴰溪李氏族譜	529
0619	清康熙刻本雒閩源流錄	485	0665	清乾隆刻本休寧厚田吳氏宗譜	530
0620	清乾隆刻本擬明代人物志	486	0666	清初抄本沱川余氏世紀	531
0621	清康熙刻本遜國神會錄	487			
0622	清康熙刻本東林列傳	488			
0623	清康熙刻本續表忠記	490			
0624	抄本崑山續人物傳	491			
0625	清乾隆刻本宮閨小名錄	492			

0667	清嘉慶刻本吳江金氏家譜	532	0708	清抄本漢事會最人物志	583
0668	稿本周氏家世述	532	0709	明天啓刻二十一史文鈔本魏書文鈔	583
0669	清道光木活字本蕭山郎氏宗譜	533	0710	明天啓刻本雪廬讀史快編	584
0670	清同治刻本洞庭秦氏宗譜	535	0711	明崇禎刻本史觸	584
0671	清同治刻本海虞翁氏族譜	536	0712	明末刻本歐陽文忠公五代史鈔	585
0672	稿本荻溪章氏支譜	538	0713	明萬曆刻本諸史品節	585
0673	清咸豐刻本湘陰郭氏家譜	540	0714	明萬曆刻本二十一史論贊輯要	586
0674	清嘉慶刻本淄川畢氏世譜	541	0715	明萬曆刻本二十一史論贊輯要	586
0675	清同治刻本(上海崇明)黃氏家乘	542	0716	明崇禎刻本檇李曹太史評鐫古今全史一覽	587
0676	清光緒木活字本(江西南昌)桃溪黃氏宗譜	543	0717	明萬曆刻本四史鴻裁	587
0677	稿本武林黃氏宗譜	544	0718	明萬曆刻本漢雋	588
0678	清乾隆刻本檇李梅溪雙桂張氏宗譜	545	0719	明萬曆刻文林綺繡本兩漢雋言	588
0679	清道光木活字本(浙江紹興)重修登榮張氏族譜	546	0720	清康熙刻本諸史提要	589
0680	清同治木活字本蕭山馬湖傅氏宗譜	547	0721	清乾隆刻本讀史辨道	589
0681	清道光木活字本(武進)湯氏家乘	549	0722	明萬曆刻本月令廣義	590
0682	清咸豐刻本(廣東中山)北山楊氏族譜	550	0723	清乾隆刻本(元豐)九域志	591
0683	清光緒抄本廖氏族譜	551	0724	明萬曆刻清康熙重修本日涉編	592
0684	清乾隆刻本(湖南寧鄉)灰湯蔣氏族譜	552	0725	清乾隆刻本月日紀古	593
0685	清同治木活字本無錫鄧氏宗譜	553	0726	明天順刻本大明一統志	593
0686	清同治木活字本(安徽桐城)楊鍾氏宗譜	554	0727	明弘治刻本大明一統志	594
0687	清咸豐木活字本(浙江蕭山)錢清鍾氏宗譜	556	0728	明嘉靖刻本大明一統志	594
			0729	明刻清初剜板印本天下一統志	595
0688	清同治刻本皖桐璩氏族譜	557	0730	明萬曆刻本大明一統志輯錄	595
0689	清同治木活字本(江蘇鎮江)韓氏宗譜	558	0731	明嘉靖刻本皇輿考	596
0690	稿本(山陰)遺風龐氏宗譜	559	0732	明天啓刻巾箱本廣皇輿考	596
0691	清抄本慈溪東街錢氏世系譜	560	0733	明嘉靖刻本廣輿圖	597
0692	稿本連平顏氏宗譜	561	0734	明萬曆刻本廣輿記	598
0693	稿本嘉定顧氏宗譜	562	0735	清康熙刻本廣輿記	599
0694	清光緒抄本碧鳳顧氏支譜	562	0736	明天啓刻本刻一握坤輿	600
0695	清乾隆刻本八旗滿洲氏族通譜	563	0737	明崇禎刻套印本今古輿地圖	600
0696	清嘉慶寫本開國佐運功臣弘毅公家譜	564	0738	清彩繪抄本皇明職方地圖	601
0697	稿本世管佐領崔姓襲職家譜	566	0739	明末刻本地圖綜要	602
0698	清光緒內府寫本宗室王公章京世襲爵秩冊	567	0740	清道光活字印本大清一統志	603
0699	清雍正刻本茗洲吳氏家典	568	0741	清康熙刻本王會新編	604
0700	明萬曆刻崇禎增修本明狀元圖考	569	0742	清康熙刻本皇輿表	605
0701	清乾隆刻本大清職官遷除全書	570	0743	清乾隆刻本廣輿古今鈔	606
0702	清乾隆至宣統刻本搢紳錄	571	0744	清雍正刻本天下山河兩戒考	607
0703	清乾隆刻本國朝詞垣考鏡	580	0745	清康熙刻本內府分省分府圖	608
0704	明泰昌閔氏刻套印本史記鈔	581	0746	清乾隆刻本皇清職貢圖	609
0705	明嘉靖刻本史記鈔	582	0747	明崇禎刻本帝京景物略	610
0706	明萬曆刻荊石王相國叚注百家評林班馬英鋒選	582	0748	清乾隆刻本宸垣識略	610
			0749	明刻本會稽三賦	611
			0750	清康熙刻本廣東新語	612
0707	明末刻本漢書纂	583	0751	清乾隆刻本海東札記	612
			0752	清康熙刻本連陽八排風土記	613
			0753	清乾隆刻本粵中見聞	614

0754	清抄本粵滇紀略	614		0801	清乾隆刻本南嶽志	658
0755	稿本冰嶺紀程	615		0802	清康熙刻本嶽麓志	659
0756	清乾隆刻本澳門記略	616		0803	明崇禎刻本九疑山志	660
0757	清彩繪本夷人圖説	617		0804	清乾隆刻本鼓山志	661
0758	清彩繪本苗蠻圖説	618		0805	清康熙刻本道山紀略	663
0759	清彩繪本苗蠻圖説	619		0806	明萬曆刻本武夷志略	664
0760	清彩繪本黔苗圖説	619		0807	明崇禎刻本武夷山志	665
0761	清彩繪本苗蠻圖説	620		0808	清乾隆刻本武夷山志	665
0762	清彩繪本苗蠻圖説	620		0809	清康熙刻本羅浮山志會編	667
0763	清彩繪本苗蠻圖説	620		0810	清康熙刻本鼎湖山慶雲寺志	668
0764	清彩繪本滇苗圖説	621		0811	清康熙刻本雞足山志	669
0765	明天啓刻清印本籌海圖編	621		0812	清乾隆刻本山水二經合刻	670
0766	明萬曆彩繪本邊城禦虜圖説	622		0813	清乾隆刻本水經注釋	673
0767	明嘉靖刻本古今游名山記	623		0814	手稿本水經釋地	674
0768	明崇禎刻本名山勝槩記	624		0815	明刻本河防一覽榷	675
0769	明萬曆刻本游名山一覽記	624		0816	明刻清修補印本全修海塘錄	676
0770	明萬曆刻本新鐫海内奇觀	625		0817	清雍正刻本行水金鑑	677
0771	明崇禎刻本大明一統名勝志	626		0818	清乾隆刻本河防一覽	678
0772	清乾隆刻本上方山志	627		0819	清雍正刻本河防志	679
0773	清康熙刻本盤山志	628		0820	清乾隆刻本敕修兩浙海塘通志	680
0774	清乾隆刻本盤山志	629		0821	清乾隆刻本海塘新志	680
0775	清乾隆刻本攝山志	630		0822	清康熙刻本山東全河備考	681
0776	清康熙刻本虎丘山志	631		0823	清乾隆刻本山東運河備覽	682
0777	清康熙刻本金山龍游禪寺志略	632		0824	清乾隆刻本三江水利紀略	683
0778	清乾隆刻本南通州五山全志	634		0825	清乾隆刻本太湖備考	684
0779	清乾隆刻本寶華山志	635		0826	明萬曆刻本西湖志摘粹補遺奚囊便覽	685
0780	清康熙刻本黃山志	636		0827	清雍正刻本西湖志	686
0781	清乾隆刻本黃山導	638		0828	清乾隆刻本西湖志纂	687
0782	清乾隆刻嘉慶光緒增刻本恒山志	639		0829	清康熙刻本二樓小志二樓紀略	688
0783	清乾隆刻本清涼山志	640		0830	清乾隆套印本西湖佳景	689
0784	清乾隆刻本清涼山志輯要	640		0831	清乾隆刻本平山堂圖志	689
0785	明萬曆刻本齊雲山志	641		0832	明崇禎刻清雍正增修印本闕里志	690
0786	清康熙刻本靈巖志	642		0833	明萬曆刻天啓增修印本陋巷志	691
0787	明萬曆刻增修本岱史	643		0834	明萬曆刻清康熙增修印本陋巷志	692
0788	清康熙刻乾隆增刻本五蓮山志	644		0835	明刻清印本三遷志	692
0789	清康熙刻本説嵩	645		0836	清乾隆刻本關中勝蹟圖	693
0790	明萬曆刻清修補印本明州阿育王山志	647		0837	清康熙刻本東湖弄珠樓志	694
0791	明萬曆刻本普陀山志	648		0838	清康熙刻本百城煙水	695
0792	清康熙刻本南海普陀山志	649		0839	清乾隆刻本江城名蹟記	696
0793	清乾隆刻本天台山方外志要	650		0840	清乾隆刻本滄浪小志	697
0794	清康熙刻本天台山全志	651		0841	清乾隆刻本桃源洞天志	697
0795	清乾隆刻本雁山圖志	652		0842	明崇禎刻本洛陽伽藍記	698
0796	清乾隆刻本廣雁蕩山志	653		0843	清康熙刻本敕建弘慈廣濟寺新志	699
0797	清乾隆刻本龍虎山志	654		0844	清康熙刻本天童寺志	700
0798	清康熙刻本青原志略	655		0845	清康熙刻本武林靈隱寺志	701
0799	清乾隆刻本廬山志	656		0846	清乾隆刻道光增補印本敕封天后志	702
0800	清乾隆刻本大嶽太和山紀略	657		0847	清乾隆刻本少林寺志	703

0848	清初刻本香嚴略紀 …… 704	0892	清乾隆刻本皇朝禮器圖式…… 739
0849	清康熙刻本東野志 …… 705	0893	清康熙刻本幸魯盛典 …… 741
0850	清康熙刻本嵩嶽廟史 …… 706	0894	清康熙刻本萬壽盛典初集 …… 742
0851	清乾隆刻本篁墩程朱闕里祠志 …… 707	0895	清乾隆刻本南巡盛典 …… 743
0852	清康熙刻本石柱記箋釋 …… 708	0896	清乾隆活字印本八旬萬壽盛典 …… 744
0853	清抄本堯陵考 …… 708	0897	清嘉慶活字印本西巡盛典 …… 745
0854	清康熙刻本御製避暑山莊詩圖 …… 709	0898	清康熙刻本國學禮樂錄 …… 746
0855	清康熙刻本吳越游覽圖詠西江游覽圖詠 …… 710	0899	清康熙刻本聖門禮樂統 …… 747
0856	清康熙刻本白鹿書院志 …… 711	0900	清乾隆刻本南工廟祠祀典 …… 748
0857	清順治刻本大唐西域記 …… 712	0901	明萬曆刻本謚法通考 …… 748
0858	明萬曆刻本東西洋考 …… 713	0902	明萬曆刻本皇明臣謚彙考 …… 750
0859	清抄本吾妻鏡補 …… 713	0903	清康熙刻本國朝謚法考 …… 751
0860	清光緒抄本四國游紀 …… 715	0904	清康熙刻本順天府霸州賦役冊 …… 752
0861	稿本環游地球軍商行船備要 …… 715	0905	清康熙刻本松郡均役成書 …… 752
0862	明萬曆刻本宋宰輔編年錄 …… 717	0906	清嘉慶刻本奏准工賑事例 …… 754
0863	明萬曆刻本吏部職掌 …… 717	0907	清乾隆刻本畿輔義倉圖 …… 755
0864	明刻本新鍥華夷一統大明官制 …… 718	0908	清乾隆刻本淮關統志 …… 755
0865	清康熙刻本資治新書 …… 718	0909	清光緒抄本錢穀視成 …… 756
0866	清乾隆刻本詞林典故 …… 719	0910	清同治寫本庫儲實存簿 …… 757
0867	清乾隆刻本晉政輯要 …… 720	0911	清康熙拾伍年分奉旨丈量銷圩魚鱗清冊 …… 758
0868	清康熙刻本撫苗錄 …… 721	0912	清寫本道光崑山縣深字魚鱗冊 …… 758
0869	清康熙刻修補印本牧愛堂編 …… 722	0913	清雍正刻本新修長蘆鹽法志 …… 758
0870	抄本蘇藩政要 …… 723	0914	明崇禎刻本古今議論參 …… 759
0871	明刻本新刊增入諸儒議論杜氏通典詳節 …… 724	0915	明洪武內府刻本御製大誥 …… 760
0872	明嘉靖刻本文獻通考 …… 724	0916	清康熙刻本讀律佩觿 …… 761
0873	明嘉靖刻本文獻通考 …… 725	0917	清康熙刻本大清律集解附例 …… 762
0874	明萬曆刻本文獻通考纂 …… 725	0918	清康熙刻本大清律集解附例輯注 …… 763
0875	明萬曆刻本續文獻通考 …… 726	0919	清雍正刻本大清律集解附例 …… 764
0876	明末刻本續文獻通考纂 …… 727	0920	清刻本大清律例精義 …… 765
0877	明萬曆內府刻本大明會典 …… 727	0921	清雍正刻本覆甕集 …… 766
0878	明萬曆刻本新刻皇明經世要略 …… 728	0922	清康雍間刻本定例成案合鐫 …… 767
0879	明崇禎刻本皇明世法錄 …… 729	0923	清雍正刻本天中足民錄 …… 768
0880	明崇禎刻本古今治平略 …… 729	0924	清乾隆刻本駁案成編 …… 768
0881	清雍正刻本廣治平略 …… 730	0925	清抄本成案備考 …… 769
0882	清雍正刻本古今治平彙要 …… 731	0926	清光緒寫本直隸省情實人犯招冊 …… 770
0883	清康熙刻本治平略增定全書 …… 732	0927	清乾隆刻本欽定軍衛道里表 …… 771
0884	清乾隆刻本八旗通志初集 …… 733	0928	清乾隆寫本萬壽恩科雲南武鄉試題名錄 …… 771
0885	清康熙刻本大清會典 …… 734	0929	清乾隆刻本乾隆己酉科各省選拔同年齒錄 …… 772
0886	清雍正刻本大清會典 …… 735	0930	清刻本太學進士題名碑錄 …… 773
0887	清乾隆刻本欽定大清會典大清會典則例 …… 735	0931	稿本謗書 …… 774
0888	清乾隆刻本增訂則例圖要便覽 …… 736	0932	稿本豫東公牘 …… 775
0889	明嘉靖內府刻本大明集禮 …… 737	0933	清光緒抄本平遠宮保督蜀批札節略 …… 776
0890	明嘉靖內府刻本明倫大典 …… 738	0934	清咸豐抄本會銜奏檔 …… 777
0891	明萬曆刻本皇明典禮志 …… 739	0935	清同治寫本纂修歸綏志略檔冊 …… 779

0936	清咸豐抄本湖南布政使司領用清册 ……	780		古圖錄考古玉圖………………………… 815
0937	清光緒寫本操演陣法閱兵數目文牘 ……	782	0977	清乾隆刻本金薤琳琅……………………… 816
0938	清抄本江南機器製造局公牘 ……………	783	0978	明萬曆自刻本石墨鐫華………………… 818
0939	清抄本伊犂文檔匯鈔 ……………………	784	0979	明嘉靖刻本石鼓文正誤………………… 818
0940	清道咸抄本黃河營記名外委册 …………	785	0980	清康熙刻本石鼓文鈔……………………… 819
0941	清咸同抄本運河文職官册 ………………	785	0981	清雍正刻本觀妙齋藏金石文考略……… 820
0942	清咸同抄本吏部准署到任官册 …………	786	0982	清乾隆刻本粵東金石略………………… 821
0943	清咸同抄本文職候補官册 ………………	787	0983	清乾隆刻本關中金石記………………… 822
0944	清咸同抄本標營武職官册 ………………	788	0984	清乾隆刻本西清古鑑…………………… 823
0945	清同治抄本金陵軍需報銷總局清册 ……	788	0985	清嘉慶刻本秦篆殘石題跋劉熊碑殘字附
0946	清光緒寫本江南製造總局賬簿 …………	790		釋文……………………………………… 824
0947	清抄本康濟改修魚雷練船並添購器具		0986	清抄本湖北金石詩……………………… 825
	卷宗 ……………………………………	790	0987	手稿本籀鄦手校石刻正文及金石跋…… 826
0948	清光緒抄本天津電報局支款清册 ………	791	0988	民國抄本金石經眼錄…………………… 827
0949	新疆省各州縣雨雪陰晴雨雪平均量每		0989	清宣統石印本校碑隨筆………………… 828
	月統計表 ………………………………	792	0990	稿本道家金石略目……………………… 828
0950	清寫本執照監照憲照護照奏摺及諭札 …	793	0991	清乾隆刻本古玉圖譜…………………… 829
0951	清原件户部執照監照翎照 ………………	793	0992	清乾隆刻本秦漢瓦圖記………………… 830
0952	清光緒原件監照 …………………………	795	0993	清乾隆刻本秦漢瓦當文字……………… 831
0953	清乾隆寫本房屋買賣契約 ………………	795	0994	清刻本古金待問錄……………………… 832
0954	清道光寫本合本議單 ……………………	796	0995	稿本千泉尺室錢譜……………………… 833
0955	清咸豐寫本分析基塘及田產買賣契約		0996	清抄本古錢譜…………………………… 834
	彙編 ……………………………………	796	0997	明萬曆刻朱印本集古印譜……………… 834
0956	清光緒寫本致日本開拓判官照會暨名		0998	明萬曆刻朱印本集古印譜……………… 835
	片册 ……………………………………	797	0999	明項夢原刻鈐印本古今印則…………… 835
0957	清抄本典業須知 …………………………	797	1000	明萬曆刻鈐印本秦漢印範……………… 836
0958	清道光抄本秘書省續編到四庫闕書 ……	798	1001	明崇禎刻鈐印本石鼓齋印鼎…………… 836
0959	清乾隆寫本四庫全書分架圖 ……………	799	1002	明崇禎刻鈐印本翰苑印林……………… 837
0960	清末抄本文津閣並園內各殿宇陳設書籍		1003	清嘉慶刻本選集漢印分韻續集漢印分韻
	目錄 ……………………………………	800		………………………………………… 838
0961	清抄本牧齋書目 …………………………	801	1004	清嘉慶刻鈐印本銅鼓書堂藏印………… 838
0962	清雍正刻本讀書敏求記 …………………	802	1005	清光緒鈐印本師讓盦漢銅印存………… 839
0963	清抄本恩福堂書目 ………………………	803	1006	清鈐印本吉金齋古銅印譜……………… 840
0964	清抄本許氏古均閣書目 …………………	803	1007	清光緒刻鈐印本續齊魯古印攈………… 841
0965	稿本怡雲仙館藏書目錄 …………………	804	1008	清鈐印本潋園秦漢印譜………………… 841
0966	清光緒抄本八千卷樓藏書志 ……………	805	1009	清乾隆刻本史通訓故補………………… 841
0967	稿本長恩閣書目 …………………………	807	1010	清乾隆刻本史通通釋…………………… 842
0968	稿本煨芋館藏目 …………………………	808	1011	明崇禎刻本讀史管見…………………… 843
0969	清乾隆刻本全燬書目抽燬書目 …………	808	1012	清康熙刻本讀史管見…………………… 844
0970	清抄本浙江解進書目 ……………………	809	1013	清康熙刻本史學提要箋釋……………… 845
0971	清乾隆刻本隸釋隸續 ……………………	810	1014	明弘治刻本唐宋名賢歷代確論………… 846
0972	清乾隆刻本金石圖 ………………………	812	1015	明末刻本留餘堂史取…………………… 846
0973	明初刻本考古圖 …………………………	813	1016	明萬曆刻本鐫重訂補注歷朝捷錄史鑑
0974	明萬曆刻本泊如齋重修宣和博古圖錄 …	813		提衡……………………………………… 846
0975	明萬曆刻崇禎重修本重修宣和博古圖錄		1017	明崇禎刻本新鐫歷朝捷錄增定全編大成
	…………………………………………	814		………………………………………… 847
0976	清乾隆刻本亦政堂重修考古圖宣和博		1018	明崇禎刻本歷朝捷錄元朝捷錄皇明捷錄

	………………………………… 847	1028	清康熙刻本看鑑偶評 …………………	853
1019	清康熙刻本歷朝捷錄全文 …………… 848	1029	清康熙刻本讀書論世 …………………	853
1020	明萬曆刻本讀史漫錄 ………………… 848	1030	清順治刻本青萊續史 …………………	854
1021	明萬曆刻本千百年眼 ………………… 849	1031	清乾隆刻本四史勦說 …………………	855
1022	清乾隆刻本古今治統 ………………… 850	1032	清乾隆刻本廿二史紀事提要 …………	856
1023	明刻本宋史筆斷 ……………………… 850	1033	清乾隆木活字印本讀史四集 …………	856
1024	明萬曆刻本鄧太史評選三國策 ……… 850	1034	清康熙刻本詩史 ………………………	858
1025	明萬曆刻本顧氏詩史 ………………… 851	1035	清康熙刻本詩史 ………………………	858
1026	明萬曆刻本古今人物論 ……………… 852	1036	清康熙刻本史緯 ………………………	859
1027	明末刻本史拾 ………………………… 852	1037	清乾隆刻本讀史偶吟 …………………	860

子　部

1038	明嘉靖刻本六子書 …………………… 863	1067	明萬曆刻本薛文清公讀書全錄類編 …	880
1039	明萬曆刻本中立四子集 ……………… 863	1068	清乾隆刻本讀書錄 ……………………	881
1040	明萬曆刻本新鍥翰林三狀元會選二十九子品彙釋評 ………………………… 864	1069	明正統內府刻本五倫書 ………………	882
1041	明萬曆刻本新刊六子全文注釋摘錦 … 864	1070	明嘉靖刻本大學衍義大學衍義補 ……	882
1042	明萬曆刻本飛霞館選百家纂雋 ……… 865	1071	明崇禎刻本大學衍義補 ………………	883
1043	明末刻本彙選子集奇賞 ……………… 865	1072	明崇禎刻本大學衍義補 ………………	884
1044	明刻本孔子家語 ……………………… 865	1073	明萬曆刻本陽明先生道學鈔 …………	884
1045	明萬曆刻本孔聖家語圖 ……………… 866	1074	清順治刻本王陽明先生傳習錄論 ……	885
1046	明末刻本荀子 ………………………… 866	1075	明嘉靖刻本慎言 ………………………	886
1047	明萬曆刻本鹽鐵論 …………………… 867	1076	明資政堂刻本聖學格物通 ……………	887
1048	明刻本新纂門目五臣音注揚子法言 … 868	1077	明嘉靖刻萬曆補刻本涇野子內篇 ……	888
1049	明萬曆刻漢魏叢書本申鑒 …………… 868	1078	清康熙刻本弘道錄 ……………………	889
1050	明天啟刻本家範 ……………………… 868	1079	明萬曆刻本蔣道林先生桃岡日錄 ……	890
1051	明弘治刻本二程全書 ………………… 869	1080	明萬曆刻本鑴性理精抄 ………………	891
1052	清康熙刻本二程文略 ………………… 870	1081	明崇禎刻本性理標題綜要 ……………	891
1053	明崇禎刻清修補本程子詳本 ………… 871	1082	清刻本性理標題彙要 …………………	892
1054	明刻本分類經進近思錄集解 ………… 871	1083	明萬曆刻本汪子中詮 …………………	893
1055	明萬曆刻本分類近思錄集解 ………… 872	1084	明萬曆刻本呻吟語 ……………………	893
1056	明崇禎刻本張天如先生校正文公小學音注句解 ………………………………… 872	1085	清康熙刻本養正圖解 …………………	894
1057	明成化刻本晦庵先生語錄類要 ……… 873	1086	明萬曆刻本龜記 ………………………	895
1058	清康熙刻本淵鑑齋御纂朱子全書 …… 873	1087	明萬曆刻本卓吾先生批評龍谿王先生語錄鈔 ……………………………………	895
1059	清乾隆刻本朱子經濟文衡類編 ……… 874	1088	明天啟自刻本新鑴性理奧 ……………	896
1060	清刻本北溪先生四書字義性理字訓朱子三書 …………………………………… 875	1089	明刻本閭澹三言 ………………………	896
1061	清乾隆刻本慈溪黃氏日抄分類古今紀要 ……………………………………… 876	1090	明萬曆刻本御世仁風 …………………	897
1062	明嘉靖內府刻本大明仁孝皇后內訓 … 877	1091	明刻本西翁教子言 ……………………	897
1063	明嘉靖內府刻本女訓 ………………… 878	1092	明崇禎刻本經世石畫 …………………	898
1064	明萬曆刻本性理大全書 ……………… 878	1093	清雍正刻本讀書日記 …………………	898
1065	明嘉靖刻本新刊性理大全 …………… 879	1094	清康熙刻本溯流史學鈔 ………………	899
1066	明嘉靖刻本新刊群書考正性理大全 … 879	1095	清康熙刻本學道六書 …………………	900
		1096	清康熙刻本小學分節 …………………	901
		1097	清康熙刻本理學正宗 …………………	901
		1098	清康熙刻本廣理學備考 ………………	902

1099	清康熙刻本晚邨先生家訓真蹟 ………… 903		1144	明刻本東垣十書………………………… 931
1100	清康熙刻本御纂性理精義 ……………… 904		1145	明萬曆刻清修補印本古今醫統正脈全書 ………………………………………… 932
1101	清康熙刻本先儒正修錄先儒齊治錄 …… 904		1146	明萬曆刻清初修板印本證治準繩……… 933
1102	清康熙刻本靜用堂偶編 ………………… 905		1147	明萬曆刻崇禎重修本醫學六要………… 934
1103	清雍正刻本陸子學譜 …………………… 906		1148	清康熙刻後印本張氏醫書七種………… 934
1104	清刻本愚齋反經錄 ……………………… 907		1149	清乾隆刻本六醴齋醫書………………… 936
1105	清乾隆刻本西齋語錄 …………………… 908		1150	明嘉靖影宋刻本重廣補注黃帝内經素問 ………………………………………… 936
1106	明崇禎刻本武經開宗 …………………… 908		1151	明萬曆刻本鍥王氏秘傳圖注八十一難經評林捷徑統宗 …………………………… 937
1107	明天啓刻套印本兵垣四編 ……………… 909		1152	明天啓自刻本類經……………………… 938
1108	明萬曆刻套印本孫子參同 ……………… 910		1153	明萬曆刻本重修政和經史證類備用本草 ………………………………………… 939
1109	清道光抄本李衛公望江南 ……………… 911		1154	明萬曆刻本食物本草…………………… 940
1110	明萬曆刻本唐荆川先生纂輯武編 ……… 911		1155	明刻巾箱本食物本草…………………… 940
1111	清抄本金湯借箸十二籌 ………………… 912		1156	明末刻清印本食物本草………………… 941
1112	明萬曆刻本登壇必究 …………………… 913		1157	明崇禎刻本圖像本草蒙筌……………… 942
1113	明末刻本兵鏡 …………………………… 914		1158	清順治刻本本草綱目…………………… 943
1114	明天啓刻本喻十三種秘書兵衡 ………… 914		1159	明崇禎刻本本草原始…………………… 944
1115	明崇禎刻本戰守全書 …………………… 915		1160	明天啓刻本神農本草經疏……………… 944
1116	明末刻巾箱本鐫古今兵家籌略 ………… 915		1161	明萬曆刻本太醫院補遺本草歌訣雷公炮製 …………………………………… 945
1117	明隆武潭陽王介爵觀社刻本經國雄略 … 916		1162	明末刻本脈經…………………………… 945
1118	清順治刻本武經七書題炬 ……………… 917		1163	明萬曆刻本鍥王氏秘傳叔和圖注釋義脈訣評林捷徑統宗 …………………… 946
1119	清康熙刻本新鐫武經入學第一明解 …… 917		1164	明萬曆刻本鍥太上天寶太素張神仙脈訣玄微綱領宗統 …………………… 946
1120	清康熙刻本武經講義全彙合參 ………… 918		1165	明嘉靖自刻本新刊方脈主意…………… 947
1121	清抄本戰略輯要 ………………………… 919		1166	明嘉靖刻本新刊京本脈訣疏義………… 947
1122	清抄本太白兵備統宗寶鑑 ……………… 919		1167	清康熙刻本傷寒論後條辨……………… 948
1123	清抄本兵鏡輯要 ………………………… 920		1168	明萬曆刻古今醫統正脈全書本儒門事親 ………………………………………… 948
1124	明嘉靖刻本諸史將略 …………………… 920		1169	明嘉靖刻本新刊仁齋直指附遺方論…… 949
1125	明天啓刻本注釋評點古今名將傳 ……… 921		1170	明書林楊氏刻本丹溪心法附餘………… 950
1126	明末刻本新鐫旁批詳注總斷廣名將譜 … 922		1171	明書林楊氏刻修補印本丹溪心法附餘… 951
1127	清刻本新鐫繡像旁批詳注總斷廣百將傳 …………………………………… 922		1172	明萬曆刻本京本校正大字醫學正傳…… 951
1128	稿本砲錄 ………………………………… 923		1173	明隆慶刻本古今醫統大全……………… 951
1129	明萬曆刻管韓合刻本管子 ……………… 924		1174	明嘉靖刻本醫學綱目…………………… 953
1130	明萬曆刻中立四子集本管子 …………… 925		1175	明閩刻本鼎刻京板太醫院校正增補青囊醫方捷徑 ………………………… 953
1131	明天啓刻本管子 ………………………… 925		1176	明萬曆刻本赤水玄珠…………………… 954
1132	明萬曆刻本管子權 ……………………… 926		1177	明刻本醫林類證集要…………………… 955
1133	明萬曆刻套印本管子 …………………… 926		1178	清乾隆刻本鴻文堂詳校醫宗必讀……… 955
1134	明萬曆刻管韓合刻本韓非子 …………… 927		1179	明天啓刻本訂補明醫指掌……………… 956
1135	明天啓刻本韓子 ………………………… 927		1180	清刻本景岳全書………………………… 956
1136	明末刻套印本韓子迂評 ………………… 927		1181	清初刻本醫門法律
1137	明刻本韓非子 …………………………… 928			
1138	清道光套印本補注洗冤錄集證 ………… 928			
1139	明嘉靖刻本農書 ………………………… 929			
1140	明崇禎刻本農政全書 …………………… 930			
1141	明萬曆刻百家名書本新刻田家五行 …… 930			
1142	明末刻本新刻針醫補馬經大全 ………… 930			
1143	明刻本新刻京陵原板參補針醫牛經大全 …………………………………… 931			

1182	清乾隆刻後印本經驗丹方彙編 …… 958		1217	清道光刻套印本大清道光十五年歲次乙未時憲書 …… 976
1183	清雍正刻本思濟堂方書 …… 959		1218	清道光刻套印本大清道光十九年歲次己亥時憲書 …… 977
1184	清乾隆刻本御纂醫宗金鑑 …… 959		1219	清道光刻套印本大清道光二十年歲次庚子時憲書 …… 977
1185	明刻本太醫院校注婦人良方大全 …… 960		1220	清道光刻套印本大清道光二十四年歲次甲辰時憲書 …… 978
1186	明崇禎刻本妙一齋醫學正印種子編 …… 961		1221	清道光刻套印本大清道光二十五年歲次乙巳時憲書 …… 978
1187	明正德刻本類證陳氏小兒痘廖方論 …… 962		1222	清道光刻套印本大清道光二十七年歲次丁未時憲書 …… 979
1188	明正德刻本陳氏小兒病源方論 …… 962		1223	清道光刻套印本大清道光二十八年歲次戊申時憲書 …… 979
1189	明萬曆刻本幼家新書 …… 963		1224	清咸豐刻套印本大清咸豐九年歲次己未時憲書 …… 979
1190	明嘉靖刻本嬰童百問 …… 964		1225	清咸豐刻本大清咸豐十年歲次庚申七政經緯躔度書 …… 980
1191	明崇禎刻本保嬰全書 …… 964		1226	清同治刻套印本大清同治九年歲次庚午時憲書 …… 980
1192	明刻本袁氏痘疹書 …… 965		1227	清光緒刻套印本大清光緒九年歲次癸未時憲書 …… 981
1193	明萬曆刻本鐫鄭先生痘經會成保嬰慈録諸方 …… 965		1228	清宣統刻本大清宣統二年歲次庚戌七政經緯宿度時憲書 …… 981
1194	明萬曆刻本痘疹大全八種 …… 966		1229	清宣統刻本大清宣統三年歲次辛亥七政經緯宿度時憲書 …… 981
1195	明刻本養生集覽五種 …… 966		1230	稿本高弧日景表細草 …… 982
1196	明萬曆刻格致叢書本新刻保生心鑑 …… 967		1231	明天啓刻本揚子太玄經 …… 982
1197	明萬曆刻百家名書本新刻養生導引法 …… 967		1232	清乾隆刻本楊子太玄別訓 …… 983
1198	清康熙刻本壽世青編 …… 967		1233	明天順刻本天原發微 …… 984
1199	清刻本飲食須知 …… 968		1234	明公文紙抄本觀象玩占 …… 984
1200	明萬曆刻古今醫統正脈全書本蘭室秘藏 …… 968		1235	明抄本觀象玩占 …… 985
1201	明刻本分野 …… 969		1236	明抄本觀象玩占 …… 985
1202	清康熙刻本新製靈臺儀象志 …… 969		1237	清抄本天文祥異集 …… 986
1203	清雍正刻本御製律曆淵源 …… 970		1238	清初刻本管窺輯要 …… 986
1204	稿本乾坤正切 …… 971		1239	清康熙刻本天玉經注 …… 987
1205	清康熙刻本萬年書 …… 972		1240	清抄本過空天盤神數 …… 988
1206	清乾隆刻套印本選擇天鏡 …… 973		1241	清順治刻本大易通變 …… 988
1207	清乾隆刻本大清乾隆四十三年歲次戊戌時憲書 …… 973		1242	明抄本運氣占 …… 990
1208	清乾隆刻本大清乾隆四十七年歲次壬寅時憲書 …… 974		1243	清乾隆刻本安居金鏡 …… 990
1209	清乾隆刻本大清乾隆四十九年歲次甲辰時憲書 …… 974		1244	明萬曆刻本新鍥纂集諸家全書大成斷易天機 …… 991
1210	清乾隆刻套印本大清乾隆五十二年歲次丁未時憲書 …… 974		1245	明崇禎刻本卜筮全書 …… 991
1211	清乾隆刻套印本大清乾隆五十五年歲次庚戌時憲書 …… 974		1246	明崇禎刻本三訂曆法玉堂通書捷覽 …… 992
1212	清乾隆刻本大清乾隆五十八年歲次癸丑時憲書 …… 975		1247	明正德刻本茰元遁甲句解煙波釣叟歌 …… 992
1213	清嘉慶刻套印本大清嘉慶二十五年歲次庚辰時憲書 …… 975		1248	清順治刻本葫頭集 …… 993
1214	清道光刻套印本大清道光八年歲次戊子時憲書 …… 975		1249	清刻本三才發秘 …… 993
1215	清道光刻套印本大清道光十三年歲次癸巳時憲書 …… 976			
1216	清道光刻套印本大清道光十四年歲次甲午時憲書 …… 976			

編號	書名	頁碼
1250	清乾隆刻本卜筮正宗	994
1251	明刻本神相全編	995
1252	明萬曆刻本新刊京本風鑑相法人相編	995
1253	明萬曆刻百家名書本新刻麻衣相神異賦	996
1254	明萬曆刻百家名書本新刻相字心法	996
1255	清初刻本三命通會	997
1256	清雍正刻本洪範九疇數	997
1257	清雍正刻本洪範彙成	998
1258	明萬曆刻百家名書本新刻玉洞金書	999
1259	明天啟刻本佐玄直指圖解	1000
1260	明萬曆刻格致叢書本發微曆眼通書大全	1000
1261	明萬曆刻本新刻星平總會命海全編	1001
1262	明萬曆刻本地理參贊玄機僊婆集	1002
1263	明萬曆刻本雙劍閣集地理人天眼目	1002
1264	明崇禎刻本刻仰止子參定正傳地理統一全書	1003
1265	清抄本斷易秘訣	1004
1266	清抄本大六壬管輅神書	1005
1267	清彩繪本神兵旗式	1005
1268	清乾隆刻本山法全書	1005
1269	清康熙刻本選擇叢書集要	1006
1270	清嘉慶刻本新春吉慶大全	1007
1271	清道光刻本道光乙巳年通書	1007
1272	清咸豐刻本清咸豐癸丑年通書	1008
1273	清咸豐刻本清咸豐甲寅年通書	1008
1274	清光緒刻本清光緒丙戌年通書	1009
1275	清康熙刻本筮吉肘後經	1009
1276	明崇禎刻本夢林玄解	1011
1277	清彩繪本推背圖	1012
1278	清彩繪本推背圖	1012
1279	清初刻本關帝靈籤	1012
1280	清康熙刻本字觸	1013
1281	清乾隆刻本畫禪室隨筆	1014
1282	清乾隆刻本清河書畫舫	1014
1283	清抄本汪氏珊瑚網法書題跋	1015
1284	清抄本墨緣彙觀	1016
1285	明萬曆刻本墨池編	1016
1286	清雍正刻本墨池編	1017
1287	明萬曆刻格致叢書本新刻古今碑帖考	1018
1288	明武林傳時刻本翰林要訣	1018
1289	明崇禎刻清順治重修本書史會要	1019
1290	明萬曆刻本古今法書苑	1019
1291	明刻本鐫古今名筆便學臨池真蹟	1020
1292	清抄本大瓢偶筆	1021
1293	清乾隆刻本分隸偶存	1022
1294	清乾隆刻本蔣氏游藝秘錄	1023
1295	清嘉慶刻本飛白錄	1024
1296	清康熙刻本字學津梁	1025
1297	清康熙刻本歷朝聖賢篆書百體千文	1026
1298	清乾隆刻本漢溪書法通解	1028
1299	明萬曆刻本草韻辨體	1028
1300	明崇禎刻本草韻辨體	1029
1301	清初刻本草聖彙辯	1029
1302	清抄本二王法帖釋文	1030
1303	明刻本歷代帝王法帖釋文考異	1031
1304	清康熙刻本淳化閣帖釋文	1031
1305	清乾隆刻本淳化秘閣法帖考正	1033
1306	清抄本天際烏雲帖考	1033
1307	明崇禎刻津逮祕書本歷代名畫記	1034
1308	元至正刻本圖繪寶鑑	1034
1309	明崇禎刻津逮祕書本圖繪寶鑑	1035
1310	清刻本圖繪寶鑑	1035
1311	明萬曆刻清康熙補板印本劉雪湖梅譜	1036
1312	明萬曆刻本圖繪宗彝	1036
1313	明崇禎刻清初重修本畫史會要	1037
1314	清康熙刻本無聲詩史	1037
1315	清康熙刻本繪事備考	1038
1316	清乾隆刻本國朝畫徵錄	1039
1317	清乾隆刻本芥舟學畫編	1040
1318	清抄本繪林伐山	1040
1319	明萬曆天啟間刻本黃氏畫譜	1041
1320	清康熙刻套印本芥子園畫傳	1042
1321	清刻彩色套印本芥子園畫傳	1042
1322	清康熙刻套印本芥子園畫傳二集	1043
1323	清康熙刻套印本芥子園畫傳三集	1044
1324	清乾隆刻套印本芥子園畫傳二集三集	1045
1325	清康熙刻本御製耕織圖	1045
1326	清咸豐刻本寫竹簡明法	1046
1327	清康熙刻本佩文齋書畫譜	1047
1328	清刻套印本天下有山堂畫藝	1048
1329	明萬曆刻鈐印本印雋	1048
1330	明天啟刻鈐印本印史	1049
1331	明崇禎刻鈐印本學山堂印譜	1049
1332	清初鈐印本印存初集	1050
1333	清初鈐印本秋閒戲鐵	1050
1334	清康熙鈐印本立雪齋印譜	1051
1335	清乾隆鈐印本珍珠船印譜	1051
1336	清乾隆鈐印本超然樓印賞	1052
1337	清乾隆鈐印本松雪堂印萃	1053
1338	清乾隆鈐印本梅里古印譜	1053
1339	清乾隆鈐印本古今印萃	1054

編號	書名	頁碼
1340	清乾隆鈐印本趙凡夫先生印譜	1054
1341	清乾隆鈐印本醉愛居印賞	1055
1342	清乾隆刻鈐印本飛鴻堂印譜	1056
1343	清乾隆鈐印本抱經樓日課編	1057
1344	清乾隆鈐印本松筠桐蔭館印譜	1058
1345	清嘉慶鈐印本雲峰書屋集印譜	1058
1346	清嘉慶鈐印本汲古堂印譜	1059
1347	清道光鈐印本對山印稿	1060
1348	清道光鈐印本試篆存稿	1061
1349	清道光鈐印本問經堂印譜	1062
1350	清道光鈐印本雨樓印譜	1062
1351	清道光鈐印本孫氏養正樓印存	1062
1352	清同治鈐印本秋水軒印存	1063
1353	清鈐印本百舉齋印譜	1064
1354	清光緒鈐印本行素堂集古印存	1065
1355	清鈐印本壽鼎齋印存	1065
1356	民國鈐印本御璽譜	1066
1357	清光緒鈐印本福盦藏印六集	1066
1358	稿本麋研齋印存	1067
1359	稿本麋研齋印稿	1067
1360	明萬曆刻本新刊正文對音捷要琴譜真傳	1068
1361	明萬曆刻清順治修補印本松絃館琴譜	1069
1362	明嘉靖刻本玄玄碁經	1069
1363	清康熙刻本圍碁近譜	1070
1364	清道光刻本玉荷隱語群珠集	1070
1365	明萬曆刻巾箱本文房十二友	1071
1366	明萬曆刻百家名書本新刻文房清事	1072
1367	明萬曆刻百家名書本新刻山家清事	1072
1368	清乾隆刻本隨園食單	1072
1369	清雍正刻本原本茶經	1073
1370	明萬曆刻茶書本茶經	1073
1371	明萬曆刻本方氏墨譜	1074
1372	清康熙刻本曹氏墨林	1075
1373	明崇禎刻本龍乘	1076
1374	明崇禎刻本香乘	1077
1375	明萬曆刻本華夷花木鳥獸珍玩考	1077
1376	明天啓刻本花史左編	1078
1377	明萬曆刻山居雜志本筍譜	1079
1378	明刻本德善齋菊譜詩	1079
1379	清乾隆刻本墨子	1080
1380	明天啓刻本鶡冠子	1081
1381	明萬曆刻套印本呂氏春秋	1081
1382	明刻套印本淮南鴻烈解	1082
1383	明末刻本淮南鴻烈解	1082
1384	清乾隆刻本淮南子	1082
1385	明天啓刻合諸名家批點諸子全書本白虎通德論	1083
1386	明天啓刻本風俗通義	1083
1387	明刻秘書九種本天祿閣外史	1084
1388	明萬曆刻子彙本劉子	1084
1389	明萬曆刻本夢溪筆談全編	1084
1390	明刻套印本東坡先生志林	1085
1391	明末刻津逮祕書本避暑錄話	1085
1392	明末刻津逮祕書本卻掃編	1086
1393	明崇禎刻本容齋隨筆	1086
1394	清乾隆刻本賓退錄	1087
1395	明末刻津逮祕書本老學庵筆記	1088
1396	明末刻津逮祕書本輟耕錄	1088
1397	清乾隆刻本草木子	1088
1398	明嘉靖刻本震澤長語	1089
1399	明嘉靖刻本楊子卮言	1090
1400	明嘉靖刻本蓬窗日錄	1090
1401	明萬曆刻本千一錄	1091
1402	明刻本林子會編	1091
1403	明萬曆刻本穀山筆麈	1093
1404	明萬曆刻本新鋟藝圃球琅集注	1094
1405	明萬曆刻清印本見聞雜紀	1094
1406	明崇禎刻清順治重修本梅花草堂集	1095
1407	明萬曆刻本鴻苞集	1095
1408	明刻本菜根譚	1096
1409	明刻本五雜組	1096
1410	明萬曆刻本偶記	1097
1411	明萬曆刻本續問奇類林	1097
1412	明萬曆刻本雪庵清史	1098
1413	明萬曆內府刻本御製重輯明心寶鑑	1098
1414	明萬曆刻本新鋟提頭音釋官板大字明心寶鑑正文	1099
1415	清康熙刻後印本容安齋穌譚	1099
1416	清康熙刻本雲谷臥餘	1100
1417	清康熙刻本分甘餘話	1100
1418	清初刻本聽潮居存業	1101
1419	清乾隆刻同治印本讀書雜述	1102
1420	清康熙刻本蓉槎蠡說	1103
1421	清康熙刻本蠹書	1103
1422	清乾隆刻本柚堂筆談	1104
1423	明萬曆刻本緯略	1104
1424	明萬曆刻本古今考	1105
1425	明嘉靖刻本丹鉛總錄	1106
1426	明萬曆刻本秋林伐山	1107
1427	明萬曆刻本重刻來瞿唐先生日錄	1107
1428	明刻本謨觴隨筆	1108
1429	明萬曆刻本圭竇存知	1108

1430	明萬曆刻本古今原始 …………… 1109	1475	明末刻套印本諸子綱目類編 …………… 1138
1431	明萬曆刻本疑耀 ………………… 1109	1476	清康熙刻後印本清異錄表異錄 ………… 1139
1432	明刻本青藤山人路史 …………… 1110	1477	清康熙刻本重刊八行圖說 ……………… 1140
1433	明崇禎刻本徐氏筆精 …………… 1110	1478	清康熙刻本重刻讀書鏡重刻昨非庵日纂
1434	清康熙刻本藝林彙考 …………… 1111		……………………………………………… 1140
1435	清康熙刻後印本古今釋疑 ……… 1112	1479	清刻本迪吉錄 …………………………… 1141
1436	清康熙刻本居易錄 ……………… 1113	1480	清康熙刻本倘湖樵書 …………………… 1141
1437	清乾隆刻本西圃叢辨 …………… 1113	1481	清順治刻本同書 ………………………… 1142
1438	清康熙刻後印本訂譌雜錄 ……… 1114	1482	清康熙刻本警心錄 ……………………… 1143
1439	清乾隆刻本菜堂節錄 …………… 1115	1483	清同治活字本聖諭廣訓 ………………… 1144
1440	明萬曆刻本世說新語補 ………… 1115	1484	清康熙刻本庸行編 ……………………… 1145
1441	明末刻津逮祕書本唐國史補 …… 1116	1485	清康熙刻本聖諭像解 …………………… 1146
1442	明末刻津逮祕書本河南邵氏聞見錄 1116	1486	清雍正刻本罪屑集 ……………………… 1147
1443	明嘉靖刻本震澤紀聞 …………… 1117	1487	清雍正刻本閑家編 ……………………… 1147
1444	明嘉靖刻本何氏語林 …………… 1118	1488	清雍正刻本言行彙纂 …………………… 1148
1445	明萬曆刻本群談採餘 …………… 1118	1489	清乾隆刻本權衡一書 …………………… 1149
1446	明天啓刻本湧幢小品 …………… 1119	1490	清乾隆刻本習是編 ……………………… 1150
1447	明刻清重修本新增格古要論 …… 1120	1491	清乾隆刻本新增願體集 ………………… 1150
1448	清乾隆刻本墨娥小錄 …………… 1120	1492	清乾隆刻本經史待問三略 ……………… 1151
1449	明萬曆刻本雅尚齋遵生八牋 …… 1121	1493	清乾隆刻本坤德寶鑑 …………………… 1152
1450	明末刻本雅尚齋遵生八牋 ……… 1122	1494	清乾隆刻本述記 ………………………… 1153
1451	明萬曆刻本燕閒四適 …………… 1122	1495	清康熙刻本閒情偶寄 …………………… 1153
1452	明萬曆刻本金罍子 ……………… 1122	1496	明刻七種爭奇本風月爭奇蔬果爭奇 …… 1154
1453	明刻清康熙乾隆修補印本六研齋筆記	1497	明末刻本綠牕女史 ……………………… 1154
	……………………………………… 1123	1498	明刻本山海經 …………………………… 1155
1454	清乾隆刻本香墅漫鈔 …………… 1124	1499	明刻本山海經釋義 ……………………… 1155
1455	清乾隆刻本小窗幽紀 …………… 1125	1500	清乾隆刻本山海經廣注 ………………… 1156
1456	清順治刻本玉劍尊聞 …………… 1126	1501	明萬曆刻本新刻出像增補搜神記 ……… 1157
1457	清康熙刻本寄園寄所寄 ………… 1126	1502	明末刻津逮祕書本稽神錄 ……………… 1158
1458	清乾隆刻本巢林筆談 …………… 1127	1503	明刻本豔異編 …………………………… 1158
1459	清刻巾箱本古今秘苑 …………… 1128	1504	明萬曆刻本仙佛奇蹤 …………………… 1158
1460	清光緒刻本意林 ………………… 1128	1505	明萬曆刻本仙佛奇蹤 …………………… 1159
1461	明永樂内府刻本大明仁孝皇后勸善書	1506	清乾隆刻本見聞錄 ……………………… 1159
	……………………………………… 1130	1507	明萬曆刻本小窗自紀 …………………… 1160
1462	明萬曆刻本閱古隨筆 …………… 1130	1508	明刻本梨雲館廣清紀 …………………… 1160
1463	明萬曆刻本稗史彙編 …………… 1131	1509	明末刻清補板印本山中一夕話 ………… 1161
1464	明隆慶刻本百家類纂 …………… 1131	1510	清抄本槐西雜志 ………………………… 1161
1465	明萬曆刻本琅琊代醉編 ………… 1132	1511	清乾隆刻本西青散記 …………………… 1162
1466	明萬曆刻本警語類抄 …………… 1133	1512	清乾隆刻本諧鐸 ………………………… 1163
1467	明萬曆刻本遯世編 ……………… 1134	1513	清乾隆刻本新訂解人頤廣集 …………… 1164
1468	明萬曆刻本焦氏類林 …………… 1134	1514	清乾隆刻本新鐫笑林廣記 ……………… 1164
1469	明天啓刻本聞署日抄 …………… 1135	1515	明萬曆刻本新鐫全像一見賞心編 …… 1165
1470	明天啓刻本最樂編 ……………… 1135	1516	明陳懷軒存仁堂印本鼎刻江湖歷覽杜騙
1471	清抄本湘煙錄 …………………… 1136		新書 ………………………………………… 1165
1472	明萬曆刻本堯山堂外紀 ………… 1136	1517	明刻重印本新刻音釋旁訓評林寅義三國
1473	明崇禎刻本昨非庵日纂 ………… 1137		志史傳 ……………………………………… 1167
1474	明末刻本昨非庵日纂 …………… 1138	1518	明末刻本新鐫全像通俗演義隋煬帝艷史

	……………………………… 1170	1559	清嘉慶刻本飛武全傳 ………… 1200
1519	明崇禎刻本新鐫全像通俗演義隋煬帝艷史 ………………………………… 1170	1560	明嘉靖刻本藝文類聚 …………… 1201
		1561	明萬曆刻本藝文類聚 …………… 1202
1520	明崇禎刻本第五才子書施耐庵水滸傳 ……………………………… 1170	1562	明嘉靖刻本初學記 ……………… 1202
		1563	明刻本唐宋白孔六帖 …………… 1202
1521	明末刻本忠義水滸全書 ………… 1171	1564	明嘉靖刻本事類賦 ……………… 1203
1522	清初刻本新列國志 ……………… 1171	1565	明嘉靖刻本事類賦 ……………… 1204
1523	清初刻本鐫李卓吾批點殘唐五代史演義傳 ……………………………… 1172	1566	明崇禎刻清康熙乾隆遞修本冊府元龜 …… 1204
		1567	明成化刻本事物原集類 ………… 1205
1524	清初刻本新鐫全像武穆精忠傳 … 1173	1568	清抄本事物紀原集類 …………… 1206
1525	清刻本新鐫秘本續英烈傳 ……… 1174	1569	明萬曆刻本海録碎事 …………… 1207
1526	明刻本新刻全像三寶太監西洋記通俗演義 ……………………………… 1174	1570	明嘉靖刻本錦繡萬花谷 ………… 1207
		1571	明內府刻本新編古今事文類聚 … 1208
1527	清初刻本剿闖小說 ……………… 1175	1572	明萬曆刻清印本新編古今事文類聚 … 1209
1528	清刻本新世鴻勳 ………………… 1176	1573	明萬曆刻本宋四六叢珠彙選 …… 1209
1529	清刻本醒夢駢言 ………………… 1177	1574	明正德刻重修本群書考索 ……… 1210
1530	清康熙刻本呂祖全傳 …………… 1178	1575	明嘉靖刻本古今合璧事類備要 … 1211
1531	清刻本新刻鴛鴦 ………………… 1179	1576	明宣德刻本新箋決科古今源流至論 … 1212
1532	清刻本墨憨齋新編繡像醒名花 … 1179	1577	明弘治刻本新箋決科古今源流至論 … 1213
1533	清刻本雙奇夢傳 ………………… 1180	1578	明宣德刻本新箋決科古今源流至論 … 1213
1534	清初刻本新鐫批評繡像玉嬌梨小傳 … 1181	1579	明刻本新鍥正譌訓解標類書言故事大全 ……………………………… 1214
1535	清刻本新編繡像簇新小說麟兒報 … 1182		
1536	清刻本新鐫批評繡像人間樂 …… 1183	1580	明萬曆刻本新刊訓解直音書言故事大全 ……………………………… 1214
1537	清刻本晚翠堂批點玉樓春 ……… 1184		
1538	清刻本新鐫批評繡像巧聯珠小說 … 1185	1581	元刻元明遞修本玉海辭學指南小學紺珠 ……………………………… 1215
1539	清康熙刻本新說生花夢奇傳 …… 1185		
1540	清刻本世無匹 …………………… 1186	1582	清順治刻本玉海纂 ……………… 1216
1541	清初刻本新採奇聞小說全編萬斛泉 … 1187	1583	明萬曆刻本新編簪纓必用翰苑新書 … 1217
1542	清刻本新鐫繡像小說夢花想 …… 1188	1584	明刻本新鍥簪纓必用增補秘笈新書 … 1217
1543	清刻本五鳳吟 …………………… 1189	1585	元至正刻本韻府群玉 …………… 1218
1544	清刻本草閒堂新編小史警寤鐘 … 1190	1586	明弘治刻本新增說文韻府群玉 … 1219
1545	清嘉慶刻本婆羅岸 ……………… 1191	1587	明萬曆刻本新增說文韻府群玉 … 1219
1546	清刻本新刻三妙傳 ……………… 1191	1588	明重刻本新增說文韻府群玉 …… 1220
1547	清刻本蝴蝶媒 …………………… 1192	1589	明嘉靖刻本類聚古今韻府續編群玉 … 1220
1548	清刻本新鐫桃花影 ……………… 1193	1590	元刻本新編事文類聚翰墨全書 … 1220
1549	清刻本新刻章臺柳 ……………… 1193	1591	明刻本新編事文類聚翰墨大全 … 1221
1550	清刻本新編兩肉緣 ……………… 1194	1592	明刻本新編事文類聚翰墨大全 … 1221
1551	清刻本新刻群佳樂 ……………… 1195	1593	明刻本聯新事備詩學大成 ……… 1222
1552	清刻本新刻艷芳配 ……………… 1195	1594	明嘉靖刻本新刊京本校正增廣聯新事備詩學大全 …………………… 1222
1553	清刻本新編春燈迷史 …………… 1196		
1554	清刻本杏花天 …………………… 1196	1595	明成化刻本詩學集成押韻淵海 … 1222
1555	清拂雲閣刻本杏花天 …………… 1197	1596	明嘉靖抄本永樂大典 …………… 1223
1556	清抄本新抄濃情秘史 …………… 1198	1597	明刻本對類 ……………………… 1224
1557	清康熙刻本新刻鍾伯敬先生批評封神演義 ……………………………… 1198	1598	明弘治刻本群書集事淵海 ……… 1224
		1599	明萬曆刻本新刊唐荊川先生稗編 … 1225
1558	清康熙刻本新刻鍾伯敬先生批評封神演義 ……………………………… 1199	1600	明嘉靖刻本修辭指南 …………… 1225
		1601	明萬曆刻本左粹類纂 …………… 1226

1602	明嘉靖刻本事物考 …… 1227	1644	明萬曆刻本刻注釋藝林聚錦故事白眉 …… 1253
1603	明嘉靖刻本三才通考 …… 1227	1645	明刻本重刻增補故事白眉 …… 1254
1604	明萬曆刻本新刊增補古今名家詩學大成 …… 1228	1646	清乾隆刻本精選黃眉故事 …… 1254
1605	明萬曆刻本名物類考 …… 1228	1647	明萬曆刻本鍥旁注事類捷録 …… 1255
1606	明萬曆刻本彙苑詳注 …… 1229	1648	明末刻本增補注釋事類捷録 …… 1256
1607	明刻清印本新刻重校增補圓機活法詩學全書 …… 1230	1649	明刻本新刻一札三奇 …… 1256
1608	明刻本天中記 …… 1230	1650	明刻本新鐫歷代名賢事類通考 …… 1257
1609	明萬曆刻重修本古今萬姓統譜 …… 1231	1651	明天啓刻本急覽類編 …… 1258
1610	明萬曆刻本典籍便覽 …… 1231	1652	明萬曆刻本臆見彙考 …… 1258
1611	明萬曆刻崇禎重修本三才圖會 …… 1232	1653	明天啓刻本新鐫陳太史史經濟言 …… 1259
1612	明萬曆刻本喻林 …… 1233	1654	明末刻本菽林尋到源頭 …… 1260
1613	明萬曆刻本類雋 …… 1234	1655	明天啓刻本八編類纂 …… 1260
1614	明萬曆刻本黔類 …… 1234	1656	明崇禎刻本潛確居類書 …… 1261
1615	明萬曆刻本圖書編 …… 1235	1657	明崇禎刻本博物典彙 …… 1261
1616	明萬曆刻本經濟類編 …… 1236	1658	明崇禎刻本博物典彙 …… 1262
1617	明萬曆刻本古今名喻 …… 1237	1659	明末刻清康熙印本博物典彙 …… 1262
1618	稿本藻林 …… 1237	1660	明崇禎刻本群書典彙 …… 1262
1619	明萬曆刻本卓氏藻林 …… 1238	1661	明崇禎刻本庶物異名疏 …… 1263
1620	明萬曆刻本新刻何氏類鎔 …… 1239	1662	明崇禎刻本新刻眉公陳先生編輯諸書備採萬卷搜奇全書 …… 1263
1621	明萬曆刻本類編苑詩秀句 …… 1239	1663	清乾隆刻本三多齋重訂注釋采眉故事 …… 1265
1622	明萬曆刻本新纂事詞類奇 …… 1240	1664	明末刻本新刻陳明卿先生對類會海 …… 1265
1623	明萬曆刻本學海君道部 …… 1241	1665	明崇禎刻本新刻石渠閣彙纂諸書法海 …… 1265
1624	明萬曆刻本新刻彭氏類編雜説 …… 1241	1666	明天啓刻本麗句集 …… 1266
1625	明崇禎刻本增訂二三場群書備考 …… 1242	1667	明刻本五車韻瑞 …… 1266
1626	明萬曆刻本詞林海錯 …… 1242	1668	明崇禎方氏家塾刻本廣韻藻 …… 1266
1627	明天啓刻本奇姓通 …… 1243	1669	明崇禎刻本諸子類纂 …… 1267
1628	明萬曆刻本新鐫古今事物原始全書 …… 1243	1670	明刻本新鐫舉子六經纂要 …… 1267
1629	明萬曆刻本新刻古今玄屑 …… 1244	1671	明萬曆刻本新板全補天下便用文林炒錦萬寶全書 …… 1268
1630	明萬曆刻重修本山堂肆考 …… 1244	1672	明崇禎刻本新鐫雅俗通用珠璣藪 …… 1269
1631	明刻本新鐫翰林校正鼇頭合併古今名家詩學會海大成 …… 1245	1673	明崇禎刻本古今類書纂要增删 …… 1269
1632	明萬曆刻本文林綺繡本文選錦字録 …… 1246	1674	明崇禎刻本古學彙纂 …… 1269
1633	明萬曆刻本新刻蒐集群書紀載大千生鑑 …… 1246	1675	明崇禎刻巾箱本新刻增補音易四書五經字考萬花谷 …… 1270
1634	明萬曆刻重修本唐類函 …… 1246	1676	明萬曆刻本鐫唐李瀚原本名蹟蒙求鐫明俞文彬續編名蹟蒙求 …… 1271
1635	明萬曆刻本詩雋類函 …… 1247	1677	明末刻本新刻增校切用正音鄉談雜字大全 …… 1271
1636	明萬曆刻本啓雋類函 …… 1248	1678	明刻本新刻全補評注文豹金璧故事 …… 1272
1637	明萬曆刻本劉氏類山 …… 1249	1679	清康熙刻本茹古略集 …… 1272
1638	明萬曆刻本文苑彙雋 …… 1250	1680	明萬曆刻清康熙印本尚友録 …… 1272
1639	明萬曆刻本六朝餘韻 …… 1250	1681	清康熙刻本十三經類語 …… 1273
1640	明萬曆刻本分韻四言對偶啓蒙音律啓蒙 …… 1251	1682	清康熙刻本卓吾增補素翁雜字全書 …… 1274
1641	明萬曆刻本劉氏鴻書 …… 1252	1683	清初刻本增廣幼學須知鼇頭雜字大全 …… 1275
1642	明萬曆刻清印本廣博物志 …… 1252	1684	清抄本牧齋紅豆莊雜録 …… 1276
1643	明崇禎刻本廣博物志增删 …… 1253	1685	清康熙刻本三才彙編 …… 1277

1686	清康熙刻後印本類書纂要	1277
1687	清康熙刻本三才藻異	1278
1688	清康熙刻本古事比	1279
1689	清康熙刻本淵鑑類函	1280
1690	清康熙刻本佩文韻府	1280
1691	清康熙刻本讀書紀數略	1282
1692	清康熙刻雍正印本格致鏡原	1283
1693	清雍正刻本經濟類考約編	1284
1694	清雍正活字印本欽定古今圖書集成	1285
1695	清康熙刻本類林新咏	1286
1696	清雍正刻本博雅備考	1287
1697	清乾隆刻本省軒考古類編	1288
1698	清雍正刻本子史精華	1289
1699	清乾隆刻本增補萬寶全書	1289
1700	清乾隆刻本通俗編	1290
1701	清雍正刻本唐詩金粉	1291
1702	清抄本儷府	1291
1703	清乾隆刻本詩材類對纂要	1292
1704	清乾隆刻本葵書	1292
1705	清乾隆刻本穀玉類編	1293
1706	清乾隆刻本類纂精華	1294
1707	清乾隆刻本典制類林	1294
1708	清抄本獺祭編	1295
1709	清乾隆刻本亦陶書室新增幼學故事群芳	1295
1710	清康熙刻本新鐫鑑略四字書	1296
1711	明萬曆刻本金剛般若波羅蜜經	1297
1712	明萬曆刻本金剛般若波羅蜜經注解	1297
1713	明萬曆刻本金剛般若波羅蜜經	1298
1714	明萬曆抄本遺教經、金剛般若波羅蜜經	1298
1715	明永樂刻萬曆重修印本大方廣佛華嚴經	1298
1716	清康熙刻本金剛般若波羅密經淺解	1299
1717	清雍正刻本思益梵天所問經	1299
1718	明崇禎刻本摩訶僧祇律	1299
1719	明萬曆刻本成唯識論	1300
1720	明天啓刻套印本大佛頂如來密因修證了義諸菩薩萬行首楞嚴經	1300
1721	明刻本大佛頂如來密因修證了義諸菩薩萬行首楞嚴經	1301
1722	明天啓刻本大佛頂如來密因修證了義諸菩薩萬行首楞嚴經如説	1301
1723	清泥金寫本佛頂尊勝總持經呪	1302
1724	清乾隆刻本佛頂心陀羅尼經等	1302
1725	清順治刻本曇無德部四分律刪補隨機羯磨等	1302
1726	明永樂至正統刻北藏本大方等大集月藏經	1303
1727	宋紹聖刻萬壽大藏本十誦律	1304
1728	明刻本三劫三千佛名經	1304
1729	明萬曆刻本妙法蓮華經文句	1304
1730	清雍正刻本宗鏡録	1305
1731	清雍正刻本御録宗鏡大綱	1305
1732	明萬曆刻本佛説大方廣善巧方便經	1306
1733	明刻本冥樞會要	1306
1734	明末刻本敕修百丈清規	1307
1735	明萬曆刻本禪林寶訓	1308
1736	清乾隆刻本禪林寶訓筆説	1308
1737	明萬曆刻本三教平心論抄	1308
1738	明刻本瑜伽燄口施食起止規範	1309
1739	明萬曆刻本續原教論	1309
1740	明萬曆刻本净土資糧全集	1310
1741	明萬曆刻本佛法金湯編	1311
1742	明萬曆刻本道餘録	1311
1743	明萬曆刻本佛法正輪	1312
1744	清康熙刻本無依道人録	1312
1745	明萬曆刻本四家語録	1313
1746	明天啓刻本斷際心要	1314
1747	明萬曆刻本虎丘隆和尚語録	1314
1748	明萬曆刻本雲庵真净禪師語録	1315
1749	明弘光刻本雪巖和尚住潭州龍興寺語録	1316
1750	明崇禎刻本愚庵及禪師語録	1316
1751	明萬曆刻本高峰大師語録	1317
1752	明萬曆刻本林泉老人評唱丹霞淳禪師頌古虛堂習聽録	1317
1753	清雍正刻本御選語録	1318
1754	清雍正刻本御録經海一滴	1319
1755	明嘉靖刻本歸元直指集	1319
1756	明萬曆刻本寂音尊者智證傳	1319
1757	明崇禎刻本五燈會元	1320
1758	明崇禎刻本五燈會元	1321
1759	清初刻本指月録	1321
1760	清初刻本南嶽單傳記	1322
1761	清雍正刻本重訂教乘法數	1322
1762	明宣德刻嘉靖重修本佛祖歷代通載	1323
1763	明永樂内府刻本神僧傳	1324
1764	清雍正刻本御製揀魔辨異録	1324
1765	清乾隆刻後印本釋迦如來應化事蹟	1325
1766	清雍正刻本寶倫集	1325
1767	明刻本大藏一覽	1326
1768	明萬曆刻本大藏一覽	1327
1769	清乾隆刻本大清重刻龍藏彙記	1327
1770	清康熙刻本閲藏知津	1328

1771	明嘉靖刻本釋氏要覽 ……………	1328	1795	明末刻本關尹子 ……………………… 1339
1772	明末刻本雅俗通用釋門疏式 ……	1329	1796	明萬曆刻本道宗六書 ……………… 1340
1773	明刻套印本三子合刊 ……………	1330	1797	明萬曆刻清康熙重修本道書全集 … 1340
1774	明萬曆刻本玉堂校傳如崗陳先生二經精解全編 ……………	1330	1798	明萬曆刻本太上治生法會伊始真人解悟真經合注 ……………………… 1342
1775	明末刻本老子道德真經 …………	1331	1799	明刻本太上正一朝天百拜謝罪寶懺、高上玉皇本行集經 …………… 1342
1776	明刻本太上老子道德經 …………	1331	1800	明萬曆刻本重修本道言內外秘訣全書 … 1343
1777	明萬曆刻本老子解 ………………	1331	1801	明萬曆刻本道言內外秘訣全書本古文參同契 ………………………… 1344
1778	明萬曆刻本道德經解 ……………	1332	1802	明萬曆刻本新鍥抱朴子內外篇 …… 1344
1779	明嘉靖刻六子書本莊子 …………	1332	1803	清乾隆刻本太上感應篇圖説 ……… 1345
1780	明末刻本莊子南華真經 …………	1333	1804	明萬曆刻本雲笈七籤 ……………… 1346
1781	明嘉靖刻六子書本南華真經 ……	1333	1805	明正統內府刻道藏本上清靈寶大法 … 1347
1782	明刻六子書本南華真經 …………	1333	1806	明宣德刻本上清靈寶濟度大成金書 … 1347
1783	明刻四色套印本南華經 …………	1333	1807	明隆武刻本文昌化書 ……………… 1348
1784	明天啓刻老莊評注本南華真經評注	1334	1808	清乾隆刻本文帝全書 ……………… 1348
1785	明嘉靖刻本莊子通義 ……………	1334	1809	清乾隆刻本呂祖全書 ……………… 1349
1786	明萬曆刻本南華真經副墨 ………	1335	1810	清乾隆刻本金仙證論、慧命經 …… 1350
1787	明萬曆刻本莊子翼 ………………	1335	1811	清道光木活字本玉樞經籥 ………… 1351
1788	明萬曆刻本莊子通 ………………	1336	1812	明萬曆刻本性命雙脩萬神圭旨 …… 1351
1789	明末刻本南華真經旁注 …………	1336	1813	清康熙刻本性命雙修萬神圭旨 …… 1352
1790	明刻本南華經內篇集注 …………	1337	1814	明萬曆刻本有象列仙全傳 ………… 1353
1791	明萬曆刻本鍥南華真經三注大全 …	1337	1815	明萬曆刻套印本楚辭 ……………… 1353
1792	明刻本南華發覆 …………………	1338	1816	明萬曆刻本楚辭章句 ……………… 1354
1793	清康熙刻本莊子因 ………………	1338		
1794	明刻三子合刻套印本列子冲虛真經 …	1339		

集　　部

1817	明刻本楚辭章句 …………………	1357	1833	清康熙刻本陶詩集注 ……………… 1365
1818	明刻本楚辭章句 …………………	1357	1834	明萬曆刻漢魏諸名家集本顏延之集 … 1366
1819	明刻套印本楚辭 …………………	1357	1835	明刻本沈休文集 …………………… 1366
1820	明刻本楚辭句解評林 ……………	1357	1836	明萬曆刻漢魏諸名家集本江文通文集 … 1366
1821	明刻本楚辭集注 …………………	1358	1837	明萬曆刻本梁江文通集 …………… 1367
1822	明萬曆刻文林綺繡本楚騷綺語 …	1358	1838	清刻本徐孝穆全集 ………………… 1367
1823	清初毛氏汲古閣抄本離騷草木疏	1359	1839	清抄本王子安集 …………………… 1367
1824	明末刻清印本楚辭疏 ……………	1360	1840	明刻套印本唐駱先生集 …………… 1368
1825	清初刻本離騷圖 …………………	1360	1841	明萬曆刻本唐駱先生文集 ………… 1368
1826	清康熙刻本楚辭燈 ………………	1361	1842	明崇禎刻本唐駱先生文集 ………… 1369
1827	清雍正刻本山帶閣注楚辭 ………	1362	1843	清抄本陳伯玉文集 ………………… 1369
1828	清乾隆刻本楚辭新注 ……………	1362	1844	明萬曆刻本唐丞相曲江張先生文集 … 1370
1829	稿本屈賦晢微 ……………………	1363	1845	明嘉靖刻本類箋唐王右丞詩集 …… 1370
1830	明崇禎刻漢魏六朝百三名家集本晉王右軍集 ……………………	1364	1846	明刻閔氏套印盛唐四名家集本王摩詰詩集 ………………………… 1372
1831	明萬曆刻本陶靖節集 ……………	1364	1847	明正統內府刻道藏本宗玄先生文集 … 1372
1832	清康熙刻本陶靖節詩集東坡和陶詩律陶敦好齋律陶纂 ……………	1365	1848	明萬曆刻本魯公文集 ……………… 1372
			1849	明抄本魯公文集 …………………… 1373

分類目録

1850	明崇禎刻五唐人集本孟襄陽集 …………… 1373	1890	清乾隆刻本韓昌黎詩集編年箋注 ……… 1400
1851	明刻閔氏套印盛唐四名家集本孟浩然詩集 …………… 1374	1891	明萬曆刻套印本韓文 …………… 1400
1852	明萬曆刻本寒山子詩集 …………… 1374	1892	明刻本河東先生集 …………… 1401
1853	清康熙刻本李太白文集 …………… 1375	1893	明萬曆刻本河東先生集 …………… 1401
1854	清乾隆刻本李太白文集 …………… 1376	1894	明崇禎刻韓柳全集本唐柳河東集 …………… 1402
1855	明正德刻本分類補注李太白詩 …………… 1377	1895	明嘉靖刻韓柳文本柳文 …………… 1402
1856	明萬曆刻李杜全集本分類補注李太白詩 …………… 1377	1896	明正統刻本增廣注釋音辯唐柳先生集 …………… 1402
1857	明萬曆刻李杜全集本分類補注李太白詩 …………… 1378	1897	明刻本京本校正音釋唐柳先生集 …………… 1403
		1898	明刻套印本柳文 …………… 1403
1858	明隆慶刻本李詩辯疑 …………… 1379	1899	清乾隆刻本香山詩選 …………… 1403
1859	明末刻本韋蘇州集 …………… 1379	1900	清抄本沈下賢文集 …………… 1404
1860	明刻本岑嘉州集 …………… 1380	1901	明刻盛唐四名家集本李長吉歌詩 …………… 1405
1861	明萬曆刻唐十二家詩本高適集 …………… 1380	1902	明末刻本昌谷集 …………… 1405
1862	明嘉靖刻本集千家注批點杜工部詩集 …………… 1380	1903	明崇禎刻唐人六集本姚少監詩集 …………… 1405
		1904	清康熙刻本李義山文集 …………… 1406
		1905	清乾隆刻本玉谿生詩箋注樊南文集箋注 …………… 1407
1863	明正德刻李杜全集本杜工部集 …………… 1381	1906	明崇禎刻唐人六集本韓内翰別集 …………… 1408
1864	明萬曆刻本刻杜少陵先生詩分類集注 …………… 1381	1907	清抄本廣成集 …………… 1409
		1908	明萬曆刻本宋林和靖先生詩集 …………… 1409
1865	明崇禎刻本杜子美七言律 …………… 1382	1909	明刻宋元名家詩集本宋林和靖先生詩集 …………… 1410
1866	明崇禎刻本杜詩胥鈔 …………… 1382	1910	明萬曆刻本安陽集 …………… 1411
1867	清順治刻本杜詩分類全集 …………… 1383	1911	清乾隆刻本安陽集 …………… 1412
1868	清康熙刻本杜工部集 …………… 1384	1912	清康熙刻本徂徠石先生全集 …………… 1413
1869	清康熙刻本杜工部詩集 …………… 1385	1913	清雍正刻本宋端明殿學士蔡忠惠公文集 …………… 1415
1870	清康熙刻本杜工部詩説 …………… 1386	1914	清乾隆刻本司馬文正公傳家集 …………… 1416
1871	清康熙刻本讀書堂杜工部詩集注解文集注解 …………… 1387	1915	清康熙刻本南豐先生元豐類稿 …………… 1417
1872	清康熙刻本杜詩論文 …………… 1388	1916	明正統刻本宛陵先生文集 …………… 1419
1873	清康熙刻本杜詩會稡 …………… 1389	1917	明末刻本伊川擊壤集 …………… 1419
1874	清康熙刻本杜詩闡 …………… 1390	1918	明萬曆刻本宋濂溪周元公先生集 …………… 1420
1875	清雍正刻本讀杜心解 …………… 1391	1919	明刻本節孝先生文集 …………… 1421
1876	清乾隆刻本杜詩偶評 …………… 1392	1920	明正德嘉靖遞修本歐陽文忠公集 …………… 1422
1877	明刻廣十二家唐詩本毘陵集 …………… 1393	1921	清乾隆刻本歐陽文忠公全集 …………… 1422
1878	明刻廣十二家唐詩本唐盧户部詩集 …………… 1393	1922	清康熙刻本范文正公集宣公集 …………… 1424
1879	明萬曆刻本唐陸宣公集 …………… 1393	1923	明萬曆刻合刻范文正公宣公全集本范忠宣公集 …………… 1426
1880	明崇禎刻本陸宣公集 …………… 1394	1924	清康熙刻本蘇老泉先生全集 …………… 1427
1881	清乾隆刻本唐陸宣公翰苑集 …………… 1394	1925	清乾隆刻本王荆文公詩 …………… 1429
1882	清抄本梁補闕集 …………… 1396	1926	明刻本東坡全集 …………… 1430
1883	明嘉靖刻韓柳文本韓文 …………… 1396	1927	明末刻清印本東坡先生全集 …………… 1430
1884	明嘉靖刻本朱文公校昌黎先生文集 …………… 1397	1928	明萬曆刻本東坡先生詩集注 …………… 1430
1885	明萬曆刻清印本朱文公校昌黎先生文集 …………… 1397	1929	清康熙刻本施注蘇詩 …………… 1431
1886	清康熙刻本昌黎先生集考異 …………… 1398	1930	清康熙刻本東坡先生編年詩 …………… 1432
1887	明隆慶刻本昌黎先生集 …………… 1399	1931	明萬曆刻清重修本宋蘇文忠公居儋録 …………… 1433
1888	明末刻本昌黎先生全集 …………… 1399		
1889	明崇禎刻韓柳全集本唐韓昌黎集 ……… 1399		

23

編號	書名	頁碼
1932	明萬曆刻本蘇文忠公膠西集	1433
1933	明末刻本坡仙集	1434
1934	明萬曆刻本東坡集	1434
1935	明萬曆刻套印本東坡文選	1435
1936	明崇禎刻本蘇長公文集	1435
1937	明萬曆刻唐宋八大家文鈔本宋大家蘇文忠公文抄	1436
1938	明刻套印本蘇文	1436
1939	明萬曆刻套印本蘇長公表啓	1436
1940	明末刻本合刻三先生東坡文匯	1436
1941	明萬曆刻本蘇長公合作内外篇	1437
1942	明天啓刻套印本蘇長公密語	1437
1943	明刻套印本蘇長公小品	1438
1944	清康熙刻本東坡養生集	1439
1945	清康熙刻本蘇文忠公海外集	1440
1946	清康熙刻本東坡詩鈔	1441
1947	明萬曆刻稗海本蘇黃門龍川別志	1442
1948	明萬曆刻本重刻黃文節山谷先生文集	1442
1949	明刻清遞修本重刻黃文節山谷先生文集	1443
1950	清雍正刻本後山先生集	1443
1951	清康熙刻本吳郡樂圃朱先生餘稿	1445
1952	清乾隆刻本斜川集	1446
1953	清活字印本斜川詩集	1447
1954	明萬曆刻徑山藏本石門文字禪	1447
1955	明崇禎刻本宋宗忠簡公集	1448
1956	清康熙刻本宋宗忠簡公全集	1448
1957	明萬曆刻本崛山先生集	1450
1958	明崇禎刻本宋李忠定公奏議選	1451
1959	明崇禎刻清康熙修補印本宋李忠定公奏議選文集選	1452
1960	清康熙刻本韋齋集	1453
1961	清乾隆刻本孫仲益内簡尺牘	1454
1962	明嘉靖刻本和靖尹先生文集	1455
1963	清乾隆刻本羅豫章先生集	1455
1964	清乾隆刻本胡澹庵先生文集	1456
1965	清乾隆刻本鄭峰真隱漫録	1457
1966	清抄本鄭峰真隱漫録	1458
1967	明成化刻本晦庵文抄	1459
1968	清康熙刻本朱子文略	1460
1969	清雍正刻本呂東萊先生文集	1460
1970	清雍正刻本宋王忠文公文集	1461
1971	明嘉靖刻本雙溪文集	1463
1972	清康熙刻本雙溪集	1464
1973	明萬曆刻本樽齋先生緣督集	1465
1974	明嘉靖刻本象山先生全集	1466
1975	明活字印本象山先生全集	1466
1976	清雍正刻本象山先生全集	1467
1977	清康熙刻本石湖居士詩集	1468
1978	清抄本誠齋集	1469
1979	明萬曆刻本渭南文集	1470
1980	明萬曆刻本江湖長翁文集	1471
1981	明萬曆刻本校注橘山四六	1472
1982	明崇禎刻本程洺水先生集	1472
1983	明萬曆刻崇禎康熙遞修本西山先生真文忠公文集	1473
1984	明萬曆刻本新刻瓊琯白先生集	1474
1985	明刻本海瓊玉蟾先生文集	1474
1986	清順治刻本滄浪吟滄浪詩話	1475
1987	清康熙刻本後村居士詩	1476
1988	明萬曆刻本宋李梅亭先生四六標準	1477
1989	明刻宋元詩集本戴東埜詩集	1478
1990	明崇禎刻本新刻宋文丞相信國公文山先生全集	1478
1991	明崇禎刻本宋文文山先生全集	1479
1992	清康熙刻本謝疊山公文集	1480
1993	清嘉慶刻本謝疊山公文集	1481
1994	明嘉靖刻本石堂先生遺集	1482
1995	明天啓刻本劉須溪先生記鈔	1482
1996	清康熙刻本睎髮集	1483
1997	明末刻元人集十種本遺山先生詩集	1484
1998	清乾隆刻本郝文忠公陵川文集	1484
1999	明永樂刻本元松鄉先生文集	1486
2000	明泰昌刻清重修本松鄉先生文集	1487
2001	清康熙刻本趙文敏公松雪齋全集	1488
2002	清乾隆刻本草廬吳文正公集	1489
2003	明萬曆刻清雍正增刻本魯齋遺書	1491
2004	清初抄本周此山先生詩集	1492
2005	清康熙刻本陳定宇先生文集	1492
2006	明景泰刻本道園學古録	1494
2007	清康熙刻本道園學古録	1495
2008	清康熙刻本重刻吳淵穎集	1496
2009	明末刻元人集十種本嘐嘐集	1497
2010	明成化刻本圭齋文集	1497
2011	清康熙刻本雁門集	1498
2012	明刻元人集十種本薩天錫詩集	1499
2013	明嘉靖刻本余忠宣集	1499
2014	清乾隆抄本梅道人遺墨續集外集	1500
2015	清抄本不繫舟漁集	1501
2016	清固學齋抄本雲陽集	1502
2017	清抄本玉山璞稿	1503
2018	清乾隆刻本新喻梁石門先生集	1503
2019	明萬曆刻本高皇帝御製文集	1504

編號	書名	頁碼
2020	明嘉靖刻本新刊宋學士全集	1505
2021	明嘉靖刻本潛溪集	1505
2022	明正德刻本誠意伯劉先生文集	1506
2023	明隆慶刻本太師誠意伯劉文成公集	1507
2024	清康熙刻本太師誠意伯劉文成公集	1507
2025	清康熙刻本太師誠意伯劉文成公集	1509
2026	明萬曆刻本鳳池吟稿	1510
2027	明弘治刻本遞修本陶學士先生文集	1511
2028	清康熙刻本王徵士集	1511
2029	清康熙刻本清江貝先生詩集	1512
2030	清乾隆刻本西隱文稿	1513
2031	明刻本缶鳴集	1514
2032	清康熙刻本高季迪先生大全集	1514
2033	清雍正刻本青邱高季迪先生詩集	1515
2034	清刻本青邱高季迪先生詩集	1516
2035	清康熙刻本海叟詩集	1516
2036	明萬曆刻本解學士全集	1517
2037	清乾隆刻本解文毅公集	1518
2038	明嘉靖刻萬曆重修本遜志齋集	1520
2039	明萬曆刻本刻曾西墅先生集	1521
2040	明萬曆至崇禎間遞刻本重刻澹然先生文集	1521
2041	明萬曆刻清康熙間修補印本東里文集	1523
2042	清雍正刻本文清公薛先生文集	1523
2043	清雍正刻本十科策略箋釋	1524
2044	明萬曆刻本誠齋錄	1525
2045	明刻本沈蘭軒集	1526
2046	明萬曆刻本商文毅公集	1526
2047	明萬曆刻本白沙子全集	1527
2048	清乾隆刻本白沙子全集	1528
2049	明萬曆刻本白沙先生文編	1529
2050	明萬曆刻本黎陽王襄敏公集	1530
2051	清乾隆刻本明夏赤城先生文集	1531
2052	明刻鹽邑志林本張方洲奉使錄	1532
2053	明嘉靖刻本椒丘文集	1532
2054	清康熙刻本懷麓堂全集	1533
2055	明刻本擬古樂府	1534
2056	明正德刻本篁墩程先生文粹	1535
2057	明正德刻本匏翁家藏集	1536
2058	清康熙刻本東田集	1536
2059	明萬曆三槐堂刻本王文恪公集	1537
2060	清康熙刻本古城文集	1538
2061	明刻清修補印本柴墟文集	1539
2062	明正德嘉靖間刻本容春堂集	1540
2063	清康熙刻本羅圭峰先生文集	1541
2064	明萬曆刻本吳文肅公摘稿	1542
2065	明萬曆刻本石田先生集	1543
2066	明天啓刻本整庵先生存藁	1543
2067	明嘉靖刻增修本空同集	1544
2068	明萬曆刻本空同子集	1545
2069	明刻本新鍥會元湯先生批評空同文選	1546
2070	明嘉靖刻本空同先生集	1546
2071	清抄本空同詩鈔	1547
2072	明嘉靖刻清補板印本重刻渼陂王太史先生全集	1548
2073	清康熙刻本華泉先生集選	1549
2074	明刻本袁中郎先生批評唐伯虎彙集	1549
2075	明隆慶刻本王文成公全書	1550
2076	明嘉靖刻本陽明先生文錄	1550
2077	明嘉靖刻本陽明先生文錄語錄	1551
2078	清康熙刻本王陽明先生全集	1551
2079	明崇禎刻本王文成公文選	1552
2080	清乾隆刻本陽明先生集要三編	1553
2081	明萬曆刻本何文定公集	1554
2082	明嘉靖刻本周恭肅公集	1555
2083	明萬曆刻本何大復先生集	1555
2084	清乾隆刻本何大復先生集	1556
2085	清乾隆刻本蒼谷全集	1557
2086	清乾隆刻本康對山先生文集	1558
2087	明崇禎刻本鄭少谷先生全集	1559
2088	明崇禎至清順治刻本顧文康公文草詩草續稿三集	1560
2089	明嘉靖刻本儼山文集	1561
2090	明嘉靖刻本莊渠先生遺書	1562
2091	明萬曆刻本徐迪功集	1563
2092	明刻本少岷先生拾存藁	1564
2093	明嘉靖刻本苑洛集	1564
2094	明刻本太史升庵文集	1565
2095	明萬曆刻本升庵先生集	1566
2096	明萬曆刻本太史升庵遺集	1567
2097	明末刻本李卓吾先生讀升庵集	1567
2098	清乾隆刻本杏東先生文集	1568
2099	清康熙刻本夏東岩先生文集	1569
2100	明嘉靖刻本舒梓溪先生全集	1570
2101	明萬曆刻清修補印本梓溪文鈔	1571
2102	明嘉靖刻本崔東洲集	1571
2103	明崇禎刻本夏桂洲先生文集	1572
2104	明萬曆刻天啓至清補板印本小山類藁選	1573
2105	清乾隆刻本紫峰陳先生文集	1573
2106	明萬曆刻本三渠先生集	1574
2107	清雍正刻本群玉樓稿	1575
2108	清雍正刻本張龍湖先生文集	1576

編號	書名	頁碼
2109	明嘉靖刻本甫田集	1577
2110	明萬曆刻增補本重鐫心齋王先生全集	1577
2111	明嘉靖刻本林屋集	1578
2112	明萬曆刻清康熙重修本世經堂集	1579
2113	清乾隆刻本章介庵文集	1579
2114	明萬曆刻本孟龍川文集	1580
2115	明嘉靖刻本田叔禾小集	1581
2116	明隆慶刻本遵巖先生文集	1582
2117	明嘉靖刻本王遵巖家居集	1583
2118	明隆慶刻本龍門集	1583
2119	明嘉靖刻本重刊校正唐荊川先生文集	1584
2120	明萬曆刻本斛山楊先生遺稿	1585
2121	明萬曆刻本皇甫司勳集	1586
2122	清雍正刻本念庵羅先生文集	1586
2123	清雍正刻本念庵羅先生文集	1587
2124	明萬曆刻清增修本海石先生文集	1588
2125	明萬曆刻本龍谿王先生全集	1589
2126	明萬曆刻本趙文肅公集	1589
2127	明嘉靖刻本容臺稿符臺稿二臺稿	1590
2128	明嘉靖刻本璉川詩集	1591
2129	明嘉靖刻本王氏存笥稿	1591
2130	明萬曆刻本靳兩城先生集	1592
2131	清康熙刻本郭文簡公文集	1592
2132	明嘉靖刻增修本天目山齋歲編	1593
2133	明嘉靖萬曆間遞刻本白華樓藏稿續稿吟稿	1594
2134	明萬曆刻本劉子威集	1594
2135	清乾隆刻本萬子迂談	1595
2136	明萬曆刻本子威先生澹思集	1596
2137	明萬曆刻清重修本山帶閣集	1596
2138	明嘉靖刻藍印本白雪樓詩集	1597
2139	明隆慶刻本白雪樓詩集	1597
2140	明萬曆刻本滄溟先生集	1598
2141	明刻本滄溟先生集	1598
2142	明萬曆刻本滄溟先生集	1599
2143	明刻本補注李滄溟先生文選	1599
2144	明萬曆刻清乾隆修板印本李文定公貽安堂集	1600
2145	明萬曆刻本新刻張太岳先生詩文集	1600
2146	明萬曆刻本弇州山人四部稿	1601
2147	明刻本弇州山人續稿選	1602
2148	明萬曆刻本重鍥鳳洲王先生文抄注釋	1602
2149	明萬曆刻本夢山存家詩稿	1603
2150	清康熙刻本汪南溟集	1604
2151	清康熙刻本楊椒山先生集	1604
2152	明萬曆刻本慎修堂集	1605
2153	明嘉靖刻本宗子相集	1606
2154	明刻本天目先生集	1607
2155	明萬曆刻本甌甀洞藁	1608
2156	明刻本李氏焚書	1609
2157	明萬曆刻本近溪羅子全集	1609
2158	明萬曆刻本王奉常集	1611
2159	清康熙刻本震川先生集	1612
2160	明萬曆刻本王文肅公文草	1614
2161	明崇禎刻本衡陽先生集	1615
2162	明崇禎刻清乾隆重修本潛學稿	1615
2163	明萬曆刻本袁魯望集	1616
2164	明崇禎刻本溫恭毅公文集	1616
2165	明萬曆刻本許文穆公集	1617
2166	清康熙刻本亦玉堂稿	1618
2167	明嘉靖刻本瑞芝錄	1618
2168	清抄本秋泉先生遺稿	1619
2169	明萬曆刻本四溟山人全集	1620
2170	明刻本徐文長文集	1620
2171	明萬曆刻本豐對樓詩選	1621
2172	明萬曆刻本仲蔚先生集	1622
2173	明萬曆刻本朱中丞全集	1623
2174	明萬曆刻本蟫衣生粵草蜀草	1624
2175	明萬曆刻本屠先生評釋謀野集	1624
2176	明萬曆刻天啓增補印本樂陶吟草	1625
2177	明萬曆刻本李于田詩集	1626
2178	明萬曆至清初遞刻本趙忠毅公全集	1626
2179	明萬曆刻清修補印本來禽館集	1627
2180	明萬曆刻本郊居遺稿	1628
2181	明萬曆刻本宗伯集	1629
2182	明萬曆刻本馮用韞先生北海集	1629
2183	明天啓刻本張可庵先生書牘	1630
2184	明萬曆刻本由拳集	1630
2185	明萬曆刻本白榆集	1631
2186	明萬曆刻本鄒南皋集選	1632
2187	明刻本梅花什	1632
2188	明萬曆刻本農丈人詩文集	1633
2189	明萬曆刻本鐫蒼霞草	1633
2190	明萬曆刻增補本鐫蒼霞草	1634
2191	明萬曆刻本弗告堂集	1634
2192	明萬曆刻本中寰集	1635
2193	明天啓刻本玉茗堂全集	1636
2194	清乾隆刻本天全堂集	1636
2195	清乾隆刻本炳燭軒詩集	1637
2196	明萬曆刻本歇庵集	1638
2197	明崇禎刻本容臺文集詩集別集	1639

2198	明萬曆刻天啓增修本馮少墟集 …… 1640
2199	明萬曆刻本陳學士先生初集 …… 1640
2200	明末刻本梨雲館類定袁中郎全集 …… 1641
2201	明萬曆刻本瀟碧堂集敝篋集廣莊錦帆集 …… 1642
2202	清康熙刻本仰節堂集 …… 1643
2203	明萬曆刻本水明樓集 …… 1644
2204	明萬曆刻本睡庵文稿 …… 1644
2205	明崇禎刻本蒼雪軒全集 …… 1645
2206	明萬曆刻本何長人集 …… 1646
2207	明天啓刻本鏡山庵集 …… 1646
2208	明天啓刻本寓林集 …… 1647
2209	清嘉慶刻本熊襄愍公集 …… 1647
2210	明萬曆刻本緱山先生集 …… 1648
2211	明萬曆刻本許鍾斗文集 …… 1649
2212	明刻本秋水閣墨副 …… 1649
2213	清康熙刻本陳先生適適齋鑑鬚集 …… 1650
2214	清乾隆刻本文水李忠肅先生集大節錄 …… 1651
2215	明崇禎刻本市南子 …… 1652
2216	清乾隆刻本達觀樓集 …… 1653
2217	明天啓刻本隱秀軒集 …… 1654
2218	明末刻鍾譚合刻本鍾伯敬詩集 …… 1655
2219	明萬曆刻文太青先生全集本皇極篇 …… 1655
2220	明崇禎刻清印本四素山房集 …… 1656
2221	清乾隆刻本無欲齋詩鈔 …… 1657
2222	明天啓刻本鉶園集 …… 1658
2223	明崇禎刻本文遠集 …… 1659
2224	明末刻本響玉集 …… 1659
2225	明刻本李元輔集 …… 1659
2226	清抄本嶽色編蟭螟寄別錄 …… 1660
2227	明萬曆刻本徑山遊草洞霄游草龍門游草 …… 1661
2228	明崇禎刻本幽堂集 …… 1662
2229	明崇禎刻本眉公先生晚香堂小品 …… 1662
2230	明末刻本眉公先生晚香堂小品 …… 1663
2231	明崇禎刻清順治重修本鴻苞應本 …… 1663
2232	清乾隆刻本倪文貞公文集 …… 1664
2233	清康熙刻本黃石齋先生文集 …… 1665
2234	清刻本黃石齋先生文集 …… 1666
2235	明末刻本駢枝別集 …… 1666
2236	明刻本嶽歸堂合集 …… 1667
2237	明崇禎刻本郊庵訂定譚子詩歸 …… 1667
2238	明崇禎刻本青蘿館集 …… 1668
2239	明崇禎刻本七錄齋集 …… 1668
2240	清乾隆刻本蘿石山房文鈔 …… 1669
2241	清乾隆刻本澹寧居文集 …… 1670
2242	清康熙刻本幾亭全書 …… 1671
2243	清順治刻本劉文烈公全集 …… 1671
2244	清康熙刻本陶庵詩文集 …… 1672
2245	清乾隆刻本陶庵詩文集 …… 1673
2246	清刻本嶠雅 …… 1674
2247	明崇禎刻本十菊山人雪心草 …… 1674
2248	明崇禎刻本牧齋初學集 …… 1675
2249	清刻本牧齋初學集詩注有學集詩注 …… 1676
2250	清乾隆刻本龍湫集 …… 1676
2251	清初刻本天然昰禪師詩集 …… 1677
2252	清雍正刻本柴村文集 …… 1678
2253	清康熙刻本寶綸堂集 …… 1679
2254	清順治刻本蓼齋集 …… 1680
2255	清乾隆刻本吳詩集覽 …… 1682
2256	清重刻本吳詩集覽 …… 1682
2257	清刻本笠翁一家言全集 …… 1683
2258	清雍正刻本靜惕堂詩集 …… 1683
2259	清康熙刻本賴古堂集 …… 1684
2260	清康熙刻本賴古堂詩集 …… 1685
2261	清乾隆刻本棲雲閣文集詩集 …… 1686
2262	清乾隆刻本棲雲閣文集詩集 …… 1687
2263	清康熙刻本東村集 …… 1688
2264	清抄本李咸齋集 …… 1688
2265	清順治刻本鳧可堂初集 …… 1689
2266	清抄本邱邦士文集 …… 1690
2267	清康熙刻本五公山人集 …… 1690
2268	清刻本壯悔堂文集 …… 1691
2269	清康熙刻本蕉林詩集 …… 1692
2270	清康熙刻本居易堂集 …… 1693
2271	清康熙刻本石閭集 …… 1694
2272	清康熙刻本呆堂文鈔詩鈔 …… 1695
2273	清初刻本豐草庵詩集 …… 1696
2274	清康熙刻本聰山集 …… 1696
2275	清康熙刻本愚庵小集 …… 1698
2276	清康熙易堂刻本魏叔子詩集 …… 1699
2277	清康熙刻本黃山詩留 …… 1700
2278	清雍正乾隆間刻本兼濟堂文集選 …… 1701
2279	清康熙至乾隆間刻本安雅堂詩文集 …… 1702
2280	清康熙刻本西山集 …… 1703
2281	清康熙刻本佳山堂詩集 …… 1704
2282	清康熙刻後印本中山文鈔詩鈔奏議史論 …… 1705
2283	清康熙刻本松壼集 …… 1706
2284	清康熙刻本西北文集 …… 1707
2285	清順治刻本欒函 …… 1707
2286	清康熙刻本心遠堂詩集 …… 1709
2287	清乾隆刻本愛日堂詩文集 …… 1709

2288	清乾隆刻本七一軒稿	1710		2335	清康熙刻後印本儲遯庵文集	1747
2289	清康熙刻本微泉閣文集詩集	1711		2336	清乾隆刻本恭愨公蘭堂遺稿	1748
2290	清康熙雍正間刻本志壑堂詩文集	1712		2337	清康熙刻本百尺梧桐閣集	1749
2291	清康熙雍正間刻本阮亭選志壑堂詩	1713		2338	清康熙刻本百尺梧桐閣遺稿	1750
2292	清康熙刻本范忠貞公集	1713		2339	清乾隆刻本趙恭毅公剩稿	1750
2293	清雍正刻本蓮龕集	1714		2340	清乾隆刻本已畦詩集	1751
2294	清康熙刻本敬恕堂文集	1715		2341	清康熙刻本有懷堂詩文稿	1752
2295	清康熙刻乾隆補刻本湑庵先生遺稿	1715		2342	清康熙刻本道貴堂類稿	1753
2296	清康熙刻本湯子遺書	1716		2343	清乾隆刻本旭華堂文集	1753
2297	清康熙刻本蒼峴山人集	1717		2344	清乾隆刻本湖海樓全集	1754
2298	清康熙刻本鈍翁前後類稿	1717		2345	清康熙刻本陳檢討集	1756
2299	清康熙刻本堯峰文鈔詩鈔	1718		2346	清康熙刻本陳檢討集	1757
2300	清康熙刻修補印本膽餘軒集	1719		2347	清乾隆刻本陳檢討四六	1757
2301	清康熙刻本晳次齋稿	1720		2348	清乾隆惇裕堂刻本曝書亭詩錄	1758
2302	清康熙刻本鼉尾集	1721		2349	清刻本曝書亭集詩注	1758
2303	清康熙刻本帶經堂集	1721		2350	清康熙刻本遂初堂詩集文集	1759
2304	清刻本漁洋山人精華錄箋注	1723		2351	清康熙刻本息軒草	1760
2305	清刻本漁洋山人精華錄箋注	1724		2352	清康熙刻本白雲村文集卧象山房集	1760
2306	清康熙刻本谷口山房詩文集	1724		2353	清康熙刻本漑堂集	1761
2307	清乾隆刻本松桂堂全集	1726		2354	清康熙刻本叢碧山房詩	1762
2308	清康熙刻本願學堂文集	1726		2355	清乾隆刻本飴山詩集	1764
2309	清康熙刻本松皋文集	1728		2356	清乾隆刻本飴山文集	1764
2310	清康熙刻本安序堂文鈔	1728		2357	清康熙刻本擔峰詩	1765
2311	清康熙刻增修本安序堂文鈔	1729		2358	清乾隆刻本愛日堂詩集	1766
2312	清康熙刻乾隆印本午亭文編	1729		2359	清雍正刻本匡山集	1767
2313	清乾隆刻本改亭集	1730		2360	清康熙刻本繡虎軒尺牘	1767
2314	清康熙刻雍正續刻本秋笳集	1731		2361	清乾隆刻本積翠軒詩集	1768
2315	清乾隆刻本文貞公集	1732		2362	清康熙刻本谷水集	1769
2316	清康熙刻本證山堂集	1732		2363	清乾隆刻補修本蓮洋集	1770
2317	清康熙刻本葉忠節公遺稿	1733		2364	清乾隆刻宋弼補修徐昆等再修補印本蓮洋集	1771
2318	清康熙刻本嘯雪庵題詠詩集新集	1734		2365	清乾隆刻本蓮洋集	1771
2319	清康熙刻本古愚心言	1734		2366	清乾隆刻本吳徵君蓮洋詩鈔	1772
2320	清乾隆刻本林蕙堂詩文集	1735		2367	清康熙刻本學箕初稿	1773
2321	清康熙刻本邵子湘全集	1735		2368	清康熙刻本東舍集	1773
2322	清乾隆刻後印本蒿庵集	1737		2369	清康熙刻本黃邨邨莊詩集	1774
2323	清康熙刻本幽蘭山房藏稿	1738		2370	清康熙刻本清吟堂全集	1774
2324	清康熙刻本翁山詩外	1739		2371	清雍正刻本撫雲集	1777
2325	清康熙刻本屈翁山詩集	1739		2372	清康熙刻本湖海集	1778
2326	清康熙刻本問山詩文集	1740		2373	清嘉慶刻本奚囊寸錦	1779
2327	清康熙刻本陪集	1741		2374	清康熙刻本御製詩第三集	1780
2328	清康熙刻本西陂類稿	1741		2375	清康熙刻朱墨套印本御製避暑山莊詩	1781
2329	清康熙刻本蕭亭詩選	1742		2376	清乾隆刻本浦雲堂詩集	1782
2330	清康熙刻本尺五堂詩刪	1743		2377	清道光木活字印本寒支初集二集	1783
2331	清康熙刻本懷園集李杜詩	1744		2378	清康熙刻本雙雲堂文稿	1783
2332	清雍正刻本抱犢山房集	1745		2379	清乾隆刻本懷清堂集	1784
2333	清康熙刻本竹園類輯	1745		2380	清乾隆刻湯學基等補刻印本懷清堂集	
2334	清康熙刻本渠亭山人半部稿	1746				

	………………………………… 1785	2427 清乾隆刻本在亭叢稿 ………………… 1823
2381	清康熙刻本使滇集 ………………… 1785	2428 清乾隆刻本俯浦詩鈔 ………………… 1824
2382	清康熙刻本東江詩鈔 ……………… 1786	2429 清乾隆刻本自怡小草 ………………… 1825
2383	清康熙增修本寒村詩文選 ………… 1787	2430 清康熙刻本鮑潛子四時四聲山居草 … 1825
2384	清雍正刻本賜書樓曉山集 ………… 1788	2431 清雍正刻本偶存草詩集 ……………… 1826
2385	清乾隆刻本陳清端公文集 ………… 1789	2432 清康熙刻本愛吾廬詩稿 ……………… 1826
2386	清乾隆刻本嚴太僕先生集 ………… 1790	2433 清康熙刻本隱居放言 ………………… 1827
2387	清康熙刻本湛園未定稿 …………… 1791	2434 清乾隆刻本集唐詩 …………………… 1828
2388	清康熙刻本查浦詩鈔 ……………… 1791	2435 稿本耘硯山房全集 …………………… 1829
2389	清乾隆刻本道榮堂文集 …………… 1792	2436 清康熙刻本兼齋詩文集 ……………… 1830
2390	清雍正刻本夢月岩詩集 …………… 1792	2437 清康熙刻本霜葉吟 …………………… 1831
2391	清乾隆刻本味和堂詩集 …………… 1793	2438 清康熙刻本西齋集 …………………… 1831
2392	清乾隆刻本雙清閣詩稿 …………… 1794	2439 清雍正刻本蠧窗詩集 ………………… 1832
2393	清康熙刻本緯蕭草堂詩 …………… 1795	2440 清乾隆刻本研堂詩 …………………… 1833
2394	清乾隆刻本古劍書屋詩鈔文鈔 …… 1795	2441 清康熙刻本後圃編年稿 ……………… 1834
2395	清雍正刻本受宜堂集 ……………… 1796	2442 清康熙刻本玉池生稿 ………………… 1835
2396	清乾隆刻本受宜堂駐淮集 ………… 1797	2443 清康熙刻本萍草删存 ………………… 1835
2397	清乾隆刻本潘水三春集 …………… 1797	2444 清乾隆寫刻本蔗塘未定稿 …………… 1836
2398	清乾隆刻本善卷堂四六 …………… 1798	2445 清康熙刻本南州草堂集 ……………… 1838
2399	清乾隆刻本學耨堂詩文集 ………… 1799	2446 清乾隆刻本非水舟遺集 ……………… 1839
2400	清康熙刻本古香樓吟稿 …………… 1800	2447 清康熙刻本癌硯齋學詩 ……………… 1839
2401	清康熙刻本柯庭餘習 ……………… 1800	2448 清康熙刻本太白山人槲葉集 ………… 1840
2402	清雍正刻本樓村詩集 ……………… 1801	2449 清康熙刻本野航詩集 ………………… 1840
2403	清康熙刻本敬業堂詩集 …………… 1802	2450 清乾隆刻補板印本恒齋文集 ………… 1841
2404	清查學等刻本敬業堂詩續集 ……… 1803	2451 清康熙刻本後村雜著 ………………… 1841
2405	清乾隆刻本集虛齋學古文 ………… 1803	2452 清康熙雍正間刻本紫幢軒詩集 ……… 1842
2406	清乾隆刻後印本王石和文 ………… 1804	2453 清乾隆刻本弱水集 …………………… 1843
2407	清乾隆刻本餘園詩鈔 ……………… 1804	2454 清乾隆刻本綠蘿山莊詩文集 ………… 1844
2408	清乾隆刻本穆堂初稿 ……………… 1805	2455 清康熙刻本潘穎川聞和草賦集 ……… 1845
2409	清乾隆刻本圭美堂集 ……………… 1806	2456 清康熙刻本若庵集 …………………… 1846
2410	清乾隆刻後印本二希堂文集 ……… 1807	2457 清乾隆刻本秋水集翠滴樓詩集 ……… 1846
2411	清雍正刻本匠門書屋文集 ………… 1808	2458 清乾隆刻本朱止泉先生文集 ………… 1847
2412	清雍正刻本雲川閣集 ……………… 1809	2459 清乾隆刻本巳山先生文集 …………… 1848
2413	清乾隆刻本葆璞堂文集 …………… 1809	2460 清乾隆刻本絳跗閣詩稿 ……………… 1849
2414	清乾隆活字印本李鷺洲詩文集 …… 1810	2461 清乾隆刻本貞一齋集 ………………… 1850
2415	清康熙刻本橫山詩文鈔 …………… 1811	2462 清乾隆刻本海珊詩鈔 ………………… 1850
2416	清乾隆刻本陳學士文集 …………… 1812	2463 清乾隆刻後印本種松園集 …………… 1851
2417	清乾隆刻本白田草堂存稿 ………… 1813	2464 清乾隆刻本南華山房詩鈔 …………… 1852
2418	清乾隆刻本唐堂集 ………………… 1814	2465 清乾隆刻本四焉齋詩文集 …………… 1853
2419	清乾隆刻本秋塍文鈔 ……………… 1815	2466 清乾隆刻本質園詩集 ………………… 1854
2420	清乾隆刻本小蘭陔詩集 …………… 1815	2467 清乾隆刻本矢音集 …………………… 1855
2421	清乾隆刻本尊德堂詩鈔 …………… 1816	2468 清乾隆刻本毅甫續集 ………………… 1856
2422	清乾隆刻本香樹齋詩文集 ………… 1817	2469 清乾隆刻本毅甫五嶽集 ……………… 1856
2423	清乾隆刻本半野居士詩集 ………… 1818	2470 清乾隆刻本洞庭集閩嶠集 …………… 1857
2424	清康熙刻本芙航詩襭 ……………… 1819	2471 清乾隆刻本普陽琴餘草 ……………… 1858
2425	清乾隆刻本全韻詩 ………………… 1820	2472 清乾隆刻增修本蔗尾詩集 …………… 1858
2426	清康熙刻本課慎堂詩文集 ………… 1821	2473 清乾隆刻本雪窗雜詠 ………………… 1859

2474	清乾隆刻本中州仕學編 …… 1860	2521	清嘉慶刻本潛研堂文集 …… 1899
2475	清乾隆刻本寓舟詩集 …… 1860	2522	清乾隆刻本補瓢存稿 …… 1900
2476	清雍正刻本臨漪園詩文集 …… 1861	2523	清乾隆刻本學福齋詩文集 …… 1901
2477	清乾隆刻本綠筠軒詩 …… 1862	2524	清乾隆刻本劍虹齋集 …… 1902
2478	清乾隆刻本夢堂詩稿 …… 1863	2525	清乾隆刻本柘坡居士集 …… 1902
2479	清乾隆刻本東巡金石錄 …… 1864	2526	清乾隆刻本紫瓊巖詩鈔 …… 1903
2480	清乾隆刻本耕餘居士詩集 …… 1865	2527	清乾隆刻本花間堂詩鈔 …… 1904
2481	清乾隆刻本野庵詩鈔 …… 1866	2528	清乾隆刻本儉重堂詩 …… 1904
2482	清乾隆刻本練江詩鈔 …… 1867	2529	清乾隆刻本思居堂集 …… 1906
2483	稿本南阜山人詩文類稿 …… 1868	2530	清乾隆刻本夢樓詩集 …… 1906
2484	清乾隆刻本固哉草亭詩文集 …… 1869	2531	清乾隆刻本夢樓詩集 …… 1908
2485	清乾隆刻本未篩集 …… 1870	2532	清乾隆刻本黃琢山房集 …… 1908
2486	清乾隆刻本陶人心語 …… 1871	2533	清乾隆刻本蘭韻堂詩文集 …… 1910
2487	清乾隆刻本清素堂詩文集 …… 1872	2534	清乾隆刻後印本轡文書屋集略 …… 1911
2488	清乾隆內府刻本樂善堂全集定本 …… 1873	2535	清乾隆刻本傳經堂詩鈔 …… 1912
2489	清乾隆內府刻本御製詩初集 …… 1874	2536	清乾隆刻本白苓集 …… 1912
2490	清乾隆重刻本御製詩初集 …… 1875	2537	清乾隆刻本西澗草堂集 …… 1913
2491	清乾隆重刻本御製詩二集 …… 1875	2538	清乾隆刻本笠亭詩集 …… 1914
2492	清乾隆重刻本御製詩三集 …… 1875	2539	清乾隆刻本虛白齋存稿 …… 1915
2493	清乾隆重刻本御製文初集 …… 1876	2540	清乾隆刻本楳莾詩鈔 …… 1916
2494	清乾隆內府刻本御製文二集 …… 1877	2541	清抄本半湖草續半湖草 …… 1917
2495	清乾隆刻本御製盛京賦 …… 1877	2542	清乾隆刻本尺木樓詩集 …… 1918
2496	清乾隆刻本緝齋詩文集 …… 1878	2543	清乾隆刻本知畏堂詩 …… 1918
2497	清乾隆刻本繩齋內外集 …… 1879	2544	稿本曙堂詩稿 …… 1919
2498	清乾隆刻本華陽散稿 …… 1880	2545	清嘉慶刻本聽鐘樓詩稿 …… 1919
2499	清乾隆通志堂刻本織雲樓詩 …… 1880	2546	清乾隆刻本戴東原集 …… 1920
2500	清乾隆刻本海山存稿 …… 1881	2547	清乾隆刻本竹葉庵文集 …… 1921
2501	清乾隆刻本瓠息齋前集 …… 1882	2548	清乾隆刻本白菀詩集 …… 1921
2502	清乾隆刻本沈歸愚詩文全集 …… 1884	2549	清乾隆刻本五研齋詩文鈔 …… 1923
2503	清乾隆刻本一一齋詩 …… 1885	2550	清乾隆刻本石帆詩鈔 …… 1925
2504	清乾隆刻本笏山詩集 …… 1886	2551	清乾隆刻本循陔文集 …… 1925
2505	清乾隆刻本水南灌叟遺稿 …… 1886	2552	清嘉慶刻本雙佩齋詩文集 …… 1926
2506	清刻本靜廉齋詩集 …… 1887	2553	清道光刻本多歲堂詩集 …… 1927
2507	清乾隆刻本玉芝堂詩文集 …… 1888	2554	稿本奏御集壹齋集 …… 1928
2508	清抄本宋蒙泉文集 …… 1889	2555	清乾隆刻本迂齋學古編 …… 1928
2509	稿本竹牕雅課 …… 1889	2556	清乾隆刻本繡餘吟 …… 1929
2510	清乾隆刻本鹿邨詩集 …… 1890	2557	清乾隆刻本六湖先生遺集 …… 1930
2511	清乾隆刻本敬恕堂詩鈔 …… 1890	2558	清乾隆刻本吾友于齋詩鈔 …… 1930
2512	清乾隆刻本介石堂集 …… 1891	2559	清乾隆刻本小停雲詩集 …… 1931
2513	清乾隆刻本凝齋先生遺集 …… 1892	2560	清乾隆刻本荷塘詩集 …… 1931
2514	清乾隆刻本梅崖居士文集 …… 1893	2561	清乾隆刻本日課詩稿 …… 1932
2515	清乾隆刻本陳司業集四種 …… 1894	2562	清乾隆刻本紅鵝館詩選 …… 1933
2516	清乾隆刻本林青山先生文集 …… 1895	2563	清抄本二馬集 …… 1933
2517	清乾隆刻本響泉集 …… 1895	2564	稿本姑射山房存稿 …… 1934
2518	清道光刻本復初齋文集 …… 1897	2565	清抄本楚尾集 …… 1934
2519	清乾隆刻本復初齋時文 …… 1898	2566	清乾隆刻本梅軒遺草 …… 1935
2520	清乾隆刻本丁辛老屋集 …… 1898	2567	清乾隆刻本漱石詩鈔 …… 1935

2568	清乾隆刻本百一草堂集唐附刻 …… 1936	2614	稿本秋浦冷署閒吟 …… 1967
2569	稿本素履堂稿 …… 1936	2615	稿本秋樹蟬聲集 …… 1968
2570	清乾隆刻本漁山詩草 …… 1937	2616	稿本紅羊劫後賸草 …… 1968
2571	清乾隆刻本印齋近體詩集 …… 1938	2617	稿本鳴求軒詩錄 …… 1968
2572	清乾隆刻《道腴堂集十種》本道腴堂詩編 …… 1938	2618	清光緒刻本人壽堂詩鈔人壽集 …… 1969
2573	清乾隆活字印本迂松閣詩鈔 …… 1939	2619	原札黏貼本張廣生等稟函稿 …… 1971
2574	清乾隆刻本葉鶴塗文集 …… 1939	2620	稿本蕉雨軒詩草 …… 1971
2575	清乾隆刻本紅蕉山館題畫詩 …… 1940	2621	明崇禎刻本文紀 …… 1971
2576	清嘉慶刻同治修補印本壽籐齋詩 …… 1941	2622	明萬曆刻本漢魏諸名家集 …… 1972
2577	清乾隆刻本稽古齋全集 …… 1942	2623	明凌濛初刻套印本陶韋合集 …… 1973
2578	清抄本置書懷袖 …… 1943	2624	明天啓崇禎間刻本詩詞雜俎 …… 1973
2579	清嘉慶刻本東海半人詩鈔 …… 1943	2625	明萬曆天啓間刻漢魏六朝二十一名家集本晋二俊文集 …… 1974
2580	清抄本東海半人詩鈔 …… 1945	2626	明萬曆刻本前唐十二家詩 …… 1974
2581	清嘉慶寫刻本一詠軒詩草 …… 1945	2627	清康熙刻本唐宋八大家 …… 1975
2582	清乾隆刻本銅鼓書堂遺稿 …… 1946	2628	清康熙刻本唐宋八大家文鈔 …… 1975
2583	清乾隆刻本賜書堂文稿詩稿 …… 1947	2629	清康熙刻本唐宋大家全集錄 …… 1977
2584	清嘉慶刻本泊鷗山房集 …… 1948	2630	清康熙刻本唐詩百名家全集 …… 1978
2585	清嘉慶刻本存素堂文集 …… 1949	2631	明刻本唐詩艷逸品 …… 1979
2586	稿本蓬廬文鈔 …… 1949	2632	清康熙刻本宋十五家詩選 …… 1980
2587	清乾隆刻本眺秋樓詩 …… 1950	2633	清康熙刻本唐四家詩 …… 1980
2588	清乾隆刻本獨學廬初稿 …… 1951	2634	清康熙刻本宋四名家詩 …… 1981
2589	清乾隆刻本獨學廬初稿 …… 1952	2635	清乾隆刻本宋百家詩存 …… 1982
2590	清乾隆刻本聽秋軒詩集 …… 1952	2636	明崇禎刻本蘇門六君子文粹 …… 1985
2591	清道光刻本岱雲編 …… 1953	2637	明萬曆刻本明初四家詩 …… 1985
2592	清嘉慶刻本是程堂集 …… 1954	2638	清康熙刻本丘海二公文集合編 …… 1986
2593	清道光刻本石經閣文初集 …… 1955	2639	明崇禎刻本皇明十六名家小品 …… 1988
2594	清嘉慶刻本鶴麓山房詩稿 …… 1956	2640	清乾隆刻本七子詩選 …… 1990
2595	清嘉慶刻本端居室集 …… 1957	2641	清乾隆刻本熊劉詩集 …… 1990
2596	稿本玉延文筆 …… 1957	2642	清乾隆刻本七子詩選 …… 1991
2597	稿本待珠亭文鈔初集 …… 1958	2643	清乾隆刻本國朝六家詩鈔 …… 1991
2598	稿本夏寶晋文稿 …… 1958	2644	清康熙刻本二家詩鈔 …… 1992
2599	清內府刻本御製巡幸盛京詩 …… 1959	2645	明末毛氏汲古閣刻本文選 …… 1993
2600	稿本寶芸齋詩草 …… 1959	2646	明嘉靖刻本六家文選 …… 1994
2601	稿本城南集 …… 1959	2647	明萬曆刻重修本六臣注文選 …… 1995
2602	稿本性禾善米軒詩稿 …… 1960	2648	清熙刻本新刊文選考注 …… 1995
2603	原札黏貼本江人鏡友朋書札 …… 1960	2649	明萬曆刻本文選 …… 1996
2604	稿本成山廬稿 …… 1961	2650	明萬曆刻本梁昭明文選 …… 1996
2605	稿本成山草堂稿 …… 1961	2651	明萬曆刻本文選纂注評苑 …… 1997
2606	稿本吳山雜著 …… 1962	2652	清熙刻本文選瀹注 …… 1997
2607	稿本蘭泉詩稿 …… 1962	2653	明天啓刻套印本文選尤 …… 1999
2608	清道光刻本清風草堂詩鈔 …… 1963	2654	明刻本選詩補注 …… 1999
2609	稿本淡淡軒詩抄 …… 1964	2655	明刻套印本選詩 …… 2000
2610	稿本鄭鶴齋詩稿 …… 1964	2656	明刻套印本選賦 …… 2000
2611	稿本倚修竹軒詩草 …… 1965	2657	清乾隆刻本文選音義 …… 2001
2612	稿本賓鴻吟稿 …… 1966	2658	清乾隆刻本重訂文選集評 …… 2002
2613	稿本敝帚軒吟草 …… 1967	2659	清末抄本文選考異 …… 2003

2660	明隆慶刻本文苑英華	2003	2704	明天啓刻本古今翰苑瓊琚	2035
2661	明隆慶刻萬曆遞修本文苑英華	2004	2705	明嘉靖刻本藝贄	2036
2662	明嘉靖刻本廣文選	2004	2706	清刻本六藝流別	2036
2663	明崇禎刻本續文選	2005	2707	明嘉靖刻本文編	2037
2664	明崇禎刻本精刻古今女史	2006	2708	明隆慶刻本歷代文選	2038
2665	明崇禎刻本玉臺新詠	2007	2709	明萬曆刻本文體明辯	2039
2666	明刻本古樂府	2007	2710	明隆慶刻本歷代文粹	2040
2667	明萬曆刻本古樂苑	2008	2711	明嘉靖刻本金陵新刊古今名儒論學選粹	2040
2668	明末刻本古逸詩載	2008			
2669	清乾隆刻本古詩箋	2009	2712	明萬曆刻本文浦玄珠	2041
2670	明萬曆刻本新刻解注和韻千家詩選	2010	2713	明萬曆刻本書記洞詮	2041
2671	明萬曆刻本新鐫釋和魁斗千家詩選	2010	2714	明萬曆刻本新鍥臺閣校正注釋補遺古文大全	2042
2672	清康熙刻本瀛奎律髓	2011			
2673	明萬曆刻本詩宿	2012	2715	明萬曆刻本新鋟增補注釋珊瑚古文大全	2042
2674	明崇禎刻本石倉十二代詩選	2013			
2675	明萬曆刻本詩紀	2013	2716	明萬曆刻本京板新增注釋古文大全後集	2043
2676	明刻套印本詩刪	2014			
2677	明萬曆刻本詩歸	2015	2717	明萬曆刻本評林注釋要刪古文大全後集	2043
2678	明末刻本詩歸	2015			
2679	明萬曆刻清康熙修補印本詩家全體	2015	2718	明萬曆刻本正續名世文宗	2044
2680	明刻本名媛詩歸	2017	2719	明崇禎刻本古文雋	2044
2681	明泰昌刻本古今名媛彙詩	2017	2720	明萬曆刻本鐫六朝文選評注	2045
2682	清康熙刻本歷朝應制詩選	2018	2721	明萬曆刻本文府滑稽	2045
2683	清順治刻本歷代詩家初集	2018	2722	明萬曆刻本匯古菁華	2046
2684	清順治刻本詩苑天聲	2019	2723	明刻本鉅文	2047
2685	清康熙刻本宋金元詩永	2021	2724	明萬曆刻本詞致錄	2047
2686	清康熙刻本御選宋金元明四朝詩	2022	2725	明刻本新鐫重訂增補名文珠璣	2048
2687	清康熙刻本詩林韶濩	2022	2726	明萬曆刻本古文世編	2048
2688	清康熙刻本詩林韶濩	2024	2727	明萬曆刻本文儷	2049
2689	清康熙刻本佩文齋詠物詩選	2024	2728	明崇禎刻本古文備體奇鈔	2050
2690	清康熙刻本御定歷代題畫詩類	2025	2729	明萬曆刻本廣文字會寶	2050
2691	清雍正刻本詠物詩選	2026	2730	明萬曆刻本文壇列俎	2051
2692	明刻本賦珍	2027	2731	明刻本新刊陳眉公先生精選古論大觀	2051
2693	清乾隆刻本應試排律精選	2027	2732	明天啓刻本古文品外錄	2052
2694	清乾隆刻本歷朝名媛詩詞	2028	2733	明刻本古文品外錄	2052
2695	明天啓刻本四六法海	2029	2734	明萬曆刻套印本秦漢文鈔	2052
2696	清康熙刻本御定歷代賦彙	2029	2735	明萬曆刻本古逸書	2053
2697	清抄本賦海類編	2031	2736	明天啓刻本續古文奇賞	2053
2698	明刻本新刊迂齋先生標注崇古文訣	2031	2737	明天啓刻本奇賞齋廣文苑英華	2054
2699	明嘉靖刻本西山先生真文忠公文章正宗	2032	2738	明天啓刻套印本文致	2054
2700	明嘉靖刻本真文忠公續文章正宗	2032	2739	明崇禎刻本新刻臥子陳先生編纂歷代名賢古文宗	2055
2701	清初刻本西山先生真文忠公續文章正宗	2033	2740	明末刻本葛仞上先生選評古文雷橄	2055
2702	明萬曆刻本新刊續文章軌範	2034	2741	明崇禎刻本古文正集二編	2056
2703	明成化刻弘治嘉靖萬曆遞修本文翰類選大成	2034	2742	明末刻本純師集	2056
			2743	明末刻本古文褒異集記	2057
			2744	明末刻本古文定本	2057

編號	書名	頁碼
2745	明末刻本合諸名家點評古文鴻藻	2058
2746	清初刻本買愁集	2058
2747	清康熙刻本晚村先生八家古文精選	2059
2748	清康熙刻本古文析義	2060
2749	清康熙刻本古文淵鑑	2060
2750	清刻本榕村講授	2061
2751	清康熙刻本文韻集	2062
2752	清康熙刻本山曉閣選古文全集	2062
2753	清雍正刻本古文約選	2063
2754	清乾隆刻本古文眉詮	2064
2755	清乾隆刻本古文斵	2064
2756	清乾隆刻本御選唐宋文醇	2065
2757	明刻本尺牘清裁	2067
2758	明刻本尺牘清裁	2067
2759	明末刻本古今振雅雲箋	2068
2760	明萬曆刻本古今濡削選章	2068
2761	明萬曆刻本新鐫注釋里居通用合璧文翰	2069
2762	明末刻本新鐫增補較正寅幾熊先生尺牘雙魚	2069
2763	明崇禎刻本翰海	2070
2764	明末刻本翰海	2070
2765	明末刻本鼎鐫漱石山房彙編注釋士民便觀雲箋柬	2071
2766	明刻本名公翰墨林	2071
2767	明末刻本新刻友花居上林鴻	2072
2768	清康熙刻本憑山閣新輯尺牘寫心集	2072
2769	清初刻本摘要書柬便裁	2073
2770	清乾隆刻本書啓合璧二集	2073
2771	清乾隆刻本帖體類箋	2074
2772	清乾隆刻本塾課賸編	2074
2773	明崇禎刻本周文歸	2075
2774	明崇禎刻本西漢文	2076
2775	清乾隆刻本兩漢策要	2076
2776	清康熙刻本漢詩評	2077
2777	明崇禎刻《唐人選唐詩》本河嶽英靈集	2078
2778	清康熙刻本王荆公唐百家詩選	2078
2779	明萬曆刻本宋洪魏公進萬首唐人絕句	2079
2780	明刻本箋注唐賢絕句三體詩法	2080
2781	康熙刻本東嵒草堂評訂唐詩鼓吹	2081
2782	明刻本唐詩品彙	2081
2783	明刻本雅音會編	2082
2784	明刻本雅音會編	2083
2785	明嘉靖刻本唐雅	2084
2786	明萬曆刻本唐詩類苑	2084
2787	明刻套印本李于鱗唐詩廣選	2085
2788	明刻本鐫李及泉參于鱗箋釋唐詩選	2086
2789	明萬曆刻本新刻李袁二先生精選唐詩訓解	2086
2790	明萬曆刻重修本唐詩紀	2087
2791	明末刻本類選唐詩助道微機	2087
2792	清順治刻本唐詩解	2088
2793	清康熙刻本唐音戊籤	2089
2794	清康熙刻本唐音癸籤	2089
2795	明刻巾箱本唐詩粹選	2090
2796	明崇禎刻本唐文初集二集	2090
2797	清初刻本貫華堂選批唐才子詩甲集七言律	2091
2798	清初刻本唐詩英華	2092
2799	清康熙刻本十種唐詩選	2093
2800	清康熙刻本御定全唐詩録	2093
2801	清康熙刻本唐詩選勝直解	2094
2802	清康熙刻本唐詩體經	2095
2803	清康熙刻本唐詩貫珠	2096
2804	清康熙刻本中晚唐詩叩彈集	2097
2805	清康熙刻本晚唐詩鈔	2098
2806	清康熙刻本唐詩排律	2101
2807	清康熙刻本而庵說唐詩	2101
2808	清康熙刻本唐詩筌蹄集	2102
2809	清乾隆刻本唐詩箋注	2103
2810	清雍正刻本華國編唐賦選	2104
2811	清乾隆刻本唐詩觀瀾集	2105
2812	清乾隆刻本唐人五言長律清麗集	2106
2813	清乾隆刻本網師園唐詩箋	2107
2814	清乾隆刻本應試唐詩類釋	2107
2815	清乾隆刻本唐詩繹	2108
2816	清抄本韻選唐詩	2109
2817	清抄本聖宋名賢五百家播芳大全文粹	2110
2818	清康熙刻本御訂全金詩增補中州集	2111
2819	清乾隆刻本金詩選	2112
2820	明末刻本中州集	2113
2821	清康熙刻本元詩選	2114
2822	清嘉慶刻本元詩選癸集	2115
2823	清乾隆刻本元詩選	2115
2824	明萬曆顧氏奇字齋刻本國雅	2116
2825	明萬曆刻本蘭嵎朱宗伯彙選當代名公鴻筆百壽類函	2117
2826	明萬曆刻本批點明詩七言律	2117
2827	明崇禎刻本皇明詩選	2118
2828	明萬曆刻本盛明十二家詩選	2119
2829	明萬曆刻本新鐫注釋出像皇明千家詩	2119

編號	書名	頁碼
2830	清順治刻本三子新詩合稿	2119
2831	清順治刻本列朝詩集	2121
2832	清順治刻本明詩彙選	2122
2833	清順治刻本九大家詩選	2123
2834	清康熙刻本明詩綜	2124
2835	清乾隆刻本明詩別裁集	2124
2836	清乾隆刻本明人詩鈔	2125
2837	明嘉靖刻本皇明文選	2126
2838	明萬曆刻本皇明百家文範	2127
2839	明萬曆刻本新刻三狀元評選名公四美士林必讀第一寶	2127
2840	明崇禎刻本皇明文徵	2128
2841	明刻本鼎鐫諸方家彙編皇明名公文雋	2128
2842	明天啓刻本鼎鋟百名公評林訓釋古今奇文品勝	2129
2843	明天啓刻本皇明經濟文輯	2129
2844	明天啓刻本明文奇賞	2130
2845	明崇禎刻本明文霱	2130
2846	明抄本明文記類	2131
2847	明崇禎刻本媚幽閣文娛	2131
2848	明萬曆刻本國朝名公翰藻	2132
2849	明天啓刻本夢澤張先生手授選評四六燦花	2132
2850	明萬曆刻本新刻學餘園類選名公四六鳳采	2133
2851	明刻本新刻旁注四六類函	2133
2852	明末刻本四六新函	2134
2853	清康熙刻本明人尺牘選	2134
2854	明萬曆刻本皇明館課經世宏辭續集	2135
2855	明崇禎刻本歷科廷試狀元策	2136
2856	明末刻清初續刻本歷科廷試狀元策	2137
2857	明刻本皇明論衡	2138
2858	清乾隆刻本明文鈔	2138
2859	明末刻本醉后居評次名山業皇明小論	2139
2860	明末刻本簡遠堂輯選名公四六金聲	2140
2861	明萬曆刻本新刻乙未科翰林館課東觀弘文	2140
2862	明末刻本新鐫選釋歷科程墨二三場藝府群玉	2141
2863	明崇禎刻本增訂二三場群書備考	2141
2864	清順治刻本石經齋精選十四科詩正全集	2142
2865	清康熙刻本重刻仕學大乘	2143
2866	清雍正刻本南邦黎獻集	2144
2867	清抄本吾炙集	2144
2868	清康熙刻本詩持	2145
2869	清康熙刻本篋衍集	2146
2870	清乾隆刻本感舊集	2147
2871	清康熙刻本皇清詩選	2148
2872	清康熙刻本蘭言集	2149
2873	清康熙刻本本朝名媛詩鈔	2149
2874	清康熙刻本國朝詩的	2150
2875	清乾隆刻本薰風協奏集	2152
2876	清乾隆刻本霄崢集	2152
2877	清乾隆刻本霄崢集	2153
2878	清乾隆刻本國朝詩正聲集	2154
2879	清康熙刻本雙溪倡和詩	2155
2880	清乾隆刻本千叟宴詩	2155
2881	清乾隆刻本本朝館閣詩	2156
2882	清乾隆刻本本朝五言近體瓣香集	2157
2883	清乾隆刻本國朝五言長律鷹颺集	2158
2884	清乾隆內府刻本皇清文穎	2159
2885	清刻本南宋雜事詩	2160
2886	清康熙刻本四六初徵	2161
2887	清乾隆刻本國朝律賦偶箋	2162
2888	清乾隆刻本本朝館閣賦	2163
2889	清康熙刻本狀元策	2163
2890	清乾隆刻本文武狀元策	2164
2891	清乾隆刻本賞音編	2165
2892	明弘治刻本新安文獻志	2166
2893	明嘉靖刻本南滁會景編	2167
2894	明萬曆刻本泰山蒐玉集	2167
2895	明萬曆刻本溫陵留墨三種	2168
2896	明崇禎刻本潏國勉學書院集	2169
2897	清康熙刻本江左三大家詩鈔	2170
2898	清康熙刻本江左十五子詩選	2171
2899	清康熙刻本江浙十二家詩選	2172
2900	清乾隆刻本七十二峰足徵集	2173
2901	清乾隆刻本海虞詩苑	2174
2902	清乾隆刻本國朝松陵詩徵	2174
2903	清康熙刻本嘉定四先生集	2175
2904	清康熙刻本毗陵六逸詩鈔	2178
2905	清乾隆刻本惠山聽松庵竹罏圖詠	2179
2906	清乾隆刻本吳中女士詩鈔	2180
2907	清康熙刻本新安二布衣詩	2182
2908	清康熙刻本三晉詩選	2183
2909	清乾隆刻本國朝山左詩鈔	2184
2910	清乾隆刻本濤音集	2185
2911	清乾隆刻本渠風集略	2186
2912	清康熙刻本梁園風雅	2186
2913	清康熙刻本中州名賢文表	2187
2914	清乾隆刻本汜南詩鈔	2188

編號	書名	頁碼
2915	清康熙刻本甬上耆舊詩	2189
2916	清乾隆刻本西江風雅	2190
2917	清乾隆刻本述本堂詩集	2191
2918	清康熙刻本商丘宋氏三世遺集	2192
2919	清康熙刻本李氏家集四種	2193
2920	清康熙刻本雪鴻堂全集	2194
2921	清乾隆刻本吳江沈氏詩集	2195
2922	明刻本三蘇先生文粹	2196
2923	明刻本蘇雋	2196
2924	明萬曆刻天啓重修本楊升庵先生批點文心雕龍	2196
2925	明刻五色套印本劉子文心雕龍	2197
2926	清乾隆刻本文心雕龍	2197
2927	明嘉靖刻本增修詩話總龜	2198
2928	明嘉靖刻本唐詩紀事	2199
2929	明崇禎刻本唐詩紀事	2200
2930	清乾隆刻本漁隱叢話	2201
2931	明正德刻本韻語陽秋	2202
2932	明嘉靖刻萬曆重修本全唐詩話	2203
2933	清刻本詩人玉屑	2203
2934	明弘治刻本精選古今名賢叢話詩林廣記	2204
2935	明成化刻本詩學權輿	2205
2936	明萬曆刻本名家詩法彙編	2205
2937	明刻本詩藪	2205
2938	明萬曆刻本詩話類編	2206
2939	明崇禎刻本詩譚	2207
2940	清雍正刻本詩雅倫	2207
2941	清抄本圍爐詩話	2208
2942	清順治刻本詩法火傳	2209
2943	清康熙刻本柳亭詩話	2210
2944	清乾隆刻本諧聲別部	2211
2945	清康熙刻本説詩樂趣類編	2212
2946	清康熙刻本西江詩話	2213
2947	乾隆刻本初白庵詩評	2213
2948	清乾隆刻本全閩詩話	2215
2949	清乾隆刻本宋詩紀事	2215
2950	清乾隆刻本藝苑名言	2217
2951	明崇禎刻本宋名家詞	2217
2952	明刻清印本花間集	2218
2953	明萬曆刻本類選箋釋草堂詩餘	2218
2954	明末刻本古香岑草堂詩餘	2218
2955	明刻清乾隆印本詞苑英華	2219
2956	清乾隆刻本陳檢討填詞圖	2221
2957	清康熙刻乾隆重修本詞綜	2222
2958	清康熙刻本御選歷代詩餘	2223
2959	清乾隆刻本清綺軒詞選	2224
2960	清康熙刻本瑶華集	2224
2961	清康熙刻本記紅集	2225
2962	清康熙刻本詞律	2226
2963	清康熙刻朱墨套印本詞譜	2227
2964	明萬曆刻本元曲選	2228
2965	明萬曆刻本元曲選圖	2231
2966	明崇禎刻本盛明雜劇	2232
2967	清初刻本雜劇新編	2232
2968	清康熙刻本雅趣藏書	2234
2969	清道光刻本六觀樓北曲	2234
2970	清道光刻本補天石傳奇	2236
2971	明末刻本山水鄰新鐫出像四大癡傳奇	2237
2972	明萬曆刻巾箱本齊世子灌園記	2237
2973	明刻本新刊重訂出像附釋標注音釋趙氏孤兒記	2238
2974	明刻本批點牡丹亭記	2239
2975	明末刻本湯義仍先生還魂記	2239
2976	民國抄本投桃記	2240
2977	民國抄本譚友夏鍾伯敬先生批評綰春園傳奇	2240
2978	清初刻本懷遠堂批點燕子箋	2242
2979	明萬曆刻本邯鄲記	2243
2980	明刻本怡雲閣金印記	2243
2981	明刻本新刻全像漢劉秀雲臺記	2244
2982	明末刻本長命縷	2244
2983	明崇禎刻本新刻袁中郎先生批評紅梅記	2245
2984	明刻本新刻全像點板張子房赤松記	2246
2985	清初刊本西園記	2246
2986	清初刊本畫中人傳奇	2247
2987	清初刊本緑牡丹傳奇	2248
2988	清乾隆刻本異方便浄土傳燈歸元鏡三祖實録	2249
2989	清乾隆刻本異方便浄土傳燈歸元鏡三祖實録	2250
2990	清初刻本西湖扇傳奇	2250
2991	清初刻本秣陵春傳奇	2251
2992	清乾隆刻本一笠庵四種曲	2252
2993	清康熙刻本擁雙艷三種	2253
2994	清初抄本文淵殿	2254
2995	清嘉慶刻本容居堂三種曲	2254
2996	清康熙刻本揚州夢傳奇	2256
2997	清抄本揚州夢傳奇	2257
2998	清初刻本偷甲記	2257
2999	清初刻本四元記	2258
3000	清乾隆刻本轉天心	2259
3001	清乾隆刻本惺齋新曲六種	2259

3002	清乾隆內府刻五色套印本勸善金科 …… 2261	3018	明萬曆刻本新鐫古今大雅南宮詞紀 …… 2277
3003	清嘉慶內府刻朱墨套印本昭代簫韶 …… 2262	3019	明崇禎刻本秋水庵花影集 …… 2278
3004	清乾隆刻本雙仙記傳奇 …… 2266	3020	明崇禎刻本新鐫出像點板怡春錦曲 …… 2278
3005	清乾隆刻本漪園四種 …… 2266	3021	明崇禎刻清順治重修本度曲須知 …… 2279
3006	清乾隆刻本芝龕記 …… 2268	3022	清雍正刻本廿一史彈詞注 …… 2280
3007	清乾隆刻本義貞記 …… 2269	3023	明刻本巍巍不動太山深根結果經 …… 2281
3008	清乾隆刻本雷峰塔傳奇 …… 2270	3024	清初抄本巍巍不動太山深根結果經 …… 2282
3009	清乾隆刻本新西廂 …… 2271	3025	清康熙刻本苦功悟道經 …… 2282
3010	清抄本伏虎韜傳奇 …… 2271	3026	明刻本嘆世無爲經 …… 2283
3011	清嘉慶刻本蘭桂仙 …… 2272	3027	明刻本破邪顯證鑰匙經 …… 2283
3012	清道光刻本紅樓夢傳奇 …… 2273	3028	明刻本正信除疑無修證自在經 …… 2284
3013	清刻本桃花影傳奇 …… 2274	3029	明刻本姚秦三藏西天取清解論 …… 2284
3014	清嘉慶刻本紅牙小譜 …… 2274	3030	清乾隆刻本綴白裘新集合編 …… 2285
3015	清道光刻本回春夢 …… 2275	3031	清康熙刻本重訂嘯餘譜 …… 2286
3016	清抄本新編西川圖 …… 2276	3032	清乾隆刻本太古傳宗琵琶調西廂記曲譜 …… 2287
3017	明萬曆刻本新鐫古今大雅北宮詞紀 …… 2277		

叢　　部

3033	明弘治刻本百川學海 …… 2291	3058	明崇禎刻本廣快書 …… 2335
3034	清順治刻本說郛 …… 2291	3059	明天啓刻本快閣藏書 …… 2336
3035	清乾隆刻本小四書 …… 2321	3060	明刻本春社猥談 …… 2336
3036	明正德刻萬曆增補印本欣賞編 …… 2322	3061	明崇禎刻本漢魏別解 …… 2337
3037	明抄本國朝典故 …… 2322	3062	明崇禎刻本五朝小說 …… 2338
3038	明嘉靖刻本金聲玉振集 …… 2323	3063	明崇禎刻本津逮秘書 …… 2342
3039	明刻本今獻彙言 …… 2324	3064	明崇禎刻本津逮秘書 …… 2343
3040	明嘉靖刻本小十三經 …… 2325	3065	明末刻本廣百川學海 …… 2344
3041	明萬曆刻本文林綺繡 …… 2325	3066	明刻本唐宋叢書 …… 2344
3042	明萬曆刻本紀錄彙編 …… 2326	3067	明末刻本居家必備 …… 2346
3043	明刻本歷代小史 …… 2327	3068	清康熙刻本秘書廿一種 …… 2347
3044	明萬曆刻本彙刻三代遺書 …… 2327	3069	清康熙刻本檀几叢書 …… 2348
3045	明萬曆刻本稗海 …… 2328	3070	清康熙刻本賴古堂藏書 …… 2351
3046	明萬曆刻本漢魏叢書 …… 2328	3071	清乾隆活字印本武英殿聚珍版書 …… 2352
3047	明刻本增定古今逸史 …… 2329	3072	清乾隆刻本奇晉齋叢書 …… 2357
3048	明萬曆刻本尚白齋鐫陳眉公訂正秘笈 …… 2329	3073	清乾隆刻本紫藤書屋叢刻 …… 2358
3049	明萬曆刻本寶顏堂續秘笈 …… 2330	3074	清乾隆刻本經史鈔 …… 2359
3050	明萬曆刻本亦政堂鐫陳眉公家藏廣秘笈 …… 2330	3075	清康熙刻本春浮園集附二種 …… 2359
3051	明刻本亦政堂鐫陳眉公普秘笈一集 …… 2331	3076	清康乾刻本德州田氏叢書 …… 2361
3052	明刻本亦政堂鐫陳眉公家藏彙秘笈 …… 2331	3077	明萬曆刻本邵子全書 …… 2362
3053	明萬曆刻本尚白齋鐫陳眉公寶顏堂秘笈 …… 2332	3078	明崇禎刻清增刻本陸放翁全集 …… 2362
3054	明刻本天都閣藏書 …… 2332	3079	明天啓至崇禎刻本李竹嬾先生說部 …… 2363
3055	清順治刻本三註鈔 …… 2333	3080	明天啓至崇禎間刻清康熙乾隆修補印本李竹嬾先生說部 …… 2363
3056	明刻本閒情小品 …… 2334	3081	明崇禎刻本四六書 …… 2364
3057	明刻套印本枕函小史 …… 2334	3082	明末刻本王季重先生集 …… 2365
		3083	清康熙刻本邵文莊公經史全書 …… 2365

3084	清康熙刻本孫文定公全集 …………… 2366	3091	清康熙刻本程氏叢書 …………… 2375
3085	清初刻本唱經堂才子書十種 ………… 2367	3092	清乾隆刻本周松靄先生遺書 ………… 2376
3086	清康熙刻本王漁洋遺書 …………… 2368	3093	清乾隆刻本果堂全集 …………… 2377
3087	清康熙刻本西河合集 …………… 2370	3094	清乾隆刻本西澗草堂全集 …………… 2378
3088	清康熙刻本陸次雲雜著 …………… 2372	3095	清乾隆刻本燕禧堂五種 …………… 2379
3089	清康熙刻本綿津山人集 …………… 2373	3096	清乾隆刻本梅谷十種 …………… 2380
3090	清乾隆刻本楚蒙山房集 …………… 2374	3097	清乾隆刻本心齋十種 …………… 2382

經部

經部

0001　清康熙刻本篆文六經四書　T110/8002

《篆文六經四書》六十三卷,清李光地等編。清康熙內府刻本。二十八冊。半頁八行十二字,左右雙邊,白口,單魚尾。框高22.5釐米,寬15釐米。前有奉旨開列總閱官職名。

李光地,字晉卿,號厚齋。福建安溪人。康熙九年進士,累官至直隸巡撫、吏部尚書、文淵閣大學士。其學以朱子爲依歸,不拘門户之見,爲康熙朝理學名臣,每有御定諸書,多委參訂。卒於官,年七十有七,謚文貞。著述豐厚,由後人輯成《李文貞公全集》、《榕村全書》行世。事蹟具《清史稿》本傳。

是書以小篆書寫《六經》、《四書》正文,無注疏。凡計《周易》十二卷、《尚書》四卷、《毛詩》四卷、《周禮》六卷、《儀禮》十七卷、《春秋》一卷、《大學》一卷、《中庸》一卷、《論語》十卷、《孟子》七卷。書前各列篇目。

據清李清植《文貞公年譜》卷下載:康熙五十四年"六月,疏乞休致。予假二年"。"八月,赴熱河辭陛。賜御書匾額及御製《餞詩》。""比公將歸,復召見,握手爲別。公叩首請曰:'西師之役,臣每欲有云。然臣事上久,知上更歷持重,必無輕舉妄動之事,惟乞深爲留意。'上許之,乃曰:'卿雖家居,政事有不便者,當密以聞。'公頓首謝,隨進篆文《五經》一部,乞更賜刊刻,以廣篆法之傳。上即頒付内殿,如其請。"是書刊刻緣起可略知一二。

卷首楷書職名題:"奉旨開列總閱官:文淵閣大學士兼吏部尚書臣李光地、文淵閣大學士兼禮部尚書臣王掞。南書房校閱官:内閣學士兼禮部侍郎臣張廷玉、内閣學士兼禮部侍郎臣蔣廷錫、内閣學士兼禮部侍郎臣勵廷儀、翰林院侍讀學士臣陳邦彦、左春坊左庶子掌坊事兼翰林院侍讀臣王圖炳、原任翰林院侍讀臣趙熊詔。校對官:翰林院編修臣王澍。"

書末楷體題:"翰林院檢討加一級臣張照、編修加一級臣薄海奉旨恭校刊。"

《四庫全書總目》未收。《中國古籍善本書目》著録,中國國家圖書館、上海圖書館等十一家館藏,臺北"故宫博物院"、美國普林斯頓大學葛思德東方圖書館、日本内閣文庫、東洋文庫亦有收藏。唯各家書目著録卷數不一,《中國古籍善本書目》作六十一卷,蓋因其著録《周易》爲十卷之故。然按原書,以《上下經》爲第一、第二,《易傳》以下另行起迄,自第一至第十,當作十二卷計數。又《普林斯頓大學葛思德東方圖書館中文舊籍書目》著録爲三十一卷,蓋因其於《周易》、《尚書》、《詩經》、《論語》、《孟子》併作一卷之故。然按原書,雖不似《周禮》、《儀禮》確鑿標明卷次,仍各以篇章分袟,頁碼各自起迄,若《尚書》按虞、夏、商、周分四卷,《詩經》按國風、小雅、大雅、頌分四卷。著録之例小異,致使計卷不一。今依《北京圖書館古籍善本書目》、《清代內府刻書目録解題》著録。唯日本《内閣文庫漢籍分類目録》著録五十二卷,獨以《周易》爲一卷,餘皆同,故少十一卷,計之甚爲不類。

是書又有光緒九年上海同文書局據康熙内府刊本石印本。

鈐印有"曾爲北海王南州家收藏"、"是書曾爲北海王家密藏"、"曾爲王南州氏收藏"、"王南州密藏書記"、"王南州密藏"、"王南州乙酉收藏書畫記"。

0002　明刻本九經　T110/303

《九經》十卷,明嘉靖刻本。二十四冊。半頁二十行二十七字,左右雙邊,綫黑口,雙魚尾,書口上方刻字數，書口下有刻工。又有橫欄，注字音於內。

是書存《周易》一卷，框高15.5釐米，寬9.6釐米；《尚書》一卷，框高15.4釐米，寬9.9釐米；《毛詩》一卷，框高15.5釐米，寬10.1釐米；《禮記》一卷，框高15.8釐米，寬10釐米；《春秋》一卷，框高15.7釐米，寬10釐米。尚缺《周禮》一卷、《論語》二卷、《孝經》一卷、《孟子》一卷。

此本殆據宋刻本翻刻，鐫刻極精，所謂行密如櫛、字細如髮者。凡貞、慎、桓、惇等字皆避宋諱。宋刻本今僅存八經十卷，藏中國國家圖書館，作"宋刻遞修本"。1926年，陶湘涉園曾據之影印行世。

是本刻工有王良、劉朝、馬龍、陸天定、馬相、陸華、徐敖、弓受之、袁電、劉采、章逵、陸云、李約、陸鑒、陸鋆、吳江、吳綱、張恩、顧梅、李燫、唐誥、唐詩。刻工多爲吳門名匠。其中袁電參與刻《皇明名臣經濟錄》、《集錄真西山文章正宗》；馬相、馬龍參與刻《射林》；唐誥參與刊刻《修辭指南》。所刻諸書皆爲明嘉靖刻本，此或可證爲本亦當爲嘉靖間所刻。

傅增湘《藏園群書經眼錄》卷一著錄此書，云"明刊本"，全十六冊，"即所謂明靖江王府本也"。又在括號內注"故宮藏書。丁卯七月四日查點藏書，觀於建福宮之西院"。按，"丁卯"爲民國十六年。查《天祿琳瑯書目後編》卷三著錄《九經》，計四函，十六冊，題宋刻本，或爲傅氏所見之本。館藏此本存五種計二十四冊，裝幀并無改裝之蹟。

《中國古籍善本書目》著錄明刻本，上海圖書館、南京圖書館入藏。臺北"國家圖書館"作明覆宋刊巾箱本(九經一部、五經二部)。

此本最易爲書買充宋本，曾見上海圖書館所藏，音釋全爲書買剜去，又將上面之紙移下，功夫之大，令人嘆服。

鈐印有"嘉慶御覽之寶"。封面用紙爲黃色，略有灑金，當爲清內府散出之本。

0003　明嘉靖刻隆慶重修本十三經注疏　　　T110/4120A

《十三經注疏》三百三十五卷，明嘉靖李元陽福建刻隆慶二年(1568)重修本。一百七十三冊。半頁九行二十一字，四周單邊，白口，無魚尾，書口下有刻工。框高19.5釐米，寬12.8釐米。

此爲儒家經典十三部之注疏。計：《周易兼義》九卷，魏王弼、晉韓康伯注，唐孔穎達疏；《音義》一卷，唐陸德明撰；《略例》一卷，魏王弼撰，唐邢璹注。《尚書注疏》二十卷，題漢孔安國傳，唐孔穎達疏，唐陸德明音義。《毛詩注疏》二十卷，漢毛亨傳，漢鄭玄箋，唐孔穎達疏，唐陸德明音義。《周禮注疏》四十二卷，漢鄭玄注，唐賈公彥疏，唐陸德明音義。《儀禮注疏》十七卷，漢鄭玄注，唐賈公彥疏，唐陸德明音義。《禮記注疏》六十三卷，漢鄭玄注，唐孔穎達疏，唐陸德明音義。《春秋左傳注疏》六十卷，晉杜預注，唐孔穎達疏，唐陸德明音義。《春秋公羊注疏》二十八卷，漢何休注，唐徐彥疏，唐陸德明音義。《春秋穀梁注疏》二十卷，晉范甯集解，唐楊士勛疏，唐陸德明音義。《論語注疏解經》二十卷，魏何晏集解，宋邢昺疏。《孝經注疏》九卷，唐玄宗李隆基注，宋邢昺疏。《爾雅注疏》十一卷，晉郭璞注，宋邢昺疏。《孟子注疏解經》十四卷，漢趙岐注，題宋孫奭疏。

是書今傳世最早者爲元刻明修本。明代刻本有三：一爲此嘉靖李元陽刻本，二爲萬曆十四年至二十一年北京國子監刻本，三爲崇禎元年至十二年毛氏汲古閣刻本。按，李元陽刻本在每卷之第一頁第三行,刊有"明御史李元陽、提學僉事江以達校刊"。此本"李元陽"等字多被剜去。細檢全書,《春秋左傳注疏》卷二二至三〇仍有殘留,顯爲當時所遺。是書陝西西北大學圖書館一部作"明嘉靖李元陽刻隆慶二年重修本",此當亦如是。

李元陽,字仁甫,號中谿。雲南太和人。嘉靖五年進士。知江陰縣,有政績。入爲御史,巡按八閩。終荆州知府,年八十四卒。此本當爲其按閩中時所刻。

此本刻工有江元、江富、江毛、江盛、江鼻、江毛答、江永厚、江元真、江元壽、余重、余堅、余富、余清、余宗、余立、余唐、余暹、余八十、余元珠、余乃順、余大目、余天進、余天禮、余天壽、余伯環、余再得、余廷深、余環五、余環義、余記郎、余記安、余鐵寶、余鐵隆、余福旺、余添進、王貴、王榮、王毛、王茂、王泗、王良、王富、王烏、王元名、王元明、王元寶、王仲郎、王伯道、王廷保、王仕榮、王景英、王金榮、吳富、吳友、吳洪、吳闊、吳元生、吳永成、吳道元、吳賜元、黃文、黃禄、黃寶、黃著、黃興、黃祥、黃大富、黃文岳、黃永堅、黃道祥、黃記榮、陸文、陸四、陸馬、陸富、陸榮、陸旺、陸豹、陸文清、陸文進、陸貴清、陸仲達、陸景得、陸仲興、陸富郎、陸進保、陸長明、劉旦、劉榮、劉官生、劉碧郎、劉順堅、劉佛保、劉佛壽、劉伕壽、劉添富、劉添保、陳才、陳金、陳興、陳斌、陳天祥、陳永勝、陳伕得、陳伯齡、陳佛員、陳佛榮、陳鐵郎、李福、李清、李順、李文英、李大卜、李仕琚、李福保、李福鎮、張二、張尾、張錢、張簾、張椿、張鷟、張七郎、張毛一、張長友、張長壽、張元興、張成賜、張元隆、張景郎、張佛惠、葉員、葉弟、葉曾、葉增、葉岳、葉招、葉順、葉旋、葉雄、葉文祐、葉文輝、葉毛奴、葉重興、葉伯啓、葉伯逃、葉再友、周元、周榮、周亨、周章、周士英、周仕榮、周記清、周富生、周富壽、詹璿、詹篷、詹乃員、詹乃品、詹彥貴、詹乃祐、詹妳祐、虞丙、虞貴、虞伕清、虞福貴、虞福祐、熊山、熊田、熊名、熊武、熊昭、熊希、熊文林、熊伕照、曾招、曾郎、曾椿、曾景富、曾福林、龔三、龔永興、龔仕堅、蔡義、蔡儀、蔡俊、蔡欽、程通、程亨、朱明、朱仕忠、鄒文元、鄒仲甫、羅椿、羅乃興、袁二、袁璉、魏禎、魏福鎮、鄭孫郎、鄭記保、楊添友、楊餘芳、范樸、艾毛、姚岩、施肥、許達、馬龍、謝元林、堯福、松。

《中國古籍善本書目》著録,上海圖書館、南京圖書館等六館收藏。臺北"國家圖書館"及美國哥倫比亞大學東亞圖書館皆有李元陽本。

全書經日人批點。末四冊爲日人補抄。

鈐印有"鵝湖圖書"、"鵝湖亭藏書"、"平舍書夜"、"管原豐明"、"止"、"似閑"、"大觀樓藏書"。

0004　明崇禎刻本十三經注疏　　　　　　　　　　　　　T110/7111.41E

《十三經注疏》三百三十三卷,明崇禎元年(1628)至十二年(1639)毛氏汲古閣刻本。一百六十冊。半頁九行二十一字,左右雙邊,白口,無魚尾,書口下刊"汲古閣"。框高18釐米,寬12釐米。前有崇禎十二年錢謙益序。

是書計《周易兼義》九卷,魏王弼、晉韓康伯注,唐孔穎達正義(崇禎四年刻);《尚書注疏》二十卷,題漢孔安國傳,唐孔穎達疏,唐陸德明音義(崇禎五年刻);《毛詩注疏》二十卷,漢毛亨傳,漢鄭玄箋,唐孔穎達疏,唐陸德明音義(崇禎三年刻);《周禮注疏》四十二卷,漢鄭玄注,唐賈公彥疏,唐陸德明音義(崇禎元年刻);《儀禮注疏》十七卷,漢鄭玄注,唐賈公彥疏,唐陸德明音義(崇禎九年刻);《禮記注疏》六十三卷,漢鄭玄注,唐孔穎達疏,唐陸德明音義(崇禎十二年刻);《春秋左傳注疏》六十卷,晉杜預注,唐孔穎達疏,唐陸德明音義(崇禎十一年刻);《春秋公羊注疏》二十八卷,漢何休注,唐徐彥疏,唐陸德明音義(崇禎七年刻);《春秋穀梁注疏》二十卷,晉范甯集解,唐楊士勛疏,唐陸德明音義(崇禎八年刻);《論語注疏解經》二十卷,魏何晏集解,宋邢昺疏(崇禎十年刻);《孝經注疏》九卷,唐玄宗李隆基注,宋邢昺疏(崇禎二年刻);《爾雅注疏》十一卷,晉郭璞注,宋邢昺疏(崇禎元年刻);《孟子注疏解經》十四卷,漢趙岐注,題宋孫奭疏(崇禎六年刻)。

《汲古閣書跋》"重鎸十三經十七史緣起"云:"天啓丁卯,初入南闈,設妄想祈一夢。少選,夢登明遠樓中,蟠一龍,口吐雙珠,各隱隱籀文,惟頂光中一山字,皎皎露出,仰見兩楹分懸紅牌,金書'十三經'、'十七史'六字,遂寤。三場復夢,夢無異,竊心異之。鍛羽之後,此夢時時往來胸中。是年余居城南市,朝夕夢歸湖南載德堂,柱頭亦懸'十三經'、'十七史'二牌,焕然一新,紅光出戶。元旦拜母,備告三夢如一之奇……遂舉曆選吉,忽憬然大悟曰:太歲戊辰,崇禎改元,龍即辰也;珠頂露山,即崇字也。奇驗至此!遂誓願自今伊始,每歲訂正經史各一部,壽之梨棗。"

錢序云:"《十三經注疏》,舊本多脱誤,國學本尤爲踳駮。邇者儒臣雖奉旨讎正,而其繆缺滋甚……毛生鳳苞,竊有憂焉,專勤較勘,精良鋟版,窮年累月,始告成事。"此乃毛晉據明萬曆北京國子監刻本重刻,然校刻頗草率,錯誤甚多。清嘉慶間,阮元謂"今各省書坊通行者,惟有汲古閣毛本,此本漫漶不可識讀,近人修補更多訛誤",遂有《十三經注疏校勘記》之作。

是書每種卷末均有篆文年月牌記,如《周易兼義》後刊"皇明崇禎四年歲在重光協洽古虞毛氏繡鎸"。

《中國古籍善本書目》著錄。此本傳世頗多,浙江圖書館等三十七館均有入藏。

0005　清康熙刻本通志堂經解　　T110/2452B

《通志堂經解》一百四十種一千八百六十卷,清成德編。清康熙十二年(1673)通志堂刻本。五百册。半頁十一行二十字,左右雙邊,白口,單魚尾。版心下刻"通志堂"。框高19.8釐米,寬14.4釐米。前有康熙十九年(1680)徐乾學序,康熙十二年納蘭成德序;新刊經解目錄《易》,新刊經解目錄《書》,新刊經解目錄《詩》,新刊經解目錄《春秋》,新刊經解目錄《三禮》,新刊經解目錄《孝經》、《論語》、《孟子》、《四書》,新刊經解目錄"總經解"。

成德,後改名性德,字容若,納蘭氏,滿洲正黄旗人。康熙十五年進士,授乾清門侍衛。鄉試出徐乾學之門,遂受業焉。工詩詞,善書法,篤意經史。生平淡於榮利,書史外無他好。愛才喜客,所與游皆一時名士。康熙二十四年卒,年三十一。著述又有《大易集義粹言》、《通志堂集》,皆收入《四庫全書》。事蹟具《清史稿》本傳、《清史列傳》卷七一《文苑傳》。

是編乃經類叢書,本名《新刊經解》,以納蘭氏"通志堂"編刊,故世稱《通志堂經解》,亦名《通志堂九經解》、《通志堂彙刻經解》。所收以宋元人經解爲主,凡宋以前經解四種、宋八十四種、元四十七種、明三種,成德自著二種。分目十類:《易》類三十九種四百零二卷,《書》類十九種二百二十九卷,《詩》類十一種一百四十卷,《春秋》類三十五種四百五十九卷,《三禮》類十二種三百八十四卷,《孝經》類四種四卷,《論語》類二種二十卷,《孟子》類三種二十三卷,《四書》類八種一百三十五卷,總經解類七種六十四卷。按《通志堂經解》卷目,原書目錄與實有之書不盡符合,如宋孫覺《春秋經解》十五卷,原目缺載。又各家書目因計卷方式不同,著錄亦不盡相同,如清關文瑛《通志堂經解提要》作一千七百九十二卷,清葉德輝《郋園讀書志》計爲一千八百卷,莫伯驥《五十萬卷樓群書跋文》作一千七百八十六卷。而《中國古籍善本書目》乃併首卷、附卷、附圖合計,作一千八百六十卷,今從之著録。子目參見《中國古籍善本書目》卷一經部總類。

此書行世,雖有便學者,卻不乏訾議。康熙時,何焯惜其校勘不精,語見翁方綱《通志堂經解目録》。雍、乾間,楊方達《易學圖說會通》亦批評曰:"《通志堂經解》世稱善本,其中訛誤頗多,如《節氣圖》卦不對節,《卦氣圖》候不對卦,《四象圖》八誤白、九誤黑,《經世圖》履次乾、兑次夬,尤爲紕繆。"

及至清末,葉德輝執詞更嚴,《郋園讀書志》曰:"宋元人解經,偏於義理,又好發爲空論,於群經名物制度、文字訓詁皆無所研求,卷帙至一千八百之多,精者不及十種。且校刊欲速,校者並非通經之儒。何義門於其目録,評議多致不滿之詞,信非苛論。且所採諸家,偏於朱子一派,北宋如二蘇,南宋如永嘉諸儒之書,皆擯不入選。又如林栗《周易經傳集解》三十六卷,《浙江採集遺書總録》載有秀水曹氏倦圃寫本,云:'昆山徐氏業已開雕,或以栗嘗與朱子爲難,遂毀其版。'而姚元之《竹葉亭雜記》云:'《通志堂經解》中有孫莘老《春秋經解》十五卷,而目録中無之,山東朱鳶湖在武英殿提調時,得是本,以外間無此書,用活字版印之,蓋以通志堂未曾付刻也。其時校是書者爲秦編修敦甫恩復,秦家有通志堂刻本,持以告朱,朱愕然不知當日目中何以缺此也。秦云據其所見爲目中所無者,尚不止此,豈是書有續刻歟?'余案,此即當時刻成之時復有去取之明證。後來錢儀吉刻《經苑》,凡唐宋元明人說經之書二十五種,所以補《通志堂》之遺,有目未刻者十八種,屏除門户,闡發幽潛,於是宋元以來經學源流可以盡其大概。常熟張金吾原有《詒經堂經解》之輯,擬刻之以續《通志堂》,編目方成,遽賫志而没,今已散佚,恐無人繼起成此巨製矣。"

又莫伯驥《五十萬卷樓群書跋文》曰:"容若實以詞令爲優,至其號稱著撰《易義》外,又有《陳氏禮記集說補正》三十八卷,專爲糾駁陳澔《禮記集說》而作,凡澔所遺者謂之補,澔所誤者謂之正,皆先列經文,次列澔說,而援引考證以著其失。《四庫簡明目録》卷二,謂其'愜理饜心'。伯驥考此書爲嘉定王氏老儒所作,當亦與《經解》同一,攘善而無足稱者。嚴氏元照《蕙櫋雜記》稱《通志堂經解》,徐健庵尚書隸刻三月而成,納喇氏眘尚書四十萬金,故告成甚速。伯驥按,《禮記集說補正》亦出資購稿,余别有考證,至四十萬之數,恐非其實也。"又曰:"各經解首葉多有序文,據張氏雲章言,知其出朱氏彝尊之手。張與朱書云:'每見通志堂近刻《經解》弁首之文,詞簡而義賅,表彰先儒,其出處爲人之大概,與著書之微,本末具舉。每讀之,竊歎以爲非我朱先生不能,未知信否,恐海内亦别無此巨手。'見《樸村文集》卷三題《與朱檢討書》是也。"

又《續修四庫全書總目提要(稿本)》曰:"其搜羅絶宏富,而不盡精粹,且不免有贋鼎,如《春秋對類賦》,本近類書,乃入之《經解》,底本亦未盡完善,且版取一式,不依原書行款。而《合訂删補大易集義粹言》,署性德自編者,相傳爲陸翼王之稿。故丁杰謂乾學此書之刻,爲一時好名之計,非實好古。然多數罕傳之籍,得因其巨力以行世,亦未始非有功藝林也。"

成德自序於是書輯刊緣始述之甚詳,其曰:"經之有解,自漢儒始……諸儒林立,仍各專一家,今譜系之列於《儒林傳》者,可考而知也。自唐太宗命諸儒删取諸說爲《正義》,由是專家之學漸廢,而其書亦鮮有存矣。至宋二程、朱子出,始刊落群言,覃心闡發,皆聖人之微言奥旨。當時如臨川、眉山、象山、東萊、永嘉、夾漈諸公,其說雖微有不同,然無有各名一家如漢氏者。逮宋末元初,學者尤知尊朱子,理義愈明,講貫愈熟,其終身研求於是者,各隨所得以立言,要其歸趣,無非發明先儒之精藴以羽衛聖經,斯固後世學者之所宜取衷也。惜乎其書流傳日久,十不存一二。余向屬友人秦對巖、朱竹垞購諸藏書之家,間有所得,雕版既漫漶,斷闕不可卒讀,鈔本訛謬尤多，其間完善無舛者，又十不得一二。間以啓於座主徐先生，先生乃盡出其藏本示余小子，曰：'是吾三十年心力所擇取而校定者。'余且喜且愕，求之先生，鈔得一百四十種，自《子夏易傳》外，唐人之書僅二三種，其餘皆宋元諸儒所撰述，而明人所著間存一二，請捐貲經始，與同志雕版行世。"

徐乾學序曰："余雅欲廣搜經解，付諸剞劂，以爲聖世右文之一助，而志焉未逮。今感竹垞之言，深懼所存十有之一又復淪斁，責在後死，其可他諉。因悉余兄弟家所藏本，覆加校勘，更假秀水曹秋嶽、無錫秦對巖、常熟錢遵王、毛斧季、溫陵黃俞邰及朱竹垞家藏舊版書若抄本，釐擇是正，總若干種，謀雕版行世。門人納蘭容若尤慫恿是舉，捐金倡始，同志群相助成，次第開雕。經始於康熙癸丑，踰二年訖工。"徐序既云"踰二年訖工"，則是刊當於康熙十四年竣工，然《通志堂經解源流考》云"告竣於康熙十九年庚申，凡七閱寒暑"，此説與徐序不符。按，《經解》雖千卷巨帙，然同治間粵東書局重刻，僅"一歲而蔵事"，何況相府雄財，即未必如嚴元照所云"刻三月而成"，亦豈需"七閱寒暑"之久哉！今仍循例，以始刊之年著錄。

此書原刻板片後歸徐府。《四庫全書總目》著錄，其曰："（成德）歿後，版藏徐氏，世遂稱'徐氏九經解'，並'通志堂'而移之，實相傳之誤。"

書前有總扉頁，係抄配，題"新刊經解"。各子書前均有扉頁，書名之外，並題"通志堂藏板"。

是書寫刻俱精。葉德輝《郎園讀書志》曰："今上命南書房翰林檢查天禄琳琅藏書，長沙張冶秋、福山王蓮生兩祭酒皆與其事。據云《書目》前編所載無一册之存，續編經部宋人書，所謂宋版者，往往以白紙初印之通志堂本僞充，當時鑒定諸臣不知何以竟未辨出，亦可知《通志堂》本之希見，故得魚目混珠。"

《續修四庫全書總目提要（稿本）》入經部群經總義類。《中國古籍善本書目》著錄清康熙通志堂刻本，清華大學圖書館、上海圖書館、浙江省博物館等十九館有藏。《中國叢書綜錄》著錄清康熙十九年通志堂刊本，中國國家圖書館、北京大學圖書館、中國科學院圖書館等十八館有藏。《北京大學圖書館藏古籍善本書目》著錄康熙十二年至十四年通志堂刻本，《中國科學院圖書館藏中文古籍善本書目》著錄康熙通志堂刻彙印本。此外，中國人民大學圖書館、臺灣大學圖書館、東海大學圖書館及日本內閣文庫、國會圖書館也有收藏。

按，康熙本《通志堂經解》有原刻初印與補板重印之別。蓋其書流傳既久，原板或剝蝕不全，至乾隆五十年，《四庫》館臣乃奉旨補刊重印。修補印本前增有弘曆上諭，其文如下："《四庫全書》館進呈補刊《通志堂經解》一書，朕閱成德所作序文係康熙十二年，計其時成德年尚幼稚，何以能淹通經術。向聞徐乾學有代成德刻《通志堂經解》之事，茲令軍機大臣詳查成德出身本末，乃知成德於康熙十一年壬子科中式舉人，十二年癸丑科中式進士，年甫十六歲。徐乾學係壬子科順天鄉試副考官，成德由其取中。夫明珠在康熙年間，柄用有年，勢焰薰灼，招致一時名流，如徐乾學等，互相交結，植黨營私，是以伊子成德年未弱冠，貪緣得取科名，自由關節，乃刻《通志堂經解》，以見其學問淵博。古稱皓首窮經，雖在通儒，非義理精熟、畢生講貫者，尚不能殫心闡揚發明先儒之精蘊，而成德以幼年薄植，即能廣搜博採，集經學之大成，有是理乎！更可證爲徐乾學所裒輯，令成德出名刊刻，俾藉此市名邀譽，爲逢迎權貴之具耳。夫徐乾學、成德二人，品行本無足取，而是書薈萃諸家，典贍賅博，實足以表章六經。朕不以人廢言，故命館臣將版片之漫漶斷爛闕者，補刊齊全，訂正譌謬，以臻完善，嘉惠儒林。但徐乾學之阿附權門，成德之濫竊文譽，則不可不抉其隱微，剖析原委，俾定論昭然，以示天下後世，著將此旨載書首。

欽此。"

　　乾隆内府補板之詳,似未見考究者。或但以有無上諭爲判,如葉德輝《郎園讀書志》曰:"此全部尚是初印,未經補刊,故書前未載上諭。"乾隆補刻印本,舊時書目已見著錄,如莫伯驥《五十萬卷樓群書跋文》即有"御定補刊《通志堂經解》"。《北京大學圖書館藏古籍善本書目》也有收錄。據《中國古籍善本書目(徵求意見稿)》著錄,浙江省博物館藏"清康熙十九年通志堂刻本",上海圖書館藏"清康熙十九年刻乾隆五十年武英殿重修本",是初編之時二者尚作區別。及《中國古籍善本書目》正式出版,則一併作"清康熙通志堂刻本",疑當時編審唯以各館呈報目錄卡片爲憑,原書不得一睹,初刊補刊一時難判,姑且無奈而爲之也。葉德輝《郎園讀書志》嘗言:"此書全者頗難得,乾嘉中如孫星衍《祠堂書目》、倪模《江上雲林閣書目》,分入經部各類,案之皆不得其全。當時四庫館本補刊之本已成印行,或不多見,今更百年之久,如此完整而兼初印,豈不重可寶貴乎!"夫清季已珍罕如此,何況又歷百年之久哉!故《中國古籍善本書目》、《中國叢書綜錄》所載數十館藏本中,必有乾隆補刻印本無疑,讀者自須留意。而館藏此本"如此完整而兼初印",亦誠重可寶貴也!

　　又乾隆補刻《通志堂經解》,書板藏江寧藩署,而印本流傳漸稀。同治十二年,粵東鹽政鍾謙鈞請於制府,重付梨棗,以廣其傳,鳩工庀材,甫一歲而蕆事,即後世通行之清同治十三年粵東書局重刊本。

0006　明萬曆刻本兩蘇經解　　　　　　　　T149/1243

　　《兩蘇經解》六十四卷,明焦竑輯。明萬曆二十五年(1597)畢三才刻本。十九册。半頁十行二十一字,左右雙邊,白口,單魚尾。框高22.6釐米,寬14.6釐米。前有萬曆二十五年焦竑序。

　　焦竑,字弱侯,號澹園。山東日照人。萬曆十七年進士第一,授翰林院修撰,尋遷東宮講讀官。性疏直,謫福寧州同知。謚文端。事蹟具《明史·文苑傳》。

　　是書爲《東坡先生易傳》九卷,宋蘇軾撰;《東坡先生書傳》二十卷,宋蘇軾撰;《穎濱先生詩集傳》十九卷,宋蘇轍撰;《穎濱先生春秋集解》十二卷,宋蘇轍撰;《論語拾遺》一卷,宋蘇轍撰;《孟子解》一卷,宋蘇轍撰;穎濱先生《道德經解》二卷,宋蘇轍撰。此本缺穎濱先生《詩集傳》十九卷。

　　焦氏序云:"余髫年讀書,伯兄授之程課,即以經學爲務,於古注疏有聞必購讀。聞宋兩蘇氏分釋經子,甚慕之,未獲也。弱冠得子由《老子解》,奇之。尋於荆溪唐中丞得子瞻《易》、《書》二解,己丑檢中秘書,始獲《論》、《孟》拾遺,壬辰奉使大梁,於中尉西亭所獲子由《詩》與《春秋》解。丁酉,侍御畢公哀而刻之,而子瞻《論語解》卒軼不傳。刻成,而余爲之序……畢公視鹺之暇,建精廬瀛海間,簡燕趙之雋而造之,而兼刻是書以行。"此所云"畢公"者,當爲畢三才。按,清周慶雲《鹽法通志》卷九九雜記三學校類長蘆地區云:"天門書院,在滄州城東。明萬曆二十七年,鹺使畢三才、運使何繼高創建,爲附近士子課藝之所。"《(乾隆)天津縣志》卷一四引《長蘆鹽法志》云,畢三才,萬曆二十四年任長蘆鹽課御史,兼理山東鹽法。三才,字成叔,又字惟人,號印石。江西貴溪小田人。萬曆十七年進士。初任江南徽州府推官,擢監察御史,歷雲、貴、川、陝等七省巡按。在任十三年,升太僕寺少卿,後賜一品服俸致仕。

　　《中國古籍善本書目》著錄,是書有明刻兩種,一即此本,一即萬曆三十九年顧愷刻本。此本中國國家圖書館、故宮博物院、杭州大學圖書館、臺北"國家圖書館"有全帙，遼寧省圖書館、浙江圖書館所藏皆爲殘本。

刻工吳國太。

鈐印有"臣垚私印"、"蒼崖"、"姜蒼厓兩水亭鑒藏圖書"。按，姜垚，字汝皋，號蒼崖，清餘姚人，貢生，官國子監學正，嘗從黃梨洲學，以理學自期，尤邃於《易》，有《四書別解》、《樗里山樵稿》等。又有"桐城姚伯□氏藏書記"。

0007　明崇禎刻本五經全文訓解　　　　　　　　　　T152/2329

《五經全文訓解》三十二卷，宋熊禾撰，明陳子龍訂定。明崇禎熊友夸白炤山房刻本。十册。半頁八行十八字，四周單邊，白口，無魚尾。框高 21.1 釐米，寬 12 釐米。題"宋先儒熊禾勿軒氏訓解；明後學陳子龍臥子父訂定"。前有崇禎十六年(1643)陳子龍序。

熊禾，字去非，後改名鈆，字位辛，號勿軒，又號退齋。建陽人。有志濂洛關閩之學，從朱熹門人游。舉咸淳進士。授汀州司户參軍。宋亡不仕，入武夷山，築室講讀其中。著有《易學圖傳》、《三禮考異》等。

是書爲釋解五經之作。計《易經訓解》四卷、《書經訓解》六卷、《詩經訓解》八卷、《禮記訓解》十卷、《春秋訓解》四卷。該書有上欄，爲二十行十八字，皆爲訓解。

陳子龍序云："有宋熊勿軒先生，其尤章明較著者，時罹陽九，以岌岌不可復爲，返隱於鼇峰家塾，著書立言，聚徒講習，以撐扶絶學爲己任。四書六經，皆有訓釋，及著農禮兵刑諸稿，悉可實見諸行事，家藏而什襲，在其苗裔……正學而善治，先生與有其志，而遭時不偶，遁逃以終，六經訓釋諸編，其未可以已也。"

《禮記訓解》有扉頁，刊"禮記全文訓解，陳臥子先生訂定，白炤山房熊友夸梓行"。并鈐有"分節定句，考字覈音"印。

《中國古籍善本書目》未著録此書，而僅於經部易類著録《易經訓解》，明崇禎十六年刻本，藏上海復旦大學圖書館。又日本内閣文庫藏全帙兩部。

鈐印有"□藤"、"惠民堂藏書記"。

0008　明刻清印本五經旁訓　　　　　　　　　　　　T151/4443

《五經旁訓》十九卷，元李恕撰。明金閶魯鄒岳刻清印本。八册。半頁七行二十字，四周單邊，白口，無魚尾。框高 21.5 釐米，寬 13.8 釐米。前有萬曆二十三年(1595)鄭汝璧引。

李恕，字省中。廬陵人。《廬陵縣志》卷一九《耆獻》有傳，極簡。

旁訓者，乃於經文附注釋義或音讀。此書計《易經旁訓》三卷、《書經旁訓》二卷、《詩經旁訓》四卷、《禮記旁訓》六卷、《春秋旁訓》四卷。鄭汝璧引云："余撫東土，式瞻闕里，吾夫子删述之廬在焉。竊思廣其遺經，而苦於繁注，偶得《五經旁訓》舊刻，暇一披玩，注簡而旨明，欣然若有會焉。乃屬二三大夫，删冗考誤，補其闕略，正其句讀，而畀之梓，以公同好。"

李恕注經，見清人所補《元史藝文志》。各家著録有《周易旁注》四卷、《音訓》二卷、《毛詩音訓》四卷、《四經旁注》六卷、《五經旁注》六卷等，然皆未有此《五經旁訓》十九卷。鄭氏引文也并未提及是書作者。

經 部

《四庫全書總目》未收。《中國古籍善本書目》著録是書最早刻本爲明萬曆十六年朱鴻謨、陳文燭等刻本,後又有萬曆二十三年鄭汝璧、田疇等刻本,萬曆二十四年陳大科刻本,崇禎二年彙錦堂刻本。傳世皆無多。

此本扉頁刻"五經旁訓,鍾伯敬先生重訂,金閶鄒岳梓行"。當爲明末江蘇蘇州地區書坊據萬曆二十三年鄭汝璧、田疇等刻本重梓之本,而據其紙張,刷印似在清代。

是書《春秋旁訓》卷一第一頁書口下有"雁南堂"三字。

《中國古籍善本書目》未著録此本。而鄭汝璧本,故宫博物院、江西省圖書館等三館,及日本內閣文庫、美國普林斯頓大學葛思德東方圖書館均有入藏。據《美國普林斯頓大學葛思德東方圖書館中文善本書志》,鄭刻本"《春秋旁訓》前有汪應蛟、邵以仁、周應治三家跋語","《易經旁訓》有李恕跋",然此翻刻本皆無各家跋語。

鈐印有"明倫堂記"。

0009　明萬曆刻本五經大全　　　　　　　T110/1247

《五經大全》一百二十七卷,明胡廣等輯。明萬曆閩芝城建邑書林余氏刻本。六十三册。

《周會魁校正易經大全》二十卷《上下篇義》一卷《朱子圖說》一卷《易五贊》一卷《筮儀》一卷《易說綱領》一卷,明周士顯校正。半頁六行十六字,四周雙邊,上白口,下黑口,單魚尾。框高23.6釐米,寬13.5釐米。題"京山思皇周士顯校正"。前有序三篇。末有荷蓋蓮座牌記,刊"萬曆乙巳仲春書林余氏仝梓"。周士顯,字思皇。湖北京山人。萬曆二十九年進士。除建陽令,旋擢吏部,後罷歸家居,優游林下二十餘年。"乙巳"爲萬曆三十三年。遼寧省圖書館、浙江圖書館等五館,及日本尊經閣文庫、東京大學東洋文化研究所、京都大學人文科學研究所亦有入藏。

《申學士校正古本官板書經大全》十卷首一卷《圖》一卷《綱領》一卷,明申時行校正。半頁七行十六字,四周雙邊,白口,單魚尾。框高23.6釐米,寬13.6釐米。題"內閣大學士瑶泉申時行校正;國子監祭酒具區馮夢禎參閱;閩芝城建邑書林余氏仝梓"。前有嘉定二年蔡沈序。申時行,字汝默。長洲人。嘉靖進士第一,授修撰。以文字受知張居正,萬曆中累官吏部尚書,繼張四維爲首輔。卒謚文定。有《賜閒堂集》。浙江圖書館、南通市圖書館等五館,以及臺北"國家圖書館"、日本尊經閣文庫、東京大學東洋文化研究所、京都大學人文科學研究所亦有入藏。

《葉太史參補古今大方詩經大全》十五卷首一卷《綱領》一卷《圖》一卷,明葉向高輯。半頁七行十六字,四周雙邊,白口,單魚尾。框高23.5釐米,寬13.7釐米。題"禮部左侍郎臺山葉向高編纂;翰林太史瀛海張以誠校正;閩芝城建邑書林余氏仝梓"。前有淳熙四年朱熹序。葉向高,字進卿,號臺山。福建福清人。萬曆十一年進士。選庶吉士,累官禮部尚書兼東閣大學士。萬曆四十二年辭職,天啓元年再爲首輔。屢與魏忠賢抗爭,被閹黨指爲東林黨魁,後因遭排擠去官。謚文忠。上海圖書館、湖北省圖書館等七館,以及臺北"國家圖書館"、日本尊經閣文庫、東京大學東洋文化研究所亦有入藏。

《張翰林校正禮記大全》三十卷《總論》一卷,明張瑞圖、沈正宗校正。半頁六行十六字,四周雙邊,白口,無魚尾。框高23.9釐米,寬13.5釐米。題"温陵二水張瑞圖、吳江桐岡沈正宗仝校"。前有陳澯序。張瑞圖,字長公,號二水。晉江人。萬曆三十五年進士。以附魏忠賢仕至建極殿大學士。善畫山水,尤工書,與邢侗、米萬鐘、董其昌齊名。沈正宗,吳江人。萬曆三十五年進士。南京圖書館、浙江圖書館,及日本尊經閣文庫、東京大學東洋文化研究所亦有入藏。臺北"國家圖書館"所藏者,著録爲明坊刻本,不知同此本否?

《春秋集傳大全》三十七卷《序論》一卷《春秋諸國興廢説》一卷《春秋二十國年表》一卷。半頁六行十六字,四周雙邊,白口,單魚尾。框高23.3釐米,寬13.4釐米。題"會魁金壇虞大復校"。虞大復,字元見。金壇人。萬曆三十五年進士。任福建海澄、崇安、清豐知縣,後出爲浙江僉事,陞江西提學參議。廣東省社會科學院圖書館、日本東京大學東洋文化研究所亦有入藏。

明永樂中,胡廣等奉敕撰《五經大全》,後内府曾有刻本傳世,今所存者僅南京圖書館及重慶市北碚區圖書館二帙。明代民間所刻《五經大全》,今所見者僅建邑余氏及萬曆中長洲文氏清白堂所刻兩種。《中國古籍善本書目》所著録者,則以零種分别入其小類,而未有此余氏所刻全帙者也。《四庫全書總目》亦不以《大全》之本入五經總義,蓋因《四庫》館臣所見之本爲單行之内府藏本、通行本及陸費墀家藏本,而《大全》之全帙在其時已爲不經見之本矣。

此書有日人吉良山下圈點,時在天和二年(1682)。《春秋集傳大全》卷六末有"天和二年壬戌六月十六日朱點,吉良山下夬庭精舍了"。天和二年,即清康熙二十一年。

0010　明萬曆刻本五經大全　　　　　　　　T110/1247B

《五經大全》一百二十七卷,明胡廣等輯。明萬曆閩芝城建邑書林余氏刻本。七十三册。

是書同前本。第一種書名易作《陳太史較正易經大全》,題"長洲明卿陳仁錫較正"。按,此與前本同版,實即周士顯校正本。卷二題"周會魁校正易經大全"。末二卷題"周會魁校正古本官板易經大全"。陳仁錫,天啟二年進士。其稱太師,則爲以後之事。又"校正",易爲"較正",已避天啟熹宗朱由校之諱,可證此本刷印較前本爲晚。又卷二第一、二頁均爲重刻。

又《春秋集傳大全》卷一第一頁次行題"潭陽若臨劉孔敬較正"。此種版刻,也同前本。劉孔敬,福建陽人。天啟五年進士。

日人圈點。裝訂亦日人所爲。

0011　明萬曆刻本五經大全　　　　　　　　T110/1247BC.2

《五經大全》一百二十七卷,明胡廣等輯。明萬曆閩芝城建邑書林余氏刻本。二十九册。

存《陳太史較正易經大全》二十卷首一卷。鈐印有"北總林氏藏"。日本静嘉堂文庫亦有此零種入藏。

《申學士校正古本官板書經大全》十卷首一卷《圖》一卷《綱領》一卷。鈐印有"可自珍"、"林學印"。

《葉太史參補古今大方詩經大全》十五卷《綱領》一卷《圖》一卷。鈐印有"多聞室不出門外"。

存書三種,裝訂、鈐印皆日人所爲。

0012　明萬曆刻本十三經解詁　　　　　　　　T110/7939

《十三經解詁》六十二卷,明陳深撰。明萬曆刻本。三十八册。半頁九行十八字,四周單邊,白口,單魚尾,書眉上刻評,書口下有刻工。框高21.9釐米,寬14.1釐米。前有萬曆二十九年(1601)丁元薦序,陳深自序。

陳深,字子淵。長興人。嘉靖乙酉舉人。宦不得意。老而喜讀書,年八十餘,篝燈至丙夜不輟。官至雷州府推官。又有《周禮訓雋》。

是編凡《易》二卷、《繫辭》一卷、《尚書》三卷、《毛詩》四卷、《周禮》六卷(缺《秋官》、《冬官》)、《儀禮》四卷、《禮記》十卷、《左傳》十八卷、《公羊傳》三卷、《穀梁傳》三卷、《論語》二卷、《孝經》一卷、《爾雅》三卷、《孟子》二卷。《四庫全書總目》入經部五經總義類存目,《中國古籍善本書目》著録,然前者作五十六卷,後者作六十四卷。

陳深序云:"十三經,漢儒所緝也。自開闢以來至於春秋,皆從吾夫子所刪定,其或有不從口受者,亦皆其所簡托也。此天地之正氣,聖人之全經,過兹以後則天地覆而邪正分,別是一世界矣。故不取也。獨其注疏百餘篇,汗牛滿車,極其浩衍,不便繙閱,故不盡用。不佞特用其近世所解者,令學者簡易明耳。"

此本有闕名批并圈點。扉頁刻"鐫十三經解詁,純白堂藏板"。刻工有徐、馬、劉、芮、趙、王、周、潘、石、云、江、方、姜、陳元、施見、張山、許武、吳心、吳亭、陶思、陶魯、陶敬。書背寫有"共四十",似原爲四十册,此缺二册,當爲《周禮》中之《秋官》、《冬官》。

該書不多見。浙江圖書館、故宫博物院、日本内閣文庫各藏一部。

鈐印有"翼輪堂藏書記",頗舊。

0013　明萬曆刻清初補板印本五經疑問

T117/4122

《五經疑問》六十卷,明姚舜牧撰。明萬曆刻清初補板印本。三十二册。半頁十行二十字,四周單邊,白口,無魚尾。框高21.2釐米,寬12.1釐米。題"烏程後學承庵姚舜牧著"。

舜牧,字虞佐。烏程人。萬曆元年舉人。慕唐一庵、許敬庵之學,自號承庵。令新興,再令廣昌。年八十餘卒。著有《樂陶吟草》、《承庵文集》等。

作者於五經以有疑義而發問,計《重訂易經疑問》十二卷(萬曆庚戌自序)、《重訂書經疑問》十二卷(萬曆甲辰自序)、《重訂詩經疑問》十二卷(萬曆辛亥自序)、《重訂禮記疑問》十二卷(萬曆戊午自序)、《重訂春秋疑問》十二卷(萬曆癸卯自序)。

舜牧生於嘉靖二十二年,此書當其六十歲至七十五歲之間所撰。《四庫全書總目》於此書各經分撰提要,又僅以《詩經疑問》入目,其他四經並入存目。《總目》云:"是編釋《詩》,兼用毛傳、朱傳及嚴粲《詩緝》,時亦自出新論。如辨成王未嘗賜周公天子禮樂,其說頗爲有見……舜牧於諸經皆有疑問,惟此編説《詩》爲差善。自序稱所疑凡經數十年,重加訂問,前此誤解,亟與辨正。蓋其用力較深也。"《總目》又有其《四書疑問》、《孝經疑問》,皆入存目。

是書有舜牧曾孫淳起校補。《書經疑問》卷一二末、《春秋疑問》卷一一第三十一頁皆有"丙申仲冬曾孫男淳起校補"一行。"丙申"爲清順治十三年,則此本應爲補板印本。又《禮經疑問》卷一二第二十八、二十九兩頁配清抄本。臺北"國家圖書館"有《重訂禮記疑問》一種,與此同版。

《中國古籍善本書目》著録。南京圖書館、上海復旦大學圖書館亦有入藏,作明萬曆六經堂刻本。美國普林斯頓大學葛思德東方圖書館存四種,缺《易經疑問》。

0014　明天啓刻本五經旁訓　　　　　　　　T110/1132

《五經旁訓》二十二卷,明王安舜撰。明天啓元年(1621)刻本。十五册。半頁六至七行不等,行二十字,左右雙邊,白口,單魚尾,書口下有刻工及字數。框高21.8釐米,寬14.9釐米。題"嶺南性父王安舜删定;繡水玄白李衷純、武進光甫蔣紹煃參閱"。前有天啓元年王安舜小引。

安舜,字性父。番禺人。萬曆三十八年進士。曾任淮揚監察御史。

此《五經旁訓》,乃《易經旁訓》四卷、《書經旁訓》四卷、《詩經旁訓》四卷、《禮記旁訓》六卷、《春秋旁訓》四卷。王安舜小引云:"六經之有正文,如日之中天,江河之行地,有目所共見。增一字不得,增一字焉是駢枝也。六經之有注脚,如布帛之有文,菽粟之有味,日用所必需。減一字不得,減一字焉又斷鳧也。惟其減增不得,故就字而譯釋以義,就注而品節其文,此旁訓所由來也。乃苦無善本,是刻約而該,簡而明,節有分,而句有辨。從此銷文了義,可以得聖人之言於糟粕煨燼之外,若乃去筌忘蹄,又可以會聖人之心於羹墻夢寐之先,即正即旁,即文即訓,不增不減,其取精也多矣。讀者得之。"

按,天啓間,王氏又刻明陳獻章《白沙先生文集》,署"繡水玄白李衷純、晉陵光甫蔣紹煃參閱"。又《易經旁訓》卷四後有"如皋儒學訓導閻燧、章鏞訂正;生員曹鑾、曹銘同訂"。後四種亦皆署"如皋縣儒學生員"等訂正字樣。

此本刻工有傅、唐、欒、元、英、葉、净、正、林、施、思、劉仁、王文、劉文、劉吉、劉卞、范宇、張君、王任、劉智、魏臣、陳秉樞、陳秉直、鄒奇、范忠、李仁、王仁、業弘、張忠、胡玉、李林、黄劉。

是本白皮紙,潔白似玉,字體仿宋,乃明末刻本中之佳槧。不見《明史·藝文志》、《千頃堂書目》、《四庫全書總目》、《經義考》等著録。《中國古籍善本書目》著録,南京圖書館亦有入藏。

鈐印有"松蓉"、"睫華"、"蕚江"、"珍藏圖書"、"玉照主人"。

0015　明萬曆刻本五經集注　　　　　　　　T110/1220

《五經集注》五十八卷。明萬曆刻本。二十册。

《周易本義》四卷首一卷,宋朱熹撰。半頁十一行二十三字,四周單邊,白口,無魚尾。框高13釐米,寬11.1釐米。前有序。卷四末刊"瑞榴堂葉國器識"七字,非牌記。

《書經集注》六卷,宋蔡沈撰。半頁九行十七字,四周雙邊,白口,單魚尾。框高12.9釐米,寬11.5釐米。前有序。卷六末有牌記,刊"書林興正堂黃氏秀宇梓"。

《詩經集注》八卷,宋朱熹撰。半頁九行十七字,四周單邊,白口,無魚尾。框高12.6釐米,寬11.1釐米。前有淳熙四年朱熹序。卷八末有"瑞榴堂葉國器識"。又有圖,繪祥雲、鵲鳥梅枝、山石斑豹等。

《禮記集注》十卷,元陳澔撰。半頁九行十八字,四周單邊,白口,單魚尾。框高13.7釐米,寬11.5釐米。前有至治二年陳澔序。卷一〇末有牌記,刊"書林新賢堂張閩岳精鑴"。

《春秋胡傳》三十卷,宋胡安國撰,宋林堯叟音注。《綱領》一卷《凡例》一卷《春秋列國東坡圖説》一卷《春秋諸國興廢説》一卷《春秋正經音訓》一卷《總目》一卷。半頁九行十八字,四周單邊,白口,單魚尾。框高13.8釐米,寬11.4釐米。前有成化十八年劉憲序。卷三〇末有牌記,刊"書林新賢堂張閩岳精鎸"。

此書爲瑞榴堂葉國器、書林興正堂黃秀宇、新賢堂張閩岳三家所刻,俱有牌記等爲證,疑是本或爲三坊聯手刻印。按,興正堂黃氏爲建邑書肆,又曾刻《禮記集注》十卷、《春秋胡傳》三十卷。新賢堂張氏刻書,應在嘉靖至萬曆間,前後數十年,亦建邑書肆,刻有《新刊玉堂周易本義》四卷、《新刻官板周易本義》四卷、《書經集注》六卷、《春秋胡傳》二種、《性理大全》七十卷、《通鑑續編》二十四卷、《春窗聯偶巧對便蒙類稿》二卷等。

是書竹紙印。單綫裝訂,日人所爲也。天頭極高,蓋坊賈爲士人學子易於批點計也。

《中國古籍善本書目》未著録。

鈐印有"實滿",亦日人印。

0016　清乾隆刻本學耕五經　　T110/7512

《學耕五經》五種五十八卷。清乾隆刻本。二十六册。

《周易》四卷,宋朱熹撰。清乾隆六十年刻。半頁九行十七字,左右雙邊,白口,單魚尾,書眉上刻注音。框高 20.6 釐米,寬 13.7 釐米。有扉頁,刻"學耕易經。悉遵宋刊,點畫無訛。乾隆乙卯年新鎸。金閶緑蔭堂梓行"。

《書經》六卷,宋蔡沉集傳。清乾隆四十九年刻。題"蔡沉集傳"。半頁九行十七字,左右雙邊,白口,單魚尾,書眉上刻注音。框高 21.3 釐米,寬 13.7 釐米。有扉頁,刻"學耕書經。遵依一定字樣,較正點畫無訛。乾隆四十九年仲春重鎸。緑蔭堂藏板"。

《詩經》八卷,宋朱熹集傳。清乾隆五十年刻。題"朱熹集傳"。半頁九行十七字,左右雙邊,白口,單魚尾,書眉上刻注音。框高 21.1 釐米,寬 13.6 釐米。有扉頁,刻"學耕詩經。悉遵宋刊,點畫無訛。乾隆乙巳年新鎸。金閶緑蔭堂梓行"。

《禮記》十卷,宋陳澔集説。清乾隆五十八年刻。題"陳澔集説"。半頁九行十八字,左右雙邊,白口,單魚尾。框高 19.7 釐米,寬 13.6 釐米。有扉頁,刻"學耕禮記。悉遵宋刊,點畫無訛。乾隆癸丑年新鎸。金閶緑蔭堂梓行"。卷一〇末刻"康熙戊寅仲春日文靖公十九世孫李燦章重鎸"。

《春秋》三十卷,宋胡安國傳。清乾隆五十一年刻。題"胡安國傳"。半頁九行十八字,左右雙邊,白口,單魚尾。框高 19.5 釐米,寬 13.9 釐米。有扉頁,刻"學耕春秋。悉遵宋刊,點畫無訛。乾隆丙午年新鎸。金閶寶翰樓梓行"。卷三十末刻"康熙戊子孟冬日雲間敬業堂華氏新鎸"。

緑蔭堂、寶翰樓,皆蘇州書坊,查《中國古籍版刻辭典》,緑蔭堂、寶翰樓未著録刻此"五經"。

鈐印有"林泉文軒"。

0017　明末毛氏汲古閣刻本關氏易傳蘇氏易傳　　T1739/7732

《關氏易傳》一卷,後魏關朗撰,唐趙蕤注。《蘇氏易傳》四卷,宋蘇軾撰。明末毛氏汲古閣刻《津逮秘書》本。三册。半頁九行十九字,左右雙邊,白口,無魚尾。書口下刻"汲古閣"。框高 19.1 釐米,寬 13.6 釐米。《關氏易傳》題"天水趙蕤注";《蘇氏易傳》題"宋蘇軾子瞻著"。

此爲明末毛氏汲古閣刻《津逮秘書》本。《津逮秘書》共十五集,收書一百四十一種,此兩種在第二集。

鈐印有"岡上氏圖書印",日人印也。

0018　明萬曆刻本易傳　　　　　　　　　T229/4423B

《易傳》十卷,唐李鼎祚撰;《易解》附錄一卷,漢鄭玄注,明胡震亨輯補。明萬曆三十一年(1603)刻本。六冊。半頁九行十八字,左右雙邊,白口,單魚尾,書口題"易解"。框高19.1釐米,寬13.4釐米。題"明武原胡震亨、海虞毛晉同校"。前有唐李鼎祚序,明萬曆三十一年胡震亨序,宋慶曆四年(1044)計用章後序。附錄題"漢鄭玄康成注;明胡震亨孝轅輯補"。又有明姚士粦後語。

李鼎祚,四川資州人,曾官秘書省著作郎,以經術稱於時。

是書《新唐書·藝文志》著錄,但作十七卷。宋晁公武《郡齋讀書志》、清朱彝尊《經義考》引李燾言及明朱睦㮮刻是書自序皆作十卷。丁丙《善本書室藏書志》卷一云,此書初刻有宋慶曆計用章刻本,又有乾道資中郡守鮮于侃刻本、嘉定五年侃子申之漕司刻本。毛晉曾得影抄本,又歸之陳鱣。陳鱣《經籍跋文》曾述及。《四庫全書總目》著錄本爲明毛氏汲古閣刻《津逮秘書》本,蓋《四庫》館臣未曾得見十卷之本。又《四庫全書總目》於是書述之頗詳,評價甚高,有"蓋王學既盛,漢《易》遂亡,千百年後學者得考見畫卦之本旨者,惟賴此書之存耳,是真可寶之古籍也"之語。

胡震亨序云:"南北諸儒好尚各異,江左則宗王學,河洛則用鄭義。隋世王注盛行,唐復勑撰正義,而鄭氏始絀,舊注九卷,至宋遂亡佚失傳焉。唐惟李鼎祚宗鄭,彙諸家爲《集解》,鄭注蓋多所採用。宋王應麟復聯綴其散在《釋文·易、詩、三禮》、《春秋義疏》、《後漢書》、《文選》注者,合《集解》所載爲一卷,名曰《集鄭康成易注》。蓋易道統備天象人事,王鄭兩家不可偏廢。而鄭氏之學,鼎祚撮其最,應麟搜其逸,則兩書又當並觀者也。余故刻《集解》,而併取應麟所輯除已見《集解》者爲附錄,而序其說如此。《集解》舊無刻本,此本得之海虞趙清常氏,清常得之錫山孫蘭公氏,蘭公復得之南都焦弱侯先生,轉相傳寫,差誤不少,行求焦原本校之,會迫計偕未暇也。"

日本尊經閣文庫亦藏有此本。又《中國古籍善本目》經部易類僅著錄有十七卷本,爲明嘉靖三十六年朱睦㮮聚樂堂刻本、明末毛氏汲古閣刻《津逮秘書》本,又有清乾隆二十一年盧見曾刻《雅雨堂叢書》本、清嘉慶二十三年周氏枕經樓刻本。此書疑爲胡震亨《秘册彙函》之零種,俟之將來再核對之。

鈐印有"富山氏"、"之崎藏書"、"溝□藏書",皆日人藏印也。

0019　清抄本周易口訣義　　　　　　　　T229/5024

《周易口訣義》六卷,唐史徵撰。清抄本。二冊。清闕名跋。半頁九行二十一字,無框格。題"唐史徵撰"。目錄頁題"武英殿聚珍版"。前有乾隆三十九年(1774)《御製題武英殿聚珍版十韻》(有序);又原序。

此爲抄武英殿聚珍版者。卷一至三爲《上經》,卷四至六爲《下經》。

闕名跋云:"《周易口訣義》六卷,竹垞檢討定爲唐人史徵撰。其實是否唐人,尚未敢信,諸家之説皆出於臆度。書中精義多本《注疏》,亦有多出自《逸書》者,篇中闕者八卦,尚見昔人存古苦心。秋窗不明,命子輩鈔出,走筆批閱一日,而周覺古味醰然,滿於胸臆。癸未二月。"

《四庫全書總目》入經部易類,述之甚詳。《中國古籍善本書目》著錄清袁氏貞節堂抄本,藏北京大學圖書館。

鈐印有"吳郎"、"拜經樓吳氏藏書印";"張穆之印"、"九州"。

0020　明崇禎刻本大易疏解　　　　　　　　　　　　T231/4954

《大易疏解》十卷,宋蘇軾撰。明崇禎九年(1636)顧賓刻本。五冊。半頁九行二十字,四周單邊,白口,無魚尾,上刻評。框高 20.8 釐米,寬 13.1 釐米。題"眉山蘇軾東坡先生著;會稽錢受益謙之父定;武林顧賓觀王父閱"。前有崇禎九年(1636)顧賓序;孔穎達舊序;蘇軾《易論》。

此軾著不知撰於何時,王保珍《增補蘇東坡年譜會證》也無記載。

是書乃顧賓所爲評注,評注文字皆刊書眉之上。顧氏序云:"今之習舉子業者,群以文公《本義》爲宗,講解之家,其於漢唐以來注疏及宋儒傳録至國朝《大全》間有採輯,然總以不離《本義》者近是。若夫精理旁通,逸詞藻辨,上窮先聖作經之旨,下尋味於諸賢傳注之所未到,則髯蘇《易解》稱最著矣,而世人莫之嗜也……余於是退搜故紙堆中,得南昌舊本一冊,閉關研究,自春徂冬,而評注始竣。在坡公發先聖經中之秘,以豁群迷,而余亦務揚坡公傳中之意,以公同好。""書成,質之太史。太史曰,是可梓而行也,因遂付之欹劂。"

按,此本今存九卷,卷一至九。目録頁卷九後爲賈人割去,以充全帙。

《中國古籍善本書目》著録,南京圖書館亦有入藏。

0021　明刻本周易傳義　　　　　　　　　　　　　　T231/2178

《周易傳義》二十四卷,宋程頤、朱熹撰;《上下篇義》一卷,宋程頤撰;《圖説》一卷《五贊》一卷《筮儀》一卷,宋朱熹撰。明刻本。八冊。半頁九行十七字,左右雙邊,白口,單魚尾,書眉上刻注,書口下有刻工。框高 20.2 釐米,寬 13.9 釐米。題"程朱傳義"。前有宋元符二年(1099)程頤序。

傳者,辭也,由辭以得其意。義者,理也,原來之意義。此爲釋解《周易》原義之書。程朱之傳義有十卷、十六卷、十九卷、二十四卷之别,其二十四卷本最早有元延祐元年翠巖精舍刻本,明代所刻則有嘉靖八年至九年張禄、朱廷聲等刻《五經》本;明嘉靖間建寧府書坊刻本;明嘉靖福建巡按吉澄刻本;明嘉靖四十三年黄希憲、徐節刻《五經集注》本;明楊一鶚刻本;明陳允升刻本。此外又有"明刻本"兩種,因無行款及刻工核對,不知此本應爲何刻。

刻工有沈喬、柯喬、陸章、嚴春、章意、張寅、張憲、金汝南、陸漢、章訓、吳中、黄周賢、姜潮、周欽、唐其、郭昌其、夏文其、張月、甫言、章仁、張環、高相、何應芳、金永、金承祖、金仲明、國華。

闕名朱筆圈點,頗舊。

鈐印有"果親王府圖書記"、"鄒景文印"、"寶善堂"。按,果親王即弘瞻,清世宗第七子。幼受業於沈德潛,善詩詞,雅好藏書,與怡府明善堂相埒。卒謚恭。《清史稿》卷二二〇有傳。

0022　明刻本新刊大字周易本義　　　　　　　　　　T231/2943A

《新刊大字周易本義》四卷《圖説》一卷《筮儀》一卷《卦歌》一卷,宋朱熹撰。明葉繼軒南松書堂刻本。六冊。半頁十一行二十三字,四周雙邊,白口,雙魚尾。框高12釐米,寬10.3釐米。前有成化五年(1460)洪常序。卷四末有牌記,刊"南松書堂葉繼軒刊"。

是書乃朱熹以"理"、"氣"說《易》,對經文之訓釋頗多新意,明代以來,爲讀書士子常用之讀本,有十二卷、五卷、四卷本之別。四卷本,明代所刻即有近二十種之多,此南松書堂葉繼軒刻本,不見《中國古籍善本書目》及臺北"國家圖書館"善本書目》著錄。

洪常序云:"《周易本義》有古經、今經之異,程子因今經作《傳》,朱子因古經作《本義》,後世以《本義》附於《傳》而一之,故今《本義》之序亦今經也。奉化邑庠教諭成君矩,謂世之讀《易》者,先《本義》而後《傳》,故獨刻《本義》行於世,讀者便之。今成君致政,還姑蘇,板隨以行,學者不易得。寧波郡庠胡生儔與其弟信,乃以成君本重加校正,一遵聖朝頒降《大全》,捐己貲以刻諸梓,其嘉惠學者之意可尚也。刻既成,屬常識其始末如此云。"序中所云"成矩"者,字叔度,長洲人。永樂十八年舉人,官奉化教諭。清朱彝尊《經義考》于成矩刻是書述之甚詳。

美國國會圖書館藏有明嘉靖十三年崇仁書堂刻本,也有洪常序,蓋此本及國會本均從洪序本出也。

鈐印有"高橋氏藏書記"、"內藤虎印"、"湖南"。內藤虎,字炳卿,號湖南,日本著名漢學家,本世紀初日本"中國學"主要創始者之一。

0023　清康熙刻本周易本義　　　　　　T231/2943

《周易本義》十二卷《易圖》一卷《五贊》一卷《筮儀》一卷,宋朱熹撰。清康熙內府仿宋咸淳吳革刻本。四冊。半頁六行十五字,左右雙邊,白口,雙魚尾。框高24釐米,寬16釐米。題"朱熹本義"。前有宋咸淳元年(1265)吳革序;朱熹集錄易圖。後有朱熹繫述《五贊》、《筮儀》。卷末或題"敷原後學劉宏校正"。

朱熹,字元晦,一字仲晦,號晦庵。江西婺源人,生於福建尤溪。宋紹興十八年進士,歷官同安縣主簿、轉運副使、秘閣修撰、寶文閣待制。其學宗濂洛而集理學大成,爲南宋傑出思想家、教育家。著述極富,於《易》學則以《周易本義》、《易學啓蒙》爲代表。事蹟具《宋史》本傳。

是書據宋咸淳元年吳革刻本翻刻,唯略去書口上字數、書口下刻工姓名,版式字體悉仍其舊。

吳革,字時夫,江西德安人。肄業白鹿書院。咸淳初知建州,累官華文閣學士、沿江制置使、江東安撫使、知建康府兼淮西總領。卒,贈光祿大夫,謚清惠。其傳據陸心源《儀顧堂續跋》考知,并見福建、浙江、江西三省通志。

是書依宋呂祖謙所定《古周易》本分卷,依次爲:上經第一、下經第二、彖上傳第一、彖下傳第二、彖上傳第三、彖下傳第四、繫詞上傳第五、繫詞下傳第六、文言傳第七、說卦傳第八、序卦傳第九、雜卦傳第十。

易圖九種:河圖、洛書、伏羲八卦次序圖、伏羲八卦方位圖、伏羲六十四卦次序圖、伏羲六十四卦方位圖、文王八卦次序圖、文王八卦方位圖、卦變圖。題"朱熹集錄"。

《五贊》五篇:《原象》、《述旨》、《明筮》、《稽類》、《警學》。題"朱熹系述"。

《筮儀》篇別爲一卷。

吳革序曰:"象占,易本義也。伏犧畫卦,文王繫彖,周公繫爻,皆以象與占決吉兇悔吝,各指其所之。孔子十翼,專以義理發揮經言,豈有異旨哉?體用一源,顯微無間,互相發而不相悖也。程子以義理爲之傳，朱子以象占本其義。革每合而讀之，心融體驗，將終身玩索，庶幾寡遇。昨刊程《傳》於章貢郡齋，今敬刊《本義》於朱子故里，與同志共之。抑朱子有言：'順理則吉，逆理則凶，悔自凶而趨吉，吝自吉而向凶，必然之應也。'夫子曰：不占而已矣。咸淳乙丑立秋日後學九江吳革謹書。"

按，朱熹《周易本義》原本分卷十二，至明世而有四卷本出，其間衍變優劣，清人頗多考訂，茲擇錄如下：

顧炎武《日知錄》："洪武初，頒《五經》天下儒學，而《易》兼用程、朱二氏，亦各自爲書。永樂中修《大全》，乃取朱子卷次割裂，附程《傳》之後，而朱子所定之古文，仍復淆亂。""後來士子厭程《傳》繁多，棄去不讀，專用《本義》，而《大全》之本乃朝廷所頒，不敢輒改，遂即監版《傳義》之本，刊去程《傳》，而以程之次序爲朱之次序。"

朱彝尊《曝書亭集》："朱子《易本義》析爲十二卷，以存《漢志》篇目之舊，較之程《傳》依王輔嗣本原不相同。惟因董楷輯《周易傳義附錄》一書，乃強合之，移《易本義》次序以就程《傳》。明初兼用以取士，故不復分。其後學舉子業者專主《本義》，於是鄉貢進士吳人成矩叔度署奉化儒學教諭削去程《傳》，乃不從《本義》原本更正，其義則朱子之辭，其文則仍依程《傳》，此何說哉？"

段玉裁《經韻樓集》："自明時爲妄庸人割附程子《易傳》，不獨變紊十二篇，抑使朱子文義多有不可通者。"

錢大昕《潛研堂集》："曩有客讀朱文公《本義》畢，謂予曰：《雜卦傳》'咸，速也；恒，久也'，注但云'咸速恒久'而不加一字，得毋有脱句乎？蒙無以應也。今見咸淳乙丑九江吳革刊本，乃是'感速常久'，始歎《本義》之簡而明。蓋感故速，常故久。俗本謁兩字，而注文遂成附贅矣。又《雜卦》'遘，遇也'，不作'姤'，與唐石經、岳倦翁本正同，可證文公《本義》猶未誤。或據流俗本以訾考亭，豈其然乎！"

陳鱣《經籍跋文》："向從吳中顧氏得宋版《周易本義》十二卷，精美無比，有跋刻於《綴文》。又從吳中袁氏得幡宋刊《周易本義》，其卷帙次序悉同宋版，惟字樣較大，每葉十二行，行十五字。其經文（省）俱與宋版相合，而可以證俗間通行本之誤。""若夫注之勝今本處，已見前跋。"

葉德輝《郎園讀書志》："此內府仿宋咸淳乙巳吳革所刻朱子《本義》十二卷，《四庫全書總目》著錄稱內府校刊宋本，《總目》云'此本爲咸淳乙巳九江吳革所刊，內府以宋槧摹雕者'，即此本也。每半頁六行，行十五字，精鏤精印，較宋槧原本有其過之。聊城楊氏海源閣所藏宋本此書，其後人官京師者攜至都門，余曾見之，未若內府此本之精采煥發也。《本義》自元明以來，因與程《傳》合刻，遷就溷亂，不見廬山真面已三四百年。欣逢聖祖稽古同天，異書再出，海內承學之士相繼重刻，流播士林，是固我朝二百年樸學昌明之肇端，抑亦朱子在天之靈不欲使漢《易》古本泯滅無聞，於冥冥中護持而使之復顯於世。此本雖仿宋刻，傳世頗稀，得者幸勿以尋常殿本相等夷可也。"

《四庫全書總目》入經部易類。《中國古籍善本書目》著錄，中國國家圖書館、清華大學圖書館等十一館藏。此外臺北"國家圖書館"、"故宮博物院"，以及日本京都大學人文科學研究所亦有入藏。唯臺北《"中央圖書館"善本書書目初稿》、《"故宮博物院"普通舊籍目錄》著錄爲清雍正間覆刻宋咸淳本。又葉德輝《郎園讀書志》稱"國朝乾隆間內府以所藏宋咸淳吳革刻本繙雕"。茲依《中國古籍善本書目》著錄。按，宋咸淳吳革刊本今存中國國家圖書館（兩部）、上海圖書館。

是書除清康熙内府翻刻外,又有同治四年金陵書局據吳革本校刻本、光緒十年據吳革本影刻本。

0024　明萬曆刻本楊氏易傳　　　　　　　　　　T231/4282

《楊氏易傳》二十卷,宋楊簡撰。明萬曆二十三年(1595)劉日升、陳道亨刻本。四册。半頁十行二十二字,四周雙邊,白口,單魚尾,書口下有刻工。框高21.4釐米,寬14.7釐米。題"宋寶謨閣學士慈谿楊簡敬仲著;明後學廬陵劉日升、豫章陳道亨校;漳浦林汝詔、豫章饒伸全校"。前有萬曆二十三年蔡國珍序。

楊簡,字敬仲。浙江慈谿人。乾道五年進士。授富陽主簿,調知樂平縣,興學訓士,紹興中召爲國子博士,嘉定初授秘書郎,出知温州,在郡廉儉,官終寶謨閣學士。卒謚文元。學者稱"慈湖先生"。事蹟具《宋史·道學傳》。

簡之學出於陸九淵,故説《易》略象數而談心性,多入於禪。蔡國珍序云:"楊氏因《易》之理,以發攄其所學,精深融貫,要在一而能通。"《四庫全書總目》入經部易類,《總目》云,朱彝尊《經義考》所載《慈湖易解》書名、卷數皆與此本不合,疑爲日升等所妄改。

蔡序又云:"封司劉君、功司陳君復刻楊敬仲《易傳》成,屬余敘。"日升,字扶生,號明自。廬陵人。萬曆八年進士。授永州司理,改福寧,累官應天府尹。致仕卒,年七十二。道亨,字孟起。新建人。萬曆十四年進士。累官福建右布政使,拜南京兵部尚書,參贊機務。以魏忠賢用事,連疏求去,踰年卒。崇禎初謚清襄。

《中國古籍善本書目》著録。中國國家圖書館、南京圖書館、浙江圖書館、天津圖書館、湖南圖書館、天一閣博物館、遼寧大學圖書館、臺北"國家圖書館",及日本尊經閣文庫、静嘉堂文庫亦有入藏。

刻工爲裴龍、陳見。

鈐印有"愛日樓藏弄"、"雲煙家藏書記子孫永保三十五番",皆日人印。

0025　清乾隆刻本周易明解輯説　　　　　　　　T231/3242

《周易明解輯説》四卷,宋馮椅撰。清乾隆五十八年(1793)刻本。三册。半頁九行二十四字,左右雙邊,白口,單魚尾。框高19.4釐米,寬12.4釐米。題"都昌馮椅厚齋注"。前有乾隆五十年(1785)馮封序。

馮椅,字儀之,一字奇之,號厚齋。江西都昌人。受業朱子。宋紹熙四年進士,官江西運司幹辦公事。後家居授徒,著有《古孝經輯注》、《西銘輯説》、《孔子弟子傳》、《續史記》及詩文志録等,合二百餘卷,惜多不傳。今存《厚齋易學》,乃《四庫》館臣輯自《永樂大典》。《(同治)南京府志》卷一六《人物志》有傳。

卷一至二上下經,前附八卦取象、六十四卦取象、卦變歌、上下經卦序歌;卷三繫辭傳上下,前附河圖、洛書、伏羲八卦方位圖説、伏羲八卦次序圖説、伏羲六十四卦方位圖説、伏羲六十四卦次序圖説、文王八卦方位圖説、文王八卦次序圖説、雜卦反對説、筮儀;卷四説卦傳、序卦傳、雜卦傳。

是書嘗於乾隆四十二年進呈,《四庫全書總目》入經部易類存目,然館臣疑爲後人僞託,故曰:"舊本題宋馮椅撰。椅有《厚齋易學》,已著録,此其别行之僞本也。""其各卦講解,多沿襲

《本義》,與《永樂大典》所載全殊。其爲僞託,更無疑義。今梅之全書已重編成帙,此本已可不存。以外間傳寫已久,恐其亂真,故存其目而論之焉。"張心澂《僞書通考》即據《四庫總目》説列作僞書。然都昌馮氏族裔不以爲然,仍信其真而付諸梨棗。馮封序詳此事,曰:"都邑厚齋先生,宋之鉅儒也。宗朱子之學,通經術,著書立説,以理學名。封嘗心向往之,以不能盡其著作一肆所讀,心眷眷然。乙巳春,封涖都村,考先生里居,芳規懿範,餘韻猶存,儼然見當日之編摹纂録,千載如昨。云先生所著書甚多……而其精通乎義理,窮究乎天人,集四聖之成,綜百家之説者,則莫如《周易輯説》。"又曰:"封考《易》之爲書,自羲圖造端,文王、周、孔演其成。後之言易者,若漢儒楊何、施讐、孟喜、梁邱賀諸人,紛紛不可勝紀,至費氏之易興,而餘學皆息。然今之所綜者,則惟朱子《本義》爲得其中。先生之易,蓋得之朱子之傳,而非徒輯衆説以成之者歟!是歲冬,先生後裔欲付棗梨,以公海内,因執書以進,請序於封。封固不能文,第以先生之著述,而封適以一本之末獲涖此邦,千百餘年,後先遥企,則又未始非封之幸也焉。"

按,是書出自馮梅都昌族裔,似無作僞情由。而《四庫總目》唯其與《永樂大典》輯本《厚齋易學》"全殊",指其僞託,亦不足爲信言。同治修《南康府志·藝文志》,仍併録《厚齋易學》、《周易明解輯説》二書。

扉頁刻"周易明解輯説。潯陽馮厚齋注。乾隆五十八年新鐫。萬選樓藏板"。又朱文楷書印"禮部頒行"。按,乾隆五十年馮封序云"是歲冬,先生後裔欲付棗梨",是其欲刻而未必鐫板。唯此本扉頁既稱"新鐫",是已有舊刻之謂也。惜都昌馮氏家族刻本無傳,此本洵爲可貴。

《四庫全書總目》入經部易類存目,但書名作《周易輯説明解》。《中國古籍善本書目》未著録。所見公私藏目,罕有收録。今本《四庫全書存目叢書》亦未收輯。

鈐印有"真州吴氏有福讀書堂藏書"、"吟紅仙館"、"際龍"。

0026　明正統刻本周易傳義大全　　T234/4208

《周易傳義大全》二十四卷《上下篇義》一卷《朱子圖説》一卷《五贊》一卷《筮儀》一卷《綱領》一卷,明胡廣等輯。明正統五年(1440)余惠雙桂書堂刻本。十册。半頁十一行二十一字,四周雙邊,上下黑口,雙魚尾。框高19.2釐米,寬12.5釐米。前有程子傳序,易序。

是書乃永樂十二年十一月,明成祖命行在翰林院學士胡廣、侍講楊榮、金幼孜纂修《五經四書大全》之一。次年九月告成,成祖有序弁之卷首,并命禮部刊賜天下。書之《凡例》後有"引用先儒姓氏"及纂修者銜名。此爲五經之首,《經義考》著録。《四庫全書總目》作《周易大全》,入經部易類。

此本總目後有牌記,刊"正統庚申余氏雙桂書堂新刊"。易序後又有牌記,刊"書林程朱易傳本義等書行之久矣,我朝復旁搜諸家之説而詳釋焉,斯謂大全,頒降學校。惠慮山林之士艱於觀覽,乃謄原本,捐貨命工鋟梓,庶山林士子皆得鑑焉。正統五年月日書林余惠識"。

是書傳世之明刻本約十餘種,此刻乃其較早者,似僅次於明永樂十三年内府刻本。查《中國古籍善本書目》,此刻未有著録。按,余氏雙桂書堂刻書甚早,可考者有元至正十一年《詩集傳音釋》、元刻《廣韻》等。四川省圖書館及美國國會圖書館藏有明弘治九年余氏雙桂書堂刻本,行款爲十二行二十二字,或即據此本重刻。

日人裝訂。

0027　明萬曆刻本易經蒙引　　　　　　　　　　T234/4932B

《易經蒙引》十二卷，明蔡清撰。明萬曆刻本。九冊。半頁十行二十四字，四周雙邊，白口，單魚尾，書口下有刻工。框高21.1釐米，寬14.3釐米。題"南京國子監祭酒蔡清著；巡按福建監察御史敖鯤重訂"。前有林希元序。

蔡清，字介夫，號虛齋。晉江人。成化二十年進士。累官江西提學副使，以忤宸濠，乞致仕。起南京國子監祭酒，命甫下而卒。清飭躬砥行，貧而樂施，少從朱玼學，以善《易》名。其學初主靜，後主虛，故以虛名齋，學者稱虛齋先生。萬曆中追諡文莊。事蹟具《明史・儒林傳》。

是書卷一至四爲《上經》，卷五至八爲《下經》，卷九至一〇爲《繫辭上傳》，卷一一至一二爲《繫辭下傳》。以發明朱子本義爲主，其體例以本義與經文並書，但與本義每條之首加圈以示區別。《四庫全書總目》入易類，於此書評價頗高，云："朱子不全從程傳，而能發明程傳者，莫若朱子；清不全從《本義》，而能發明《本義》者，莫若清。醇儒心得之學，所由與爭門戶者異歟。"

林希元序云："虛齋蔡子，以理學名成化、弘治間，《易說》若干卷，坊間有舊刻，顧荒缺弗理，人有遺恨，三子存微、存遠、存警，雅嗣先志，各出家本以增校。予屬祿仕，分心未之及也。退居暇日，始克承事，書成將刻之，庸書數言以告學者。"

此爲萬曆刻本，爲巡按福建御史敖鯤取林希元本重訂。敖鯤，字化甫，新喻人，隆慶二年進士。其按閩應在萬曆十年前，正張居正當國時。

是書有十二卷本及二十四卷本之別。十二卷本最早應有嘉靖間建陽縣刻本，但今已不傳。今存世者除此本外，又有萬曆三十八年刻本。另有明末刻本，題《重訂蔡虛齋先生易經蒙引》（宋兆禴重訂）。二十四卷本，一爲明末敦古齋刻本，本館也有入藏；二爲明末刻本，題《蔡虛齋先生易經蒙引》（葛寅亮評）。

書中間有抄配。刻工爲魏四、李四、江息、黃圭、蔡榮、江八、江文、江滿、江釜、吳秀、蔣文、黃春、黃深、吳茂、王五、王鳳、劉啓、劉義、丘生、王榮、王祿。

《中國古籍善本書目》著録，有明林希元刻本，安徽省圖書館、北京大學圖書館，及日本內閣文庫（二部）亦有入藏。然未及此明萬曆刻本。

鈐印有"憎島氏圖書記"、"柏原道主"、"島田氏雙桂樓收藏"、"篁邨島田氏家藏圖書"。

0028　明末刻本易經蒙引　　　　　　　　　　T234/4932

《易經蒙引》二十四卷，明蔡清撰。明末敦古齋刻本。十四冊。半頁九行二十六字，四周單邊，白口，單魚尾，書眉上刻評。框高21.2釐米，寬11.5釐米。題"閩蔡清虛齋著"。前有林希元序；《奏刊〈易經蒙引〉勘合》。

是書卷一至九爲《上經》，卷一〇至一八爲《下經》，卷一九至二〇爲《繫辭上傳》，卷二一至二四爲《繫辭下傳》。《四庫全書總目》未著録此二十四卷本。

據《奏刊〈易經蒙引〉勘合》，知清子存遠於嘉靖間任松江府推官時，曾有奏折并以此書上呈，云："臣父蔡清，少習《易經》，頗能心契。自鄉解而登甲科，繇督學而擢祭酒，仕宦所至，專意講《易》，門徒相授，無慮千數，舉世謬稱以爲專門焉者。"又云清於此書"手不停披，迄載衆說，積有成編，僭名《蒙引》。向惟藏之篋笥，若有待於明時"。"臣迺獨抱遺書，不忍湮没於無聞，冒昧來獻,將使徵信於後代。"存遠除將此書呈於嘉靖帝覽閲外,并希望將書收納貯之內閣,以備昭代專經之説,進而頒之禮部,以開天下諸生之學。後禮部官員認爲天下科舉之書,盡出建寧書坊,故由都察院轉行福建提學副使將此書"訂正明白,發刊書坊,庶幾私相貿易,可以傳播遠邇,就便刊刻,亦不至虛廢國財"。"選委易經教官一員、生員四名,將《易經蒙引》訂正明白,發委建陽縣書坊作速刊刻完備,具縣回報,以憑施行,毋得違錯。"

按,此折上奏在嘉靖八年,雖有福建書坊刊刻流通,然《蒙引》一書,今之傳世已不多見。此本扉頁刊"蔡虛齋先生《易經蒙引》。宋喜公先生重訂。敦古齋藏板",當爲明末宋兆禴重新訂正之本,已非原本之貌也。

《中國古籍善本書目》著録,華東師範大學圖書館入藏。又日本尊經閣文庫有明版一部,疑與此同板。

鈐印有"山內藏本",日人印也。

0029 明隆慶刻本今文周易演義　　　T234/2978

《今文周易演義》十二卷首一卷,明徐師曾撰。明隆慶二年(1568)董漢策刻本。六册。半頁十一行二十二字,左右雙邊,白口,單魚尾。框高 18.8 釐米,寬 11.6 釐米。題"大明從仕郎刑科左給事中前翰林院庶吉士吳江徐師曾伯魯學"。前有隆慶二年徐師曾自序。

師曾,字伯魯,號魯庵。吳江人。七歲即匡坐讀書,授《易》義輒通大略。年十二,能爲詩古文。長博學,兼通陰陽、律曆、醫卜、篆籀之學。嘉靖三十二年進士,選庶吉士,歷吏科給事中,頻有建白,皆切時勢。世宗方殺僇諫臣,言官緘口,遂乞休。闢書屋南湖上,誦讀如諸生。卒年六十四。著述甚豐。《(乾隆)吳江縣志》卷三〇《儒林》有傳,頗詳。

此爲闡發《周易》經義之書。師曾自序云:"余爲是書,搜括百家,諮訪衆説,而折衷於朱子。充其簡略,闡其微奥,救其闕失,使學者充榮點綴,以合有司之程,然非帖栝之類也。"師曾撰是書,費時十年方脱稿,其時因多有未定,故未付梓。後因出以質會稽士人,遂見已爲人私録而刊刻於杭州。"友人董朝獻請刻以傳","方悔初本未定而誤行也,遂不辭而畀之。"此本乃其家居時重加修訂之定本。

《明史·藝文志》著録。《四庫全書總目》入經部易類存目,《總目》云:"師曾初從吕祖謙本爲《古文周易演義》一書,後以明代取士用注疏本,乃復爲此書,大旨以闡發《本義》爲主。初刻於杭州,隆慶戊辰又修改而重刻,即此本也。"其首一卷爲讀易通例,論卦象、爻辭及變化占玩之説,系以河洛圖及伏羲、文王八卦、六十四卦各圖,而以傳授大略。

目録後有牌記,刊"吳郡後學陳南書。吳江同川董漢策梓"。

《中國古籍善本書目》著録。中國國家圖書館、上海圖書館、北京師範大學圖書館、無錫市圖書館,及日本内閣文庫亦有入藏。

0030 明萬曆刻本周易古今文全書　　　T234/4262C.2

《周易古今文全書》二十一卷,明楊時喬撰。明萬曆王其玉刻本。四十三册。半頁七行二十一字,小字十四行二十一字,左右雙邊,白口,單魚尾,書眉上刻評。框高 21.4 釐米,寬 14.5 釐米。題"廣信楊時喬編輯;應天門人王其玉閲;廣信門人周伯遜校;王之度、楊可中、在中、位中、我中、閩中同彙"。前有萬曆十八年(1590)楊時喬《總序》，萬曆二十年(1592)《古文序》，萬曆二十四年(1596)《今文序》，萬曆二十年《啓蒙序》，萬曆二十三年(1595)《傳易考序》，萬曆二十七年(1599)《龜卜考序》。

時喬，字宜遷，號止庵。上饒人。嘉靖四十四年進士。萬曆中累官吏部左侍郎，絕請謁，謝交游，止宿公署，苞苴不及門，銓敘平允。卒諡端潔。事蹟具《明史》本傳。

是書爲《論例》二卷，《古文》二卷，《今文》九卷，《易學啓蒙》五卷，《傳易考》二卷，《龜卜考》一卷。其大意在薈萃古今，以闢心學説《易》之謬，所宗惟在程朱。所述古文略而今文詳，然中亦多互見其義，間有繁複。《四庫全書總目》入經部易類存目，對時喬以篆籀文隨意填綴，往往竄入譌字，并改《易》經文等有所批評。

時喬撰寫此書時在隆慶四年，其總序云："喬不肖，自隆慶庚午屢假山中，取自漢至今儒論著，考據闡之"，所稱"古文"、"今文"者，"秦以前，古文，古之道；秦以後，今文，今之俗。兹由今之俗，不復古道，則欲知《易》難矣哉！乃以二經四傳十翼，古篆書之，復古文；漢儒所分經傳，俗楷書之，從今文；朱子《啓蒙》，註釋補備，復著法，各著《論例》於前；自漢至今諸儒言各存之，名《傳易考》；又附《龜卜考》；合名《周易全書》。"

是書乃楊氏門人王其玉所刻，《傳易考》"歷代傳易圖"後有"應天王其玉梓"；《龜卜考》有"應天王其玉同子之度閲梓"。其《論例》亦云："適應天王生其玉，雅志敦行，嘗究心於此，刻之。"

《中國古籍善本書目》著録，然有明萬曆刻本兩種，各存全帙二部，日本静嘉堂文庫、内閣文庫、尊經閣文庫也有是書，然因未註明行款及何人所刻，故不知此與何種同板。又臺北"國家圖書館"有明萬曆三十五年松江知府蔡增譽刻本。

此書日人裝訂。鈐印有"家在雲間"、"松濤竹伴"。

館藏有複本一部，二十册。鈐印有"有不爲齋"、"伊藤龢印"、"尓天氏"。

0031　明萬曆刻本周易象義　　T234/0642

《周易象義》四卷，明唐鶴徵撰。明萬曆三十五年(1607)唐氏純白齋刻本。四册。半頁十行二十一字，四周單邊，白口，單魚尾，書口下刊"純白齋"。框高21.5釐米，寬13.4釐米。題"後學毘陵唐鶴徵著"。前有萬曆三十五年章潢序。

鶴徵，字凝庵。武進人。隆慶五年進士。歷官太常卿，以博學聞。嘗疏劾瑠甄殿屬丞，得旨嚴治，人忌之，遂病免。《明史·唐順之傳》有附傳。

章潢序云："甲辰夏初，唐凝庵先生南遊，過豫章，忽辱枉教，深譚《易》理，且携所著見示。乃得浣誦一周，極快先得我心之同然也，不特觀玩象辭變占多有契合，而取名象義亦偶相孚……先生特由四聖象辭極深探索，故得心忘象，靡象不通；得意忘言，靡言不達。"

《明史·藝文志》著録。《四庫全書總目》入經部易類存目，《總目》云："是編用王弼本，故不注《繫辭》以下，大旨述順之之説，主於以象明理。"鶴徵乃有明理學大家唐順之子，悉傳家學，髫年究心《易》義，乃得順之心傳之秘。此書序後有"純白齋讀《易》法"，論《易》須象與理合、象與爻合；上下二卦，自宜分看；卦必有主爻；互卦最有關係；倒體亦有關係；每卦皆有一大意。計六則，當爲是書之綱領。

"純白齋"當爲唐氏家齋名，其家刻書又有《重刊荆川先生文集》等。

《中國古籍善本書目》著錄。天津圖書館、浙江圖書館，及日本內閣文庫亦有入藏。

0032　明萬曆刻本新刻易測　　T234/8648

　　《新刻易測》十卷，明曾朝節撰。明萬曆刻本。四册。半頁九行十八字，四周雙邊，白口，單魚尾。框高 21.2 釐米，寬 14.2 釐米。題"曾朝節著；門生李景登、劉邦謨、王好善全校"。前有馮琦序，萬曆二十五年（1597）曾朝節序。末附《謝馮琢庵宗伯書》、《謝李瀛洲書》。
　　朝節，字直卿，號植齋。臨武人。萬曆五年進士。官至禮部尚書，充東宫侍講。卒謚文恪。
　　卷一至四爲《上經》，卷五至九爲《下經》，卷一〇爲《説凡》。《四庫全書總目》入經部易類存目。是書取王弼注、孔穎達疏、程子傳、朱子《本義》及楊氏《易傳》之説，參互考訂，惟解上下經、《彖》、《象》、《文言》、《繋辭》，而置《説卦》、《序卦》、《雜卦》。大旨主於觀辭玩占，頗掃宋《易》之葛藤。
　　曾氏謝馮琦書，敘及是書撰述甚詳，書云："弟之成此撰著也，蓋在南銓，因刻慈湖《易傳》，屬弟序。弟辭曰，不能也，願一觀之耳。已觀之而有所疑，乃從頭看《易》一遍。先畫八卦粘於壁，日對之，以思其所以畫八卦者。弗知也，則求之《彖》；弗知，求之大《象》、小《象》；弗知，求之《彖象傳》；弗知，乃求章句於諸家之注，稍稍能誦讀之矣。其所不合，仰而思之，思之而通，乃筆而記之，遂成卷帙。"
　　馮氏序亦云："吾友直卿，少業詩，而喜讀《易》，自偕計吏，隱居衡山者二十年，始成進士。又二十年，而至今官。且潛且見，且仕且學者四十年，而始著《易測》。《易測》也，測《易》也。吾友自序，蓋嘗求之卦而弗得，求之象象而弗得，求之《彖傳》、《象傳》而弗得，乃始取漢魏以來諸家注疏及程、朱、楊慈湖之説，參伍而互訂之，已復掩卷積思之，久而後怡然焕然，真有得焉，大略疑之極而生悟，博之極而生約，綜群言，統聖真，而歸本於一中。"
　　此本寫刻。白皮紙。天頭甚高。有闕名圈點。
　　《中國古籍善本書目》著錄是書兩種，皆萬曆刻本，分藏南京圖書館及上海圖書館（殘本），此本不知與孰館所藏同板。按，傅增湘曾見一舊抄本，有翰林院大方印，署"翰林院掌院事禮部侍郎兼侍讀學士曾朝節著"，同訂者列有李廷機、全天敘、湯賓尹三人，同校者列門人顧起元等五人，前有湯賓尹序及萬曆戊戌自序。抄本與此刻所列不同，此當早於李、全、湯同訂之本。

0033　明萬曆刻本重訂易經疑問　　T234/4122

　　《重訂易經疑問》十二卷，明姚舜牧撰。明萬曆三十八年（1610）刻本。六册。
　　此爲舜牧所撰《五經疑問》之一。館藏有《五經疑問》全帙，可參見。
　　《四庫全書總目》入經部易類存目，然評價甚低。《總目》云："計其一生精力，殫於窮經，然此書率敷衍舊説，實無可取。間出己意，亦了不異人，蓋其學從坊刻講章而入，門徑一左，遂終身勞苦而無功耳。"
　　闕名圈點。日人裝訂。
　　鈐印有"公驥私印"、"君良父"。
　　館藏有複本一部，六册。鈐印有"岡上氏圖書印"。按，此本較前本刷印爲晚。

0034　明萬曆刻九經解本周易正解　　　　　　　　　　　T234/4248

　　《周易正解》二十卷《讀易》一卷，明郝敬撰。明萬曆四十三年(1615)至四十七年(1619)郝千秋、郝千石刻《九經解》本。十二册。半頁十行二十一字，四周單邊，上白口，下綫黑口，單魚尾。框高 22 釐米，寬 14 釐米。題"京山郝敬著；男千秋、千石校刻"。前有萬曆四十七年郝敬自序。

　　郝敬，字仲輿，京山人。萬曆十七年進士。歷官縉雲、永嘉二縣知縣，擢禮科給事中，遷戶科，尋謫宜興縣丞，終於江陰縣知縣。《明史·李維楨傳》末有附傳。

　　是書爲郝氏《九經解》之一。本館又有《周禮完解》十二卷、《禮記通解》二十二卷、《春秋直解》十五卷、《論語詳解》二十卷。此用王弼注本，凡上下經十七卷、《繫辭》以下僅三卷。大旨以義理爲主，亦兼及於象，其言理多以十翼之説印正卦爻，言象則頗簡易。

　　郝序云："僻在荒郊，衡門長掩，永日無事，乃取經籍課誦，久之，於訓詁外微有新知，苦性鹵，隨筆備忘。前後涉獵九經，爲九解，分九部，乃銓九敘。敘曰，庖羲作《易》，文王演序，周公繫爻，孔子贊翼，四聖相授，道本一致。百家之説，紛然煩碎，執義者遺象，狥象者失意。邵雍圖先天，分《易》爲二；考亭守蓍策，義主卜筮。小道可觀，致遠恐泥，緯稗亂正，《易》道旁騖矣。作《周易正解》部第一。"

　　《四庫全書總目》入經部易類存目。據《中國古籍善本書目》，《郝氏九經解》一書，雖湖北省圖書館及復旦大學圖書館入藏，然皆殘本。日本內閣文庫有全帙。此雖零種，然傳本亦稀，日本東京大學東洋文化研究所亦有入藏。

　　鈐印有"抱經樓"。

0035　明萬曆刻本羲經十一翼　　　　　　　　　　　　T234/2403

　　《羲經十一翼》五卷首一卷，明傅文兆撰。明萬曆書林李潮刻本。五册。半頁九行二十字，四周單邊，白口，單魚尾。框高 22.2 釐米，寬 13.8 釐米。題"雲林傅文兆編著；如水王民順發刊；九我李廷機批評；石簣陶望齡批評；霍林湯賓尹批評；無障吳默批評；芝南邵景堯批評；書林李潮繡梓"。前有傅文兆序。

　　文兆，江西金谿人。《(道光)金谿縣志》卷一四《文苑》載，文兆"精《易》解，著《十一翼》，河南阮太冲嘗謂有明來言《易》者，當以文兆爲最，其書不傳，人咸惜之"。

　　是書首一卷爲《太古易》。卷一《上古易》，卷二《觀象篇》，卷三《玩辭篇》，卷四《觀變篇》，卷五《玩占篇》。目錄後有總説，於各卷之大綱皆有分述。按，十翼者，即《易》之《上彖》、《下彖》、《上象》、《下象》、《上繫》、《下繫》、《文言》、《説卦》、《序卦》、《雜卦》，傳爲孔子贊《易》所寫。此稱"十一翼"者，蓋以孔子傳《易》爲十翼，而已又翼孔子，故曰十一也。

　　文兆自序云："是以日夜思竭其不肖之才力，以發明羲、文、孔子宗旨，一曰觀象、二曰玩辭、三曰觀變、四曰玩占。象者互見於象中，則隨文求義，以闡其微辭者……皆以經解經，而不敢毫有所穿鑿於其間者，日積月累，稿不知其凡幾百易，必求當於心而後已，私心自謂於羲、文、孔子之訓或可發明其萬一。"

　　《明史·藝文志》、《中國古籍善本書目》著錄。《四庫全書總目》入經部易類存目，《四庫》館臣所見爲殘本,佚去卷三至五,故清乾隆時是本已爲稀見之書。《經義考》注曰"存",蓋朱彝尊亦未曾得見。是書南京圖書館亦有入藏。

又,書林李潮又刻有《詩經百方家問答》。

鈐印有"慈谿馮氏醉經閣圖籍"、"五橋珍藏"。

0036 明刻本周易大全纂　　　　　　　　　　　　T234/2112

《周易大全纂》十二卷,明倪晉卿撰。附《周易大全圖説》一卷。明刻本。六册。半頁十一行二十五字,四周單邊,白口,無魚尾,書眉上刻評。框高 20 釐米,寬 12.6 釐米。題"武林後學倪晉卿伯昭纂;門人張文炎惟謙、翁汝遇獻甫校"。前有萬曆二十年(1592)倪晉卿自序。

晉卿,字伯昭。錢塘人。

晉卿自序云:"余不佞,罔窺於《易》,而心竊恫之。因懸鵠於注,附枝於傳,若儒先箋録爲别異同而芟繁演,使瑾瑜爲章,雲霞在望。至虚齋先生以下,衍發精詳而足裨肄習者,咸爲蒐採,而間附管測。庶使工聱帨者,抽妙響於紘綏;精璽縷者,抉微茫於□漠,非敢附濂閩之功臣,抑亦備□舉之嚆矢已耳。"

是書不見《明史·藝文志》、《四庫全書總目》著録。清朱彝尊《經義考》卷六五僅注"存",蓋亦未見其書。《中國古籍善本書目》著録。北京大學圖書館、浙江紹興市魯迅博物館,及美國普林斯頓大學葛思德東方圖書館亦藏全帙,重慶市圖書館所藏爲殘本。

是本應有萬曆二十年俞思冲序,今佚去。

0037 明萬曆刻本周易會通　　　　　　　　　　　T234/3154

《周易會通》十二卷,明汪邦柱、江栴撰。明萬曆四十五年(1617)海陽梅田江氏生生館刻本。十册。半頁十行二十五字,四周單邊,白口,單魚尾,書眉上刻評。框高 21.2 釐米,寬 12 釐米。題"繆昌期當時甫閲;熊秉鑑元明甫、程策獻可甫訂;汪邦柱砥之甫、江栴楚餘甫全輯"。前有萬曆四十五年繆昌期序。

邦柱,字如石。休寧人。萬曆四十七年進士,曾任湖廣道右參議。江栴,字楚餘。休寧人。

會通者,會合變通之意也。是書亦爲釋解《周易》之書,其《凡例》六條,於看法、全旨、解説、立意、集説、取象皆有説明,頗爲清楚。"集説"云:"凡先代注疏、名儒語録及近日時説,一議一見皆録入無遺。但其中有發人未發者,必標姓氏。其餘相沿之久漫無異同者,盡爲删潤編集,更不另標。"

繆序有云:"是集也,不以一人見,而合衆人之見……無逗漏亦無泛濫,俾覽者不苦翻閲,而百家妙意遞現目前,可謂以一時苦心,貽學士永逸者乎。""余嘉美是集,因書以授梓人。砥之歛手謝曰,小子不敏,不能獨觀遍覽,所賴友人江楚餘纂輯多焉。夫江楚餘,余未面其人,然觀爲是書,其慧心可想。"

按,王重民《中國善本書提要》云此書又有萬曆四十五年王啟泰跋并卷前姓氏題名凡一百七十餘家。姓氏題名後又有"星源詹國俊用章甫、休寧梅田江氏生生館梓行,仍有外篇十卷,在後續刻"一語,哈佛此本佚去。又外篇十卷,今未見著録。

是書闕名圈點。竹紙印。扉頁刊"周易會通。繆太史批閲。海陽梅田梓行",鈐有"歷代不朽書"印。序第一頁書口下有"旌邑劉慶之鐫"。海陽者,在安徽休寧縣。

《明史·藝文志》、《中國古籍善本書目》著録。北京大學圖書館、華東師範大學圖書館、臺北"國家圖書館",及日本内閣文庫(三部)、静嘉堂文庫藏有全帙,安徽省圖書館、河南省圖書館、重慶市圖書館所藏爲殘本。

鈐印有"牧野□印"。

0038　明崇禎刻本易經注疏大全合纂　　T234/1334

《易經注疏大全合纂》六十四卷首一卷《周易繫辭注疏大全合纂》四卷,明張溥輯。明崇禎七年(1634)李可衛刻本。十八册。半頁八行十八字,左右雙邊,白口,單魚尾。框高20.6釐米,寬14釐米。題"明後學張溥纂"。前有崇禎七年張溥自序。

張溥,字天如,號西銘。太倉人。幼嗜學,與同里張采共學齊名,號"婁東二張"。崇禎間,溥集郡中名士,相與復古學,名其文社曰復社。崇禎四年進士,選庶吉士,交游日廣。自謂以嗣東林,執政惡之。溥砥行博聞,纂述經史有功。年四十卒。事蹟具《明史·文苑傳》。

是書之輯,乃因張溥慮及經學之不能邊明,故取《周易注疏》及永樂間所纂《周易大全》合爲一編,並録各家之注疏以爲匡救。其序云:"又恐二書日遠而弗彰也,爲去其重複,標以異同,使讀者耳目清明,知所指響。夫適路者先問關梁,入室者先歷門庭,注疏大全亦五經之關梁門庭也。鹿城李爾公可衛,世家子,好學尚經術,見予所纂,請版行之。予逥歸以删本,任流廣焉。"

此書前有"易經注疏大全姓氏"。經文後爲注、疏、傳、本義,并諸家之説。上經、下經凡六十四卷。又《繫辭傳》則爲卷一至二《上傳》,卷三《下傳》,卷四《説卦傳》、《序卦傳》、《雜卦傳》。此爲溥輯《五經注疏大全合纂》之一。本館又有《詩經注疏大全合纂》三十四卷、《書經注疏大全合纂》五十九卷。

《四庫全書總目》及《經義考》均未收入是書。《中國古籍善本書目》著録。天津圖書館、北京大學圖書館、南開大學圖書館、東北師範大學圖書館、山西省文物局、江蘇海安縣圖書館,及美國普林斯頓大學葛思德東方圖書館、日本内閣文庫亦有入藏。

0039　清乾隆刻本古周易訂詁　　T234/2246

《古周易訂詁》十六卷,明何楷撰。清乾隆十六年(1751)郭文焱刻朱墨套印本。十册。半頁九行二十字,四周單邊,白口,無魚尾。書口下刻字數,書眉上刻評。框高20.3釐米,寬13.4釐米。題"閩儒何楷元子氏學,海澄後學郭文焱晴嵐校刊"。前有乾隆十七年(1752)單德謨序,乾隆十六年郭文焱序,明張溥序,明崇禎六年(1633)何楷自序;《黄幼元宫允來書》、《張天如太史來書》。卷末附崇禎六年何楷《解經處答客問》。

何楷,字元子。福建漳州人。明天啓五年進士,值魏忠賢亂政,不謁選而歸。崇禎時,遷工科都給事中。福王時,官户部右侍郎,兼工部右侍郎。後從唐王入閩,擢户部尚書,掌都察院事。漳州破,抑鬱而卒。楷舉劾無所避,與黄道周等并稱"長安五諫"。博綜群書,尤邃於經學,著述又有《詩經世本古義》。事蹟具見《明史》本傳。

此書以古本《周易》上下經、十翼之篇次爲序,雜采漢魏以來舊注立説。卷一至三《上經》,卷四至六《下經》,卷七至八《彖傳》上下,卷九至一〇《象傳》上下,卷一一至一二《繫辭傳》上下,卷一三《文言傳》,卷一四《説卦傳》,卷一五《序卦傳》,卷一六《雜卦傳》。其書經文之下,仍録彖、象、繫辭諸傳之文,隨卦分列。蓋分經分傳以存古本,而經下合傳則引以互證。即如自序所云:"別異經傳,以還田何之舊","凡有關於彖、象者,亦各隨卦而附列焉,以祖費直之意。輒不自量,網羅舊聞,裁以管見,爲之小注。"

張溥序曰:"何玄子,今之學者,閩大儒也。經傳史載,無不通理。其業先見於《周易》、《孝經》。《易訂》之成,聚書十年,始得下筆,說其大約,折衷衆家,斷以己意。於遠者寧過信而存之,謂其去聖人近也;於近者寧峻防而以理制之,惡私說之囂也。書凡數卷,古今質文兼焉。立之學宮,號何氏《易》,非虛矣。"

《四庫全書總目》曰:"是書成於崇禎癸酉,蓋其筦榷江南時所作。""楷之學雖博而不精,然取材宏富,漢晉以來之舊說雜采並陳,不株守一家之言。又辭必有據,亦不爲懸空臆斷、穿鑿附會之說,每可以見先儒之餘緒。明人經解空疎者多,棄短取長,不得已而思其次,楷書猶足備采擇者,正不可以駁雜廢矣。"

卷首附黃道周《黃幼元宮允來書》曰:"生素疎迂,晚益忽忽,不能多蓄往懿,推深奧義。卅年來,仰鑽羲畫,一無所得。每誦程河南傳序,輒自興慨,恐終窒於辭理也。微言久絶,編韋競繁。天命先生總其條貫,使羣儒裹帶有所領袖,從來作者得其冠冕。"

張溥《張天如太史書》曰:"小序於舟次成之,荒塞不文。然盟翁《易》書,直當與楊、錢二《易》並行天壤,此弟實有所見,非泛然貢頌。即鄧潛谷《易繹》,未容舉以相況也。聖真不絶,《易》學乃昌。玄子功真在萬世矣。書板即命貴役,稅與坊間流通,方惠後學。此書《易》家金桴,人人所仰讀也。"

卷末附何楷《解經處答客問》一篇,蓋借訂經以言時事也。

是本於上下經各卦之首頁書眉上,鐫刻朱印黃道周《易説》,題"銅海石齋先生黃道周著"。按,《中國古籍善本書目》著錄是書有崇禎本,非套色朱印,此疑乾隆郭氏重刻時增入。

郭文餤序曰:"餤自弱冠習《易》,象峰師即授以程、朱之理,陳、邵之數,於本卦之卦,互卦之義,講之頗詳。先是,吾師未嘗視何氏《易》,即有《周易明象》之作。既成,乃得《訂訪》而觀之。其本說卦以推象理,先觀本卦,次兼之互,其義例不謀而合。至於聚書之宏富,考訂之精詳,議論之新闢,實於《易》有擴清摧陷之功,非好奇立異者比。吾師屢擊節之,而摘錄其粹精,以補《明象》之所未及焉。因謂餤曰:何先生之《易》學,其真群儒之領袖,閩漳之冠冕,而不可令往懿就湮,聾瞶無振者也。是書之板,已陁兵燹,海內舊本,諒亦少存。藏書之家或珍祕之,而不見坊間。餤既見其書之精,而又重吾師之贊揚,恐其久而磨滅莫傳也,因較訂豕魚,重登梨棗,俾徧布海內,家手一編,庶可補程朱之未備,而明理數之同源,是亦表彰前賢,追尋絶學之一昉也已。"

單德謨序曰:"惜遭兵燹,板帙陁於祖龍,脈望不得大傳於世。余亟爲訂其魯魚,付郭子文餤謀諸剞劂,以公海內。"

扉頁刻"周易訂訪。何元子先生著。聞桂齋藏板"。

《四庫全書總目》入經部易類。《中國古籍善本書目》未收。中國科學院圖書館、福建省圖書館等九館,以及日本東京大學南葵文庫並有收藏。《易學書目》著錄1976年臺北成文出版社據乾隆十七年文林堂刻本影印本,未知與此本同否。

0040　清康熙刻本周易玩辭困學記　　　　　　　　　　　　T235/1332

《周易玩辭困學記》不分卷,清張次仲撰。清康熙六年(1667)自刻本。十冊。半頁九行二十一字,四周雙邊,白口,單魚尾。上經首頁書口下有"旌邑劉鈇鍾甫書刊"。框高20.4釐米,寬13.6釐米。題"海寧張次仲元岵習"。前有康熙八年(1669)陸嘉淑跋;目錄。

張次仲,字元岵,號待軒。浙江海寧人。明天啟元年舉人。私淑陽明,窮經好道。自甲申之變,遂絕蹟人事,自號"浙氾遺農"。清順治中,舉賢良方正科,以病辭。康熙十五年卒,年八十有八,私諡文介。《(民國)海寧州志稿》卷二九《人物志》有傳。

是書首載《讀易大意》、《附識》、《尺牘》、《乾卦鄭康成本》等,宜視爲附錄。其後爲正書,始《周易》上下篇,次繫辭上下傳,次說卦傳、序卦傳、雜卦傳。

《讀易大意》爲目有二:一曰《諸儒易論》,乃輯錄王輔嗣、程正叔、焦弱侯等論《易》之說;二曰《困學私記》,即作者讀《易》札記。

《附識》猶《凡例》,凡五則。

《尺牘》係張次仲與友人書,凡四通:《與陸與偕》、《與朱康流》、《與卓有枚》、《與張西農》。按,康流名朝瑛,海寧人。西農名遂辰,錢塘人。

《乾卦鄭康成本》者,概因《周易本義》乾卦用鄭康成本、坤卦以下用王輔嗣本,而此書乾卦亦遵輔嗣坤卦之例,"以象傳附象,以大象附象傳,以六爻象傳各附六爻,以便解詁",而仍列鄭康成本於簡端。前有識語,詳爲說明。

是書原有張次仲自序,但此本佚失,今從《文淵閣四庫全書》本節錄,以見其著述緣始。序曰:"寡過之道,無踰讀《易》,讀《易》之道,當以夫子十翼爲宗,庶幾循流溯源,可以仰窺伏羲、文、周三聖人之意。屏蹟蕭寺,晝夜紬繹,有未明了,更撿先輩箋疏傳注諸書,反覆參校。非謂有合於四聖,期自愜而後止。蓋風雨晦暝,疾病愁苦,二十年如一日也。賦性顓愚,不敢侈譚象數,又雅不信讖緯之說,惟從語言文字中求其諦,當有益身心者,輒便疏錄,歲久成帙,總不離經生習氣,謬題之曰《玩辭困學記》。困則困矣,學之一字,吾甚愧之。初意祕之簏衍,其或傳或不傳,靜以俟運候之至,偶有因緣,率爾災木。平生寡交游,不能以厄言剩句乞言玄晏,略書本末,附載《讀易大意》。書成,或怪其無序,復勉爲捉筆,弁之簡首。"

兹復錄《讀易大意》之二《困學私記》,曰:"予以幽憂之疾,沉冥易學者二十餘年,凡六七脫稿,皆呻吟反側中語。章句腐儒,衹求自慊,原無象外繫表之思,豈有通邑大都之志,知其不足當有無也。家在浙江之澨,煮海爲業,牢盆數片倚牆壁間垂百年。去歲丙午,賈豎以白金相貿,非望之獲,兒輩縱臾,爰付梓人,作此誕妄之事。蓋攻苦有年,未免懷顧影徘佪之意,是亦凡心之未盡也。書成,藏諸家塾,以俟後人。""時年七十有九,伏枕口占於延恩院之待軒,蓋康熙六年九月九日也。"則已明言康熙六年刻成此書,藏諸家塾矣。自序乃後來增入,康熙八年陸嘉淑跋亦然。

陸嘉淑,張次仲從甥,童時即得侍待軒先生,且任此書校訂之責,故於待軒易學有所深知。其跋曰:"先生讀《易》,以爲《易》之爲書,無所不有,淵微要渺,莫破莫載,無從涯涘,獨吾夫子十翼,專爲學者津梁,知夫子之意,然後文、周之詞可得而讀,羲皇之畫可得而悟也。故其解《易》,一以夫子爲宗。"

《四庫》館臣亦稱是書"持論最爲篤實","且大旨切於人事,於學者較爲有裨,視繪畫連篇、徒類算經奕譜而易理轉置不講者,勝之遠矣"。

卷末刻"男昶季和、孫訒無逸仝較"一行、"旌邑劉鈇鍾甫書并刊"一行。《讀易大意》、《周易》上下篇、《繫辭》上下篇、《說卦》、《序卦》、《雜卦》諸篇首頁卷端下各鐫篆書"待軒"二字。

《四庫全書總目》入經部易類,並據"山東巡撫採進本"著錄爲十五卷,而《文淵閣四庫全書》

本又別附首一卷。今以此本與《四庫》本相校，《四庫》本卷首僅《讀易大意》、《附識》五則，無《尺牘》及《乾卦鄭康成本》；《四庫》本卷一、卷一一、卷一二各闕一頁，題"原缺"，此本不缺；《四庫》本有張次仲自序（未署年），無陸嘉淑跋；《四庫》本《讀易大意》之《困學私記》末題"蓋歲在疆圉洽協之九日也"，此本作"蓋康熙六年九月九日也"。據《四庫總目》云："於乾卦遵用王弼本，以便解詁，而仍列鄭康成本於簡端。"是山東巡撫進呈本簡端原有乾卦鄭康成本，後被館臣芟削。然則今《四庫》本風行天下，而人不嫌其弊，此本尤寶貴也。

又此書卷數，於各家書目大有歧異。據《四庫採進書目》載，"江蘇省第一次書目"著錄作十二卷，"兩江第一次書目"著錄作十五卷，"浙江省第三次書目"著錄作八卷，"山東巡撫第二次呈進書目"著錄作十五卷，"江蘇採輯遺書目錄簡目"著錄作十五卷，"浙江採集遺書總目簡目"著錄作"八冊（刊本）"，無卷數。此外，清吳焯《繡谷亭薰習錄》著錄作十二卷，曰："卷端有自序，又錢謙益序。待軒，虞山典試浙江所取士也。"丁日昌《持靜齋書目》著錄"康熙己酉自序刊本"六卷。又《增訂四庫簡明目錄標注》亦著錄康熙己酉自序刊本，六卷。唯《販書偶記續編》著錄一本爲"無卷數，康熙己酉刊"。如是，則張次仲自序時在康熙己酉年，而《四庫》本又被館臣刪去。據上述著錄，此書曾有十五卷、十二卷、八卷、六卷及不分卷之不同版本行世，及至今日，祇存《四庫》之十五卷本與此不分卷本矣。

《中國古籍善本書目》未著錄。日本內閣文庫有收藏。

0041　清康熙刻本田間易學　　T235/8533

《田間易學》不分卷，清錢澄之撰。清康熙刻本。六冊。半頁十行二十三字，左右雙邊，白口，單魚尾。框高18.2釐米，寬13釐米。題"桐城錢澄之飲光氏述"。前有康熙二十三年(1684)徐秉義序；錢澄之撰《凡例》十四則。

錢澄之，字飲光，原名秉鐙，字幼光，號田間。安徽桐城人。明崇禎間諸生，與陳子龍、夏允彝交最善。弘光時，黨禍大作，亡命浙閩，黃道周薦諸唐王，授吉安府推官，尋改延平府。桂王時擢禮部主事，授翰林院庶吉士兼誥敕撰文。遇事直言，皆切時弊，忌者日衆。乃乞假歸里，結廬先人墓旁，環廬皆田，故自號田間。家世學《易》，又嘗問《易》於黃道周，初究極象數，後乃兼求義理。著述有《田間詩學》、《莊屈合詁》、《藏山閣詩文集》等，後人彙爲《錢飲光先生遺書》行世。事蹟具《清史稿》本傳、《（道光）桐城縣志·人物志》"儒林傳"。

是編未分卷帙，經傳仍依注疏舊本次序：首上下經，次繫傳上下，次說卦傳、序卦傳、雜卦傳。卷前載圖象，并易說多篇：變占考、象數解、奇門用後天論、陰陽二氣論、五歲再閏論、卦象論、卦位論、卦主論、應爻比爻說、易變圖、變動說、變化變通解、辭占象變論。

是書大旨以程朱《傳義》爲本，兼取漢唐宋元明及清初諸儒易說與程朱不相悖或足與相發明者，間附己論。徐秉義序曰："其爲書皆明白簡易，雖縱意發揮，未嘗有外於《本義》也。而間有獨得者，則一以繫傳爲據。其言曰：河圖者，聖人所因以生蓍，非因以畫卦云云，此皆先生自以爲能發《本義》所未發者也。"

《凡例》述其編撰始末，曰："吾家自融堂先生以來，家世學《易》。先君子究心五十餘年，臨沒之年，乃有所得，口授意指，命不孝爲之詮次，錄諸簡端。不孝亦間有己見，爲先君子所首肯者，亦併載之，名曰《見易》（按，《四庫全書總目》稱《易見》）。南渡時，予罹黨禍，變姓名逃諸吳市，遇漳浦黃先生舟過吳門，遙識之，召使前，慰勉之餘，教令學《易》。不數月，吳下大亂，家室喪亡,竄身入閩,困閩山者三年。每念先生教,輒思讀《易》。其《見易》舊解,遺亡殆盡,又無書可借,惟記誦章句,默尋經義,時有所獲,久之成帙,且曰《火傳》,蓋以家園屢經兵火,所藏故本應付灰燼矣,又以薪盡火傳,即此猶先君子之遺教也。既歸里,諸集散失,而《見易》一編巋然獨存,因取與《火傳》證之,前後雷同居多,乃盡刪後說,唯微有異者則存之。是書集既成,携至都門,爲老友嚴顥亭所賞,留諸行笈,欲爲付梓。予既歸,顥亭病殁,其書遂不知所在。會昆山徐健庵昆仲要予談《易》,既無副本,又老而善忘,乃取所存舊稿,重加編輯。因考證諸書,凡吾昔所矜爲創獲,而業爲前人所已說者,皆削去己見,一歸諸前人,寧爲述者可也。或因讀諸書,偶有觸發,出於《見易》、《火傳》之外者,謂之今按云云。"按,徐秉義序曰:"己未春,家伯兄與同志迎先生至玉山,設講席,思有以廣其傳,會有事,不果講。又六年,爲峰泖之遊,取道敝里,留予耘圃者半月,出書示予云云。"是知錢氏"重加編輯"之稿,當成於秉義作序之年。

此本刊年未詳,但以避諱至康熙爲斷。間有抄配頁。

扉頁刻"田間易學。桐城錢飲光先生著。斠雒堂藏板"。

《四庫全書總目》入經部易類,但著錄作十二卷,宜非此刻。《中國古籍善本書目》未著錄。中國科學院圖書館、美國普林斯頓大學葛思德東方圖書館有入藏。另是書後收入同治二年刻本《桐城錢飲光先生全書》,《中國叢書綜錄》著錄,上海圖書館等七館有藏。

0042　清康熙刻本大易辨志　　T235/1311

《大易辨志》二十四卷,清張習孔撰。清康熙二年(1662)刻本。四册。半頁九行二十五字,四周單邊,白口,單魚尾。無欄綫,行間刻圈點。框高20.6釐米,寬11.5釐米。題"天都張習孔黃嶽父著;侄澐、男士麟參閱"。前有康熙二十九年(1690)曹貞吉序,康熙二年蔣超序,康熙二年張習孔自序。

張習孔,字念難,別字黃嶽。安徽歙縣人,僑寓江都。順治六年進士,官至刑部郎中、山東督學僉事。著作又有《檀弓問》、《繫辭字訓》、《七勸口號》、《雲谷卧餘》、《詒清堂文集》。

是書爲張氏釋《易》之作,《經義考》、《安徽通志稿·藝文志》著錄作《周易辨志》。卷一至一八上下經,卷一九至二三上下繫,卷二四說卦傳、序卦傳、雜卦傳。

此書撰作之由、說易之旨及名書之意,自序均有述及。序曰:"孔子曰'吾十有五而志於學'。然則學也者,志之所至也。志規爲量,而學之大小分;志昭爲識,而學之深淺分。故先王建學,離經之年,即以辨志,未有無志而成其爲學者也。末世學者,大小深淺固已不倫,又其弊也,終日學而所志多不在學,其於右先聖賢意旨歸宿之際,殆若郢書燕說,不必其合,取以適吾事而已。予少孤失學,長始讀《易》,自取講義研究,如《衷旨》、《解醒》之屬,見其膚淺牽湊,心切疑之,則舉以質諸號通經試高第者,皆曰:'固哉!子之言《易》,亦取其應主司、博科第而已耳,何爲事多?'予心不直其言。既列黌序,益大發自漢以來注疏傳義,比絜詳究,沉潛反復,數易寒暑,乃復廢書屏息,平心靜觀,虛冥無倚,而庶幾於一遇。久之,乃爽然有以見諸儒之同異得失,而膚俗牽湊者,誠卑卑不足道矣。蓋《易》之所有者三:曰理,曰畫,曰文。理者,聖人所以洗心退藏者也,是無極而太極也。畫者,剛柔相推而生聖人之所化裁也。理非畫也,乃所以爲畫也;畫非理也,乃所以象理也。而文者,則所以發揮乎理與畫者也。是三者,實一物也。聖人見文於玼,故其事一;後人見文於文,故其事分。今且見文於帖括藻繢之地,則其離而絕遠也,豈顧問哉!閔予寡昧,局於識量之弗逮,即稍有一得,其敢過自閟匿不出,而聽是非於當世!於是本其心之所明，著之簡册，而諸家之足以相發明者，亦并載不廢。辭取白意，不爲文飾。其不可理解者，寧爲闕疑。蓋嘗幽獨自盟，吾人讀書論古，首在不昧天理良彝，其或有意於反古而明高，鑿新以炫俗，清夜捫心，理多戲詭，徒爲先聖罪人耳，安用文之哉！吾之此書，非敢謂有當先聖之萬一，然反躬内觀，實已自盡其心，若夫强詞飾説、自欺以欺世者，蓋實無之矣。嗚呼，人各有志，不可强也。後之學者，苟志於先聖意旨歸宿之際，而務求其合，則將取吾説而是非可否之，以衷於天理良彝之必然。非此志也，則所謂膚俗牽湊者，自足以適其事，亦何必與吾較離合哉！然則是編之行，固以就正有道，而學者之志視此矣。兹於其梓也，遂名之曰《辨志》。"

卷端題"參閲"者姓名，各卷不一，自卷二至二四依次爲："侄澐、男潮"，"侄澐、甥陳夢澂"，"男潮、男漸"，"侄澐波恬、男淳"，"侄澐、孫紹祖"，"甥陳均、侄澐波恬"，"侄澐波恬、孫紹基"，"孫紹祖、孫紹宗"，"男淳、甥陳夢澂"，"男漸、甥陳夢澂"，"男士麟、侄澐波恬"，"孫紹裘、甥陳夢澂"，"侄澐、甥陳夢澂"，"男士麟、侄澐"，"男漸、甥陳夢澂"，"侄澐、甥陳夢澂"，"男漸、侄澐"，"侄澐、甥陳夢澂"，"甥陳均、侄澐波恬"，"男潮、甥陳夢澂"，"男漸、侄澐波恬"，"侄澐、甥陳夢澂"，"侄澐、甥陳夢澂"。

按，是本無明確刊年，唯自序云"兹於其梓也，遂名之曰《辨志》"，似謂康熙二年作序之時，此書即已付梓。曹貞吉序亦云："黄嶽先生負資英異，以《易》學爲宗，自少至老，研極理數之奥，著咸《辨志》一編，自述其生平篤好之深，弁諸篇端，剞劂問世。余伏而讀之，廣矣！大矣！"但曹序撰於康熙二十九年，距張序已隔二十七年，且序曰："余生也晚，未得望見門墻，而風聲所及，固已陶淑甚深。今又承乏先生之鄉，交先生之後人，得讀先生之遺書，其亦有厚幸也夫！"則曹序宜爲後印時增入。書中"玄"字均不避諱，可證確爲康熙初避諱未嚴時刻印。

《四庫全書總目》、《續修四庫全書總目提要（稿本）》均未收。《中國古籍善本書目》未著録。各家藏目亦少有著録。

0043　清康熙刻本周易通　　　　　　　　　T235/3203

《周易通》十卷，清浦龍淵撰。清康熙敬日堂刻本。四册。半頁九行二十一字，左右雙邊，白口，單魚尾。眉端刻識語，行間刻圈點，版心下刻"敬日堂"。框高20.3釐米，寬13.7釐米。題"吴郡浦龍淵潛夫著；餘杭嚴沆顥亭、嘉興計東甫草參"。前有康熙十年（1670）李可汧序，康熙六年（1667）浦龍淵自序；《凡例》五則；目録。

浦龍淵，字潛夫。江蘇吴江人。生明清鼎革之際，身經世變。順治七年，司鐸閩之上杭；十三年，入洪承疇幕；十七年，薦授湖南城步知縣。所著《周易通》、《周易辨》，皆入《四庫全書總目》存目。《（光緒）蘇州府志》卷一〇〇《文苑傳》有傳。按，《四庫全書總目》謂浦龍淵，吴縣人，然《蘇州府志》作吴江人。今考浦氏《周易辨》自序，云"天啟之末，淵甫成童，入吴江學"，則當以吴江籍是。唯龍淵於卷端自署吴郡，館臣未察其詳而逕作吴縣。

作者以爲，《易》卦爻情辭，本自貫通，特錯解者自爲乖隔耳。故作此書，解諸卦，串説分解，不拘一格，要以互通爲主，因名之曰《周易通》。

是書依六十四卦序次説解，卦下釋詞，每引《書》、《詩》、《禮》、《春秋》諸經爲證。蓋浦氏以爲，"五經道理本是一貫，皆聖人治身治世之書"，其義本通。自擬《凡例》云："四聖人志在經世，立六十四卦，一卦有一卦之時事、一卦之情理、一卦之人才、一卦之體統。以體統御人才，以情理酌時事，與《書》、《詩》、《禮》、《春秋》諸經之旨，皆顯而易見者也。諸經見諸行事，表治亂興亡之明驗;《易》道見諸象辭,著吉兇禍福之實理。有此實理,即有此明驗,如鏡照形,如水涵月,似乎有二,其實一也。誠能會通諸經,則於《易》中事理,自有煥然冰釋、怡然理順者。"故引諸經義以通《易》義,亦此書特點。

自序記述此書撰作原委,曰:"淵自八歲受《易》於家庭,弱冠即授徒里中,口雖强解,中不自得,不勝憤悱。乃遍閱《易》解數十種,似於浮雲隙中稍見日影,明昧相半,終未曉暢。匪獨以資性暗劣,亦因六十四卦該載時事變故甚多,書生涉世淺、更事少,實不能一一喻其所以然也。迨皇清鼎革,身經世變,遊歷吳越閩楚滇黔,北抵燕齊,崎嶇十二餘年,凡遇一事觸一境,即於易理有所省發。僕僕輪蹄間,未及操筆。""康熙丁未春,大司馬白公開府天雄,亦延入幕,得謝外事,多暇晷。但幕中無書,無從搜討,乃默記生平所見,仍復潛心觀玩,時有新得。而長子方至相隨,屢質所見,亦多契合。遂以次疏解,始四月,至七月十五書成,名曰《周易通》,分為十卷,約十餘萬言。"遂知此書始作於康熙六年四月,告成於七月。蓋亦其多歷世事,厚積薄發,故能一氣呵成也。如自序所言:"淵年踰知命,方操管時,益覺氣清神旺,迎刃而解,若有陰相之者。乃知聖人作《易》,意在筆先。讀者亦必會其意於言表,乃能旁見側出,橫説豎説,靡所不通。不然則死在句下,雖刻意鈎索,而去之遠矣。"

《四庫全書總目》以為:"其說不爲無見,然卦爻之義,宛轉相通,亦猶一人之身,脈絡孔穴,宛轉相通也,必從一脈以通百脈,由一穴以通百穴,則必有所隔礙於其際。故龍淵所説,有時而融洽,亦不免有時而穿鑿,至既欲牽合於理學,又欲比附於史事,縱橫蔓衍,辨而太華,是又作論之才,非詁經之體也。"

《中國古籍善本書目》著録康熙十年敬日堂刻本。然此本無明確刊年記載,唯館藏清康熙刊本《周易辨》卷首載康熙十五年魏裔介《勸梓易辨小引》曰:"《易通》一書,已經嚴顥亭喬梓及吳明府伯成刊行。"又康熙十七年孟亮揆序曰:"康熙乙卯春,余假沐南還,始識潛夫先生於雁宕里居,見所著《周易通》、《辨》二者,《通》已刻矣,《辨》猶未也。"可知此本於康熙乙卯(十四年)前已經刊成。

眉端識語多為段落提示之語,如"以上論體乾之學"、"以上論文王、孔子合一之旨"之類。

卷末有"吳門張翰如書;旌邑劉子美刻"二行。又題"男方至校",或"男方至壽增校"、"男方至壽增、方國大受校"、"男方至壽增、姪泓吟濤校"。

卷端題"參"者不一。卷二題"秀水曹溶秋岳、祥符周亮工元亮參";卷三題"餘杭嚴沆顥亭、崑山李可玕元仗參";卷四題"同郡李模峃庵、鄭敷教士敬參";卷五題"長洲宋實穎既庭、顧升畯旦兮參";卷六題"餘杭嚴曾榘柱峯、濟寧李壯蠖庵參";卷七題"秀水曹溶秋岳、吳江吳之紀天章參";卷八題"餘杭嚴曾榘柱峯、嘉興計東甫草參";卷九題"同郡李模峃庵、宋實穎既庭參";卷一〇題"同郡鄭敷教士敬、無錫曹鼎臣掄生參"。

《四庫全書總目》入經部易類存目。《中國古籍善本書目》著録康熙十年敬日堂刻本,湖北省圖書館入藏。日本東京大學東洋文化研究所也有收藏。

0044　清康熙刻本周易辨　　　　T235/3203.2

《周易辨》二十四卷首四卷,清浦龍淵撰。清康熙十七年(1678)敬日堂刻本。九册。半頁十行二十二字,左右雙邊,白口,單魚尾。行間刻圈點。框高18.5釐米,寬13.1釐米。題"吳郡浦龍淵潛夫著"。前有康熙十五年(1676)魏裔介《勸梓〈易辨〉小引》;康熙十七年浦龍淵自序，康熙十七年李天馥序，康熙十七年孟亮揆序；徐乾學等《致方伯丁泰巖公祖請刻〈易辨〉公啓》；康熙十七年浦龍淵撰《凡例》九則；參閱姓氏；目録。

浦龍淵，見《周易通》。

是書係《周易通》之繼作。自序曰："淵不揣固陋，已述管見，草就《易通》十卷。又自漢迄今，凡注《易》之家，有合經旨者，即爲採録，用彰前哲羽翼之功。其所未是處，即徑據孔子之明文，以發明羲、文、周之奧義。務使經義曉暢，則諸儒之是非較然可辨，若黑白之不可混矣。故名其書曰《周易辨》，約三十餘萬言，分爲二十八卷。"

卷首一至二易考：伏羲重卦考、文王卦辭考、周公爻辭考、孔子贊易考、易字義考、六位考、圖書考、象數考、卜筮考、卦變考。卷首三至四易論：易教歸重天子大臣論、天子學易三大要論、大臣學易論、士庶人學易論、卜筮之例不可混施於明經論、四聖易教本同論、諸儒易學不同論。卷一至一八上下經，卷一九至二二繫辭上下傳，卷二三説卦傳，卷二四序卦傳、雜卦傳。

是書説《易》，壹以孔子之言爲主，撇開先後天圖，"徑看傳文"，曰"須是志聖人之志，心聖人之心，情聖人之情，加以稽古達務，更練既多，自然胸有全《易》，所遇卦爻，皆油然會心，迎刃而解矣"。卷首考論，謂"《易》之始作，蓋古聖人爲王天下而立教，故其設卦繫辭，必矣天子爲主，以大臣爲輔"，"古帝王經世大法莫備於《易》，致君堯舜者，當以是經爲指南。"

《浙江採集遺書總目》引嚴沆曰："《易通》以疏大義，《易辨》以辨析微辭，可以翼往聖而開來學。"又吳偉業曰："潛夫學《易》，務探其旨要，於唐宋以來諸家之説有所鈎纂，平心折衷，無所偏主，苟於大義有乖，必侃然辨正，不爲兩可之辭。雖素不習《易》者，讀之未有不心目俱開也。"《四庫全書總目》則批評其"易教歸重天子大臣"説，曰："夫人事準乎天道，治法固《易》理之所包。然謂帝王師相之學當求於《易》則可，謂《易》專爲帝王帥相作，則主持太過矣。"

是書於康熙十七年由徐乾學、徐元文等捐資助刊，其刊印始末，甚爲曲折。據孟亮揆序曰："康熙乙卯春，余假沐南還，始識潛夫先生於雁宕里居，見所著《周易通》、《辨》二者，《通》已刻矣，《辨》猶未也。先生即以全稿見付，曰'公爲某正之'。余初展讀，豁然心開……則信乎先生之書不可不傳也。余於是亟謀所以梓之。先生曰：'未可。此非一家之私言，天下萬世之公言也，當與天下士共正之。某自弱冠受《易》於安期師，聆其片言，便有省發。已而過越東，聽念臺先生講學，得心易之轉；與世培先生往復討論，觀其設施政事，與其出處大節，一以《易》爲師，真後學之典刑也。哲人既萎，流風日微，追想淵源，羹墻彌切。今者東南之人文，萃於輦下；而北方之學者，首推柏鄉。意者先民風韻，猶堪彷彿，某當就而正焉，正焉而皆合也，則推諸天下後世，其不合者亦鮮矣，然而梓之可也。'丙辰夏，余重入春明，先生亦擔簦北上。余以書介於柏鄉魏師相，因師相以介於少司農今總憲魏公環溪、少司農嚴公顥亭、道長徐公敬庵，以達於執政熊公敬修、大宗伯吳公賫庵、少詹事今閣學士李公容齋、掌院學士少宗伯徐公立齋、侍讀學士葉公訒庵、孫公屺瞻、張公素存、郎中今侍講王公阮亭、贊善徐公健庵、翰公元少、編修徐公果亭等，皆當代宗工，精通經術，道德文章，冠冕宇内。咸謂《易辨》一書，闡明先聖之微言，折衷諸儒之緒論，析疑正誤，融會貫通。羲、文、周、孔，其揆本一，義理象數，並無兩歧。至於分疏六位貴賤，辨其等差，定一經之典常，昭萬世之治體，事事歸重天子大臣，其言理亂興亡、進退消長之故，靡不愷切瀏亮，足以助儒臣之啓沃，爲聖學之指南，是誠内聖外王、明體達用之本數，而非異端曲學所得而詭託焉者。先生翼經之功，於斯爲大，自漢迄今，罕見其比，諸公評論，翕然僉同，則是書之必傳，無足疑者。梓而行之，以利天下，刻書之功，當不在著書下。於是徐公立齋伯仲仗義倡捐，暨鹽臺郝公雪海、方伯丁公泰巖、督學邵公瞻兩，與諸同人，共襄剞劂，始於戊午二月,至九月告成。"

又魏裔介《勸梓〈易辨〉小引》曰:"《易辨》一書,支分節解,兼及繫辭諸傳,比之《易通》,更爲詳細。共三十萬餘,約計刻資不過二百金。余自恨久居林下,四壁蕭然,力難全任。惟願當道偉人留心世道者,或一人獨肩,或兩三家協濟,不過省一二事無名之費,便可垂千萬年有用之書,真高世之舉、不朽之業也。"

又徐乾學、顧汧、顧藻、繆彤、徐元文、繆錦宣、徐秉義、馬鳴鑾、李柟聯名《致方伯丁泰巖公祖請刻〈易辨〉公啓》曰:"《易辨》一書,考論深詳,發揮明當,使四聖天人合一心傳,暢然表著。而於作君作師、正邦維俗之道,所以前民用而成人能者,反覆申言,曲盡蘊義。自程朱二家後,誠未見有此書也。""彤輩於閣下爲後進,在講筵詞館親見當寧嚮學之殷,擬以《尚書》畢講,次及《周易》。而《易辨》一書,於君相治天下之道尤切,誠付之剞劂,非獨爲學者窮經之助,他日上之經幄,實啓沃所必資。"

參閱姓氏題名下備注助刊,如"李峦庵諱模,長洲人,乙丑助刊;曹秋岳溶,平湖人,丁丑助刊;周櫟園亮工,祥符人,庚辰(助刊)"等。列姓名者凡七十六人。

扉頁刻"周易辨。吴郡浦潛夫著。敬日堂梓行",并鈐"敬日堂印"、"羽翼先聖津梁後學"印章。

《四庫全書總目》入經部易類存目,二十四卷,並曰:"朱彝尊《經義考》載此書作二十八卷,此本少四卷,疑亦《經義考》傳寫之誤。"據《周易辨》自序云:"書曰《周易辨》,約三十萬言,分爲二十八卷",應是合卷首考論四卷而總計之數,《經義考》並不誤。又今《四庫全書存目叢書》據上海圖書館藏清康熙刻本影印,著錄爲二十四卷首二卷。查上圖本總目,卷首下曰"易考十篇,易論八篇(另爲一袟)",似分爲二卷,但卷首前別有細目,明確分爲四卷。疑上海圖書館系依總目定爲二卷。然驗之作者自序,自當作卷首四卷,始與總卷數相合。

《中國古籍善本書目》著錄,華中師範大學圖書館收藏。又上海圖書館、中國人民大學圖書館、臺灣大學圖書館也有收藏。

鈐印有"雲煙家藏書記子孫永保"。

0045　清乾隆刻本壽山堂易説　　T235/2461

《壽山堂易説》不分卷,題無極吕子撰。清乾隆刻本。六册。半頁八行二十一字,四周雙邊,下黑口,單魚尾。行間刻圈點。框高19.2釐米,寬13釐米。題"無極吕子著"。前有清許承宣序,吕子自序;目録。

無極吕子,未詳其人。自序署名"黄鶴山人",亦無考。

是書分《圖解》、《易説》兩部分。《圖解》三十一篇,依次爲:河圖元圖、洛書元圖、先天混極圖解、先天元極圖解、先天太極圖解、先天靈樞圖解、中極動静圖解、少極變化圖解、太陽圖解、太陰圖解、象明圖解、三才圖解、陽奇圖解、陰偶圖解、先天八卦合洛書數圖解、後天八卦合河圖數圖解、兩儀生四象四象生八卦圖解、乾坤闔闢圖解、伏羲則河圖以作大易圖解、大禹則洛書以作洪範圖解、太極中分八卦圖解、伏羲八卦次序圖解、文王八卦次序圖解、六十四卦方圓圖解、六十四卦剛柔相摩圖解、六十四卦配節氣圖解、陰陽律吕生生圖解、三分損益圖解、天根月窟圖解、陰陽消息圖解、卦序圖解。《易説》三篇,依次爲:上經三十卦説、下經三十四卦説、繫辭説。

是書撰作緣起及説易大旨,可參諸自序,曰:"大而邦國之治亂,小而身家之盛衰,與夫持躬涉世,處人接物,均不越乎《易》焉!""故予有世道人心之憂焉,乃取六十四卦詳爲説辭,明爲剖晰。後之學者,觀象玩占於陰陽消長,辨吉兇於幾先,進退顯晦,不失其道,庶幾治國守家,保身理物,皆有賴焉。余之説《易》,未敢云有功於《易》。然以人合天之理啓迪來學,使利貞常獲,無蹈危機,是余之志也夫!"

　　是本無明確刊年。據許承宣序曰:"今讀《易説》,爲大儒宗吕先生所著。""抑聞之《易説》藏於虞山之玉松,已久歷年所矣。今庚戌冬,廣陵虛净同人乃梓而行之。"《(雍正)江都縣志》載,許承宣,字力臣,江都人,康熙十五年進士,官工科給事中。以此推之,"庚戌"當是康熙九年,即《壽山堂易説》於此年自虞山玉松散出,由許承宣同邑之廣陵虛净同人梓印行世。但哈佛此本並非康熙原刻,蓋書中"弘"字已闕筆避諱,而"顒"字未避,是可定爲乾隆間刻本也。

　　《續修四庫全書總目提要(稿本)》入經部易類,然評價甚低,曰:"觀其詁《易》之處,空虚浮泛,無一實際。蓋義理之流弊,至斯而極,已不知《易》爲何物矣。此經學之蠹也!"按,《續修四庫全書總目提要(稿本)》著録道光刊本《吕子易説》和咸豐刊本《壽山堂易説》兩種,謂同書異本而異名,并各爲識要。然其説似有疑誤。其一,《續修提要》以爲無極吕子者,名嵓,字洞賓,俗所謂吕祖者也,其書僞託可辨。今按是書卷端題名"無極吕子",自序末署名"黄鶴山人題於空秀閣",書名前冠"壽山堂",此名號、堂號於吕祖本傳皆無見載,謂即吕嵓洞賓,並無依據。《續修提要》或承許序之説,以爲"大儒宗吕先生"即大仙吕嵓也。又審讀黄鶴山人自序,見其説《易》之志,乃"有世道人心之憂",而"庶幾治國守家、保身理物,皆有賴焉",豈有意僞託大仙吕祖者哉!蓋撰者隱其真姓名,後人附會而誤植吕祖名也。其二,《續修提要》考述是書版本未當。《吕子易説》提要曰:"據篇首曾燠序云:'惜虞山石室,書出太晚,前輩皆未之見,而近時人得書者,誤列《道藏》及《吕祖全書》中,予謹摘出,刊布專行。'又書尾許承宣跋云:'《易説》藏於虞山之玉松,已久歷年所,今庚戌冬,廣陵净虛同人乃梓而行之。'是《易説》原有刊版,藏虞山石室中,見者甚少,至嘉慶時,曾燠重刊之。燠字賓谷,江西南城人,世傳《駢體文鈔》,燠所選也。此本許跋稱'庚戌冬',按道光三十年爲庚戌,則又後於曾刊矣。"蓋其誤在不知許承宣係康熙時人,而謬以康熙"庚戌"爲道光"庚戌",遂誤定嘉慶曾燠刊本爲"道光許承宣刊本"。又《壽山堂易説》提要曰:"書尾有長白崇芳跋云:'同治丙寅,寓濟南趵突泉道院中,見樓下庋板片甚多。問主者,乃前任東阿縣知縣汪君南金寄存《吕子易説》之板。因補其缺,與濟南府太守蕭君質齋等,共醵金若干,印刷多部,以廣其傳。'按同治丙寅爲同治五年,此本殆即其年所印,而汪君刊板之時,爲咸豐無疑。是《吕子易説》初刊於虞山,再刊於曾燠,再刊於許承宣,至汪刊已四版。"據崇芳跋,《壽山堂易説》亦即《吕子易説》,并非二書,而《續修提要》考證四版次序亦不無小誤。據許序云,《吕子易説》出虞山玉松,並未刊於虞山,初刊當在康熙庚戌,廣陵虛净同人所爲也。次則乾隆刻本,即此本。再刊於嘉慶曾燠,或即《續修提要》所見之"道光本"《吕子易説》。至咸豐間汪刊,乃爲四版。此四種版本,諸家藏目均未見録,唯山東圖書館藏"咸豐汪南金刻同治崇芳等補刊印本",即《續修提要》著録之"咸豐本"《壽山堂易説》。然則館藏此乾隆刊本,洵可寶也!

　　《中國古籍善本書目》未著録。各家藏目並無見載。又日本《京都大學人文科學研究所漢籍分類目録》著録《壽山堂易説》三卷《圖解》一卷,鉛山蔣氏京師刊嘉慶四年重訂本。未詳其實。此書存世較多者,乃爲《道藏》、《吕祖全書》本,如光緒間成都二仙人庵刻《重刻道藏輯要》本。

0046　清康熙刻本御纂周易折中　　　　　T235/4494

《御纂周易折中》二十二卷首一卷,清李光地等撰。清康熙五十四年(1715)武英殿刻本。十二册。半頁八行十八字,注文小字雙行低一格二十一字。白口,四周雙邊,單魚尾。無欄綫,行間刻圈點。框高22.2釐米,寬15.5釐米。前有康熙五十四年御製序;御撰《凡例》;總裁校對分修校録監造諸臣職名;引用姓氏;目録。

李光地,見《篆文六經四書》。又《清儒學案·安溪學案》稱其學以濂洛關閩爲門徑,以《六經》《四書》爲依歸,尤深於《易》,除奉敕編纂《周易折中》,又自著《周易通論》四卷、《周易觀象》十二卷。

書名"折中",出自聖祖之意。御製序曰:"易學之廣大悉備,秦漢而後,無復得其精微矣。至有宋以來,周、邵、程、張,闡發其奥,唯朱子兼象數、天理,違衆而定之,五百餘年無復同異。宋元明至於我朝,因先儒已開之微旨,或有議論己見,漸至啓後人之疑。""特命修《周易折中》,上律《河》《洛》之本末,下及衆儒之考定,與通經之不可易者,折中而取之。"又御撰《凡例》曰:"易學當以朱子爲主","《本義》之作,實程、邵兩家以成書也,後之學者言理義言象數,但折中於朱子可矣。"又"今經傳之説,先以《本義》爲主,其與程《傳》不合者,則稍爲折中其異同之致。《傳義》之外,歷代諸儒各有所發明,足以佐《傳義》所未及者,又參合而研覆之,並爲折中,以系於諸説之後"。"折中"之義,由此可曉。

是書經傳次第悉依朱熹《周易本義》所本古易。卷首載綱領、義例,卷一至八易上下經,卷九至一〇彖上下傳,卷一一至一二象上下傳,卷一三至一五繫辭上下傳,卷一六文言傳,卷一七説卦傳,卷一序卦傳、雜卦傳,卷一九至二〇啓蒙上下,卷二一啓蒙附論,卷二二序卦雜卦明義。

卷首"綱領"掇取歷代諸儒論説,以世次義類,敘爲三篇:一論作《易》傳《易》源流,二論《易》道精緼、經傳義例,三論讀《易》之法及諸家醇疵。次列《易》辭義例,若"時"、"位"、"德"、"應"之義,皆詳爲臚列分析,示學者觀象玩辭之要。

所采諸家《易》説,上自漢晉,下迄元明。但以朱子獨得《易》之本義,《程傳》最詳《易》之義理,故於經傳之下,始繫"《本義》",次"程《傳》",再次以"集説",或"案"於末以附己見,而聖祖之意亦時見參錯其間。又以朱熹《易學啓蒙》全編具載書後,以合古人右書左圖之意。而《啓蒙附論》、《序卦雜卦明義》者,併爲聖祖讀《易》心得。

是書規模宏大,體制精微,又爲御纂欽定,故於後世《易》學影響甚大。《四庫全書總目》云:此書一出,"蓋數百年分朋立異之見,至是而盡融;數千年畫卦繫辭之旨,乃至而大彰。"然近世學者周予同注《經學歷史》,則指其"冠以圖説,殿以《啓蒙》,實未脱宋易之陋説"。

又是書始編於康熙五十二年十二月,五十四年八月告竣并刊刻。《文貞公年譜》康熙五十二年載:"十二月,承修《周易折中》。先是,上以《易》爲六經之源,欲成一書以惠萬世,而鄭重其事,未知所委。至是屢出圖象,命公採擇。公依義條答,與上意合。乃下諭言:'卿留心《河》《洛》久矣,見來書,愈知理明識遠,此事非卿萬不辨其是非。'遂命修之。"康熙五十四年載:"三月,《周易折中》成。公之承修是書也,每奏進,上有疑義,輒下公所。公解剝敷陳,上常意歉。有所批糾,即應時改定。上嘉其沖挹,益虛己盡下。至是書成,命校刻内殿,又與《朱子全書》俱頒付直省各别刊布,以便士人購誦。"

書前纂修諸臣職名末列"武英殿監造張常住"等四人。

《四庫全書總目》入經部易類。《中國古籍善本書目》著録山東省圖書館藏陳介祺批校本。北京師範大學圖書館、故宫博物院、遼寧省圖書館、臺北"故宫博物院"、臺北"中央研究院"史語所傅斯年圖書館、美國普林斯頓大學葛思德東方圖書館亦有收藏。此外,《中國叢書綜録》著録清康熙至乾隆間内府刊本《御纂七經》,其中《御纂周易折中》宜同此刻,上海圖書館、復旦大學圖書館等五館有藏。

按,乾隆官修七經,俱有外省翻刻本,謂之外板,美國《普林斯頓大學葛思德東方圖書館中文舊籍書目》見録。又同光中興,各地紛紛重刊,如同治六年浙江巡撫馬新貽刊本、光緒間湖南漱芳閣刊本、江南書局刊本、浙江書局刊本等,存世尤多。

0047　清康熙刻本日講易經解義　　　　　　　　　　T235/2581

《日講易經解義》十八卷,清牛紐等撰。清康熙二十三年(1684)内府刻本。十八册。半頁九行十八字,四周雙邊,黑口,雙魚尾。框高 18.8 釐米,寬 13.8 釐米。前有康熙二十二年(1683)御製序;康熙二十三年牛紐等《日講易經解義》刊竣進呈疏;總裁官等諸臣銜名;卷目;筮儀;朱子圖説。

牛紐,字樞臣,姓赫舍哩氏。正藍旗滿洲人。康熙九年進士,官至内閣學士兼禮部侍郎。《清代内府刻書目録解題》作正白旗人,今據《明清進士題名碑録》。

卷一至一四上下經,卷一五至一七繫辭上下傳,卷一八説卦傳、序卦傳、雜卦傳。

據《清實録》載:康熙十九年四月"己巳,上御懋勤殿。講官進講畢,庫勒納奏曰:'《書經》應講者已畢,明日始,當以《易經》進講。'上曰:'朕思經史俱關治理,自宜進講,爾等可進講《易經》。'"此書即經筵諸臣進講《易經》講義之輯集。康熙二十二年書成,玄燁親爲之序,曰:"朕夙興夜寐,惟日孜孜,勤求治理。思古帝王立政之要,必本經學,嘗博綜簡編,玩索精藴,至於《大易》,尤極研求。特命儒臣,參考諸儒注疏傳義,撰爲《解義》一十八卷,日以進講。""於是刊刻成書,頒示天下。"

康熙二十三年,内府鑴《解義》竣。《清實録》曰:"丁巳,翰林院掌院學士牛紐等,進呈刻成《日講易經解義》。得旨:'《易經》闡發天人理數,道統攸關。朕朝夕披玩,期造精微。講幄諸臣,殫心剖析,深有裨於典學,即著頒行。'"

《四庫全書總目》入經部易類,其曰:"是編爲講幄敷陳,睿裁鑒定,其體例與宋以來奏進講義大致略同,而於觀象之中,深明經世之道。御製序文所謂'以經學爲治法'者,實括是書之樞要,亦即括六十四卦三百八十四爻之樞要。"然據《清實録》載,此書似未盡合聖意,康熙二十三年四月"乙丑,上諭講官牛紐等曰:'講章辭取達意,以確切明晰爲尚,如本文敷衍太多,則篇末亦免重複。大約詮次本文,原在了徹聖賢意旨,而篇末該括數語,又貴闡明理道,務去陳言。朕閱張居正《尚書》、《四書直解》,篇末俱精實之義,無泛設之詞。今後所撰《詩經》講章,亦須體要備舉,期於盡善。'"

《中國古籍善本書目》著録,故宫博物院圖書館等三館,以及遼寧省圖書館、山東省圖書館、臺北"故宫博物院"皆有收藏。按,是書後有外省翻刻本及《摛藻堂四庫全書薈要》本。

0048　清乾隆刻本孔門易緒　　　　　　　　　　T235/1322

《孔門易緒》十六卷首一卷,清張德純撰。清乾隆五十六年(1791)張松孫刻本。四册。半頁九行二十二字，四周雙邊，白口，單魚尾。框高 19.6 釐米，寬 13.5 釐米。題"古郟張德純天農氏纂"。前有乾隆五十六年畢沅序，彭維新序；雍正十三年(1735)楊名時撰《松南先生小傳》；張鳳孫撰《松南年譜》；卷目。後有乾隆五十六年張松孫後序。

張德純，字能一，號天農，別號松南。江蘇長洲人。康熙三十九年進士，知常山縣。晚年一意窮經，著述又有《詩經解頤》、《儀禮周禮箋解》、《莊子箋釋》、《離騷節解》、《六書統宗》等，皆爲士林推服。

其書名之義，一如館臣所言："是書專以十翼解經，其説謂經本無陰陽剛柔之名，及天地風雷水火山澤之象，皆夫子顯示以闡經，故曰《孔門易緒》。"又彭維新序曰："夫緒之爲訓，端也，系也。抽繭而引之不窮，承嫡而續之弗絕，其斯爲聖人之徒與！"

卷首《引緒》，卷一至四《經緒》，卷五《傳緒》(大象、文言)，卷六至七《傳緒》(繫辭上下)，卷八《傳緒》(説卦傳、序卦傳、雜卦傳)，卷九《緒餘》(造化渾儀)，卷一〇《緒餘》(流行平局)，卷一一《緒餘》(卦變本末)，卷一二《緒餘》(循環因積)，卷一三《緒餘》(原始反終)，卷一四《緒餘》(卦爻綱目)，卷一五《緒餘》(易簡同歸)，卷一六《緒餘》(圖書合撰)。

畢沅序曰："沅外曾祖張松南公，處爲通儒，出爲循吏。位不過千石，而名重天下；仕不逾一紀，而澤逮萬人。學博且醇，撰述最富，至今吳人士之推宿德者宗之。《孔門易緒》十六卷，則公平生積理之學尤萃力於此書者也。其曰'緒引'者，乃統弅其源流同異之故，諸家純駁之分，以至卦爻象象占辭之大意，而後析之爲'經緒'，爲'傳緒'，而以'緒餘'終焉。以爲易之爲道，寓於蓍策，顯於象占，謂中古聖人之易也。若十翼既成之後，則又當信爲孔氏窮理盡性至命之書。是以傳之章段分合，及夫圖譜諸説，不必盡襲於前人，而要必體驗深思，而不詭於中正。若其辨卦變之義，尤爲獨有心得，而足與程、朱分羽翼之功。信乎述洙泗之心源，而無歉著書之本旨矣。"

彭維新序則以"備辭變象占，引而歸諸人事"一句，概括張氏《易》説。今按《引緒》有曰："《易》爲君子明是非，不爲小人計利害，故曰義與志與，必不可以占險。然是非定而利害即在其中，_{本謂教人趨善避惡，即所以趨吉避凶。}筮者當先識此意。昔嚴遵爲人卜，每與人子言依於孝，與人弟言依於順，與人臣言依於忠。文中子謂北山黃公善醫，先寢食而後鍼藥；濟陰侯生善筮，先人事而後説卦。如此用《易》，而後《易》爲君子修身寡過之書，而非市師瞽女之術也。"是亦可窺《易緒》之旨。

此本爲松南嗣孫所刻，其經由詳見張松孫後序："吾祖松南公，以名進士負重望於時，清才宿德，學者宗之。凡所著述，不下數十萬言。""而《易緒》一編，尤生平根植之學，見許於識者，而公猶歉然不足，是以未行於世。""先大夫霽山公，熟聞庭訓，學醇而粹，嘗欲流播之，而負負未遑。先伯兄少儀，宦游四方，又每鈔存行篋中，欲以遠成先志，終亦未果。會聖朝纂輯《四庫全書》，采及儒臣著作，時畢氏外甥鎮陝，乃以此書繕呈乙覽。""松孫壯歷仕途，迄今三十餘載，夙夜兢兢，惟以勿辱家聲爲念，凡先人手澤所遺，尚未能盡付剞劂，以公同好。守東都之三年，乃於是書梓而行之。"

扉頁刻"孔門易緒。乾隆辛亥仲夏。清餘堂藏板"。

《四庫全書總目》入經部易類存目。《中國古籍善本書目》著錄江西省圖書館藏稿本，今《四庫全書存目叢書》即據以影印，惜無諸序，僅有《松南先生小傳》。而此本則諸家書目鮮有收錄。

0049　清康熙刻本辨志堂新輯易經集解　　　　　　　　　　　　　T235/4221

　　《辨志堂新輯易經集解》四卷首一卷，清萬經輯。清康熙二十五年（1686）西爽堂刻本。四册。二節版：上欄《辨志堂新輯易經集解》，半頁二十四行二十八字；下欄《周易本義》，半頁十一行十三字。四周單邊，白口，無魚尾。行間刻圈點。框高 24.2 釐米，寬 14.5 釐米。題"甬江萬經授一輯，新安吳本立令樹同輯，同里錢中盛又起同參"。卷首題"甬上萬斯禎正符輯著"。前有康熙二十五年陳錫嘏序；萬經撰《例言》。

　　萬經，字授一，號九沙。浙江鄞縣人。萬斯大子。康熙四十二年進士，授編修，充山西鄉試副考官，提督貴州學政。自幼濡染家學，黃宗羲移證人書院於鄞，嘗侍席末，與聞其教。及長，傳父叔及兄言之學，又學於應撝謙、閻若璩，博通經史、性理及金石之學。乾隆初，舉博學鴻詞科，不就。晚年增補萬斯大《禮記集解》，重修萬斯同《列代紀年》，續纂萬言《尚書說》、《明史舉要》，皆先代未成之書。年八十二，家遭大火，遺書悉焚，終日涕洟，自以為負罪先人，踰年卒。著述又有《分隸偶存》，收入《四庫全書總目》。事蹟具《清史稿》本傳、《清儒學案》卷三五《鄞縣二萬學案》。

　　是書乃坊刻講章，專為舉業家言。《例言》曰："予家世學《易》，先王父悔庵公以《易》起家，大伯父繩祖於《易》解網羅最富，每為經陳說，多所指授。三伯父正符，輯《義參》一書，採擇漢唐宋元有明《易》說甚備，其研悉義理，直抉天人奧旨，實與傳注表裏，以卷帙繁重，未能即梓。適坊友以《易解》來商，經即於《義參》中，取其尤切舉業者，輯成是書。"

　　是書上欄《集解》不標卷數，但按下欄《周易本義》分卷：卷首載《周易》序、目錄、篇數、筮儀、易圖、卦歌，卷一至二《周易》上下經，卷三繫辭上下傳，卷四說卦傳、序卦傳、雜卦傳。

　　清代科試，《易》取朱子《周易本義》，坊刻講章必宜其所取。據《例言》云："今學《易》者惟宗《本義》，故是編一以《本義》為主。""不雜他說，庶令制義家開卷瞭然。""凡有援引，要補《本義》所未及，略者詳之，晦者明之。""或彙入正講，或采列旁參。"又云："其中於伯父獨見，僅登十之一二，不免罣漏之憾，間以鄙意附後，亦得之提命者為多。"

　　是書於卷首篇義、筮儀上欄，載《易經統論》凡二十四則，題"甬上萬斯禎正符輯著"。每則皆標題名，依次為：論易三名、易以周名、分上下二篇、論加經字、畫卦、重卦、卦名、卦爻、卦辭爻辭、初上、九六、彖象、象、變占、占、占法、卦體、卦德、卦象、卦變、正對反對、互卦、十翼、傳易。概為《周易》經傳之常識。

　　按，鄞縣萬氏，家學淵源，黃梨洲嘗嘆浙東門風之雄，莫過萬氏。授一諸父，俱以經史名顯於世，充宗不為科舉之學，季野堅辭鴻博之薦，及其後也，乃專為制義文章，或不免議者譏誚。《例言》有曰："往己酉、庚戌間，先君子偕諸父從兄，訂里中同志，倡為講經之會，每月再舉。首《易》，次《詩》，次《書》，以及《春秋》、《三禮》，暢明經學，盛於一時。第所闡釋，多表章先聖作經之旨、先賢述經之功，或未宜於制義，是編不敢盡入，偶載一二，殊覺闕如。"學風蛻變，昔日之盛不能再矣，授一又奈何哉？又據《例言》載："《毛詩解義》，已與范子稼軒商榷成書，方付剞劂，不日即可問世。而壁經正在編輯，亦當嗣出，以質高明。"乃知萬子編輯應試讀本已成套矣。

　　扉頁刻"辨志堂新輯易經集解。甬上萬授一輯。彙集注疏程傳朱子全書宋元語錄蒙存通典廣義會解諸書。康熙丙寅夏鎸。西爽堂梓行"。并鈐有"舉業準繩"、"研窮義理精蘊辨析古今異同"、"翻刻必究"印章。

《四庫全書總目》、《續修四庫全書總目提要(稿本)》均未收。《中國古籍善本書目》未著錄。各館罕有入藏,《易學書目》亦無見錄。

鈐印有"有不爲齋"。

0050　清雍正刻本周易函書别集　　　　　　　　　　T235/4263

《周易函書别集》十九卷,清胡煦撰。清雍正胡氏葆璞堂刻本。五册。半頁十行二十四字,四周雙邊,白口。無欄綫,行間刻圈點。書口下刻"葆璞堂"。框高19.8釐米,寬13.5釐米。前有雍正二年(1724)胡煦《弁語》;目録。

胡煦,字滄曉,號紫弦。河南光山人。康熙五十一年進士,遷鴻臚寺少卿、光禄寺少卿。雍正時擢内閣學士,授禮部侍郎,旋以衰老奪官。乾隆元年,詣闕召見,命還原銜,遽疾作,卒於京師。乾隆五十九年,追謚文良。煦覃精易學四十餘年,嘗蒙聖祖乾清宫召對,問河洛理數及卦爻中疑義,又與修《周易折中》、《卜筮精藴》、《卜筮彙義》。撰著有《周易函書》、《葆璞堂文集》。事蹟具《清史稿》本傳、《清儒學案》卷四七《滄曉學案》。

此《别集》乃《周易函書》之一。其名"函書",蓋取《易》道廣大,《易》函萬有之義。《弁語》曰:"業成《函書》九十九卷,工多費繁,未能刊刻。兹特取《函書别集》中所有之四種,合爲一帙,用質同好。"其四種爲:《周易函書約》、《易學須知》、《孔朱辨異》、《籌燈約旨》。

《周易函書約》三卷。一册。無魚尾,書口上刻"周易函書約"。題"光山胡煦滄曉氏述;男長壨、孟基、中壨、次壨正字"。前有康熙五十六年胡煦自序。後有康熙五十五年胡煦跋。卷一《原圖約》,卷二《原卦約》,卷三《原爻約》。

《易學須知》三卷。一册。單魚尾,書口上刻"周易函書别集"。題"光山胡煦滄曉氏著;男長壨健夫、孟基謙夫、中壨衛夫、次壨敦夫校字"。正文卷端首行頂格題"周易函書别集"。此書具列"須知"數十條,釐分三卷,既爲讀《易》者提綱絜領,亦爲全書發凡起例。

《孔朱辨異》三卷。一册。單魚尾,書口上刻"周易函書别集"。題"光山胡煦滄曉氏著;男長壨健夫、孟基謙夫、中壨衛夫、次壨敦夫校字"。正文卷端首行頂格題"周易函書别集"。前有胡煦識語。後有胡煦跋。卷一《河洛先天圖像》,卷二《易上經》,卷三《易下經》。此書專辨朱熹《周易本義》與孔子十翼不合處。煦識語曰:"煦於壬辰之夏、甲午之春,五次召對,謬叨明諭,有'苦心學者'之目。乙未春日,考試詞林,又蒙睿旨,謂爲'讀書人'。自顧草茅賤士,學陋識卑,烏克當此!所幸得見《周易折中》之書,又獲恭聆聖訓,其於易理,斯能略識大意,誠不願徒守一家言,自隘自畫,至負我聖祖仁皇帝教育人才、祐啓百代之深衷也。館課之暇,爰取朱之不合於孔者,標而出之,作《孔朱辨異》一書,以存《周易》之書,與朱背也而實不背於孔,與傳違也而實不違乎經。倘天下之不欲背朱、兢兢自守者,因之溯流窮源,以不背於孔,則孔子傳經翼《易》之深心昭然可見,而朱子釋經繼聖之雅意,當必有陶然其大快者矣。"

《籌燈約旨》十卷。二册。單魚尾,書口上刻"周易函書别集"。題"光山胡煦滄曉氏著;男長壨健夫、孟基謙夫、中壨衛夫、次壨敦夫校字"。正文卷端首行頂格題"周易函書别集"。前有雍正二年蔡衍鎤序。後有陳玉栗、魯靖夫、靖誠合、朱言如評。卷一天、性、道,卷二性習、學習、一貫,卷三《大學》、《中庸》,卷四《論語》、《孟子》,卷五《周易》、《春秋》、《詩》、《書》、《禮記》,卷六周子、邵子、程子、朱子、張子,卷七諸子、朱陸形器辨,卷八泛論易派、改過、泛論學者、致知、力行、登仕,卷九觀物,卷一〇體仁。魯靖夫評曰:"《籌燈約旨》發明性善之論,力洗氣質之性之非,由保合太和而證性道中和,由性道中和而證知愛知敬,一脈相承,絲絲入扣。"

《四庫全書總目》稱胡煦"持論酌於漢學、宋學之間,與朱子頗有異同"。今略觀《別集》,誠信此言不妄。則此書於乾嘉時期學術思想之研究,頗有可資取者。

是本楷書寫刻。"貞"字避諱,"弘"字不避。

又目錄頁首行頂格題"周易函書別集目錄",以下分行依次著錄:《函書約圖》共三卷,《孔朱辨異》共三卷,《易學須知》共三卷,《卜法詳考》共四卷,《籌燈約旨》共十卷。按,此"別集目錄"收書五種,與胡煦《弁語》所云不同,考證詳後。

《四庫全書總目》入經部易類,但所錄《周易函書約存》十八卷《約注》十八卷《別集》十六卷,乃乾隆時煦子季堂重編後刻本,且其《別集》曾經館臣改輯,種數卷數均與此本不同。《中國古籍善本書目》著錄南京圖書館藏胡氏葆璞堂抄本《周易函書》三十八卷首十二卷《別集》三卷,及清華大學圖書館等十館藏乾隆胡氏葆璞堂刻本《周易函書約存》十八卷《約注》十八卷《別集》十六卷,唯不收此雍正刻本。檢諸各家藏目,僅見《青海省圖書館古籍善本書目》著錄雍正胡氏葆璞堂刻本《函書別集》十六卷。又遼寧省圖書館藏有雍正胡氏葆璞堂刻本《函書約注》十八卷。其他如臺灣大學圖書館、臺灣師範大學圖書館、美國普林斯頓大學葛思德東方圖書館等所藏皆乾隆本。夫乾隆時,初刻《別集》已字蹟漫漶,傳本無多,而哈佛此本字畫如初,藏弆至今,固宜善視之也。

《周易函書》編撰刊行始末,較多曲折,《四庫總目》考其源流雖詳,然參閱此本胡煦序跋,似尚可商榷,茲略考如下。《四庫全書總目》曰:"是書原本一百十八卷,其詮釋經文者四十九卷,冠以《原圖》八卷,用解伏羲之易,《原卦》三卷,用解文王之易,《原爻》三卷,用解周公之易,又取先儒論說,集爲《原古》三十六卷,謂之《首傳》,共九十九卷,爲《周易函書正集》。外有《函書約》三卷、《易學須知》三卷、《易解辨異》三卷、《籌燈約旨》十卷,共十九卷,爲《別集》。《別集》先已刊板,《正集》因卷帙浩繁,艱於剞劂,乃取詮釋經文之四十九卷,約爲十八卷,名曰《函書約注》;又取《首傳》五十卷,約爲十六卷,附以《續約旨》二卷,共十八卷,刊之,名曰《續集》。皆煦手訂也。其《正集》原本煦門人李學裕欲爲校刊,攜其稿去,會學裕病卒,遂散佚。後《別集》、《續集》板並漫漶,其子季堂重爲校訂,因《正集》未刊,《續集》之名無所緣起,且《續集》之《原圖》、《原卦》、《原爻》、《原古》,即刪取《正集》之要語,非別有所增,未可目之以續。而《別集》內之《函書約》三卷,亦即《正集》之《原圖》、《原卦》、《原爻》撮其大義,更不可附入《別集》。遂以《續集》編爲十五卷,取《函書約》三卷弁首,共十八卷,名爲《約存》,蓋以《正集》既佚,其大義僅存於是也。又以《續約旨》二卷,依《籌燈約旨》原目散附各篇之內,合《易學須知》三卷、《易解辨異》三卷,仍爲《別集》。其釋經文之十八卷,仍名《約注》。共五十二卷,即此本也。"

然參之胡煦序跋,《別集》先後刊行,其子目乃有三種、四種、五種之不同。據康熙五十五年胡煦《周易函書約》跋曰:"《周易函書》纂集四十餘年,成書十數卷;至庚寅(康熙四十九年)春重訂之,夏更訂之,約五十萬字。甲午(康熙五十三年)夏,纂修《折衷》之暇,又重訂之;冬更訂焉,約七十萬字。乙未(康熙五十四年)夏,在館無事,又重訂之,至丁酉(康熙五十六年)夏,而其書始成,約百二十萬字矣。每訂必有增損,必有改正,懼於四聖之心無當也。首之《原圖》、《原卦》、《原爻》、《原古》四種,合得五十卷,共爲首卷,以符大衍之全數。釋經文者四十九卷,以符大衍之用數,合首卷而爲一,仍五十卷耳。爲明《易》,故取易數也。此外《別集》三種,以象三才。一爲《易學須知》,所以挈《函書》之綱領,以代凡例者也。一爲《孔朱辨異》,所以尊經擯傳,而存《易》之真也。一爲《籌燈約旨》,明《六經》、《四子書》,其大旨悉與《周易》相通,以見聖人所傳無二道，聖人傳道無二心也。通前共一百一十八卷。夫《易》之本文，纔二萬零七百八十二字，乃今所釋，其繁若此。一因道理湮晦已久，反異而歸同，則不無辨正。一因《周易》與他經不同，象之所包，旁通四達，非一字一義之所能訓。一因《周易》爲傳道之書，性命精微之蘊，悉在其中，非浮言淺義所能辨晰故也。第力微財乏，不能剞劂，徒藏笥籠耳。丙申春日，訂正舊稿，乃約首之五十卷而爲三卷，又約釋經之四十九卷而爲十卷。雖與先儒傳義未能盡合，揆諸聖人之經、孔子之傳，則不敢纖忽有違，用質高明，或亦有以諒其苦衷，正其瑕謬，至於纖微曲折不能盡載者，非《函書》不備也。康熙五十五年閏三月約定。"此序非但詳其撰作修訂經由，且明言《別集》僅此三種。今鑒察此本版式，唯《易學須知》、《孔朱辨異》、《籌燈約旨》書口上刻有"周易函書別集"六字，確證《別集》康熙末初刻時，僅此三種而已。

雍正初《別集》印行，乃增爲四種，即胡煦《弁語》云"兹特取《函書別集》中所有之四種，合爲一帙"，但不明所增何書。唯《清儒學案·滄曉學案》載胡煦《周易函書別集自序》，與《弁語》文字略有不同，序曰："業成釋經四十九卷、《原圖》、《原卦》、《原爻》、《原古》五十卷，爲《函書正集》。兹取《函書約》、《易學須知》、《易解辨異》各三卷，《籌燈約旨》十卷，共十九卷，合成一帙，名爲《別集》，用質同好。"可知所增爲《函書約》，但不知其轉載所自。然案之《文淵閣四庫全書》本《周易函書》，其《凡例》曰："是書《正集》九十九卷、《外集》十九卷，共一百一十八卷，因卷帙浩繁，無能悉付剞劂，曾擇其要義，刻成《函書約》三卷。兹復重加訂輯，取《原圖》、《原卦》、《原爻》、《原古》首傳之五十卷，約爲十五卷，而列初刻之三卷於首，合之得十八卷，名曰《約存》。取解釋經文之四十九卷，約爲十八卷，名曰《約注》。其《外集》《須知》、《辨異》、《約旨》三書，仍另列於後，益以《原古》內《卜法詳考》四冊，合得二十卷，名曰《別集》。統計五十六卷，合之爲《函書》全集，分之亦各成一書，以便觀覽。"可知《外集》十九卷"者，於《須知》、《辨異》、《約旨》三書十六卷外，非《函書約》三卷莫屬。但《函書約》付刻，原不計在《別集》中，其書口無"周易函書別集"六字，可爲之證。

其後《別集》復行，又於原四種外，增入《卜法詳考》四卷，即此本"別集目錄"所載之五種。今核量目錄頁框高，小於《弁語》頁框高1釐米，顯然非同時所刻。既而版印漫漶，乾隆間校訂重刻，復將《函書約》三卷自《別集》歸入《函書約存》，而保留《卜法詳考》，《函書別集》仍爲四種，但已成二十卷。此乃《文淵閣四庫全書》本《周易函書·凡例》所言。及《四庫》開館，季堂呈書，館臣以《卜法詳考》"與解《易》之書究爲不類"，別錄於術數家，於是《別集》以三種十六卷通行於世。要之，《周易函書別集》含書種數，嘗以三、四、五、四、三之序，先後行世。

按，館藏此《周易函書別集》，原存五種，且有"別集目錄"標明各書書名，擬應作五種著錄。唯此前編目，已援《四庫全書總目》之例，將《卜法詳考》別出著錄，姑仍其舊，特此說明。

0051　清雍正刻本卜法詳考　　　　　T235/4263

《卜法詳考》四卷，清胡煦撰。清雍正胡氏葆璞堂刻本。二冊。半頁十行二十四字，四周雙邊，白口，無魚尾。無欄綫，行間刻圈點。版心下刻"葆璞堂"。框高19釐米，寬13.5釐米。題"光山胡煦滄曉纂；男孟基謙夫、次堡敦夫正字"。前有雍正六年(1728)胡煦序。

胡煦，見《周易函書別集》。

此爲龜卜之書，乃彙集經史所載、古法所傳，詳考其源流。是書以"冊"爲卷。冊一：《周禮》、《尚書》、《史記·龜策傳》、《古龜經》；冊二：《全氏三圖》(方位圖、兆頌象圖、外兆圖)、《楊時喬全書》(新定龜卜辨、龜卜繇);册三:《吴中卜法》(玉靈秘本);册四:《龜卜》(古法彙選)。

此書原屬胡煦《周易函書》。《函書》正集釋經四十九卷,首卷爲《原圖》、《原卦》、《原爻》、《原古》四種。《卜法詳考》即《原古》之一,嘗先予刻行。因全書卷帙浩繁,艱於剞劂,煦乃約簡其稿爲《約存》十八卷《約注》十八卷《别集》十六卷,刊刻行世。所謂《約存》,即約取《原圖》、《原卦》、《原爻》、《原古》而成。《原古》原三十六卷,約簡爲十卷,《卜法詳考》不在其内,而附諸《别集》。參見《周易函書别集》書志。此本各卷卷端首行頂格題"周易函書卷首原古",隔三行低一格題"卜法詳考×册",版心上刻"周易函書卷首",顯爲約編之前所刻。但胡煦自序未言何時付梓,唯"丘"字已避諱,故定爲雍正刻本。

是本楷書寫刻。

《四庫全書總目》入子部術數類,其曰:"蓋古占法之傳於今,與今占法之不悖於理者,大略已具於此。雖非《周官》太卜之舊,然較之卜肆鄙俚之本,則具有條理。其駁唐李華、明季本、楊時喬卜用生龜之説,亦極爲明析。存此一家,亦可以見古人鑽灼之梗概也。"著録作四卷,但《文淵閣四庫全書》本析爲八卷,與《總目》不相符契。

《中國古籍善本書目》著録清雍正六年葆璞堂刻本,北京大學圖書館等五館有藏。此外臺灣大學圖書館、臺北"中央研究院"史語所傅斯年圖書館也有收藏。又日本《東京大學總合圖書館漢籍目録》著録乾隆中光山胡氏葆璞堂刊後修本,美國《普林斯頓大學葛思德東方圖書館中文舊籍書目》著録"清乾隆間光山胡氏葆璞堂刊本,附《周易函書》函中"。

0052 清乾隆刻本易箋   T235/793

《易箋》八卷首一卷,清陳法撰。清乾隆二十七年(1762)陳弘謀刻本。六册。半頁十二行二十五字,左右雙邊,白口,單魚尾。框高22.3釐米,寬13.3釐米。目録頁題"黔中安平陳法定齋著"。前有清乾隆二十七年陳弘謀序,陳法自序;目録。

陳法,字定齋。貴州安平人。康熙五十二年進士。官至直隸大名道。講學宗朱子,涖政以教養爲先。在翰林時,與李慎修、孫嘉淦、謝濟世以古義相勖,人稱"四君子"。著述又有《定齋河工書牘》、《河干問答》、《塞外紀程》、《明辨録》、《定齋先生猶存集》。事蹟具《清史稿》本傳。

是書或稱《定齋易箋》。自序曰:"昔鄭康成爲《毛詩箋》,張茂先謂其不敢言注,只箋釋其不明者耳。故余於《易》亦云。"卷首圖説、易論,卷一至四易上下經,卷五至六大傳上下,卷七文言傳,卷八説卦傳、序卦傳、雜卦傳(附今考定雜卦傳)。

卷首載"圖説"凡十ըա:河圖、八卦方位圖、洛書圖、文王卦位圖、太極遞生圖、六十四卦易圖、横圖、方圖、來氏圓圖、高氏采圖;"易論"凡十四篇:論河圖、論河圖中數、論洛書、論文王卦位、論作易本源、論象數、論往來上下、論筮、論筮法、論占法、論象爻并傳、論四圖、讀易大旨、解易管見。

是書編例,每卦各自起訖(空上半頁,自下半頁起刊字),各卦之下先列經文,但劃爲四截,首彖辭,次彖傳,次爻辭,次爻傳,然後逐爻釋解,末繫大象一條,並爲之解。然葉德輝《郋園讀書志》以爲,其書名"箋",其例卻"不與箋例相合","非鄭非王,不漢不宋"。

是書專以人事釋解易理。自序曰:"《易》之爲教,雖曰精微,然道不外乎人倫日用,《易》所言者,人事耳。"其"讀《易》大旨"曰:"人能知性、命之無二理,則天人合一矣;人能知道義、禍福之非兩途,則義命合一矣。此讀《易》之大旨。"作者學宗程朱,此書解《易》則不拘泥於程朱。自序曰:"程子云解經不妨不同。朱子尊信程子,而《本義》多與《傳》異。故今所解,與《傳義》異者頗多。"

《四庫全書總目》曰:"其書大旨以爲《易》專言人事,故象爻之辭,未嘗言天地雷風諸象,亦並不言陰陽。""所云象詞不言象者,未爲盡合,然其持論之大旨,則切實不支。"又指其"論筮法"所謂"挂"者,"其説與郭、朱迥異","與經義似有發明,固亦可備一解也"。

葉德輝《郎園讀書志》曰:"其持論多出心得,於前人説《易》之書,未嘗博覽而有所擇取,故有得有失,不能粹然成一家之言。然黔方僻陋,學無師承,大輅椎輪,途軌賴以先闢。其後鄭珍、莫友芝輩接踵而起,卓然爲海内大師,則有開必先,不得謂非法提倡之功也。"

此本係陳弘謀爲之刊刻。弘謀序曰:"歲庚申,余爲津門監司,吾宗定齋先生亦爲監司於任城,有會勘之役,相聚於聊攝間,因言及《易》。先生曰……象傳推説天道,以明義理源頭,無非明人事也。余乃恍然於先儒所謂《易》之言天道陰陽者,爲未得其本旨也。嗣余撫關中,會舉經學,遂以先生應詔,然猶未見其全書也。戊寅,余駐節吳門,聞先生來游湖湘,因邀至使院,出其所著《易箋》以示余,公餘則往復辯論,愈歎其説心研慮用力之深。先生將歸黔,因留其稿,付之剞劂,以公同好。"

楷體寫刻。

《四庫全書總目》入經部易類。《中國古籍善本書目》未著錄。山東省圖書館有收藏。按,《中國古籍善本書目》著錄有《定齋易箋》,乾隆三十年敬和堂刻本,上海圖書館等四館收藏。《易學書目》載,山東省圖書館亦藏有乾隆三十年敬和堂刻本,可知兩者確爲不同版本。唯《郎園讀書志》著錄爲乾隆三十年陳氏家刊本,未知即敬和堂刊本否。此書後又收入民國間貴陽文通書局排印本《黔南叢書》第一集。

0053　清乾隆刻本周易孔義集説　　　　T235/3141

《周易孔義集説》二十卷,清沈起元撰,清乾隆十八年(1753)自刻本。十册。半頁十行二十二字,四周雙邊,白口,單魚尾。無欄綫,行間刻圈點。框高20釐米,寬13.3釐米。題"太倉沈起元"。前有乾隆十八年孫嘉淦序,乾隆十八年秦蕙田序;乾隆十八年沈起元撰《傳易源流》;《總論》;凡例;《八卦方位圖》、《乾坤生六子圖》、《因重圖》;參訂姓氏;參校姓氏。

沈起元,字子太,號敬亭。江蘇太倉人。康熙六十年進士。雍正初,以知府發福建,初試福州,隨授興化,署臺灣,在閩三年,有政聲。乾隆時,歷官河南按察使、直隸布政使、光禄寺卿,十三年移疾歸。自少罩心理學,敦厲廉恥,遇事一本至誠。嘗主鍾山、濼源、安定、婁東四書院。詩宗唐音,文學南豐,書法李北海、顔魯公。歸里後藉館資自給,晚歲杜門誦先儒書,益窮易理,得其微奧。卒年七十有九。事蹟具《清史稿》本傳及《(嘉慶)太倉州志》卷二八《人物傳》。

是書之名,乃明示著者遵孔之意。《凡例》曰:"學羲、文、周三聖之易者,自當以孔傳爲主。愚不揣淺陋,於漢晉唐宋元明以及本朝説易諸書,概無偏主,惟以合於孔傳,足以旁通曲暢者,即爲採入,名曰《孔義集説》,以明遵孔之意。"按,明高攀龍嘗著《周易孔義》,云"《易》注自夫子,即注即經,非夫子而烏知《易》之所語何語"。敬亭先生歎爲至論,則此書之命名,亦别有自也。

卷一至一六易上下經,卷一七大象傳,卷一八至一九繫辭傳上下,卷二〇文言傳、説卦傳、序卦傳、雜卦傳。其篇次仍依王弼本以傳附經舊例,唯大象傳、文言傳不附經文。《凡例》云:"大象傳乃孔子以卦畫二體示人觀象學易之道,往往别自起義,補文、周未發之旨;文言則引伸觸類,以闡易藴,皆無容附於本卦經文之後者,不敢盡同王氏。"其書體例:於卦爻辭下,即附孔傳;復列諸儒之説,以釋孔傳;間有異説己見,統爲案語,以備采擇。

是書僅卷首附易圖三,概作者以爲"易圖多不敢定其真僞,要之無關人事,非孔子之所言,故不復載"。但孔傳有"萬物出乎震"節,故爲《八卦方位圖》;有"乾天也"節,故爲《乾坤生六子圖》;有"因重"節,故爲《六十四卦因重圖》,以備觀玩。

《四庫全書總目》稱,此書"頗能掃除紛紜轇轕之習,其中亦多能推驗舊説,引申新義",雖亦有"不免於牽强"處,然在近來説易家中,亦可云有本之學。

按,清方東樹《漢學商兑》曰:"言《易》而與程朱異旨者,尚有數派。""崇鄭學,則沈起元。"起元《易》著唯此書,方云"崇鄭學"者,當指《孔義集説》。

是本刻者刻年,均據秦蕙田序考定。序曰:"前輩沈敬亭先生刻《周易孔義集説》成,郵以示蕙。"又曰:"先生歸田又五年,而《孔義集説》之刻始就。"史傳謂起元乾隆十三年移疾歸,越五年,正是乾隆十八年秦蕙田撰序之年,而是書已由沈敬亭刻成矣。

扉頁刻"周易孔義集説。學易堂藏板"。

《四庫全書總目》入經部易類。《中國古籍善本書目》著録乾隆十九年學易堂刻本,清華大學圖書館、河北省圖書館也有收藏。

0054　清康熙刻本易經述　　T235/7901

《易經述》不分卷,清陳詵撰。清康熙陳氏信學齋刻本。二册。半頁十行二十字,左右雙邊,白口,單魚尾。行間刻圈點。版心下刻"信學齋"。前有目録,目録頁題"浙汜後學陳詵"。

陳詵,字叔大,號實齋。浙江海寧人。康熙十一年舉人,由中書舍人考選給事中,積官至副都御史,巡撫貴州、湖北。以禮部尚書致仕。卒,以子世倌贈官光禄大夫,諡清恪。詵在官勤於造士,創建貴州從新書院、湖北江漢書院,講學論文,誨人不倦。著述又有《周易玩辭述》、《詩經述》、《四書述》、《四書題旨》、《三江彭蠡辨議》、《資治通鑑述》、《通鑑纂要》、《律述》、《地理述》、《義學訓規》、《研北齋尺牘》、《信學齋偶刻》。事蹟具《清史稿》本傳及《(民國)海寧州志稿》卷二八《人物志·名臣傳》。

是書取六十四卦每二卦相配爲一篇,前列經文,後綴總論,以述解易理。其二卦相配及其序次爲:《乾》《坤》,《屯》《解》,《蒙》《蹇》,《需》《訟》,《師》《比》,《小畜》《大畜》,《履》《謙》,《泰》《否》,《同人》《大有》,《豫》《漸》,《隨》《歸妹》,《蠱》《困》,《臨》《遯》,《觀》《頤》,《噬嗑》《中孚》,《賁》《革》,《剥》《夬》,《復》《姤》,《无妄》《大壯》,《坎》《離》,《咸》《恒》,《晉》《明夷》,《家人》《睽》,《損》《益》,《萃》《升》,《井》《鼎》,《震》《巽》,《艮》《兑》,《豐》《旅》,《涣》《節》,《小過》《大過》,《既濟》《未濟》。

《四庫全書總目》入經部易類存目,其曰:"觀其兩卦合併之意,有以陰陽相反言者,有以上下反對言者,有以卦名比合言者,有以雜卦連合言者。至於《履》與《謙》,《豫》與《漸》,《蠱》與《困》,《觀》與《頤》,《噬嗑》與《中孚》,《賁》與《革》,《井》與《鼎》,則未審其所以合并之意矣。"

按,或以爲此書亦名《周易玩辭述》。《(民國)海寧州志稿》卷一三《藝文志》著録陳詵撰《周易玩辭述》三卷,注曰:"謹案《四庫》附存目,無卷,作《易經述》。《通志》及《金志》作《周易玩辭述》三卷,《渤海》著録作二卷,云存。"然注又云:"陳氏譜傳《易經述》、《易卦玩辭述》分爲二書。"今檢《中國古籍善本書目》著録《易卦玩辭述》二卷,清陳詵撰,清康熙信學齋刻本,上海圖書館、齊齊哈爾市圖書館收藏。是信陳氏譜傳爲然，但未見其書，不知除署名、卷帙外，內容有何異同，又兩書關係是何。

《中國古籍善本書目》未著錄。中國科學院圖書館也有收藏，《四庫全書存目叢書》據以影印。

0055　清康熙刻本易經大全會解　　　　　　　　　　T235/4912

《易經大全會解》四卷，清來爾繩撰。清康熙二十年(1681)朱采治刻後印本。四冊。二節版：上欄刻《易經大全會解》，半頁二十四行二十四字，四周單邊，無欄綫，行間刻圈點。下欄刻《周易本義》，半頁十一行二十三字，左右雙邊或四周單邊，行間刻注。白口，無魚尾。版心下間刻"龍江書屋"。框高21.3釐米，寬14釐米。題"蕭山後學來爾繩木臣氏纂輯；西陵後學朱采治建予氏、朱之澄潙宗氏編訂；男來珏子蒼、來助公野、姪朱樹遠載升、朱本大升校正"。前有康熙五十八年(1719)來集之序；康熙二十年來爾繩撰《凡例》八則。

來爾繩，字木臣。浙江蕭山人。來氏乃蕭山望族，族人以易學名世者衆。爾繩博綜經史，於《易》、《四書》俱有解。行義於鄉，多善舉。《(民國)蕭山縣志》卷一六有傳。

明代取士，《易經》遵胡廣《周易大全》。是編既爲舉業家言，乃"彙楫《大全》、《蒙引》、《存疑》、《通典》等書"，會解《易經》，故名《易經大全會解》。分卷依《周易本義》：卷一至二易上下經，卷三繫上下傳，卷四說卦傳、序卦傳、雜卦傳。

《凡例》云：是編所取《大全》諸説，"朱子外，惟雲峰胡氏，建安丘氏採之最多，餘皆節取，總期符合《本義》，不敢濫次新奇"。又云："集中序講，大半本《蒙引》、《存疑》、《通典》三書，他如《集解》、《演義》、《因指》、《來注》、《折衷》，嚴較出入，各存所得。"又云：於時賢撰著，如"潘子友碩《廣義》、程子曾遠遜長《集要》"等，亦有所取；"偶存臆見，秖以署明網領"。

據《凡例》曰："元又朱先生諱錫旅，以朱子後裔思紹先學，與張子摺公纂訂《四書大全》，風行海內，且世學《易》，所輯說本最富，未及卒業。嗣君建予、同季潙宗與予交，尤善說《易》，偶見家課《會解》集本，許可付梓，其商榷研校，多所裨益。"又是本卷終刻有"辛酉孟夏文公十八世孫朱采治敬鐫"一行，乃知是本爲康熙二十年朱采治(字建予)所刻。然是本各處又鐫有其他堂號，如版心下間刻"龍江書屋"，《周易本義》序頁刻"龍江書屋吳天爵校刊"一行；又《周易本義·上下篇義》書頁刻有"修文堂藏板"，而扉頁則刻"會文堂藏板"，因疑書板幾經轉讓所致，已非朱采治原刻初印也。

按，是本版心上刻"崇道堂易經大全會解"，又來爾繩撰《凡例》亦名"崇道堂易經大全會解凡例"，則是書之名亦作《崇道堂易經大全會解》。崇道堂，宜來氏書室名。

又是本載康熙五十八年來集之序，曰："吾家阿咸木臣，從《尚書》改業《大易》，且夕揣摩，口誦手披。"末署"時康熙己亥仲春進士倘湖樵人來集之元成氏書於對山堂中"。按，來爾繩爲來集之族姪，集之於明崇禎十三年中進士，距康熙己亥幾近八十年，則序時當爲百歲翁矣，未知其年壽果若此否。且據《凡例》云，是本刻於康熙二十年，而來集之序卻晚至康熙五十八年，於理有悖。故甚疑集之序有偽。

卷二題"姪來炎南明、來銈擬斯，姪朱樹楨書升、朱本大升校正"。卷三題"男來喆潙若、來林南喬，姪朱樹遠載升、朱本大升校正"。卷四題"男來兢戒虞、來耘章六，姪朱樹雋晉升、朱本大升校正"。

扉頁刻"易經體注大全會解。來木臣先生纂。會文堂藏板"。

《四庫全書總目》、《續修四庫全書總目提要(稿本)》均不收。《中國古籍善本書目》著録,然誤作"來采治刻本",福建省建甌縣圖書館收藏。另山東省圖書館也有收藏。另據《易學書目》著録,是書又有道光二年來道添刻本、道光十四年金閶步月樓刻本、道光十七年姑蘇老桐石山房刻本、同治九年杜經魁刻本、光緒十年成文堂刻本。

0056 清康熙刻本易經大全會解   T235/4912A

《易經大全會解》四卷,清來爾繩撰。清康熙刻本。三册。二節版,上欄刻"易經大全會解",半頁二十四行二十四字,四周單邊,無欄綫,行間刻圈點。下欄刻"周易本義",半頁十一行二十三字,左右雙邊或四周單邊,行間刻注,白口,無魚尾,框高21釐米,寬14.4釐米。題"蕭山後學來爾繩木臣氏纂輯;西陵後學朱采治建予氏、朱之澄濬宗氏編訂;男來珏子蒼、來助野、姪朱樹遠載升、朱本大升校正"。前有康熙二十年(1681)來爾繩撰《凡例》八則。

作者及内容均見上篇"清康熙刻本《易經大全會解》"。

此本版心所刻皆同上本,且卷末亦刻"康熙辛酉孟夏文公十八世孫朱采治敬鎸",唯不同者,書口下無"龍江書屋"字樣,《周易本義·上下篇義》首行也無"修文堂藏板"字樣,且無扉頁。此本似爲翻刻朱采治本。

鈐印有"秋月春風樓礒氏印"、"沼田"、"沼田氏圖書章",俱日人印也。

0057 清康熙刻本周易述解辨義   T235/4244

《周易述解辨義》四卷,清葛世揚撰。清康熙李安仁刻本。二册。二節版:上欄《周易述解辨義》二十五行三十二字,下欄《周易本義》十一行十七字。左右雙邊,白口,單魚尾。行間刻圈點。框高25.3釐米,寬16.4釐米。題"甬上後學葛世揚懋哉氏纂輯;男葛繩先詵宗、門人李安仁厚山全參"。前有康熙五十一年(1712)仇兆鰲序,葛繩先序,李安仁序;葛世揚撰《凡例》;參訂姓氏;受經門人姓氏。

葛世揚,字懋哉。浙江鄞縣人。祖仁美,字龐里,號海門,以治《易》名世。子繩先,字詵宗,號巽亭,幼孤,少承家學,精《易説》。《(光緒)鄞縣志》卷四二《人物》有葛繩先傳,世揚附見。

是編按下欄朱熹《周易本義》分卷:卷一至二上下經,卷三繫辭上下傳,卷四説卦傳、序卦傳、雜卦傳。前有易圖、筮儀。

鄞縣葛海門先生,嘗以《易》學魁天下,所注《周易要言》,流播一時,洛陽紙貴。世揚禀承家學,因本先祖之説而參諸他書,間附己見,乃成此書。

《凡例》曰:"《易》解大備,無慮數百種,余所采入者,於《大全》、《蒙》、《存》、先祖《易説》、《廣義》、《會解》外,則有《通典》、《會通》、《宗義》、《鈎玄》、《狐白》、《初談》、《折衷》、《衷旨》、《蠡測》、《説統》、《口義》諸書。雖其間異説頗多,要存其合於《本義》者云爾。"則此書宗旨、主説,大概可窺。按,《大全》當是胡廣《易經大全》。《蒙》、《存》二書,宜爲明蔡清《蒙引》和林希元《存疑》。《廣義》有明鄭敷教、清潘元懋二種,考《述解》所采,乃鄭氏《周易廣義》。唯《會解》查無着落,但《凡例》云:"《口義》一書,序講分明而苦無析義。崇道堂《會解》,删《廣義》之繁,存傳注之要,尤屬確當,而稍嫌太簡。余序解處,於二書多采之,而《會解》則尤多契合。"是當爲"崇道堂《會解》"一書。

是書編撰始末,可見葛繩先序:"憶少時,先君子嘗攜此編謂曰,是纂也,始自戊午,訖於丁卯,而敘於乙亥。"按,"戊午"爲康熙十七年,"丁卯"爲康熙二十六年,"乙亥"爲康熙三十四年。而其間辛苦,猶見《凡例》所云:"是纂歷十載而始竣,其間不無作輟,然或經月埋頭,匝旬研墨,或黎明問業,徹夜篝燈,頗覺殫精竭慮,遂致兩番遘疾,目眩心驚。然終不免管窺之,誠未覘潔净精微之閫奥也。"書成,艱於資斧,未克付梓。

是本爲世揚門人李安仁所刻。李序曰:"少宰仇先生,嘗喜是書之輯有功後學,曾敘其簡端,力勸授梓公世,乃遲遲不果,今且修文地下矣。安仁念先生殫精勞神,兩致危疾,一生心血,盡在斯編,倘或泯没不彰,有負先生編纂至意。且《周易》講義不下數十家,或病其繁,或傷於略。讀先生所輯,詳而核,簡而該,潦盡潭清,渣滓悉化,四聖之旨,如日中天。設藏諸篋笥,祕爲家學,豈先生虛心採擇、頗與有識質證之本懷哉!安仁竊不自揣,偕我舅氏,親爲校讐授梓。"按,此本無明確刊年記載,第以諱字定爲康熙刻本。

是編雖宗《本義》、《大全》,版式亦類坊刻講章,然讀者毋徒以科舉津筏視之。蓋世揚研《易》,本非爲制舉家言。《凡例》云:"《易》解向宗《衷旨》,固已家置一編,人手一集。顧其爲書,大約抹去象占,籠統立説,且爲制舉家言,輒好作冠冕語,竟忘爻象面目,附會雷同,習矣莫察。"又繩先序,追述父訓曰:"比長,提命諄切,嘗謂人不精研經史,徒肆力制舉家言,直如土飯塵羹,其爲饜飫幾何!"雖然,此書編例亦宜於科舉而不囿於科舉也。誠若仇序所言:"吾願學者不徒奉爲科舉之律,亦勿視爲卜筮之書,沉潛反覆,朝夕觀玩,由此而入道也不難矣,寧僅訓詁家言而已哉!"

《四庫全書總目》、《續修四庫全書總目提要(稿本)》皆未收。《中國古籍善本書目》未著録。其他公私藏目亦罕見録,唯山東省圖書館編《易學書目·知見傳本易學書目》著録有《周易述解辨義》不分卷,清葛世揚編,清范紫登重訂,清康熙五十一年刻本;另著録一"雍正元年青蓮室刻本"。但皆爲轉録,並非實存,莫知其詳。

0058 清乾隆刻本易圖解 T235/2332

《易圖解》一卷,清德沛撰。清乾隆元年(1736)自刻本。二册。半頁九行十七字,四周雙邊,白口,單魚尾。框高18.9釐米,寬13.6釐米。題"德沛注釋"。前有乾隆元年李紱序,乾隆元年甘汝來序,乾隆元年李鍇序,乾隆元年德沛自序。

德沛,字濟齋。清宗室,鑲藍旗滿洲人。雍正十三年襲鎮國將軍,授兵部侍郎,歷官甘肅巡撫,湖廣、閩浙、兩江總督,國子監祭酒,吏部尚書,晚年襲封簡親王,卒謚儀。然其志在學,嘗召對世宗問曰:"願廁孔廡,分特豚之饋。"著述又有《周易補注》。事蹟具《清史稿》本傳。

是書專爲易圖作注解。書內易圖依次爲:伏羲八卦次序圖、伏羲六十四卦次序圖、伏羲六十四卦方圓圖、伏羲八卦圓圖、文王八卦圓圖、文王乾坤六子圖、河圖、洛書。每圖之下,先引繫辭傳,次則釋傳以解圖。

德沛自序曰:"庚辰秋,無禄先貝子即世,余小子少嬰痼疾,不堪爲國家任使,遂閉户讀書,首先《易》理。因思宋儒諸子之賢,猶多未詳之語,益知斯道之大,斯理之難明也。乃掇拾補遺,别爲一書,以待識者就正焉。其羲、文諸圖,先儒略載,故倍加摩究。積三十年之久,僅有一得之愚,然是非當否,不敢稱焉。"按,自序云"掇拾補遺,别爲一書"者,即其《周易補注》一書。《補注》與《圖解》之關係,《續修四庫全書總目提要(稿本)》嘗有辨說,曰:"是德沛先撰《易補注》,積三十年之久,而後成《易圖解》之書。特此書刊於乾隆元年,至乾隆六年始刊《易補注》。晏斯盛《易補注》序謂,德沛先有方員之《圖解》,而《補注》復出,尤足與《圖解》相發明。殊爲舛誤。"此本李綬序有云:"公所著《易全解》甚富,《圖解》先刻成,屬爲之序。"似以德沛二書總名《易全解》。

又《續修四庫全書總目提要(稿本)》評說曰:"德沛於《易》圖用力甚深,研究細密,多先儒所未發。惟體會語氣,猶蹈講章之習。以易蘊之宏深而求諸語氣,其於周、孔微言,豈有當乎?然研究先後天河洛諸圖,自李安溪外,無如德沛功力之深者。"又謂此書不及《周易補注》"切實有用"。

楷書寫刻甚精。

《續修四庫全書總目提要(稿本)》入經部易類。《中國古籍善本書目》著錄中國國家圖書館藏耆齡題跋本。中國科學院圖書館、山東省圖書館也有收藏。

鈐印有"田島氏藏書印"。

0059　清乾隆刻本易經揆一易學啓蒙補　　T235/3981

《易經揆一》十四卷《易學啓蒙補》二卷,清梁錫璵撰。清乾隆刻本。十册。半頁十行二十一字,四周雙邊,白口,單魚尾。行間刻圈點。框高19.1釐米,寬13.1釐米。題"臣梁錫璵集傳"。前有乾隆十四年(1749)十一月初二日《詔舉經士諭》;張廷玉等保舉名錄;乾隆十六年(1751)五月十八日上諭;奏章;召對;《凡例》八則。

梁錫璵,字魯望,一字鶴軒(或作確軒),山西介休人。雍正二年舉人。乾隆十五年因特詔舉經學,與顧棟高、陳祖範、吳鼎同授國子監司業,累遷少詹事、國子監祭酒,坐遺失書籍鐫級。闡發經義,尤精於《易》。著述又有《春秋廣義》、《易經補義》。事蹟具《清史稿》本傳、《清儒學案》卷五六《震滄學案》。

《孟子·離婁》曰:"先聖後聖,其揆一也。"蓋梁氏以爲,"易歷四聖,包犧觀取畫卦,文王依卦繫彖,周公旁通象之情而繫爻,孔子釋卦與辭而爲傳,其揆一也",故遵《孟子》"先後揆一"之義,用爲書名,"以徵四聖心源之合"。

卷一至四上下經,卷五至六彖傳,卷七至八象傳,卷九文言傳,卷一〇至一一繫辭傳,卷一二說卦傳,卷一三序卦傳,卷一四雜卦傳。

《凡例》曰:"包犧始作八卦,以通神明之德,以類萬物之情,蓋明道也,豈爲卜筮哉?""犧則圖畫卦以明道,禹則書敘疇以開治,道原於天,治成於皇,理一而用異。""先後天爲卦之關鍵。夫先天體也,後天用也。體用不相離,故圖書當知其所以分,先後天當求其所以合。"又曰:"序卦者,《易》之脈絡也。"其說《易》解卦,遵依河圖、洛書,大約如此。故《續修四庫全書總目提要(稿本)》斥其"全以河圖、洛書爲本,而所用之數,與古法常違","統觀全書,立說蕪雜,雅詁甚少,於所不知,不甘缺疑,所創誤解,觸目皆是。""不知當時君若臣,何以矜重若是,豈果明《易》者無一人乎?"

按,乾隆十四年特詔九卿督撫公舉所知潛心經學且老成敦厚、純樸淹通者,以應朝廷精選。梁錫璵被薦,進呈《易經揆一》,并蒙引見召對。兹事史書有載,唯是書前附上諭、奏章、召對等,詳盡始末,可備參資。

《易學啓蒙補》二卷,題"臣梁錫璵著"。卷上諸篇爲:《本圖書》、《原卦書》、《闡卦蘊》、《立易教》、《明蓍策》、《考變占》；卷下爲：《洛書序儀》、《連山遺義》、《歸藏遺義》。卷上作者小敘曰：朱子作《啓蒙》，以"本圖書"、"原卦畫"、"明蓍策"、"考變占"立義，爲書四篇。又自爲橫圖，言用邵子之意而摹畫之。朱子之功，於是爲巨。然朱子圖之則是，第其位置亦少乖矣。至後天卦義，闕而未詳；大衍取乘數，參兩取徑圍，作易爲卜筮，似又與十翼未盡合。用是不揣冒昧，就管窺之見，以著其義。卷下小敘則曰：圖書並出，聖人有作，第書數與圖數，其所以異同之故猶未明。至《連山》、《歸藏》，其書既軼，元儒朱氏元昇，作《三易備遺》，所論雖大醇，而未免小疵也。圖書同源而異脈，三易異用而同歸。《歸藏》以納音而得，《連山》亦可以納甲而求。爰不揣冒昧，謹以管窺之愚，附其載於後。

是本楷體寫刻。上諭、奏章、召對文字皆紅印。扉頁刻"御覽易經揆一"，亦紅印。

是本無明確刊板年月，但既載乾隆十六年上諭，并卷端題名前冠"臣"字，是當在乾隆十六年梁錫璵蒙召對、授官職之後所刻，未必正在此年。

《續修四庫全書總目提要(稿本)》入經部易類，但分作二書著録，《易經揆一》爲乾隆刻本，《易學啓蒙補》爲嘉慶刻本。並曰："兹曰'啓蒙補'，蓋補朱子《周易啓蒙》之所未備。惟有與《啓蒙》複者，有圖仍舊而説誤者，有不必圖而强作圖者。""有可取而觀較便者，亦頗爲前人所未言。蓋梁氏熟於圖書之學，故能即舊圖而生新義。惟考證頗疏，不考圖書究爲何物，遽以十九兩圖當之，深信不疑，則誠爲宋人之易學也。"

《中國古籍善本書目》著録乾隆十六年刻本，北京大學圖書館等九館有藏。又臺灣師範大學圖書館、日本東京大學圖書館、美國普林斯頓大學葛思德東方圖書館也有收藏，但著録不一，或作乾隆十六年序刻本，或作乾隆間原刊本。

0060　清乾隆刻本周易讀翼揆方　　　　T235/1943

《周易讀翼揆方》十卷，清孫夢逵撰。清乾隆刻本。八册。半頁十一行二十二字，左右雙邊，白口，單魚尾。框高18.8釐米，寬13.3釐米。題"常熟孫夢逵注"。前有錢大昕序；卷目；《經傳字例》；《舉要》六則。

孫夢逵，字中伯，一字莊九。江蘇常熟人。乾隆七年進士。待次家居，研精易藴。後經巡撫莊有恭薦舉詞賦，召試行在，授中書舍人、軍機處行走，尋除宗人府主事。性尚疏簡，氣度明豁，拙於治生，以宦游減產，雖貧甚，口不名錢。《(光緒)常昭合志稿》卷二六《人物志》有傳。

書名"揆方"，出自《周易·繫辭傳下》"初率其辭而揆其方"。孫氏注此句曰："故學《易》之初，止可率循其辭，以揆度變所適之方。"

卷一至六象傳上下，卷七至八繫辭傳上下，卷九象傳上下，卷一〇説卦傳、序卦傳、雜卦傳、文言傳。

《舉要》六則，凡爲文六篇：《周易字義説》、《八卦本義説》、《序卦説》、《十翼原第説》、《大衍説》、《易圖説》。

《經傳字例》末附孫夢逵識語："夢逵年近四十，始念《易》書最古，歷數聖而後備。向者獵取字句，以供帖括，文義寡稽，是用疚心。恭讀《御纂折中》，朗然懸象著明，得發矇焉。且海嶽崇深，不遺涓壤，漢唐以來諸儒得備採録，詎不幸歟！意其書亦必有異，購而讀之，得數十家，乃粹者既歸鎔冶，外所遺餘，則言人人殊，無能别白。三復大傳'率辭揆方'之語，爰自覃思，其有不合，雖片辭隻字，上下求索，晨暝相繼，不敢憚勞。終不可得，則姑置之，以俟異日時注想焉。有觸而通,始釋然也。因筆之書,積五歲而成帙,隨自翻閲,仍多未安,屢經點竄,不可識别,乃更抄録。庚午迄今,録者凡五。當其困瘁,友或謂之,《易》無所不通,安用執一爲? 瞿然應曰:'六經皆無不通,不通安得謂經,獨《易》乎哉! 但辭以繫象,翼以述經。未得辭與象通,翼與經通,遽别求通,夫何敢!'戊寅六月常熟孫夢逵謹記於蘄春之麟山講舍。"據此推知,是書始撰於乾隆十年,"積五歲"至乾隆十五年(庚午)"成帙",後更抄録者"凡五",至乾隆二十三年(戊寅)告竣。

錢大昕序稱:"其詮解大義,直而有要,簡而不支,而互體飛伏世應納甲之術,俱無取焉。其論今世所傳小象乃爻傳非象傳,當附象傳之後;又論揲蓍左扐,得一得三爲奇,得四得二爲耦,皆獨有所得,不苟同於先儒。竊謂先儒復生,未能易其言也。"

扉頁刻"周易讀翼揆方。宗古堂藏板"。避諱至高宗弘曆。按,《販書偶記》著録此書,"約嘉慶間宗古堂刊",疑即此本。今第據諱字定爲乾隆刻本。

《四庫全書總目》入經部易類存目,謂是書"但釋傳而不釋經,於諸家《易》解之外,亦自爲一例"。

《中國古籍善本書目》未著録。各家書目亦鮮見載録,今本《四庫全書存目叢書》經部易類亦未收入。

鈐印有"吴省欽印"。吴省欽,清南匯藏書家,卒於嘉慶八年。

0061 清乾隆刻本易研　　　　　　　　　　　　　　T235/4241

《易研》八卷首一卷,清胡魁元撰。清乾隆五十七年(1792)胡永壽刻本。八册。半頁八行二十一字,四周雙邊,白口,單魚尾。書眉上刻注,行間刻圈點、小注。框高18.2釐米,寬12.9釐米。題"豫章胡魁元澹園氏撰述""男永壽校刊"。前有清蔡新序;易圖。

胡魁元,字羽堯,號澹園。江西樂平人。肄業白鹿洞書院,乾隆二十六年進士,授編修,歷官御史、給事中、鴻臚寺卿,卒於山東督學任内,年六十一。公餘唯沈酣經史,凡諸子百家、稗官説部,各有手批。著述别有《周禮會通》、《書經輯要》、《道德經輯要》、《文選精理》。《(同治)樂平縣志》卷八《人物志》有傳。

卷首載《讀易卮言》、《周易象述金針》、《易道精緼經傳義例》。卷一至六上下經,卷七繫辭上下傳,卷八説卦傳、序卦傳、雜卦傳、朱子卦變圖。

是書編例謹遵《御纂周易折中》。卷首三篇,類似讀書札記。如《卮言》之"陸深《知命録》"條;《金針》之"《易》中下字下語,聖人因物賦形,化工神筆,極擬議之工"條;《義例》之"《易》不比《詩》《書》,他是説盡天下後世無窮無盡底事理"條。

蔡新序原題《相國蔡葛山先生手書》,序曰:"今閲是編,其即之卦以觀變,頗用《易象正》,而兼古義之伏卦互體約象諸例。採輯斷制,又以節取《古易訂詁》,似得黄、何二家者居多。而融會貫穿,於諸家一象一義,俱有實際。"按,蔡新,字次明,號葛山,福建漳浦人,官至文華殿大學士兼吏部尚書,卒謚文端。事蹟具《清史稿》、《清史列傳》本傳。《續修四庫全書總目提要(稿本)》稱"蔡文恭公",誤。審《清史稿·蔡新傳》後附程景伊傳,云景伊"卒謚文恭",或《續修總目》未審,張冠李戴。《中國人名大辭典》亦誤作"文恭"。

扉頁刻"易研。豫章胡魁元撰述。乾隆五十七年鎸。凝暉閣藏板"。卷終刻"饒城鄧六書堂鎸"。按,《清人室名別稱字號索引》載:"祖魁元,南昌,凝暉閣"。疑"祖"當作"胡",形近致誤。但既不能斷定"凝暉閣"爲胡氏堂號,故仍據卷端題名著録版本。

《續修四庫全書總目提要(稿本)》入經部易類,其曰:"此書首載蔡文恭與胡魁元手書,按文恭閩人,故據其鄉人黃漳浦、何元子之書以相比附。其實魁元之學,兼涉漢宋藩籬,與黃氏之《易象正》門徑迥殊,惟間採何氏訓詁之説而已。其篇首《義例》、《金針》兩篇,文恭尤譽為精當。然其《讀易卮言》引及紫柏禪師之語録,所謂'外生無克,外克無生'者,亦尋常習見之陳言,無當於經義也。惟博採諸家,究非一孔之儒所及,存之以備後學之參考可也。"

《中國古籍善本書目》著録乾隆五十七年凝暉閣刻本,北京大學圖書館、遼寧省圖書館收藏。又中國科學院圖書館、山東省圖書館以及臺灣師範大學圖書館、東海大學圖書館也有收藏。

鈐印有"尚德堂藏書"、"梁"。

館藏複本一部,八册。但剜去卷終"饒城鄧六書堂鎸"七字。鈐印有"嶽英珍藏"。

0062　清乾隆刻本周易考　　　　　　　　　　T235/7924

《周易考》四卷首一卷末一卷,清陳孚編。清乾隆六十年(1795)刻本。十二册。二節板:上欄小字半頁十六行七字,下欄半頁八行二十一字。四周雙邊,白口,單魚尾。無欄綫。框高21.3釐米,寬11.7釐米。題"中州夏邑陳孚編"。前有乾隆六十年陳孚自序;目録。

陳孚,字易堂。河南夏邑人。乾隆三十一年進士,知直隸唐山縣。又著《五經備考》。《(民國)夏邑縣志》卷八《選舉表》有小傳。

陳孚自序:"《易考》者,考先後天之異同也。河圖之奧,得羲畫而顯,彖爻之義,賴十翼以傳。讀《易》不考先天,不知天道流行之序,不考後天,不知六子對待進退往來吉凶悔吝之幾,句解字釋,徒膚末耳。談理者略於天道,言數者遺於人事,皆偏見也。參互考證,不過以經解經,絶非自闢門户,故曰'考'。"

卷首:易考緒官、易圖、卦例、王應麟考異。卷一至四:易上下經考。卷末:繫辭上下傳考、説卦傳考、序卦傳考、雜卦傳考、紫陽筮儀、卦變説考、左氏筮考。

是書於下欄刻《周易》經傳文辭,并"採輯先儒之説,以存舊聞,間附己見,以備參考"。於上欄逐卦釋義,"首推先天次序,以明羲畫之本,次原後天方位,以發文王開卦之意,并周、孔爻象印證先後天,以申彖辭之未備",即所謂"參互考證"、"以經解經"之法也。

卷首載"易考緒論",凡七十條,類若札記語録。如一條曰:"上古有畫無文,占者即象數以定吉凶。文、周繫彖爻,以明陰陽之動變。孔子作彖象辭,以明先後天之旨趣。君子居則觀其象而玩其辭,精義入神,窮理之事也;動則觀其變而玩其占,利用安身,象數之用也。專言理,則易之用不行;專言象數,則易之體不明,二者不可偏廢也。"於兹可見陳孚易説之旨。

卷首載"易圖",除《周易本義》諸圖外,又有補乾坤六位圖、補周易大圓圖、中天卦圖、八卦相生圖、四易之易圖、八卦司化圖、方圓相生圖、八卦納甲圖、六爻定位圖、通乎晝夜圖、卦合天文星象之始圖、卦合地理堪輿之始圖。

卷首載《卦例》,凡四則,乃釋解"德"、"位"、"應"、"比"之義。又載《王應麟考異》,凡五十條。

卷末載《紫陽筮儀》,略注諸儒異同;《卦變説卦》,凡節録胡玉齊、黃葵峰、李本固論説三篇;《左氏筮考》,摘録《左傳》暨《國語》所載卜筮事,以存占變古法之一斑。

扉頁刻"周易考。乾隆六十年九月吉日刊定。堯山藏板"。

《續修四庫全書總目提要（稿本）》未收。《中國古籍善本書名》未著錄。各家藏目鮮見入錄。

0063　清抄本易象集説附録　T235/2322

《易象集説附録》六卷，清吳鼎撰。清黑格抄本。三册。清□清泠題記。半頁十三行二十五字，左右雙邊，黑口，單魚尾。框高 19.6 釐米，寬 14.8 釐米。題"金匱吳鼎尊彝氏學"。前有乾隆四年(1739)吳鼎自序。

吳鼎，字尊彝，號易堂。江蘇金匱人。乾隆辛未薦舉經學，授國子監司業，官至翰林院侍講學士。撰著別有《易例舉要》、《十家易象集説》、《東筦學案》等，均入《四庫總目》。事蹟具見《清史稿》、《清儒學案》列傳。

鼎嘗編著《十家易象集説》九十卷，採宋俞琰，元龍仁夫、吳澄、胡一桂，明來知德、錢一本、唐鶴徵、高攀龍、郝敬、何楷十家之説，合爲一編。其論辨去取，則別爲《易象集説附録》。自序曰："鼎既爲《易象集説》九十卷，其盤根錯節之處，同異並陳，不欲以一説示隘，仍以己意爲之論次，不敢攙入正書，與諸儒並列，別爲附録六卷，以附於後。《易》曰'麗澤，兑，君子以朋友講習'。'習'從羽從白，爲鳥數飛之義。羽，水音，白，水色，亦水流不止之義。故八重卦惟坎曰習。坎、兑本止水，能習則流。坎本流水，不習亦止，涓滴而流爲滄溟，汪洋而止爲斷港，習與不習之異耳。愚爲此編，以就正有道，使明師益友，得有所據，以發其蒙而撤其蔀，將濯其汙而進之以白，翼其飛而傅之以羽，非講習之一助耶！"

卷一《上經》，卷二《下經》，卷三《繫辭傳》，卷四《説卦傳》、《序卦傳》、《雜卦傳》，卷五《中爻考》，卷六《卦變考》。按，《四庫全書總目》收録吳鼎《十家易象集説》九十卷，所據"大學士于敏中家藏本"，並云"別爲《附録》十卷"，不知是此抄本節耶殘耶，抑或二本分卷自異。

自序後有□清泠題記二則。其一摘録李元度《先正事略》："吳先生鼎，字尊彝，金匱人。乾隆九年舉人，薦舉經學，授司業，擢侍講學士，降調侍講。所著有《易例舉要》二卷、《十家易象集説》九十卷，裒宋俞琬、元龍仁夫、明來知德等十家《易》説，以繼李鼎祚、董楷之後。其《東筦學業》則專攻陳建《學蔀通辨》作也。其兄鼐，亦通經術，深於《易》、《三禮》。"其二録錢輔宜《曝書雜記》："金匱吳先生，深於《易》學，其所著《易例舉要》二卷（原誤作九卷）、《十家易説》九十卷，亦未見。"

鈐印有"文淵閣大學士之章"、"俯山文獻"、"小琴如意"、"□清泠印"、"別存古意"、"吉事有祥"、"仁圃藏書"、"子孫保之"、"泉爵堂寶藏"、"冰香館藏書"。

0064　清乾隆刻本周易象意　T235/1143

《周易象意》三十卷首一卷，清王世業撰。清乾隆王氏刻本。十册。半頁十一行二十七字，四周雙邊，白口，單魚尾。框高 20.1 釐米，寬 13.4 釐米。題"廬陵後學王世業恒齋輯述"。前有乾隆五年(1740)胡定序，乾隆六年(1741)王大年序，雍正十二年(1734)王世業自序；總目。後有王宜振跋。

王世業，字恒齋，一字江弦。江西廬陵人。乾隆十七年貢生，舉博學鴻詞。學術深邃，窮理力行，以程朱宗旨教授生徒。家居方嚴端謹，鄉里推重。卒年八十有一。著述又有《十三經性理參翼》。《(同治)廬陵縣志》卷三二《人物志》有傳。

卷首載程頤《易傳序》、《凡例》二十一則。卷一至二易總論、序卦九卦全圖、繫辭傳總論、說卦傳論、序卦傳論、雜卦傳論；卷三古河圖洛書、聖人則河圖洛書、河洛論、洛疇餘論、伏羲八卦次序橫圖、小橫圖論、伏羲八卦方位圓圖、先天圓圖論、伏羲六十四卦次序橫圖、大橫圖論、伏羲六十四卦方位圓圖、大圓圖論、月行圖、大方圖論、文王八卦次序橫圖、文王八卦次序圓圖、文王八卦方位圓圖、後天圓圖論、卦變圖、卦變圖論；卷四筮儀、筮法論、附易說；卷五至二二上下經六十四卦；卷二三至二七繫辭傳；卷二八說卦傳；卷二九序卦傳；卷三〇雜卦傳。

自序詳載此書撰作之由及其旨要，曰："因慨然經學之不明於世，而士習溺於科舉，皓首無識者，兩經（《易》、《春秋》）爲甚。但《春秋》見有《大全》衆說，萬理萬事，該備具舉，人苟遜志，大義朗然。而《易》學懸空招揭，讖緯術數、奇遁妖祥、仙道修煉之屬，皆得假借因緣，陰附僞託。而《本義》太簡，不足以縛其神智，範其歸趣。於是潰決四出，樹幟揚幡，駁辨紛紜。一色科舉專經之家，又徒捷徑功名，務取門面冠冕、人共曉知之說，一道同風，不肯強力玩索，求用自己。夫易本虛示，浮遊易蕩。《本義》既簡，《大全》未足。後天多擺滑差脚，先天尤茫如烟海。文公所謂'未易看'者，豈不諒哉！業竊病之，不自揣量，本先正之成說，研未盡之精微，閑其橫肆，剪其支離，鎮其謬悠，補其闕略，提其切要。帙不敢繁重，以起人畏；義不敢幽僻，以弛人心。自圖及辭，屑屑明備。書成，凡三十卷，名曰《周易象意》，蓋取大傳'聖人立象以盡意'之云也。設卦而象以顯，繫辭而意以通。易學大綱，只此兩字，非有深奇玄妙、不可測尋之處。"又曰："其書約略懸思五年，而後屬筆，又七年而告成。凡所發明，一奉《本義》，要使學者切近易入。"自序署時爲雍正十二年，故可上推此書構思之初，正當胤禎南面之初。

按，作者既慨歎"士習溺於科舉"，而是書體例卻附時文於後，其用心良苦，如《凡例》所云："時講專取官樣，以便舉業，大較皆學問王道大話，全非經意。士習濡既久，若驟全絀棄，必相駭愕，扞格不入。今特將時講另標附後，而別其是非。"

此書刊成，端賴世業族兄資助。王大年序記述此事曰："余族弟儉三，幼敏悟，自髫齡習舉子業，即英氣勃發，咄咄逼人。同余應童子試，輒冠前茅；其補博士弟子員也，後於余。然屢困於場屋，以五經應試者五，以專經應試者如之。豈其藝之未工歟？抑科名自有定數，不可強也。""余與儉三不相見者十有五年。已未夏，儉三來游京師，過余署，袖《易經象意解》一編示余。余公餘一披覽也，不覺驚喜過望。""因捐養廉，付之剞劂，以成其志。"此事於世業子宜振後跋中也有記述："家居少與童子試，已試卷，受知於當時，紙貴郡中。群稱其博學強記，敏捷能文，不知其所以爲學者，非詩文博廡之學也。無何困老場屋，保舉、挑遺、鴻博各途，皆不終所遇。舉優貢十一年，未入監。不得志於時，以行其學，而義命自安。其惟日不足，祇懼薛文清、胡敬齋之無繼起，而每念《松陽講義》爲學的。所著《九經性理參翼錄》，卷繁未定，惟《周易象意》書成。乾隆四年上京師，行過定州，州長族伯拙三先生，餘家居宗誼夙契，見《易》忻賞，慨然捐俸，梓之杜梨，以公宇內。"

按，宜振刻跋未署年月，但云"舉優貢十一年未入監"。據方志傳稱，王世業舉貢在乾隆十七年，以此推之，作跋時在乾隆二十八年。然是書早在乾隆六年已由族兄大年捐俸梓印，若以跋年爲刊竣之日，則何需二十餘年之久？是未可知也。是本避"弘"、"曆"字諱，"顒"字不避，可確定爲乾隆刻本，但不著其具體年份。

扉頁刻"周易象意。廬陵王江弦輯述。閣學李紫庭先生鑒定。玉壺堂藏板"。

《四庫全書總目》、《續修四庫全書總目提要(稿本)》均未收。《中國古籍善本書目》未著録。

日本内閣文庫有收藏，但著録爲"乾隆六年序刊(玉壺堂)"。《易學書目》著録有道光八年(1828)王宜載等刻本，未知兩本是何淵源。

0065 清抄本周易井觀　　　　　　　　　　　　　　　　　　　T235/7244

《周易井觀》不分卷，清周大樞撰。清抄本。二册。半頁九行二十字，無行格。題"山陰周大樞元木甫著"。前有《欽定四庫全書提要》；顧德懋撰《周大樞傳略》；《山陰縣志·周大樞傳》。

《四庫總目》曰："周大樞，字元木，號存吾。浙江山陰人。乾隆壬申舉人，官平湖縣教諭。"然此本卷首載兩篇小傳均稱"字符木"，兹録傳文於下。

《周大樞傳略》曰："周大樞，字符木，號存吾，浙江山陰人。由廩生中乾隆十七年萬壽恩科舉人，充咸安宫教習，授平湖縣儒學教諭。雍正十三年薦舉博學鴻詞，乾隆十四年保舉經明行修。生於康熙三十八年十二月癸酉，卒於乾隆三十六年九月癸亥，壽七十有三。著有《周易井觀》十卷、《存吾春軒詩集》十卷，鏤板行世。《文集》二十卷、《鸎香詞》一卷、《列女表》一百卷，藏於家。年眷姪顧德懋拜譔。"

《山陰縣志·周大樞傳》："周大樞，字符木，後馬村人，聰穎絶人，博極墳典。曾舉博學鴻詞，再薦經術，以壬申科舉人選平湖教諭，卒於官。著有《存吾春軒集》。"

館臣以爲："此編論天地之數，謂與大衍相符，必漢儒遞相傳授以及康成，是以古來説易並無先天八卦，故不取邵子所傳圖位。""如用九用六、四象八卦，以及蓍策占驗諸説，俱博綜衆論，斷以己意。惟引性空真火，性火真空，火愈分愈多，愈興愈有云云，頗涉二氏之旨焉。"

《四庫全書總目》入經部易類存目，著録十二卷，書出"編修吴壽昌家藏本"。此抄本僅於卷首題"周易井觀卷之一"，後再無分卷，且無確切抄書年月，唯"丘"字避諱可辨。書中間有闕名校語，如云"按元木公《井觀》原本，將此段勾去"，"缺歸妹、漸之頤，又缺頤、大過之隨"等，或可用與《四庫全書存目叢書》本一校。

0066 清乾隆刻本周易遵翼約編　　　　　　　　　　　　　　T235/7106

《周易遵翼約編》十卷首一卷，清匡文昱撰。清乾隆五十一年(1786)匡氏居易廬刻本。六册。半頁九行二十一字，四周雙邊，白口，單魚尾。無欄綫，行間刻圈點。框高19.2釐米，寬12.7釐米。前有乾隆五十一年匡文昱自序。

匡文昱，字仲晦，一字監齋，山東膠州人。乾隆二十七年中鄉舉，後屢躓春闈，遂絶進取，殫心理奥。嘗語子弟曰："學者誦法聖賢，宜切究身心性命之學，以措諸實用，窮與達皆屬末蹟。彼誇多鬬靡、日從事章句者，何裨乎？"別著《讀易拾義便抄》。《(道光)膠州志》卷二八《文苑》有傳。

匡文昱自序曰："愚自十九歲有志於《易》，迄今三十年餘，而稍通其故。所著幾六七十萬言，無力不能授梓，乃節其要而約言之，未嘗溢詞於傳外，不過因傳翼經。"此其以《遵翼約編》名書之意也。

卷首易圖、易例。卷一至八易上下經，卷九繫辭上下傳，卷一〇説卦傳、序卦傳、雜卦傳。

易圖含：河圖洛書、伏羲八卦次序圖、文王八卦次序圖、伏羲六十四卦次序相錯圖、文王六十四卦綜而成三十六卦分上下經篇義圖、伏羲八卦方位圖、文王八卦方位圖、六十四卦方位圖正誤、八卦先後天合一圖、伏羲六十四卦方位圖、文王六十四卦方位圖、周公用九用六圖、古太極圖即孔子易有太極自具兩儀四象八卦圖、因而重之即卦變圖、吉兇悔吝即消息盈虛圖、按一歲氣候分得十二卦之圖。

據《(光緒)膠州志·匡文昱傳》曰:"《周易遵翼》大旨歸於來氏知德、任氏啓運錯綜之説,故曰:'易之道,對待流行盡之矣,《莊子》所謂易本於陰陽也。'"

今人黄壽祺《易學群書平議》曰:"其書(《周易遵翼》)每卦釋辭取象,均用爻變及錯綜之法。如《乾》初爻云'此爻變《姤》,錯《復》綜《夬》',九二云'此爻變《同人》,錯《師》綜《大有》'。述此既竟,然後就此變錯綜,而闡其象數義理。大旨蓋與《來氏易》相同,然其荒陋,則有過於來氏者。"

扉頁刻"周易遵翼。匡文昱注。乾隆丙午新刻,居易廬藏板"。按,文昱自序末署"丙午正月八日後學匡文昱書於居易廬",故定爲匡氏居易廬刻本。

《續修四庫全書總目提要(稿本)》入經部易類。《中國古籍善本書目》未著録。山東省圖書館也有收藏。

0067　清乾隆刻本易見易見啓蒙　　　　　　　　　　　　T235/1833

《易見》九卷首一卷附《易見啓蒙》二卷,清貢渭濱撰。清乾隆二十四年(1759)貢氏脈望書樓刻本。十二册。半頁九行二十六字,左右雙邊,白口,單魚尾。書口下刻"脈望書樓"。框高21.8釐米,寬13.5釐米。題"丹陽貢渭濱羨溪輯;丁振華漢飛、丁元佐漢青、貢楷孟參、金壇李萬開對育參校"。前有乾隆二十四年沈德潛序,乾隆二十五年(1760)廖鴻章序,乾隆二十五年曹守垣序,乾隆二十五年于辰序,乾隆二十四年湯玉臺跋,乾隆二十七年(1762)丁振華序,乾隆二十五年貢楷序,乾隆二十二年(1757)貢渭濱自序;參閲同人姓氏;《凡例》四則;《易見》附論;總目。

貢渭濱,字羨溪,江蘇丹陽人。諸生。少失母,繼喪父,先後丁内外艱凡十二年。性沉静,好讀《易》,寢食於其中者二十年。著述又有《易見本義發蒙》。

卷首載易序、易傳序、引用先儒姓氏并所著易書、易學源流、邵子綱領、程子綱領、朱子綱領、筮儀、五贊、經傳音釋、本義異同、程傳異同。卷一至六易經上下篇,卷七至八繫辭上下傳,卷九説卦傳、序卦傳、雜卦傳。附卷《易見啓蒙》上下。

是書大約以朱熹《周易本義》爲綱,"探先天之旨則宗康節,參後天之義則主伊川"。其編例恪遵《御纂周易折中》,參之朱子《語類》、《文集》,以考其源,稽之漢唐以下諸儒之説,以暢其流,末乃按以己意,舉其要領。其《易見啓蒙》者,乃援《語類》及宋儒《易》説,爲朱子《易學啓蒙》釋解。

沈德潛序稱許是書"語簡而明,意微而旨,發揜旁通,要於至當。體例準乎《折中》,而廣爲搜羅,抒寫心得,又有補《折中》之所未備者"。要之其用,在乎羽翼《折中》也。然則《四庫全書總目》批評曰:"其解經以《本義》爲宗,而雜録先儒舊説以足之,然往往曲相遷就","是亦偏主之過也"。

其成書經過,可見貢楷序。序曰:"余弟羨溪,性沉静,好讀《易》,寢食於其中者二十年,手録邵、程、朱子之書,及漢唐以來諸家之説,凡十二卷,名曰《易見》。稿經數易,而心猶歉然,更欲遲之歲月,細爲研磨,歸諸潔净。余見其終日神凝氣斂,心追手摩,無不在是,而觀玩之久,必有會於未畫之前者,遂與之考論卦爻,參訂象象。又數年,因勸之梓以公諸世,然弟猶不自信,携書質之長洲沈歸愚先生,先生稱其語簡而明,意微而旨。復質之閩中廖南崖先生,又以爲芟其繁芿,輯其菁粹。由此觀之,則舍弟是編,其於朱子所云無窮無盡者,不無所見。而後之讀《易》者,沿流溯源,亦無不可以見其所見云。"

扉頁刻"易見。長洲沈歸愚、鄞江廖南崖先生鑒定。丹陽貢羡溪輯。乾隆己卯年鎸,金陵龔體仁梓,脈望書樓藏板。"兹據扉頁著録刊年。但此書有晚於乾隆二十四年諸序,如乾隆二十七年丁振華序曰:"蓋自乾隆丁巳至庚辰,凡閱二十餘寒暑而書始成。"庚辰爲己卯次年,或始刊與刊竣之别耳。

《四庫全書總目》入經部易類存目。《中國古籍善本書目》未著録。中國國家圖書館、中國科學院圖書館也有收藏。另《山東省圖書館藏易學書目》著録清乾隆六十年龔體仁刻本,日本《内閣文庫漢籍分類目録》著録"清嘉慶元年刊(脈望書樓)"本。

0068　清乾隆刻本周易便解

T235/3106

《周易便解》六卷首一卷,清汪誥撰。清乾隆五十四年(1789)汪氏克復堂刻本。四册。半頁九行二十二字,左右雙邊,白口,單魚尾。書口下刻"克復堂"。框高17.5釐米,寬12.4釐米。題"南城汪誥奉瞻甫輯;同學友人鶴城鄧恒鶴嶠、鶴城曾耀荆映璠、鶴城鄧玉瑚友于、繡谷蕭藴星環仝閲;堂弟汪柳翰華、汪桐星緯校梓"。前有汪誥自序(殘),乾隆五十六年(1791)袁廷鼇序。

汪誥,字奉瞻。江西南城人。事蹟未詳。

是書爲初學發蒙而撰,故曰《便解》。自序曰:"謹遵御纂(按,即《御纂周易折中》)意趣,填以解語,譬之行道之人,不俟臨歧審擇,甫出門時,早有導夫先路者,其嚮往亦便矣哉!書成,名曰《周易便解》,非能自以解也,亦欲初學之士開卷即得奉聖訓以爲標準。"

卷首載先天卦配河圖之象圖、後天卦配河圖之象圖、先天卦配洛書之數圖、後天卦配洛書之數圖、御纂綱領、御纂義例,卷一至四《周易》上下經,卷五繫辭上下傳,卷六説卦傳、序卦傳、雜卦傳。

袁廷鼇序記是書編撰校刊緣起,曰:"顧學者質地有厚薄,問學有淺深,使以童年發蒙之際,無與句疏而字釋,遽欲以天地鬼神之所謂奇與所謂法者,而使之盡了其義,譬猶操數尺漁舟,泳弄烟水則了矣,一涉洪濤巨瀣,鮮有不廢而返者。此南城汪子奉瞻《周易便解》之所由刻也。奉瞻績學有文名,而尤邃於《易》。庚戌歲,來樂安爲西席賓,予乃得卒讀。所謂《周易便解》,凡所詮釋,壹遵《御纂折中》,而特於經文旁加襯引,以利童年發蒙之士。其辭約,其旨遠,其義疏。"按,袁廷鼇時任樂安縣教諭。據扉頁題"乾隆己酉新鎸",是刊於乾隆五十四年。書口題"克復堂",卷端題"堂弟汪柳翰華、汪桐星緯校梓",推之宜爲汪氏自刻本。

是書訓釋逕取《周易折中》,而以節録朱子《本義》、李光地案語爲主。所謂"特於經文旁加襯引"者,不過《乾卦》"乾"字下增曰:"文王以爲乾,健之道,當得。""元亨"下增曰:"然所謂元亨者,原從健來,而至健自無不正也。""利"字下增曰:"在。""貞"字下增曰:"固,乃爲元亨焉。"皆爲初學發蒙之便,實不足觀。

扉頁刻"周易便解。南城汪奉瞻輯。乾隆己酉新鎸。克復堂藏板"。

《續修四庫全書總目提要(稿本)》未收。《中國古籍善本書目》未著録。江西省圖書館有收藏。

鈐印有"少泉蔡氏珍藏"。

0069　清乾隆刻本易經貫一　　　　　　　　T235/8105

《易經貫一》二十二卷,清金誠撰。清乾隆和序堂刻本。二十二册。半頁九行二十字,四周雙邊,白口,單魚尾。版心下刻"和序堂"。框高18.9釐米,寬13.2釐米。題"後學金誠述"。前有乾隆十六年(1751)陳世倌序,乾隆十六年張泰聞序,乾隆十六年秦蕙田序,乾隆十六年吳鼎序,乾隆十七年楊開鼎序;總目錄。

金誠,字閑存,號怡然子。江蘇華亭人。二歲而父見背,家貧困,不能就外傅,家受句讀於母。及長,游於賓幕,涉於商賈,學藝於太學算法館,精研易理三十年。事蹟載卷首金誠《談餘雜録自序》。

是編分元、亨、利、貞四部,凡二十卷,合首二卷,共計二十二卷。

元部四卷首一卷。卷首:金誠《易經貫一略言》、乾隆五年趙國麟《談餘雜録序》、乾隆七年陸瓚《抄怡然子談餘雜録序》、乾隆五年金誠《談餘雜録自序》、乾隆十四年金誠《易經貫一自敘》、金誠《談餘雜録》四卷;卷一:《易學問徑説》、《程子易序位》、《周子太極圖説注》、《張子西銘注》、《河圖洛書會講》;卷二:《伏羲卦象會講》;卷三:《文王卦象會講》、《後天分宫卦象圖會講》、《彖傳卦變圖會解》;卷四:《啓蒙卦變圖會解》、附《朱子筮儀、啓蒙明蓍策説》。

亨部五卷首一卷。卷首《經傳文讀本》四卷;卷一至卷五《程子篇義》、《周易本義增釋》(《易上經》三十卦)。

利部六卷。卷一至卷六《周易本義增釋》(《易下經》三十四卦)。

貞部五卷。卷一至卷五《周易本義增釋》(繫辭上下傳、説卦傳、序卦傳、雜卦傳)。

其書名之義,猶見《易經貫一略言》:"是書所著者,皆易之迹象;所言者,皆易之常經,故名'易經'。犧、文、周、孔,蓋以一貫之耳,學者求之,寧不謂之貫一乎?故名之曰'貫一'。""易之有卦,無非顯托天地萬物變化之端,以明道體之所在;易之有辭,無非所以注釋卦爻動變之意,以明其實用之所歸。今合卦與辭而一之,而理氣象數之互求,則天地之間,古今之際,一以貫之耳。學者從事與此,寧不能貫而一之乎?兹書故名爲《易經貫一》。"

此書雖名《易經貫一》,正文部分卻是《周易本義釋義》,實於增釋朱子《本義》之中,求其"一貫"也。如《略言》所云:"愚之增釋《本義》之末者,亦似乎專於求象也,蓋因象求理、氣、數也。"

《四庫全書總目》曰:"其大旨以程朱《傳義》爲歸",是固其然,但更受《周易折中》影響。自序嘗曰:"幸而生長清時,道法極盛,優游於化理之下,得覩御製之名編,伏誦既久,浸淫如漬,而稍稍有覺,遂若神來。於是乎,聚群書而擷要,增己説以參求,集爲是書。"沈德潛序亦稱此書之作,乃"思所以羽翼《折衷》而廣聖學"也。

元部載《談餘雜録》,係作者游學所記,爲問答體。自序曰:"凡遇好談之客,與之談有得,存其説,録以存帖,以就正於當世有道君子,用規余小子格致誠正之非云爾。凡四卷,共計四十四首。"書成於乾隆五年。趙國麟序稱之"推談古今,貫串天人,大而空冥寥廓,小而事物細微,無不畢至"。

是本無明確刊年,第以諱字爲鑒。

扉頁刻"易經貫一。怡然甫閑存氏著。愛古堂藏板"。

《四庫全書總目》入經部易類存目。《中國古籍善本書目》著錄,清華大學圖書館等三館有藏。中國科學院圖書館、山東大學圖書館、臺灣大學圖書館也有收藏。

館藏複本一部,殘存亨、貞二部,存十一册。

0070 清乾隆刻本周易象解　　　　　T235/4262

《周易象解》四卷,清南明信撰。清乾隆刻本。二册。半頁十一行二十三字,四周雙邊,白口,單魚尾。框高18釐米,寬12.3釐米。題"古絳可亭南明信纂注;蔬園馮雁題;仙肪喬佐洲仝校"。前有馮雁題序;《易經》卦爻辭。

南明信,字可亭,山西人。事蹟未詳。

卷一至二上下經,卷三繫上下傳,卷四説卦傳、序卦傳、雜卦傳。

馮雁序曰:"自秦漢來,言《易》家始夥,各抒所見,各存其説,雖亦闡發所未盡,而於經文訓詁,則略而未之詳,不知訓詁未詳,其義焉著?《欽定折衷》取程朱之義理,萃諸儒之箋疏,若日月麗天,江河委地矣。但詞深理奥,究非淺學者所易識。塾中所傳誦,如《朱詮合參》等編,按文訓詁矣,則又辭費而未便於後學。求其言簡意該,了無疑義者,未見也。吾鄉可亭先生,以聰明超出之才,博覽群籍,生平尤嗜《易》,早經一貫,著有《易經象解》,非第於河洛先後天等圖,口講指畫,如數家珍,且別出心裁,視諸儒舊説爲更捷,又能於卦之對待流行倒互錯綜,無不能之的而抉其妙緣,叩之者衆。"

按,是書解釋卦爻象象文辭,參稽衆説而不注所出,間附己見。如釋"象曰'地勢坤,君子以厚德載物'"一句,曰:"若以'厚德載物'體之身心,豈有他哉?惟體吾長人之仁也,使一人得其宜,推而使人人各得其願;如吾利物之義也,使一人得其宜,推而使人人各得其宜,則我之德厚而物無不載矣。此則孔子未發之意也。"其説解大類如此。

卷前附《易經卦爻辭》凡十二則:"雜論太虛"、"卦爻序次"、"錯卦"、"綜卦"、"變卦"、"中爻"、"象"、"圓圖"、"方圖"等,未署撰者姓名,宜南氏自著。

據馮序稱,是書"久欲付梓以公世,而資無出。志瀛公,學《易》者也,披閱而奇之,慨然以爲己俓",但未詳"志瀛公"姓名也。

是刻"弘"字避諱,"顒"字不避,因定其刊時。

《四庫全書總目》、《續修四庫全書總目提要(稿本)》均未收。《中國古籍善本書目》未著錄。諸家藏目多不及見,《山西文獻總目提要》亦無記載。

0071 清雍正刻本易史易簡錄　　　　　T235/4437

《易史易簡錄》四卷,清李兆賢撰。清雍正李鏘刻本。三册。二節本:上欄《易史易簡錄》半頁十六行二十二字,無欄綫,行間刻圈點;下欄《周易本義》半頁十一行二十三字。四周單邊,白口,無魚尾。版心下刻"萬卷樓"。框高23.2釐米,寬13.7釐米。題"圭海後學李兆賢德夫緝著;男鏘玉颺校正"。前有李兆賢自序;雍正元年(1723)李鏘識語;李兆賢撰《例言》八則。

李兆賢,字德夫,事蹟無考。據李鏘識語云,其父"博涉群書,六經子史以外,如星筭醫卜、讖諱兵刑諸異書,無不羅而致之,而推究其所以然,不以功名爲意。自鏘十四五間應童子試,便謝絕試場,結草廬於家之東野,教督兒曹,名其室曰'東野草堂'"。

是書主於以史事解易理，因名《易史易簡録》。李兆賢自序曰："易之命意也幽，罕譬以史，則幽者可闡；易之稱名也雜，印證以史，則雜而不越。每見子弟好學者語及羲經，動以講解爲難，即極力解説，亦聽而思卧，不見有甚樂趣。因思上下繫贊易大旨，不外'易簡'兩字，則何不以'易簡'兩字解易？欲其'易'，法在罕譬而使之明；欲其'簡'，法在印證而使之實。爰是緝羲哲之餘緒，参以管窺之臆見，逐卦逐爻，分配史事，務期'易'而且'簡'，以便觀覽。至於説理之處，亦概從簡易，絶去支蔓依附之見。夫易則易知，簡則易從，易簡而天下之理得矣。"

分卷按《周易本義》作四卷：卷一至二易上下經，卷三繫上下傳，卷四説卦傳、序卦傳、雜卦傳。上欄釋解與下欄經傳相符契。

《凡例》云，是書所稱引者，皆唐虞三代漢唐宋事實，而不用稗官野史，只就本卦爻説道理，而不及占外之占，遇禽魚草木、服食器用等物名，必爲注釋，以明易象奧旨。又闡明以史事解易理之意曰："易理空闊，今必謂某卦某爻猶某人某事，不幾把易書看做板煞本子乎？然不看做板煞本子，而看做彷彿樣子，亦立象盡意法門，觀者得意忘象可也。"

按，以史解易，宋儒已發其端。以"易史"名書者，明有林允昌《易史象解》，清有葉矯然《易史参録》，皆摭史事以配卦象。然則易象未必有史事印合，必求之則謬生。如《四庫》館臣曰："偶引以明卦義，無所不可，至於每象每爻，必求其事以實之，則挂漏牽合，固其所矣。"是書解《坤卦》"初六履霜堅冰至"曰："一小人進，勢必至奸匪盈廷，故以履霜則知堅冰之將至取象，欲人思患預防也。李林甫進，而安禄山、仙客諸姦俱用，釀成天寶之災；吕惠卿進，而章惇、蔡卞群惡俱登，釀成靖康之禍，可不懼哉！"其義蓋取諸程傳"猶小人始雖甚微，不可使長，長則至於盛也"，而譬證以唐宋史事，雖未必牽强附會，亦不過淺薄而已。其他卦爻求證史實，大抵類此。讀者固當會其意，而不可鑿其事。

此本由兆賢之子鏘付梓。卷首鏘識語曰："兹因粤東阿兄文山來求是書，不肖鏘恐久而湮没不彰也，亟付棗梨，以示挈瓶之智云爾。"

扉頁刻"新訂易經會解簡録。圭海漸山李兆賢德夫輯，男鏘玉颿校。酉山堂梓行"。避諱至雍正。

《四庫全書總目》、《續修四庫全書總目提要（稿本）》均未收。《中國古籍善本書目》未著録。各家公私藏目、知見目録併鮮記載。按，《臺灣公藏普通本綫裝書目》著録李兆賢《易經體注》四卷，清宏道堂刊本，臺北"國家圖書館"收藏。

0072　清抄本易醒增删定本　　T235/6147

《易醒增删定本》四卷。清抄本。三册。黑格印紙，半頁九行二十五字，小字雙行同，左右雙邊，白口，單魚尾。框高21.7釐米，寬13.9釐米。

原本未題撰著者。按，朱彝尊《經義考》卷六十二著録明洪守美《易説醒》四卷，解題曰："曾化龍序曰：諸經顯而《易》幽，商瞿子木而後，代有醒其義者，京房以卜筮醒之，程朱以義理醒之。古歈洪生在中，研精歲月，彙諸家語録而尊擇之，標其名曰《易醒》。此非學一先生知見所能料量也。昔伊川生平得力在《易傳》，嘗曰吾四十以前講誦，五十以前研究，六十以前紬繹，六十以後著書，傳之成，猶未敢輕以示門人。洪生起韶年而劌心此道，淵然開愚而符聖，可以表章訓詁，而爲歷世儒者之功臣已。"此書名"易醒增删定本"，或即洪氏之作。

卷一《上經》，卷二《下經》，卷三《繫辭傳上》，卷四《繫辭傳下》、《説卦傳》、《序卦傳》、《雜卦傳》。

是本字體仿宋,書寫極工,視之宛若雕印,堪稱精抄。且"弘"、"顒"諸帝諱名均不避,宜乾隆以前所抄。然書中字多訛誤,如《説卦傳》"説"誤作"設",《雜卦傳》"雜"誤作"離",卷一、卷三之間應是卷二,卻作"卷下",其訛謬之愚劣,殊不可解。

《四庫全書總目》、《續修四庫全書總目提要(稿本)》均無此書。

0073　清抄本易鈔五種
T235/1434

《易鈔五種》,清楊卓輯。清抄本。八册。清徐棟題識。半頁八行十九字,無行格。

楊卓,號卧雲子。其序《大真一得》署"古遂世侄"。生平事蹟待考。

是編實爲易著叢鈔。據扉頁題名曰《易鈔五種》,然其抄撮清人易著實有六種:《大真一得》、《震軒夏先生易詠》、《任釣臺讀易法節録》、《易翼述信讀法》、《易例舉要》、《折衷附論》。附録《周易經傳》。

《大真一得》十卷附一卷,清于濬英撰,清楊卓編。題"玉京山人于濬英甫著;卧雲子楊卓較訂"。前有乾隆十九年楊卓序,目次。

于濬英,號玉京山人,或稱大真先生。生平行蹟未詳待考。

卷一《造化太極圖説》,卷二《太極先天八卦一體圖説》,卷三《後天八卦圖説》,卷四《八宮八卦次第圖説上》,卷五《八宮八卦次第圖説下》,卷六《六十四卦總圖説》,卷七《六十四卦太極圓圖説》,卷八《六十四卦太極方圖説》,卷九《河圖渾融一貫圖論》,卷一〇《洛書真源圖説》,附卷《觀音説》。

是書似經楊卓校訂整理。據楊卓序曰:"大真先生遊心象外,思入元微。其所造之□□至理,(紙殘,下同)有非吾人所得而窺測者。獨其所著《大真一得》□□,蓋出自創見,獨抒心解,以發古聖之精,以洩天地之秘,□□□沌,豁然一開,豈非宇宙間一快事哉!""先生之爲是書,始於乾隆之丁卯,成於乾隆之癸酉,前後六七年間,或數年而無一字,或頃刻而數千百言,汩汩滔滔,不加點竄,自爾文成理暢。"又"目次"末楊卓識曰:"右書十餘卷,聞惟《八宮圖説上》最□,□《後天圖説》、《先天圖説》、《觀音説》,又次《造化太極圖説》,餘俱□□成。而今之序如右,蓋以理爲次,而不計其歲月之先後□。《造化太極圖》雖非出於古聖之手,而太極之所以有是形者,於此始見其圖之出於自然,而且得其所以然,故以列説篇首。《觀音説》則因俗談而闡推遼,雖亦未始非妙理所在,而意雜老氏,蓋亦游衍之戲筆耳,故以附諸篇末。"

書中有徐棟夾簽,題曰:"世有表章此書者,《觀音説》急宜删去,識者自能辨之。"

《四庫全書總目》、《續修四庫全書總目提要(稿本)》均未見録。

《震軒夏先生易詠》一卷,清夏震軒撰。一册。

原本未題撰者,兹暫依書名著録,"震軒"宜是夏先生字號。生平行蹟待考。

是書所集卦題詠詩凡六十四首,故書名"易詠"。如《乾卦詩》云:"純陽至健定元亨,不息同乾日夕行。潛見躍飛終戒亢,存亡進退利居貞。大人分見天田位,君子專從惕厲成。會得群龍無首意,手持造化奠清寧。"

《四庫全書總目》、《續修四庫全書總目提要(稿本)》均未見録。

《任釣臺讀易法》一卷,清任啓運撰。一册。

任啓運,字翼聖,號釣臺。江蘇荊溪人。雍正十一年進士,官至宗人府丞。其學宗朱,研窮經術,撰著《周易洗心》、《禮記章句》、《孝經章句》、《四書約旨》、《女教經傳通纂》等,悉爲《四庫總目》收錄。《清史稿》、《清儒學案》有傳。

是書實爲任啟運《周易洗心》之節抄。《周易洗心》九卷,收入《四庫全書總目》經部易類,《總目》曰:"是編大旨謂讀易者當先觀圖象,故首卷備列諸圖,自朱子、邵子而外,如國朝李光地、胡煦所作諸圖,皆爲採入,而又以己見推廣之,端緒頗爲繁賾。""其說頗務新奇,然其詮釋經義則多發前人所未發。大抵觀象玩辭,時闡精理,實不盡從圖書生解。其文句異同,亦多從馬、鄭、王弼、王肅諸家之本。即不從舊本者,必注某本作某字,以存古義。亦非圖書以外,廢訓詁而不言。然則其研尋奇偶,特好語精微而已。非如張行成等,竟舍經而談數也。"

《易翼述信讀法》一卷,清王又樸撰。一冊。前有目錄。

王又樸,字介山。直隸天津人。雍正癸卯進士,官至廬州府同知。撰著《易翼述信》。詳見《清史稿》列傳。

《易翼述信》十二卷,《四庫全書》經部易類收錄。館臣稱:是書"經傳次序悉依王弼舊本,而冠以讀易之法,終以所集諸儒雜論。其大旨專以彖象文言諸傳解釋經義,自謂篤信十翼,述之爲書,故名曰《易翼述信》。而以朱子所云'不可便以孔子之說爲文王之說'者爲非。其徵引諸家,獨李光地之言最夥,而於《本義》亦時有異同。蓋見智見仁,各明一義,原不能固執一說,以限天下萬世也。至其注釋各卦每爻,必取變氣,蓋即之卦之遺法。其於河圖洛書及先天後天,皆不列圖,而敘其說於雜論之末,特爲有識。其時、位、德、大小、應比、主爻諸論,亦皆恪遵《御纂周易折中》之旨,闡發證明,詞理條暢,可取者亦頗多焉。"

是鈔即《易翼述信》卷一《讀法》之節錄。據目錄依次爲:彖、大象、小象、時、位、德、應比、主爻、大小、陰陽奇耦君臣,初難終易中爻之備,觀爻過半,二四遠近,三五剛柔,愛惡遠近情僞,占辭。

《易例舉要》一卷,清吳鼎撰。一冊。

吳鼎,參見清抄本《易象集說附錄》。

鼎撰《易例舉要》二卷,收入《四庫全書》經部易類存目。館臣謂:"是書仿《御纂周易折中》卷首義例而益加推衍。上卷多輯先儒之說,下卷多出己意,凡一百四十八條。"是抄僅一卷,係節錄其部分條目。

《折衷附論》一卷,一冊。

是抄實爲《御纂周易折中》卷二十一《啟蒙附論》之節錄。前有目錄,其抄錄各篇依次爲:河圖洛書陰陽動靜圖說、河圖洛書加減乘除圖說附洛書真源圖說,河圖洛書未分未變方圖說,圖形合洛書爲法象之原,先天後天卦之陰陽不同,後天卦以天地水火爲體用,先天卦變後天,先天卦配河圖,後天卦配河圖,先天卦配洛書,後天卦配洛書,先天卦生序卦,後天卦生雜卦,方圓得大衍之數,勾股得大衍之數,老陽數合方法,老陰數合勾股法,乾坤策數合周天晝夜度數。

《周易經傳》,一冊。

扉頁題"易鈔五種。玉京山人著。楊卓訂"。此叢抄諸書均無確切抄寫年月,唯驗其字體、紙張,則宜近乾嘉之時。

0074 明嘉靖刻隆慶重修本尚書注疏 T329/1123B

《尚書注疏》二十卷,題漢孔安國傳,唐孔穎達疏,唐陸德明音義。明嘉靖李元陽刻隆慶二年(1568)重修本。十六册。半頁九行二十一字,四周單邊,白口,無魚尾,書口下有刻工。框高 19.5 釐米,寬 12.8 釐米。題"漢孔氏序;唐孔穎達疏;明福建提督學校僉事後學江以達校刊"。前有孔穎達序。

江以達,字于順,號午坡。江西貴溪人。嘉靖五年進士。官湖廣提學副使。廉介方剛,不避權勢,居楚數年,爲楚藩所搆,削籍。

此爲《十三經注疏》零種,江以達重修之本。李元陽本於每卷之第一頁第三行刊有"明御史李元陽、提學僉事江以達校刊"一行,今此本易爲"明福建提督學校僉事後學江以達校刊"。又此本較本館另藏《十三經注疏》本刷印要早,後印之本於此行文字亦已挖去。

0075　明刻套印本東坡書傳　　T331/4954

《東坡書傳》二十卷,宋蘇軾撰。明凌濛初刻朱墨套印本。八册。半頁九行十九字,四周單邊,白口,無魚尾,書眉上刻評。框高 20.6 釐米,寬 13.9 釐米。前有凌濛初序。

凌序曰:"蘇氏雖亦宋人乎,然其博洽異常,可於其詩知之;其聰明蓋世,可於其文知之。固非一時諸儒所可望項背者。此其於飽飣經生之二豎,未入膏肓也,與其祧漢而宋乎,則毋乃廊廡諸儒而兩巉蘇矣。"

是書眉端載袁了凡、姚承庵、楊用修、沈則新、陳子淵、邵二泉、王炎、王仲山、薛方山等諸家評語。書中圈點并評語均用朱色。《四庫全書總目》入經部書類,《四庫》館臣所見者爲十三卷本。《總目》云:"是書《宋志》作十三卷,與今本同,《萬卷堂書目》作二十卷,疑其傳寫誤也。晁公武《讀書志》稱熙寧以後專用王氏之説,進退多士,此書駁異其説爲多。今《新經尚書義》不傳,不能盡考其同異。但就其書而論,則軾究心經世之學,明於事勢,又長於議論,於治亂興亡披抉明暢,較他經獨爲擅長。""洛閩諸儒以程子之故,與蘇氏如水火,惟於此書有取焉。"

《中國古籍善本書目》著録。上海圖書館、臺北"國家圖書館",及美國國會圖書館、日本内閣文庫等近二十館亦有入藏。

鈐印有"森氏圖書之記"、"□石軒藏"。

0076　明刻本書經集注　　T331/4931

《書經集注》十卷,宋蔡沈集注。明刻本。二册。半頁九行十七字,四周單邊,白口,單魚尾,書眉上刻注。框高 18.8 釐米,寬 13.9 釐米。題"蔡沈集注"。前有嘉定二年(1209)蔡序。末有後序。

蔡沈,字仲默,號九峰。建陽人。事蹟附載《宋史·蔡元定傳》。

蔡序云:"慶元己未冬,先生文公令沈作《書集傳》,明年先生殁,又十年始克成編。"蓋此書之集注始於宋慶元五年,竣稿於嘉定二年。

《集注》本有六卷及十卷之别。據《中國古籍善本書目》著録,"十卷本"明代有嘉靖二年贛州府刻本,嘉靖三十年倪淑刻萬曆二十三年倪甫英、倪家澈重修本,隆慶三年周文奎刻本,萬曆元年熊冲宇刻本,萬曆五年寶文照傳芳書屋刻本,此外又有"明刻本"。哈佛藏本和以上版本均不同,當另一明刻本。

"六卷本"明代所刻有明嘉靖三十五年廣東崇正堂刻本,明書林克勤齋余明台刻本,明書林新賢堂張閩岳刻本,另有一"明刻本"。

鈐印有"知止堂"、"原氏所藏"、"家在九峯高處"。

0077　清乾隆刻本尚書通考　　　　　　　　　T333/4885

《尚書通考》十卷,元黃鎮成撰。清乾隆三十一年(1766)徐時作刻本。六冊。半頁十行二十字,左右雙邊,白口,單魚尾。框高17.4釐米,寬13.4釐米。題"昭武黃鎮成先生編輯;建寧徐時作補訂;男光羲、孫家恒、姪惇典校"。前有乾隆三十一年徐時作序,康熙十六年(1677)納蘭成德序,元至順元年(1330,原署宋天曆三年)黃鎮成原序;目錄。

黃鎮成,字元鎮,號存存子,學者稱"存齋先生",福建邵武人。自幼篤志力學,及長,以聖賢踐履之學自勵,無仕進意,巢室城南,曰"南山耕舍",隱居著書。部使者相繼論薦,不應,後用執政奏,授江西路儒學提舉,命下而卒,謚曰貞文處士。著述又有《周易通義》、《中庸章旨》、《性理發蒙》、《秋聲集》。《宋元學案》、《(咸豐)邵武縣志》卷一四《儒林》有傳。

是書專考《尚書》名物典章。黃鎮成原序曰:"讀書窮理,即器會道,乃學者之當務也。余方授兒輩以《書》,間或有問,不容立答,則取關涉考究者,薈萃抄撮,或不可言曉者,規畫爲圖以示之。至衆家之説有所不通,則間述臆見,以附於下。如舊圖舊説已備者,不復贅出,其有未盡,則隨條辨析焉。歲月積累,寖成卷帙。兒輩乃請次其顛末,以便考尋,名曰《尚書通考》。"

卷一諸儒家法傳授之圖、百篇書目、伏生今文尚書、孔氏古文尚書、尚書名義、壁藏異記、許氏書紀年圖、虞書、帝王傳授心法圖、若稽古、堯典大學宗祖圖、九族、羲和世掌圖、曆象日月星辰、朱子日月順天左旋圖、日月麗天之圖、經星列宿名數圖、緯星圖、十二次舍圖、周天十二次日月所會圖、東坡辰次分野圖、四仲圖、中星運候、中星圖、月令中星圖;卷二歲差法、期三百有六旬六日以閏月定四時成歲、《史記》曆書大小餘解、古今曆法;卷三在璿璣玉衡以齊七政、璿璣渾儀圖、歷代渾儀、肆類于上帝、禋于六宗、輯五瑞、巡守、律、辰建交貿圖、班志隔八相生圖、律管應月候氣圖、律管長短忽微圖、十二律還相爲宮、變宮變徵、京房六十律法、律法相生損益之次;卷四蔡西山黃鍾生十一律解、十二律管相生圖、變律、律生五聲、變聲、歷代樂名、度、周尺圖説、量、衡;卷五五禮、五玉三帛二生一死贄、如五器、五載巡守、封山濬川、五刑圖、四罪、二十有八載帝乃殂落、咨二十二人、世系、五品、五教、五刑有服、五流有宅、庭讓臣名、聲依永律和聲、八音、徵庸在位陟方、六府三事圖、帝王道統傳授圖、干羽、四載、九川距海畎澮距川、百畝爲夫圖、九夫爲井圖、四丘爲甸圖、同圍有澮圖、觀象作服圖、候以明之;卷六弼成五服、九成樂器、通志八音、朱子琴律圖説;卷七禹敷土隨山刊木、九州水土圖、九州山川貢賦圖;卷八通志地理略、禹貢五服圖;卷九七世之廟、儀禮寢廟辨名圖、諸侯五廟圖、諸儒廟制圖、劉歆廟制圖、生明生魄望朒、生明圖、生魄圖;卷一〇九疇之綱、九疇之目、日月冬夏、召誥土中、祖晅圭表圖、祖晅五表圖、洛誥大室、列爵分土、田制賦乘圖、無逸圖、周官圖、六年五服一朝、周禮六服朝貢圖、顧命圖。

其書大概,則如納蘭成德序所言:"《通考》紀《尚書》名物度數,舉夫七政九疇,六宗五禮,方州之貢賦水土,律呂之長短忽微,皆著其説。説有未盡,復系以圖,彙集諸家,而衷以己意,詳目備矣。"然《四庫全書總目》卻以爲,《通考》雖堪稱詳備,但其中有"與經義無關,失之泛濫"者,或"經有明文,而復登圖譜,別無發明,亦爲冗瑣","似乎隨筆記錄之稿,未經刊潤成書者"。但館臣又肯定其考證之學,曰:"《書》本以道政事,而儒者以大經大法爲麤蹟,類引之而言心","鎮成此編,雖頗嫌蕪雜,然猶爲以實用求《書》,不以空言求《書》者。其自序有曰:'求帝王之心易,考帝王之事難。'可謂知説經難易之故也。"

是書舊有元刻及清康熙間刻《通志堂經解》本,此本則乾隆間徐時作再刊。徐序曰:"乙酉春,選拔陳君堯俞,得此原本於郡學鄭師之署,付我姪孫惇典,請爲重刻。余得此書,乃商惇典之父東谷,留心校勘,缺者補之,譌者正之,擇良謀鋟,不五月而工竣。"按,徐序既云"不五月而工竣",則板成之日應仍在乾隆乙酉。然此本扉頁鐫題"乾隆丙戌新鐫",徐時作序署年亦作"乾隆丙戌",因從之定爲刊年。徐時作,建寧人,雍正丁未進士,知成安縣,嘗傳刻顧炎武《毛詩古音考》。

卷一原闕五十七行。按,《鐵琴銅劍樓藏書目録》著録元刊本,曰:"元黃鎮成撰并序,又雷機序。每半頁十二行,行廿四字。字蹟清整,摹雷序行書尤工,猶是天曆舊刻也。通志堂本失去雷序,卷一'而明白坦'下脱去二葉。乾隆中建寧重刻,徐時作序曰'選拔陳君堯俞得此原本於郡學',然其闕葉仍未之有。"

扉頁刻"尚書通考。黄鎮成先生輯。乾隆丙戌新鐫。崇本山堂藏板"。

《四庫全書總目》入經部書類。《中國古籍善本書目》未著録,但收録元刻本與清康熙刻《通志堂經解》本。

鈐印有"鄭盦"、"願補過齋藏本"。

0078　明刻本書傳大全　　　　　　　　　　　　T334/4208

《書傳大全》十卷《綱領》一卷《圖》一卷,明胡廣等輯。明刻本。十册。半頁十行二十二字,四周雙邊,黑口,雙魚尾。框高27.4釐米,寬17.3釐米。

是書前列《凡例》四則,又引用先儒姓氏及奉敕纂修諸臣銜名,並《圖》、《集傳序》、《綱領》、《書序》。卷末有後序。

大旨依陳櫟《尚書集傳纂疏》、陳師凱《蔡傳旁通》。前者皆墨守蔡傳,後者則於名物度數考證特詳。兩家義理與考核既長且備,尚勝於《易》、《詩》、《禮》、《春秋》等類。

《四庫全書總目》入經部書類。《中國古籍善本書目》著録明刻本一種,藏福建省圖書館及華南師範大學圖書館,不知與此同否。又美國普林斯頓大學葛思德東方圖書館藏有明初內府刻本(存卷二至一〇),或與此同板。此本爲皮紙。

鈐印有"不讀非聖之書"、"平原之人"、"元印仁孫"。

0079　明刻本鐫彙附百名公帷中纂論書經講義會編　　T334/5062

《鐫彙附百名公帷中纂論書經講義會編》十二卷,明申時行撰。明書林楊春榮刻本。六册。半頁十二行二十四字,上欄二十行十二字,四周單邊,白口,單魚尾。框高22.7釐米,寬12.4釐米。題"少師兼太子太師吏部尚書中極殿大學士申時行手授;甥李鴻,男用懋、用嘉,後學徐銓仝校訂"。前有萬曆二十六年(1598)申時行序,萬曆四十三年(1615)蔣方馨序。

時行,字汝默,號瑶泉,晚號休休居士。長洲人。嘉靖四十一年進士第一,授修撰,以文字受知張居正。萬曆中累官吏部尚書,繼張四維爲首輔,政務寬大,世稱長者。諡文定。《明史》

有傳。

卷一至二《虞書》，卷三《夏書》，卷四至五《商書》，卷六至一二《周書》。《四庫全書總目》入經部書類存目。《總目》云："是編乃時行官翰林直日講時所進。其説皆恪守蔡傳，務取淺近易明。"

申時行序云："獨是書藏於樂中，惟閣臣講僚乃蒙宣賜，學士大夫罕獲覿焉。余甥李漸卿鴻，從余邸第得而讀之，因與懋、嘉兩兒共加衷輯，合余前所採録，共爲一編，於是《尚書》大義論説衍繹粲然備矣。徐文學衡卿氏，家世受《書》，謂是編不可無傳，欲付剞劂，公諸同志者，命之曰《書經講義會編》。"

是書序後列引用名公書目及名公姓氏。下欄爲申氏之會編，上欄所刻皆各家所注，乃蔣方馨以申書爲本，參以"百名公"之説。其書前有"大凡"九則，可窺編輯之意。其末條云："《縈論》一刻，發先人枕内之遺，搜友人笥中之秘，丹鉛五載，方得脱稿，何敢自謂去取之間或有微長，然而功亦勤，志亦苦矣。"又此本"下簡悉照吳中刻本"翻刻，疑吳中本即徐銓刻本。

是書日本東京大學東洋文化研究所及尊經閣文庫亦有入藏。《中國古籍善本書目》僅著録《書經講義會編》十二卷，明萬曆二十五年徐銓刻本，《新鍥書經講義會編》十二卷，明刻本，而無是刻。

又是本"大引"後刻"雲間後學蔣方馨頓首謹識，三衢書林王應俊鳩工梓行"二行，卷十二又有荷蓋蓮座書牌，刊"書林楊春榮梓"。今版本項據牌記而定。

查《中國古籍善本書目（徵求意見稿）》載有是書兩種，行款悉同此哈佛本。一作明萬曆書林王應俊刻本，藏湖南圖書館、復旦大學圖書館、溫州市圖書館；一作明萬曆王振華刻本，藏北京大學圖書館、東北師範大學圖書館。今《中國古籍善本書目》正式出版後，不知何故刪去以上兩種。疑湖南等館所藏或同此哈佛本。又北大本字體和此本有異，當爲二板。據知美國芝加哥大學遠東圖書館亦藏一帙，上欄文字和此本完全不同。

0080　明崇禎刻本便蒙删補書經翼

T334/0410

《便蒙删補書經翼》七卷，明謝廷讚撰。明崇禎長庚館刻本。七冊。半頁九行二十五字，四周單邊，白口，無魚尾。框高 21.1 釐米，寬 11.7 釐米。前有謝廷讚序。

謝廷讚，字日可。江西金谿人。萬曆二十六年進士。授刑部主事，疏言閣員當補，臺省當選，礦税當撤，冠婚册立當速，詔令當信。持疏跪文華門候命，神宗震怒，褫職爲民。遂僑寓維揚，授徒自給，久之卒。有《緑屋游草》十五卷。

此書題"便蒙"，當爲初習《書經》之學子所用。《明史・藝文志》著録。謝序云："余此解，蔡傳百家，左右採獲，要約精諦，無一字虛設。苞蓄富而篇什寡，脈髓筋絡，圈單複識焉。扼吭指掌，習蒇便者。余家傳爲揣摩而珍爲金鍼久矣。念已嚮其利，宜廣其傳，適徐戚子請授剞劂，遂漫書數語付之。此解行而蔡傳百家俱爲胼贅，寧惟解果化而進賢，爲壁藏大闢一坦途哉。"序末署"書於維揚書院"，當謝氏僑寓揚州時所撰。

扉頁刊"日可謝先生補註書經翼，長庚館藏板"。并鈐有"長庚館刊"圓印。長庚館爲明末書肆，又刻有《四書直解指南》、《新鍥誠意伯秘授玄微通旨滴天髓》等書。

《中國古籍善本書目》等書目皆未著録。

鈐印有"大下藏書"。

經部

0081　明萬曆刻清印本尚書疏衍　　　　　　　　　　T334/7982

《尚書疏衍》四卷,明陳第撰。明萬曆四十年(1612)陳氏自刻清印本。四册。半頁十行二十一字,左右雙邊,白口,單魚尾。框高 20.2 釐米,寬 14.1 釐米。題"閩中陳第季立著;金陵焦竑弱侯閲"。前有萬曆四十年焦竑序,萬曆四十年陳第自序。

陳第,字季立,號一齋。福建連江人。萬曆時諸生。都督俞大猷召致幕下,教以兵法,起家京營,出守古北口,歷薊鎮游擊將軍,在鎮十年,致仕歸。善詩,學問淹博。所居世善堂,藏書極富。

第序云:"近因宋元諸儒疑古文僞作,竊著辨論數篇,因復取古今注疏詳悉讀之。意所是者標之,意未安者微釋之,句讀未是者正之,其素得於深思者附著之,間又發揮於言外,以俟後世冀修己治人者實有取於經,而典謨、訓誥、誓命、貢徵、歌範,皆徵之行事而已矣。録成,未敢自信,質之弱侯先生。乃其報書云,段段愜心,言言破的,真學者之指南,越世之卓見也。遂力付之梓,以與《古音》、《圖贊》并行。"

《四庫全書總目》入經部書類。《中國古籍善本書目》未著録。臺北"國家圖書館"僅有抄本入藏。此本焦序之首頁書口下有"戴惟孝刊"。按,戴惟孝曾刻有《史臠》二十五卷、《説略》三十卷,俱明萬曆刻本。又此本用紙爲清代皮紙,卷四末頁被挖去一處,疑買人所爲,然不知爲何等文字。

鈐印有"蓉裳"、"囗忠劉氏"。

0082　明萬曆刻本新校尚書減注　　　　　　　　　　T334/3620

《新校尚書減注》六卷,明潘叔應撰。明萬曆書林寶善堂刻本。二册。半頁九行十七字,四周單邊,白口,雙魚尾。框高 20.4 釐米,寬 12.7 釐米。前有嘉定二年(1209)蔡沈序,萬曆三十二年(1604)潘濬序。

此書之作,蓋因蔡沈《書經集注》一書,始讀之學子訓誦惟艱,故叔應爲之去繁增略而成。潘濬序云:"近世南豐江氏節爲《便蒙》一編,又不免過爲簡略,尚未有能會詳簡之中,以垂後學之式,余竊病焉。宗弟叔應氏以校遊之暇,庭訓其子,手是編而選訂之,删繁增略,俾帝王經法一展誦而益明,既不失蔡氏著傳之旨,而窮經之士得以明其理而達其辭。"

卷一題"新校虞書減注",卷二至六題"新校尚書減注"。扉頁刊"蔡傳便蒙書經集註。寶善堂記。人瑞堂藏板"。卷六後有牌記,刊"大明萬曆新歲春月吉旦書林寶善堂梓"。寶善堂又刻有《分類補注李太白詩》,明嘉靖二十二年刻本。

《四庫全書總目》未收。《中國古籍善本書目》未著録。

0083　清康熙刻本尚書舌存　　　　　　　　　　　　T335/4461

《尚書舌存》不分卷,清蔣鳴玉撰。清康熙刻本。十册。半頁九行二十三字,四周單邊,白口,單魚尾。無欄綫,行間刻圈點。框高 19.5 釐米,寬 12.1 釐米。題"金壇蔣鳴玉楚珍參著;男超虎臣補訂"。前有康熙八年(1669)洪琮序,順治十四年(1657)張茁序,順治十五年(1658)

陸洽原序;順治十四年蔣超撰《凡例》四則。

蔣鳴玉,字楚珍。江蘇金壇人。明崇禎十年進士,授台州推官。弘光朝南渡,官兵科給事中。明亡,棄官歸鄉里。後由洪承疇薦,出仕山東按察司僉事。爲學不名一家,自經史外,若諸子百家、神仙浮屠之書,無不博覽。少時尤長舉子業,著聲場屋。順治十一年卒,年五十有五。著有《怡曝堂集》。長子超,字虎臣,順治四年進士。事蹟具《(乾隆)浙江通志》、《清代碑傳全集》。

是編説解《古文尚書》五十八篇,未分卷帙,但按頁碼計,則《虞書》、《夏書》、《商書》、《周書上》、《周書下》各自起訖。每篇首揭經旨,而後逐節釋解串講,間附考説,多引述他書。《凡例》云：是書"託始於《大全》,借材於《日記》、《晚訂》、《會要》、《副墨》諸書,包羅最廣。"按,《大全》宜即胡廣《書經大全》,《日記》當爲王樵《尚書日記》,《晚訂》爲史維堡、史元調所著,《別墨》係楊肇芳之作。此四書皆明人説《書》之著者。唯《會要》書名無相當者,疑是申時行《書經講義會編》,尚可比垺四書。如是,則所謂"舌存"之旨,亦約略可曉矣。

《禹貢》篇別有續考,鳴玉子超補訂。蓋"取潘印川先生《河防考》、夏彝仲先生《禹貢合注》、《輿圖備考》、《三吳水利志》四書,摘其要者"而成之。《凡例》曰："漢人推習《尚書》者,治河良由《禹貢》一書,包括山川形勢、古今貢賦道里,具在一千九百二字中。""留心經濟之士,誠能飽讀此書,一切邊防水利,儘堪驅使。"

洪琮序曰："金沙舊有王氏《日記》,大約祖《東萊書説》,蔣中完先生裒集群書而折衷焉,通漢儒之博文,集宋儒之約理,粲然載於道德性命之旨,秩然見載天官地理、禮樂刑政之具。正而不迂,奇而不鑿,詳而無餘,約而無闕云。"

是本無確切刊年。避諱止於"玄"字。

《四庫全書總目》、《續修四庫全書總目提要(稿本)》均不收。《中國古籍善本書目》未著録。自《經義考》以來各家目録,亦無獲見。

0084　明崇禎刻本書經注疏大全合纂　　T334/1334

《書經注疏大全合纂》五十九卷首一卷,明張溥輯。明崇禎刻本。十六冊。半頁八行十八字,左右雙邊,白口,單魚尾。框高20.2釐米,寬14釐米。題"明後學張溥纂"。前有崇禎九年(1636)張溥序。

此爲溥輯《五經注疏大全合纂》之一。本館又有《易經注疏大全合纂》六十四卷、《詩經注疏大全合纂》三十四卷。

書前有"書經注疏大全姓氏"。經文後爲傳、釋文、疏、集傳并諸家之説。

《四庫全書總目》未收。《中國古籍善本書目》著録,然作三十四卷,或有誤,青島市博物館有入藏。日本尊經閣、內閣文庫所藏亦爲五十九卷本。

0085　明萬曆刻本尚書軌範撮要圖　　T331/4265

《尚書軌範撮要圖》一卷,明吳繼仕輯。明萬曆刻本。一冊。框高35.6釐米,寬24.2釐米。目録頁題"明新都吳繼仕考校"。

繼仕,字公信,徽州人。著有《音聲紀元》六卷。

經部

此或爲《七經圖》之部分，賈人拆零以充單種。幅廣圖精，計"五十八篇數圖"、"逸書篇圖"、"作書時世圖"、"帝王世次圖"等五十五圖。

0086　清乾隆刻本尚書古文疏證朱子古文書疑　　　　T335/7241

《尚書古文疏證》八卷，清閻若璩撰。《朱子古文書疑》一卷，清閻詠撰。清乾隆十年(1745)閻氏眷西堂刻本。八冊。半頁十一行二十字，左右雙邊，白口，單魚尾。書口下刻"眷西堂"。框高 18.7 釐米，寬 14.2 釐米。題"太原閻若璩百詩撰；平陰朱續晫近堂梓"。《朱子古文書疑》題"太原後學閻詠復申甫輯"。前有黃宗羲序，康熙四十三年(1704)閻詠序，乾隆十年閻學林序；乾隆十年鍾靈敬跋；乾隆八年(1743)閻學林《〈四書釋地〉刊跋》附閻大玠識語；目錄。

閻若璩，字百詩，別署潛邱居士。山西太原人，寓居淮安山陽。諸生。長於考證，於諸經注疏背誦如流，於史綜覆貫穿，尤精地理。晚年名益著，海内名流過淮必主其家。康熙四十三年卒，年六十有九。著述又有《四書釋地》、《潛邱劄記》、《孟子生卒年月考》。子詠，孫學林，曾孫大玠。事蹟具《清史稿》本傳，江藩《國朝漢學師承記》奉列諸儒首位。

此書乃清學辨僞名著。《國朝漢學師承記》稱百詩"年二十，讀《尚書》至古文，即疑二十五篇之僞，沈潛二十餘年，乃盡得其癥結所在，作《尚書古文疏證》"。其書名之義，見諸詠序："徵君所以名其書之義，實嘗與聞。蓋讀《漢書儒林傳》，孟喜得《易》家候陰陽災變書，詐言師田生枕喜膝，獨傳喜，諸儒以此耀之，同門梁丘賀疏通證明之。顏師古注：疏通，猶言分別也；證明，明其僞也。摘取此二字。首曰'尚書'，尊經也；次曰'古文'，傳疑也。"

全書八卷(卷五、卷六復分上下)，凡訂僞一百二十八條，每卷各十六條，卷前並附目錄。然今本卷三全闕，其中第三十三條至四十一條猶存其目，第四十二條至四十八條並目無之。又卷二第二十八條至三十條有目無書，卷七第一百二、一百八、一百九、一百十條，卷八第一百二十二至一百二十七條，皆無目無書。蓋百詩沒後傳寫致佚，故全書實存九十九條。

《四庫全書總目》云："其書初成四卷，餘姚黃宗羲序之。其後四卷，又次第續成。""若璩沒後傳寫"，"編次先後，亦未歸條理，蓋猶草創之本。"按，是書撰寫、編定乃至刊印，歷經三代，茲擷取書内序跋按語，可探其經由始末者，以見此書行世之不易。

卷一末有百詩按曰："東坡《紀年錄》，元符三年六月晦，無月，碇宿大海中，勢甚危險，起坐四顧，所撰《易》、《書》、《論語》，皆以自隨，而世未有別本。拊而嘆曰：'天未欲喪是也，吾儕必濟。'已而果然。予每嘆古人以著述免患難如此！癸亥秋，將北上，先四、五月間，淨寫此《疏證》第一卷成。六月，攜往吳門，於二十二日夜半泊武進郭外，舟忽覆，自分已無生理，惟私念曰：'《疏證》雖多副本在京師，然未若此本爲定。天其或不欲示後人以朴乎，吾當邀東坡例以濟越。'次日達岸，往告吾友陳玉璂賡明，賡明喜曰：'此盛事，不可以不記！'因記於此。"

又卷四末按曰："白居易記其《白氏文集》，家藏外別錄三本：一本置於東都聖善寺鉢塔院律庫中，一本置於廬山東林寺經藏中，一本置於蘇州南禪院千佛堂内，蓋樂天佛弟子也，故欲廣藉佛力護持。余非學佛者，雅愛太史公自序有藏之名山之例，此《疏證》第四卷成時，別錄四本：一寄置太華山頂，友人王弘撰司之，一寄置羅浮山，應屈大均之請，是所謂藏之名山；其二本則寄千頃堂、傳是樓之主人宦長安者，又所謂副在京師也。"

是知《疏證》傳本，即由百詩錄副寄存，亦未必定本，蓋辨僞《古文尚書》，事關重大，不得不慎而又慎，訂之再三也。乃至百詩謝世，竟不及寫定全書，有詠序爲證："凡數十萬言，先標出以告天下，庶他日奉徵君還山陽，築禮堂，爲寫定，不致憒於所好，則又徵君之志，而小子詠所有事云。"按，詠序撰於康熙甲申端午前三日，時《疏證》尚待寫定，是年六月八日百詩歿，前後僅一月，其志未償可知矣。百詩何以謹愼之至，閻詠《朱子古文書疑》序可窺一斑。

《朱子古文書疑》一卷，閻詠奉父命而纂。自序云："家大人徵君先生著《古文尚書疏證》若干卷，愛之者爭相繕寫，以爲得未曾有，而怪且非之者亦復不少。徵君意不自安，曰：'吾爲此書，不過從朱子引而伸之，觸類而長之耳，初何敢顯背紫陽，以蹈大不韙之罪！'因命詠取《語類》四十七條，《大全集》六條，彙次成編，名《朱子古文書疑》，就京師刻以行世。告詠曰：'夫破人之惑，若難與爭於篤信之時，待其有所疑焉，然後從而攻之可也。此歐公語也。歐公又言，孔子者，萬世取信一人而已。余則謂，朱子者，孔子後取信一人而已。今取朱子之所疑告天下，天下聞之，自不必盡篤其信。所謂有所疑，然後出吾《疏證》以相示，庶其有悟乎。'詠嘆其循循善誘，不驟以彊人，故亦不敢旁溢一語，即錄以爲序。"其披陳曲衷，誠爲信實，宜亦少益於研究斯人斯書者，故錄於此。

百詩遺書，後由嗣子若孫編定刊行。《葉景葵雜著·卷盦書跋》之《〈尚書古文疏證〉跋》略有考述："此舊鈔本，有胡朏明序，係百詩歿後其子詠屬朏明校定之本，朏明序而還之。越四十年，詠之子學林始克刊於揚州，即眷西堂刻本也。茲以鈔本與刻本對讀，發見互異之處如左：刻本無胡序，有黃梨洲序。梨洲作序時，僅見四卷以前之稿（《疏證》云：黃君太沖晚而序余書兩卷。黃序云：方成四卷，屬余序之），朏明則於百詩身後代爲寫定，不知何以刪去胡序。"又云："按學林付刊時，其父詠早已物故，似朏明校定之本，又經後人意爲增損矣。"

是本即"學林始克刊於揚州"者。據學林序曰："乾隆乙丑之秋，刻《尚書古文疏證》成。嗟乎！此先君子之志也。今而後，學林得稍慰先君子於地下矣。先大父窮經博學，海內所仰，遺書未出，學者引領望之。先君子在中翰時，嘗商於肇१故舊，欲板行之，以公海內，而工費浩繁，未有成局，經營於心者十餘年，學林敢一日忘先君子之志哉！癸卯、己酉，學林兩至京師，先人之舊好寥寥數人，無復贊成斯事者。仲弟學機，珍重先大父遺書，勤加手錄，而天不假年。學林又累於食指，丙辰以來，微秩自效，官卑俸薄，每泫然抱遺書而泣，思欲繼先君子之志，如蚊虻負山，精衛之填滄海也。癸亥春，謁同里夔州程先生，先生雅嗜先大父書，慨然捐貲，始議開雕，而淮揚士大夫更多好義者，于是閱二載而遂以蕆事。"是知此本始刊於乾隆八年，竣工在乾隆十年，而板成之後又小有增補。卷四末附補遺十一則，後有學林題識："右十一則，係刻成後，從先徵君手書他本中撿出，不敢佚漏，亟附四卷末，以備參考。"

按，捐貲者夔州程先生，先此嘗助刊閻若璩《四書釋地》。此書前載閻學林《〈四書釋地〉刊跋》曰："右二集續釋《四書》中人物鳥獸，以及典制訓詁，共一百八十四條，統前二編，共四百二十一條。薈萃精核，訂訛補遺，先徵君羽翼經傳之功，於是大備。而不遇同里夔州程先生爲之刊布，亦未由以傳。書之顯晦，固有時哉！竊謂分人以財，爲惠有限，益人知識，流澤無窮。予小子困頓風塵，不克纘承祖業，所奉遺編，兢兢恐墜。頃者《困學紀聞注》，既荷馬嶰谷、半查兩先生之力，鏤板維揚，而是書亦踵而行世，乃知嘉惠後學，達人有同心也。冀自茲以往，《尚書疏證》及《潛邱劄記》二書，諸君子閔予小子，協力襄助，俾得告成，則不朽之感，世世以之。"潛邱先生盛名於世，然其撰著刊刻艱難如此，茲錄此跋，存見斯時之世情也。

此書爲漢學經典，《四庫全書總目》稱："反復釐剔，以祛千古之大疑，考證之學，則固未之或先矣。"然亦不掩其瑕："其他諸條之後，往往衍及旁文，動盈卷帙，蓋慮所著《潛邱劄記》或不傳，故附見於此，究爲支蔓。又前卷所論，後卷往往自駁，而不肯刪其前說，雖仿鄭玄注《禮》，先用魯《詩》，後不追改之意，於體例亦究屬未安。"若天假以年，百詩得手定全書，或未必如此也。

扉頁刻"尚書古文疏證。太原閻百詩先生著"。

楷書寫刻甚精。避康、雍、乾三朝帝諱極嚴。

《四庫全集總目》入經部書類。《中國古籍善本書目》未著録。中國科學院圖書館、中國人民大學圖書館、清華大學圖書館、天津師範大學圖書館、河北師範大學圖書館、内蒙古師範大學圖書館、遼寧大學圖書館、山西省圖書館、山東省圖書館，以及日本京都大學人文科學研究所圖書館、東京大學圖書館、國會圖書館、内閣文庫也有收藏。但其中或據卷端題名，著録作"朱續晫近堂刊本"。按，是書又有嘉慶元年吴人驥刻本、同治六年汪氏振綺堂刊本見載書目，而世行最廣者，莫過《皇清經解續編》本。

鈐印有"臣澍私印"、"字曰介侯"。

館藏複本一部，十册，唯闕乾隆八年閻學林《〈四書釋地〉刊跋》及附閻大珩識語。

0087　清康熙刻本深柳堂彙輯書經大全正解　　T335/2341

《深柳堂彙輯書經大全正解》十二卷《圖》一卷《深柳堂禹貢增删集注正解讀本》一卷，清吴荃撰。清康熙二十九年(1690)孝友堂、贈言堂刻本。十二册。半頁十二行三十字，四周單邊，白口，單魚尾。版心下刻"深柳堂"。無欄綫，行間刻圈點。框高20.2釐米，寬13釐米。題"三晉馮懿生、秀州朱錫鬯、九河劉訓夫、安昌高紫虹四先生鑒定；丹陽吴荃蓀右彙輯"。前有康熙二十七年(1688)劉梅序，康熙二十九年吴荃自序；《凡例》九則；《書經正解類題辨異》；參閲同人姓氏；目録。

吴荃，字蓀右。江蘇丹陽人。康熙三十九年進士。

是編薈萃諸家《尚書》講義并爲之解。全書按古文《尚書》五十八篇分卷：卷一至二《虞書》，卷三《夏書》，卷四至五《商書》，卷六至一二《周書》。

其例於篇首曰"全旨"，揭示全篇要旨；又於各章節句讀訓詁之後，復列"合參"、"析講"二項，"合參"悉遵蔡傳，"析講"間采先儒時賢精論。解説經義，兼及文章。《凡例》云："各節肯綮分綴於串講之後，復於上下承遞處、語意歸重處、首尾照應處、字句關會處，毫不敢混，學者潛心體玩之，不特《書》義瞭然，行文亦思過半矣。"

附《圖》一卷，以爲釋義之助。《凡例》云："《尚書》所載曆象璣衡、星躔分野、律吕損益、水道出入、日月之行、河洛之數、測景之法、弼服之規，固有語焉不詳、披圖如覩者。是編參考異同，擇其至當無訛者，繪圖列於卷首，一覽了然。"

附《類題辨異》，舉《尚書》中異篇同句或句異一二字者，比而列之，使作文者不致誤認經題。此亦爲舉業家計也。

附卷《禹貢增删集注正解讀本》，與《書經大全正解》中《禹貢》篇釋義或異。《凡例》述其由來曰："余童時所習《禹貢》善本，得自金沙馮氏家傳，較集内增删蔡注，更爲簡明精當。然欲刊落蔡傳，易以手抄，竊所未敢。故另梓一集，附於卷末，俾學者便於記誦。"

是編纂集之由，參見吴荃自序，序曰："他經多主於天人性命之微，而《書》則專道政事。蓋憑虚者易詮，而蹠實者難洽也，豈戔戔卮辭曲説所能通其條貫哉！今之説是經者多矣，惟申文定《會編》一書，學者奉爲指南。""《會編》綱舉目張，犁然若撥雲霧，而於諸家辨異參同、折疑訂難之説，多畧而不收。揆之泰山不讓土壤，江海不擇細流之義，似有未合者。余用是不揣固陋，旁搜薈萃,輯爲《正解》一編,寒暑矻矻,兩閱歲而後告成事焉。雖不敢上擬昔賢宸告之酌,而示及門以質同志,爲舉業之荃蹄者,亦庶乎無舛所趨矣。"

又《凡例》第一則記載是書刊印始末,曰:"余年來鍵關蕭寺,授徒餬口,諸生各占一經,課讀之餘,僅得指陳大略。惟壁經爲余專業,鉤纂討論,頗具苦心。坊客因《四書》一刻謬爲同人許可,力請是編問世。辭之不獲,遂錄付剞劂,仍顏曰《尚書正解》,從其舊也。"

自卷二以下,各卷卷端題名作"秀州朱錫鬯、三晉馮懿生、安昌高紫虹、新會黃絅齋四先生鑒定;丹陽吳荃蓀右彙輯"。

目錄頁卷五漏刻微子篇名。

扉頁刻"尚書正解。丹陽吳蓀右先生彙輯。馮、朱兩太史鑒定(朱印)。《尚書》講義,坊刻雖多,佳編絕少,本坊敦請先生參詳同異,斟酌簡繁,如集腋以爲裘,似煉花而成蜜,通材見此,當令神智倍增,初學讀之,不患疑團未釋,誠說經之寶鑑,亦制義之金針也,識者鑒諸。金閭孝友、贈言堂梓行(墨印)"。又鈐朱文印"翻刻千里必究"。按,是刊出自坊間,吳荃蓀《凡例》中已經言明,故雖於版心下刻有吳氏室名"深柳堂",仍不敢取用爲版本依據,而依扉頁刻"金閭孝友、贈言堂梓行"定其刊者。

是書《凡例》第九則言涉書坊盜版事,於古代書史研究不無小補,茲錄於下:"制義名選,如《錄真》、《文徵》、《韓選》諸書,真足主持風氣,爲一代指南。余自安固陋,退舍已久,而坊刻仍廁賤譁,真贋不辨自明。獨《正解》一刻,遭翻板之劫,亥豕魯魚,貽誤非淺。苦綿力不能追論,實用心瘨。茲編校讎既正,梨棗復工,倘利賈仍行盜翻,定當糾合同志,共剪蟊蠹,幸無更蹈覆轍。"

《續修四庫全書總目提要(稿本)》入經部書類。《中國古籍善本書目》未著錄。中國科學院圖書館也有收藏。

鈐印有"綠欹堂藏書記"、"山下氏藏弄記"、"北島千鍾房章",皆日人印。

0088 清康熙刻本禹貢譜　　　　　　T345/113

《禹貢譜》二卷,清王澍撰。清康熙刻本。四册。半頁九行二十字,四周單邊,黑口,雙魚尾。框高19.8釐米,寬12.2釐米。校訂姓氏頁題"金壇王澍蒻林考定"。前有康熙四十六年(1707)毛乾乾序,康熙四十六年王澍自序;校訂姓氏名目;目錄。

王澍,字若林,亦字蒻林,號虛舟。江蘇金壇人。康熙五十一年進士,授編修,充三朝國史、治河方略、御纂春秋三館纂修官,及五經篆文館總裁官。康熙六十一年,升户科掌印給事中。吏部員外郎。雍正四年,乞假葬親歸,遂不出,卒年七十有二。學宗宋儒,一本程朱。古今文雄深楙茂,書法獨步一時,鑒別古碑刻尤精。著述又有《大學困學錄》、《中庸困學錄》、《白鹿洞規條目》、《竹雲題跋》、《虛舟題跋》等。事蹟具《清史稿》本傳及《清史列傳》。

是書以圖譜爲主,釋説爲副。圖凡四十,每圖先列經文於前,圖上有釋解。其法一如自序所云:"澍之爲此譜也,先九州,次導山導水,次山川,次田賦,而終之以弼服,消息一隨乎經。"

卷上:冀州疆界、冀州貢道、兖州疆界、兖州貢道、青州疆界、青州貢道、徐州疆界、徐州貢道、揚州疆界、揚州貢道、荆州疆界、荆州貢道、豫州疆界、豫州貢道、梁州疆界、梁州貢道、雍州疆界、雍州貢道、導岍及岐、西傾朱圉、嶓冢岷山;卷下:導弱水、導黑水、導河、導江導漾、導沇、導淮、導洛、九州山川、九州田賦、賦法升降、九州全譜、甸服、侯服、綏服、要服、荒服、五服總圖、釋同。

　　毛序曰："夫井田既廢,溝洫無存,大河南北之墟,一望荒莽,水失故道,疏瀹不聞,而河受病爲最。兼之漕輓頻仍,堤防充斥,理財無術,坐困實深。安得有心者起而救之,而農田水利一舉復興,中原永爲樂土,豈不甚善。此蒻林之所以不譜他書,而獨譜《禹貢》之深意也。"是澍撰此譜,蓋爲治河者用也。

　　校訂姓氏題："校訂門人：武進莊潆潆川、宣焯德輝、張顯德宜、張應璽觀宸、莊渭渭熊、汪掄柱中立、休寧金碩評衡士、金碩鈞立民、金碩鍾扶清、仁和金德鉉韻文。"

　　扉頁刻"禹貢譜"。

　　《四庫全書總目》入經部書類存目,謂此書"大抵皆本蔡《傳》,而參以諸家之説,條理簡明,頗易尋覽。然多因仍舊説,依違遷就,不能折衷歸一,與胡渭《錐指》,蓋未可同日語也"。

　　《中國古籍善本書目》著録清康熙四十六年積書巖刻本,北京大學圖書館、中國人民大學圖書館等十館收藏。此外,中國科學院圖書館、臺北"中央研究院"史語所傅斯年圖書館及日本東京大學圖書館也有收藏。按,《中國人民大學圖書館古籍善本書目》著録該館藏本"封面鎸'積書巖藏板'",此應是《中國古籍善本書目》著録版本之依據。據查《清人室名別稱字號索引》,"積書巖"係王澍室名,則積書巖刻本即王澍自刻本。另《中國科學院圖書館中文古籍善本書目》著録三種版本：清康熙刻本、清康熙刻積書巖印本、清康熙刻後印本。

　　鈐印有"三木文庫"、"大茶庵",皆日人印。

　　館藏複本一部,二册。扉頁刻"禹貢譜。金壇王澍蒻林、休寧金詢于葦考定"。闕康熙四十六年王澍自序。毛乾乾序中"蒻林王君"四字改作"王金兩君","蒻林"二字改作"兩君",剜改之蹟,顯而易見,宜爲後印之本。故若書目題作者爲王澍、金詢二人者,多同此本。鈐印有滿漢文大方印"翰林院印"。

0089　清康熙刻本禹貢錐指　　　　　　　　T345/4232

　　《禹貢錐指》二十卷圖一卷,清胡渭撰。清康熙四十年(1701)漱六軒刻康熙四十四年(1705)增補印本。十册。半頁十一行二十一字,左右雙邊,白口,單魚尾。版心下刻"漱六軒"。框高18.7釐米,寬14.1釐米。題"德清胡渭學"。前有康熙四十四年御筆題字。康熙四十四年胡會恩《紀恩》。康熙四十一年(1702)李振裕序,康熙四十四年李振裕序,徐秉義序;康熙四十四年胡渭《略例》。

　　胡渭,初名渭生,字朏明,一字東樵。浙江德清人。諸生。研窮經史,尤精輿地之學。徐乾學奉詔修《一統志》,開局洞庭山,延渭及黄儀、顧祖禹、閻若璩分纂。年八十二卒。著述甚富,除此書外,别有《易圖明辨》、《洪範正論》、《大學翼真》行世,而未刊者尚多。事蹟具《清史稿》本傳及《清史列傳》卷六八。

　　是書始撰於康熙三十三年,告成於三十六年,而其發端則在與修《一統志》時。《略例》詳其原委,曰："昔大司寇崑山徐公奉敕纂修《大清一統志》,館閣之英、山林之彦,咸給筆札以從事。己巳冬,公請假歸里,上許之,且令以書局自隨,公於是僦舍洞庭,肆志蒐討,湖山閒曠,風景宜人。時則有無錫顧祖禹景范、常熟黄儀子鴻、太原閻若璩百詩,皆精於地理之學,以渭之固陋,相去什伯,公亦命繙閲圖史,參訂異同。二三素心,晨夕群處,所謂奇文共欣賞、疑義相與析者,受益弘多,不可勝道。渭因悟《禹貢》一書,先儒所錯解者,今猶可得而是正,其以爲舊跡湮没無從考究者，今猶得補其罅漏，而牽率應酬，未遑排纂。歲甲戌，家居，嬰子春之疾，偃息在牀，一切人事謝絕。因取向所手記者，循環展玩，撮其機要，依經立解，章別句從。歷三暮乃成，釐爲二十卷，名曰《禹貢錐指》。案《莊子·秋水》云'用管窺天，用錐指地'，言所見者小也。禹身歷九州，目營四海，地平天成、府修事和之烈，具載於此篇。彼方跐黃泉而登太皇，始於玄冥，反於大通，而吾乃規規然求之以察，索之以辯，是亦井䵷之見也。夫其不曰'管窺'而曰'錐指'者，《禹貢》爲地理之者，其義較切故也。"

是書分卷，依經文章句爲次。卷一"禹貢"至"奠高山大川"；卷二"冀州"至"島夷皮服夾右碣石入于河"；卷三"濟河惟兖州"至"浮于濟漯達于河"；卷四"海岱惟青州"至"浮于汶達于濟"；卷五"海岱及淮惟徐州"至"浮于淮泗達于河"；卷六"淮海惟揚州"至"沿于江海達于淮泗"；卷七"荆及衡陽惟荆州"至"浮于江沱潛漢逾于洛至于南河"；卷八"荆河惟豫州"至"浮于洛達于河"，卷九"華陽黑水惟梁州"至"浮于潛逾于沔入于渭亂于河"；卷一〇"黑水西河惟雍州"至"織皮崑崙析支渠搜西戎即敘"；卷一一上"導岍及岐至于荆山逾于河"至"熊耳外方桐柏至于陪尾"，卷一一下"導嶓冢至于荆山"至"過九江至于敷淺原"；卷一二"導弱水至于合黎"至"導黑水至于三危入于南海"；卷一三上"導河積石至于龍門"，卷一三中之上"南至于華陰"至"東過洛汭至于大伾"，卷一三中之下"北過降水至于大陸"至"同爲逆河入于海"，卷一三下附論歷代徙流；卷一四上"嶓冢導漾東流爲漢"至"東匯澤爲彭蠡東爲北江入于海"，卷一四下"岷山導江東別爲沱"至"東爲中江入于海"；卷一五"導沇水東流爲濟入于河"至"又北東入于海"；卷一六"導淮自桐柏"至"東會于泗沂東入于海"；卷一七"導渭自鳥鼠同穴"至"又東北入于河"；卷一八"九州攸同"至"咸則三壤成賦中邦"；卷一九"錫土姓"至"聲教訖于四海"；卷二〇"禹錫玄圭告厥成功"。

其體例：經文頂格；經文後低一格爲集解，首列孔傳孔疏，次宋元明諸家之說；集解後又低一格爲辯證，發揮未盡之義，駁正諸家之説。

首附《禹貢》圖，凡四十七：九州分域、爾雅九州、職方九州、冀州、兖州、青州、徐州、揚州、荆州、豫州、梁州、雍州、九州貢道、導山、導弱水、導黑水、梁州黑水、導河、龍門呂梁、鄴東故大河、九河逆河碣石、西域河源、吐蕃河源、滎陽引河、禹河初徙、漢屯氏諸決河、禹河再徙、唐大河、宋大河、金大河、元明大河、導漾、東西二源、導江、三江異派、導沇、出河之濟、大小清河、導淮、溝通江淮、導渭、關中諸渠、導洛、澗瀍改流、五服、周九服、四海。

圖皆胡渭手摹，前有小序，後有題識（署壬午仲秋月，即康熙四十一年）。序曰："爲《禹貢》圖難，而就經爲圖尤難。但使東西無易面，遠近不相背，說之所及，以圖證之，圖之所不及，以意會之，辨方正位，存其梗概而已。"

《四庫全書總目》稱賞此書"歷代義疏及方志輿圖，搜采殆遍，於九州分域、山水脈絡、古今同異之故，一一討論詳明，宋以來傅寅、程大昌、毛晃而下，注《禹貢》者數十家，精核典贍，此爲冠矣"。故後世有節錄其書而成篇者，如汪獻玗《禹貢錐指節要》；有全取其書而變其體例者，如晏斯盛《禹貢解》；有駁正其書疏漏淆亂者，如姚變《胡氏禹貢錐指勘補》、丁晏《禹貢錐指正誤》、徐文靖《禹貢會箋》。

《略例》述是書刊刻之由，曰："己卯，余復入帝城，謁大司徒吉水李公，以《禹貢錐指》就正。公覽之，喜曰：'是書博而不雜，精而能賅，不惟名物彌洽，兼得虞夏傳心之要，出以問世，誰曰不宜？'余負牆而謝。今春，公寓書天津，以示劉侍郎西谷先生。先生一見稱賞，謂從來所未有，復於李公序而行之，誠異數也。嗟乎！積病無憀，終日仰面看屋梁，著書當時，聊代萱蘇。今迺重災梨棗，訡癡符之誚，其能免乎！"是知此書始刊於康熙四十年，但《禹貢圖》題識在次年，固梓印非一年之功也。又李振裕康熙四十四年序曰："今乙酉首春,振裕校書內庭,與禁直諸臣從容言,天子崇尚經學,搜求遺逸,若是書者,豈可令伏而不見。查學士昇,尤重其典核,乃以其書奏呈,上覽而善之。"而康熙四十四年胡會恩《紀恩》曰："《洪範》未脫稿,《禹貢》已由成書,鋟以問世。上方表章六經,內庭燕閒,問當世有潛心經學、著述可傳者否。侍講學士臣查昇以《禹貢錐指》進,上覽而嘉之。"知《錐指》於是年已經刊成行世。

又是年三月,玄燁南巡狩,駐蹕吳郡,渭親齎是書并所撰《平成頌》一篇,詣行宮以獻。玄燁宣至南書房,賜饌,賜御書詩扇及"耆年篤學"四大字,禁直諸臣謂一時曠典。胡會恩《紀恩》詳載此事始末,李序、徐序亦紀之。此刊首附御筆褒題"耆年篤學",後半頁刻雙龍戲珠圖,中書"康熙四十四年四月十七日賜臣胡渭",又載四十四年李序及徐序,且扉頁刻"康熙乙酉孟夏"。凡此當四十四年獻書後所增入,因定爲增補後印之本。

扉頁刻"禹貢錐指。康熙乙酉孟夏,草莽臣胡渭恭進"。

《四庫全書總目》入經部書類。《中國古籍善本書目》著錄康熙漱六軒刻本,但僅收湖北省圖書館藏劉傳瑩批本,湛江圖書館藏陳澧批本。又中國人民大學圖書館、北京師範大學圖書館、四川大學圖書館、杭州大學圖書館、福建省圖書館、青海省圖書館、臺北"故宮博物院"及日本京都大學人文科學研究所、東京大學東洋文化研究所、國會圖書館、內閣文庫、美國普林斯頓大學葛思德東方圖書館也有收藏。各家藏目大多著錄作康熙間或康熙四十四年漱六軒刻本,唯普林斯頓書目著錄"清康熙辛巳德清胡氏原刊本,書首冠有四十四年序文及御賜扁額係補刻",見他人所未見。今則循例據書口下刻字著錄作漱六軒刻本,但未詳是否胡氏書齋堂號,故暫不依普林斯頓作胡氏原刊。按,是書後收入《皇清經解》,流布愈廣。

館藏複本一部,八册。唯闕御筆題字及康熙四十一年李振裕序;又扉頁文字同,刻板異;卷八、卷九有闕頁。

0090　清乾隆刻本尚書後案　　T335/1165

《尚書後案》三十卷《尚書後辨》一卷,清王鳴盛撰。清乾隆四十五年(1780)王氏禮堂刻本。八册。半頁十四行三十字,四周單邊,綫黑口,單魚尾。框高 22.8 釐米,寬 15.7 釐米。題"東吳王鳴盛學"。前有王鳴盛序;目錄;采取鄭馬王注書目。

王鳴盛,字鳳喈,號西莊,晚號西沚。上海嘉定人。乾隆十九年進士,官至內閣學士兼禮部侍郎。坐典試福建濫用驛馬,左遷光祿寺卿,尋丁內艱,遂不復出。嘉慶二年卒,年七十六。初從沈德潛受詩法,復與惠定宇游,博通經史。其學一以漢人爲師,尤尊信許、鄭。著述又有《十七史商榷》、《蛾術編》、《周禮軍賦稅》及詩文集。事蹟具《清史稿》本傳、《清史列傳》本傳及《清儒學案》。

自序記述著書緣起及書名之意,曰:"《尚書後案》何爲作也?所以發揮鄭氏康成一家之學也。""予徧觀群書,搜羅鄭注,惜已殘闕,聊取馬、王傳疏益之。又作案以釋鄭義,馬、王傳疏與鄭異者,條晰其非,折中於鄭氏。名曰《後案》者,言最後所存之案也。"

王氏以今傳二十九篇爲真古文《尚書》,故是書乃以篇爲卷,凡二十九卷。末卷載虞夏書序、商書序、周書序、鄭康成贊、馬融序、王肅序,總三十卷。

"采取鄭馬王注書目",凡抄撮群書經史子集計一百三十一部。

王鳴盛嘗自許此書存古之功可與惠氏《周易述》相埒,然歷來評說,各執其詞。孫星衍《輯古文尚書馬鄭注序》稱贊此書"博采群籍,連綴成文,或頗省改"。王劼《尚書後案駁正》則指其"於播弄篇卷之外,更有四謬:一疑傳記所引有不合者爲失真,一誣傳記所引之有合者爲綴輯,一删改《史記》以就己説,一舞文騁辨以亂群書"。皮錫瑞《經學通論》云:《後案》"主鄭氏一家之學,是爲專門之書。專主鄭,故不甚采今文。且間駁伏生,亦未盡善"。梁啓超《中國近三百年學術史》曰:"王西莊蒐羅極博,但於今古文學説,分不清楚,好爲調和,轉成矛盾,是其短處。"《續修四庫全書總目提要(稿本)》亦譏評其"墨守鄭學,而不顧文義之安"。諸説皆就書論書,唯古國順《清代尚書學》衡之於《書》學史,曰:"統而觀之,實瑕不掩瑜。其書於馬、鄭之説,闡發極明,蓋自吴草廬等分今文、古文以後,至此始有定本。於是江艮庭、段茂堂、孫淵如諸書,接踵而起。先之者,此書也,厥功至偉。故東塾以此書與江、段、孫三家並列,且議刪併爲一家。蓋深有取於是書也。"

附《尚書後辨》,專辨《僞古文尚書》。其篇目依次爲:辨孔安國序、辨孔穎達序、又辨卷首疏、辨陸德明釋文、史記儒林傳、漢書藝文志、劉歆傳、儒林傳、許慎説文自序、慎子沖上書、三國志王朗傳、隋書經籍志、舊唐書經籍志、新唐書藝文志、舜典、大禹謨、五子之歌、胤征、仲虺之誥、湯誥、伊訓、太甲(上中下)、咸有一德、説命(上中下)、太誓(上中下)、武成、旅獒、薇子之命、蔡仲之命、周官、君陳、畢命、君牙、冏命。

《續修四庫全書總目提要(稿本)》曰,其書"專攻《尚書》孔傳,並及孔疏",乃"拾閻、惠之餘唾,而乖謬過之","其乖謬處,實駁不勝駁"。古國順《清代尚書學》曰:"此編雖乏特殊見解,然西莊長於史學,頗能運用歷史辨僞。"

據自序云,是編草創於乾隆十年,卒成於四十四年,"寢食此中,將三紀矣"。

扉頁刻"尚書後案。尚書後辨附。東吴王氏學。乾隆庚子秋鐫。禮堂藏版"。

《續修四庫全書總目提要(稿本)》入經部書類,但《尚書後辨》另行著録,作《尚書辨》二卷,《青照堂叢書》本。《中國古籍善本書目》未著録。中國科學院圖書館、中國人民大學圖書館、北京師範大學圖書館、杭州大學圖書館、臺灣大學圖書館、臺北"故宫博物院"、香港中文大學圖書館,以及日本京都大學人文科學研究所、東京大學東洋文化研究所、內閣文庫、美國普林斯頓大學葛思德東方圖書館也有收藏。《中國人民大學圖書館古籍善本書目》著録爲乾隆四十五年王氏禮堂刻頤志堂印本。按,是書後收入《皇清經解》,傳本較多。

鈐印有"內田氏圖書記"、"遠湖圖書"、"時習館藏書之印記"。

0091 清乾隆刻本尚書釋天　　T335/7111

《尚書釋天》六卷,清盛百二撰。清乾隆三十九年(1774)任城書院刻本。四册。半頁十一行二十二字,四周雙邊,白口,單魚尾。框高19.6釐米,寬13.8釐米。題"秀水盛百二秦川"。前有乾隆十八年(1753)盛百二自序,乾隆二十五年(1760)朱休承序。末有乾隆三十九年劉鳳翥跋;校閲姓氏。

盛百二,字秦川,一字柚堂。浙江秀水人。乾隆二十一年舉人,知山東淄川縣,在官一年,以憂去,遂不仕。少讀書穎悟,於天文勾股、河渠之學,必研其故。晚居齊魯間,主講山東棗藁城書院十數年。著述又有《柚堂文存》、《柚堂筆談》、《皆山閣吟稿》、《問水漫録》。事蹟具《清史列傳》。

是編專釋《尚書》諸篇中有關曆象日月之章節,故名《釋天》。卷一至三《堯典》,卷四《舜典》,卷五《胤征》,卷六《洪範》。

自序概述其旨曰:"嘗不揣愚昧,取書中之涉於曆象者,以《集傳》爲主,旁採諸書而疏正之。其於傳義未諧,所宜剖析者,則以《蒙説》附綴其際。至若緯書之荒唐,史志天官曆説之蕪穢,直者迂之,明者晦之,數家之言轉相傳會,一簡之内首尾乖違,乃術士惑人之故習。竊據所知,爲之詳辨。書分六卷,名曰《釋天》。"

朱休承序稱其舅氏柚堂先生,"殫五年之力,以蔡《傳》爲主,集經史百家、中西之論述,反覆參考,訂僞辨訛,發微闡奧,成《釋天》一書。不特本書之旨快然無疑,即他經注傳之幽晦者,無不旁通曲暢,比之王伯厚《六經天文編》,殆有過之。"

阮元《疇人傳》以爲,此書"大要以西法爲宗"。

扉頁刻"尚書釋天。乾隆甲午夏,任城書院開雕"。

是本係任城書院刊印,劉鳳翥跋曰:"柚堂先生《尚書釋天》,初名《管窺》,恐或與古有同者,遂改今名。始與乾隆己巳,成於癸酉,而二十年來得閒,復以時修改。甲午春,先生來主任城書院講席,因得受而讀之,力請付梓,以惠後學。及開雕半年,得李子冠翼大翰嶺南書,云已刊於羊城。李子秀水人,從先生受《書》者也。先生欲中止,群謂板在南方,購求不易,仍請始終成之,以慰學者之望。三閲月而工畢。恐兩本並行,字句偶有同異,啓後人之疑,翥亦與校讎之役,因附數言於卷尾。"

《續修四庫全書總目提要(稿本)》入經部書類,其曰:"百二算學雖用西法,其論置閏等,皆頗守舊,於理自通。惟篇末附顧祖禹《方輿紀要·分野考》,殊爲蛇足。"

《續修四庫全書》收入,底本爲華東師範大學圖書館藏清乾隆十八年刻本,該本有扉頁,刻"李氏開雕",宜即劉鳳翥跋云"李子冠翼大翰"刊刻羊城者。劉跋又云,書成後二十年來復有修改,則受讀於任城書院者,宜與李氏羊城刊本有所同異。今且以卷六末比勘,李氏刊本有"升庵外集"一段,凡十一行,任城書院本無此一段,但易爲"補遺陸氏世儀月道圖"及"分野附顧祖禹讀史方輿紀要"大篇文字,凡六頁。是信二十年來果有修改,讀是書者,勿以羊城本刊於先而輕此任城書院本也。

《中國古籍善本書目》未著録。然中國國家圖書館、清華大學圖書館、中國科學院圖書館、臺灣大學圖書館、臺北"中央研究院"史語所傅斯年圖書館,以及日本國會圖書館也有收藏。是書後收入《皇清經解》,通行於世。

0092　清乾隆刻本書經文鈔　　T335/5649

《書經文鈔》不分卷,清曹希煌撰。清乾隆五十五年(1790)博古堂刻本。二冊。半頁九行二十四字,左右雙邊,白口,無魚尾。無欄綫,行間刻評點。版心下刻當頁經題前三字。題"青浦曹希煌摺珊編次;受業諸生、子城天庸仝校"。前有乾隆五十五年曹希煌自序;目録。

曹希煌,字摺珊。上海青浦人。歲貢生。工制義,操選政,風行遐邇,有聲黌序。《(光緒)青浦縣志》卷一九《文苑》有傳。

是編乃坊刻制義文選,講解經句,以爲習舉業者範式。各篇均以經句爲標題,依次爲:《虞書》"光被四表"二句、"在璿璣玉"、"輯五瑞"、"同律度量衡"、"食哉惟時"二句、"夙夜惟寅"二句、"文命敷于"二句、"萬邦咸寧"、"帝德廣運"、"九功惟敍"二句、"勸之以九歌"、"臨下以簡"二句、"好生之德"二句、"惟精惟一"二句、"允迪厥德"二句、"翕受敷施"二句、"百工惟時"、"同寅協恭和衷哉"、"思日贊贊襄哉"、"惟動丕應"、"簫韶九成"二句、"肱股喜哉"三句。

《夏書》"奠高山大川"、"厥貢惟土五色"、"陽鳥攸居"、"三江既入"二句、"厥包橘柚錫貢"、"江漢朝宗于海"、"導河積石"一節、"又北播爲九河"、"導淮自桐"一節、"九州攸同"、"九山刊旅"二句。

《商書》"克寬克仁"二句、"以義制事"二句、"克綏厥猷惟后"、"無輕民事惟難"、"一人元良"二句、"德無常師"二句、"俾萬姓咸"、"惟天聰明"二句、"惟臣欽若"二句、"學于古訓乃有獲"、"道積于厥躬"。

《周書》"次三曰農用八政"、"稼穡作甘"、"恭作肅從作"、"聰作謀睿作聖"、"斂時五福"、"會其有極"二句、"是彞是訓"二句、"是訓是行"、"一曰正直"三句、"身其康疆"二句、"五者來備"、"月之從星"二句、"志以道寧"二句、"裕乃以民寧"、"惟土物愛厥心臧"、"迪畏天顯小民"、"經德秉哲"、"引養引恬"、"明作有功"二句、"君子所其無逸"、"文王卑服"二句、"曰宅乃事"、"我其克灼知厥若"、"以覲文王"二句、"阜成兆民"、"其爾典常作之師"、"功崇惟志"二句、"至詒馨香"、"庶言同則繹"、"允升于大猷"、"不剛不柔"二句、"道洽政洽"二句、"思其艱以"、"德威惟畏"二句、"惟齊非齊"二句、"咸中有慶"。

自序記此書編纂刊刻之由，曰："今天子崇尚經學，改定考規，由鄉會以及歲科試，皆五經並用，窮經之士，翕然向風，則固無先後之別矣。余家僻處泖濱，寡聞淺見，常抱荒經之憾，絕少通經之譽。竊維前壬戌科，曾大父以《詩》義魁南宮，嗣後治《詩》者過半。而煌自先祖迄今，四代相承，都習《尚書》應試，故於是經文略能成誦。茲因坊友之請，不揣固陋，爰取篋中所存，擇一二尤雅者，付之梓人，以公同好。"

版心下刻經題，如"光被四表格于上下"一篇，刻"光被四"三字。

扉頁刻"書經文鈔。青浦曹摺珊編。乾隆庚戌春鐫。博古堂梓行"。

《續修四庫全書總目提要（稿本）》不收。《中國古籍善本書目》未著錄。各家書目絕少見載。

鈐印有"原氏所藏"。

0093　明永樂內府刻本詩傳大全　　　　T434/4208

《詩傳大全》二十卷《綱領》一卷《圖》一卷《詩序辨說》一卷，明胡廣等輯。明永樂十三年（1415）內府刻本。十二冊。半頁十行二十二字，四周雙邊，上下黑口，雙魚尾。框高26.4釐米，寬17.4釐米。

此爲胡廣等奉敕於永樂中所修《五經大全》之一。前有《凡例》，并有先儒姓氏及奉敕纂修姓氏。

《四庫全書總目》入經部詩類。《中國古籍善本書目》著錄。中國國家圖書館、上海圖書館、臺北"國家圖書館"等十館亦有入藏。

鈐印有"爲春室收藏圖書"。

0094　明嘉靖刻本詩說解頤　　　　T434/2453

《詩說解頤總論》二卷《正釋》三十卷《字義》八卷，明季本撰。明嘉靖四十一年（1562）胡宗憲刻本。十六册。半頁十行二十一字,左右雙邊,白口,單魚尾。框高 18.2 釐米,寬 12.3 釐米。題"後學紹興季本輯抄;門人會稽馬棫校正"。前有嘉靖三十九年(1560)胡宗憲序,嘉靖三十六年(1557)季本序。《總論》前有嘉靖四十一年季本序。

季本,字明德,號彭山。會稽人。師事王守仁,能傳其學。正德十二年進士。除建寧推官,徵授御史,以言事謫揭陽主簿,累遷長沙知府,落職歸。

季氏序自云,此書"蓋於舊説多所破之,而一以經文爲主。書有《總論》二卷,以提其綱。《正釋》三十卷,則説正經者也。別爲《字義》八卷,附於其後,以補正説之所未備,而性情之本、名物之詳,一覽可盡矣"。《總論》二卷,乃讀是書之要訣。《總論》前季本序云:"覽者或未能悉達,故述《總論》二卷,以冠其端。知總論,然後知作詩之本義,而考見得失。由是而讀全經,則條理分明,可以得其指意之所在,而凡與先儒之説有不合者,可以照澈而無疑矣。故《總論》者,讀《詩》之要訣也。"

《四庫全書總目》入經部詩類。《總目》云:是書"大抵多出新意,不肯剽襲前人,而徵引該洽,亦頗足以自申其説。凡書中改定舊説者,必反覆援據,明著其所以然","非王學末流以狂禪解經者比也"。

此本爲季氏門人馬棫校正,胡宗憲所刻。胡時任兵部尚書兼都察院右都御史、總督浙直福建軍務。胡宗憲序云:"會稽季先生所著《詩説解頤》,凡四十卷,吾取而讀之,其大概實有得於是,其志正,其見遠,其意悉本於經而不泥於舊聞,是以其爲説也卓而專,其成書也勇而敢……是書也,距邪説,正人心,上發先儒所未明,下有裨於後學者哉。吾讀之解頤焉,因爲之刻。"

《中國古籍善本書目》著録明嘉靖四十一年胡宗憲刻本,今從之。中國國家圖書館、上海圖書館、中國社會科學院文學研究所、臺北"國家圖書館"(原北平館藏),及日本静嘉堂文庫、内閣文庫亦有入藏。

0095　明刻本葉太史參補古今大方詩經大全　　T434/4920

《葉太史參補古今大方詩經大全》十五卷首一卷《綱領》一卷《圖》一卷,明葉向高輯。明閩芝城建邑書林余氏刻本。十六册。半頁六行十六字,四周雙邊,白口,單魚尾。框高 23.5 釐米,寬 13.7 釐米。題"禮部左侍郎臺山葉向高編纂;翰林太史瀛海張以誠校正;閩芝城建邑書林余氏全梓"。

此乃《五經大全》之一。館藏有余氏刻《五經大全》全帙。

清闕名圈點。

0096　明萬曆刻本毛詩鄭箋纂疏補協　　T434/7656

《毛詩鄭箋纂疏補協》二十卷,明屠本畯撰;《詩譜》一卷,漢鄭玄撰。明萬曆二十二年(1594)程應衢玄鑒室刻本。十册。半頁十行二十字,左右雙邊,白口,單魚尾,書口下刊"玄鑒室"。框高 21.7 釐米,寬 13.9 釐米。題"周卜商子夏敘;漢趙人毛萇傳;北海鄭玄箋;明甬東屠本畯纂疏補協;江都陸弼、歙程應衢校"。前有萬曆二十二年程應衢序。

本畯,字田叔。鄞人。以蔭歷太常典簿、辰州知府,官至福建鹽運司同知。生平喜讀書,至老尚手一卷。曾起生壙於甬上,撰狀及表,自稱憨先生,一時詞家俱奉爲祭酒。

程應衢序云："孔氏之疏,汗漫無涯,四明屠先生纂而附之,足資學者漁獵,厥功茂矣。復爲補叶,引羽諧宮,斯又詩苑之滄浪,而吟壇之瀑布乎? 余小子舞勺之年,受《詩》經師,稍涉涯涘,出交廣陵陸先生,望洋而嘆,始知河源。先生以詩名天下,其源出於三百篇,謂余毛詩鄭箋,説詩航葦,因付築氏,以公同志。"

按,玄鑒室又刻有《梵網經心地品菩薩戒義疏發隱》五卷。

《四庫全書總目》未收。《中國古籍善本書目》著録。上海圖書館、浙江圖書館等十館,臺北"國家圖書館",及日本内閣文庫、美國國會圖書館亦有入藏。

0097　明萬曆刻本新刻徐玄扈先生纂輯毛詩六帖講意　T434/2993

《新刻徐玄扈先生纂輯毛詩六帖講意》四卷,明徐光啓撰。明萬曆四十五年(1617)金陵書林唐振吾廣慶堂刻本。三册。半頁十一行二十八字,四周單邊,白口,無魚尾。框高23.3釐米,寬13.4釐米。題"吴淞徐光啓子先父輯;東吴鄒之麟臣虎父校;金陵書林廣慶堂唐振吾督刊"。前有萬曆四十五年唐國士序;徐光啓《毛詩韻譜説》。

徐光啓,字子先,號玄扈。上海人。萬曆三十二年進士。改翰林院庶吉士,散館授檢討,官至禮部尚書文淵閣大學士。徐氏畢生奮發,清廉自守,凡有補於利物濟世者,均孜孜矻矻,靡不躬自實踐。

徐氏自二十二歲至四十二歲間,在里授徒,以館穀自給,下帷讀書,勤於著述,積數十種,此書即其中之一。是書以朱傳之説爲主,輔以毛詩鄭箋並箋、疏所未及者,調劑漢宋諸説,廣益以備採擷。於正叶一端,謂韻無古今,以黑白圈列各詩之後,而考正其韻叶,則爲此書之特點。最後博物一帖,乃將《詩經》中草木蟲魚各加新詁,頗有發明。

《千頃堂書目》著録此書,但無卷數,《明史‧藝文志》又據以分爲六卷,朱彝尊《經義考》有目而無卷數,實均未見原書所致。《四庫全書總目》著録范方重訂本十四卷,范序有云:"後先錯互,爲未定之書,爰爲重訂,去其博物一帖,其餘五帖,皆移定其次而無所增改。"可見范氏乃擅自删移而已。

有明人藍筆圈點。

《中國古籍善本書目》著録。上海圖書館、遼寧省圖書館、臺北"國家圖書館"亦有入藏。

0098　明崇禎刻本詩經備考　T434/8191

《詩經備考》二十四卷,明鍾惺、韋調鼎撰。明崇禎十四年(1641)刻本。八册。半頁十行二十字,四周單邊,白口,單魚尾,書眉上刻注。框高20.7釐米,寬14釐米。題"竟陵鍾惺伯敬、金川韋調鼎玉鉉考訂"。前有崇禎十四年湯來賀序,崇禎十三年(1640)韋調鼎自序并韋氏答語。正文前又有總序、總論、《凡例》、傳授源流并參訂年寅社友姓氏。

鍾惺,字伯敬。竟陵人。萬曆三十八年進士。官至福建提學僉事。爲人嚴冷,不接俗客,嘗官南都,愛名山水,所至必游,晚逃於禪,説《詩》以幽深孤峭爲鵠。

韋調鼎,字玉鉉。富順人。

是編以《魯詩》傳説爲宗,其有未當,兼用《毛詩》注釋,復取前代著述補之。始爲鍾惺未成之本,後爲調鼎增損成書。湯來賀序云:"西蜀玉鉉韋氏,夙與先生締縞帶交,聞而志之,且乞稿本以歸。未幾,先生赴召天樓,韋先生守遺編,益之是正,剔枝駢而抱浩瀚,羅散見而訂傳疑。"調鼎自序述其撰書之事頗詳,有云:"予幼讀《集傳》,多所未浹,嘗叩之先大父,再質於守拙黃先生,反覆詰難,始悟《詩》義自存,尊一家而抵衆論,斥古訓以欺後生,予甚懼焉。乃究四家之異同,尋中正之歸要,疑則考之於經史,度之於時世,按之於性情,駮識其本旨,猶未敢以爲是也。後得郭青螺先生石本《詩傳》,參之申公説,而後知《魯詩》固未亡也。備員南銓,署有吕東萊《讀詩記》,披之實獲我心,恨其未卒業,《公劉》而下漸疏略,就中尚有可商者。公餘之暇,採輯傳疏,搜羅舊評,考之諸史,正其訛謬,以研古人之微義。探六德之本,審六律之音,成一家之説。亦欲藏之名山,而二三門人屢請公諸世,不得已,授之梓人。"

《四庫全書總目》入經部詩類存目。《總目》誤韋調鼎爲章調鼎,且云:"夫《集傳》排斥毛、鄭,固未必盡無遺議,先儒亦互有異同,然非鍾惺等所可置議也,況又拾惺之餘緒乎。"於是書頗有微詞。

按,韋氏又有《韋氏詩經考定》二十四卷,爲明崇禎十三年潘璁等刻本。

《中國古籍善本書目》著録。中國社會科學院文學研究所、故宫博物院、廣西師範大學圖書館,及日本内閣文庫、尊經閣文庫亦有入藏。

鈐印有"慈谿畊餘樓"、"馮氏辨齋藏書"、"樂耕堂李"、"粹芬閣"。前兩印爲清馮祖憲所鈐。

0099 明崇禎刻本詩經注疏大全合纂　　T434/1334

《詩經注疏大全合纂》三十四卷《綱領》一卷《圖》一卷,明張溥撰。明崇禎刻本。二十二册。半頁八行十八字,左右雙邊,白口,單魚尾。框高19.8釐米,寬14釐米。題"明後學張溥纂"。前有張溥序。

此爲溥輯《五經注疏大全合纂》之一,館藏有《易經注疏大全合纂》六十四卷、《書經注疏大全合纂》五十九卷。書前又有先儒姓氏;《諸國世次圖》;《作詩時世圖》。經文後爲傳、箋、釋文、疏、集傳。

《四庫全書總目》入詩類存目。《總目》云:"是書雜取注疏及大全,合纂成書,差愈於科舉之士株守殘匱者,然亦鈔撮之學,無所考證也。"

是書有闕名墨筆注。

《中國古籍善本書目》著録。北京大學圖書館、浙江圖書館等五館,及日本静嘉堂文庫亦有入藏。

0100 明崇禎刻本詩經説約　　T434/3840

《詩經説約》二十八卷,明顧夢麟撰。明崇禎十五年(1642)太倉顧氏織簾居刻本。十五册。半頁九行二十五字,四周單邊,白口,無魚尾。書口下刊"織簾居"。框高20.2釐米,寬11.2釐米。題"太倉顧夢麟纂述;常熟楊彝參訂"。前有錢肅樂序,崇禎十五年徐文衡序,崇禎十五年顧夢麟自序。

夢麟,字麟士。太倉人。崇禎副貢。集三吳名士爲應社。詩文雅馴,爲時所宗,學者稱織簾先生。鼎革後,絶蹟城市,客授汲古毛氏,潛心著述。

錢序云:"麟士埋首治經,聲動都邑,先有文徵之選,輒論韻叶以爲起止抑頓之節。今麟士復彙諸家箋注，手次綴輯，名曰'說約'。"徐序亦云："吾友顧子麟士，樹幟詞壇，推重海內，學者尊而師之，爭相響往。而今乃以講義行於世，如《四書說約》，亦既開示後學矣，茲復有《詩經說約》。""以《集注大成》爲宗，旁及百氏，爲之訂其疑誤，補其缺失，詳其原委，洩其精蘊，使學者閱其一字一義頤解色飛，不啻被於絃管，一唱三嘆，而入人深也。"

闕名朱筆圈點。按，是書另有清雍正十一年贈言堂刻本，題"參補說約大全"三十一卷，中國科學院圖書館入並。日本有寬文九年(1669)刻本，另有京都出雲寺和泉椽後印本，但爲二十八卷本。

《四庫全書總目》未收。《中國古籍善本書目》著錄。復旦大學圖書館、山東大學圖書館，及臺北"中央研究院"近史所傅斯年圖書館、日本内閣文庫、尊經閣文庫亦有入藏。

鈐印有"三角文庫記"、"寬之"等。

0101　明崇禎刻本詩經類考　　　　　　　　　　T434/3148

《詩經類考》三十卷，明沈萬鈳撰。明崇禎陳增遠刻本。十八册。半頁十行二十字，四周單邊，白口，單魚尾，書口下間刻字數。框高19.4釐米，寬11.8釐米。題"明武塘沈萬鈳仲容輯；雲間陳子龍卧子、彭賓燕又、陳增遠鶴朋較"。前有陳子龍序。

萬鈳，字玉臺。嘉善人。萬曆二十五年舉人。官知縣。

卷一《古今論詩考》，卷二《逸詩考》，卷三《音韻考》，卷四《天文考》，卷五《時令考》，卷六《地理考》，卷七《列國考》，卷八《人物考》，卷九《宗族考》，卷一〇《官制考》，卷一一《飲食考》，卷一二《服飾考》，卷一三《宮室考》，卷一四《器具考》，卷一五《珍寶考》，卷一六《禮考》，卷一七《樂考》，卷一八《井田考》，卷一九《封建考》，卷二〇《賦役考》，卷二一《刑獄考》，卷二二《兵制考》，卷二三《四夷考》，卷二四《禽蟲考》，卷二五《草木考》，卷二六《國風異同考》，卷二七《小雅異同考》，卷二八《大雅異同考》，卷二九《三頌異同考》，卷三〇《群書字異考》。

《四庫全書總目》入經部詩類存目。《總目》云："茲編於三百篇所載名物典故，分門編錄"，"凡所援據，不能盡本經傳，故往往不精不詳"。

陳子龍序云："沈君仕既不達，又早世，故其書不甚顯。吾友陳子復表揚之，其傳乃廣。夫沈君功《詩》者也，陳子功沈君者也。功沈君，其功《詩》也大矣。"

卷一第一頁書口下有"檇李錢士明書"。

《中國古籍善本書目》著錄有明萬曆刻本及明崇禎刻本二種。萬曆刻本，行款也爲半頁十行二十字，四周單邊，白口。此崇禎刻本，上海圖書館、南京圖書館等六館，臺北"國家圖書館"，及日本東京大學東洋文化研究所亦有入藏。

鈐印有"□研氏藏書記"。

0102　明萬曆刻本六家詩名物疏　　　　　　　　T478/3220

《六家詩名物疏》五十五卷，明馮復京撰。明萬曆刻本。十册。半頁九行十九字，四周單邊，白口，單魚尾，書眉上刻評，書口下間有刻工并字數。框高21.3釐米，寬12.2釐米。題"海虞馮復京嗣宗輯著"。前有葉向高序，萬曆三十三年(1605)焦竑序并馮復京《敘例》。目錄後有《引用書目》。

復京,字嗣宗。常熟人。強學博記,少治《詩》,鈎貫箋疏,藏書萬卷。馮氏童時即習《詩經》,久而有得,此書即其取疏略而廣之,幷綴集昔時所聞,參以新義。自鳥獸草木而外,如象緯堪輿、居食被服、音樂兵戎,凡名見於經者,均爲疏之,足可補陸、鄭之遺。

葉向高序云:"海虞馮生,肆力是經,摭其名物,詳爲之疏,分門別類,纖悉不遺。其所採集,自六經正史以至諸子百家、稗官小說,與夫讖緯、醫卜、天文、曆數諸書,無不薈列。連類廣肆,窮變極幽,以視李樗之《詳解》、王景文之《總聞》、王應麟之《詩考》,其宏富精覈,不啻倍之。信四始之大觀,而萬品之鉅乘也。"

《四庫全書總目》入經部詩類,《總目》誤復京爲應京,於是書評價甚精當,有云:"其徵引頗爲賅博,每條之末,間附考證。""其議論皆有根柢,猶爲徵實之學者,惟所稱六家,乃謂齊、魯、毛、韓、鄭箋、朱傳,則古無是目,而自應京臆創之。"

刻工有少、云、岩、尤、羅、潘、梅、周、趙、劉、坡、行、朱、季、所、子敘。

是本卷一第一頁第一行有"乾隆四年歲次己未六月德方閱"。德方不知其人。又此書又有附《總目》三卷者,此本無。

《中國古籍善本書目》著錄。上海圖書館、浙江圖書館等十館,臺北"國家圖書館",及美國普林斯頓大學葛思德東方圖書館亦有入藏。

鈐印有"陸蘭蓀藏書記"、"梅花仙史"、"冷官"、"有水可漁"、"周達"、"振唐"、"南城李氏宜秋館藏"。

0103　明萬曆刻本新鍥晉雲江先生闡蒙衍義集注　T434/3113

《新鍥晉雲江先生闡蒙衍義集注》不分卷,明江環撰。明萬曆四十一年(1613)詹光岳靜觀室刻本。三册。半頁小字雙行二十四行二十六字,四周單邊,白口,單魚尾。框高23釐米,寬12.4釐米。題"金蒲進士晉雲江環啓運甫輯著;會友會魁丹臺林茂桂德芬甫參訂;後學斌江楊國會廷試甫編校"。

前刊《詩經》序、《風》《雅》總說、先儒說《詩》要法。此爲坊間刻本,三節版,上刻《闡蒙衍義集注》,下刻《詩集集注》,中刻各家評注。末有牌記,刊"萬曆癸丑春月靜觀室詹光岳重梓"。按,江環又有《新刻詩經鐸振》八卷,明萬曆四十四年靜觀室詹光岳刻本。

《中國古籍善本書目》未著錄。日本內閣文庫有明萬曆二十三年靜觀室刻本,不知與之同否。又有明刻本《重訂晉雲江先生詩經闡蒙衍義集注》八卷,當在此本之後。

0104　明萬曆刻本多識編　T478/4931

《多識編》七卷,明林兆珂撰。明萬曆三十四年(1606)枏朐別業刻本。三册。半頁八行二十字,四周單邊,白口,無魚尾。框高20.3釐米,寬13.5釐米。題"莆林兆珂孟鳴父纂述"。前有柯壽愷、方承章、郭喬泰、藍文炳題辭。

兆珂,字孟鳴,莆田人。萬曆二年進士。授蒙城知縣,歷官員外郎中。爲大司寇注律例二十卷。出爲廉州太守。乞歸,家居二十載,鍵戶讀書,丹鉛不輟。《(乾隆)興化府莆田縣志》卷二二人物有傳,又《福建通志》卷五一《文苑》有傳。

卷一《草部》,卷二《草部》(附穀部),卷三《木部》,卷四《鳥部》,卷五《獸部》,卷六《蟲部》,卷七《鱗部》（附介部）。書名以"多識"，可見柯壽愷題辭，云："性天溥塞，萬彙鎮紛，即一卉一木，一毛一羽，靡非載理以運，故謂多識，爲文士資也。"又"多識"亦作"多志"，博學廣記也。《論語・陽貨》："小子何莫學夫《詩》？《詩》可以興，可以觀，可以羣，可以怨。邇之事父，遠之事君，多識於鳥獸草木之名。"

此本楷書精鐫，竹紙初印。卷一第一頁書口下有刻工"王子蟾"。欄下刻有難字注音。

《四庫全書總目》入經部詩類存目，題"毛詩多識編"。《總目》云："是編本陸璣疏而衍之……多引鄭樵、陸佃、羅願之語，又兼取豐坊之《僞子貢傳》、《僞申培説》，貪多務博，頗乏持擇。"其《凡例》曾云："篇内鳥獸昆蟲草木非三百篇無取，餘則載之外篇、雜篇。"然外篇、雜篇則不見傳世，疑未及刊行也。

《中國古籍善本書目》著錄。中國國家圖書館、福建省圖書館等七館，及日本内閣文庫、尊經閣文庫亦有入藏，然著錄爲"明刻本"。按，此本有扉頁，刻"多識編。萬曆丙午孟夏吉旦，柜朐别業刊行"。"别業"者，别墅也，當爲本宅外另建之園林游息處所，則此書應爲家刻，或亦即兆珂乞歸家居時所刻。

鈐印有"高平隆長"、"喜"，皆日人印。裝幀也日人所爲。

0105　清康熙刻本毛詩日箋　　　　　　　　T435/5942

《毛詩日箋》六卷，清秦松齡撰。清康熙三十九年(1700)刻本。四册。半頁十行二十一字，左右雙邊，黑口，雙魚尾。框高16.3釐米，寬11釐米。題"勾吳秦松齡學"。前有康熙三十九年宋犖序；王士禛《王阮亭先生手柬》。

秦松齡，字留仙，號對巖。江蘇無錫人。順治十二年進士，官至左春坊左諭德，充順天鄉試正考官，復以磨勘落職。有詩名，與王士禛友善。家有園在惠山之麓，暇輒招集故人遺老倡和其中。著有《蒼峴山人詩文集》、《微雲詞》。事蹟具《清史稿》本傳。

傳稱松齡告歸里居二十餘年，耽研經訓，尤精《毛詩》，乃仿《黄氏日鈔》之例撰作此書，凡有疑義則疏，不盡解全《詩》，故曰《日箋》。卷一至二《國風》，卷三至四《小雅》，卷五《大雅》，卷六《頌》。

宋犖序曰："紫陽《毛詩集傳》往往不依小序，而於《鄭國風》一切目爲淫奔之詩，先儒議之詳焉。蓋朱子篤信孔子所言'鄭聲淫'云爾。孔子於鄭，固謂其聲淫，非曰詩淫也。所謂鄭聲好濫，淫志是也。"'吾嘗觀《朱子語録》，其論《東山》、《鳲鳩》詩云，昔注已行，不及更改。則知《集傳》爲紫陽晚年未定之書，學者正不得膠一説以自畫也審矣。吾友梁谿秦太史留仙先生，著《毛詩日箋》六卷，屬余論定而弁以序。余卒讀其書，大善之。其間雖不盡取小序，然能精擇毛、鄭舊説，以會粹於歐、蘇、王、吕、程、李、輔、嚴諸儒之言，而折衷於朱子，間發己意，必協於義理之正，而於近儒説《詩》，若郝敬、何楷、顧炎武諸家，皆取節焉，獨於明嘉靖時所出之《子貢詩傳》、《申培詩説》，排擯不録一語，其於古書之真僞，昭昭然分白黑而别淄澠，其識甚卓。今梓是箋，以啓來學，蓋有與《集傳》相發明者，不可謂非紫陽氏之功臣也。"

又《王阮亭先生手柬》稱《日箋》"折衷盡善，既正紫陽之誤，亦通毛、鄭之郵，兼去楚望之矯，向欲有所論述，《日箋》一出，可無事枝贅矣"。然《四庫全書總目》引王士禛《居易録》則云："秦宫諭所輯《毛詩日箋》，所論與余夙昔之見頗同，其所採録亦甚簡當，然大旨多以意揣之，不盡有所考證也。"

扉頁刻"毛詩日箋。尊賢堂藏板"。刊刻年因宋犖序云"今梓是箋"而定。楷體寫刻頗精。

《四庫全書總目》入經部詩類。《中國古籍善本書目》著錄清康熙挺秀堂刻本,中國國家圖書館等十三館有藏。按,《北京圖書館古籍善本書目》著錄該館藏本行款與此本正同,疑兩者原爲同一刊本,因書板移藏印行而有異也。又日本京都大學人文科學研究所圖書館、内閣文庫亦有收藏,題康熙三十九年序尊賢堂刊本。此書後收入道光刻本《昭代叢書》癸集。

0106　清康熙刻本詩經廣大全　　　　　　　　　　T435/114

《詩經廣大全》二十卷,清王夢白、陳曾撰。清康熙刻本。十三册。半頁十行二十二字,四周單邊,白口,單魚尾。無欄綫,行間刻圈點。框高12.3釐米,寬13.3釐米。題"梁溪王夢白金孺氏編;陳張曾衣聖氏輯;男允脄、胐校字"。前有康熙二十一年(1682)韓菼序,康熙二十一年王夢白自序,康熙二十一年陳曾自序;《凡例》十則。

王夢白,字金孺,江蘇無錫人。事蹟不詳。《四庫全書總目》誤題作黃夢白,《四庫全書存目叢刊》目録亦誤。

陳曾,字衣聖,江蘇無錫人。事蹟不詳。卷端題名"陳"下衍"張"字,《經義考》、《四庫全書總目》皆作陳曾。

書名"廣大全"者,廣胡廣《詩經大全》也。蓋夢白以爲,"《大全》一書,采群經典故而或割裂片語,未備本末,引諸家論説而或矛盾並録,未有折衷,較之諸經大全,實有遜焉。"故與陳曾推而廣之,以成此書。卷一至九《國風》,卷一〇至一四《小雅》,卷一五至一七《大雅》,卷一八至二〇《頌》。"每章依經文逐字詳疏,末復入口氣總釋之"。"經旨以朱子《集傳》爲主,而存毛、鄭之足存者,又間及《周禮》、《儀禮》注疏,及他名物諸書,以資博覽。"

韓菼序曰:"朱子於《詩》,亦説之詳而反約者也。《集傳》者,集衆説之長,斷以己意,以授諸其門人,遞相發明。明初因輯之爲《大全》,而説《詩》乃歸於一矣。然自朱子之説出,習讀毛、鄭者蓋鮮,而自科舉之學興,朱子之説之散見於《大全》者,或亦有憚其繁而不復省記者,於先賢詳審持擇之苦心亦晦矣。""往顧先生亭林嘗語余,自《五經》有大全而經學衰矣,大全者當時奉詔趣成之書也,殊多闕略;且勸余,凡宋元説經諸書,毋論當以否,宜悉儲之。余竊韙其言。今二君何乃不謀而志與之合也!夫廣之一言,近世窮經者之藥石也。"菼字元少,别字慕廬,長洲人,康熙間會試、殿試皆第一,由修撰累官禮部尚書。然《四庫全書總目》則曰:"是書雖溯源注疏,然未能深研古義,其訓釋名義,亦惟以蔡卞、馮復京二書爲藍本,罕所考正。"

扉頁刻"詩經廣大全。王金孺、陳衣聖兩先生編定。太史韓慕廬先生鑒定。本衙藏板,書林何柱臣行"。又有朱文鈐印"授政堂藏板"、"本衙訂定新鐫翻刻千里必究"、"四書本義嗣出"。

《四庫全書總目》入經部詩類存目。《中國古籍善本書目》未著録。中國科學院圖書館、華東師範大學圖書館有收藏。《四庫全書存目叢刊》收入,底本爲中國科學院圖書館藏本,據《中國科學院圖書館藏中文古籍善本書目》,該本爲清康熙授政堂刻本,然《四庫全書存目叢刊》易作康熙二十一年刻本。

鈐印有"有不爲齋"、"中坊文庫"、"上田"。

0107　清雍正刻本四刻黃維章先生詩經嫏嬛體注　T434/4809

《四刻黃維章先生詩經嫏嬛體注》八卷，清黃文煥撰。清雍正七年(1729)沈三曾刻本。三冊。二節版。上刻四刻黃維章先生詩經嫏嬛體注，下刻詩經。半頁二十二行二十七字，四周單邊，白口。全頁框高24.4釐米，寬13.6釐米。體注題"苕溪范翔紫登重訂；苕上沈三曾允斌、涵度汪參定；錢塘張道升慎高仝訂；弟三夏賓侯、三階允升、愷曾虞士仝閱"。詩經題"朱熹集傳"。前有康熙二十五年(1686)沈三曾序。序後有《四書引詩字韻異同辨》。

黃文煥，字維章，福建永福人，天啓五年進士。崇禎中由山陽知縣擢翰林院編修。坐鉤黨與黃道周同下詔獄，獲釋，流寓南都以終。有《詩經考》、《陶詩析疑》、《楚辭聽直》等。

范翔，字紫登，浙江歸安人。無考。

此《詩經》之釋注讀本也。六經之中，詩尤爲人人當學，孔子云：興於詩。又云：不學詩，無以言古者。嫏嬛，神話中天帝藏書處，此喻詩經著意藏奇。

沈三曾序云："予兄弟皆習《春秋》，而先世高曾皆以《毛詩》顯。方在塾時，家大人又以世業專經，於諸經中尤加研究，因得前此善解詩者，若黃氏維章之《嫏嬛》、顧子麟士之《説約》、江氏晉雲之《衍義》、范子紫登之《體注》，皆能羽翼傳注，而《嫏嬛》尤辭意簡該，折衷盡善，雖於漢唐箋疏諸家不相統貫，然揣摩家欲專治詩，要未有能外此者。""今世科舉學盛，既不克人人學詩，即專習毛詩家，亦大遠古聖人教人之意。至并其羽翼傳注者，而弗爲究心，良可嘆也。客夏，請假歸里，暇日復取《嫏嬛體注》細加參訂，重鋟行世，因序其語於簡端，使當世篤學嗜古之士，由此書而深曉傳注，由傳注而追尋箋疏，庶幾於温柔敦厚之大義，沉研熟玩，以求自得於吾心，則不獨專習毛詩家所當奉爲指南矣。"

此本有日人闕名圈點。扉頁刻"遺經堂四刻嫏嬛體注。太史沈允斌、度汪兩先生參訂。永福黃維章先生原本。雍正七年己酉秋鐫"。沈三曾，字允斌，浙江烏程人，康熙十五年進士。由庶吉士歷官贊善，先後分纂《大清會典》、《通鑑輯覽》、《淵鑑類函》等。恭謹恬退，不妄交一人，家居伏處荒村，經年不入城市，敦本睦族，課子姓以詩書，人稱懷庭先生。有《十梅書屋詩文集》。沈涵，亦康熙十五年進士。

按，日本内閣文庫藏有《新鐫黃維章先生詩經嫏嬛集注》八卷，明刻本。《中國古籍善本書目(徵求意見稿)》著錄《詩經體注嫏嬛説約大全合參》八卷，清康熙二十五年有文堂刻本，廣西師範大學圖書館藏；《新鐫黃維章先生詩經嫏嬛體注》八卷，清康熙十九年刻本，福建建甌縣圖書館藏。然此本不見《中國古籍善本書目(徵求意見稿)》著錄。

鈐印有"東印敬治"，日人印也。

0108　清乾隆刻本詩經增訂旁訓　T435/1342

《詩經增訂旁訓》四卷。清乾隆二十一年(1756)嘉定張氏匠門書屋重刻本。三册。半頁七行二十字，小字七行四十四字，四周單邊，白口，單魚尾，版心下刻"匠門書屋"。框高19.2釐米，寬13.7釐米。前有宋淳熙四年(1177)朱熹《詩傳序》；《朱子詩序辨説》。

是書乃《詩經》簡易讀本，節錄朱子《集傳》而訓釋之，所謂"增訂旁訓"者，唯每詩增入小序耳，蓋其由張大受匠門書屋所刻而獲名書林。

張大受,字日容,一字拙齋,學者稱"匠門先生"。江蘇嘉定人。幼負文名。康熙三十八年南巡,以舉人奉召宣上御舟,問會試如何不中,賞歎再四。四十四年,御試一等,充《南巡盛典》、《詩經》館纂修官。四十八年成進士,改庶吉士,授檢討,入直南書房。五十九年充四川鄉試正考官,尋督學貴州,卒於官,年六十四。其詩文超雋,駢體尤膾炙人口,造門請業者無虛日。臨川李紱未第時,徒步二千里,踵門受學。或謂"陶成士類,宏獎風流,吳中推匠門先生云"。著有《匠門書屋文集》、《張大受詩選》。

卷一《國風》,卷二《小雅》,卷三《大雅》,卷四《頌》。字行寬窄相間,寬行大字刻《詩經》正文,窄行小字刻《集傳》注文。其選錄朱注甚精簡,或亦匠門先生所爲。

扉頁刻"詩經讀本。吳郡張氏重校。乾隆丙子年重鐫。吳郡映雪艸堂藏板"。按,乾隆丙子年,大受已殁,故此本宜非匠門書屋初刻原板。

《四庫全書總目》、《續修四庫全書總目提要(稿本)》皆不收。《中國古籍善本書目》未著錄。各家書目併鮮見載。

鈐印有"吉田氏圖書記"。

0109 清乾隆刻本毛詩名物圖說 T478/2922

《毛詩名物圖說》九卷,清徐鼎撰。清乾隆三十六年(1771)坊刻本。四册。二節板,上欄刻名物圖,下欄刻注釋文,半頁十四行二十字,四周單邊,白口,單魚尾。框高22.1釐米,寬14.4釐米。題"吳中徐鼎實夫輯"。前有乾隆三十六年徐鼎自序;《發凡》七則;總目。

徐鼎,字實夫,江蘇吳縣人,事蹟不詳。自序卷端刊有"實夫"、"雪樵徐鼎"、"南州叔子"印,當其字號。《清人室名別稱字號索引》載姓徐名鼎者三人,其一爲吳縣人,字時東,亦字峙東,號雪樵、雲樵、雪樵山人,室名靄雲館。

是書專釋《詩經》鳥獸草木之名。卷一《鳥》,卷二《獸》,卷三《蟲》,卷四《魚》,卷五至七《草》,卷八至九《木》。卷前各有目錄。每名物各繪圖於上,注釋於下。凡一物重出者,不復圖說;同物異名者,無圖有說,即附其末;同名異物者,各分圖說。

鼎自序述此書編撰梓行經由,曰:"余丁束髮時,兄授以《毛詩三百篇》,輒遇耳目聞見之物,忻然有所得。乃欲博考名物,搜羅典籍,往來書肆,不憚煩,不揆檮昧,編而輯之,閱二十年矣,尤恐於格致多識之說未精詳也。凡釣叟村農、樵夫獵户,下至輿臺皁隸,有所聞,必加試驗,而後圖寫,即分注釋於下。異同者一之,窒礙者通之,煩碎者削之,謬訛者正之,穿鑿附會者汰之。止欲於物辨其名,於名求其義,得詩人類取託詠之旨而後安。比年來家居教授,從游者衆,賴諸子相與贊成。時余在中丞幕府,忝居講席,與同學究經義,出示斯編,則見卷首有歸愚沈師手書'名物一書,傳世之學'數語,即首肯曰:'先生何不壽諸梨棗,公諸同好?'嗣又爲坊間請梓。因分爲九卷,標之曰《名物圖說》。其他禮樂冠裳車旂諸圖後續梓行,先之鳥獸蟲魚草木者,猶《詩》之始國風而終雅頌也歟。"末署"序清德堂之西齋"。

《續修四庫全書總目提要(稿本)》入經部詩類,稱是書"大率據《山海經》暨唐宋本草,有或未備,考州郡圖志,諏之土人,其用力不可謂不勤"。然亦有"終難據信"者、"圖殊不似"者、"異名同物殆近重出"者,及其謂誤而實不誤者。"要其部分班列,便於觀覽,固可爲多識之一助焉爾"。

扉頁刻"毛詩名物圖説。吴中徐實夫輯。辛卯冬鐫"。

《四庫全書總目》不收。《中國古籍善本書目》未著録,但録中國國家圖書館藏稿本。中國科學院圖書館、北京師範大學圖書館、湖北省圖書館,以及日本京都大學人文科學研究所、東京大學東洋文化研究所、美國普林斯頓大學葛思德東方圖書館亦藏此本。又日本《國立國會圖書館漢籍目録》著録乾隆四十七年序刊本,未究其詳。按,日本文化五年(1808)曾據此本校而刻之,且書板屢經轉易,一再印行。《續修四庫全書》收入此書,底本爲湖北省圖書館藏本。

鈐印有"雨山艸堂"。

0110　明萬曆刻三經評注套印本檀弓　　　　T592/0442

《檀弓》二卷,宋謝枋得、明楊慎批點。明萬曆四十四年(1616)閔齊伋刻《三經評注》朱墨套印本。一册。半頁八行十八字,左右雙邊,白口,無魚尾,書眉上刻注。框高20.3釐米,寬14.6釐米。前有萬曆四十四年閔齊伋序。

此爲閔氏刻《三經評注》之一(另二種爲《考工記》、《孟子》),本館有是書全帙。

閔齊伋序云:"宋謝叠山先生舊有批點全篇行於世,邇爲坊刻竄易,并經文爻夷之,非本來矣。頃從從弟子京所見謝高泉先生所校本,蓋舊本也,兼有用修附注,援引淹博,足備參稽。因彙注疏、集注、集説諸書,去其繁而存其要,以著於簡端,而品題則仍謝之舊。先生丁宋之季,高儀勁節,昭昭天地間,斯真能讀《檀弓》者,安在其不雅馴哉?皇明萬曆丙辰秋九月,剞劂告成,雕鏤既極人工,爲之一笑。"

書末刻"萬曆丙辰秋吳興後學閔齊伋遇五氏識"一行,并鈐"齊伋"、"閔十二"印。

是書流傳頗多。

館藏有複本一册。序缺首頁。

0111　明萬曆刻本考工記通　　　　T535/2960

《考工記通》二卷,明徐昭慶輯注。明萬曆花萼樓刻本。二册。半頁九行十七字,四周單邊,白口,單魚尾。框高21.8釐米,寬13.5釐米。題"宣城徐昭慶穆如輯注;梅鼎祚禹金校閱"。前有圖,《凡例》十四則,引用先儒姓氏書籍,集諸家論。

昭慶,字穆如。宣城人。

此爲《檀弓考工二通》之一。其注本朱申之《周禮句解》,上而參之鄭康成,下而合之周啓明、孫士龍諸家。據《凡例》云,其間晦者求明,略者求詳,未安者求以正,訂注頗殷,惟欲取便初學者。《四庫全書總目》入經部禮類存目。《總目》云:"其書多斤斤於章法、句法、字法,而典據殊少,則《凡例》蓋道其實也。其中時亦自出己意,攻駁前人。"

扉頁刊"考工記通。花萼樓藏板。是書搆選鐫工,搜延繪士,書梓圖畫盡美,校訂點畫無差,三載告成,足稱全璧,倘有書坊翻刻,定行經官究治"。此本應爲徐氏家刻。

《中國古籍善本書目》著録,有《檀弓考工二通》四卷,上海圖書館等七館入藏。日本内閣文庫、東京大學東洋文化研究所亦有此單種入藏。

鈐印有"壺吟"。

經部

0112　明嘉靖刻十三經注疏本周禮注疏　T522/8023

《周禮注疏》四十二卷，漢鄭玄注，唐賈公彥疏，唐陸德明釋文。明嘉靖李元陽刻《十三經注疏》本。十四册。半頁九行二十一字，四周單邊，白口，無魚尾，書口下有刻工。框高20.9釐米，寬12.7釐米。題"漢鄭氏注；唐賈公彥疏；陸德明釋文"。前有賈公彥《周禮正義序》。

此本卷一第一頁第三行應有"明御史李元陽、提學僉事江以達校刊"字樣，今已挖去。

《中國古籍善本書目》著録，然皆爲清人批校本。

0113　清乾隆刻本周禮　T522/8203F

《周禮》六卷，漢鄭玄注，唐陸德明音義。清乾隆五十二年（1787）周震榮福禮堂刻本。六册。半頁十二行二十五字，四周單邊，白口，單魚尾，書口下刻"福禮堂"。框高19.8釐米，寬14.1釐米。題"漢鄭康成注；唐陸德明音義"。前有賈公彥序；又賈公彥序周禮廢興。

此本有扉頁，刻"周禮。乾隆丁未五月。福禮堂藏板"。按，清嘉慶十一年清芬閣曾據此本重刻。

周震榮，字青在，一字筤谷，浙江嘉善人。乾隆十七年舉人，歷官青陽、清苑、永清知縣，多惠政。擢永定河南岸同知。覃研經學，尤致力於三禮，在官未嘗一日廢學。卒於乾隆五十七年，年六十三。著有《周禮萃説》四十二卷、《歷代紀元表》若干卷。福禮堂，《中國古籍版刻辭典》未收。

闕名圈點。

《中國古籍善本書目》著録，但只收名人批校本。《北京圖書館古籍善本書目》、《北京大學圖書館藏古籍善本書目》著録。

鈐印有"濰郭申堂架藏"。

0114　明嘉靖刻本周禮句解　T525/2950

《周禮句解》十二卷，宋朱申撰。明嘉靖三十五年（1556）蔡揚金刻本。四册。半頁八行十八字，四周雙邊，白口，雙魚尾。框高21.9釐米，寬13.6釐米。題"魯齋朱申周翰"。

朱申者，事蹟無考。《江西通志》有朱申，字繼宣，宋太學生。又李心傳《道命録》有淳祐十一年新安朱申序，其結銜題"朝散大夫知江州軍州兼管內勸農營田事"，又宋江州刊淳祐重修本《輿地廣記》各卷末有"淳祐庚戌郡守朱申重修"。

此書逐句詮釋《周禮》，大略根據注疏，義取簡約。《四庫全書總目》入經部禮類。朱彝尊《經義考》止載陳儒序，不記其書之所自。按，此本前亦應有嘉靖丙辰陳儒序，今佚去。陳序云："儒奉命督撫淮南，亟欲崇尚古訓以爲保蓄之圖，未之有得也。適有遺我《周禮句解》者，讀之而典則明備，字畫精嚴，宛若韓宣子所見者，乃遂檄淮守蔡子揚金刊之，將以布諸學官。""是集也，删繁舉要，得什一於千百，君子欲求帝王之治，其尚毋忽於《關雎》、《麟趾》之意哉。"則此書當爲淮守蔡揚金奉陳儒命所刻。

是本字畫端整精湛，白棉紙。

《中國古籍善本書目》著錄。上海圖書館、南京圖書館等六館亦有入藏。此書又有明刻本二種，一八行十八字，四周雙邊；一十行二十五字，四周單邊。另有《校正詳增音訓周禮句解》，一爲明成化四年孫世榮刻本，一僅作明刻本，大陸均有入藏。

鈐印有"碧雲齋"、"拜經樓藏"。

0115　明刻本周禮補亡　　　　　　　　　　　　T526/7143

《周禮補亡》六卷，元丘葵撰。明李緝刻本。六冊。半頁十行二十三字，四周單邊，白口，雙魚尾。框高19.2釐米，寬11.7釐米。題"清源釣磯丘葵吉甫學；無錫後學顧可久編次；餘干後學李緝重刊；餘姚後學張心校正"。前有泰定元年(1324)丘葵序。

葵，字吉甫。莆田人。有志朱子之學，親炙呂大圭、洪天錫之門。宋亡，居海嶼中，因自號釣磯翁。

《四庫全書總目》入經部禮類存目。此書本俞庭椿、王與之之説，謂冬官一職，散見五官，又參以諸家説，訂定天地春夏秋冬各官。《總目》於此書云："此書別無他長，惟補亡是其本志。"

是書略有缺頁，爲地官之首頁、尾頁；夏官之第二十一、二十二、二十七、二十九、三十五至三十八頁；秋官之第七、八頁、尾頁。

按，明代又有弘治十四年錢俊民刻本、葛欽刻本，及其他明刻本二種。《中國古籍善本書目》著錄。上海圖書館、山東省圖書館等五館，及日本内閣文庫亦有入藏。

0116　明刻套印本周禮　　　　　　　　　　　　T522/7939

《周禮》二十卷，明陳深批點。明凌杜若刻朱墨套印本。六冊。半頁八行十八字，四周單邊，白口，無魚尾，書眉上刻評。框高20.2釐米，寬13.9釐米。前有陳深序(有缺頁)；凌杜若識語。

陳深，字子淵，號潛齋。長興人。嘉靖四年舉人。官至雷州府推官。深又有《周禮訓雋》。

凌杜若識語云："吾鄉潛齋先生最嗜古，其所輯訓箋，條分縷析，字櫛句比，殊便後學，因梓之以爲尚古者一助云爾。"凌氏尚刻有《詩經》四卷，亦朱墨套印本。

《四庫全書總目》未收是書，然於禮類存目收有深之《周禮訓雋》二十卷。《總目》云："是書略無考證，而割裂五官，歸於冬官，則沿俞庭椿輩之謬論，無足錄也。"據王重民《中國善本書提要》，此書卷端所載評語，當爲杜若從《周禮訓雋》内摘出者。又王氏《提要》著錄是書二部，一藏北京大學圖書館，一藏美國國會圖書館，然分列兩處，作不同版本處理，誤也。

《中國古籍善本書目》著錄。上海圖書館、南京圖書館等十七館，臺北"國家圖書館"，及美國國會圖書館亦有入藏。

0117　明天啓刻本注釋古周禮　　　　　　　　　T527/3231

《注釋古周禮》五卷《考工記》一卷，明郎兆玉撰。明天啓郎氏堂策檻刻本。六冊。半頁九行二十字，四周單邊，白口，無魚尾，書眉上刻評注，書口下刊"堂策檻"。框高20.9釐米，寬13.1釐米。前有注疏名儒姓氏；唐賈公彦《序周禮廢興》；宋王安石《周禮舊序》；元吴澄《三禮敘錄》;明徐常吉《古周禮闕冬官辨》;明孫攀《古周禮釋評舊敘》。

兆玉,字完白。仁和人。萬曆四十一年進士。

《凡例》九則,其一曰:"注釋自朱周翰《句解》行世,宣城孫士龍嗣爲補輯,雖若串珠,終成碎玉,今總揭正文,鬃括細注,務使全經微義一覽瞭然。"

《四庫全書總目》入禮類存目。《總目》云:"是書謂之《古周禮》者,自別於俞庭椿諸人之改本也,其注皆鈔撮舊文,罕能貫通,然曖曖昧昧,守一先生之言,視他家之變亂古經,與其妄也,寧拘矣。"

《中國古籍善本書目》著錄。中國國家圖書館、上海圖書館等二十五館,及日本東京大學東洋文化研究所亦有入藏。

是書有闕名朱筆圈點。

鈐印有"時范三印"。

0118　明萬曆刻三經評注套印本考工記　　T592/0442(2)

《考工記》二卷,明郭正域批點。明萬曆閔齊伋刻《三經評注》朱墨套印本。一冊。半頁八行十八字,左右雙邊,白口,無魚尾,書眉上刻批。框高 20.3 釐米,寬 14.6 釐米。前有郭正域序。

郭正域,字美命。江夏人。萬曆十一年進士。授編修,歷禮部侍郎。博通載籍,勇於任事,有經濟大略,人望歸之。卒諡文毅。

此爲閔氏刻《三經評注》之一(另二種爲《檀弓》、《孟子》),本館有是書全帙。

閔氏所刻此類讀本,雖紙墨精良,然每每任意刪節舊注,鄭振鐸嘗以此書並明周夢暘批點本校讀,於此本不盡不實處大爲驚咤。閔本郭正域序刪去序末"吾楚周啓明氏爲郎水部,品藻《記》文而受之梓,夫所謂在官而言官者乎? 郎以文章名,所品藻語,引繩墨,成方圓,進乎技矣。有所著《水部考》行於世,則冬官之政舉矣。請校《周禮》,吾從周"等七十字。又復易"卷"爲"篇",并不標出吳澄及周夢暘之名,於"考注"、"批評"及"音義"均任意刪改變動。此書"批點"實出於周氏手,而"考注"又爲吳澄著也。閔刻書之不可靠,往往如是。

此書流傳甚多。

0119　清乾隆刻本周官精義　　T528/3332

《周官精義》十二卷,清連斗山撰。清乾隆刻本。三冊。清闕名校,清周懋琦跋。半頁九行二十三字,左右雙邊,白口,單魚尾。行間刻圈點。框高 18 釐米,寬 12.6 釐米。題"潁川連斗山叔度編次"。前有乾隆四十一年(1776)秦潮序;乾隆四十年(1775)連斗山撰《凡例》八則;總目。

連斗山,字叔度,河南潁州人。嘗官當塗司訓、太平府訓導。所撰《周易辨畫》四十卷,收入《四庫全書》經部易類。

是書一名《纂輯周官精義》,乃纂輯乾隆《欽定周官義疏》而成,亦初學塾本耳。《凡例》述其編纂之由:"國家以制義取士,習舉業者,五經而外,惟《周官》取用爲多。而《周官》中各家注疏,尤足擴學者之識見,助其才華。我朝《欽定周官》,精微廣大,本末鴻纖,無不備舉。第初學畏其浩煩,每束之高閣,不肯卒讀。而坊本樂趣簡易,概從刪節,致使學者徒知訓詁其文辭,無由會通其精義。用是悉心斟酌,輯爲此編,較全書爲稍減,視坊本則差備矣。"《凡例》末署"乾隆乙未年十月朔潁川連斗山叔度氏謹識於姑孰官署",則是書當編次於連氏當塗司訓任内。

卷一聖制日知薈說十則,欽定周官總辨八條;卷二至三天官冢宰上下;卷四至五地官司徒上下;卷六至七春官宗伯上下;卷八至九夏官司馬上下;卷一〇至一一秋官司寇上下;卷一二考工記,附周官奇字。各卷前并有細目。經文大字頂格,雙行小字夾注音切;輯注、總論、通論、餘論皆小字雙行低一格,唯輯錄"御案"大字單行。卷末附增訂明郎兆玉《周官奇字》一篇,專釋異體別字,如"債爲責"、"供爲共"之類。

《續修四庫全書總目提要(稿本)》稱:"是書名物用鄭、賈爲多,義理則多採宋儒,如程子、張子、陳祥道、葉時、易祓、王與之諸人之說,皆不略,固治《周禮》者所宜留意也。"

是書刊刻緣起,概見秦序:"我朝稽古右文,《欽定周官義疏》包舉百家,斷自睿裁,至醇且備。顧承學之士率安苟且,稍解傳誦,亦祇坊刻節要諸本,闕觀云陋,甚無取焉。余膺命典學江左頻年,與諸生切劘,庶幾留心誦習,然求其淹貫者尚鮮,非夫卷帙廣衍多識而未領其要歟!當塗司訓連君,乃謹就欽定本博綜約取,首登聖制,次輯注疏,末參總論,名曰《纂輯周官精義》,凡十二卷,實能補《注釋》所未備,而視《訂義》爲益精,其引進後學,用心可爲曲至。稿成,是正於余。余亟加審定,屬其付梓,以爲初學塾本。"

按,秦潮時任安徽督學使者,當塗司訓乃其屬下,既云"屬其付梓",則是書或當塗縣學所刻。然此本是否初刻尚難定奪,以世多翻刻故也。館藏另一版本,持以比校此本,内容無異,但行款同而框稍高(18.3釐米),總目、細目列行有異(如此本總目"第二卷"、"天官冢宰上"分列二行,彼本同在一行),字體相仿而僵硬粗劣,且多手民刻訛,視爲後出之覆刻本,可謂無疑。然彼本扉頁刻"周官精義,潁川連叔度編次,丙申仲夏鐫,本衙藏版",且有"提督學院頒行"、"三餘堂發兌珍賞"朱文鈐印。若據之以彼本爲乾隆四十一年夏月翻刻,而此本刻年則不得早於乾隆四十年十月(《凡例》撰成之年月),豈數月之内即需别版再刻乎?或彼本扉頁亦爲仿刻?或此本原刻扉頁遺落?疑而難決,姑且著錄此本爲乾隆刻本。

《凡例》末題"男筥、簽、竹、箕、策、箭校字。金陵李士果刊"。間有抄配。

眉間有校,多系抄錄《欽定周官義疏》中未輯疏文,但未署年代名氏。據卷末周懋琦光緒十九年跋,乃知爲其曾祖手錄。懋琦跋曰:"咸豐辛亥、壬子間,見先曾大父手錄《周禮》,逐條臨於書眉。詢之先大父,以爲授自霽庭伯曾祖也。後讀武林黃氏《七經精義》,乃知悉從此本錄出,彼時黃氏書甫經刊成。嗣讀乾隆間《欽定三禮義疏》,乃知黃氏又從此錄出。古人讀書各有手錄本,易於記誦故也。揀出授四兒汝燊從新裝訂,爰記於後。時光緒癸巳冬月,識於荊州福海春長之署,韓侯周懋琦。"按,周懋琦,原名鴻寶,字韓侯,號子玉,一作子瑜,浙江錢塘人,徙居南通州,家富藏書,室名"德福壽安寧署齋"、"萬卷樓"。據梁戰、郭群一編《歷代藏書家辭典》稱,懋琦"官至臺灣道"。今檢《(光緒)臺灣通志》,於職官表"分巡臺灣道"下,果載其名,然謂其"安徽績溪人",抑同名同姓者乎?未詳待考。

《續修四庫全書總目提要(稿本)》入經部禮類。《中國古籍善本書目》未著錄。《續修四庫全書》亦未收。《杭州大學圖書館綫裝書總目》著錄乾隆四十一年姑孰縣署刊本,未知除秦序之外別有所據否。又日本《東京大學東洋文化研究所漢籍分類目錄》著錄乾隆四十一年金陵李士果刊本,當依《凡例》末題名而定。然是書翻刻印本若本館所藏者,併存秦序、《凡例》,若僅憑"屬其付梓",或"金陵李士果刊"一行定其版本,恐不足爲信。

經 部

　　是書於乾隆之後,疊經翻刻重印,如日本京都大學人文科學研究所藏嘉慶元年重刻本,日本《東京大學總合圖書館漢籍目錄》著録有"嘉慶三年集錦堂據乾隆四十一年金陵李士果刊本重刻"本及"清末重刻本",日本東洋文化研究所藏嘉慶七年重刻本,杭州大學圖書館藏同治十年粵東富文齋刻本,日本國立國會圖書館藏光緒二年重刻本(蘇州掃葉山房藏板)。
　　鈐印有"德福壽安寧署齋"、"家在三十六峰山色裏"、"鴻寶經學"、"子玉校勘之學"、"鴻寶署齋"、"德福壽安寧周氏珍藏書"、"韓侯曾經校讀"、"曾歷地球一過"、"經術飾吏治"等,皆周懋琦藏書印。
　　又館藏乾隆四十一年翻刻本一部。八册。鈐印有"近藤藏書之印"。

0120　明刻本儀禮注疏　　　　　　　　　　　　　　　　T554/1880C

　　《儀禮注疏》十七卷,漢鄭玄注,唐賈公彦疏。明刻本。十六册。半頁十行二十字,四周單邊,上下黑口,雙魚尾,書口下間有刻工。框高20.8釐米,寬13.2釐米。前有賈公彦《儀禮注疏序》。
　　此本卷一第一行下"漢鄭玄注;唐賈公彦疏"及次行"後學廬陵陳鳳梧編校"爲後人墨筆補寫。卷二所刻同上所題。按,明正德十六年陳鳳梧曾刻《儀禮》十七卷,有漢鄭玄注,但無唐賈公彦疏,非此本也。
　　《四庫全書總目》入經部禮類。《中國古籍善本書目》著録之本皆有唐陸德明釋文,此本無之。
　　鈐印有"有不爲齋"、"秋月春風樓磯氏印"等。

0121　清乾隆刻本儀禮易讀　　　　　　　　　　　　　　T558/7272

　　《儀禮易讀》十七卷,清馬駉撰。清乾隆二十年(1755)刻本。六册。二節版。半頁九行二十字,左右雙邊,白口,單魚尾,書口下刻"悦六齋藏板"。框高21釐米,寬13.7釐米。題"山陰馬駉德淳輯;同學詹國瑞輯五、金尚濂友蓮參校"。前有乾隆二十年雷鋐序,乾隆二十年萬以敦序,乾隆十九年(1754)齊召南序,乾隆二十年彭元瑋序;乾隆二十年李志魯跋;馬駉撰《凡例》十三則。
　　馬駉,字德淳,浙江山陰人。諸生。好古力學,潛心經義,老而彌堅,家貧無子,内行淳篤,有古人之風。
　　三禮之中,獨稱《儀禮》爲難讀。馬氏治《儀禮》逾四十年,自注疏而下,宋元以來諸儒之説,靡弗殫究,又恐學者以是經難讀而弗習,遂著此《易讀》,於經文則添注,於諸説則兼採,釋字句,校音義,融貫經文,舉委曲煩重之旨而出之以簡潔明爽,俾讀者展卷瞭然。
　　萬以敦序云:"山陰馬生德淳,取古經十七篇,句解字釋之,篇不過數百言,節不過數句,句不過數字,其解至約,而經義浹洽流通,靡不條貫。馬生之業,不其精乎!往余宰汶上時,於廣文紀君處得濟陽張君爾岐《儀禮句讀》,喜其考覈之精,今馬生所著,較張爲約。昔朱子悼禮之廢,爲集傳注,以垂來世。張君馬生,更患讀者之難,而句解字釋之,其惓惓於是經何如也!馬生以是家塾課其弟子,題之曰《易讀》。"
　　齊召南序也云:"其書亦句解體,使學者展卷即明,不苦難讀,即可以尋端究委,忘其瑣碎煩曲,樂於蒐討前賢辨論,會其旨趣而剖判異同。此書倘行,是古禮經振衰之一助也。"

是書爲萬以敦所刻。據前序,山陰令萬以敦"任剞劂費之半",會稽令彭君復捐貲成之,"而廣文李君更薈萃以蕆其事"。此本有扉頁,刻"儀禮章句。方靈皋、李巨來兩先生鑒定。乾隆甲寅春鐫。金閶書業堂藏板"。"甲寅",爲乾隆五十九年。按,此扉頁非是書原有,乃從它書易來。館藏有《儀禮章句》,扉頁與此同版。"悦六齋"當爲書肆名,《中國古籍版刻辭典》未收。

《四庫全書總目》著録,入經部禮類存目。《總目》云:"儀禮經文詰曲,注疏浩繁,向稱難讀。是編刻於乾隆乙亥,於經文諸句之中,略添虚字聯絡之,以疏通大意,又仿高頭講章之式,彙諸説於上方,大約以鄭注賈疏爲主,而兼採元敖繼公《集説》,明郝敬《集解》及近時張爾岐《句讀》諸書,間亦參以己意,取初學而已,不足以闡經義也。"《四庫全書存目叢書》第88册收入,底本爲北京清華大學圖書館所藏"清乾隆二十年山陰縣學刻本",書口下也有"悦六齋藏板",然與哈佛此本不同板。

鈐印有"如射書堂圖書記"、"棣棠園",皆日人印也。

0122　清乾隆刻本儀禮章句　　　　　　　　T558/2314

《儀禮章句》十七卷,清吴廷華撰。清乾隆五十九年(1794)吴壽祺刻本。六册。半頁十行二十一字,左右雙邊,白口,單魚尾,框高19.1釐米,寬13.4釐米。題"仁和吴廷華章句"。前有乾隆二十二年(1757)沈廷芳序;校刊姓氏;參訂姓氏。目録後有乾隆二十二年吴壽祺跋。

吴廷華,字中林,號東壁,初名蘭芳,鄉貢後始改,浙江仁和人。少嗜經術,於古今注疏箋議盡讀之,而喜援古以證今。康熙五十三年以五經中鄉試,五上春官不第,雍正二年由中書舍人歷官福建海防同知,復以原衙通判興化。十年冬,有疾,詔以原品致仕。乾隆初,嘗薦修《三禮》,二十年卒,年七十四。又有《三禮疑義》、《曲臺小録》、《東壁書莊集》等。《碑傳集》卷一〇二有傳。

是書爲學禮者階梯,每篇之中,分其節次,每節之内,析其句讀。更按其節次,分爲六章,使展帙者知某事在某禮之前,某事在某禮之後。十七篇節目,瞭如指掌。其訓釋多本鄭賈箋疏,亦間採他説附案以發明之,於喪服一篇,尤爲教孝要道,故更詳審。

沈廷芳序云:"乾隆改元,天子詔諸儒輯《三禮義疏》,吾友吴中林先生實與是選,在館十年,編校弗怠,闡發居多,元哲咸相推服。先生自少篤志經術,嘗讀《注疏》而疑之,批駁詮釋,爲《三禮疑義》百餘卷,恒發古人之覆。暇復閱《儀禮》本文,默爲紬繹,於一事一物之聞,空曲交會之際,莫不字字探索。余贈以張稷若《儀禮鄭注句讀》,其時禮館西寧王九溪所著《儀禮分節句讀》亦成,先生讀二書而未慊也,乃章分而句釋,務體其義理之確當、儀節之詳備,而以簡明之筆解之,視二書尤核。蓋二書俱分節而不分章,張氏雖詳,過於墨守鄭注,王氏專以句讀爲主,箋處或失則略。先生既得秘省先儒之書而折衷之,更於二書補苴其不及,洵乎其全備矣。"

此本有日人圈點,有扉頁,刻"儀禮章句。方靈皋、李巨來兩先生鑒定。乾隆甲寅春鐫。金閶書業堂藏板"。方者,方苞也;李者,李紱也。"甲寅",爲乾隆五十九年。"書業堂",爲蘇州坊肆。

《四庫全書總目》入經部禮類。《總目》云:"廷華所著《周禮疑義》,今未之見。而此書則名《章句》,未審别有《儀禮疑義》,抑或改名《章句》也。其書以張爾岐《儀禮句讀》過於墨守鄭注,王文清《儀禮分節句讀》以句讀爲主,箋注失之太略,因折衷先儒,以補二書所未及。"

鈐印有"吴門臬山氏印"、"玉山堂之章印"。

0123　清乾隆刻本儀禮經注疏正譌　T558/8163

《儀禮經注疏正譌》十七卷，清金曰追撰。清乾隆五十三年(1788)張式慎刻本。四册。半頁八行十七字，左右雙邊，黑口，雙魚尾。框高16.8釐米，寬11.6釐米。題"嘉定金曰追著；受業張式慎校"。前有乾隆五十二年(1787)王鳴盛序，乾隆五十二年張式慎後序；《例言》八則；目録。

金曰追，字對揚，號璞園。上海嘉定人。諸生。受業王鳴盛，深於九經正義。鳴盛嘗曰，吾門下以璞園爲第一。事蹟具《清史稿》本傳，及《清史列傳》、《清儒學案》。

是書專校《儀禮》經注疏文字，張式慎後序追述先師撰作緣起曰："璞園先師潛心經術，而不欲以高睨大談判樹赤幟，惟實事求是，熟讀而詳校之。欲作《十三經注疏正譌》，先託始於《儀禮》。因《儀禮》自初唐人作疏之後，遂爲孤學。玄宗開元中命衛包以改字，盡趨於俗謬；文宗開成間命鄭覃以刻石，轉益其殽舛。迨至宋元明彙刻十三經，俗謬殽舛彌甚，《儀禮》則并經之正文且多脫誤，而注文疏文不待言矣。大約居今日而言經學，其義訓《易》、《書》、《左傳》爲急，以漢學已佚也；其文字《儀禮》爲急，以闕誤尤甚也。先師有見於此，故於此首從事焉。厥後遍校群經，略皆卒業，而用力之精密，仍未有過《儀禮》者。"《例言》亦自述曰："十三經注疏自五季以還，漸次板刻，輾轉傳訛，亥豕非一。《儀禮》一經，以昌黎大儒，猶苦難讀，今世學者束之高閣久矣，其中譌脫較甚他經，故校讎之役托始於此。自戊子後即從事於注疏全書，每讀一經，有疑誤處，隨條輒録。故《爾雅》、《毛詩》、《禮記》、《孝經》、《論語》、《孟子》，校十之七八，《左傳》、《尚書》，校十之四五，《周禮》、《周易》、《公羊》、《穀梁》，校十之二三，皆未能遍考舊本。唯《儀禮》一經，得專據朱子《通解》爲主，而又附之以楊氏《圖》，敖氏《說》，元陳鳳梧、明鍾人傑兩鄭注本，於近賢中，又參以吴江沈氏、山陰馬氏諸說，故視他經差可依據，兹特先脫稿本，就正博雅。"

是書各條校記併按《儀禮》十七篇分卷：卷一《士冠禮》，卷二《士昏禮》，卷三《士相見禮》，卷四《鄉飲酒禮》，卷五《鄉射禮》，卷六《燕禮》，卷七《大射儀》(今本脫儀字)，卷八《聘禮》，卷九《公食大夫禮》，卷一〇《覲禮》，卷一一《喪服經傳》(今本無經傳二字)，卷一二《士喪禮》，卷一三《既夕禮》(今本脫禮字)，卷一四《士虞禮》，卷一五《特牲饋食禮》，卷一六《少牢饋食禮》，卷一七《有司》(今作有司徹)。

校記書寫例式："每節經文僅標起止各二字，而以所校經注疏著明於下。凡經文有脫譌，則頂格書一經字，而旁注異同脫誤，然後列經文於下。注則於次行低一格標一注字，疏則又次行低兩格標一疏字，而旁注異同脫誤，然後列注文疏文於下。至於辨譌之語，則不論經注疏，皆低三格寫。"

王鳴盛序曰："乃自唐貞觀而降，學者率尚詞章，於《儀禮》一經，每惜進□□□熙寧中，王安石始議罷之，不立學官，而道學諸公又喜談德性，於制度文爲一切置之不論，遂使十七篇傳寫鏤刻之本，誤文脫字，較他經尤甚。雖張氏淳、楊氏復、敖氏繼公，類能究心於此，而亦殊多踳駁不純。沿至明神宗時，監本誤脫，益不可問矣。本朝以實學造士，於是經術大昌。崑山顧氏絳著《九經誤字考》，校正十七篇經文凡若干條。他若濟陽張爾岐之《句讀》、山陰馬駉之《易讀》，校正經及注凡若干條。然猶未免有漏者。吴江沈彤之《小疏》，則惟校冠、昏、喪三篇，餘皆未暇及。且疏者所以解經及注也，而此數家者，皆未詳校及此，猶或不無遺憾焉。吾鄉金子，名曰追,號璞園,研究實學,好古而具深識。其於九經正義,旁及《孝經》、《論語》、《孟子》、《爾雅》,精心讎校,並有成書,統名曰《十三經注疏正譌》。就中《儀禮正譌》十七卷尤爲完備,以視諸家所得,不啻增而數倍之。其有功於經,豈淺鮮哉!"又曰:"即以顧氏所校經之正文,與璞園所校參觀之,如《士昏禮》一篇……此五條皆顧氏之所未及,而璞園得之,其他可知矣。然則雖謂自鄭、賈以後讎勘此經者璞園爲首庸,奚不可邪?"且史傳皆云"阮元奉詔校勘《儀禮》石經,多採其説"。

《鄭堂讀書記》則曰:金校"凡經注及疏,一字一句之異同,必博加考定,歸於至當,以云正譌,誠不虛也。顧《通解》於賈疏,往往有移易其前後者,後之所見乃前之所刪。璞園專依朱子爲正,忘賈疏前文之所有,而遽以後文爲脫去,輒以《通解》補之,益滋其誤。其他亦有一二爲朱子所增成者,宋本、各家本皆無之,而亦據以補入。如此正譌,恐其譌終不能盡正矣。蓋璞園先生於宋元注疏刊本,從未寓目,雖用力精密,萬不及後來盧抱經之《詳校》、阮雲臺師之《校勘記》矣。後之治《儀禮》者,舍此而求盧氏、阮氏可也。"

《續修四庫全書總目提要(稿本)》入經部禮類,胡玉縉先生折衷其説,謂是書固有"殊爲疏舛"處,"王氏推爲首庸者過也",然不乏"考正亦頗明曉"處,"周氏譏爲滋誤者亦過也"。"總之,曰追未見宋元各舊本,根據薄弱,遠不逮盧文弨《詳校》、阮元《校勘記》之精,而所校有與宋元本闇合者,亦未可竟廢。"

是書於曰追没後,始由門人張式慎付梓梨棗,而其間嘗經王鳴盛補訂。張氏後序記其始末曰:"先師既没,式慎奉遺稿敬謹弆藏,毋敢失墜,分命小胥謄寫副墨,《儀禮》則手録之,勒成全帙。""方今通經學古,惟有光禄王先生爲士林所共推重。式慎爰舉以商之先生。""先生既加鑒定,又覆視補正數事,殺青斯竟,遂登諸棗木。""予小子聊以鉛槧之役,蘄無負師志行,且盡刻群經,使海内得見全豹。"又王序曰:"輟數日功,復爲審覆一周。會吾門有費生士璣,亦篤志窮經,適館於予家,因相與商訂,又改補十餘事。"按,費士璣,字玉衡,號在軒,震澤人,亦王鳴盛高第。

扉頁刻"儀禮正譌。嘉定王光禄先生鑒定。乾隆戊申新鐫。群經正譌全書嗣刻。肅齋藏板"。

《中國古籍善本書目》著録肅齋家塾刻本,上海圖書館等三館入藏。又中國科學院圖書館、中國人民大學圖書館、湖南圖書館、日本京都大學人文科學研究所也有收藏,但《京都大學人文科學研究所漢籍分類目録》作"嘉定張式慎肅齋家塾刊本",《中國科學院圖書館藏中文古籍善本書目》作張式慎刻本。此書又有"咸豐甲寅宜稼堂重刊"本(載《販書偶記》),及《皇清經解續編》諸印本。

0124　明刻本禮記集注　T586/7936C

《禮記集注》十卷,元陳澔撰。明刻本。十册。半頁九行十八字,四周單邊,白口,單魚尾,書眉上刻注。框高18.5釐米,寬13.8釐米。題"後學東匯澤陳澔著"。前有至治二年(1322)陳澔序。

陳澔《禮記集説》版本頗多,有十六卷、三十卷、十卷之别,明代所刻即近三十種。題"集注"之十卷本,明代亦有八種不同版本。此本從字體看,似萬曆間所刻。

是書有闕名圈點并注。

鈐印有"知止堂"、"原氏所藏"、"家在九峰高處"。

經部

0125　明萬曆刻本張翰林校正禮記大全　　　　T587/4208

《張翰林校正禮記大全》三十卷《總論》一卷，明胡廣等輯。明萬曆閩芝城建邑書林余氏刻本。十七册。半頁七行十六字，四周雙邊，白口，無魚尾。框高 23.3 釐米，寬 13.5 釐米。題"温陵二水張瑞圖、吴江桐岡沈正宗全校"。前有陳澔《禮記集説序》。

此爲《五經大全》之一。卷三〇缺末頁，又有補配一紙，上有牌記，刊"萬曆丁酉季春金陵唐對溪梓"。檢本館藏《五經大全》明萬曆閩芝城建邑書林余氏刻本，與此本同板，卷一第一頁書名"張翰林校正禮記大全"之"記"字皆斷板，并有末頁。諦觀此本，牌記一紙爲從他處移入貼上，非此原有也。

日人圈點并裝幀。

鈐印有"池邊之印"。

0126　明萬曆刻九經解本周禮完解　　　　T527/4244

《周禮完解》十二卷《讀周禮》一卷，明郝敬撰。明萬曆四十五年(1617)郝千秋、郝千石刻《九經解》本。八册。半頁十行二十一字，四周單邊，白口，單魚尾。框高 21.6 釐米，寬 13.8 釐米。題"京山郝敬著；男千秋、千石校刻"。

此爲郝氏《九經解》之一。館藏有《周易正解》二十卷、《禮記通解》二十二卷、《春秋直解》十五卷、《論語詳解》二十卷。《讀周禮》一卷乃爲讀是書之門徑。

《四庫全書總目》入經部禮類存目。《總目》云："此書亦謂冬官散見於五官，而又變幻其辭。謂陽分六官以成歲序，陰省冬官以法五行，穿鑿尤甚，中間横生枝節，不一而足。"

卷一二末刊有"萬曆丁巳季秋京山郝氏刊刻"一行。

鈐印有"四明盧氏抱經樓藏書"，蓋舊藏乾隆時盧汕家。

0127　明萬曆刻九經解本禮記通解　　　　T587/4244

《禮記通解》二十二卷《讀禮記》一卷，明郝敬撰。明萬曆四十四年(1616)郝氏刻《九經解》本。二十册。半頁十行二十一字，四周單邊，上白口，下綫黑口，單魚尾。框高 21.5 釐米，寬 13.9 釐米。題"郝敬解"。前有《讀禮記》十三篇，計二十二頁，凡九千餘字。

此爲郝氏《九經解》之一。館藏有《周易正解》二十卷、《周禮完解》十二卷、《春秋直解》十五卷、《論語詳解》二十卷。是書卷一至二《曲禮》上下，卷三至四《檀弓》上下，卷五《王制》，卷六《月令》，卷七《曾子問》、《文王世子》，卷八《禮運》、《禮器》，卷九《郊特牲》，卷一〇《内則》，卷一一《玉藻》，卷一二《明堂位》、《喪服小記》、《大傳》、《少儀》，卷一三《學記》、《樂記》，卷一四《雜記》上下，卷一五《喪大記》，卷一六《祭法》、《祭義》、《祭統》，卷一七《經解》、《哀公問》、《仲尼燕居》、《孔子閒居》、《坊記》，卷一八至一九《中庸》，卷二〇《表記》、《緇衣》、《奔喪》、《問喪》、《服問》、《閒傳》、《三年問》、《深衣》、《投壺》、《儒行》，卷二一《大學》，卷二二《冠義》、《昏義》、《鄉飲酒義》、《射義》、《燕義》、《聘義》、《喪服四制》。

《禮記》成書後，歷代都有不少爲之考釋之專書。魏晉以後，見於《隋書》、《舊唐書》、《新唐書》中"經籍志"者即有四十種左右,而現存者僅孔穎達《禮記正義》而已,其餘多已佚亡。綜觀宋、遼、金、元四代,《宋史》、《通志》等"藝文志"共著錄約七十餘種,然而十有八九不再傳世,其中尚能得見者僅有宋衛湜《禮記集注》、黃震《讀禮記日抄》以及陳澔《禮記集說》、吳澄《禮記纂言》。有明一代,雖此類著述幾達百種之多,然乾隆修《四庫全書》時,能夠選入者僅胡廣《禮記大全》一種,其餘皆在存目。如此看來,明代對《禮記》的考釋并無多大發展。

是書《明史·藝文志》著錄。《四庫全書總目》入經部禮類存目。《總目》云:"敬作此注,於鄭義多所駁難,然得者僅十之一二,失者乃十之八九。""大抵鄭氏之學,其間附會讖文,以及牽合古義者,誠不能無所出入,而大致則貫穿群籍,所得爲多。魏王肅之學,百倍於敬,竭一生之力,與鄭氏爲難,至於造《家語》以助申己說,然日久論定,迄不能奪康成之席也。敬乃恃其聰明,不量力而與之角,其動輒自敗,固亦宜矣。"《四庫》纂修官對作者和此書之評價顯而易見。

卷二二末刊有"時萬曆丙辰季冬京山郝氏刊刻"一行。

鈐印有"曹炎之印"、"彬侯"、"笠澤"。

0128　明末刻本禮記約注　　　　　　　　　　　　　T587/3232

《禮記約注》三十卷,明湯道衡撰。明末花嶼刻本。四冊。半頁九行二十字,左右雙邊,白口,單魚尾。框高19.4釐米,寬13.7釐米。題"明湯道衡纂注,曹自芬閱"。無序跋。

湯道衡,字參予。丹陽人。萬曆四十四年進士。性偶儻有吏才,能治繁劇。由户部主事知南昌府,以事被逮,士民遮道請留者數萬人。事聞詔釋之。補歸德同知,改東昌,所至有惠政。擢山東武德道,尋督本省學政,禮部考核第一,陞僉都御史,巡撫甘肅。以軍功蔭一子,世襲錦衣衛百户。母老乞歸,卒。《(光緒)丹陽縣志》卷一七有傳。

此本乃道衡讀《禮》所得,載書之下方。約者,有簡略之意,故稱之爲約注。

扉頁刻"禮記約註。湯道衡先生。花嶼藏板"。按,花嶼者,當取海中花洲之意。此本應爲家刻之本,非坊本也。

朱彝尊《經義考》、《四庫全書總目》、《中國古籍善本書目》未著錄,後二書僅有湯氏《禮記新義》三十卷、《禮記纂注》三十卷。北京大學入藏。按,北大本《新義》題"父中立湯三才命意;男平子湯道衡撰述";《纂注》題"宋陳澔集說;明徐師曾集注;湯道衡纂輯"。此與北大本不同,逕題"明湯道衡纂注;曹自芬閱"。

0129　明崇禎刻本禮經貫　　　　　　　　　　　　　T647/4663

《禮經貫》四卷,明堵景瀍撰。明崇禎刻本。四冊。半頁九行二十三字,四周單邊,白口,無魚尾,書眉上刻注評。框高20.1釐米,寬13.3釐米。題"鄴下張湛虛先生評定;古吳堵景瀍瀍生甫著;門人張滔上若甫參"。前有崇禎十一年(1638)錢振先序,賈一奇序,崇禎十二年(1639)王鳴雷序。後有張滔跋。

景瀍,字瀍生。梁谿人。據錢振先序,瀍生慧心淵悟,醇懿古穆,少好陰符家言。

貫者,貫穿、會通也。錢序云:"名之貫何? 自篇以貫之章,自章以貫之節,自節以貫之句,自句以貫之字,自有字以貫之無字。"《凡例》三則,一爲分章,二爲綜旨,三爲訂義。是書將《禮經》分章之後,必會數節之旨以舉通章,分通章之旨以舉一節,如此以攝其宏綱,綜其機要。

經部

《四庫全書總目》未收。《中國古籍善本書目》著錄。浙江圖書館亦有入藏。

0130　明萬曆刻本三禮編繹　　　　　　　　　　　　　　T647/1218

《三禮編繹》二十六卷,明鄧元錫撰。明萬曆三十三年(1605)史繼辰、饒景曜等刻本。十二册。半頁十行二十一字,四周雙邊,白口,無魚尾。框高21.6釐米,寬14.1釐米。題"盱後學鄧元錫著"。前有萬曆三十三年饒景曜序,萬曆元年(1573)鄧元錫自序。

是書合《曲禮》、《儀禮》、《周禮》總爲一編,而申之己意曰繹。先戴禮之《曲禮》,次《儀禮》經記、次《周官·考工》。其戴記《檀弓》而下暨《家語》、《孝經》、《大戴禮》各以儀曲、冠婚、喪祭、鄉射、相見之類附於篇末。散言泛論不可附者,又題之曰"禮記",以綴《周禮》之後。

《四庫全書總目》入經部禮類存目。《總目》謂元錫此書於《周禮》"亂其部帙,併割裂經文,移甲入乙,别爲標目分屬之,甚至採掇他書,臆爲竄入,古經於是乎蕩盡矣"。

是書爲史繼辰、饒景曜等出資刻於浙江。景曜序云:"是編也,遺稿發自王民法帳中,范原易偕劉公白閲而卒業,並欣謂異寶,足爲學士家指南,遂謀所以志不朽。屬景曜訂校爲從更成之,各捐貲以供梨棗。"其"刻校三禮編繹姓氏",刊"浙江布政司左布政使平陵史繼辰"等八人校刻。按,史繼辰又刻有《春秋貫玉》四卷,也浙江刻本。

又是書略有缺頁,爲卷五第十七頁、卷七第五頁、卷八第六頁。

《中國古籍善本書目》著録。南京圖書館、北京大學圖書館等十館、臺北"國家圖書館",及美國國會圖書館、日本内閣文庫亦有入藏。

鈐印有"李慎餘堂藏書"。

0131　明崇禎刻本禮樂合編　　　　　　　　　　　　　　T667/4808

《禮樂合編》三十卷,明黄廣撰。明崇禎六年(1633)黄氏玉磬齋刻本。十六册。半頁九行二十字,四周單邊,白口,單魚尾,書口下刊"玉磬齋"。框高20.2釐米,寬13.1釐米。題"錫山日齋黄廣無蛙父纂述;未齋華琪芳芳侯父參閲"。前有王秉鑑序,石確序,鄭鄤序,崇禎六年華琪芳序,崇禎六年張溥序,馬世奇序,崇禎六年黄襄序。崇禎六年黄廣跋并纂小牋。

黄廣,字冠龍。無錫人。據《無錫縣志》卷二九《儒林傳》云:"高攀龍赴止水死,有旨詰問漏洩之由,有司責保狀甚亟,無應者。廣同華國材慨然署狀,以貢除安遠知縣。"

《凡例》九則。是書以經典古訓與説部小史雜採成文,然每事不詳其源流本末,條理不甚清楚,所立門目等亦皆漫無體例。

扉頁刊"禮樂合編。□□□諸名公鑒定。錫山黄日齋先生纂"。又鈐有"本衙藏板,翻刊千里必究"、"實價紋銀壹兩伍錢"。明嘉靖末年,正九品官員一月可得白銀三兩八錢五分。崇禎年間,傭工之工錢,每人每天可得六十文,而白銀一兩值八百文至一千六百文,由此可見明末書價之昂。按,玉磬齋又刻有《承天紀》十卷,爲崇禎七年所刻。

《四庫全書總目》入經部禮類存目。《中國古籍善本書目》著録。中國國家圖書館、南京圖書館等十館,臺北"國家圖書館",及美國國會圖書館、日本内閣文庫、尊經閣文庫亦有入藏。

鈐印有"單遠謨印"。

0132　清康熙刻本禮記説義纂訂　　T587/4246

　　《禮記説義纂訂》二十四卷，明楊梧撰。清康熙十四年(1675)楊昌齡等刻本。十二册。半頁十一行二十二字，左右雙邊，下綫黑口，單魚尾。行間刻圈點。框高19.8釐米，寬13.9釐米。題"陝西涇陽楊梧鳳閣著；兄楠龍棟定；姪昌齡三開、紹齡七來、男延齡九如、孫惺慧益較"。前有清順治十三年(1656)楊廷鑑原序，順治十三年錢謙益原序，順治十三年楊梧自序，康熙十四年汪琬序，康熙十四年徐乾學序，康熙十四年慕天顔序，康熙十四年解幾貞序；龔鼎孳撰《青州郡丞楊鳳閣先生傳》(載《涇陽縣志》)；《凡例》八則；康熙十四年楊昌齡《刻〈禮記説義纂訂〉記略》；目録；參正校助姓氏。

　　楊梧，字鳳閣，一字嶧珍，號念劬。陝西涇陽人。明萬曆四十年以專《禮記》領舉人第一，然累舉進士不第，崇禎末乃官青州府同知，復坐疏防鐫秩，遂歸鄉不起。梧家學夙承，尤精三禮，海内治《禮記》學者率以爲宗，經其指授，輒取上第，家子弟以其學雋者比比，鄉里之士從游者踵恒相接。與人交，坦易率直，無貴賤，咸恭有禮，不事浮屠，不談祿命，不好嬉游，不近狎邪，以德望爲鄉里所推重。卒年七十有三。事蹟詳龔撰《楊鳳閣先生傳》。

　　兹編除《中庸》、《大學》，於四十七篇，一體發明。卷一至二曲禮上下，卷三至四檀弓上下，卷五王制，卷六月令，卷七曾子問、文王世子，卷八禮運，卷九禮器，卷一〇郊特牲，卷一一内則，卷一二玉藻，卷一三明堂位、喪服小記、大傳，卷一四少儀、學記，卷一五樂記，卷一六雜記上下、喪大記、祭法，卷一七祭義，卷一八祭統，卷一九經解、哀公問、仲尼燕居，卷二〇孔子閒居、坊記，卷二一表記，卷二二緇衣、奔喪、問喪、服問、閒傳、三年問、深衣、投壺，卷二三儒行、冠義、昏義，卷二四鄉飲酒義、射義、燕義、聘義、喪服四制。

　　《凡例》稱兹編以元陳澔《禮記集説》爲主，唯"注中略者詳之，不當者正之，注既明備，竟從闕省"；"講語先總論大旨，次依文訓義，意有未盡者，用'按'字或'一説'字，備續於後"；"大率同乎人者八九，異乎人者一二"。又"兹編如《禮運》、《樂記》諸篇内多科舉題目者，於篇名上圈以識之，如《曲禮》、《檀弓》諸篇内少科舉題目者，於分節上圈以識之，庶於舉業，知所措意"；且不載經文，但如時文題目之式，標其首句而下注曰幾節。

　　自序曰："《禮記》者，解《周禮》、《儀禮》之義者也，作者不一，踳雜多端。然二戴原文未經紊亂，馬融、王肅之注，雖缺佚有間，鄭、孔而下，逮於《集説》、《大全》，犁然具在，通其義者，舉而措之，天下無難矣。近代專工應制之業，家有摘録，人矜秘本，而廢棄二禮，删削《喪》、《祭》。科舉原以明經，吾懼禮之亡於科舉也，不揣固陋，擬著一書，上窮淵源，下廣發揮。"故觀其例式，正如《記略》所言："其苦心爲人處，經學、制舉，取之咸宜。"

　　《四庫全書總目》稱此書"大旨以陳澔《禮記集説》、胡廣《禮記大全》爲藍本，不甚研求古義"，"蓋抄撮講章，非一一採自本書，故不能元元本本，折衆説之得失也。"館臣衡論，固不爲過。然順康之際，考訂之術自不及乾隆精深，而經學尤困於場屋，講章讀本流於帖括久矣。兹編雖亦制舉所宜，卻能洗弊超俗，復興專經之學，其裨益世風，後進者豈宜小之。猶如錢謙益原序所云："輓近所爲專經者，類皆帖括家言，非儒先傳經守道之旨"，"其尤駁踳者，無如《禮記》"，"要在於分章過脈，以爲秘密，藏得其説者，若承蜩拾芥，重之者寶如衣珠，輕之者視爲嚆矢，求其溯流窮源，辨晰聚訟，明先王之大道，暢往哲之微言，無有矣。""楊鳳閣先生，關西名儁，家學夙承，於書無所不窺，尤殫精肆力於三禮，薈蕞百氏之言而折衷之"，"所撰著《禮記説義纂訂》一書，精詣深造,勃萃理窟,非僅資帖括,媒青紫已也。"徐乾學序亦曰:"觀其鉤微掇要,固科舉家所必資,而參覆儀制,不限吉凶,無分章過脈之拘,無析言破義之陋,灼然異於俗學。今使巖谷韋帶之儒,禁人勿爲帖括,人必笑其迂疏。楊公父子以明禮取高科,而著書有源本如此,且不自秘惜,公之人人,使知治經無他奇術,相與勉爲博大精深之學,講誦者不苦其繁,而禮學不遂歇絶,甚盛心也!"誠哉斯言。

此書成於順治十四年,自序云"起於乙未五月,迄丙申端陽脱稿"也。而刻成之日在康熙十四年,刻者梧從子昌齡也。昌齡字三開,父楠,字龍棟,乃梧長兄,官山西寧鄉縣令,卒於官。時昌齡纔十歲,惟叔氏手授口傳而得承家學,崇禎十二年纔弱冠,亦以《禮記》領第一人中舉。順治十年,官蘇州府司理,其叔乃不遠千里,自秦至吳,間關跋涉,而告誡以祥刑慎獄之要,復返秦陝,即撰兹編。昌齡以禮爲治,有聞聲,然遭忌者排擠,望吏議,及康熙朝,方還清白,乃刻叔氏之書,以酬宿願。所撰《記略》詳述刊刻經由:"昌方待罪蘇理,請其稿來,東南諸公,無不交口,謂當行世。虞山宗伯、南昌少宰及吾家静山三先生賜以序言,業付梨棗。是冬,昌得罪故人,致煩白簡,對簿遷延,此事遂爾中廢。遭逢世祖、今上,明目達聰,兩淮陳奏,還我清白。""冀續刻此書,少抒遺恨。北門終窶,且日糊其口於四方。每言及此,不禁泣數行下也。會有同鄉親友梁公仲林、慕公鶴鳴、解公蘭石、房公慎庵,仁人孝子,倡鳩貲將伯之議,一時新舊知交,人有同心,或贈君子之言,或損仁者之粟,或樂於參閱,或分任校讎,經營浹歲,剞劂告竣。"故詳列"參正校助姓氏"名目,以彰君子盛德。按,據《記略》所云,是本但闕"南昌少宰"一序。

扉頁刻"禮記説義纂訂。關中楊鳳閣先生著。本衙校刻"。又鈐有"板暫寄金閶蓮華庵許人稅印"、"澹寧堂"、"志在經明行修"朱文印。

《四庫全書總目》入經部禮類存目。《中國古籍善本書目》著録,中國國家圖書館、上海圖書館等五館收藏。《四庫全書存目叢書》收入,底本即國圖藏本。另中國科學院圖書館、日本内閣文庫亦有入藏。又臺北《"國立中山大學"圖書館中文古書分類目録》著録"《禮記説義大全纂訂》,楊梧(清),清康熙十四年學耕堂刊本,二十四卷,十册",惜未詳志版刻,但書名既稍有異,疑爲坊間後刻。

0133 清乾隆刻本日講禮記解義　　　　　　　　　　　　　T588/1151

《日講禮記解義》六十四卷,清張廷玉等撰。清乾隆十四年(1749)武英殿刻本。十六册。半頁九行十八字,四周雙邊,黑口,雙魚尾。行間刻圈點。框高18.5釐米,寬13.6釐米。前有玄燁撰《聖祖仁皇帝御製日講禮記解義序》、乾隆十二年(1747)弘曆撰《御製日講禮記解義序》;乾隆十四年十一月十九日奉旨開載監理總裁提調纂修監造諸臣名銜;卷目。

張廷玉,字衡臣。安徽桐城人。康熙三十九年進士,官内閣學士,充經筵講官。雍正朝,擢禮部尚書,充明史館、國史館總裁,累晉文淵閣、文華殿、保和殿大學士。乾隆時,充三禮館、會典館總裁。乾隆二十年卒,謚文和,配享太廟。除此書外,又奉敕編修《大清會典則例》、《明史》、《佩文齋詠物詩選》、《皇清文穎》、《詞林典故》、《韻府拾遺》,并著有《澄懷園文存》、《澄懷園語》、《澄懷園主人自訂年譜》。事蹟具《清史稿》本傳。

卷一至五曲禮上、下,卷六至一二檀弓上、下,卷一三至一六王制,卷一七至二〇月令,卷二一至二二曾子問,卷二三文王世子,卷二四至二五禮運,卷二六至二七禮器,卷二八至二九郊特牲,卷三〇至三二内則,卷三三至三四玉藻,卷三五明堂位,卷三六至三七喪服小記,卷三八大傳，卷三九少儀，卷四〇學記，卷四一至四二樂記，卷四三至四六雜記上、下，卷四七至四八喪大記，卷四九祭法，卷五〇至五一祭義，卷五二祭統，卷五三經解、哀公問，卷五四仲尼燕居、孔子閒居，卷五五坊記，卷五六至五七中庸、表記，卷五八緇衣，卷五九奔喪、問喪，卷六〇服問、閒傳，卷六一三年問、深衣、投壺，卷六二儒行、大學、冠義、昏義，卷六三鄉飲酒、射義，卷六四燕義、聘義、喪服四制。

是書爲康熙御製日講五經解義之一，乾隆十二年，以原稿重加參校編定，十四年付武英殿梓印。弘曆《御製序》曰："皇祖聖祖仁皇帝稽古右文，命儒臣日值講筵，《五經》、《通鑑》，以次進講，薈萃群言，發明旨要，臚爲解義，積有成編，譯以國書，頒示中外，各製序言，弁其端而授諸梓。《易》、《書》、《詩》三經先竣，《春秋》若干卷刻於雍正年間，惟《禮記》卷帙浩繁，稿本存繙書房，久之未竟厥業。朕御極之初，允儒臣請纂修《三禮義疏》，因取《日講禮記解義》原本，參校異同，歸於一是，并命翻譯授梓，以備《五經》之全。"

《四庫全書總目》入經部禮類，稱"是編推繹經文，發揮暢達，而大旨歸於謹小慎微"；"衛湜所集一百四十四家之說，鎔鑄翦裁，一一薈其精要。"

諸臣名銜題：監理弘晝，現任總裁官張廷玉，原任總裁官鄂爾泰、朱軾、甘汝來等。

此本用紙爲開化紙。

《中國古籍善本書目》著錄，故宮博物院圖書館、遼寧省圖書館有藏。又臺北"故宮博物院"《普通舊籍目錄》亦收錄，但作"清潘永年等奉敕撰，清乾隆十四年內府刊本"。按，"諸臣名銜"列名"現任纂修官潘永季"，作"永年"非；又後列"武英殿監造"諸臣名銜，宜應明確作武英殿刻本。

鈐印有"愚齋圖書館藏"，并有愚齋圖書館藏書簽。

0134　清乾隆刻本三禮述注

T648/4494

《三禮述注》七十一卷，清李光坡撰。清乾隆八年(1743)至三十二年(1767)李氏清白堂刻本。三十冊。半頁八行二十二字，四周單邊，白口，單魚尾。版心下刻"清白堂"。行間刻圈點。框高19.8釐米，寬12.5釐米。題"李光坡述注"。

李光坡，字耜卿，號茂夫。福建安溪縣人。諸生。少受學於伯兄光地，質不甚敏，以勤苦致熟。不屑揣摩時文，科舉屢見屈抑。中年授徒講學，論學主程朱，尤專意三禮，自成一家言。因康熙賜書"道通月窟天根裏，人在清泉白石間"，故名堂曰"清白"。著有《皋軒文編》。事蹟具《清史稿》本傳。

是編含《周禮述注》、《儀禮述注》、《禮記述注》三種。扉頁刻"三禮述注。安溪李茂夫先生著。清白堂藏版"。

《周禮述注》二十四卷。乾隆八年李氏清白堂刻本。十冊。前有康熙四十三年李光坡自序；引用姓氏；《御書亭圖記》；茂夫先生小像；《刊刻凡例》九則；編次校梓名錄；乾隆八年李鍾份後跋。

是書引用歷代《周禮》注家，自漢至清凡五十九，未詳朝代名號者凡八，"依朱子注例，但解本文者居先，總論者居後，不分別世代爲次"；"或時集串注疏并愚見者，即不復識別"。卷一至五《天官冢宰》，卷六至一〇《地官司徒》，卷一一至一六《春官宗伯》，卷一七至一九《夏官司馬》，卷二〇至二二《秋官司寇》，卷二三至二四《冬官考工記》。

光坡述注《周禮》自康熙二十五年始,至康熙四十三年定稿。自序曰:"坡昔者年及壯,始治《周禮》,患其難讀,因求解於今人之所爲注者,亦復惘然。後受注疏以卒業,略知詁釋,而宏綱微言,則元兄先後是正。丙寅春,使類所聞以爲編,於是本述注疏,搜索儒先,以相發明,更以愚見次其先後,修成《周禮述注》若干卷,可繕寫。"又光坡第四子鍾份後跋云:"康熙丙寅歲,父年三十六,於是根柢注疏,博採先儒經解,衷以己意,撰次成帙,猶未敢自信,凡十餘脱稿,至甲申,閱十九載而後訂本,自序列於編端,名曰《周禮述注》。"

《四庫全書總目》稱此書"析理明通,措詞簡要,頗足爲初學之津梁";"標舉要義,不以考證辨難爲長",雖"不及漢學之博奧,亦不至如宋學之蔓衍,平心靜氣,務求理明而詞達,於說經之家,亦可謂適中之道矣"。

《御書亭圖記》前半頁刻亭圖,後半頁題記并詩。記曰:"臣光坡屢蒙天語注問,康熙五十四年八月,伯兄宰臣光地假歸陛辭,恭蒙皇上特恩賜聯,感泣之私,不能自已,恭紀八韻,以彰盛典。"

是本刻於乾隆八年,後跋云:"我皇上龍飛元年,命經學大臣總裁纂修《三禮》,知父有遺書,移文福建,謄抄送館。時份備員刑曹,謹將家藏抄本呈録,以備采録。嗚呼!父自幼至老,七十年中,手不釋卷,口不絕吟,筆不停書。於《三禮述注》四十年苦心焦勞,丹青紫墨,點竄塗改,日無間晷,闡幽撮要,疑必析,誤必刊,無美弗集,實有羽翼聖經之功,安可久秘不登梨棗。今父歿已二十年,兄弟五人僅份在矣,爰是先刻《周禮述注》,以公寰宇。"

扉頁刻"周禮述注。安溪李茂夫先生著。乾隆八年癸亥鐫,清白堂藏版"。

《儀禮述注》十九卷。乾隆三十二年李氏清白堂刻本。六冊。前有康熙六十年李光坡自序;康熙三十九年李光坡《授長兒瓊〈儀禮〉跋》;《御書亭圖記》;茂夫先生小像;目録。

卷一士冠禮,卷二士昏禮、士相見禮,卷三鄉飲酒禮,卷四至五鄉射禮,卷六燕禮,卷七至八大射禮,卷九至一〇聘禮,卷一一公食大夫禮、覲禮,卷一二至一三喪服,卷一四士喪禮,卷一五既夕,卷一六士虞禮,卷一七特牲饋食禮、少牢饋食禮,卷一九有司徹。《授長兒瓊〈儀禮〉跋》曰:"《儀禮》十有七篇,依古經録出,其斷節分注,則本之信齋楊先生。"

《四庫全書總目》稱,"是書取鄭注、賈疏,總撮大義,而節取其辭,亦間取諸家異同之説附於後。"然"其中注疏原文,有可删削者",亦有删之"義遂不明,爲删所不應删"者,其"節之亦爲太簡"。又"其旁採諸家之言,尤時有未審"。要之,"此編雖瑕瑜互見,然疏解簡明,使學者不患於難讀,亦足爲説禮之初津矣"。

李鍾份《周禮述注》後跋曰:"丙申歲,與伯父家庭講論禮書,凡鄉族有吉凶嘉禮,必指父,言曰:'宜問禮於識禮者。'是年父脩《禮記述注》,三載成,又注《儀禮》,至壬寅冬告成,均以'述注'名書。"則述注《儀禮》,始自康熙五十八年,成於六十一年。按,光坡自序署年乾隆辛丑(六十年),然内容未及撰作始末。

扉頁刻"儀禮述注。安溪李茂夫先生著。乾隆三十二年丁亥鐫,清白堂藏版"。

《禮記述注》二十八卷。乾隆三十二年李氏清白堂刻本。十二冊。前有康熙四十七年李光坡自序;《御書亭圖記》;茂夫先生小像;李光地贈詩三首并跋;目録。

卷一至二曲禮上、下,卷三至四檀弓上、下,卷五王制,卷六月令,卷七曾子問,卷八文王世子,卷九禮運,卷一〇禮器,卷一一郊特牲,卷一二内則,卷一三玉藻,卷一四明堂位、喪服小記,卷一五大傳、少儀、學記,卷一六樂記,卷一七至一八雜記上、下,卷一九喪大記,卷二〇祭法、祭義,卷二一祭統、經解,卷二二哀公問、仲尼燕居、孔子閒居,卷二三坊記、中庸、表記,卷二四緇衣、奔喪，卷二五問喪、服問、閒傳、三年問，卷二六深衣、投壺、儒行，卷二七大學、冠義、昏義、鄉飲酒義，卷二八射義、燕義、聘義、喪服四制。

自序曰："諸經注疏，共最《禮記》。朱子教學者看注看疏自好，然文字浩汗，'班史'謂'說五字之文至二三萬言'者，蓋漢唐講師之體爾。又與諸經連部，合梓價重，匹士家不能皆有，即有而讀之，亦何得於制舉。故是書不講殆千年矣。宋末有陳氏《集說》，學者喜其便挑注疏而崇焉。明初爲之《大全》，褎然列於太學。坡始受之，竊病其未盡，及讀注疏，又疑其未誠。""今者不量其力，本述注疏，朱子之教也。陳氏雜合注疏諸儒爲文，或仍之，或以注疏增其未備，損其枝辭，標'《集說》曰'，從其實也。凡諸篇皆妄次第爲之條理。童而習，白首而脩，尊所得於遺經者，以施於子弟，切磋究之，爲就正之資，而非敢曰有得也。"自序後附光坡讀《禮記》札記四則。

《四庫全書總目》稱："其論可謂持是非之公心，掃門户之私見，雖義取簡明，不及鄭、孔之賅博，至其精要，則亦略備矣。"

李光地贈詩三首，其一："愛子窮經久且專，蘭陵心法兩俱全。焚膏繼晷恒終歲，流水循環不計年。曾見東吳顧文學，人言北海鄭薪傳。殷殷垂老來相就，夜夜篝燈説二天。"其二："六藝經秦並失門，就中《周禮》最崩奔。墜餘文武二三策，賴得康成什一存。行寡更因難讀廢，道亡便以不經論。丁寧此是吾家事，俾彼仙宗奕葉孫。"其三："子之近壯始昂然，發憤垂帷似老泉。貢舉無私知必世，丈夫有念靡窮年。後生茂起須家法，我老栖遲望子傳。今夜吟成三闋句，持歸頌與子孫賢。"末題："四弟生日，得詩三章，贈且期之。伯兄厚庵。"李光坡後跋曰："丁亥仲春，坡在京師，伯兄壽以三詩，而曰：'所注《周禮》，欲序而刻之，但數處能再引落，使其辭約，更得分章提節，尤便覽觀。今當南歸，非旬月可訂，至家徐爲之。是詩姑見大意。'又十年，丙申，兄抵里，因問，報曰：'固數脩如命。'兄曰：'子方有事《禮記》，併成，可謀授梓。'今書成而兄歿矣，奉讀遺詩，隕涕薰心，謹挂經端，以識兄惓惓所以終始之意云云。"按，李鍾份《周禮述注》後跋云，其父丙申年脩《禮記述注》，三載成。是此書始修於康熙五十五年，成於五十八年。然光坡自序署年"康熙戊子"，則其初稿早十年已具矣。

扉頁刻"禮記述注。安溪李茂夫先生著。乾隆三十二年丁亥鐫，清白堂藏版"。

《四庫全書總目》別爲《周禮述注》、《儀禮述注》、《禮記述注》三書，各入經部禮類。《中國古籍善本書目》著録，清華大學圖書館、湖南師範大學圖書館收藏，中山大學圖書館有殘本。又中國科學院圖書館、日本内閣文庫亦有收藏。臺灣大學圖書館藏有《儀禮述注》。

0135　清乾隆刻本儀禮經傳内外編　　　　T558/8438

《儀禮經傳内編》二十三卷《外編》五卷，清姜兆錫撰。清乾隆元年(1736)寅清樓刻《九經補注》本。十六册。半頁十行二十五字，四周單邊，白口，單魚尾。《内編》各卷第一頁書口下刻"寅清樓"，《外編》書口下刻"外"字。框高20.1釐米，寬14.3釐米。題"姜兆錫注疏參義"。前有雍正十一年(1733)王步青序，雍正十三年(1735)姜兆錫《儀禮内外編目録序》;《儀禮序論》六則;《儀禮經傳内外編參義凡例》九則;《儀禮附論》五則;内編目録;外編目録。

姜兆錫，字上均。江蘇丹陽人。康熙二十九年舉人。乾隆元年，薦充三禮館纂修官。自壯年鑽研三禮，後益殫精。所撰《書經蔡傳參義》、《周禮輯義》、《禮記章義》、《春秋公羊穀梁諸傳彙義》、《春秋胡傳參義》、《孝經本義》、《爾雅參義》及此書，總名《九經補注》，謂補朱子所未注也。另有《周易本義述藴》、《周易藴義圖考》、《詩藴》、《大戴禮删翼》、《春秋事義慎考》、《家語正義》、《孔叢子正義》。爲《四庫全書總目》收入者,達十四種之多。所居白鶴溪藤村,族人將萬,兆錫以孝友忠信爲祠正十年,卒年八十。傳見《清史列傳》卷七六。

《内編》分嘉禮、軍禮、賓禮、凶禮、吉禮,内再細分,卷一至三《冠昏之禮》,卷四至五《飲食之禮》,卷六《饗燕之禮》,卷七至八《賓射之禮》,卷九《脤膰之禮》、《賀慶之禮》、《大封之禮》、《大均之禮》、《大田之禮》、《大役之禮》、《大師之禮》,卷一〇《朝覲之屬之禮》,卷一一至一二《聘問之屬之禮》,卷一三至一七《喪禮》,卷一八至二〇《荒禮》、《弔禮》、《襘禮》、《恤禮》、《享人鬼禮》,卷二一《祀天神禮》、《祭地示禮》,卷二二《因事之祭》、《類祭之事》、《因祭之事》,卷二三《五禮後附》。

《外編》卷一至二本經一篇(喪服上、下),補經一篇(喪服補);卷三採經四篇(謚法、丹書、夏小正、握機經),圖考一(嘉禮),圖考二(軍禮),圖考三(賓禮);卷四圖考四(凶禮),圖考五(吉禮),圖考六(後附);卷五圖考七(五禮總)。

此書大旨遵朱熹《儀禮經傳通解》,而復有分合增損者。兆錫《内外編目錄序》曰:"溯自周文公,本至德翊大化,其見於書,闡性命者莫深於《易象》,正道行者莫切於《儀禮》,廣教化者莫備於《周官》。""今考五經四子,訖《易通》、《易傳》、《本義》諸書,備顯於宋,而三禮之學,其粗者蹖駮而不純,其精者闕略而未備。曩朱子與其徒勉齋,實遞爲《儀禮經傳》,而紬繹遺訓,其成猶有待於方來,况其他率爲義疏者乎!""兹編實奉朱子遺訓,以其所編家鄉、邦國、王朝之禮,用勉齋喪、祭二禮之例以通之,不襲其跡而師其意。"又釋其分編内外之義曰:"古今存《儀禮經》,自士冠至少牢凡十四篇,内士喪禮、少牢禮又各離爲二篇,凡十六篇,并今所採補之經傳如干篇,是爲《儀禮内編》。而喪服一篇,則與所採補之如干篇,別爲《儀禮外編》。編之分内外何也?本《儀禮》而分之也。""《儀禮》之得名,本於升降揖讓、動作威儀之所發而爲名,故十六篇及凡所補之屬爲《内編》。而喪服篇及凡所補之屬,乃所以行是儀禮之具,而與其發見於升降揖讓、動作威儀之間者,則有間矣,故爲《外編》也。"

《儀禮序論》六則,乃載錄《漢書·藝文志》、劉歆與賈公彥疏、葉夢得及朱熹(二則)論議《儀禮》文。原注:"前三則《通解》原文,後三則今補入。"

《儀禮附論》五則,乃兆錫讀《儀禮》心得。末有其子識語:"家君參輯《儀禮》,重等受命校讎之次,竊聞緒論。今約錄五條於右,用見先儒所以發明先聖之隱志。而家君所以附參者,固不待述云。男允重、允毅謹錄。"

扉頁刻"儀禮。丹陽姜上均參義。乾隆元年鎸。本衙藏板"。

《四庫全書總目》入經部禮類存目,謂是書"大率以《儀禮》爲主,《儀禮》所未備,則採他書以補之,類多因襲前人,發明最少"。"揆其著書之意,蓋欲補正《儀禮經傳通解》,然不及原書遠矣。"《鄭堂讀書記》亦譏其"自謂'不襲其跡而師其意',而不知遠不及朱子書也"。《中國古籍善本書目》未著錄。《中國叢書綜錄》著錄,中國國家圖書館等七館入藏。湖北省圖書館、臺灣大學圖書館及日本東京大學東洋文化研究所也有收藏。《四庫全書存目叢書》未收此書。

0136 清乾隆刻本五禮通考   T648/5946

《五禮通考》二百六十二卷首四卷總目二卷,清秦蕙田撰。清乾隆秦氏味經窩刻本。八十一册。半頁十三行二十一字,小字注雙行三十一字,左右雙邊,白口,單魚尾。版心上刻字數。

框高18.5釐米，寬14.3釐米。題"內廷供奉禮部右侍郎金匱秦蕙田編輯；太子太保總督直隸右都御史桐城方觀承同訂；國子監司業金匱吳鼎、直隸按察司副使元和宋宗元參校"。前有乾隆十八年(1753)蔣汾功序，方觀承序，秦蕙田自序；《凡例》十四則。

秦蕙田，字樹峰，一字樹禮，號味經。江蘇金匱縣人。乾隆元年一甲三名進士，授編修，累官內閣學士、禮部右侍郎、工部尚書、刑部尚書署翰林院掌院學士加太子太保。乾隆二十九年，以疾請回籍，卒於途，年六十三，諡文恭。其學尤深於禮。家多藏書，凡禮經疏義外間絕少刊本，而庋貯緘題者數十笥。又撰《周易象義日箋》、《味經窩集》。事蹟具《清史稿》本傳、《清儒學案》卷六七《味經學案》。

五禮：吉禮、凶禮、軍禮、賓禮、嘉禮。

卷一至一二七《吉禮》：卷一至二〇圜丘祀天，卷二一祈穀，卷二二至二三大雩，卷二四至三〇明堂，卷三一至三二五帝，卷三三至三四日月，卷三五至三六星辰，卷三七至四〇方丘祭地，卷四一至四五社稷，卷四六至五二四望山川，卷五三五祀，卷五四六宗，卷五五四方、四類、高禖，卷五六蜡臘，卷五七儺、酺、盟詛、禜，卷五八至八四宗廟制度，卷八五至九六宗廟時享，卷九七至一〇〇禘祫，卷一〇一薦新，卷一〇二至一〇四后妃廟，卷一〇五至一〇六私親廟，卷一〇七太子廟，卷一〇八諸侯廟祭，卷一〇九至一一五大夫士廟祭，卷一一六祀先代帝王，卷一一七至一二〇祭先聖先師，卷一二一祀孔子，卷一二二功臣配享，卷一二三賢臣祀典，卷一二四至一二五親耕享先農，卷一二六親桑享先蠶，卷一二七享先火、先炊、先卜、先醫等。

卷一二八至二一九《嘉禮》：卷一二八至一二九即位改元，卷一三〇上尊號，卷一三一至一四一朝禮，卷一四二尊親禮，卷一四三至一四七飲食禮，卷一四八至一五〇冠禮，卷一五一至一五五昏禮，卷一五六至一六〇饗燕禮，卷一六一至一六六射禮，卷一六七至一六八鄉飲酒禮，卷一六九至一七七學禮，卷一七八至一八〇巡狩，卷一八一至二〇〇觀象授時，卷二〇一至二一二體國經野，卷二一三至二一九設官分職。

卷二二〇至二三二《賓禮》：卷二二〇至二二一天子受諸侯朝，卷二二二覲禮，卷二二三天子受諸侯蕃國朝覲，卷二二四會同，卷二二五三恪二王後，卷二二六諸侯聘於天子，卷二二七天子遣使諸侯國，卷二二八諸侯相朝，卷二二九諸侯會盟遇，卷二三〇至二三一諸侯遣使交聘，卷二三二士相見禮。

卷二三三至二四五《軍禮》：卷二三三至二三六軍制，卷二三七至二三九出師，卷二四〇校閱，卷二四一車戰、舟師，卷二四二至二四三田獵，卷二四四至二四五馬政。

卷二四六至二六二《凶禮》：卷二四六至二五〇荒禮，卷二五一札禮、裁禮、襘禮、恤禮、唁禮、問疾禮，卷二五二至二六二喪禮。

卷首一至二《禮經作述源流》上、下，卷首三至四《禮制因革》上、下。

是編因徐乾學《讀禮通考》體例，依杜佑《通典》五禮次第，遍採經傳注疏、史志紀傳，廣及先儒論說、累朝奏議，詳考五禮古今沿革、本末源流、異同得失，既自下按語考訂，復附方宜田案語以參證之。然《四庫全書總目》指其"以樂律附於吉禮'宗廟制度'之後，以天文、推步、句股、割圜立'觀象授時'一題統之，以古今州國、都邑、山川、地名立'體國經野'一題統之，並載入嘉禮，雖事屬旁涉，非五禮所應該，不免有炫博之意"；并謂"其他考證經史，原原本本，具有經緯，非剽竊餖飣、挂一漏萬者可比。較陳祥道等所作，有過之無不及矣"。《四庫全書總目提要補正》則引曾國藩《雜著》云："以天文等學錄入'觀象授時'門，以地理州郡錄入'體國經野'門，於著書之義例，則駁而不精，其於古者經世之禮云無所不該，則未為失也。"又引汪之昌《青學齋集·論

《五禮通考》各門得失》云:"即就書中各門而論,有編次未當者,有立名未洽者,有參之體例不合者,有準之凡例宜省者。"

蕙田自序云,是編始修於雍正二年,終成於乾隆二十六年,"歲甲辰年,甫逾冠,偕同邑蔡學正宸錫、吳主事大全、學士尊彝兄弟,爲讀經之會。""迺於禮經之文,如郊祀、明堂、宗廟、禘嘗、饗宴、朝會、冠昏、賓祭、宮室、衣服、器用等,先之以經文之互見錯出足相印證者,繼之以注疏諸儒之牴牾訾議者,又益以唐宋以來專門名家之考論發明者,每一事一義,輒集百氏之說而諦審之。""半月一會,問者難者、辨者答者,迴旋反覆,務期愜諸己,信諸人,而後乃筆之箋釋,存之考辨,如是者十有餘年,而裒然漸有成帙矣。丙辰通籍,供奉内廷,見聞所及,時加釐正。""丁卯、戊辰,治喪在籍,杜門讀禮。見崑山徐健庵先生《通考》,規模、義例具得朱子本意,惟吉、嘉、賓、軍四禮尚屬闕如。惜宸錫、大年相繼徂謝,乃與學士吳君尊彝、陳舊篋,置抄胥,發凡起例,一依徐氏之本,並取向所考定者,分類輯輯,補所未及。服闋後,再任容臺,遍覽典章,日以增廣。適同學桐山宜田領軍見而好之,且許同訂。宜田受其世父望溪先生家學,夙精三禮,郵籤往來,多所啓發,并促早爲卒業,施之剞氏,以諗同志。德水盧君抱孫、元和宋君愨度,從而和之。戊寅,移長司寇,兼攝司空,事繁少暇,嘉定錢宮允曉徵,實襄參校之役。辛巳冬,爰始竣事。凡爲門類七十有五,爲卷二百六十有二。自甲辰至是,閲寒暑三十有八,而年已六十矣。"

扉頁刻"五禮通考。味經窩藏板"。卷一第二十二頁抄配。

《四庫全書總目》入經部禮類。《中國古籍善本書目》著録乾隆十八年秦氏味經窩刻本,復旦大學圖書館收藏,有秦蕙田、盧文弨、姚鼐校,王大隆跋。北京師範大學圖書館、四川大學圖書館、杭州大學圖書館、臺灣大學圖書館,及日本國會圖書館、内閣文庫、尊經閣文庫等亦有收藏,其中或附刻徐乾學《讀禮通考》,而各館藏目著録刊年,則多同《中國古籍善本書目》。然據自序所云,此書既於乾隆二十六年方始修成,則刊刻之時焉能早至十八年?其或據蔣汾功序年著録也。又《中國科學院圖書館藏中文古籍善本書目》、《青海省古籍善本書目》著録乾隆二十八年秦氏味經窩刻本,雖宜其自有所出,但未知其詳,不敢妄從。又《臺灣公藏普通本綫裝書目》著録乾隆二十六年秦氏味經窩刻本,藏臺北"中央研究院"史語所傅斯年圖書館,然自序雖云"辛巳冬爰始竣事",但謂編修校訂之事告竣,未必言刊印竣工,故亦不從。按,此書又有光緒六年江蘇書局重刊本。

0137　清乾隆刻本讀禮説

T563/6638

《讀禮説》三卷,清呂宣曾撰。清乾隆呂公滋刻本。十册。半頁九行二十字,四周雙邊,白口,單魚尾。無欄綫。框高19釐米,寬13.7釐米。前有乾隆五年(1740)方楘如序,乾隆十二年(1747)王文清序,乾隆五年魯曾煜序,張開東序;目録(分卷載各卷首)。

呂宣曾,字揚祖,號柏巖。河南新安人。明南京兵部尚書呂忠節公維祺曾孫。康熙五十三年中式鄉試。治經學,尤邃三禮。年近五十,選湖南永興知縣,擢靖州知州,修書院,置學田,因老致仕。著述又有《古宮室名制考》、《古冠裳圖考》、《古鄉飲酒圖考》、《永興縣志》、《靖州志》及《柏巖詩文集》。傳見《(民國)新安縣志》卷一一《人物》。

河南新安呂氏,《詩》、《禮》相傳久遠,多所著述。此書詳覆禮制,而於喪祭多所折衷,蓋柏巖居喪讀禮而作也。全書分上、中、下三卷,每卷復分上、中、下。卷上(喪期年月):古今喪服總表説,九族五服圖説,禫服説,喪不計閏説,三年之制月數説,立嫡服表説、續説,承重説,厭降説,税服説,改葬服説上、下,本族加降服制説,爲宗子衰服總表説、續表説,三父八母舊圖説上、下,擬三父八母服制圖説、續説,妻爲夫族五服圖説、續説,妾爲三族五服圖説上、下,妾爲本族降服説,妾爲君女君二族從服説,答張秀才爲生祖母制服説,答牛秀才慈母如母説,本宗降服圖前説、後説、續説,爲人後説,外族服制説、續説,三殤降服總圖説、續説,古禮上下同異表説,喪期年月質疑總表説;卷中(喪禮儀節):初喪儀節,治葬儀節,喪祭儀節,變禮儀節(缺);卷下(喪服制度):古禮五服受除總表説,五服外各制總表説,五服冠纓圖説,五服首絰圖説,免制説一、二、三、四,古衰裳制度圖説,五服衰裳受除表説,五服腰帶絞帶圖説,三杖圖説,童子婦人杖説,夫爲妻杖期説,五服屨圖説,五服喪次表説、續説,五服飲食表説,喪車五乘表説,五服哭踴表説,五服拜稽表説,婦女服制圖説、續説,弔服五衰表説,古大夫士喪服無異制説,五服名義次第説,纙緣説,古今喪服畫一説。

是書折衷古今喪儀服制,一準乎情。王文清序曰:"昔人苦《儀禮》難讀,難讀者莫如喪服,以其頭緒繁多,而正義加降之間,若不可爲典要也。予以爲究非難也。先王之制,喪服稱情而已矣。""《讀禮説》一書,臚列服制,爲之圖,圖皆有説,於古經傳外,參之《通典》、《通解》、《家禮》、邱氏、王氏,及國朝會典、律令、《讀禮通考》諸書,經之緯之,錯之綜之,而準之於人情。有古今所同而獨别之者,其情差也;有古今所異而獨合之者,其情均也;有昔人所減而獨加之者,其情摯也;有昔人所加而獨減之者,其情殺也;有同一等倫而於彼乎加、於此乎減者,地因情而易也。至其辨逆降之非,駁叔嫂之嫌,申爲庶與爲後者之法,揭昔人未發之旨,伸鮮民罔極之恩,而情於是乎竭矣。"魯曾煜序則以爲:"自喪禮微渺而人心風俗益灕矣,今先生著爲圖,繫爲説,元元本本,稽古證今","蓋先生之爲人心風俗慮者至矣"!

此本乃揚祖之子公滋所刻。公滋字樹村,號碩亭,乾隆三十七年進士。張開東序曰:"柏巖沒,不及訂,故未刻。其後仲子碩亭爲臨縣令,偕其從兄仁元相與斟酌之,以付梓人。乙未,予客秦中,仁元不逾月常以札來,並錄所續參議數條以質,皆精確。"則此本刊年當在乾隆乙未四十年(1775)之後。蔣元卿《皖人書錄》據《販書偶記續編》著錄作乾隆五年刻本,似不妥。

按,魯曾煜序云"余未獲交先生,而讀其所纂《喪禮説》上下各卷",則是書亦嘗名《喪禮説》乎?又《(民國)新安縣志》載吕著《讀禮説》三十六卷",卷數之差竟至於此,亦唯存疑待考而已。

扉頁刻"讀禮説。新安吕揚祖著。男公滋敬刊。望柏堂藏板"。

《四庫全書總目》、《續修四庫全書總目提要(稿本)》均未收。《中國古籍善本書目》未著錄。公私藏目併鮮見載。其於研究清代禮學者,抑或難覯之書也。

0138　明弘治刻本文公家禮儀節　　　　T665/2943.7

《文公家禮儀節》八卷,明丘濬撰。明弘治三年(1490)順德知縣吴廷舉刻本。六册。半頁八行十六字,四周雙邊,綫黑口,無魚尾。框高17.9釐米,寬12.4釐米。題"後學丘濬輯"。前有成化十年(1474)丘濬序。末有弘治三年吴廷舉及韋斌後序。

丘濬,字仲深。瓊山人。景泰五年進士。官至文淵閣大學士,參預機務。性嗜學,熟於典故。謚文莊。事蹟具《明史》本傳。

是書取世傳朱子《家禮》而損益以當時之制,每章之末,又附以餘注及考證,已非原本之舊。

卷一《通禮》，卷二《冠禮》，卷三《昏禮》，卷四《喪禮》，卷五《哭奠》，卷六《虞祭》，卷七《祭禮》，卷八《家禮雜儀》。

丘濬序云："濬生遐方，自少有志於禮學，意謂海內文獻所在，其於是禮必能家行而人習之也，及出而北仕於中朝，然後知世之行是禮者蓋亦鮮焉。詢其所以不行之故，咸曰禮文深奧，而其事未易以行也。是以不揆愚陋，竊取文公《家禮》本注，約爲儀節，而易以淺近之言，使人易曉而可行，將以均諸窮鄉淺學之士，若夫通都鉅邑明經學古之士，自當考文公全書，又由是而上進於古儀禮云。"

吳廷舉後序云："《家禮儀節》，瓊臺丘先生約晦庵朱文公《家禮》一書，易以淺近之言，使人易曉而可行，而參爲儀節者也。書凡八卷，板初刻在廣州，再刻在太學，又刻在福建書坊，縉紳士夫，時有見者，至於鄉村黎庶之家，獲見亦鮮矣。惟此書之旨，昭於雲漢，曉於日星，其用切於布帛菽粟，天地間可有不可無之書也。觀文公以'家禮'名篇，義亦著矣。弘治己酉，予承乏順德縣……或曰此書之行，流傳不廣，此禮之柄，把持無法，古禮所以不可復歟！予曰，諾哉。爰節公堂費，命二飜故書而新刻之，以溥其傳。"

《四庫全書總目》入經部禮類存目。《中國古籍善本書目》著錄明刻凡十二種。臺北"國家圖書館"善本書目有"明弘治三年順德知縣吳廷舉刻嘉靖十八年修補本"，此本不見明嘉靖十八年修補之依據。

鈐印有"我在昭陽協洽聽鸝山館鈐記"、"曾在南雲蔡氏聽鸝山館群籤之內"。

0139　明嘉靖刻本家禮節要　　　T665/2943.2

《家禮節要》不分卷，明朱廷立撰；附《射禮儀節》一卷，明楊一清增注。明嘉靖十五年(1536)王汝孝太原府刻本。四冊。半頁九行十八字，左右雙邊，白口，無魚尾。框高17.5釐米，寬12.3釐米。前有嘉靖十五年王汝孝序，朱廷立自序。附錄前有弘治九年(1496)嚴永濬《射禮儀節序》。

朱廷立，字子禮，號兩崖。湖北通山人。嘉靖二年進士。嘗受學於王陽明，爲學閎深奧衍，雄渾博大，性溫醇，器度豁如，居然長者。初令諸暨，後榷兩淮鹽政，作巡鹽御史，又巡順天，督修河道。其後再督北畿學政，倡正學，精藻鑒，人稱朱夫子。陞南京太僕卿，勤於牧政，尋以老母乞疏歸養。再起爲大理寺卿，陞工部右侍郎，轉禮部右侍郎。年七十五而卒。又有《鹽政志》十卷、《兩崖集》八卷。《(同治)通山縣志》卷五有傳。

朱氏此書最早刻於揚州，其自序云："禮不可以無講也。冠昏喪祭，禮之大端也，《家禮》備焉。予輯其要，以易夫人之從也，乃刻之維揚。"

此本爲王汝孝在山西提學副使任上所刻。汝孝序云："先是弘治初，《射禮》刻於陝，實始楊邃庵氏，業已泯焚，余在館時獲覯。今北畿督學朱兩崖侍御《家禮節要》載在四禮，更爲簡約，明習易易，與夫繁情飾貌者殊指。乃彙粹一編，亟命太原府出學田租金重梓之，遍布學宮，與我諸弟子具共焉。"按，王汝孝，字紹甫。山東東平州人。嘉靖五年進士。以禮部郎中改翰林修撰，歷山西提學副使、陝西參政、河南左右布政使、巡撫順天。因誤軍事，減死戍邊。汝孝學問該博，督學山左，獎進士類，履歷南北，皆有聲蹟。《(乾隆)東平州志》卷一三有傳。

《四庫全書總目》未收。《中國古籍善本書目》著錄，有明嘉靖自刻本，北京大學圖書館入藏，行款同此本，惟不知同板否。又哈佛本天頭極高，書口下間有刻工，爲單字"名"。

0140　清乾隆刻本家禮集議

T668/1429

《家禮集議》一卷,清武先慎撰。清乾隆五十八年(1793)刻本。二册。半頁八行二十字,四周雙邊,白口,單魚尾。行間刻圈點。框高19.2釐米,寬11.7釐米。目錄頁題"并南武先慎輯"。前有乾隆五十八年武先慎自序;《凡例》六則;總目。

武先慎,字耀德,號炳南。山西太谷縣人。乾隆二十一年舉人,歷官廣東花縣知縣,河南鄭州、汝州知州,開封府知府。《(咸豐)太谷縣志》卷四《仕籍》有小傳。按,太谷縣明清時屬太原府,太原府古稱并州,故武氏以"并南"雅稱地籍。

是書全錄朱熹《家禮》之"昏禮"、"喪禮"原文,集先儒之議説,并附以己見,參考得失,以求一是。其卷目為:昏禮(議昏、納采、納幣、親迎、婦見姑舅、廟見、婿見婦之父母),喪禮(初終、成服、服制、朝夕哭奠上食、弔、聞喪奔喪、治喪、發引、反哭、虞祭、祥、禫),附(祭禮、祠堂、考證)。

按,武先慎於乾隆五十年至五十六年間主修《武氏家譜》,今太原市圖書館有藏。越二年,編撰此書,自序云:"紫陽《文公家禮》一書,採司馬溫公《書儀》、伊川程氏之説,而又兼取橫渠遺命,可謂通古今之宜矣。迄今數百年,人心不同如其面焉,昏喪大事往往以意爲之。余恐子孫習焉不察,又恐固執己見,不合於時,故按古禮之當遵、今俗之難廢者,以人情斷之,著爲《集議》,俾後人得所遵守。"又《凡例》云:"是書爲教家起見,書末考證所引先儒法言,有於昏喪無涉而可爲子孫繩尺者,附錄數條,以作家訓。"則此書之作,蓋亦爲教家族子弟有所遵行也。

先慎以爲,今制昏喪家禮,宜參合古經,兼顧世俗,而揆之人情。自序云:"聞之禮從宜,使從俗。人情少見多怪,與俗爲安,亦處世權宜之道,惟俗之大謬於禮者,斷不可以違。""其間儀節繁簡,風俗異同,必準情酌理乃可宜古宜今。夫禮者理也,禮者履也。禮當於理,則如履著地而不可動。《儀禮》尚矣,揆之人情,亦有不能相安之事。如昏禮三月廟見,未廟見而婦死,歸葬女氏之黨,喪禮廢床寢地之類,此豈可强人以行之!故訂其《凡例》曰:《集議》之作,以救正錯誤爲宗,若過於繁重,使考禮者未經行習,已有望洋而返之勢。故凡世俗相沿,大體不謬,或先儒有行之者,皆委曲遷就,惟於禮大悖,然後酌爲變更。昏喪二事,既不敢盡泥古禮,故於從俗各條內,古人儀節,不復備載。"

後附《祭禮》、《祠堂》、《考證》。《祭禮》前有小識云:"祭禮久廢,即讀書之家,其於《溫公書儀》、《文公家禮》諸書,藏之篋笥,偶一涉獵,未能舉而行之。竊謂士大夫家,不應從衆,故於酌定昏喪之後,附議其略。"《祠堂》例同《祭禮》。《考證》乃摘取三禮經傳、正史禮志,及先儒考證家禮儀節文字,并載陸九齡傳,述其家居儀節品式。

扉頁刻"家禮集議。乾隆癸丑夏日。聚順堂藏板"。

《續修四庫全書總目提要(稿本)》未收。《中國古籍善本書目》未著錄。海內外藏書目鮮見收錄,《山西文獻總目提要》亦缺載。

0141　清刻本家禮會通

T668/1330

《家禮會通》四卷,清張汝誠撰。清坊刻本。二册。半頁十行二十六字,左右雙邊,白口,單魚尾。行間刻圈點。框高15.5釐米,寬9.9釐米。題"閩漳張汝誠序宗氏輯"。前有雍正元年

(1723)恕堂主人序;目録。

張汝誠,字序宗。福建漳州人。事蹟乏考。

此爲坊間所刻家居日用禮書,按元、亨、利、貞分卷。元卷:習禮條規,吉禮考疑,人品稱呼,物類稱呼,往復帖式,請召賀送,冠笄儀禮,婚姻六禮(附通套婚啓、慶賀、往復、酬謝),饌房進贄,廟見宴婦,旋車豎月;亨卷:婚書體式,月令釋義,姓氏疏解,稱頌人品,自述男女,禮儀邀結;利卷:喪祭考疑,喪祭圖制,男女服制,初喪儀節,治喪雜議,弔賻禮儀,誄軸祭文;貞卷:治葬禮儀,還葬改葬,衆祭八禮,告遷祔祭,祭祀儀禮,封贈告祖,致齋拜懺,祀神禮儀,年節故事,居家雜記,聯對摘錦(即附)。

恕堂主人序云:"先正張君序宗,大懼世俗流靡,無所底麗,乃輯《家禮會通》一編,大自冠昏喪祭,小自贈遺稱呼,無不詳載而考核明備,文質得宜。觀其《會通》,自可行夫典禮,其有裨於世俗也甚大。大抵從前坊刻《家禮》,不失於繁,則失於簡,所登婚啓祭文,不惟朴鄙實甚,亦且數見不鮮。自有此編,而諸本皆可廢矣。"

是編於冠昏喪祭所宜諸般禮儀細節併有釋解,且間云"漳俗"、"今俗"、"時俗"如何如何,頗具閩漳地域特色。如貞卷"致齋拜懺"一節,專記以佛事致祭之俗禮,曰:"世謂親死必延沙門拜懺,晝夜不等,隨人力□免地獄,升天堂,故人人喜而效之,一應事宜,聽僧主持了。"又引"漳道學北溪陳先生聯云:'家尊孔氏書,葬以禮,祭以禮;俗重梁皇懺,生者安,死者安。'石齋黄先生聯云:'講聖經,作佛事,理乎理乎?承母命,答父恩,情耶情耶!'鄉賢林白石先生聯云:'吾儒崇墨教,其然豈其然;孝子報親思,無可無不可。'"且作評議曰:"今世信和尚作水陸大會,能爲死者滅生前罪惡,必升天堂,受種種快樂,不爲者必墜地獄,受無邊苦楚。緣習俗已久,不能一旦處除。富足之家從俗爲之,亦無甚苦,若家道尋常,切不可勉強。禮懺中又有放生、普施、弄鐃、打地獄。夫放生、普施尤是行方便事,至於弄鐃、打地獄,切不可從。且夫人死有罪而入地獄,豈以一杯之沙爲之可破而出乎!若能破出,是陰間之地獄可不必設矣。何舉世之作悟至此也!"清初社會儒禮俗禮互動之情狀,於此亦可略窺一斑矣。

扉頁刻"家禮會通。閩漳張序宗先生輯。集新堂藏板"。寫刻而不甚精,版式較顯狹窄,字雜簡體,間有手民之訛,如利卷卷端題名"閩漳"誤作"同漳";清帝名諱"玄"、"胤"、"弘"等字,皆不作避;目録分元、亨、利、貞四卷,版心頁碼亦各自起訖,且下刻"元"、"亨"、"利"、"貞",但卷端書名卻各卷殊異,元卷題"家禮會通卷上",利卷題"家禮會通",亨、貞兩卷更無一字。是本雖屬坊刻無疑,然觀其氣息猶舊,世存無多,内容亦有可資研究者,姑且善藏而志之。

《四庫全書總目》、《續修四庫全書總目提要(稿本)》均不收。《中國古籍善本書目》未著録。此本藏者鮮少,唯見《臺灣公藏普通本綫裝書目》收録,書藏臺北"國家圖書館"臺灣分館,臺灣大立出版社有影印本。

0142　明萬曆刻增修清印本樂律全書　T6730/2944

《樂律全書》四十九卷,明朱載堉撰。明萬曆鄭藩刻增修清印本。十九册。半頁十二行二十五字,四周雙邊,黑口,雙魚尾。框高 24.9 釐米,寬 19.2 釐米。

朱載堉,字伯勤,號句曲山人,别署山陽酒狂仙客。明太祖朱元璋九世孫,鄭恭王厚烷之世子。究心樂律。晚年隱居邑東丹水,幅巾策杖,雜居漁樵間。載堉生平事略,張廷玉《明史》、王鴻緒《明史稿》、曹溶《明朝小史》、朱彝尊《明詩綜》、阮元《疇人傳》等史書雖有述及,但都言之簡略。《(康熙)河内縣志》卷五《碑記》下有《鄭端清世子賜葬神道碑》,爲王鐸撰。謂載堉生於嘉靖十五年,卒於萬曆三十九年,年七十有六。謚號曰端清世子。碑文中有云:"公慧悟絶人,儉恬淑均,以殺生爲禁。視不義若猛火,采真皆娀,肖肖塵世之外。"載堉曾作《醒世詞·平生願》,云:"再休提無錢,再休提無權,一筆都勾斷。自古人生七十難,苦心勞力憨頭漢。子陵垂釣,留侯歸山,他二人枉高見。種幾畝薄田,棲茅屋半間,就是咱平生願。"(見路工《訪書見聞錄》340頁,上海古籍出版社1985年版)又《陳萬鼐科技史論著選集》有《朱載堉傳略》。

此書計《律呂精義内篇》十卷,《律呂精義外篇》十卷,《律學新説》四卷,《樂學新説》一卷附《樂經古文》一卷,《算學新説》一卷,《操縵古樂譜》一卷,《旋宮合樂譜》一卷,《鄉飲詩樂譜》六卷,《六代小舞譜》一卷,《小舞鄉樂譜》一卷,《二佾綴兆圖》一卷,《靈星小舞譜》一卷,《聖壽萬年曆》二卷,《萬年曆備考》三卷,《律曆融通》四卷附錄一卷。載堉爲樂律學家、曆數學家,其以畢生之力而成此書。其中《律呂精義》最爲重要,爲音樂史上最早用等比級數音律系統闡明十二平均律之科學著作。

此本最末一册後,刊每册字數及紙張,"十册共計拾萬伍千貳百貳拾字,紙貳百肆拾伍張"。又刊"萬曆貳拾叁年陸月拾玖日鄭世子臣載堉、鄭世子寶"。又刊"原藁張數如此,新增附錄在外"。

《四庫全書總目》入經部樂類。《中國古籍善本書目》著錄。中國國家圖書館、上海圖書館等四十二館,臺北"國家圖書館",及美國國會圖書館、普林斯頓大學葛思德東方圖書館、日本内閣文庫亦有入藏。

0143　明萬曆刻樂律全書本靈星小舞譜　　　　T1781/2944

《靈星小舞譜》一卷,明朱載堉撰。明萬曆鄭藩刻《樂律全書》本。四册。半頁十二行二十五字,四周雙邊,黑口,雙魚尾。框高25釐米,寬19.2釐米。題"鄭世子臣載堉謹撰"。前有朱載堉自序。

《樂律全書》,館藏有全帙。

0144　清康熙刻本樂典　　　　T6730/4821

《樂典》三十六卷,明黃佐撰。清康熙二十一年(1682)黃逵卿刻本。七册。半頁十行二十字,左右雙邊,白口,無魚尾。框高18.7釐米,寬13.1釐米。目錄頁題"嶺南南海黃佐才伯甫著"。前有嘉靖二十三年(1544)黃佐序。目錄後有嘉靖二十三年全賜跋,嘉靖二十六年(1547)孫學古跋。

黃佐,字才伯,號泰泉,廣東香山人。正德十六年進士,選庶吉士,授編修,官至少詹事。與大學士夏言論河套事不合,尋罷歸,日與諸生論道。其學以程朱爲宗,學者稱泰泉先生,卒謚文裕。事蹟具《明史·文苑傳》。

是編卷一至一二《樂均》(分別爲黃鍾章第一、大吕章第二、太簇章第三、夾鍾章第四、姑洗章第五、中吕章第六、蕤賓章第七、林鍾章第八、夷則章第九、南吕章第十、無射章第十一、應鍾章第十二);卷一三至二一《樂義》(爲樂氣章第一、樂體章第二、樂類章第三、樂物章第四、樂聲章第五、樂律章第六、樂音章第七、樂風章第八、樂歌章第九);卷二二至二四《大司樂義》(爲圖説上中下);卷二五至三五《樂記》(爲樂本第一、樂論第二、樂禮第三、樂施第四、樂言第五、樂象第六、樂情第七、魏文侯第八、賓牟賈第九、樂化第十、師乙第十一);卷三六爲《詩樂》。

黃佐序云:"竊不自揆,輯古訓而通釋之。黃鍾至中呂,位乎陽者也;蕤賓至應鍾,位乎陰者也。器數以辨之,歌奏以合之,爰述樂均上下十有二篇。聲物類體,本乎氣者也;歌風音律,奉乎聲者也。窮本知變,爰述樂義九篇。大司樂所掌,竇公所傳,其出自周公信矣,苟能通之,六樂可作,爰述圖説而以樂記、詩樂終焉。名之曰《樂典》,典樂故也。"

此本有扉頁,刻"樂典。嶺南黃泰泉先生著。寶書樓藏板"。黃佐序後刻有"康熙壬戌秋七月朔越穀旦玄孫逵卿雲孫銘重梓"。按,是書最早有明嘉靖二十六年孫學古刻本,又有嘉靖三十六年盧寧刻本,前者今存南京圖書館,後者今存北京大學圖書館、上海圖書館等五館。

《四庫全書總目》入經部樂類存目。《四庫全書存目叢書》經部第 182 册收入此書,底本爲北京大學圖書館藏嘉靖三十六年盧寧刻本(《存目叢書》作"明嘉靖二十六年孫學古刻本")。《中國古籍善本書目》著録,上海圖書館、廣東中山圖書館、雲南大學圖書館三館入藏。又北京大學圖書館也有入藏。

0145　明萬曆刻本樂記　　　　　　　　　　　　T599/5346

《樂記》不分卷,明戈九疇撰。明萬曆杭州書林吴山刻本。二册。半頁十二行二十五字,四周雙邊、四周單邊不等,白口,單魚尾。框高 18.9 釐米,寬 11.4 釐米。題"吴門進士兩泉戈九疇著;餘姚後學百樓邵東昇校;杭州書林後墅吴山梓"。無序跋。

九疇,字兩泉,吴縣人。嘉靖三十八年進士,隆慶間官浙江嚴州知府,萬曆間官雲南楚雄知府,惟《嚴州府志》及《楚雄縣志》均無傳。

是書卷一第一頁書名項僅有"杭郡"二字,餘皆爲書賈挖去,又書口上方及魚尾之下文字多被挖補。書名依封面題籤。疑此爲某書之零種。按,戈九疇又有《杭郡新刊禮記要旨》十卷,也題"邵東昇校"、"杭州書林後墅吴山梓",行款同《樂記》,爲明萬曆三年刻本。

0146　明末刻本春秋三書　　　　　　　　　　　　T693/1334

《春秋三書》三十一卷,明張溥撰。明末刻本。八册。半頁十行二十字,左右雙邊,白口,單魚尾。框高 19.8 釐米,寬 13.6 釐米。題"明婁東張溥西銘父著"。前有張采序。

三書爲《春秋列國論》二十四卷、《春秋諸傳斷》六卷、《春秋書法解》一卷。其《列國論》取《春秋》所載,分國綴事,終一君則爲考經傳,嚴褒譏,如列國各有史、列國君各有傳。《諸傳斷》則指摘諸傳,明具異同,總一年中是否,務取經通,不隨傳惑。《書法解》因《春秋》書法不一,尊周則卑列國,内魯則外列國,有一事同詞、一事殊詞者,因比事分類,倫脊條目,仍會新舊群説,次第簡端。三書中,《列國論》已完書;《傳斷》中缺"文公",後缺"襄公"以下,僖公亦間缺數年;《書法解》僅見一篇。《四庫總目》云:"此書爲未成之本,亦别無奧義,采等以交游之故,爲掇拾補綴而刊之,實不足以爲溥重也。"

《四庫全書總目》入經部春秋類存目。《中國古籍善本書目》著録。中國國家圖書館、南京圖書館等八館,及日本內閣文庫亦有入藏。

鈐印有"陳宣緝字熙庵號時境"、"陳時境氏居稽室藏"。

0147　清乾隆刻本春秋公羊穀梁諸傳彙義　　T695/8438

《春秋公羊穀梁諸傳彙義》十二卷,清姜兆錫撰。清乾隆五年(1740)寅清樓刻《九經補注》本。六冊。半頁十行二十五字,四周單邊,白口,單魚尾。卷二第一頁、卷八第一頁書口下刻"寅清樓"。框高20.5釐米,寬14.3釐米。題"姜兆錫彙義"(卷一無)。前有乾隆五年姜兆錫自序。

姜兆錫,見清乾隆刻本《儀禮經傳內外編》。

自序曰:"左《公羊》《穀梁》二傳,附以《左氏傳》,而爲之彙義者,所以尊經也。考《左氏傳》主紀事,二傳主發義。先儒蓋謂《左氏》爲史學而失之誣,二傳爲經學而失之鑿,論既嚴以慎矣。而唐以來,乃升諸傳爲經,而與於十三經之列,是明經而不免亂經也。"又謂"《左》之失誣,其事文與義則不待言",《公》《穀》之鑿,有"混其文爲害而義隨之"者、"泥其文爲害而義隨之"者、"竄其文爲害而事隨之義亦隨之"者,又有"義非隨文害而害義殊非小"者、"事與義胥害而害義彌大"者,而二傳"正終以正始,貴道不貴惠之屬,固卓乎道義之權衡,聖哲之規範"。故"當駁其非以存其是",此《彙義》之所以作也。

卷一《隱公》,卷二《桓公》,卷三《莊公》,卷四《閔公》,卷五《僖公》,卷六《文公》,卷七《宣公》,卷八《成公》,卷九《襄公》,卷一〇《昭公》,卷一一《定公》,卷一二《哀公》。其例:經文頂格,下附《左傳》發例釋經之文,小字雙行;次行低經文一格《公羊傳》、《穀梁傳》,二傳下並附撰者論議,小字雙行。

此本書名,卷端題"春秋公羊穀梁二傳(附左氏傳)",扉頁題"公羊穀梁二傳",書口題"公穀傳",自序題《春秋公羊穀梁諸傳彙義序》。又《四庫全書總目》著錄爲《公穀彙義》,《中國叢書綜錄》著錄爲《春秋公羊穀梁諸傳彙義》,今從自序及《中國叢書綜錄》。

扉頁刻"公羊穀梁二傳。丹陽姜上均彙義。乾隆五年鐫。本衙藏板"。自序末刻有"春秋參義外,彙參諸傳,志在剔釐經蘊;外有事義慎考十四卷,通發比事屬辭之義,嗣刻呈正"四行三十六字。

《四庫全書總目》入經部春秋類存目,曰是書"於三家褒貶之例無所偏主,頗足以資參考,較兆錫所注諸經似爲可取。然《春秋》事蹟,二傳多據傳聞,《左氏》所述,則皆據簡策。兆錫駁二傳之事蹟,往往併《左氏》而駁之,則終不出宋人臆斷之學也"。

《中國古籍善本書目》未著錄。《中國叢書綜錄》著錄,中國國家圖書館等七館入藏。臺灣大學圖書館、臺北"中央研究院"史語所傅斯年圖書館也有收藏。《四庫全書存目叢書》收入,底本爲中國科學院圖書館藏本。

館藏複本一部,六冊。鈐印有"飯田藏書"、"衡門璠璵堂圖書"。

0148　清雍正刻本春秋左傳　　T710/1366

《春秋左傳》十七卷。清雍正十三年(1735)果親王府刻四色套印本。十冊。清闕名批點。半頁九行二十字,四周雙邊,白口,單魚尾。無欄綫,行間刻圈點。框高18.5釐米,寬12釐米。

前有雍正十三年果親王允禮序。

此爲《春秋左傳》白文本。卷一《隱公》，卷二《桓公》，卷三《莊公》，卷四《閔公》，卷五至六《僖公》，卷七《文公》，卷八《宣公》，卷九《成公》，卷一〇至一一《襄公》，卷一二至一四《昭公》，卷一五《定公》，卷一六至一七《哀公》。

據允禮序，是本乃果親王府所刻。因允禮文字傳世鮮少，故全録此序：“三傳之文，皆後之作者所不可及也。按以經義則《公》《穀》之合者爲多，而《左氏》所載事物之變尤備，蘊義閎深，故自古以爲經世之文，有達於政事，威懾鄰敵者。余少讀而好之，雖事之殷，少有餘暇，未嘗不翻覆而流連也。余於古書，常專誦本文，而別考其訓釋。蓋以方誦其文，旋考其釋，則意有所間，而一篇之神，理會於吾心者不全。杜氏之注尚矣，然訓釋典故而辭未別白，及失其事與言之本指者，十猶二三。近世學者苦孔疏之聚猥，以宋林氏之説合焉。不知林氏所見尤狹陋，其當者蓋無幾，不若孔疏猶能通杜氏之意，而貫一事之始終，使學者有所開解也。其疑義散見於羣書，及並世人所考訂，頗有能補注疏所不逮者。余嘗欲會萃增損，別爲集注，而無暇也。乃先刻經傳本文，以便把玩。而略加點定，以三色別之，使學者辨其辭義之精深，敘事之奇變，及脈絡之相灌輸者，要以資於文事而已。至於究事物之變而深探其義，以濟於實用，則觀者各自得焉，固無俟於余言也。”

允禮，聖祖玄燁第十七子。雍正元年封果郡王，管理藩院事。六年，進親王。世宗薨，受遺詔輔政高宗即位。乾隆三年薨，無子，由世宗第六子弘瞻繼嗣爲王。事蹟具《清史稿》本傳。

行間評點用朱、緑、藍三色符號套印。各卷卷端首行下均刻有“果親王點定”朱文印。刻字精良，用開化紙印。絲綫綾角，猶是原裝。“弘”字不避諱。按，弘曆於雍正十三年九月繼位，即據大學士鄂爾泰等奏請，頒避諱令：“上一字少寫一點，下一字中間禾字書爲木字”，則其刻時可定也。

書眉、行間並有墨筆批評圈點。字體工整，筆蹟纖細，自始至末，絲毫不苟。讀其評點，亦多在“辨其辭義之精深，敘事之奇變，及脈絡之相灌輸者”。宜非尋常人所能及，惜無留名。但書“弘”作“宏”，“泓”缺末筆。據《大清會典》，乾隆二十五年避諱令，凡“御名上一字，如有水、糸等字偏旁者，並行缺筆，所有經書，悉依此更正。至科場文字，及一切文移書奏，凡遇應用御名上一字者，俱寫宏字，應用御名下一字者，俱寫歷字，庶爲臣子敬謹之道”，則批點當在此年之後。

此系經傳白文本，固不入《四庫全書總目》、《續修四庫全書總目提要(稿本)》。《中國古籍善本書目》未著録。所見各家藏目亦無見載，雖不敢言孤，然謂之罕覯，則不爲過也。

0149　明萬曆刻本春秋左傳杜林合注　T717/7442

《春秋左傳杜林合注》五十卷《異名考》一卷《列國圖説》一卷《總目》一卷《列國指掌圖》一卷《諸侯興廢》一卷，晉杜預、宋林堯叟撰，唐陸德明音義，明閔夢得、閔光德輯。明萬曆二十二年(1594)吳興閔氏刻本。十六册。半頁十行二十字，左右雙邊，白口，單魚尾，上刻注。框高21.1釐米，寬13.4釐米。題“晉杜陵杜預元凱、宋梅谿林堯叟唐翁注釋；唐姑蘇陸元朗德明音義；明吳興閔夢得禹錫、閔光德賓王編輯”。

是書乃取杜預及林堯叟二家《左傳》注彙爲一編，其《凡例》後有閔光德識語，云：“光德甫髫，隨侍京邸，先大夫以《左氏傳》訓，因間從薦紳先生揚扢，雖未窺一斑，然而竊神王矣。比歸，習曾大父宮傅公遺書，得盡視諸家之釋，嘗欲合杜、林二注，手彙一編，親若坐二氏於庭，北面丘明，校讎参决，令讀者瞭然指掌。不佞光德業已爲政，適余家禹錫兄世受麟經，專精《左氏》，一日過齋頭，以一編眎予，則二家注也。予亦出所故嘗手彙者印可，二人相視，頗稱同調，爲之躍然，於是竟業。得於杜者十不去一，得於林者十而二三，既脱稿，而於段落、於字句，復詳加研校，無慮數十過洒已。蓋時餐與餐，時沐與沐，非敢曰望左史之堂廡，聊以志嚮慕之私已爾，唯閎覽君子進而斆之。"

《四庫全書總目》未收。《中國古籍善本書目》著録。重慶市博物館及日本内閣文庫亦有入藏。按，是書天啓間又有問奇閣刻本，爲明王道焜、趙如源輯。又明金陵抱青閣十乘樓有《增補春秋左傳杜林合注》二十卷。

鈐印有"愚齋圖書館藏"、"愚齋審定善本"、"武進盛氏所藏"、"愚齋鑑藏"。

0150　明刻本精選東萊先生左氏博議句解　　T715/6630B

《精選東萊先生左氏博議句解》十六卷，宋呂祖謙撰。明刻本。二册。半頁十行二十字，四周雙邊，上下黑口，四魚尾。框高 20.3 釐米，寬 12.5 釐米。目録頁題"善本大字東萊先生博議句解"。

祖謙，字伯恭。隆興進士，復中博學弘詞。官至直秘閣著作郎國史院編修，與朱熹、張栻齊名。其文詞閎肆辨博，凌厲無前，於《詩》、《書》、《春秋》，多究古義，於十七史皆有詳節。學者稱東萊先生。卒謚成，後改謚忠亮。

《中國古籍善本書目》著録，有元刻本、元刻明修本、明弘治七年蔡紳刻本。此本無序跋。按，明弘治七年蔡紳刻本爲十二行二十三字，四周雙邊，黑口，板框較大，卷一後有牌記，刊"弘治甲寅孟秋梅軒蔡氏新刊"，當非此本。又寧波天一閣藏有明刻本此書，然爲宋張成招注，殘存八卷（卷九至一六），其行款及魚尾皆同此本，但此本無張注，當爲另一刻。

闕名朱筆圈點。日人裝訂。

鈐印有"耕讀齋之家藏"、"石川家藏"。

0151　明崇禎刻本重訂批點春秋左傳詳節句解　　T715/2950

《重訂批點春秋左傳詳節句解》三十五卷，宋朱申撰。明崇禎尊古堂刻本。六册。半頁十一行二十一字，四周單邊，白口，單魚尾，書眉上刻批。框高 28 釐米，寬 13.7 釐米。題"宋朱申注釋；明顧梧芳較正；孫鑛批點；余元長重訂"。前有崇禎十一年（1638）魏邦達序，正德八年（1513）王鏊舊序。

孫鑛，字文融，號月峯。餘姚人。萬曆二年會試第一。爲文選郎中，澄清銓法，名籍甚。累進兵部侍郎，加右都御史，後被劾乞歸。

魏序云："舊本無評點，予友余公仁取月峯先生所評點者而增入之。頰上加三毛，換人之眼睛也哉，當不至茫如也。"是書《凡例》八云："批點左氏之佳，文不加點，援我明孫月峯先生原有批本，此尤著其佳者也，但標其字法句法套句可刪等語，誠《左氏》暗室中一炬。今合而重訂之，其於蒙士未必無少補，又於本書庶成其大全云。"

《四庫全書總目》入經部春秋類存目。《總目》云："是書惟解《左傳》，不參以經文，蓋猶用杜預以前之本，其一事而始末別見者，各附注本文之下，端委亦詳，惟傳文頗有刪節，是其所短。"

據《中國古籍善本書目》著錄，朱申是書現存最早者有元刻本，然不全，僅存三十卷，今藏北京大學圖書館。明代題"音點春秋左傳詳節句解"者，有明初刻本、明刻本；題《春秋左傳詳節句解》者，則有萬曆十年顧梧芳刻本、萬曆十三年周曰校刻本、明刻本；另又有《重訂批點春秋左傳句解》一種，亦孫鑛批點之明末刻本。而館藏此本則不見《中國古籍善本書目》著錄。又日本內閣文庫亦有入藏。

扉頁刻"重訂春秋左傳句解。合孫、鍾兩先生批點。尊古堂較定梓行"。并鈐有"尊古堂"印。

鈐印有"翠峰"、"原氏所藏"、"綠靜臺圖書章"等。

0152　清康熙刻本春秋左傳類對賦注　　　　　　　　　T715/2917

《春秋左傳類對賦注》一卷，宋徐晉卿撰，清高士奇注。清康熙刻本。二冊。半頁十行二十字，左右雙邊，黑口，雙魚尾。框高20.5釐米，寬13.7釐米。題"錢塘高士奇補注"。前有皇祐三年(1051)徐晉卿原序，康熙三十年(1691)高士奇自序。

徐晉卿，據自序稱，乃宋仁宗皇祐時人，嘗官將仕郎試秘書省校書郎，里貫事蹟無考。《(雍正)浙江通志》卷一六六《人物》引錄《(天啟)衢州府志》曰："徐晉卿，字國梁，開化人。仁宗朝召對，爲《義井記》，嘉其才，敕知洪州。尤精於韜畧，後戰亡於廣南金城驛。子曦，神宗朝給事中，知延州，元豐五年帥師伐寇，戰亡於新城。事聞，帝臨朝慟哭，贈柱國少保節度使。"雖其時代相合，但未提及官將仕郎試秘書省校書郎，不知是否即同此人。

高士奇，字澹人。浙江錢塘人。監生，工書法，薦入內廷供奉，授內閣中書、翰林院侍講，擢詹事府少詹事。又著《春秋地名考畧》、《左傳姓氏考》、《左傳紀事本末》、《左傳史論》、《天祿識餘》、《扈從日錄》、《扈從紀程》、《塞北小鈔》、《金鰲退食筆記》、《江村消夏錄》、《江村書畫目》、《北墅抱甕錄》、《續三體唐詩》、《唐詩掞藻》、《清吟堂集》等。事蹟具《清史稿》本傳。

徐晉卿撰《春秋左傳類對賦》，蓋就《左傳》所書史事而爲賦，以屬辭比事而曰"類"，駢句偶言而曰"對"，自稱凡一百五十韻，計一萬五千言。清王士禎《居易錄》曰："《春秋左傳類對賦》一卷，似連珠體。宋將仕郎試祕書省校書郎徐晉卿撰。海昌重刊本。""又有元至大戊申長沙教授區斗英跋云：是賦乃徐祕書所作，江陵路總管太原趙嘉山得善本，授之郡庠，俾鋟梓以淑諸生。予觀其比事屬辭，頗自斐然。然無闗經傳要義，大抵宋人著述，如事類賦蒙求之類，皆類俳體，取便記誦云爾。"

此高士奇注本，自序緣起曰："《春秋左傳類對賦》，宋徐秘書晉卿之所纂錄也。嘗考焦氏《經籍志》，此賦不載，而秘書自序謂'藏於巾衍'、'傳之昆雲'，則宋時未行於世可知。元至大中，江陵路總管太原趙嘉山鋟諸學宮，俾諸生受而習之，流布始廣。迄今數百年，宋元遺刻，零落罕存。余性喜蓄書，敝籠中偶有是本，亦瀸漫不可讀矣。夫春秋之教，比事屬辭，《左氏》獨得其宗，所疏春秋二百四十二年之間，會盟征伐，朝聘宴饗，名卿大夫往來問答，文采爛然。有事同而辭異者，有事異而辭同者，錯綜變化，間見層出，學者少能鈎貫。此賦庸次比耦，絲牽繩連，尋而味之，各有指趣，何其精且晰耶！""惜每句下，止表年而不注其事，後生初學，未睹全傳，徒詫其律切而茫然不知所謂者有之。余閒居鷗水，不接人事，日以書卷自娛。因按本傳，節錄大要，條注其下，庶幾十二公之事一覽而得，於以開導初學，資益多聞，當亦秘書之志也。"按，康熙二十八年，高士奇因左都御史郭琇疏劾，旨令休致回籍。所謂"閒居鷗水，不接人事，日以書卷自娛",即在此時。

字體仿宋,橫筆細而豎筆甚粗。

《續修四庫全書總目提要(稿本)》入經部春秋類。《中國古籍善本書目》未著錄。檢索各家藏目,於高士奇著述多有收錄,唯獨少見此書,或已世罕其傳乎?

鈐印有"莫友芝圖書印"、"獨山莫繩孫字仲武印"、"莫經農印"、"徐恕"、"桐風亭正本"。

0153　明嘉靖刻本唐荆川先生編纂左氏始末　　　T717/0623

《唐荆川先生編纂左氏始末》十二卷,明唐順之撰。明嘉靖四十一年(1562)唐氏家塾刻本。四冊。半頁十行二十字,四周單邊,白口,單魚尾,書口下間有刻工。框高19.3釐米,寬13.3釐米。題"弟唐正之、門人金九皋、後學鄭潋編次;弟唐立之校正"。前有嘉靖四十一年族孫唐一麐序。

唐順之,字應德。武進人。嘉靖八年會試第一。倭寇蹣江南北,以郎中視師浙江,屢破倭寇,擢右僉都御史。巡撫鳳陽,力疾渡焦山,至通州卒。於學無所不窺,爲古文汪洋紆折,當明之中葉,屹然爲一大宗。至晚年講學,文格又稍變,學者稱"荊川先生"。崇禎中追謚襄文。

唐氏之纂是書,一麐序中述之甚詳:"桓文之霸,吳楚之僭,亂臣賊子之篡弒,始末之見於記載者,雖班班可考,然皆王法之所禁,而《春秋》之所不與,其何暇過而問焉也哉。""而事或錯出,文或片見,則執經以求其斷案者,每病於條理之難尋,而屬辭比事之旨因亦以不白於世。於是乃合其始末而次敘之,以爲一書,然後事歸其類,人繫其事,首尾血脈通貫若一。而聖人善善惡惡之大法所以榮黼袞而威斧鉞者,不待考之義例之紛然,一開卷而瞭然如在目中矣。豈非讀《春秋》者之一大快也哉!《始末》以《左氏內傳》爲主,而纖悉委曲有逸出於《外傳》、《史記》者亦入焉。""先生之弟應禮甫嘗與聞纂輯之大意,而謂是書不可以無傳也,故刻之家塾。"

卷一《后》、《宗》、《宦》、《倖》、《奸》,卷二《弒》,卷三《弒二》、《逐》,卷四《亂》、《盜》,卷五至九《鎮一》至《鎮五》,卷一〇《戰》、《戎》,卷一一《名臣》,卷一二《禮樂》、《方伎》。

刻工有何序、王、名、信、青、禮、俞、晏。

《中國古籍善本書目》著錄,中國國家圖書館、上海圖書館等十五館亦有入藏。

鈐印有"李氏藏書之章"、"字弱予號筱甫行一又行二"。

0154　明萬曆刻本春秋左傳注解辯誤　　　T717/2433

《春秋左傳注解辯誤》二卷《古字奇字音釋》一卷《補遺》一卷,明傅遜撰。明萬曆十三年(1585)傅氏日殖齋刻本。二冊。半頁八行十八字,左右雙邊,白口,單魚尾,書口下刻"日殖齋梓"。框高20.1釐米,寬14.1釐米。題"吳郡後學傅遜著"。

傅遜,字士凱。太倉人。少游歸有光之門。萬曆間以歲貢授建昌訓導。

是本爲《春秋左傳屬事》二十卷後之附錄部分。其辯誤者,乃駁正杜預之解,間有考證,而以意推求者多。是書前應有萬曆癸未傅遜自序,今已佚去。傅序言昔編《左傳屬事》,因錄杜注而見其有誤,既見郡人陸貞山附注,皆正杜誤而亦有未盡,因會衆說,加以己意,而成是書云。

鈐印有"武進盛氏所藏"、"愚齋鑑藏"、"愚齋圖書館藏"、"愚齋審定善本",蓋曾藏盛宣懷處。

經部

0155　明萬曆刻套印本春秋左傳　　T710/1988

《春秋左傳》十五卷,明孫鑛批點。明萬曆四十四年(1616)閔齊伋刻朱墨套印本。十二册。半頁九行十九字,四周單邊,白口,無魚尾,書眉上刻批。框高21.3釐米,寬14.5釐米。題"孫月峯先生批點"。前有萬曆四十四年韓敬序。

孫鑛,字文融,號月峯。浙江餘姚人。萬曆二年進士。授兵部主事,歷吏部考功文選郎中。澄清銓法,名籍甚。累進兵部侍郎加右都御史,代顧養謙總督遼薊軍務兼經略朝鮮,還遷南兵部尚書,加太子少保,參贊機務。後因事被劾乞歸,布衣蔬食,恬然自得。年七十卒。傳見《(光緒)餘姚縣志》卷二三《列傳》。

《左傳》乃儒家經典之一,然從來評隲率多艷稱,而其中頭緒貫串之妙,及立意擒辭,命句拈字,情態萬出,未有能纖悉曲折窮其神者,至於瑕瑜不相掩處,尤概置不校。故閔氏有感於此,乃選用孫鑛批點之本,以其"研幾索隱,句字不漏,其所指摘處,更無不透入淵微"。又云:"家翁次兄爲水部留都時,遂得手受於先生,不敢自秘,用以公之同好。"

《凡例》八則,末則云:"舊刻凡有批評圈點者,俱就原版墨印,藝林厭之。今另刻一版,經傳用墨,批評以朱,校讎不啻三五,而錢刀之靡,非所計矣。"

韓敬序云:"吾鄉閔赤如、遇五、用和昆從,手創分次經傳,特受先生之評,以朱副墨,一覽犁然。經傳藉題評,開前古之新,題評翼分次,樹今日之古,余獲之不減賈逵、劉兆朱墨經傳也。"

是書末刊"萬曆丙辰夏吳興閔齊華、閔齊伋、閔象泰分次經傳"二行。按,齊伋,字及武,號遇五。諸生。生於萬曆八年。不求進取,耽著述。有《六書通》。《烏程縣志》有傳。閔氏刻書約六十種,其中套印本亦五十種上下,今所存閔氏套印本,此本當爲最早者。傳世頗多,大陸所藏七十餘部。

《中國古籍善本書目》著録。臺北"國家圖書館"、美國普林斯頓大學葛思德東方圖書館、日本内閣文庫(三部)、尊經閣文庫亦有入藏。

0156　明崇禎刻本春秋左傳綱目定注　　T717/4414

《春秋左傳綱目定注》三十卷,明李廷機撰。明崇禎五年(1632)閩書林楊素卿刻本。十册。半頁十行二十二字,四周雙邊,白口,單魚尾,上刻注。框高21.7釐米,寬12.7釐米。題"晉杜預元凱、宋林堯叟唐翁注釋;明李廷機爾張定注;書林素卿楊日彩梓行"。無序跋。

廷機,字爾張,號九我。晉江人。萬曆十一年進士。累官禮部尚書,入參機務,遇事有執。性廉潔,然刻深偏愎,不諳大體,言路以其與申時行、沈一貫輩密相授受,交章逐之,遂乞休。卒謚文節。

廷機於《左傳》之書,又有《新刻李太史釋注左傳三注旁訓評林》七卷、《新鍥翰林李九我先生左傳評林選要》三卷。

《四庫全書總目》未收。《中國古籍善本書目》著録。安徽省圖書館、江蘇常州市圖書館、河南開封市圖書館,及日本静嘉堂文庫、尊經閣文庫、内閣文庫亦有入藏。按,萬曆元年閩書林余泰垣先刻是書,此崇禎本或爲據其重刻。

卷三〇末有荷蓋蓮花牌記,刊"崇禎壬申年仲夏月閩書林楊素卿重梓"。

121

0157　明萬曆刻本春秋左傳注評測義　　　　　　T717/3427

《春秋左傳注評測義》七十卷《世系譜》一卷《名號異稱便覽》一卷《地名配古籍》一卷《東坡圖説》一卷《總評》一卷，明凌稚隆撰。明萬曆十六年(1588)凌氏刻本。二十册。半頁十行二十字，左右雙邊，白口，單魚尾，書口下間有字數及刻工。框高22.2釐米，寬14.7釐米。題"明吳興後學凌稚隆輯著"。前有萬曆十六年范應期序。

稚隆，字以楝，號磊泉。烏程人。

是書詮釋《左傳》，以杜注爲宗，而博採諸説增益之，於左氏之不合者，亦間有辨正。其《凡例》有云："妄校《史》、《漢》，業已竣事矣。迺壬午漫游湖海，瀟然道次，偶出笈中所習《春秋左傳》者數種，檢閲一過，則念其章句未及節分，注釋未嘗統貫，而諸儒博議散佚載籍者，蔑從麇萃一楷而會通之，俾讀者一目無留憾也，於是復不自分，役志編摹，竊義則如測言所擬，掇述則如《凡例》所條，悉本成説者什而二三，參酌胸臆者什而七八，稿既脱而覆録，校方徧而更研，荏苒寒暑，五更於是，題曰《春秋左傳注評測義》。"

《四庫全書總目》入經部春秋類存目。《中國古籍善本書目》著録。南京圖書館、天津圖書館等十八館、臺北"國家圖書館"，及美國普林斯頓大學葛思德東方圖書館、日本静嘉堂文庫、尊經閣文庫、東京大學東洋文化研究所亦有入藏。

書口下有"豫章南邑艾香寫"。刻工有陶文、陶昂、徐楨、徐軒、信、台、楊、周、王、玉、左等。是書初印，白棉紙觸手如新，四百餘年來，傳世之萬曆刻本如此字畫精湛、楮墨明麗者不多，況又能保存如此良好者，亦鮮見其有。

日人裝幀。鈐印有"半澤文庫"。

0158　清康熙刻本讀左日鈔　　　　　　T718/2942

《讀左日鈔》十二卷補二卷，清朱鶴齡撰。清康熙二十年(1681)刻本。六册。半頁十行二十二字，左右單邊，白口，單魚尾。框高18.7釐米，寬13.8釐米。題"吳江朱鶴齡長孺輯；餘姚黄宗羲太沖、昆山顧炎武寧人訂"，補卷題"吳江朱鶴齡長孺輯"。前有康熙十七年(1678)朱鶴齡自序；康熙二十年朱鶴齡撰《凡例》七則。

朱鶴齡，字長孺。江蘇吳江人。明諸生。入清後，屏居著述，晨夕一編，行不識途路，坐不知寒暑，人或謂之愚，遂自號愚庵。自謂疾惡如仇，嗜古若渴，不妄受人一錢，不虚詆人一語。初爲文章之學，箋注杜甫、李商隱詩集，盛行於世。後與顧亭林交，乃湛思覃力於諸經注疏及儒先理學。生於萬曆三十四年，卒於康熙二十二年。著述又有《易廣義略》、《尚書埤傳》、《禹貢長箋》、《詩經通義》、《春秋集説》、《群賢梅苑》及《愚庵小集》，《四庫全書總目》收録《尚書埤傳》等六種。《清史列傳》卷六八、《清儒學案》卷七《亭林學案》有傳。

此書不録經傳全文，僅以所辨證之傳文，立爲條目。如卷一"隱公"下第一條頂格書傳文"繼室以聲子，生隱公"，次行低一格備録衆説而折衷之。《四庫全書總目》謂其"大抵集舊解者十之七，出己意者十之三，故以'鈔'名"。然則其名"日鈔"者，亦以書類隨筆雜記，如自序所謂"此不過備遺忘、資討論而已"也。

卷一自隱公元年至桓公七年，卷二自桓公八年至莊公十四年，卷三自莊公十五年至僖公三十二年,卷四自僖公三十三年至宣公十一年,卷五自宣公十二年至成公十四年,卷六自成公十五年至襄公十六年,卷七自襄公十七年至襄公二十八年,卷八自襄公二十九年至昭公四年,卷九自昭公五年至昭公十七年,卷一〇自昭公十八年至昭公二十七年,卷一一自昭公二十八年至定公十五年,卷一二自哀公元年至哀公二十七年。

《凡例》曰:"《左傳》之文,純以史事解經者也,其解之得失,余《春秋集説》一書已詳辨之,此書只略舉其概爾。"又云"左氏論人論事,時有悖於聖人者",故書中多采用啖助、趙匡、原敞、葉夢得、趙汸、陸粲、王樵諸家之説,以爲辨正。又云"會盟、戰伐,及月日、人名、地名之類,有經文不書而傳特詳之者,此正可推求筆削之旨",而陳傅良、趙汸注,"專從'不書'取義,最得微旨",故書中"備録其説,爲解經翼輔"。

補卷上下二帙,蓋書成後增補之作。《凡例》曰:"亭林顧先生去秋自華陰寄余《左傳》注數十則,析疑正舛,皆前人未發。時此書已刻逾半,不及纂入。間取三傳、三禮注疏閲之,尚多可録者,因復綴輯,與亭林所貽彙成二卷,附之簡末。"補卷内凡亭林注者,皆標"顧炎武曰",共計三十四條。

按,此本避諱至康熙。又《凡例》末署年"辛酉七月朔",既"去秋"獲顧注《左傳》時,"此書已刻逾半",則是刊當於辛酉(康熙二十年)告竣。

《四庫全書總目》入經部春秋類,評曰:"鶴齡斥林堯叟《音義》之陋,所取僅三四條,持論極允。至孔穎達《正義》,家弦户誦,久列學官,斷無讀注而不見疏者,乃連篇采掇,殊屬贅疣。"又指其既"未免於小疵","亦具有考證者","雖瑕瑜並存,不及顧炎武、惠棟諸家之密,而薈稡衆長,斷以新義,於讀《左傳》者,要亦不爲無補焉。"

卷端題名之參訂者各卷不一:卷二題"長洲汪琬苕文、昆山徐乾學原一訂",卷三題"安陽許三禮典三、昆山徐秉義彦和訂",卷四題"嘉興朱彝尊錫鬯、長洲宋實穎既庭訂",卷五題"寧都魏禧凝叔、無錫錢肅潤礎日訂",卷六題"華陰王弘撰無異、休寧汪文槙周士訂",卷七題"富平李因篤子德、海鹽彭孫遹駿孫訂",卷八題"蕭山毛奇齡大可、休寧汪森晉賢訂",卷九題"仁和吴任臣志伊、吴縣錢中諧宫聲訂",卷一〇題"南昌彭士望躬庵、鄞縣萬斯同季野訂",卷一一題"江都宗元鼎定九訂",卷一二題"同邑顧有孝茂倫訂"。又卷一二末題"孫士玉玉尹正字"。

《中國古籍善本書目》著録,上海圖書館等四館收藏。

0159　清康熙刻本左傳快評　　T718/7124

《左傳快評》八卷,清劉繼莊撰。清康熙四十五年(1706)蕉雨閒房刻本。二册。半頁九行二十一字,左右雙邊,白口,雙魚尾。書口下刻"蕉雨閒房"。框高18.5釐米,寬13.5釐米。題"劉繼莊先生評定;宜堂金成棟輯;同學諸子參校"。前有康熙四十五年金成棟題辭;目録。

劉繼莊,事蹟不詳。金成棟題辭稱其"抱經濟之學,於時不偶,著書等身"。按清梅文鼎《勿庵曆算書記》、《曆算全書》、趙一清《水經注釋》見載"北平劉繼莊獻廷","隱君","亦地學之雄"。疑即此"抱經濟之學"者。

是書擷取《左傳》文章之菁華而爲評説,凡一百有五篇,釐爲八卷。各篇均取篇首一二句爲標題,題下標注紀年,依次排列。首篇《鄭伯克段于鄢》,末篇《楚子西不懼吴》。每篇於句下評注句法修辭、敍事結構,篇終附有總評。

是書由金成棟輯刻。題辭曰:"繼莊劉先生評定《左氏傳》諸篇,無微不抉,無隱不窺,吸精洗髓，妙解瀾翻。自有《左氏》以來，無此尚論，幾成千古缺陷。急與坊客謀壽諸梨，刻成而題之曰《左傳快評》，以公天下之讀至文者。"成棟字天三，廣東海陽人，《續修四庫全書總目提要(稿本)》稱其"嘗從學於繼莊之門"。

此本"丘"、"弘"皆不避諱，宜爲康熙間所刻。又題辭末署年"歲在游兆閹茂"，即干支丙戌，故題辭應在康熙丙戌即四十五年。而據題辭言，是書"刻成"即在此年。又題辭云"急與坊客謀壽諸梨"，則此本私刻乎？坊刻乎？書口下"蕉雨聞房"，乃金氏書齋名乎，抑坊客書鋪名乎？但觀其版式字體，更近乎私家所刻，惟私刻亦多付坊間刻工鐫版也。

《續修四庫全書總目提要(稿本)》入經部春秋類，謂此書"大抵競標藻采，務攄空論，或雜採舊說，而斷以己意。詳其評識，幾全如批撰時文之式，以之評經論史，殊乖體例。雖泛然鈔錄，議論空疏，於經史之學，了無關涉。然觀其含英咀華，刪除冗贅，較之《漢雋》、《左國腴詞》、《左傳鴻裁》等書，妄爲升降、顛倒乖錯、割裂辭藻、議論捫陋者，究爲雅馴，固不得以末流蕪濫而廢之也"。

《中國古籍善本書目》未著錄。北京大學圖書館、東北師範大學圖書館也有收藏。又日本《內閣文庫漢籍分類目錄》著錄爲清刊(蕉雨聞房)本。

鈐印有"不光齋藏書記"、"小梅藏書之印"、"尋孔顏樂處"、"大觀"、"大書特書"。

0160　清乾隆刻本增補左繡匯參　　　T718/7216

《增補左繡匯參》三十卷首一卷，清周正思撰。清乾隆十三年(1748)嵩山書屋刻三十九年(1774)芸經堂印本。十六冊。二節版：下節刻《春秋左傳杜林匯參》，半頁十一行十九字，小字雙行三十字；上節刻《增補左繡》，半頁小字二十二行十一字。左右雙邊，白口，單魚尾。行間刻圈點，書口下刻"嵩山書屋"。框高23.7釐米，寬14.3釐米。下節題"謙亭周正思合纂"；上節題"錢塘馮李驊天閑、定海陸浩大瀛評輯"。前有乾隆十三年周正思自序；乾隆十四年(1749)黃守儷序；《例言》八則；目錄。

周正思，原名正峰，字謙亭。福建閩縣人。雍正十一年進士，以編修典試河南。《(民國)閩侯縣志》卷六八《周紹龍傳》附傳。紹龍，正思父，雍正元年進士，官至監察御史。

是書乃彙纂馮李驊《左繡》、姚培謙《春秋左傳杜注》二書而復加參訂，亦《左氏》文論之類。其編訂始末，見諸自序："《左氏》爲文章鼻祖，注之者無慮數十百家，概多杜、林合編，余嘗讀之而未愜於心也。後得錢塘馮氏天閑與定海陸氏大瀛《左繡》一冊，嘆爲從來善本。""最後又得華亭姚氏平山《杜注》之刻，以視《左繡》，真可聯爲拱璧。惟獨恨別爲二集，購求維艱，未免得此失彼。余向嘗取姚氏書，參以林注併諸家解說，名曰《杜林匯參》，而於《左繡》之評論，則略而未詳。茲復竊取二集而纂次之，使合爲一，改題爲《增補左繡匯參》，庶《左氏》文章兼二集而更成大觀。"要之，則如黃守儷序所云："評論圈點，取諸《左繡》，注疏解釋，取諸姚刻。"

卷首載杜預《春秋經傳集解序》，馮李驊《春秋列國時事說》附《春秋三變說》、《列國盛衰說》、《魯十二公說》、《周十四王說》，馮李驊《讀左卮言》。卷一《隱公》，卷二《桓公》，卷三《莊公》，卷四《閔公》，卷五至七《僖公》，卷八至九《文公》，卷一〇至一一《宣公》，卷一二至一三《成公》，卷一四至一九《襄公》，卷二〇至二六《昭公》，卷二七至二八《定公》，卷二九至三〇《哀公》。

扉頁刻"增補春秋經傳左繡匯參。錢塘馮李驊天閑、定海陸浩大瀛評輯。晉安周正思合纂。乾隆甲午仲春新鐫。芸經堂藏版"。

按，此書書名，於此本各處所見各異，按例著錄當依正文卷端題書名爲準。然此本卷端下節題《春秋經傳杜林匯參》，乃周氏舊作之名，而上節題《增補左繡》，亦顯然非全書之名，併難依從。唯自序云改題爲《增補左繡匯參》，扉頁題《增補春秋經傳左繡匯參》，皆可參取。但扉頁可更換，未必盡合撰者原名，故今從自序著錄。又按，此書版本，據黃守儶序云，"近得吾閩周謙亭先生《左傳匯參》，乃融貫馮、姚兩家而合刻之"，則乾隆十四年此書已有刻本矣。又黃序末署"書於嵩山漱經堂"，周正思嘗"以編修典試河南"，此本書口下題"嵩山書屋"，則原刻或即周氏河南任內所爲也。而此本扉頁題乾隆三十九年新鐫，距初刻已二十五年，若確爲新板，推之亦當爲據原板重刻。然明清書坊間轉板重印，添附扉頁而充新刻者，亦常有之事。此本字蹟多漫漶處，顯然刷印在後，或即嵩山書屋原板歸芸經堂而重印者也。今暫以重印本著錄，俟原刻初印本出而持校之，方可確然無疑。

《四庫全書總目》、《續修四庫全書總目提要(稿本)》皆不收。《中國古籍善本書目》未著錄。美國《普林斯頓大學葛思德東方圖書館中文舊籍書目》著錄清乾隆間福建嵩山書屋刊本，未知是否原刻初印，又謂"福建嵩山書屋"，亦未知其何以爲據。

鈐印有"慎獨齋藏籍記"。

0161　清乾隆刻本春秋左傳杜注　T713/4118.2

《春秋左傳杜注》三十卷首一卷，清姚培謙撰。清乾隆十一年(1746)吳郡陸氏小鬱林刻本。十六册。半頁九行十九字，雙行夾注小字同，左右雙邊，白口，單魚尾。書口下間有刻工名。框高17.2釐米，寬11.7釐米。題"華亭姚培謙學"。前有乾隆十一年黃叔琳序；乾隆九年(1744)姚培謙撰《凡例》八則；目錄。

姚培謙，字平山。上海松江人。諸生。雍正七年保舉，以居喪不赴，閉戶讀書，不求聞達。有詩文集《松桂讀書堂集》，收入《四庫全書總目》別集類存目，稱其"喜刻巾箱小本，亦好事之士"。著述又有《經史臆見》、《通鑑綱目節鈔》、《角山樓增補類腋》，並編輯校訂《楚辭節注》、《宋詩別裁集》、《元詩別裁集》、《李義山詩集注》、《劉後村全集》等。《(嘉慶)松江府志》卷五九《古今人物》有傳。

卷首載晉杜預《春秋左傳序》、《春秋王朝興廢說》、《春秋王朝列國紀年》、《春秋一百二十四國爵姓》，卷一《隱公》，卷二《桓公》，卷三《莊公》，卷四《閔公》，卷五至七《僖公》，卷八至九《文公》，卷一〇至一一《宣公》，卷一二至一三《成公》，卷一四至一九《襄公》，卷二〇至二六《昭公》，卷二七至二八《定公》，卷二九至三〇《哀公》。

《凡例》云，"《春秋左傳》向宗杜氏《集解》"，故其書於經傳文下，全錄杜注，一字不遺，且以《春秋左傳杜注》名之。然是書兼引孔疏，及唐宋元明清諸儒成說，以發明之，折衷之，凡他說有裨杜氏而可以並參者，必與《集解》兩存，以俟後人採擇，或按之以附己見。字音據陸德明《釋文》補其未備，杜注地名與今不合者，並著明今處。則是書之名爲《春秋左傳杜注》，實主於杜氏而不止杜氏一家而已。

卷首杜預《春秋左傳序》一篇，并詳爲詮釋，以爲"要領"。《春秋王朝興廢說》，遵依《欽定春秋傳說彙纂》，止載二十國。《春秋王朝列國紀年》，以魯紀年爲經，分列周朝及諸國紀年，如首條"隱公在位十一年"下，書"平王四十九年至五十一年、桓王元年至八年，齊僖公祿父九年至十九年"等。《春秋一百二十四國爵姓》，計列"爵姓具者五十國"、"有爵無姓十五國"、"有姓無爵者十七國"、"爵姓皆亡者三十二國"、"附庸九國"。

是本係吳郡陸氏所刻。據黃叔琳序曰："吳門陸闇亭太守,自蜀中解組歸田,主持風雅,深喜是書詳核,因爲捐貲雕板,自此得以流播遠近。"據卷尾刻識,知陸氏乃以"小鬱林"齋名刊行是書。寫刻甚精。刻工有：咸懷、聖傳、省南、德榮、德昭。

扉頁刻"春秋左傳杜注。華亭姚氏增輯。小鬱林雕板"。卷三〇尾刻有"乾隆丙寅夏五月吳郡小鬱林陸氏雕版王日燠錄"二行二十字。

《四庫全書總目》、《續修四庫全書總目提要(稿本)》均不收。《中國古籍善本書目》僅著錄上海圖書館藏清徐振聲校本、浙江餘姚梨洲文獻館藏清陳浩圈點並跋本。此刻存世較多,中國國家圖書館、清華大學圖書館、南開大學圖書館、復旦大學圖書館、吉林省社會科學院圖書館、湖北省圖書館、湖南圖書館、哈爾濱市圖書館、江西樂平縣圖書館、廣東梅州市圖書館、臺灣大學圖書館,以及日本京都大學人文科學研究所圖書館、東京大學東洋文化研究所圖書館皆有收藏。另據各家書目所載,此書又有嘉慶元年金閶書業堂刻本、同治五年金陵書局刻《十三經讀本》本(書名《春秋左傳杜注補輯》)、光緒九年江南書局刻本、光緒十九年浙江書局刻本。

鈐印有"敦化堂藏書"。

0162　明末刻本公羊傳穀梁傳　　　　　　　　　T742/2229C

《公羊傳》十二卷,漢何休注,明孫鑛、張榜評;《穀梁傳》十二卷,晉范甯集解,明孫鑛、張榜評。明末刻本。四册。半頁九行二十字,左右雙邊,白口,單魚尾。框高19.7釐米,寬13.6釐米。《公羊傳》題"武林錢受益閱",《穀梁傳》題"武林王道焜校"。

書眉上有孫鑛、張榜評。疑此二種爲某書之零種。

日人裝幀。

鈐印有"玉林院"、"玉林院文庫",日人印也。

0163　明天啓刻本春秋公羊傳春秋穀梁傳　　　　T742/2229

《春秋公羊傳》十二卷,明閔齊伋裁注,《考》一卷,明閔齊伋撰;《春秋穀梁傳》十二卷,明閔齊伋裁注,考一卷,明閔齊伋撰。明天啓元年(1621)閔齊伋刻本。四册。半頁九行十九字,四周單邊,白口,無魚尾。框高21.1釐米,寬14.6釐米。

《中國古籍善本書目》著錄明天啓元年閔氏自刻三色套印本。套印本之圈點有朱黛兩色,當是採用兩家評本;眉評則有朱黛墨三色。此本書眉上之注乃爲墨色,應爲齊伋語,并校勘文字異同,字體作楷書,與正文仿宋體異。疑書眉上墨字亦爲套印,并應在三色套印本之前。此本不見各家書目著錄。

是本初印,又每卷末皆刊"皇明天啓元年春正月烏程閔齊伋遇五父裁注"。

闕名朱筆圈點。

館藏有清代翻刻之本,扉頁題"春秋公羊傳。閔板原本。味經堂藏板"。

0164　清抄本穀梁大義述補　　　　　　　　　　T778/1373

《穀梁大義述補》三卷《補闕》一卷,清張慰祖撰。抄本。二册。半頁九行二十四字,四周雙邊,黑口,雙魚尾,黑格,書口刻"穀梁大義述補闕"。題"吴江張慰祖學"。前有自序。

張慰祖,江蘇吴江人。

此書乃爲補柳興恩撰《穀梁大義述》之不足,卷一《述日月例》,卷二《述禮》,卷三《述師説》。《補闕》爲《述長編》。

自序云:"道光中丹徒柳氏爲《穀梁大義述》,嘉善鍾氏爲《穀梁補注》,實集大成。當時各有傳聞而不相沿襲,今長沙王公並采入《經解續編》中。鍾書凡二十四卷,首尾完具;柳書三十卷,各條下往往有注闕字者,尋其前後,或義取互見,不必爲柳氏原注,而闕略之待補者,實居泰半,蓋亦未竟之書也。慰祖不揣檮昧,輒傍江、李、楊故事,紬繹原書體例,妄思補綴。""柳書據善於經一語,創通大義,實發二千年不傳之秘。慰祖本柳氏之意,以上探《穀梁》,補苴張皇,庶成完帙。"其云"鍾書"者,蓋鍾文烝之《春秋穀梁經傳補注》也。

《販書偶記》著録爲"紅格紙傳抄本"。此書疑未刻。

0165 明内府刻本春秋傳   T690/4236

《春秋傳》三十卷,宋胡安國撰;《諸國興廢説》一卷《列國圖説》一卷。明内府刻本。四册。半頁八行十四字,四周雙邊,上下黑口,雙魚尾。框高 22.9 釐米,寬 15.7 釐米。題"胡安國傳"。

胡安國,字康侯。紹聖進士。擢太學博士。王安石廢《春秋》,安國曰:先聖傳心要典,乃使人主不得聞,學士不得聞,可乎?遂潛心專講《春秋》。累官給事中。卒謚文定。事蹟詳《宋史·儒林傳》。

《四庫全書總目》入經部春秋類。《總目》云:"案《玉海》載紹興五年四月詔,徽猷閣待制胡安國,經筵舊臣,令所著《春秋傳》纂述成書進入。十年三月書成上之,詔奬諭,除寶文閣直學士,賜銀幣。是安國此書,久已屬稿,自奉敕撰進,又覆訂五年而後成也。""其書作於南渡之後,故感激時事,往往借《春秋》以寓意,不必一一悉合於經旨。朱子《語録》曰,胡氏《春秋傳》有牽强處,然議論有開合精神。亦千古之定評也。"

《中國古籍善本書目》著録。中國國家圖書館、浙江圖書館等十二館亦有入藏。

0166 明刻本春秋傳   T690/4236D

《春秋傳》三十卷,宋胡安國撰,宋林堯叟音注;《綱領》一卷《總目》一卷《列國圖説》一卷《諸國興廢》一卷。明金陵奎璧齋莆陽鄭元美刻本。八册。半頁九行十八字,左右雙邊,白口,無魚尾,上刻注,書口下刻卷數。框高 18.9 釐米,寬 12.4 釐米。題"胡安國傳"。前有胡安國序。

是書序後有牌記,刊"莆陽鄭氏訂本。金陵奎璧齋梓"。扉頁刊"奎璧春秋。正韻字體。金陵鄭元美梓行",鈐有"閩蕭鄭氏訂本"、"狀元境書林"印。卷三〇末刊"金陵奎璧齋訂本,莆陽鄭氏校梓"一行。按,奎璧齋爲金陵書肆,其主人鄭思鳴,字元美,閩人。又刻有《歌林初集》十種、《二集》十四種、《新鐫樂府名時曲萬家錦》二卷、《養正圖解》二卷等書。

《中國古籍善本書目》著録,青海省圖書館亦有入藏。

鈐印有"奎璧齋藏"、"閩鄭氏記"、"鄭漢"、"鄭氏訂本"、"濯川"、"庚辰"、"馬場文庫"。

0167　明萬曆刻本春秋胡傳　　　　　　　　　　　　　　T690/4236B

《春秋胡傳》三十卷，宋胡安國撰，宋林堯叟音注；《綱領》一卷《總目》一卷《列國東坡圖説》一卷《諸國興廢説》一卷《正經音訓》一卷。明萬曆二十一年(1593)閔家刻本。四册。半頁九行十八字，四周單邊，白口，單魚尾，書眉上刻注。框高18.7釐米，寬13.8釐米。題"附林堯叟音注括例始末"。前有成化十八年(1482)劉憲序。

扉頁刻"閔家三訂春秋胡傳"，并鈐有"吉日癸巳"。按，此印當爲閔家刻書發兌之印。嘉靖十二年、萬曆二十一年皆爲癸巳，據字體、紙張定爲萬曆本。

《中國古籍善本書目》著録明崇禎六年閔齊伋刻本，行款同此本，但爲左右雙邊，顯非此本。

鈐印有"知止堂"、"家在九峰高處"、"原氏所藏"。

0168　明崇禎刻四書六經讀本本春秋胡傳　　　　　　　　T690/4236C

《春秋胡傳》三十卷，宋胡安國撰；《綱領》一卷《總目》一卷《列國東坡圖説》一卷《諸國興廢説》一卷。明崇禎十四年(1641)毛氏汲古閣刻《四書六經讀本》本。十册。半頁九行十七字，左右雙邊，白口，無魚尾，欄下刻注，書口下刻"汲古閣"。框高17.6釐米，寬12.9釐米。前有序。

毛氏汲古閣刻書甚多，其《十三經注疏》收有《春秋左傳注疏》六十卷、《春秋公羊注疏》二十八卷、《春秋穀梁注疏》二十卷。此爲《四書六經讀本》之零種。按，《四書六經讀本》全帙傳世不多，大陸僅遼寧省圖書館藏一帙。

此書有《凡例》十三則。扉頁刻"春秋。毛氏正本。汲古閣藏版"。

鈐印有"蘇生辛記"。

0169　明嘉靖刻本春秋四傳　　　　　　　　　　　　　　T691/5262

《春秋四傳》三十八卷《綱領》一卷《總目》一卷《列國東坡圖説》一卷《春秋二十國年表》一卷《諸國興廢説》一卷。明嘉靖刻本。十二册。半頁九行十七字，左右雙邊，白口，單魚尾，書口上刻字數，下有刻工。框高20.7釐米，寬13.9釐米。前有胡安國、杜預、何休、范甯四序并崇寧二年(1103)程頤序。

《四庫全書總目》入經部春秋類存目。《總目》云："凡經文之下，皆分注《左氏》、《公羊》、《穀梁》三傳，而胡《傳》則別爲標出，間加音注，別無發明參考之處。"

刻工有唐林、唐鳳、何仁、柯仁義、夏文、夏錫、夏文錫、張敖、張仁、張電、張便、顧連、顧時中、陳約、何一金、何勉、倪成、林智、袁宏、劉葉。

是書有清闕名批點，卷一第一頁有朱筆書"嘉慶元年三月十八日展卷"。

美國普林斯頓大學葛思德東方圖書館所藏同此本，然作"明福建巡按吉澄刻本"，非。

王重民《中國善本書提要》著録此本，刻工均同，藏北京大學圖書館，然北大本却不見著録於《中國古籍善本書目》。

鈐印有"倩調氏"、"藏暉書屋"。

0170　明刻本春秋四傳　　　　　　　　　　　　　　　TNC691/5262

《春秋四傳》三十八卷《綱領》一卷《總目》一卷《列國東坡圖説》一卷《春秋二十國年表》一卷《諸國興廢説》一卷。明刻本。二十册。半頁九行十七字，四周雙邊，黑口，雙魚尾，書口下有刻工。框高 21.3 釐米，寬 13.4 釐米。前有胡安國、杜預、何休、范甯四序并崇寧二年（1103）程頤序。

此本經文之下，分注《左傳》、《公羊傳》、《穀梁傳》，而《胡傳》則别行低格標出，間加音注於書眉之上。

按，《春秋四傳》版本中行款同此本并左右雙邊、黑口、有刻工者，計有明嘉靖福建建寧府刻本、明嘉靖刻本兩種。前者藏上海圖書館、浙江圖書館等十六館，後者藏上海圖書館、天津圖書館等六館。然據浙江圖書館藏本，其《左傳》序後有福建按察司牒建寧府文牌子（見《文瀾學報》二卷二期），而哈佛本《左傳》序後半頁均遭割裂，頗疑此本乃爲建寧府刻本，若得有機會可以刻工相核，當知爲何本矣。

兹録浙館所藏《春秋四傳》之福建按察司牒建寧府文牌子如下："福建等處提刑按察司爲書籍事。照得五經四書，士子第一切要之書，舊刻頗稱善本，近時書坊射利，改刻袖珍等板，款制褊狹，字多差訛，如異與訛作異語，由古訛作猶古之類，豈但有誤初學，雖士子在場屋亦訛寫被黜，其爲誤亦已甚矣。該本司看得書傳海内，板在閩中，若不精校另刊，以正書坊之謬，恐致益誤後學。議呈巡按察院詳允，會督學道選委明經師生，將各書一遵欽頒官本，重複校讎，字畫、句讀、音釋，俱頗明的。《書》、《詩》、《禮記》、四書傳説，款制如舊；《易經》加刻《程傳》，恐只窮本義，涉偏廢也；《春秋》以《胡傳》爲主，而《左》、《公》、《穀》三傳附焉，資參考也。刻成合發刊布爲此牒，仰本府着落當該官吏，即將發去各書，轉發建陽縣，拘各刻書匠户到官，每給一部，嚴督務要照式翻刊。縣仍選委師生對同，方許刷賣，書尾就刻匠户姓名查考，再不許故違官式，另自改刊。如有違謬，拿問重罪，追板剗毁，決不輕貸。仍取匠户不致違謬，結狀同依准繳來。嘉靖十一年十二月日故牒建寧府"。

此本有刻工，爲李福、華福、蔡順、余本立、余宗、元福、葉文輝、吳長明、葉金、江長深、余清、吳長春、葉采、余堅、黄永進、施永興、謝元、謝元林、黄文、蔡福應、謝伯起、曾春、施肥、余天進、陸仲興、江永厚、羅仲仁、余景旺、官一、張就、詹彥貴、葉再友、余員、王榮、楊天友、葉馬、陳丁、余鐵隆、陳子、王進富、陳珪、黄祥、王元保、詹弟、蔡儀、范元福、吳賜元、周奈、蔡傑、葉毛奴、詹旋、劉順堅、才郎、余鐵龍、余大目、蔣大吉、陸壽進、余環、余海、陳友、葉招、楊靖、葉華、曾福林、張隆、楊壽、黄廷淵。卷一三至一六抄配。

《四庫全書總目》入經部春秋類存目。《中國古籍善本書目》著録。

鈐印有"少泉蔡氏珍藏"、"求善價而沽諸"、"臣翼"、"江左沈翊臣珍藏之印"。

0171　清康熙刻本春秋經傳闕疑　　　　　　　　　T691/8211

《春秋經傳闕疑》四十五卷，元鄭玉撰。清康熙五十年（1711）鄭肇新刻本。十二册。半頁十行二十一字，左右雙邊，白口，單魚尾。版心下刻字數。框高 18.3 釐米，寬 13.9 釐米。題"新安鄭玉纂集；裔孫于蕃校梓"。前有元至正十五年（1355）鄭玉自序；《元史·忠義傳（鄭玉傳)》；元汪克寬撰《鄭師山先生行狀》。後有康熙五十年鄭肇新跋。

鄭玉，字子美。安徽歙縣人。其爲學大概本朱子，覃思六經，尤邃於《春秋》。應進士舉不利，即棄舉業，求聖人之道，創師山書院，授徒傳業，學者稱"師山先生"。至正十四年除翰林待制奉議大夫，辭而不仕。至正十七年明兵入徽州，郡主帥迫其降，玉不從，因被囚，自縊而死。著有《師山文集》、《師山遺文》，及《周易大傳附注》、《程朱易契》。事蹟具《元史》本傳。

自序概説是書義例曰："因朱子《通鑑綱目》之例，以經爲綱，大字揭之於上，復以傳爲目，而小字疏之於下。敍事則專於《左氏》，而附以《公》《穀》，合於經者則取之；立論則先於《公》《穀》，而參以歷代諸儒之説，合於理者則取之。其或經有脱誤，無從質證，則寧闕之以俟知者，而不敢強爲訓解；傳有不同，無所考據，則寧兩存之，而不敢妄爲去取。至於誅討之事，尤不敢輕信傳文，曲相附會，必欲獄得其情，事盡其實，則以經之所作由於斯也。其他常事則直書而義自見，大事須變文而義始明，蓋《春秋》有魯史之舊文，有聖人之特筆，固不可字求其義，如酷吏之刑書，亦不可謂全無其義，如史官之實録也。聖人之經，辭簡義奧，固非淺見臆説所能窺測；重以歲月滋久，殘闕維多，又豈懸空想像所能補綴。與其強通其所不可通，以取譏於當世，孰若闕其所當闕，以俟知於後人。程子謂《春秋》大義數十，炳如日月，豈無可明之義？朱子謂起頭一句'春王正月'便不可解，固有當闕之疑。玉之爲是書也，折衷二説而爲之義例，所以辭語重複、不避繁蕪者，蓋以常人之心窺測聖人之意，雖費辭説，猶不能達其意也，況敢略於言乎？"故書名"闕疑"，正其著述之旨也。

《四庫全書總目》評曰："其論皆洞達光明，深得解經之要。故開卷周正、夏正一事，雖其理易明，而意有所疑，即闕而不講，慎之至也。昔程端學作《春秋本義》等三書，至正中官爲刊行，而日久論定，人終重玉此書，豈非以玉之著書，主於明經以立教，端學之著書，主於詆傳以邀名，用心之公私迥不同哉！"周中孚《鄭堂讀書記》亦稱其"大抵平心察理，不拘拘於門户之私，故能發明聖人之旨居多"。

是書自元末至清初三百餘年，唯抄本傳世，且多殘闕不全。此初刻本，爲玉十一世從孫肇新梓印。後跋曰："十一世伯祖子美公，學者稱師山先生，當元之末，著《春秋闕疑》四十五卷，稿藏於家，未經授梓。四方學者雖知有其書，以無板本，購鈔不易。始余□□本中闕者十三卷，未爲全書。既而族孫經學，以其父□所藏全本來歸，蓋嘉靖中宗人獻文所手録者。得之喜不自勝，思廣其傳，因急付之剞氏云。"

按，朱彝尊《經義考》著録此書，僅三十卷，亦所謂世傳不全之本，但有裔孫獻文後序一篇，爲此本所無，《經義考》載録其文，茲迻録之，以便宜參考："《闕疑》者，先世祖師山公所集也。公覃思理學，發明經旨，於《春秋》有《闕疑》，於《易》有《附注》，從徒數百，教化大行。至正中徵爲翰林待制，至上都，遇疾而還。時四方大亂，我太祖起兵淮左，自稱吳公。丁酉秋，命鄧愈取徽州。明年，強致先生從政，弗屈。臨卒，以《闕疑》屬門人王友直播行之，而不克荷。又遭族氏內相搆怨，其書日晦，雖有達者，亦不爲意。嗚呼！豐城之劍，非雷焕不能知；荊山之璞，遇卞和而後爲寶。自公至今二百餘年，始一見之家居，不啻如獲拱璧。然遺亡數卷，搜求半載，偶於宗人笥中，得録爲全書。噫！亦難矣。顧以傳寫脱誤字意舛訛文也，不肖嘗竊病之，趨庭之暇，參互考正，求合義焉。或難曰：'《春秋》於宗國，率多婉辭。今子先哲纂是書也，將以繼往開來，而是非無隱，得無戾乎？'予曰：'不然。《春秋》褒貶之書也，尊王賤霸，歸於中道耳，所以經明大義，傳闡幽微。若夫襲陋承訛，膠於偏見，致經本旨黯然弗彰，其咎滋甚。且伸臆説以害公議，回德以誤後人，爲有識者所詆，又何以揄揚先烈而垂法將來！'難者唯唯而退。於是歷敍此書顯晦之跡,以見繼述之艱云。"

《四庫全書總目》入經部春秋類。《中國古籍善本書目》著録清康熙五十年鄭氏天游堂刻本,中國國家圖書館等四館有藏。中國科學院圖書館也有收藏,更作鄭肇新天游堂刻本。按,《中國古籍善本書目》等著録爲天游堂刻本,宜有所據,檢諸《北京圖書館古籍善本書目》,其藏本行款與此本同,或此亦天游堂刻本而佚其證據如扉頁者乎?然清周中孚《鄭堂讀書記》題其本曰"樹滋堂刊本",臺灣大學圖書館也藏有"清康熙間鄭氏樹滋堂原刊本",似亦當有所據,如是,則原刊者豈堂號有二哉!疑二家著録皆出自各本扉頁所刻某某堂"藏板"耳。唯因無以比對,亦無暇深考歙縣鄭氏宗派堂號,故不敢輕從其一,但仍本志體例而作鄭肇新刻本。又日本《京都大學人文科學研究所漢籍分類目録》著録有"裔孫于蕃刻本",或其藏本無鄭肇新跋,而憑據卷端題名也。

又是書傳抄善本,有中國國家圖書館藏明師山書院抄本。據《經義考》載陸元輔曰:"《春秋闕疑》,師山集群儒之説,而略参己意爲之。予嘗得鈔本於張庶常溥家,凡十四册,板心有'師山書院'四字。因久客京師,家人移居失去。至今思之,如喪良朋也。"《鐵琴銅劍樓藏書目録》記曰:"此猶明人所録,舊藏吴中錢叔寶家,後歸太倉張西銘太史。嘉定陸元輔嘗乞得之,後復失去,思之如喪良朋。有跋語見《經義考》,所謂'板心有師山書院四字'者,即是本也。(原小字注:卷首有'錢穀'、'叔寶'二朱記)"按,虞山瞿氏善本,泰半歸藏中國國家圖書館,觀陸、瞿二跋,其源流可溯也。又據蔣元卿《皖人書録》載,歙縣博物館也藏一明抄本,但未詳卷數,不知爲全本否。

鈐印有"鎮江楊州寧國三郡太守"、"天尺樓"、"樹經堂藏書"。

0172　明嘉靖刻本春秋集傳大全　　　　T693/4208

《春秋集傳大全》三十七卷《序論》一卷《東坡圖説》一卷《春秋二十國年表》一卷《諸國興廢説》一卷,明胡廣等輯。明嘉靖九年(1530)劉氏安正堂刻本。二十册。半頁十一行二十一字,四周雙邊,上下黑口,雙魚尾。框高 16.5 釐米,寬 12 釐米。

《凡例》後有牌記,刊"庚寅年孟春月安正堂新刊行"。安正堂爲建陽名肆,主人劉氏,刻書甚富,歷時亦久,今可見者約五十種之多。其存世最早者爲弘治十六年之《丹溪先生金匱良方》三卷。其刻《春秋》一類之書,又有《春秋胡傳集解》三十卷。

闕名圈點。

《中國古籍善本書目》著録。陝西省圖書館、重慶市圖書館,及美國普林斯頓大學葛思德東方圖書館亦有入藏。

鈐印有"古潭州袁卧雪廬收藏"、"武進盛氏所藏"、"愚齋圖書館藏"、"愚齋審定善本"。

0173　明萬曆刻本春秋貫玉　　　　T693/0829

《春秋貫玉》四卷《世系》一卷,明顔鯨撰。明萬曆三十四年(1606)史繼辰浙江刻本。六册。半頁八行十七字,四周雙邊,白口,單魚尾,書口下有刻工。框高 20.5 釐米,寬 13.3 釐米。前有萬曆三十四年楊守勤序,萬曆三十三年(1605)史繼辰序,嘉靖三十二年(1553)顔鯨自序。

鯨,字應雷,號冲宇。慈谿人。嘉靖三十五年進士。擢御史,出按河南,改畿輔學政。以劾都督朱希孝忤旨,謫安仁典史。隆慶中累遷山東參議,改行太僕卿,忤高拱落職。萬曆中以湖廣副使致仕。事蹟具《明史》本傳。

貫玉,成串珠玉也。王重民《敦煌變文研究》引《新集孝經十八章殘本》:"開元天寶親自注,詞中句句有龍光;白鶴青鸞相間錯,連珠貫玉合成章。"

是書爲鯨三年廬墓時所著。嘉靖己酉冬,鯨以母逝營葬,抱戚讀《禮》山中,復得劉績《春秋左傳類解》於姻友馮南野。乃以劉書爲主,注釋參用杜預、林堯叟及諸家之説。鯨序云:另"取《公羊》、《穀梁》、胡氏,采其文古而義美者;又取諸家注疏,得其事核而意明者,飣餖手抄之,中更憂苦多病,作輟相半,凡三閲寒暑始就"。

此本刻於浙江,爲史繼辰所出資。繼辰,江蘇溧陽人,萬曆五年進士。楊守勤序云:"侍御顏冲宇先生,邃學名儒,潛心經傳,曾於居廬日輯爲《春秋貫玉》。以周崇大統,以魯貫列國,旁採《公》、《穀》諸傳有神於經者,因《左》附見,而當時諸侯群辟行事之實,一披閲若按圖而可覆也。""世之慕説是書也已久,乃其板獨存中州,所及非廣。方岳史公,慨想前賢,嘉惠後學,特爲捐貲刻之浙署,令《春秋》得此成一代全書,德意甚美。撫臺尹公聞其事,曰余故從顏先生游也,義助厥成。"

是書有寫工:郭志學、仇登瀛、費應高。刻工爲:夏大賓、夏尚忠、夏忠、夏尚恩、王朝、王三元、王朝鳴、王朝明、王希、唐佐、唐天佐、沈曾、沈樑、陶大容、陶大鏞、陶節、陶容、陶坤、陶承學、陶龍、陶惠、任正、朱文顯、錢禮、錢節、錢選、何雲、仇登、趙其、孫科、邵士奇、費高、費繼宗、翁元一。

《中國古籍善本書目》著錄,最早有明嘉靖刻本。此萬曆本,中國國家圖書館、浙江圖書館等五館,及日本尊經閣文庫亦有入藏。

0174　明萬曆刻九經解本春秋直解

T693/4248

《春秋直解》十五卷,明郝敬撰。明萬曆郝千秋、郝千石刻《九經解》本。六冊。半頁十行二十一字,四周單邊,白口,單魚尾。框高21.6釐米,寬13.9釐米。題"郝敬解"。

是書爲郝氏《九經解》之一。館藏有《周易正解》二十卷、《周禮完解》十二卷、《禮記通解》二十二卷、《論語詳解》二十卷。

《四庫全書總目》入經部春秋類存目。

鈐印有"四明盧氏抱經樓藏書印"。

0175　明萬曆刻本鍥王趙二先生校閲音義天梯春秋正文

T693/1122

《鍥王趙二先生校閲音義天梯春秋正文》二卷。明萬曆四十年(1612)書林熊冲宇刻本。一冊。半頁九行十八字,左右雙邊,白口,單魚尾,書眉上刻注。框高21.2釐米,寬12.6釐米。題"太倉辰玉王衡校;晉江特峯趙恒閲;書林冲宇熊成冶梓"。

此爲《春秋》之簡明讀本。"天梯"者,登天之梯也。書眉上所刻皆爲難字注音。王、趙者,王衡、趙恒也。衡,字辰玉。太倉人。萬曆二十九年進士。官編修,負才早卒。有《緱山集》等。趙恒,字志貞。晉江人。嘉靖十七年進士。教授袁州,累擢姚安知府。有《春秋錄疑》。

下卷末有荷蓋蓮花牌記,刊"萬曆壬子歲孟春月熊冲宇梓"。熊冲宇有種德堂,爲建陽名肆,刻書甚多,今可見者有《書經開心正解》六卷、《雅尚齋遵生八牋》二十卷、《新刻湯學士校正按鑑演義全傳通俗三國志傳》二十卷等十餘種。

《中國古籍善本書目》未著錄。

日人裝訂。

0176　明刻本春秋大全　　　　　　　　　　　　　　　T693/3240.2

《春秋大全》三十卷《附錄》三卷,明馮夢龍撰。明刻本。十六册。半頁十行二十字,四周單邊,白口,單魚尾,書眉上刻注。框高 19.1 釐米,寬 12.8 釐米。題"馮夢龍輯;張我城參"。前有天啓五年(1625)李長庚序。

是書附錄三卷爲《各傳序略》、《兩周事考》、《列國始末》。又有馮夢龍撰《發凡》十則。按,將此《發凡》與館藏《增訂春秋衡庫》之《凡例》核對,中僅第八、九二則不同,餘皆同。此書實即夢龍撰《春秋衡庫》,坊買爲惑人耳目,故篡改書名,以達射利目的。按,據艾思仁告知,北京大學圖書館藏《春秋衡庫》(明天啓五年叶昆池能遠居刻本)與此同板,乃坊買篡改書名而成。

《中國古籍善本書目》未著錄。馮夢龍研究專家陸樹崙有《馮夢龍研究》,所見馮氏著作注釋、輯本甚多,然於此書則謂"未見"。《蘇州府志》馮夢龍著述目中列有此書。《四庫全書總目》亦存其目。《總目》云:"是書雖以《春秋大全》爲名,而非永樂中官修之原本,其體例惟胡安國傳全錄,亦間附《左傳》事蹟,以備時文捃摭之用。諸家之説,則僅略存數條。"

扉頁刊"春秋大全。馮猶龍先生訂。本衙藏板"。鈐有"不學不知其義"、"學耕堂珍賞"印。

館藏有複本一部,四册。鈐印有"淳古堂"、"東田小郡大和村古関小井莊右衛門之"。扉頁鈐"寶翰樓藏書記"印。

0177　明天啓刻本增定春秋衡庫　　　　　　　　　　　T693/3240

《增定春秋衡庫》三十卷《附錄》三卷《備錄》一卷,明馮夢龍撰。明天啓刻本。十二册。半頁九行十八字,四周雙邊,白口,無魚尾。框高 12.3 釐米,寬 11.9 釐米。題"馮夢龍輯;余璟參"。前有余璟序。

馮夢龍,字猶龍,又字子猶,別號龍子猶、墨憨齋主人、顧曲散人、詞奴等。長洲人。少年時即有才情,博學多識,爲人曠達,治學不拘一格,行動亦每每不受名教束縛。早年進學之後,屢考科舉不中,久困諸生間,落魄奔走,曾以坐館教書爲生。崇禎三年,取得貢生資格,任丹徒縣訓導,七年升福建壽寧知縣,十一年秩滿離任,歸隱鄉里。爲著名通俗文學家、戲曲家。著作甚豐。

衡庫者,喻心中有物而不露於外。《管子・七法》:"衡庫者,天子之禮也。"尹知章注:"衡者,所以平輕重;庫者,所以藏寶物,不令外知者也。言王者用心,常尚準平天下,既ակ輕重審用於心,無令長耳目者所得,此則天子之禮然也。"按,明刻本《春秋衡庫》末有周應華跋,云:"吾師茲輯,主以經文,實以《左》、《國》,合以《公》、《穀》,參以子史,證以他經,斷以胡氏,輔以群儒,删繁取精,針銼不失,可謂衡矣;採實兼華,字句不漏,可謂庫矣。衡而且庫,二百四十二年之行事,前源後委,聯如貫珠;甲是乙非,炳如列燭,可謂善讀《春秋》矣。"

是書附錄三卷爲《各傳序略》及《春秋綱領》、《總目》、《列國始末》、《兩周事考》。又有馮夢龍《發凡》十則，嘗以此《發凡》與館藏《春秋大全》之《凡例》相核，中僅第八、九二則不同，餘皆同。

余璟序云："《衡庫》一出，而通《春秋》之三難，益《春秋》之三快，猶龍氏自言，有此書可無觀他書，誠確論也。《春秋》稱孤注，得此翼之，可無患孤，麟經大明之會，再增一大快哉！繇斯言觀之，則《衡庫》一書，李長庚先生蓋已醉心矣。今猶龍先生復加裁定，補其缺，拾其遺，舉諸子百家之書有當於經傳者，無不悉載，且隻字無僞，片言不漏，一覽而十二公二百四十二年賢奸治亂之事如列鬚眉，并孔子筆削之嚴，俱可悠然想見焉。是猶龍先生可爲《春秋》功臣，信不誣也，奚啻增定衡庫已哉！"按，余序約五分之四皆錄《春秋衡庫》李長庚序。余璟，字景玉。

上海古籍出版社《馮夢龍全集》第二冊中，收有明刻本《春秋衡庫》，半頁十行二十字，書眉上刻評。題"馮夢龍輯；張我城參"。全書字體作仿宋。此增訂本則明顯不同，且字體爲寫刻。又卷一"魯隱公上"，此本增出隱公小傳並《左傳》一段。另胡《傳》也較明刻本多出一百十六字。

《四庫全書總目》入經部春秋類存目。《總目》云："其書爲科舉而作，故惟以胡《傳》爲主，雜引諸説發明之，所列《春秋》前事後事，欲於經所未書，傳所未盡者，原其始末，亦殊沓雜。"

扉頁刊"增定春秋衡庫。輯諸家音註。馮猶龍先生手授。已任堂藏板"。鈐有"如有翻刻，千里必究"。是書天頭極高，幾相等於原板框之一半。如不算天頭，當成巾箱小本。

《中國古籍善本書目》著錄明天啓五年刻本《春秋衡庫》，大陸所藏計二十餘部。此爲增訂之本，不見各家書目著錄。

0178　明天啓刻本麟書捷旨　　T693/3793

《麟書捷旨》十二卷，明官裳撰。明天啓金陵李良臣刻本。八冊。半頁八行二十一字，四周單邊，白口，單魚尾，書眉上刻評。框高21.6釐米，寬14.2釐米。題"長州文震孟文啓父較定；繡谷官裳玉鳴父著；金陵洪宇李良臣梓"。前有天啓四年(1624)文震孟序；《發凡》十則。

官裳，字玉鳴。

此題"麟書"者，蓋因孔子作《春秋》，絕筆於獲麟之年，故稱。文震孟序云："麟書者，孔子以東遷而作，始於隱，終於哀，絕筆於獲麟之年，故謂之麟經，皆宋儒爲之名也。後胡氏以南渡而傳，高皇帝舍《左傳》、《公羊》、《穀梁》，獨尊胡氏，列以學官，以應制舉，蓋以治世之文，制作之法，莫爲之最焉。""竊笑經生不以意逆胡氏意，不以心印孔氏心，或逞臆而增減，或惡詳而便約，或剿題摘句而詭於式，或億逆穿鑿而叛於真。甚或鉤深《左氏》，索隱《大全》，牽強附合，脱母換面而蕩於法者十常八九。求能於胡氏斷制中抉奧旨，不失康侯遺像者百無一二矣。不知《春秋》之爲旨也，其體局類龍門之史，其秘密類黃石之藏，其印證類曹谿之衣鉢。無家傳不能私曉暢其旨，無神授不能曲旁通其解，無奇穎超塵、慧珠照乘不能摳衣升孔之室，登左之壇，任白首蠹魚竟醯雞而弗視其《大全》也，又安冀執牛耳、主齊盟，儼然號令旗鼓哉！""偶客有持《春秋主意》强余校讎，余因爲之推敲。其中本傳以合經，援左以證胡，删訂其猥雜散訛之説，與夫《大全》小注之差。一出一入，細經勘閲而後定，世所尊稱《止觀》、《指月》、《麟旨》等書，其精華全具是矣，旨寧有捷於斯者乎！"

其《發凡》首則有云："經題美惡溷散，殊滯觀覽。兹拔新汰舊，摘要芟煩，傳無微而不著，題雖擇而不漏。"第八則云："經旨必須破題，今盡改其庸腐，取其顯明者載於本題之上，以存關鍵。"

《四庫全書總目》未收。《中國古籍善本書目》未著錄。

0179　清順治刻本春秋大成春秋大成講意　T695/3240

　　《春秋大成》三十一卷,清馮如京撰。《春秋大成講意》三十一卷,清馮雲驤撰。清順治馮氏介軒刻本。八冊。二節版:下節刻《春秋大成》,半頁十行十七字;上節刻《春秋大成講意》,半頁十四行十八字;下欄外又有別注。四周雙邊,白口,無魚尾。無欄綫,行間刻圈點。書口下刻"介軒"。框高22.2釐米,寬13.2釐米。下節卷端題"晉馮如京秋水彙纂";上節卷端題"晉馮如京秋水甫手定";男雲驤訥生著;雲驤懿生訂;慈溪嚴天顔喜侯、遂安余鵬徵搏九參;古鄞陸大任爾肩較"。前有順治十一年(1654)馮如京自序,順治十一年嚴天顔序,張自烈序,順治十一年馮雲驤序,順治十一年余鵬徵序;參閲姓氏;門人姓氏;《發凡》二十則;圖考;援書紀目;宋蘇軾《列國圖説》、《春秋列國指掌圖》;《兩周事考》(下節),《便記歌訣》(上節),《列國始末》(下節),《讀〈春秋〉要領》(上節);輯序;《〈春秋〉綱領》、《〈春秋〉提要》、目録(下節);《讀〈春秋〉要法》(上節)。

　　馮如京,字秋水。山西代州人。明末由恩貢生授灤州知州,遷永平同知,清初擢知府,遷陝西按察副使、駐西寧參政、轉浙江金衢嚴分守參政、江南右布政使、廣東左布政使。以母年高,乞致仕歸,卒年六十有八。著述又有《秋水集》、《聖賢正諦》、《道學鈔》、《史疑》、《古今雁字詩選》、《歷代詩録》。《(光緒)代州志》卷九有傳。按,《四庫全書總目》稱如京字紫乙。《山西文獻總目提要》稱如京字修隱,又字紫乙,號秋水。

　　馮雲驤,字訥生,如京長子。幼承家學,聲譽藉甚,魏象樞亟稱之,目爲畏友。順治十二年進士,授大同府教授,轉國子監博士,官至四川提學僉事,以福建督糧道致仕歸。著述又有《約齋文集》、《飛霞樓詩》、《雲中集》、《國雍草》、《沱園偶輯》、《瞻華稿》等。《(光緒)代州志》卷九有傳。按,《山西文獻總目提要》稱雲驤字志俶,號訥生,著有《訥生詩集》、《寒山詩余》等。

　　兹編卷一至三《隱公》,卷四至六《桓公》,卷七至九《莊公》,卷一〇《閔公》,卷一一至一三《僖公》,卷一四至一五《文公》,卷一六至一八《宣公》,卷一九至二〇《成公》,卷二一至二三《襄公》,卷二四至二六《昭公》,卷二七至二八《定公》,卷二九至三〇《哀公》,卷三一《備録》(取《左傳》、《穀梁傳》、《國語》、《史記》,繼事至哀公二十七年)。其例:下節合纂《春秋》經文及左、公、穀、胡四傳;上節備參各名家秘旨;邊欄下(《發凡》稱"第三截")"別注",乃"備列傳題搭股,令讀之者識此悟彼"。

　　是書解經主胡安國傳,蓋馮氏以爲:"微詞妙義、精於經例者,必文定也,况以制科,又安得不昕夕肄之。"故於胡傳必全録,且低經文一格大字單行;左、公、穀三傳,則參互節録之,以雙行小字列胡傳前。至於諸儒議論、名家秘旨,雖"儘有勝胡傳者,然業已宗胡,自難全收,以亂耳目,唯與胡傳相發明者,皆録以考稽"。書中解析經題,并有圈、點、角、綫等各式標識,以用醒目。

　　卷前"圖考",即列國世次圖表。"援書紀目",即徵引書目。《兩周事考》,乃取《國語》、《史記》、《尚書》、《詩》、《朱子纂要》中"春秋以前事"纂之。《便記歌訣》,載歌訣二十五首,如《作文新格歌》云:"一破二承三起講,入事反意斷制當,七味八收并九結,此是作文新格樣。"又《經題四訣》云:"合宜開發,比要相形,單須抉要,傳莫離根。"《列國始末》,簡述周、魯、齊、晉諸國興廢。《讀〈春秋〉要領》,執其要者,曰"三綱"(辨體、識格、認傳)"五略"(舖張、斷制、遣調、詠嘆、鍊詞）。"輯序"，載杜預《左傳序》、何休《公羊傳序》、范甯《穀梁傳序》、韋昭《國語序》、程頤《春秋序》、胡安國《春秋序》。《〈春秋〉綱領》，輯錄胡安國、孟軻、莊周、董仲舒、王通、邵雍、張載、程頤等論說《春秋》之文。《〈春秋〉提要》，於春秋史蹟，作歸類統計，如"周來聘七"、"同盟十有六"等。《讀〈春秋〉要法》，乃彙輯各名家傳本而爲之，内容多關科藝經題。

馮氏父子此編，始自順治七年，終於十年冬，其中講意批閱復經嚴天顔、余鵬徵參訂，至十一年夏告成。其始末詳見馮雲驤序："庚寅之冬、壬辰之夏，大人里居閒暇，因取《指月》、《衡庫》，及時賢發明諸書，彙爲一帙。將以問世，會有江左之行，停軾婺壤，日進多士，賦詩論學，禮樂彬彬，民氣康樂。四明嚴子、睦州余子，遨遊過婺，旨酒式燕，訂晰異同。嚴子、余子則詳五傳之隱賾、十指之渺微，二百四十年之幽遠，如燭炤，如河决下流也。大人因爲之集成，益其闕，約其廣，俾問當世。"又嚴天顔序曰："癸巳冬，顔同余子鵬徵從雙溪入婺，秋水師出其趨庭論難所著《春秋大成》一編，委以參同而删訂之。歷暑寒，七閲月，而厥功告成。"余鵬徵序曰："癸巳冬，鵬徵偕同學嚴子天顔問業會課，秋水師乃以其喬梓手著《春秋大成》，囑以參訂。"

按，是編"麟題具詳，不繁不漏"，誠制藝所宜。然編者爲之，别有隱衷，雲驤序云："余少受麟書於先叔愚谷先生，揣摩制舉，離心比合而已。又從大人榆塞河湟，課讀署中，開示大義，每取驤比偶之文，而斥之曰：'女究其詞，曷勿究其理！女勤其說於人，曷勿達意於己！女謂其爲科名之羔雁，曷勿以爲身心之儀軌！'時怵然驚，翼然勉也。"又云："今之制藝者，沿爲比合傳題之法，或取之胡氏之字句，或取之左氏、公、穀之事詞，以經解傳，非以傳解經，聖學乖離，莫此爲甚！世有志士，所當請之天子，立改其謬者。然則《大成》一書，曷爲録之也？曰：不列題是不制藝，不制藝是不科名，不科名則人之學《春秋》者寡矣。嗟乎！史外傳心之要典，昔人以爲性命之文，今人以爲富貴之具。是則余之所大憂也。"是可見清初經學與科舉之糾纏互動，故録以供學者參考。

《發凡》第十五則後題："已上彙纂例 參馮猶龍 先生原本"。第二十則後題："已上批閱例 悉介軒 手定"。按，志傳中馮如京室名别號無"介軒"，但此本上節《講意》卷端題"晉馮如京秋水甫手定"，與《發凡》云"批閱例悉介軒手定"正合，乃知"介軒"之名確與如京有關。又此本書口下刻有"介軒"二字，是宜爲馮氏家刻亦可知也。據《中國古籍版刻辭典》載，馮如京嘗以"秋水閣"名，刻印《古今雁字詩選》、宋王柏《宋魯齋王文憲公遺集》、元柳貫《待制集》、明傅新德《傅文恪公初集》、明劉康祉《識匡齋全集》，以"介軒"名刊書，則未嘗及見。又《販書偶記續編》著録爲"順治甲午介軒刊"。按，此刊年或據序年而來，然檢閲甲午諸序，唯言校訂畢，而未云付梓事，故難確定是否刊年。但以不避康熙名諱，且定作順治馮氏介軒刻本。

《四庫全書總目》、《續修四庫全書總目提要（稿本）》均未收。《中國古籍善本書目》著録清順治刻本，北京大學圖書館、故宫博物院圖書館等五館有藏。美國《普林斯頓大學葛思德東方圖書館中文舊籍書目》著録《春秋大成》三十一卷，清馮如京撰，馮雲驤講意，清順治甲午十一年古晉馮氏婺州刊本。

館藏複本一部，八册，唯闕卷前諸序及參閲姓氏、門人姓氏。

0180　清稿本春秋年譜　　　　T701/6144

《春秋年譜》不分卷，清瞿世壽撰。稿本。二册。紅格，半頁十九行，四周單邊，白口，單魚尾。版心中刻"春秋年譜"，版心下刻"香綠居"。前有康熙三十一年瞿世壽自序；《凡例》三十六則;《春秋世系圖》。

瞿世壽,字玉璜,常熟人。著有《春秋管見》。生平宦蹟未詳。此稿卷端及自序均未題撰者姓名,據沈津《書城挹翠錄》考曰:"《年譜》原著錄爲清佚名撰。查《清人室名別稱字號索引》,'香綠居'爲瞿世壽,字玉璜,常熟人。"又自序末有墨筆描摹印章三方,曰"臣世壽"、"修齡"、"江湖散人",應是撰者名字別號。姑從沈説著錄。

自序述此書撰著始末,曰:"余幼失學,寡昧無聞。弱冠後棄舉子業,思究經義。遭家多難,又乏師承,廿載望洋,茫無依據。年四十二,薄游閩南,喜得《春秋三傳》善本。厥後自閩而燕,自燕而豫而魯,搜羅請乞,又得漢唐宋儒經解數十種。早夜尋繹,引證經文,砂際淘金,木耑鑽燧,謬因一得,著爲《春秋管見》四卷。七年之間,稿凡三易。竊謂宫墻數仞,幸得其門。五十游秦,旅寓藍田官舍。藍田爲嘉禾阮不巖先生舊治。先生没后甲子十月先生卒於官,遺編散失,舍中覆瓿墁壁之物,皆其畢生精血所成,雖痛惜之,而無可如何也。忽檢廢簏,得書數本,系先生批校《春秋五傳》,丹黄塗乙,手澤猶新。次其卷帙,止闕昭公二十一年至三十二年一本。亟取而補綴殘蠹,整頓裝潢。詳其意義,迥别塵詮。始悟聖經本極廣大,諸儒以狹小窺之;本極通達,諸儒以固必泥之;本極平常,諸儒以穿鑿釋之。故詮解愈多,經義愈晦。更歎余數年心力,總爲窠臼所拘,間出新硎,亦未暢豁。千秋論定,尚不堪與諸儒同鵠射侯,欲上窺聖人之奥,其可得乎?因取舊本之合於經者,疏通證明之,局於例者,芟夷藴崇之。四閱春冬,稿又二易。雖熾火螢光,稍堪流照,然非先生導其前路,萬難遵彼周行。後海先河,淵源有自,聊爲敘述,以志不諼。時康熙歲次壬申仲春二月生魄後四日也。"

《凡例》三十六則:"一、不書'即位',是不行即位之禮。一、周王改時,故子月書'春',不是以夏時冠周時。一、'會盟'是行會禮而盟,'及盟'是不行會禮而盟,不可拘内外爲主之例。一、王之稱'天'與否,史有詳略,夫子因之,不於此著褒貶。一、'侵伐'二字,皆當時行師之名,義之是非,不繫乎此。一、日食不書'日朔',曆官失之。一、諸侯之'卒'不'卒',皆因赴不赴,'葬'不'葬'(吴楚之外),皆因會不會,或名或不名,或曰或不曰,詳略皆仍舊史。一、'討賊'之義,不在去族與否。一、書'爵'爲褒、書'人'爲貶之例,多不合經,不可拘泥。一、凡書'城築',不是惡勤民,即是譏不時。一、母弟稱'弟',母兄稱'兄',當從《公羊》。一、'賜族'不是命爲世大夫。一、凡書'某敗某師',大約主内與中國而言,《左氏》'未陳',《胡氏》'詐戰'之例,不可爲訓。一、滕、杞降班,是不堪貢賦。一、書'至'與否,義因告廟不告廟,餘皆臆説。一、書'郊'、'禘'、'大雩'、'大閲',總是譏僭。一、諸侯返國書'歸',諸侯納之也,不必是出入無惡,曰'入'、曰'複入'、曰'復歸',亦不可拘有惡無惡之例。一、某及某'戰',歷觀經意,皆不出趙子'以主及客'、'以華及彝'二義。一、經文有求其義而不可得者,闕疑爲是,不可隨諸儒臆斷。一、諸侯爲臣所逐,經皆以'自奔'爲文,存君體也。一、楚之稱荆,猶小邾稱郳,其舊號也,'州舉'之説,不可爲信。一、凡書'同盟',是重其事,盛其禮,以尊周爲名,同謀外楚。一、'次'而'救'、'救'而'次',書法不同,聖意迥别,不是概加譏貶。一、君殺太子曰'世子',衆殺大子曰'公子',無義例之别。一、傳言晉事,多有與經差兩月者,晉用夏正,傳從之也。一、大夫見殺,不論功罪,經皆以'國殺'爲文,惡專殺也周制諸侯不得專殺大夫,三傳之説,俱不合經。一、凡會盟,或再舉地,會盟異月也,或日在盟上,會盟異日也,無義例褒貶。一、經執諸侯,或名或不名,不繫褒貶,或書'歸於京師',或書'歸之於京師',更無異議。一、襄王居鄭書'出',敬王居翟泉不書'出',侯國與畿内不同也。一、内書'涖盟',外書'來盟',皆前定之盟。一、會又書'會',及又書'及',皆主所會之國、所及之人而言,不可經外索解。一、滅國而以其君歸,經解書爵,紀事實也。一、君弑書'卒',或書'弑'而無主名,皆從赴。一、經文絕筆'獲麟',不是感麟而作,亦不是書成麟見,諸儒臆說,概削不取。一、姓名地名,經文又不同者,皆從《左氏》正之。一、字犯皇上御名、皇太子睿名,及諸因避諱者,權用別字代之。"

按,此本有兩人筆蹟。今暫按原著録作稿本,蓋因其用瞿氏"香緑居"稿紙書寫瞿氏自序也。參見沈津《書城抱翠録》。然細審之,自序并未言及編撰名曰《春秋年譜》之書,反倒是與《春秋管見》有關。及檢閱《經義考》,方知此文果爲"瞿氏世壽《春秋管見》十三卷"之自序。以瞿氏《春秋管見》自序,移冠"瞿氏《春秋年譜》"卷首,宜非瞿氏自爲。如是,則其爲稿本亦可疑矣。

《春秋世系圖》,繪録春秋時代周、魯、蔡、衛、晉、曹、滕、宋、齊、鄭、吳、陳、杞、秦、楚、莒、許、邾、越等十九國世系圖。紙無行格。

鈐印有"大興朱氏竹君藏書之印"、"吳江周氏世經堂圖書"。

0181　清康熙刻本春秋本義　T693/3829

《春秋本義》十卷,清顧朱撰。清康熙四十九年(1710)顧鐔家塾刻本。二册。半頁九行二十字,左右雙邊,白口,單魚尾。框高19釐米,寬13.3釐米。題"禦兒顧朱著"。前有顧朱《讀〈春秋〉大旨》;目録。後有康熙四十九年顧鐔跋。

顧朱,字自公。浙江石門縣人。明崇禎十六年進士,時年甫弱冠,倪元璐、劉宗周皆器重之。甲申之變,授官行人。明亡,間道歸家隱居。卒祀鄉賢。生平鋭意六經,晚年尤喜《春秋》。《(光緒)石門縣志》卷八《經學》列傳有其小傳。按,禦兒,石門古地名,五代時置崇德縣,清康熙元年改石門縣。

卷一《隱公》,卷二《桓公》,卷三《莊公》,卷四《閔公》、《僖公》,卷五《文公》,卷六《宣公》,卷七《成公》,卷八《襄公》,卷九《昭公》,卷一○《定公》、《哀公》。

此書乃取朱子注《易》之意,故亦以"本義"爲名。鐔後跋曰:先君子"嘗語鐔曰:《春秋》猶化工,因物賦形而妍强自别,隨事記實而善惡自昭,不必以例求也。求於例而不得,乃又曰美惡不嫌同辭,是自相牴牾也。今吾所作《本義》,亦曰義所本有,無事於鑿云爾。"及觀其《讀〈春秋〉大旨》,亦可窺顧氏"本義"之旨:"愚嘗誦讀《春秋》諸傳,喜其剖劃詳深,紬繹之久,反有未安。竊以爲先聖雖遠,心理同揆,覃思十年,稍有所釋。於諸傳之中,近聖人而生者,惟左氏爲得體;遠聖人而生者,惟朱子爲得其精。故左氏綜事實而簡議論,朱子法《春秋》而作《綱目》,皆肖其行事,以見是非之自存,使學者得自發其良知良能,以求合乎聖人所同然之心。此所謂人事當然之則,而亦天命自然之理也。道不自聖人作,而自聖人彰,聖人固未嘗以己意行乎其間,而是非黜陟之膠擾也。學聖人者,莫善於此書矣。"唯後跋有云:"奈天不假以年,未及成書,僖、文以上,則手自訂定,宣、成而下,半未屬稿。"是知卷六以下,皆未竟之稿也。

此本由顧朱長子鐔編次刊刻。後跋曰:"鐔泣抱遺編四十五年於此,每思竭其淺陋,續成先志,而學殖荒落,卒無所就。今年已衰暮,仲弟又早世,季弟鎔甫生而孤,以不及見先君子爲恨。思纂遺緒,作補義,亦尚未知能有當否,而其僅存者若復散佚,則後之子孫無以得聞先人之遺言,不益重鐔之罪哉?因葺次其帙,刊之家塾。其義或兩見者,亦並存之,以俟好學深思者之自得焉也。"

《四庫全書總目》、《續修四庫全書總目提要(稿本)》均不收。《中國古籍善本書目》著録清初刻本，清華大學圖書館藏，疑該本脫落鐫跋，故不知具體刊年。又日本《內閣文庫漢籍分類目錄》收錄一清刊本。

0182　清乾隆刻本日講春秋解義

T695/0542

　　《日講春秋解義》六十四卷《總説》一卷，清庫勒納等撰。清乾隆二年(1737)內府刻本。十六册。半頁九行十八字，四周雙邊，黑口，雙魚尾。行間刻圈點。框高18.1釐米，寬13.5釐米。前有玄燁撰《聖祖仁皇帝御製日講春秋解義序》、乾隆二年弘曆御筆序；"乾隆二年正月二十四日奉旨開載監修總裁分撰校訂校錄校刊監造諸臣名銜"；卷目。

　　庫勒納，姓瓜爾佳氏，滿洲鑲藍旗人。康熙五年，由監生任吏部筆帖式。官至翰林院掌院學士、禮部尚書、吏部尚書，充《明史》總裁、《三朝國史》副總裁。四十七年，以疾卒。正史無傳，此據《滿族大辭典》，但譯作"庫呼納"。

　　此康熙朝經筵日講群經之一，雍正時再作考訂，而刊印則在乾隆二年。玄燁序云："爰命儒臣撰集進講，大約以胡氏爲宗，而去其論之太甚者，無傳經文，則博採諸儒論注以補之，朕亦時有所折衷，期歸於一。編輯成書，朝夕省覽，亦欲俾學者有所遵守。其於經世大法、傳心要典，未必無少助云爾。"弘曆序更詳其纂修刊行始末："經筵所進日講《四書》及《尚書》、《周易》解義，皆裁自聖心，以爲無憾者，故即時刊布。及晚年，以明初《五經大全》收採討論尚未精詳，口授指畫，成《周易折衷》一書，《詩》《書》《春秋》則命重臣開館編次，而親釐定之，惟三禮體大，未議纂修，蓋有待也。《周易折衷》成於康熙五十四年，《春秋傳説彙纂》成於六十年，已經頒布，餘二經則至我皇考繼序之後，始次等告成。""兹念欽定《春秋》於胡氏之説既多駁正，則廷臣當日所進《講義》一遵胡氏之舊者，於聖心自多未洽。是以遲之又久，未嘗宣布，必將俟諸經備成，而後重加討論也。故再降諭旨，命果親王允禮、大學士張廷玉、內閣學士方苞詳細校訂。始事於雍正七年，恭呈御覽者再，而後告成，凡六十四卷。乾隆二年，鋟版既訖。"

　　卷一至四《隱公》，卷五至八《桓公》，卷九至一三《莊公》，卷一四《閔公》，卷一五至二二《僖公》，卷二三至二六《文公》，卷二七至三〇《宣公》，卷三一至三六《成公》，卷三七至四六《襄公》，卷四七至五六《昭公》，卷五七至六〇《定公》，卷六一至六四《哀公》。其編例：首行頂格條列《春秋》經文，次低一格分別錄引《左傳》、《公羊》、《穀梁》相關傳文，經傳併有雙行夾注，再次低二格訓解經傳旨義。首列《總説》一卷，纂輯先儒論議，別爲四目："綱領"、"通論"、"經傳源流"、"傳注得失"。

　　《四庫全書總目》入經部春秋類，其云："説《春秋》者莫夥於兩宋"，"大抵皆演繹經文，指陳正理，與章句之學迥殊，是非惟崇政、邇英奏御之體裁如是。亦以統馭之柄在慎其賞罰，賞罰之要在當其功罪，而別嫌疑，明是非，定猶豫者，則莫精於《春秋》，聖人筆削之旨，實在於是也。""是編因宋儒進御舊體，以闡發微言，每條先列《左氏》之事蹟，而不取其浮夸，次明《公》《穀》之義例，而不取其穿鑿，反覆演繹，大旨歸本於王道，允足明聖經之書法，而探帝學之本原。"

　　諸臣名銜中，"監造"諸臣皆題內務府官銜，故據作內府刻本。故宮博物院圖書館、遼寧省圖書館編《清代內府刻書目錄解題》著錄爲武英殿刻本。

　　《中國古籍善本書目》未著錄。此本今存者頗多，北京大學圖書館、故宮博物院圖書館、天津師範大學圖書館、遼寧省圖書館、遼寧大學圖書館、東北師範大學圖書館、延邊大學圖書館、湖北省圖書館、中山大學圖書館，及日本國會圖書館皆有收藏。

鈐印有"愚齋圖書館藏",附粘愚齋圖書館藏書簽。

0183　清康熙刻本春秋單合析義　　　　　T693/4952

《春秋單合析義》三十卷,清林挺秀、林挺俊撰。清康熙三十四年(1695)挹奎樓刻本。八册。二節版:上節刻《春秋單合析義》,小字二十行二十字,左右雙邊或四周單邊;下節刻《春秋》,九行十七字,小字雙行字數同,左右雙邊。白口,單魚尾。行間刻圈點。版心下有"挹奎樓"。框高23.6釐米,寬13.1釐米。上節題"閩中林挺秀圖南、弟挺俊岱江遺編;男方華子珍、姪方葳子蒨全增删;弟雲銘西仲鑒定;參訂李賡明筠仙、高兆固齋、姪方萼子鞾、姪孫士傑開濟"。下節題"宋胡安國傳"。前有康熙三十四年李賡明序,高兆序,康熙三十四年林雲銘序,康熙三十四年林方葳序;纂集名家著説;博採先輩意解;參閱姓氏;林方華、林方葳訂《凡例》十二則。

林挺秀,字圖南,福建閩縣人。弟挺俊,字岱江。事蹟待考。

此爲科舉制藝讀本,書名所謂"單合"者,《春秋》經試出題有"單題"、"合題"之稱也。林方葳序曰:"其爲題也,有單,有傳,有合,有比,有脱母,須體認題旨於諸説。諸説中或有此題,或無此題,或以此題宜傳,此題宜合,變换不一,莫知適從。是一股經文不過數字,看經者旁搜廣覽,疑似之間,有差之毫釐,謬以千里者,誠戞戞乎難矣。"康熙間,令不用"傳題"、"脱母題",只用"單題"、"合題",此書即專爲"單合"題"析義"也。方葳序曰:"比奉新綸取士,去傳題、脱母,止用單、合。學者以爲易,爭趨之,不知單題爲經中樞領,推勘未徹,摸索睒矇,不可把握;合題摘兩單而出,傳不對不合,意不整不合,又或以一句合,以一二字合,非各就其題之所屬,按其來脈,莫中肯綮。向苦記憶爲難,詎知辨析義旨,尤難之難者乎!"

明清經試,《春秋》尊胡安國傳,故是書下節全録《春秋胡傳》三十卷,上節《單合析義》則依《胡傳》分帙,以便士子肄業。兹略舉《凡例》數則,以窺其大概:"一、是編廣搜題目,凡直省、各説所載者,莫能外此。但題有大小,爲場中上擬者加以兩圈,次則一圈,又次角圈,皆詳發意義。一、是編發明題旨有透徹可翫處,旁加密圈,有挑剔眼目及合題要字,旁加密點,或每題主意解畢,另載有原委事跡,并釋傳中疑義,加一單圈别之。一、《左》、《國》、《公》、《穀》并經史諸書,有與《胡傳》相發明或切於事實者,悉爲纂入備考。一、題中精義,諸家未盡透解,作文便無把柄,今參諸解,運以條緒,貫串詳明,一覽了然。一、合題概從前傳,下股仍紀年號,以便繙閱。一、書法爲題中要領,今拈出先列題下,觸目便見。一、破題爲制義準的,但沿習膚淺,未甚警切,今悉酌易其從前各説所未有者,亦爲補入,以便覽記云。"

"纂集名家著説"具列引用書名,雖爲簡稱,且多制藝之類,或仍可備考藝文,故迻録於兹:《梅林》、《匡解》、《談虎》、《宗旨》、《翼胡》、《止觀》、《會編》、《設疑》、《題眼》、《三發》、《因是》、《大成》、《定衡》、《明微》、《彙編》、《董删》、《質疑》、《題增》、《指嚴》、《指月》、《衡庫》、《旨定》、《辨疑》、《參新》、《參旨》、《題擬》、《説約》、《指掌》、《大全》諸氏。

按,此書雖專供事舉業者用,猶稍異於一般教人帖括、不問經旨之坊刊俗本。如高兆序所言,其"闡發全旨,以詔後學,使世之治《春秋》者,不昧聖經本義,存夫子作《春秋》,胡氏作傳之旨,不爲帖括湮泯。於戲,分之則擬題具列,合之則全書無遺,不割裂先程,不雷同各氏云云"。

福建南安林氏,數世習治《春秋》,著聲閩中。明清間,挺秀、挺俊伯仲撰成此書,後復經挺秀子方華、挺俊子方葳删訂,而鑒定者亦宗人雲銘西仲氏也。林方葳序曰:"予家世治《春秋》,

科第相望，爲四方所取正。迨曾叔祖觀吾公以明經別駕袁州，退食之餘，仍以經學課子聲伯公，蔚爲儒宗。時伯父圖南公亦執經，得其傳歸，與先君岱江府君參互考訂，博採群言，抒以己意，較諸先輩著說精確詳盡。吴中馮公猶龍、蔣公弢仲，萬曆時《春秋》名宿，先後令吾閩，與先伯、先君稱袗契，每論《春秋》，輒喟然歎曰：標旨闡義，無如兩生矣！先伯、先君亦慨然以經學爲己任，教授生徒不倦。嘗撫書太息曰：此予伯仲二十年苦心也，後有興者，當廣而傳之。故予閒捧觀覽，有懼失司馬溫公之遺訓，於是同兄子珍，閉户研究，益加詳定，繁者刪，約者補，兼綜而條貫之。"及朝廷令經試題"止用單合"，二子復取遺編，重加刪訂，并送宗叔雲銘鑒定後，交杭城書坊挹奎樓梓行。

扉頁刻"春秋單合析義。晉安林西仲先生鑒定。此林氏家藏秘本也，參前賢之臆解，運兩世之心裁，詮義闡經，凡傳必析，標題抉旨，無法不詳，公之同好，以廣其傳，凡通是經者，皆不可一日離也，挹奎樓主人識"。并鈐朱文印記"本衙藏板，發兑四方，尊客請認杭城板兒巷葉宗之書館内宅便是，若無此印，即係翻本，查出千里必究"、"山斗傳神"、"恨古人不見我"。

按，雲銘字道昭，號西仲，閩縣人，順治十五年進士，官徽州府通判，遇裁缺，歸里，後僑寓武林，與仇兆鰲、毛際可輩友善。《中國古籍善本書目》著録其《春秋題要辨疑》三卷、《全本春秋體注》三十卷，《中國叢書綜録》收其《游雨花臺記》、《讀莊子法》、《吴山觳音》三種，另著有《楚辭燈》、《莊子因》、《古文析義》、《韓文起》、《安序堂文鈔》及《挹奎樓文集》。《（民國）閩侯縣志》卷七二《文苑》有傳。據《（民國）閩侯縣志·藝文志》載，林雲銘著述有《挹奎樓文集》，《續修四庫全書總目提要（稿本）》亦如是説。又此本林雲銘序末署"晉安林雲銘西仲氏題於西泠之挹奎樓"（按，閩縣古屬晉安郡），則"挹奎樓"似爲林雲銘書室名，《清人室名別稱字號索引》、《中國古籍版刻辭典》即同此説。然細讀林雲銘序，有云："余家以《春秋》世其業，記早歲司刑新安，曾有《題要辨疑》之刻，刪煩就簡，以便初學。越二十年，奉有不用傳題脱母之令，則前書單合之數似當稍增。""浙中坊賈，日以增定前書爲請，余緣注述古學行世，力不暇及，而前此家藏丹鉛原本，又苦爲閩變毁失，不可復得。""圖南、岱江二公所輯遺編，乃是經單合全題"，"又得其子若姪考訂刮摩，允無遺義，余亦不能再置一喙。海内學者若得是編，或攬其全，或挈其要，於以應世傳世裕如也，則余之《辨疑》一書，亦可以不待增定也夫。"則此書乃雲銘應"浙中坊賈"所請而付其刊行。又扉頁"挹奎樓主人識"曰"林氏家藏秘本"云云，不似林氏家人宜有語氣；"挹奎樓"名，俗不可耐，亦不似進士及第并著文名者所樂取。且縣志小傳並不稱《挹奎樓文集》，而名《西仲文集》。故余頗疑"挹奎樓"非林雲銘室名。明清時，有專事"選政"者，或寓居受僱之坊賈處，操選時藝，如《儒林外史》中馬二先生即是。林方葳序有云，"同譜西仲先生居浙操選政"，故雲銘序末署"題於西泠之挹奎樓"，並不足以證其即"挹奎樓主人"也。

《四庫全書總目》、《續修四庫全書總目提要（稿本）》均不收。《中國古籍善本書目》未著録。日本内閣文庫也有收藏。

0184　清康熙刻本春秋指掌

T695/2678

《春秋指掌》三十卷前二卷附二卷，清儲欣、蔣景祁撰。清康熙二十七年（1688）天藜閣刻本。六册。二節版：上節刻經傳，半頁十行二十三字，小字雙行同，無欄綫，行間刻句逗；下節刻批注，小字二十四行三字，無欄綫。左右雙邊，黑口，單魚尾。框高20.2釐米，寬13.9釐米。題"宜興儲欣同人、蔣景祁京少撰輯；武進楊大鶴芝田參閱"。前有蔡升元序；總目；《發凡》二十則。

儲欣,字同人。江蘇宜興人。康熙二十九年舉人。篤學嗜經,擅古文詞,文體清真閎邃,視明季尤盛。著述又有《在陸草堂集》、《唐宋十家選》。《(光緒)重刻宜興縣舊志》卷八《人物志·文苑》有傳。

蔣景祁,字京少。江蘇宜興人。質穎異,擅文章,詩詞唱酬尤為王士禎所賞識。屢困棘闈,以歲貢生累官府同知。著述又有《東含集》、《梧月詞》、《燕臺唱和集》、《九代説史》、《歲寒吟》。《(光緒)重刻宜興縣舊志》卷八《人物志·文苑》有傳。

是編亦為舉業而撰。如《發凡》云:"功令罷傳題及脫母,於兹二十年,曩時講章並乖新制,士子無可購習,主司莫適據依。於是有坊賈射利之書,乘間突出,弊端滋起矣。單題雜撮舊説,都無倫次;合題字訛句舛,勘校不施。必使場屋中,承誤者見收,守經者被放。不得已撰是書,亦發憤之所為作也。"又云其例:"傳後載題","單後載合","單合大小試可出者標列題目","覽者循傳而得題,由單而得合,觀吾之等差,以知所裁擇,其於治是經也,如指諸掌矣"。此書名之由來也。

前卷一原序五篇,前卷二《列國始末》。卷一至三《隱公》,卷四至六《桓公》,卷七至九《莊公》,卷一〇《閔公》,卷一一至一三《僖公》,卷一四至一五《文公》,卷一六至一八《宣公》,卷一九至二〇《成公》,卷二一至二三《襄公》,卷二四至二六《昭公》,卷二七至二八《定公》,卷二九至三〇《哀公》。附卷一《春秋前事》,附卷二《春秋後事》。

是編解經重在《左》、胡二傳,《公》、《穀》非與胡傳合不載;解傳講題以馮夢龍《麟經指月》為宗,擇題則不囿於《指月》。經傳至哀公十四年春"西狩獲麟"止。前卷一載杜預《左氏傳序》、韋昭《國語集解序》、何休《公羊傳序》、范甯《穀梁傳序》、胡安國《胡氏傳序》。前卷二《列國始末》,題"馮夢龍原輯"。附卷一《春秋前事》,記周東遷以前史事,皆《國語》之文。附卷二《春秋後事》卷末有蔣運昌跋,云:"家大人與同人先生,釐正是書訖,因命昌偕儲子五采,次其後卷,自哀十四年底悼之四年,閱歲十七,頗仿分國紀事例錄之,而間益以外傳,其諸國仍用魯編年,條理整詳,庶以便於觀覽云。"按,運昌字開泰,蔣景祁子。儲五采,名芝,儲欣子。

總目卷端題"宜興蔣運昌開泰、儲芝五采仝校";末題"同邑蔣曰恭子肅正字"。各卷末多題有"天藜閣鐫"四字。

扉頁刻"春秋指掌。宜興儲欣同人、蔣景祁京少撰輯。傳彙大全,題遵功令,義準先民,字依監本。康熙戊辰新鐫。天藜閣藏版,翻刻必究"。

《四庫全書總目》入經部春秋類存目,謂此書"多取馮夢龍《春秋指月》、《春秋衡庫》二書"。《發凡》云曰,《衡庫》"有可有不可",其"翦裁三傳,頗失作者神味","古人文章,氣體各別,羅紈錦綺,錯而為衣,曾綈繒之不若,猶龍其未之思乎?經生一切苟簡,未必非此等為之濫觴,此不可之大者也。是編悉為釐正","不敢使古人文字滅裂失真"。兹錄此條,以供讀《總目》者參考。

《中國古籍善本書目》未著錄。北京大學圖書館、清華大學圖書館、湖北省圖書館、美國普林斯頓大學葛思德東方圖書館也有收藏。

鈐印有"臣海寰印"、"鏡宇"、"嘯竹軒藏書"、"小窗雪月梅花"。

0185 清乾隆刻本春秋困學錄

T695/4234

《春秋困學錄》十二卷,清楊宏聲撰。清乾隆刻本。六冊。半頁九行十八字,左右雙邊,白口,單魚尾。框高 18.9 釐米,寬 13.4 釐米。題"柏鄉楊宏聲著"。前有乾隆三十一年(1766)楊宏聲自序;《〈春秋〉綱領》。

楊宏聲,字維鏞。河北柏鄉人。乾隆十六年進士,任金山縣知縣,革陋規,有德聲,政餘則聚諸生講學論文,收藏古書古帖尤多。著述又有《尊五堂文集》行世。《(民國)柏鄉縣志》卷六《人物》有傳。按,《續修四庫全書總目提要(稿本)》稱宏聲字拔齋。

此"困學"之錄,蓋由攻讀《欽定春秋傳說彙纂》而起。自序曰:"宏聲少貧賤,家無藏書,習舉子業,惟《左氏》及《胡氏》耳。後遊學京師,然後得《公》、《穀》監本讀之,既而又得《程子》及《蘇氏傳》,其餘數十百家,皆賴聖祖《欽定春秋傳說彙纂》見之。《彙纂》詳明該備,如集衆腋為裘,其偶有兩說皆通者並存之,以備參考。又所引諸家,攻辨雖明,而聖人書法本意猶有引而未發,此欲窮經之士深思而自得之也。於是困心衡慮,攻苦其中十有二年。今歲夏五始脫稿,可繕寫。"又曰:"書名《困學》,亦如何休、范甯為《公》《穀》之學,初不敢當傳注,其於尊王正分,討逆彰善,大旨無謬,則陸、啖諸儒之後,或可參一末座。若夫由《彙纂》而精之,心法既契,書法自得云。"

卷一《隱公》,卷二《桓公》,卷三至四《莊公》、《閔公》,卷五《僖公》,卷六《文公》,卷七《宣公》,卷八《成公》,卷九至一〇《襄公》,卷一一《昭公》,卷一二《定公》、《哀公》。卷前《〈春秋〉綱領》,乃摘錄孔子、孟子、莊周、董仲舒、王通、周敦頤、程頤、胡安國、朱熹、蘇轍論《春秋》義法旨意之文。

此書重在闡發《春秋》書法。《續修四庫全書總目提要(稿本)》曰:"是書大指,本朱子《春秋》一經'為王道,正其紀綱'之語,於《公》、《穀》及《程氏傳》、《蘇氏傳》,研究較深。雖所引諸家之說,不出《欽定春秋傳說彙纂》,而於尊王正分,討逆彰善之旨,批卻導窾,參考時勢,比論史事,以求其通。"

自序末有"吳郡張若遷刻"一行。按,張若遷,乾隆時蘇州刻工,嘗刊刻顧宗泰《月滿樓甄藻錄》、彭方舟《吳郡甫里志》、金廷炳《啁遠樓詩稿》)。

《續修四庫全書總目提要(稿本)》入經部春秋類,著錄為乾隆三十九年刻本。《中國古籍善本書目》未著錄。中國科學院圖書館、四川大學圖書館、臺北"中央研究院"史語所傅斯年圖書館也有收藏,但著錄為乾隆刻本,或乾隆三十一年刻本。按,此本乾隆三十一年楊宏聲自序不言是年刊刻,《續修四庫全書總目提要(稿本)》云"乾隆三十九年刻本"亦未詳所據,并不足取信,姑且錄作乾隆刻本。《續修四庫全書》未收此書。

0186　清乾隆刻本春秋集義

T695/2374

《春秋集義》五十八卷首一卷末一卷,清吳鳳來撰。清乾隆五十四年(1789)吳鳳來小草廬刻本。二十冊。半頁十行二十一字,四周單邊,黑口,單魚尾。無欄綫,行間刻圈點批語。框高 20.7 釐米,寬 13.8 釐米。題"浦陽吳鳳來九成氏學"。前有乾隆五十四年畢沅序(殘);隆五十一年(1786)于鼎序;《凡例》十二則。

吳鳳來,字九成。浙江浦江人。乾隆二十五年進士,官廣西象州知州。

《凡例》云"此書專為初學之嚆矢"。"書名《集義》,非妄參臆說也,但欲學者易於成誦,須字順而文從,故先儒之自成一說者,皆以某氏曰集之,其衆說之大同者,約為數語以集之。"卷首載目錄、引用姓氏、綱領。卷一至四《隱公》,卷五至九《桓公》,卷一〇至一五《莊公》,卷一六《閔公》,卷一七至二四《僖公》,卷二五至二八《文公》,卷二九至三二《宣公》,卷三三至三七《成公》,卷三八至四四《襄公》,卷四五至五二《昭公》,卷五三至五五《定公》,卷五六至五七《哀公》,卷五八附傳。卷末上《列國世次》、《春秋諸國便考圖》,卷下《本支圖》。

全書釋義按經文逐條標目,次《左》《公》《穀》三傳、胡傳,次集義。又因後世奉三傳爲文詞之祖,故書中并録有明以來批點,"以爲操觚者之一助"。卷首《綱領》,掇集先儒之說,以論《春秋》經傳源流,讀《春秋》之法。卷五八"附録經傳",乃繼卷五七哀公"十有四年春西狩獲麟",續經至十六年,續傳至二十七年。卷末上《列國世次》,除列表歷敘王朝、諸國世次外,并略述列國興廢,於分封、遷徙之地,皆注今名。《春秋便考圖》,乃依東坡《列國指掌圖》爲圖,而附諸今日省府州縣之名。前有吴鳳來《春秋便考圖説》。卷末下《本支圖》,分列王朝、諸國氏族本支表。卷前有吴鳳來《氏族圖小引》:"左圖陳曙峰先生諱厚耀之所作也。因氏族譜之舛錯,本孔氏正義,旁參諸經傳注圖爲一帙。王雪樵先生所稱,如聚米爲山,數螺於掌,沾丐後學非細者也。謹依原本刻於卷末,以備考訂之資。先生著書甚富,《春秋》一經,猶有《長曆》六卷、《左傳地名》四册。惜旅次難覓原刻,無以公諸同好,姑俟諸他日云。"按,此册版式與全書不同,白口,無魚尾,或因圖表連上下頁而無版心。

于鼎序曰:"歲丙午,余視學西粵,得見九成吴老先生於桂林,讀其所著《春秋集義》","亟命子若姪録而珍之,且將謀諸梓人,以加惠於諸生。未幾是秋,先生攜稿北行。余慕是書之詳以精也,愧先生之貺余而未有以報也,爱書是以爲贈,先生其勿私爲家藏哉!先生曰:'吾特欲集自來諸傳,使學者知古之作者之所以佳,并集諸家之説,使成文便誦耳已。'"又《凡例》末條云:"自丙午至己酉,自粵而楚而豫,復反楚,僕僕舟車,僅取童年讀本,而增損成卷耳。兹徇同人之請,赧顏付梓,蓋滋之愧云。"是《集義》於乾隆五十一年已成書稿,此後復經增損,及至乾隆五十四年乃付刊印行。

卷端或刻有"延陵"、"鳳來"、"小草廬經義"印。按,《中國人民大學圖書館古籍善本書目》著録此書,版式行款均同此本,但注曰"封面鐫小草廬藏板",爲館藏此本所闕。據卷端刻印,小草廬宜爲吴鳳來室名,故作吴氏小草廬刻本,並非以"小草廬藏板"爲據也。

《續修四庫全書總目提要(稿本)》入經部春秋類,其曰:"是書務通經旨,不廢傳亦不盡從傳,經傳更相發明之,大略如杜諤《會義》。""視諸暨胡序《春秋簡融》專爲科舉考試紺珠之用者,爲遠勝矣。"

《中國古籍善本書目》未著録。清華大學圖書館、北京師範大學圖書館、中國人民大學圖書館、中國科學院圖書館、臺北"中央研究院"史語所傅斯年圖書館,以及日本内閣文庫也有收藏。

0187　清乾隆刻本春秋識小録　　T695/2113

《春秋識小録》九卷附一卷,清程廷祚撰。清乾隆八年(1743)刻本。六册。半頁九行二十字,四周單邊,白口,無魚尾。框高17.5釐米,寬13釐米。題"上元程廷祚撰次"。前有乾隆三年(1738)劉吴龍序,雍正十年(1732)王步青《春秋識小録初刻三書序》,周大璋《春秋識小録初刻三書序》。

程廷祚,原名默(一説初名石開),字啓生,號綿莊,晚年自號青溪居士。江蘇上元人。諸生。其學以顏元爲主,而參以顧炎武、黃宗羲,故讀書極博而皆歸於實用,於禮樂兵農以及天文輿地、食貨河渠,莫不窮源究委。乾隆間,徵試博學鴻詞,薦舉經學,皆報罷,遂絕意仕途。卒年七十有七。所著《大易擇言》收入《四庫全書總目》,并有《易通》、《易説辨正》、《尚書通議》、《青溪詩説》、《禮説》、《魯論説》及《青溪文集》等。事蹟具《清史稿》本傳、《清史列傳》卷六六《儒林傳》、《清儒學案》卷一一一《習齋學案》。

是編含《春秋職官考略》、《春秋地名辨異》、《左傳人名辨異》三書,總爲《春秋識小録》合刻行世。其名"識小録"者,蓋以職官、地名、人名,皆經傳之小者,而自居於不賢也。

《春秋職官考略》三卷。前有黃之雋序、邵泰序、華希閔序、陳祖范序、程廷祚自序,目録。卷上《數國共有之官》,卷中《一國自有之官》,卷下《晉軍政始末表》。自序曰:"説者以《周禮》爲周公未行之書,然考《春秋傳》列國官名,多與《周禮》合者,則其説亦未盡然也。但《周禮》爲王朝之制,其時頒於列國者,必有異同而不能無改於東遷以後。其詳不可得聞,豈不惜哉!""史家自孟堅表百官,紹述至今,沿革彬彬焉,而獨春秋之時無有。余竊義取《漢史》,書採《左氏》,爲《職官考略》三卷,而證其全於《周禮》者,以待好古者論定云。"

《春秋地名辨異》三卷附《晉書地理志證今》一卷。前有程廷祚自序,目録。卷上《一地二名》、《一地三名》、《一地四名》、《一地七名》,卷中《二地一名》,卷下《三地一名》、《四地一名》、《五地一名》。自序曰:"《春秋》之中,有一地數名者,有數地一名者,異同未析,每多淆混。夫兩漢之際,劉昭以爲稱號糾紛;南北之時,沈約以爲巧曆莫算,蓋謂沿革之難詳也。余集舊説,爲《春秋地名辨異》,以著沿革所自始,而世運之污隆,亦從可觀焉。"其附卷之意,概見卷前小識:"釋地之書,當時則易曉,後世則難通。杜氏之釋《春秋》,晉代郡縣也,而今視晉,猶晉之視春秋矣。余取《晉書地理志》,凡《集解》所徵引者,悉證以今日所在,以通杜氏之説。"

《左傳人名辨異》三卷。前有程廷祚自序,目録。卷上《周》、《魯》、《晉》,卷中《齊》、《宋》、《鄭》、《衛》,卷下《楚》、《秦》、《陳》、《蔡》、《曹》、《邾》、《莒》、《吳》、《紀》、《虢》、《州》。自序曰:"《左氏傳》於一人之身而名號錯陳,一篇之中而判若甲乙,創矣而不經,華矣而弗則,由古以來未有也,《左氏》一家之例也,作《左傳人名辨異》。"

王步青序稱:"是書於《職官考》,可以見周官之法度焉;於《地名辨》,可以溯封建郡縣之變遷焉;於《人名辨》,可以觀世運質文繁簡之殊尚焉。"《四庫全書總目》以爲,《職官考略》"考證頗爲精核","'晉軍政始末表'序晉軍八變之制,而詳其將佐之名,又以御戎、戎右附表於後,亦皆整密。惟置諸國而獨詳晉,則未知其例何如也";《地名辨異》、《人名辨異》,"大致與《春秋名號歸一圖》互相出入,而較爲簡明"。又謂是書"雖似與經義無關,然讀經傳者,往往因官名、地名、人名之舛異,於當日之事跡,不能融會貫通,因於聖人之褒貶,不能推求詳盡","則廷祚是書,固讀《春秋》家所當知也。《鄭堂讀書記》則以爲此書不及顧棟高《春秋大事表》:"唯其獨表晉軍始末,而不及諸國,仍屬缺典,則何如顧氏《大事表》諸國爲備也。即所附《晉志證今》,以通杜氏之説,亦不及顧氏之詳云。每種之前皆有自序,而於卷首失標總名,僅見之目録中,亦屬不合。"

按,《職官考略》獨表"晉軍政始末",自有寓義,表末附識有云:"按晉軍政凡八變","僭王之舉,興廢任意,晉之戴周,亦徒以虛名耳","及暮年權歸執政范中行氏,見逐於時,晉僅有四卿,而三家分晉之勢成矣,僭禮之咎,宜至於此,故備著於篇"。華希閔序更明其旨義,曰:"其用不獨在讀《左》,而兼在周、秦升降之故。異於周者,莫如晉、楚。楚無論矣,晉姬姓國也,變若是棘哉,三晉分而秦并六國矣。跡其分職而見微知著,亦論世之資也。""表晉,表其所以分也,旨深矣。"

扉頁刻"春秋識小録初刻三書。職官考略、地名辨異、人名辨異。上元程廷祚啓生著。乾隆八年新鐫。三近堂藏板"。此本楷書寫刻甚精。

《四庫全書總目》入經部春秋類,但作九卷而不計附卷。《中國古籍善本書目》未著錄。上海圖書館、清華大學圖書館、中國科學院圖書館、中國社會科學院歷史研究所圖書館、上海社會科學院圖書館、吉林省社會科學院圖書館、山西省祁縣圖書館也有收藏,但多作三近堂刻本,并合附録計爲十卷。臺北"中央研究院"史語所傅斯年圖書館亦藏,但作雍正十年三近堂刻本。又此書先後收入《藝海珠塵》、《金陵叢刻》、《金陵叢書》,詳載《中國叢書綜録》。

　　鈐印有"鄂氏順安珍藏"、"揚州薛成琳紅如父印信"、"范鑑"。

0188　清乾隆刻本春秋經傳類求　　　　　　　　T695/1923

　　《春秋經傳類求》十二卷,清孫從添、過臨汾撰。清乾隆二十四年(1759)吳禧祖刻本。十二册。半頁十二行三十四字,左右雙邊,白口,單魚尾。框高20.9釐米,寬14.4釐米。題"常熟孫從添石芝、長洲過臨汾東岡纂輯;歙縣吳禧祖惺夫校定"。前有乾隆二十四年沈德潛序,乾隆二十四年王南珍序,乾隆二十二年(1757)陳撰序;孫從添、過臨汾自述(類同凡例,共四十六則);同校姓氏;宋蘇軾《春秋列國圖説》;目録。

　　孫從添,字慶增,號石芝。江蘇常熟人。諸生。善醫術。家富藏書,室名"上善堂"。撰著有《藏書紀要》、《上善堂書目》及《石芝遺話》等。《(光緒)常昭合志稿》卷三二有傳。據此書王南珍序曰:"石芝孫先生長於經濟,世之鉅公多重之,參制撫軍書數十年,而諸子百家以逮勾漏涪水之書,無不旁通博覽。顧知先生之淹該者,或不知其長於時務,而資其贊畫者,又不知其沉潛於經學。"

　　過臨汾,字東岡。江蘇長洲人。史志無傳。此書陳撰序略涉過氏先世事蹟:"東岡之大父筠谷,纂修蘇州府暨吳縣、長洲、崇明四學志。筠谷之兄振鷺,有《清華堂文選》行世。而評選《古今文覺》斯家無錫字商侯者,於筠谷亦兄弟行也。至今稱毘陵、姑胥之先輩,必及三君子,實皆源流乎先世成山先生之家學。先生爲有明聞人,所著《分省人物考》,流傳海内,余奇愛之。然則過氏自先生以歷商侯兄弟,世以纂書名家,殆頡頑乎江左青箱之學矣。"按《清人室名別稱字號索引》載長洲過于飛,字振鷺,號竹塘。

　　蘇軾《春秋論》有云:"當時之簡牘既亡,其詳不可得而聞矣,然以類而求之,或亦然歟!"此《經傳類求》一書及其書名之所自來也。此書按《春秋》經文,及《左》、《公》、《穀》、胡四傳,并杜預、林堯叟等注,分類纂録;無論經傳注,凡有一句一字可以分類者,悉分類;間有一事而分入幾類者,亦有一類而復分幾門者,寧詳勿略,寧繁勿簡;爲類百有二十,爲卷一十有二:

　　卷一慶祥、災荒、怪變、感召、術數、崇信、黷慢,卷二昏姻、朝聘、會盟、爵命、輿服、饗射,卷三禮樂、名氏、祠祀、喪葬,卷四征伐、侵、襲、圍、門、攻、以師、戰陳、敗師、克、入、追逐、焚、墮、取、以歸以來,卷五囚執獲止、獻捷歸俘、滅、退舍、師還、弗及、敗績、處宫、降服、行成、乞師、棄師、次救、田獵講武,卷六巡狩、告朔、禁令、賦役、工作、旌異優恤、任用、考績、起復、放黜削奪、暴虐失道、狗縱,卷七即位、立、納、入、攝位、讓國、無君,卷八出居、出奔、大去、次、至、居、在、如、歸、復、入、納、逃、奔命、僑寓,卷九成守、遷徙、潰散、亡失、疆界、封建、分屬、附庸、私邑、形勢、諸侯爲王卿士、兼官、攝位、仕他國、沉淪、持禄、致仕、隱遯,卷一○父母、子孫、兄弟、夫婦、師傅、朋友親故、忠良孝弟、學業、識慧、技能、年貌,卷一一叛亂、弑逆、姦淫、刑戮,卷一二辭令、財賄、君臣世代、小國、官職、地名。

　　《春秋》經止於哀公十四年獲麟,是編則依《左傳》纂至哀公二十七年。自述曰:"每類前列書法,後載事類,事類之下復載書法,似前綱而後目。事類分經傳二類,前列經,後列傳,有經無傳者入經類,有經有傳者以傳入經類,有傳無經者入傳類。"并詳列歸類義例,諸如"經有一句而各本互異者"、"經有一事兼數義者"之類,例入何類。

王南珍序稱,是書"事類燦然,使好學深思者以己意逆四傳之志,而因以求《春秋》之大旨,經生莫便於此矣"。然《四庫全書總目》謂之"雖亦欲發比事屬辭之旨,然割裂繁碎,彌難尋檢",又指其"卷首列《春秋諸國圖説》一篇,亦取之蘇軾《指掌圖》,不知《指掌圖》後人贋作,非軾書也"。

陳撰序曰:"余交東岡在乾隆辛酉歲,此書已成太半。""至今年而書成,距辛酉又十七年矣。"據此可大約推知是書始撰之年。

是本楷書寫刻,字體娟秀。扉頁刻"春秋經傳類求。沈歸愚先生鑒定。孫石芝、過東岡纂輯。舊名堂藏板"。按,沈德潛序曰:"吴惺夫苑卿,又慮其轉相纂錄,不無舛訛,闕漏之失也。於是又爲之校勘而訂定之","然則三子之成是書,殆非易易,而惺夫更授梓以行世,非有屯嘉惠後學者,其誰能之云云。"乃知此本即是書校定者歙縣吴禧祖所刊也。

《四庫全書總目》入經部春秋類存目。《中國古籍善本書目》未著錄。上海圖書館、湖北省圖書館、清華大學圖書館、中國人民大學圖書館、東北師範大學圖書館、吉林省社會科學院圖書館、華中師範大學圖書館等也有收藏,但多作舊名堂刊本。

0189　清乾隆刻本春秋説約　　T695/2911

《春秋説約》十二卷,清朱元撰。清乾隆五十五年(1790)爍庚樓刻本。八册。半頁七行二十一字,四周雙邊,白口,單魚尾,行間刻句逗。書口下刻"爍庚樓"。框高 20.7 釐米,寬 12.8 釐米。題"鰲山朱元次亨氏編;星江王淦麗川氏較"。前有乾隆五十五年朱元《弁言》;《徐枚臣先生論文》二則;《摘要》八則;目錄。

朱元,字次亨。地籍未詳,事蹟乏考。《弁言》末署"乾隆五十五年桂秋月蔡生朱元識於漢陽旅舍"。

此亦舉業之書。《弁言》曰:"我朝《御纂春秋傳説》,合諸子而集大成,本胡傳而酌精義,於聖人賞罰褒貶之事,理既明析,論無過當,誠爲萬世讀經者之楷模也。是編援據,一遵其説而約之,取便讀也。於是以爲舉業正宗云。"卷一《隱公》,卷二《桓公》,卷三《莊公》,卷四《閔公》,卷五《僖公》,卷六《文公》,卷七《宣公》,卷八《成公》,卷九《襄公》,卷一〇《昭公》,卷一一《定公》,卷一二《哀公》。

《徐枚臣先生論文》二則,未詳作者其名,但藉《春秋》經傳書法,論作文要訣,亦爲制藝者言也。《摘要》八則,併取孔穎達、啖助、朱熹、呂大圭、鄧元錫説《春秋》之文。

扉頁刻"春秋説約。乾隆庚戌秋鐫。文會齋藏板"。

《續修四庫全書總目提要(稿本)》不收。《中國古籍善本書目》未著錄。諸家藏目併罕見載。按,是刊晚在乾隆末年,梓印不精,內容約簡而不出《御纂春秋傳説》,固爲藏家不屑。然亦因其罕存,姑志之以一見於世。

0190　清乾隆刻本春秋三傳揭要　　T695/7246

《春秋三傳揭要》六卷首一卷,清周蕙田撰。清乾隆五十九年(1794)許寶善自怡軒刻本。

三册。二節板：下欄半頁九行二十一字，小字雙行同；上欄小字十八行十一字。左右雙邊，白口，單魚尾。無欄綫，行間刻句斷。框高19.3釐米，寬11.5釐米。前有目録。

周蕙田，見《五經揭要》。

卷首《春秋王朝世次》，卷一《隱公》、《莊公》、《閔公》，卷二《僖公》、《文公》，卷三《宣公》、《成公》，卷四《襄公》，卷五《昭公》，卷六《定公》、《哀公》。

此書距周蕙田《春秋揭要》（《五經揭要》之一）梓行，僅二年而已，何以重輯再刻之速哉？目録末有許寶善按語，略述其由并編例："按《五經揭要》，《春秋》注舊用胡傳，今遵功令，刊入《左》、《公》、《穀》三傳，其有三傳主説不一者，謹録《御纂》以折衷之。經文下《左傳》全載，《公》、《穀》有義理岐出，經先儒辨正者，則並附先儒之説於後，務合初學，一目了然。"

按，《續修四庫全書總目提要（稿本）》誤以是編爲《五經揭要》之一種。今持校以《春秋揭要》，所輯傳注，顯然不同，非僅書名更易也。然此書内容，誠如《續修總目》所指："全襲類彙，限於科律，鮮有發明，雖揭録三傳舊文，然於三傳之異同是非，皆不加考證，蓋抄撮之學，非詁經之所尚也。"

扉頁刻"春秋三傳揭要。雲間許寶善穆堂氏閲定。玉峰周蕙田蓉裳氏輯録，杜綱草亭氏參訂。乾隆甲寅年春鐫。自怡軒藏版。翻刻必究"。

《續修四庫全書總目提要（稿本）》入經部春秋類，但著録爲道光十六年刊本。《中國古籍善本書目》未著録。日本國會圖書館也有收藏。

0191 明刻本春秋繁露   T682/1139

《春秋繁露》十七卷，漢董仲舒撰。明刻本。二册。半頁九行二十字，左右雙邊，白口，單魚尾。框高19.5釐米，寬13.7釐米。題"漢董仲舒著；明王道焜閲"。前有慶曆七年(1047)樓郁序；《總評》九則。

仲舒，廣川人。少治《春秋》，下帷講授。武帝時以賢良對天人三策，爲江都相，中廢爲中大夫。以言災異下獄，尋赦之，爲膠西王相，以病免，後以年老終於家。

是書八十二篇，所著篇名與《漢書·藝文志》及本傳所載不盡相同，後人疑其不盡出董仲舒之手。此本題"王道焜閲"。道焜，字階平。仁和人。明天啓元年舉人。官福建同知。明末殉難，謚節愍。

《中國古籍善本書目》著録《董子春秋繁露》十七卷《附録》一卷，明天啓五年王道焜刻本。此本逕題"春秋繁露"，或是另一本。是書明代所刻十餘種之多，此其一也。

鈐印有"唐氏家藏書印"。

0192 明天啓刻本董子春秋繁露   T682/7110

《董子春秋繁露》一卷，漢董仲舒撰；附《太玄集事》一卷，《揚子太玄經》一卷，漢揚雄撰。明天啓陸氏崢霄館刻本。一册。半頁九行二十字，四周單邊，白口，無魚尾，書眉上刻評，書口下刻"崢霄館"。框高21.4釐米，寬14.2釐米。題"漢董仲舒著；明陸雲龍校"。《揚子太玄經》，題"漢子雲揚雄著；明雨候陸雲龍校"。前有天啓五年(1625)陸雲龍序。目録前有陸雲龍撰《凡例》四則。

《春秋繁露》一書，各家書目皆作十七卷，此爲節本，計五十四篇。陸雲龍序云："雖然割錦剖瑜，未必充箱照軫，而中郎枕秘，要不在多。不佞欲盡蒐鄴架曹倉，取其精異幽奇者別成一種，使九行依軌，中道順序，啓文運以回世運，竊有志焉，而未遑也。"

其《凡例》云："是書《中興館閣書目》、《崇文總目》、隋唐志及仲舒本傳皆稱其説《春秋》得失，作《玉杯》、《繁露》、《清明》、《竹林》諸書十七卷八十二篇，歐文忠謂總名之爲《繁露》，失真。但《西京雜記》謂仲舒夢蛟龍入懷，作《春秋繁露》詞。《逸周書·王會解》，繁露，天子冕之所垂，或取《春秋》屬辭比事聯貫之象未可知，似不妨總名《繁露》。""是書婓女潘氏本、太倉王氏本，皆十七卷八十二篇，内缺文三篇，今止節文五十餘篇，以《求雨》、《止雨》無裨舉業，其餘亦無可録。""是書原有闕文三首，更有缺文數字。嘗考全集及諸家選中俱同，不敢臆增。""董子集尚有'天人三策'、'災異'等疏，以多爲世所熟習，故不入選。"按，陸雲龍，字雨侯。錢塘人。

崢霄館爲陸氏齋名，此殆陸氏家刻也。陸氏又刻有《皇明十六名家小品》、《新鐫批評出像通俗演義禪真後史》、《崢峭館評定出像通俗演義魏忠賢小説斥奸書》等。

《中國古籍善本書目》未著録。

鈐印有"淺草文庫"，日人印也。

0193　明嘉靖刻隆慶重修本孝經注疏　　　　　　　　T814/0320.1

《孝經注疏》九卷，唐玄宗李隆基注，宋邢昺疏。明嘉靖李元陽刻隆慶二年(1568)重修本。一册。半頁九行二十一字，四周單邊，白口，無魚尾，下有刻工。框高20.1釐米，寬12.8釐米。題"宋邢昺注疏"。前有序，闕首頁。

此爲李元陽刻《十三經注疏》之零種。館藏有是書全帙。卷一第三行應有"明御史李元陽、提學僉事江以達校刊"字樣，是本均已挖去。

刻工有余天壽、余福旺、余伯環、朱明、王貴、劉官生、葉伯啓、江元壽、姚岩、鄭孫郎、張長友、蔡順、葉伯逃、張七郎、吳賜員、朱仕忠、周亨、葉增、佛壽、詹妳、詹妳員。

鈐印有"明道館圖書章"、"崇德院圖書章"。

0194　明萬曆刻十三經注疏本孝經注疏　　　　　　　　T814/0320.17

《孝經注疏》九卷，唐玄宗李隆基注，宋邢昺疏。明萬曆十四年(1586)至二十一年(1593)北京國子監刻《十三經注疏》本。一册。半頁九行二十一字，左右雙邊，白口，單魚尾。框高23.6釐米，寬14.4釐米。題"宋邢昺校；皇明朝列大夫國子監祭酒臣韓世能等奉敕重校刊"。前有序，首頁抄配。

韓世能，字存良，號敬堂。長洲人。隆慶二年進士。選庶吉士。授編修，與修世宗、穆宗實録，充經筵日講官，官至禮部左侍郎，以疾歸。恬於榮利，奉使朝鮮，册封楚藩，饋遺一無所受。

此非單刻，應爲北京國子監刻《十三經注疏》之零種。

0195　明天啓刻本孝經集義　　　　　　　　　　　　　T819/8964

《孝經集義》一卷，明余時英撰；《孝經刊誤》一卷，宋朱熹撰。明天啓四年(1624)余紹禄等刻本。一册。半頁九行十七字，四周單邊，白口，無魚尾。框高19.6釐米，寬13.1釐米。題"新安余時英集義；江山縣儒學訓導謝淪校正；庠生毛周、王三錫、徐伯美、趙洙同梓"。前有天啓四年江應蛟重刊序，隆慶二年(1568)毛愷序，并徐霈序、趙鐺序、余時英自序。末有天啓三年(1623)從孫余若冲跋。

時英，字景淳，號寒塘。婺源人。生平私淑聖學，躬修孝友。

此書爲余氏將先儒諸說之已成者蒐而輯之，其大綱一宗朱熹《刊誤》并衍其義，細釋則取諸家傳注略爲櫽括而成。據余氏自序，此爲訓子弟之書，"後之爲子弟者，其尚體予之意以讀是經，則知孝爲百行之本，而竭力於因嚴致敬、因親致愛二者引而伸之，觸類而長之。"

是書《刊誤》後刊有識語云："《孝經集義》一書，家君紬繹有年，始克成編，乃古人所謂身有之，故言之親切而有味者也。是書本以訓不肖兄弟，適不肖作江山令，其邑之先達太司寇介川毛公、大中丞方泉趙師、大方伯東溪徐公見之，胥謂可傳，因共謀諸邑博謝君文谷，偕同志諸友捐資梓之邑庠。不肖幼承庭教，違背良多，非敢以訓人也，然諸公所命義不容辭，亦冀以爲樹風教之一助云。隆慶二年六月六日，不肖男一龍頓首百拜謹識。"於此識語，可知是書先有隆慶二年謝文谷等刻本，今隆慶本已不傳於世，此則爲據隆慶本之重刻本。

此書末頁刊曾孫余紹祿、余紹祚，玄孫余聯卿、余同卿等十九人授梓名銜。

《四庫全書總目》未收。《中國古籍善本書目》著錄，安徽省圖書館、江西省圖書館、山東大學圖書館、暨南大學圖書館亦有入藏。

鈐印有"文彬"、"子承"。

0196　清康熙刻本孝經大全

T817/6623

《孝經大全》二十八卷首一卷，明吕維祺撰。清康熙二年(1663)吕兆璜、吕兆琳刻本。五册。半頁九行十七字，左右雙邊，白口，單魚尾。框高19釐米，寬14釐米。題"明新安吕維祺箋次"。前有康熙二年王昊序，康熙七年(1668)計東序，崇禎十一年(1638)吕維祺自序；《義例》七則；目錄。後附吕維祺撰《孝經》詩十首。

吕維祺，字介孺，號豫石。河南新安人。萬曆四十一年進士。崇禎時官至南京兵部尚書。十四年，李自成兵下洛陽，被執而死，諡忠節。嘗講學芝泉書院，創立豐芑大社、伊雒社，修復孟雲浦講會，中州學者多從之，稱明德先生。著述又有《孝經本義》、《孝經或問》、《四禮約言》、《存古約言》、《音韻日月燈》、《四譯館則》及《吕明德先生文集》。事蹟具《明史》本傳，及《明儒學案》卷五四。

卷首《孝經》節略。卷一第一章，卷二第二、三章，卷三第四、五章，卷四第六章，卷五第七章，卷六第八章，卷七第九章，卷八第十、十一章，卷九第十二、十三、十四章，卷一〇第十五章，卷一一第十六章，卷一二第十七章，卷一三第十八章，卷一四《孔曾論孝》，卷一五《曾子孝言》，卷一六《曾子孝行》，卷一七《曾子論贊》，卷一八《表章通考》(宸翰)，卷一九《表章通考》(入告：表、劄子、進呈序、疏)，卷二〇《表章通考》(入告：進呈疏)，卷二一《表章通考》(述文：序)，卷二二《表章通考》(述文：跋)，卷二三《表章通考》(述文：論、說)，卷二四《表章通考》(述文：解)，卷二五《表章通考》(述文：考、辨、別傳、衍義、心法)，卷二六《表章通考》(述文：宗旨、引證)，卷二七《表章通考》(紀事)，卷二八《表章通考》(識餘)。

首卷《節略》十二條，各取自《中庸》、《曾子問》、《漢書藝文志》、《隋書經籍志》、《宋三朝藝文志》，及程顥、司馬光、朱熹、范祖禹、吳澄、鈞滄子、呂維祺諸儒格言，并附注四十四條，令《孝經》本旨大義，展卷瞭然。《孝經》十三卷，其經文文字，一遵漢顏芝本，並依劉向分章十八，不用唐玄宗時所加章第題名。經文下訓詁字義，發明意旨，先次行低一格錄其《孝經本義》之説，復接雙行夾注，集諸家之論，間附己意以訂之。後十四卷，則分別門類，輯錄文獻，以見孔、曾傳孝心法。末附《孝經》詩十首。崇禎八年撰四首，識云：「崇禎乙亥元日，《孝經本義》成，箋次《大全》，作圖説，恭紀。」崇禎十一年撰三首，識云：「戊寅元日，復訂《孝經本義》，《大全》作序例，孔曾論孝等卷成，又紀。」崇禎十二年撰三首，識云：「己卯九月十七日進呈《孝經》，有旨謂有裨治理，命所司較正詳備具奏，喜而賦此。」

史傳稱維祺事母至孝，一生精力用於《孝經》，嘗上奏謂：「臣所以效愚忠、報恩遇者，惟一部《孝經》。」又嘗嘆息《孝經》自「安石獨以私見罷黜，至今猶不得與麟經共恢復」。因編撰是書，且屢上奏表，進呈注本，乞進講經筵，東宮講習，頒諭宗戚，復立學官。自序曰：「愚幼志此經有年，及鶴署歸省，始捃摭群書，淹貫折衷，時欲任此，顧未敢爾，意謂海內必有人焉先得我心者。遲迴十載，跂望稍孤，於是更不敢不自任。會以視南廱之明年，食足人悦，鞅掌小暇，不揣狂僭，下鍵脱草，成《本義》若干卷。又四年，成《大全》若干卷，冠以義例、羽翼、引證姓氏、節略若干卷，附以孔曾論孝、曾子孝言、曾子孝行、曾子論贊及宸翰、入告、述文、紀事、識餘若干卷。蓋欲明孔子作經之意，爲明王以孝治天下，而發其義理。」「乙亥履端，業擬繕寫爲表上之，會以恩放歸田不果。深山之暇，間簡原草，重加箋訂，而《孝經或問》成，尚有續著、衍義、圖説、外傳等若干卷，俱藏諸笥，以訓子弟及門之士云爾。」按，序云「視南廱之明年」，蓋維祺於崇禎三年官南京戶部右侍郎總督糧儲，其明年即崇禎四年，撰成《孝經本義》，又四年即崇禎八年，撰成《孝經大全》。又序云歸田後，「間簡原草，重加箋訂」，參之《孝經》詩題識，則知崇禎十一年自序之時，此書始告其終。

此本係清康熙初維祺嗣子兆璜、兆琳鍥板行世，並增入乃父崇禎十二年進呈奏疏表章。卷二〇末附兆璜題識：「入告之後，附以進呈奏疏。原進呈《大全》合《節略》、《大全通考》共二十八卷，今增以入告奏疏，合《節略》首卷，共有二十九卷云。」又自序末頁終行題「男兆璜、兆琳重梓」。惜皆不言刊年。然據王昊序曰：「《孝經大全》者，西雒太傅忠節呂公所輯，而嗣君孝芝、敬芝，爲排纘其先人之遺言，鍥版行世者也。」且曰：「本朝受命以來，首崇教孝，恭覩世祖章皇帝簡命儒臣纂修《孝經衍義》，薄海內外，固已罔不嚮風。而今天子御極，又懲制科之弊，黜經義，崇論策，赫然下明詔，專舉安石奸臣。然則……嗣君剞劂其先公之遺書，乃適於是時。」其意此書刻於康熙登極之初，正適其時。則此本刻竣，非二年，即元年也。今從《中國古籍善本書目》著錄。至若康熙七年計東序，宜爲後印時增入。

《續修四庫全書總目提要（稿本）》入經部孝經類，其曰：「按維祺之學，兼有程朱陸王，冉覲祖《孝經詳説》頗譏之。然綜觀其書，十三卷以上，純粹居多，十四卷以下，搜羅亦備。」

扉頁刻「孝經大全。呂明德先生著。夢月巖藏板」。

《中國古籍善本書目》著錄，但多出呂維祺撰《孝經或問》三卷、呂維祺撰《孝經翼》一卷，天津圖書館、湖南圖書館等六館收藏。另中國科學院圖書館也有收藏。

0197　明崇禎刻本孝經集傳　T817/4837

《孝經集傳》四卷，明黃道周撰。明崇禎十六年（1643）張天維等刻本。二册。半頁九行十八字，左右雙邊，白口，單魚尾。框高20.2釐米，寬14釐米。題"經筵日講官詹事府少詹事協理府事兼翰林院侍讀學士臣黃道周謹輯"。前有黃道周序。

道周，字幼玄，一字幼平，初字螭若，號石齋。漳浦人。天啓二年進士。崇禎初官右中允，上疏指斥大臣楊嗣昌等，謫戍廣西。南明弘光帝時官禮部尚書。南京失守，與鄭芝龍等在福建擁立隆武帝，自請往江西徵集軍隊，至婺源爲清兵所俘，後在南京被殺。善書，峭勵方勁，别具面目。

《四庫全書總目》入經部孝經類。《總目》云，是書作於廷杖下獄之時，其作書之旨，見於門人所筆記者，曰《孝經》有五大義。本性立教，因心爲治，令人知非孝無教，非性無道，爲聖賢學問根本，一也。約教於禮，約禮於敬，敬以致中，孝以導和，爲帝王致治淵源，二也。則天因地，常以地道自處，履順行讓，使天下銷其戾心，覺五刑五兵無得力處，爲古今治亂淵源，三也。反文尚質，以夏商之道救周，四也。闢楊誅墨，使佛老之道不得亂常，五也。以是五者別其章分，然後以《禮記》諸篇條貫麗之。其自序中所謂五微義十二著義者，不出於此，實其著書之綱領也。又道周此書，與朱熹《刊誤》後序所云"欲掇取他書之言，可發此經之旨者"暗合。"其推闡頗爲詳洽，蓋起草於崇禎戊寅，卒業於癸未，屢變其例而後成。"（見《總目》）

末有崇禎十六年八月朔門人張天維、游昌業等三十六人校刊名銜。校刊名銜後又有胡夢銷、林有柏、陳有度、陳允元、朱垠識語。陳有度識語云："吾師嘗云，聖賢學問只是一部《孝經》，曾、孟兩家爲聖門宗子，千種書都説不到《孝經》田地。今觀《集傳》，以一部《禮記》爲《孝經》義疏；以《孟子》七篇爲《孝經》導引，其它六籍皆肇是書，豈鄭、孔所能明，邢、朱所逮喻者乎？天下後世之讀是書者，勿作集傳觀之也。"清康熙三十二年晉安鄭肇修刻有道周《石齋先生經傳九種》，列此書爲第一種。

《中國古籍善本書目》未著錄。日本静嘉堂、内閣文庫亦有入藏。

0198　明刻本四書集注　　　　　　　　　　　　T853/2943

《四書集注》二十一卷，宋朱熹撰。明刻本。十二册。半頁九行十七字，左右雙邊，白口，單魚尾。框高20.4釐米，寬13.8釐米。

是書有《大學章句》一卷，《中庸章句》一卷，《論語集注》十卷《序説》一卷，《孟子集注》七卷《序説》一卷。

《中國古籍善本書目》著録明刻本，中國國家圖書館、江蘇常州市圖書館有入藏，疑與此本同板。

0199　明嘉靖刻本四書集注　　　　　　　　　　T853/2943B

《四書集注》二十一卷，宋朱熹撰。明嘉靖十七年(1538)陳氏積善書堂刻本。五册。半頁九行十七字，四周雙邊，白口，雙魚尾，上刻音注，有圖。框高15.3釐米，寬10.6釐米。題"朱熹集注"。

是書《大學章句》一卷，《中庸章句》一卷，《論語》十卷《序説》一卷，《孟子》七卷《序説》一卷。

《論語》前有圖，上刻"積善書堂"。卷五末有牌記，刊"陳氏積善堂校正重刊"。《孟子》卷七末有牌記，刊"嘉靖戊戌年孟春陳氏積善書堂刊"。

《中國古籍善本書目》未著録此本。

日人批注圈點。

鈐印有"玉潤堂印"、"古香草堂"、"巢雲"、"谷以蕃藏書印"、"新兔古香舊藏大正己未歸于下鄉向陽"。

0200　明刻本四書集注　　　　　　　　　　　　T853/2943C

《四書集注》二十一卷,宋朱熹撰。明書林蔡瑞陽文峰堂刻本。五册。半頁九行十七字,四周雙邊,白口,單魚尾,上刻音注,有圖。框高 18.7 釐米,寬 12.4 釐米。題"朱熹集注"。

是書《大學章句》一卷,《中庸章句》一卷,《論語集注》十卷《序説》一卷,《孟子集注》七卷《序説》一卷。

《孟子》卷七末有荷蓋蓮花牌記,刊"書林文峰堂蔡瑞陽梓行"。扉頁刊"三元四書,遵依正體,一字無訛,天都汪用賓繡梓",并鈐有"汪用賓印"、"還讀齋"印。

《中國古籍善本書目》未著録是本。

日人裝幀。

鈐印有"伊藤藏書"。

0201　明成化刻本四書集注大全　　　　　　　　T855/4208B

《四書集注大全》四十三卷,明胡廣等輯。明成化三年(1467)劉氏翠巖精舍刻本。九册。半頁十二行二十三字,四周雙邊,黑口,雙魚尾。框高 21 釐米,寬 13.3 釐米。前有永樂十三年(1415)序;胡廣等進書表;又楊榮題書後。

是書《大學章句》一卷《或問》一卷《讀大學法》一卷,《中庸章句》一卷《或問》一卷《讀中庸法》一卷,《論語集注》二十卷《序説》一卷《讀論語孟子法》一卷,《孟子集注》十四卷《序説》一卷。此爲永樂十三年胡廣等奉敕撰,有明一代士大夫學問根柢具在於斯,也爲明清二代取士之制者。

《中庸或問》後有"成化丙戌復詳校正"一行。《論語集注序説》末有牌記,刊"成化丁亥劉氏翠巖精舍新刊"。

《四庫全書總目》入經部四書類。《中國古籍善本書目》著録明内府刻本、明刻本、明天順二年黄氏仁和堂刻本、明嘉靖八年余氏雙桂堂刻本、明嘉靖十一年魏氏仁實堂刻本、明弘治十四年劉氏慶源書堂刻本、明趙敬山刻本、明德壽堂刻本等,然不及此本。

日人朱筆圈點。

鈐印有"伊佐昌□古書之寶"。

0202　明刻本周會魁校正四書大全　　　　　　　T855/4208

《周會魁校正四書大全》十八卷,明胡廣等輯,明周士顯校正。明刻本。十八册。半頁十七行十六字,四周雙邊,上白口,下黑口,單魚尾。框高 23.7 釐米,寬 13.6 釐米。題"京山思皇周士顯校正"。前有永樂十三年(1415)御製序;先儒姓氏并纂修名銜表;胡廣等進書表;楊榮題書後。

卷一至二《大學章句》、《讀大學法》、《或問》，卷三至九《論語》、《讀論語孟子法》，卷一〇至一六《孟子》、《孟子序說》，卷一七至一八《中庸章句》、《讀中庸法》、《或問》。

《中國古籍善本書目》著録。內蒙古大學圖書館、日本尊經閣文庫亦有入藏。

鈐印有"毅庵藏書"。

本館又有複本一部，十六冊。日人圈點。鈐印有"宮原木石所藏"、"修真舍圖書記"、"辛卯明復"、"翺仙"。

0203　明萬曆刻本四書蒙引　　T855/4932

《四書蒙引》十五卷，明蔡清撰。明萬曆刻本。十五冊。半頁十行二十四字，四周雙邊，白口，單魚尾，書口下間有刻工。框高20.6釐米，寬14.2釐米。題"南京國子監祭酒蔡清著；巡按福建監察御史敖鯤重訂"。前有弘治十七年(1504)蔡清序，嘉靖六年林希元重刊序。

據蔡清自序，知是書初有稿本，庚子赴歲試，至京檢覓不得，意其失之途中，後又溫故，遂復有録。又復得原稿，再會合前後所録，覺詞意重複者過半，又有前後異見，至一句而二三其說者，皆未暇刪次。因後生輩知而求之特切，故或有資於童蒙，才刻是書，並名之曰"蒙引初稿"，以其非定說也。

按，《蒙引》一書，存世現最早有《虛齋蔡先生四書蒙引初稿》十五卷，正德十五年李墀刻本。次爲此本。萬曆十五年吳同春又有《重刊蔡虛齋先生四書蒙引》十五卷。後又有《重刊增訂虛齋舊續四書蒙引》十五卷，明刻本；《蔡虛齋先生四書蒙引》十五卷，明刻本；《新刊舉業精義四書蒙引》十五卷，明刻本。

與哈佛本同書名、卷數、行款者有明嘉靖六年林希元刻本。林序云："虛齋蔡子《四書說》十五卷，坊間有舊刻，其徒李子亦刻之蜀。林子病其荒亂弗理也，取而更訂之；病其缺逸弗備也，取而補完之。書成，將刻之葉氏。"據《中國古籍善本書目》，北京大學圖書館及日本內閣文庫入藏。此萬曆本爲敖鯤取林希元本重訂，參見《易經蒙引》。

刻工有江文、黃圭、余五、深、達、旺、秦、秀、佐、興、汝、金。

《四庫全書總目》入經部四書類。《總目》云："清人品端粹，學術亦醇。此書雖爲科舉而作，特以明代崇尚時文，不得不爾，至其體認真切，闡發深至，猶有宋人講經講學之遺，未可以體近講章，遂視爲揣摩弋獲之書也。"

《中國古籍善本書目》著録，但未及此萬曆刻本。

0204　明末刻本四書圖史合考　　T883/4932

《四書圖史合考》二十四卷，題明蔡清輯。明末金閶擁萬堂刻本。十冊。半頁九行二十二字，四周單邊，白口，單魚尾，書眉上刻評，有圖。框高21.5釐米，寬12.2釐米。題"明晉江蔡清虛齋輯"。前有鍾惺序。

鍾惺序云："四書人物名物，近俱有考，然或漏而不詳，或蔓而不要，或依樣葫蘆而可否無所適從，或今古異制而名實了不可辨，故觀之者茫然猶未觀也。惟蔡虛齋先生《四書圖史合考》一書，事採其正，物考其詳，經不載者史備之，言不傳者圖繪之，一展卷而兵農禮樂井田學校等事宛然在目,了若指掌。"

王重民疑此書及鍾惺序爲坊賈僞托,又云是書爲節縮陳禹謨《四書名物考》而成。按,以此本核之陳書,王說甚是,然此本個別條目間有多出陳書者。

《四庫全書總目》未收。《中國古籍善本書目》著錄。上海圖書館、浙江圖書館、安徽省圖書館等六館,及日本尊經閣文庫亦有入藏。

扉頁刊"四書圖史合攷。蔡虚齋先生彙輯。金閶擁萬堂梓行"。鈐有"讀書破萬卷,下筆如有神"印。"較"字避諱。

卷六至八抄配。

鈐印有"東尾堂圖書印"、"半澤文庫"、"仙臺府學圖書"、"艸山瑞光蘭若"、"元政"、"文政丁亥"。皆日人印也。

0205　清康熙刻本四書集注闡微直解　　T855/1371

《四書集注闡微直解》二十七卷,明張居正撰。清康熙二十八年(1689)刻本。十五册。二節版:下節刻《四書集注闡微直解》,半頁九行十九字,小字注雙行同;上節刻《纂序四書説約合參大全》,小字半頁二十二行十二字,四周單邊,白口,單魚尾。行間刻圈點。框高22.4釐米,寬14釐米。下節題"太嶽張居正著;巖叟顧宗孟閲";上節題"吴郡顧夢麟麟士、楊彝子常輯;金陵浦陽劉曰珗上玉訂;甬上仇兆鰲滄柱、吴門沈三曾允斌、歸聖脈薪傳、湯傳榘子方、沈涵度汪、吴荃蓀右、平江蔡方炳九霞、萬經授一、張金鏡聖宣、陳晉大士全參"。前有康熙十六年(1677)徐乾學序;萬曆元年(1573)張居正《進講章疏》;《四書直解》看書法。

張居正,字叔大,號太岳。湖北江陵人。明嘉靖二十九年進士,官至内閣首輔,爲相十年,位極人臣。卒諡文忠,年五十有八。著述又有《書經直解》、《通鑑直解》、《武經直解》、《帝鑑圖説》及《太岳集》、《太岳雜著》等。事蹟具《明史》本傳。

卷一《大學》,卷二至三《中庸》,卷四至一三《論語》,卷一四至二七《孟子》。下節先頂格刻《四書章句集注》,次低一格刻《直解》;上節以寫體小字刻《説約大全合參》。

是刻以明張居正《四書直解》爲主,兼附清顧夢麟《四書合約》等書。據《經義考》等書目著録,張氏原本二十六卷,今尚存萬曆元年刻本、明集古堂刻本,見録於《中國古籍善本書目》。其後遂多行二十七卷本,如明崇禎九年顧宗孟刻本、明書林何敬塘刻本、明書林葉顯吾刻本、明萬曆建陽書林易齋詹諒刻本,皆與他書合輯者,今具見於《中國古籍善本書目》。

此本分卷二十七,卷端并題"張居正著;顧宗孟閲",或即由明崇禎九年顧宗孟刻本而來。又《經義考》著録顧夢麟《四書説約》二十卷,并載楊彝序,《中國古籍善本書目》有明崇禎十三年織簾居刻本。而此本題顧夢麟、楊彝輯,是所輯注者已非《説約》原書矣。

又此書書名,下節卷端題"四書集注闡微直解",上節題"纂序四書説約合參大全",下節書口題"四書集注直解",上節題"説約合參",徐乾學序名曰"四書集注直解序",扉頁題名"四書集注合參説約直解闡微"。而參之《販書偶記》、《續修四庫全書總目提要(稿本)》等書目,則有著録作"四書集注直解説約",或《四書集注闡微直解》者。今觀此書,並非《直解》與《説約》二書之合輯,而實乃以《直解》爲主,《説約》等書爲輔,則"闡微"二字,正切題旨,且卷端正題書名,據以著録,正合慣例。

徐乾學序曰:江陵張太岳,"當其爲講官,著《四書直解》一書進呈,句櫛字比,明白曉暢。

蓋朱《注》以翼《四書》,《直解》又所以翼《注》。《直解》出,而朱《注》之義益彰明較著於天下,故是書之爲功於後世固甚宏。""則《四書集注直解》之刻,斷斷乎其不可以已也。是書之刻,先標舉《四書章句》以爲綱,次朱《注》,又次《直講》,別疆分理,部次井然,如排緝顧麟士先生《説約》原文,以細字篹注其上。學者探源竟委,綱舉目張,由其恉以求其精,因其易簡以盡其繁賾,於以造聖賢之域也,庶幾其不遠乎!余樂其有裨於世道不淺也,故爲序而鋟之。"是知徐氏嘗於康熙十六年重刻《直解》,惜未見存。按,此本雖稱"崑山徐健庵先生訂正",其實並非。蓋徐本"排緝顧麟士先生《説約》原文,以細字篹注其上",而此本"篹注其上"者則爲顧、楊合輯之《纂序四書説約合参大全》,二者不盡一致。且其刻工低劣,如卷七卷端書名竟簡作"論語卷七",卷八更訛作"四書集注啓闡微解",且無撰作者名,與他卷迥異,手民之誤竟至於此!《續修四庫全書總目提要(稿本)》謂之"甚淺陋,不知何人作也",斯言誠哉!

扉頁刻"四書集注合参説約直解闡微。崑山徐健庵先生訂正。金閶養正堂藏板"。又刻"康熙二十八年鐫經筵講書","是書上纂大全,下備集注直解,較訂詳明,剞劂精工,誠後學之津梁,識者鑒","遵依監本字樣,一字無訛"三處文字,及"翻刻必究"白文大方印,惜印色褪落,字蹟尚依稀可辨。

《續修四庫全書總目提要(稿本)》入經部四書類,但僅七卷,著録爲康熙十六年重刻本。《中國古籍善本書目》未著録。各家藏目,亦乏著記。按《北京師範大學圖書館中文古籍書目》著録張居正《四書集注闡微直解》,有兩種版本,均無卷數,一爲八旗經正書院刻本(《販書偶記》亦著録),一爲宣統元年學部圖書局石印本。香港中文大學圖書館藏八旗經正書院本,有扉頁,刻"四書集注直解説約。八旗經正書院翻刻",且其上節卷端題書名、著作者名,悉同此本。

鈐印"暢園家藏之章"、"淺野源氏五萬卷樓圖書之記"、"河本氏藏書"。

0206　明崇禎刻本石渠閣删注四書人物考　　T862/4400B

《石渠閣删注四書人物考》四十卷附《四書雜考》六卷,明薛應旂撰。明崇禎刻本。十二册。半頁九行十九字,四周單邊,白口,單魚尾。框高20.8釐米,寬13.2釐米。題"武進薛應旂仲常輯;閩朱焯維盛注;玄孫寀諧孟訂補"。前有崇禎十年(1637)何如寵序,薛應旂序,吴國倫序,崇禎九年(1636)薛寀序。

薛應旂,字仲常,號方山。武進人。嘉靖十四年進士。官至陝西按察司副使。嘗董浙江學政,後罷歸,避寇鍾山,其故廬藏書盡毁,惟四書携以自隨。此《人物考》即其杜門無事,將平生手録古人行蹟各注於名氏之端而編成者。

卷一至三《紀》,卷四至四〇《傳》。

薛應旂序云:"《四書人物考》者,考《學》、《庸》、《論》、《孟》所載之人物也。夫既載之,考何爲哉?孟氏曰,誦其詩,讀其書,不知其人,可乎?夫是以考之也。""夫其汎引襍證,雖嘗删次,而文章事行,苟有裨於問學治理者,或在所録,固不敢過求其真贋也。"

是書爲應旂玄孫薛寀訂補。寀爲崇禎四年進士。何如寵序云:"詢其尊公方山先生所著書,若《宋元通鑑》、《憲章録》等編,皆藏於家塾,獨《四書人物考》、《浙江通志》迺沿浙時所鐫,板藏浙署,流傳别本,箋訂多訛。先生玄孫、予門生諧孟患之,暇即爲釐正字句,删其援引之無當者,别取他書綴附於後。"薛寀序云:"先高祖之輯《四書人物考》也,蓋舉人物,而天文地理、兵農禮樂、昆蟲草木,與夫窮玄極賾,雕龍非馬之辯皆載焉。何居乎而欲補之,補之者又出其玄孫寀也？不幾揚誕妄之波，而張醜博之幟乎哉！唯高祖固曰，吾傳信之書也。寀慮夫朱維盛之注釋與陳明卿先生之考有好奇癖焉，恐信之而轉以不信，不如疑之者之轉得其近也。故補原本之一二，而實删二書之七八。若夫一事耳，而已列正文，仍取他書之訛謁者而參入之；或并非其人之事，而影響附麗，三譯而彌失真……先高祖所著有《宋元通鑑》、《憲章録》，則上嗣涑水、考亭，而下得鄭淡泉《吾學編》、焦漪園《獻徵録》佐之，復有先祖玄臺所手纂《兩朝實録》繼之，其庸語則性命之書也，淡泊雅正。弟子徐仲彰、顧叔時廣其堂奥，炳若日星。唯是書自爲一編，無可增益，所以勉徇賈人之求而瑩此者，亦曰他人以補注爲淆亂，不肖寀以删削爲補葺。吴武昌固以先高祖爲丘明、朱君爲元凱矣。寀雖不敏，竊有志於康侯之輔左氏焉。"

《四庫全書總目》收有通行本，爲《四書人物考》四十卷《補考》八卷，入經部四書類存目。《總目》云："是編於四書所載人物，援引諸書，詳其事蹟，凡記三卷、傳三十七卷。記傳之末，各係以論贊，蓋仿宋王當《春秋臣傳》之體，中間多採雜説，而不著所出。"

又《四庫》本附《補考》八卷，此本題"雜考"，且卷數亦不相同，然皆爲寀編。《總目》又云："雜考四書名物，餖飣尤甚，明代儒生，以時文爲重，時文以四書爲重，遂有此類諸書，襞積割裂，以塗飾試官之耳目，斯亦經術之極弊。"

薛氏《四書人物考》，存世最早有明嘉靖刻本；後有明萬曆七年聚慶堂徐龍池刻本，爲八卷本；又有《校正注釋四書人物考》八卷，明刻本；《四書七十二朝人物考》四十卷，明刻本；《新刻七十二朝四書人物考注釋》四十卷，明萬曆書林葉近山刻本及明萬曆三十六年書林舒承溪刻本。此本不見《中國古籍善本書目》著録。

日人裝幀。

是書鈐印多被挖去，存"完山"、"雨山草堂"。

0207　明天啓刻本四書人物考訂補　T862/4400

《四書人物考訂補》四十卷，明薛應旂撰，明朱焯注釋，明許胥臣訂補。明天啓七年（1627）刻本。六册。半頁十行二十字，四周單邊，白口，無魚尾，書眉上刻注。框高20.2釐米，寬13.7釐米。題"武進薛應旂彙輯；邵武朱焯注釋；錢塘許胥臣訂補"。前有萬曆元年（1573）吴國倫序，天啓七年李之藻序，薛應旂序。目録後有原刻《凡例》十則，藏學齋撰《訂補凡例》八則。

許胥臣，錢塘人。又有《禹貢廣覽》、《蓋載圖憲》。

是書爲許氏訂補薛應旂《四書人物考》之作。李之藻序云："毘陵薛公《人物考》一書，遜覽類徵，几案間殊不可少，中所援引前志，頗改舊文，緣一時互見者多，故義例宜參筆削。第文隨世降，持平品騭，終不能掩舊文之妙，且學者亦當稍探原委，不則别風淮雨，索解奚繇？用是復釐殺青，訂訛補缺，大抵據所自出，以存原質，而於詰屈難讀、深奥須解者，併原注音義采之，不足者補之。其義則老友咫聞許君特有啓發，而兒曹識筆研者其蒐弋焉，是區區者，良未足以當千蹠之一臠。余喜其好徵古事，可以奪彈碁觀劇之娱；好尋古文，可以矯談空説幻之繆。比物此志，寧獨四書，得趣者其嗜寖多，得力處終身有用，所不屑爲晚世人物，而必欲躋身於三代之英。此一編也，即醫之案，弈之譜。"

其《凡例》云："舊引古書，爲因各傳互見，不能無所筆削。然學古者自宜考諸經傳子史，以遡其源，今爲一一檢訂，苟非義例有礙，大抵改從原本，雖有節録，無輕竄易。""諸書確可考據，舊未收入者，茲爲補之；舛謬相襲者，訂之，率遵先輩成説，不敢妄參臆見。""某段出某書、某篇、某卷,如《左傳》某公某年之類,悉爲標出,以便覆勘,俾遂覽者得以引而伸之。""春秋以前人物,採諸《左》、《國》居多,下迨戰國,則《國策》、《史記》、《説苑》、《新序》、《韓詩外傳》、諸子百家,蒐輯漸廣矣,然於離經叛道者固無取焉。舊例謹嚴,今不敢越尺寸間,及神官雜記或近隱僻,聊借以廣異聞,然必附綴數語,明非傳信。""古字古句,既用原文,或難通解,俱檢諸家釋解音義,附注本句之下,庶便誦習。"

《四庫全書總目》未收。《中國古籍善本書目》著録。浙江圖書館、河南省圖書館等十館,及美國國會圖書館、日本内閣文庫亦有入藏。

鈐印有"宫氏庫書"、"明德館圖書章"、"□軒進藤氏圖書記",日人印也。

0208　明刻套印本四書參　　　　　　　　　　T855/448

《四書參》十九卷,明李贄批評,明楊起元等批點,明張明憲等參訂。明張兆隆刻朱墨套印本。六册。半頁八行十七字,四周單邊,白口,無魚尾,書眉上刻評。框高 20.4 釐米,寬 13.6 釐米。題"李卓吾批評;楊復所批點;輯諸名家評"。前有張明憲序,李贄《四書評序》,楊起元《四書眼序》。

李贄,字卓吾。晉江人。萬曆中爲姚安知府。專崇釋氏,卑侮孔孟。北游通州,爲給事中張問達所劾,逮死獄中。著有《四書評》、《史綱評要》、《焚書》等。

楊起元,字貞復,號復所。歸善人。萬曆五年進士。選庶吉士,學於羅汝芳。張居正方惡講學,汝芳被劾罷,而起元自如,累官吏部左侍郎卒。天啓初追謚文懿。

贄與起元過從甚密,而意又時有相契之處。據容肇祖《李贄年譜》,贄於七十二歲時在南京講學,頗受楊起元推重。時人常將李、楊並提。焦竑《澹園集》卷二二云:"嶺南復所楊先生倡道金陵,問學者履常滿户外……當是時,温陵李長者與先生狎主道盟。然先生如和風甘雨,無人不親;長者如絶壁巉岩,無罅可入。二老同得法於盱江,而其風尚懸絶如此。"又周汝登《東越證學録》卷九云:"今先後談名理於秣陵者,有比部李卓吾、太史楊復所。途徑兩分,而見處各有超詣……歙之生有佘常吉者,游二先生門,追慕於既没,口時娓娓頌長者語不休,而又將類次太史之語付梓,以廣其傳。其中殆有深契,不與俗同者。"

是書《大學》一卷,《中庸》一卷,《論語》十卷,《孟子》七卷。乃張明憲參訂李贄《四書評》、楊起元《四書眼》,旁摭其他名家之言而成。書定名曰參,乃取參前、參合之義。張序云:"李卓吾《四書評》,要言不煩,寓正於反,寓詳於略,如有德機緣,開口點頭,個中了了。"可見明顯對李贄《評》之傾倒。

《四書評》乃研究李贄思想之重要圖書,然《四書參》與《四書評》卻有不少可以相互補證之處,凡《評》中殘缺漫漶,脱字脱句之處,多可在《參》中補得。如《評》之《論語》卷九第六頁眉批"天何言哉四語,不是分疏自家□言還□□□□□□□",脱落八字。按《參》之眉批之後一句應爲"不是分疏自家不言,還是指點子貢行耳"。又如《評》之《孟子》卷二第六頁眉批"聖矣下無孔子謙讓之語,則孟子自任之意可知已",以《參》之眉批核之,可知《評》批之前脱去六字"仁且智夫子既"。再如《評》之《孟子》卷二第七頁眉批曰"□容服□妙",《參》本眉批則爲"形容服字妙",且句末尚有"七十子之服孔子,政謂素王無力耳"十四字。

按《參》中有許多不見於《評》之李贄批語,如《評》之《論語·學而》"貧而無諂"章,無眉批,《參》多出"卓吾云,全是悟頭"。如《孟子·離婁章句下》"孟子曰,博學而詳説之,將以反説約也",《評》無眉批,《參》有"卓吾云,博的是什麼?件件都是我本體做出,如何不還歸本體"一句。據鄭培凱對《評》及《參》的研究(《從〈四書評〉看李贄思想發展與儒學傳統的關係》,載《抖擻》1978 年 7 月,總第二十八期),《參》中的李贄思想資料十分豐富,頗多《評》中所無或重要的不同之處。

此本《凡例》云:"字從朱墨,刻極精研,損益權衡,斟酌删述。""《參》章仍本文,評依卓老,語符名理,意合正宗。""讀從世本,點倣楊公,豁目可觀,會心不遠。""勝集諸家,博採群言,標題獨詣。"書眉上所評多冠以"卓吾云"、"復所云"、"侗初云"、"霍林云"、"季侯云"等。

《凡例》十則,爲張兆隆所撰。兆隆字鞏延,明憲之子。明憲序中云:"書簾之暇,拈出與岳麓院中諸君子披閱,欣然得未曾有,因寄郵筒,令兒子合刻之。"則此本當爲張兆隆所刻。按,此本頗類凌氏套印本,檢參訂校閱姓氏,內同訂者有凌安國啓康,疑此書之套印,或與凌氏有關,惜無切實佐證也。

王重民《中國善本書提要》著録有該書"明朱墨印本"(未著明收藏單位),作"明張汝英輯"。云《凡例》亦爲汝英所撰,"據題款及印記,知其字鞏延"。王氏又見有另一本,序文及《凡例》與前本同,惟《凡例》末又題"鞏延張兆洺識",且多出"參訂校閱姓氏",同訂者作"張鞏延兆洺"。王云:"作汝英者蓋爲後來所改。"本館藏本和王氏所見二本不同,除有"批評批點姓氏"外,在"參訂校閱姓氏"中,同訂者計八人,末一人即爲"張鞏延兆隆"。

《四庫全書總目》未收,亦不見《清代禁燬書目》。《中國古籍善本書目》著録。中國國家圖書館、天津圖書館、遼寧省圖書館等十一館,及日本內閣文庫、尊經閣文庫亦有入藏。臺北"國家圖書館"藏本缺《孟子》七卷。

0209　明萬曆刻本刻四書便蒙講述　　T855/2110

《刻四書便蒙講述》十一卷,明盧一誠撰。明萬曆刻本。十册。半頁十一行二十五字,四周雙邊,白口,單魚尾。框高 21.4 釐米,寬 13.8 釐米。題"閩後學癸未進士未人盧一誠著;男國子生伯儒編次;庠生伯雋、伯華、伯寀、伯勳同閱"。前有萬曆二十一年(1593)盧一誠序。

盧一誠,字未人。閩人。賜進士第。曾官南京户部江西清吏司郎中。

此書爲盧氏家刻以訓兒輩者。盧序有云:"予少讀章句,其所聞於父兄師友者,惟三氏説。及長,課生徒,其所日相探討者,亦惟三氏説。顧蔡博而詳,或苦其多;林約而精,或病其寡;陳簡而文,而略於講意:皆不便於童蒙之訓習也。於是參考三氏,各究旨歸,多者摘其要,寡者補其遺,文者闡其意;又兼採别家,互相訂證,間亦竊附己意,著爲講述,以授兒輩。蓋非敢謂集三氏而折其衷,亦庶乎一開卷而三氏要領俱在,其於發蒙也,或不無少補矣乎。"

《四庫全書總目》未收。《中國古籍善本書目》著録。安徽省圖書館、日本內閣文庫、尊經閣文庫亦有入藏。又日本慶安四年(1651)書林道伴曾刻有一誠《四書便蒙講述》二十卷。

鈐印有"真軒藏書"、"無窮會神習文庫"、"芷田縱里市島氏秘笈"、"衣傳之印"。

0210　明萬曆刻經言枝指本四書名物考　　T855/7920

《四書名物考》二十卷,明陳禹謨撰。明萬曆刻《經言枝指》本。十册。半頁十一行二十二字,左右雙邊,白口,單魚尾,書眉上刻注。框高 20.5 釐米,寬 13.9 釐米。題"海虞陳禹謨錫玄輯;友人陳以敬仲孺校"。前有馮復京序。

陳禹謨,字錫玄,號抱冲,常熟人。萬曆十九年舉人,授獲嘉縣學教諭,累陞兵部郎中,遷四川按察司僉事,備兵川南,尋遷貴州布政司參議。後病卒,詔贈亞中大夫。禹謨博識強記,貫穿經史,尤好攗摭四部中儷事駢語,比類相從。撰有《左氏兵略》,輯有《經言枝指》《廣滑稽志》等。《(康熙)常熟縣志》卷一八《邑人》有傳。

此爲《經言枝指》之零種。《經言枝指》計九十九卷,爲《漢詁纂》十九卷,《談經苑》四十卷,《引經釋》五卷,《人物概》十五卷,《名物考》二十卷。

馮復京序云:"余師陳先生殫見洽聞,留心著述,於是研究六籍,旁貫百家,窮討秘文,冥搜怪牒,蓋自朝章國制之鉅,以至蟲魚草木之微,四籍遺言,煥然臚列。書成,命之曰'名物考',凡若干卷,蓋解經之陸海而明經之筌蹄。"

《四庫全書總目》收《經言枝指》,入經部四書類存目。《總目》云,《名物考》"摭拾舊文,亦罕能精核,蓋浮慕漢儒之名,而不能得其專門授受之奧者也"。

《中國古籍善本書目》著錄二十四卷本,爲明錢受益、牛斗星補,明末牛斗星刻本。

闕名批點。

0211　明萬曆刻本鼎鐫睡庵湯太史四書脉　T855/3231

《鼎鐫睡庵湯太史四書脉》六卷,明湯賓尹撰。明萬曆刻本。五冊。半頁十行二十四字,四周單邊,白口,單魚尾。框高21.8釐米,寬12.1釐米。題"座師會稽石簣陶望齡校定;宣城湯賓尹嘉賓父輯著"。前有李廷機序,萬曆四十三年(1615)湯賓尹自序;韓敬跋。序後刊"校閱四書脉姓氏",題"座師溫陵九我李先生、會稽石簣陶先生全校;門人莆陽聖苞陳騰鳳、歸安求仲韓敬、臨川毛伯丘兆麟、三山永啓王宇全閱;弟宣城湯薦尹、近尹全錄。睡庵秘稿,陟瞻閱刻"。附"援引書目"三百二十一種。

湯賓尹,字嘉賓,號霍林。安徽宣城人。萬曆二十三年進士,授翰林編修。內外制書詔令多出其手,號稱得體,神宗每加獎賞。仕至南京國子監祭酒。有《睡庵詩文集》等。《(乾隆)宣城縣志》卷一七有傳。

脉者,中醫指脉息、脉搏。亦指事物連貫而有條理者。是書《大學》一卷,《中庸》一卷,《論語》二卷,《孟子》二卷。此爲釋解四書之作,旨意分明,脉理條貫。

湯氏自序曰:"凡天地間之物,有皮膚必有氣骨,有氣骨必有脉絡。""夫孔、曾、思、孟,上接十六字之心傳,語語脉絡,如日月之中天,江河之行地,此脉千古不絶矣。無奈腐臭之儒,深者索之氣骨之外,令此旨沉晦而脉息;淺者求之皮膚之內,令此旨浮薄而脉枯。辟之庸醫,因病按脉,非因脉按病,使聖賢之言不了以了,脉理茫然。即以宋儒之傳注,明儒之標宗,非不紹明正學,羽翼聖真,然竟了而不了,則以正脉之難按矣。不佞以爲,唐、虞、孔、孟以來一脉如綫,深不在骨,淺不在皮。訓詁而益遠,標明而愈失,以其未就聖賢之旨,按聖賢之脉,而以吾之臆見揣聖賢之脉,安能謀然解乎?雖然,寥寥宇宙,人眼如豆,不佞敢負神手,能按真脉,但以脉付脉,差勝庸醫,而以較之傳注、標宗,諸大儒瞠乎其後矣。"

是書《凡例》乃余應虬撰。應虬,字陟瞻,建陽人,有坊肆,刻書甚多。今可見者有《西陽搜古奇編》十八卷、《新刻李袁二先生精選唐詩訓解》七卷等多種。此書亦疑爲余氏所刻。

《凡例》七則,皆類書林之廣告用語,茲錄如下:

一、書以脉名,傳正諦也。然一章有一章之脉,要看何處發派,何處收縮。一節有一節之脉,要看從何遞接,從何轉摺。一句有一句之脉,要看此句應某句,此句重某字。是集出自霍林湯太史手授,雞窗滴露,嗣及木署聽漏,乃成斯編,旨意分明,脉理條貫,真孔孟之寄靈,信元家之傳鉢。

一、離經叛注,名曰發塚。是集一禀紫陽之傳注,奉天朝之令甲,間有所闡發,期以羽翼訓詁,鼓吹休明,非是族者,語雖玄不錄。

一、師心索解,祇成井窺。是集博採宋儒大全及國朝諸大家手録,仍馳檄遍搜秘笥袖珍,間與木館名公設難辨證,一卷之中,備輯五車之秘。

一、丘索無鏡,幾隣捉影。是集遍輯《七十二朝人物考》,兼參天文山海諸書,辨質仍採六經訓注,以便證訂。摘辭則無非典故,展卷則恍如實録。

一、講意參辰,是謂矛盾。是集榦上扶枝,肌里生肉,一切脂膏,盡行洗刷,辭不亂叠,旨無參駁,苟或與之矛盾者,意甚工亦不敢入。

一、坊刻模糊,總成聚訟。是集先提全章總意,後乃逐節逐句分解。其用大圈者何,便識認也;其密圈者何,係文家意柱也;其密點者何,乃關要眼目也。字字比櫛,段段參核,誠學士之津梁,亦後生之寶筏。

一、杖杜弗嚴,弊流用罔。是集極力校讎,鬚眉必燭,義不以聲蒙,字不以畫借,豈但不易屋以爲垢,庶幾無以魚而爲魯。

《四庫全書總目》未收。《中國古籍善本書目》未著録此本,僅收有湯氏《新鐫湯霍林先生秘笥四書金繩》不分卷、《鼎鐫徐筆洞增補睡庵四書脉講意》六卷。

鈐印有"桑名文庫"、"白河文庫"、"立教館圖書印",皆日人所鈐也。

0212 明末刻本皇明百方家問答

T855/0225

《皇明百方家問答》十五卷,明郭偉撰。明末金陵李潮刻本。存一冊。半頁十行二十四字,四周單邊,白口,單魚尾。框高22.2釐米,寬14釐米。題"晉江洙源郭偉彙纂;海澄賓明柯仲炯、常熟尚湖錢謙益、江陰西谿繆昌期、晉江子名李維登仝校;男公紹郭萬祚編次;金陵少泉李潮梓行"。序佚去。前有皇明百方家姓氏;採用百方家諸書總目;《郭洙源先生歷來纂著四書講意書目》。

郭偉,字洙源(一說字士俊)。福建晉江石湖人。髫歲以文學名,與李廷機諸人爲紫宮會。年二十四,受聘於三山余泗泉,始纂《鰲頭龍翔集注》等八種。繼而流寓金陵,撰著《崇正録》諸集,凡三十七部。《(乾隆)晉江縣志》卷一二《人物志·文苑》有傳。

其所謂百方家者,始宋潛溪(濂)、薛敬軒(瑄),止陸聚崗(南陽)、徐玄扈(光啓),計一百四十七人。百方家諸書總目,收書一百五十一種。是書以問答形式,釋解四書。答者,皆郭氏自"百方家"之"百方家諸書"中選出,乃爲習四書者之啓蒙讀物。此本存卷一《大學》,卷二至四《中庸》。卷五至一五俱缺。

此本爲李潮所刻。潮字時舉,號少泉。金陵人。萬曆至崇禎間在金陵設書坊,刻書甚多。據《明代版刻綜録》載,李潮刻書約十一種,如《新鍥明詩十二家類鈔》八卷、《詩經百家問答》不分卷、《新刊明政統宗》三十卷《附録》一卷等。

郭偉於四書研究頗多心得,所撰校四書類講意之書達五十五種,據正文前之《郭洙源先生歷來纂著四書講意書目》，爲《語苑新意》、《講意詳達》、《舉業要覽》、《鰲頭注説》、《講意翶翔》、《翰林家訓》、《説藪》、《歸正抄評》、《百氏統宗》、《講意正印》、《主意折衷》、《衍義》、《讀書一得》、《膚見》、《名公答問》、《名公新説》、《名公新意》、《新説評》、《正説評》、《歸正講》、《合注篇》、《續合注篇》、《集注翼》、《一見能講》、《明明講》、《宗一説》、《一覽全書》、《指南車》、《正新錄》、《五説一統》、《西湖問答》、《説符》、《百家彙纂》、《砥柱中流》、《續砥柱中流》、《藝林鼓吹》、《椽筆錄》、《教子正講》、《類儁火齊》、《講意合符》、《窺豹篇》、《主意金鼎》、《紅爐點雪》、《講意天龍》、《精抄》、《意蘂》、《四書約》、《文家鏡》、《續文家鏡》、《崇正錄》、《元魁啓鑰》、《奪錦標》、《提掇英雄》、《青雲捷徑》、《丹桂飄香》。然今所存者頗稀見，僅《新鍥皇明百大家總意四書正新錄》六卷、《增補郭洙源先生匯輯十太史四書主意寶藏》十卷、《新鍥四書新説國朝名公答問》十五卷(此爲郭偉校，藏日本内閣文庫)以及此《皇明百方家問答》等。

《四庫全書總目》未著録，僅於存目收《百子金丹》十卷。《中國古籍善本書目》著録明萬曆李潮刻本，當即此本，藏重慶市圖書館、東北師範大學圖書館。又日本内閣文庫亦有入藏，作明刻本(李氏聚奎樓)，題明郭偉撰，郭萬祁編。按，"祁"字誤，應爲"祚"。

鈐印有"閒靖室藏書記"。

0213　明崇禎刻本四書湖南講　　　　　T855/4230

《四書湖南講》十一卷，明葛寅亮撰。明崇禎刻本。九册。半頁八行二十字，四周單邊，白口，無魚尾。框高23.4釐米，寬14.3釐米。題"錢塘葛寅亮著"。前有崇禎四年(1631)鄭尚友序，崇禎五年(1632)葛寅亮自序。

葛寅亮，字水鑑，號屺瞻。錢塘人。萬曆二十九年進士。授南京禮部儀制司主事，遷祠祭司郎中，疏請修拓黄觀、方孝孺等祠。後典山西試，搜采英奇，晉文爲之一變。陞通政使、大理寺卿、少司農。卒年七十七。居官五十年，强半家居，談經講藝，汲引人才，惟日不足。《錢塘縣志》卷一九有傳。

寅亮於諸生時，即究心於四書，其讀書自三代而下，語録子史而外，兼及梵典。此爲其乞休里居，聚徒湖南書院，相與討論之作。據云其授課時微言快語，琅琅若懸河，若霏屑，直發人意而四坐爲之解頤。諸弟子得於聽受即筆記之，復呈寅亮，再削正之，如是者幾三十年，始成是書。其序云："予與諸生揚攉，業有《湖南講》，詳哉其言之矣。復取《學》、《庸》二書，訂其章次及錯簡，約所言而爲詁，要以句必傍原文，義必根本旨，而不敢旁溢一語。有功夫可以入手，有造詣可以還元，似言以返約而漸近自然者。"

是書《大學詁》一卷，《中庸詁》一卷，《大學湖南講》一卷，《中庸湖南講》一卷，《論語湖南講》四卷，《孟子湖南講》三卷。《浙江通志》載是書二十六卷，與此不合，然此本首尾俱全，或《通志》所載有誤，或另有續編。

《凡例》後有"商内姓氏"并"閱刻門人"。"閱刻門人"爲建陽余應虬、余昌會、余昌年、余日榮，疑此或爲建陽余應虬刻本。

《四庫全書總目》入經部四書類存目。《總目》云："是書分標三例，凡剖析本章大義者曰測，就經文語氣順演者曰演，與其門人問答辨難者曰商，間有引證他書及先儒之論則細書於後，大抵皆其口授於門弟子者也。"

《中國古籍善本書目》著録。陝西省圖書館、浙江圖書館、湖北省圖書館、中國科學院圖書館,及日本尊經閣文庫、內閣文庫(三部)亦有入藏。

闕名朱筆圈點。

0214　明末刻本新鐫繆當時先生四書九鼎　　T855/2264

《新鐫繆當時先生四書九鼎》十三卷,明繆昌期撰。明末長庚館刻本。五册。半頁上欄十六行十六字,下欄九行十七字,左右雙邊,白口,單魚尾。框高 22.6 釐米,寬 12.1 釐米。題"明江陰繆昌期纂要;溫陵楊文奎編次"。前有陳繼儒序。

昌期,字當時,號西溪。江陰人。萬曆四十一年進士。授檢討,時有東林之目,給事中劉文炳疏攻之,移疾去。天啓初還朝,遷左贊善,進諭德。楊漣劾魏忠賢,有言漣疏乃昌期代草者,忠賢恨之。昌期乞假歸,尋以汪文言獄詞連及,削職提問,竟斃於獄。福王時,追諡文貞。

是書《大學》一卷,《中庸》一卷,《論語》四卷,《孟子》七卷。

九鼎者,喻重也。《史記》卷七六《平原君傳》云:"毛先生(遂)一至楚,而使趙重於九鼎大吕。"通都大邑,學校繁興;窮鄉僻壤,私塾授徒,莫不以四書爲讀本。自宋朱熹作《四書集注》後,釋解四書之家蜂起。陳繼儒序云:"甚至老學究燈下尋條摘句,杜撰成書,射利坊間,壟斷一時,以矇初學。聖賢命脉,支分節解,不意大明隆盛,書毒之慘,一至是哉!繆先生痛焉,振起士林,爲紫陽氏樹赤幟,著《四書九鼎》。下集宋儒大全切中肯綮者纂録之,上以我明諸公言之粹而理者集録之,以垂後學。文而不浮,質而不野,其衛翊道統,功何偉哉!一言定鼎,衆説紛紜於兹息矣。"

是書封面署"登雲四書九鼎"。"登雲"者,升於雲端也,或云置身青雲。封建社會,以四書定爲取士標準,始於元仁宗皇慶二年(1313)。《元史·選舉志》云:"皇慶二年,詔定考試程式,蒙古、色目人第一場經問五條,《大學》、《論語》、《孟子》、《中庸》內設問,用朱氏章句集注……漢人、南人第一場明經、經疑二問,《大學》、《論語》、《中庸》、《孟子》內出題,并用朱氏章句集注,復以己意結之。"在此之前,元世祖即嘗定國子學制,詔讀四書,此實皇慶程式所自來。《元史·選舉志》又云:"至元二十四年,立國子學而定其制……凡讀書必先《孝經》、小學、《論語》、《孟子》、《大學》、《中庸》,次及《詩》、《書》、《禮記》、《周禮》、《春秋》、《易》。"

書之上欄刻"刪補微言",題"雲間唐士雅輯;門人潘文焕補"(按,"潘文焕"爲潘焕文之誤)。當取明唐汝諤輯《四書增補微言》而刻於上。此等二節本實爲坊賈之生意經,然亦爲讀書士子所好。

扉頁刻"四書九鼎。金鎞在手,開萬古迷蒙;寶筏橫川,濟四來跋涉。一言定鼎,片字明心。本堂原刻宋儒大全,已見珍於宇內;次鐫《增補微言》,更騰價於坊間。今繆先生是刻,上集熙賢妙旨,下纂宋儒真詮,重貲聘梓,以廣流通,誠明宋之合璧也,惟智眼識之。長庚館主人識"。按,長庚館爲明末坊肆,嘗刻有《四書直解指南》二十七卷、《新鍥誠意伯秘授玄徹通旨滴天髓》二卷等。

《四庫全書總目》未收。《中國古籍善本書目》未著録。日本尊經閣文庫有入藏。

日人裝幀。

鈐印有"蘆隱清玩",日人藏印。

0215　明萬曆刻本新鐫黄貞父訂補四書周莊合解　　T855/7212

《新鐫黄貞父訂補四書周莊合解》十卷,明周延儒、莊奇顯撰,黄汝亨補。明萬曆長虹閣刻本。五冊。半頁十一行二十六字,四周單邊,白口,無魚尾,書口下刊"長虹閣藏板",上刻訂補。框高21.9釐米,寬12釐米。題"補虎林黃汝亨貞父先生;著狀元周延儒玉繩先生、榜眼莊奇顯見微先生"。前有萬曆四十二年(1614)黃汝亨序。

周延儒,字玉繩,號挹齋。宜興人。萬曆四十一年進士。授修撰。思宗即位,擢禮部右侍郎。崇禎二年,擢禮部尚書兼東閣大學士,入參機務。翌年,任內閣首輔。任內薦任之人多出私情,爲時論所非。六年,被罷相,引疾歸里。後奉旨復出,再任首輔,進禮部尚書、中極殿大學士。後因清兵入侵山東,延儒督師,以冒功受賞之事敗露,帝怒而削其職,賜死。《宜興縣志》(上海人民出版社)卷三〇《人物》有傳。

莊奇顯,字允元。晉江人。萬曆四十一年進士,時年二十六。授編修,補南國子監司業。年三十五卒。其爲人孝友天植,與人交,開胸見膽,心貫金石。又著有《通鑑刪》、《性理刪》、《尚書指南》等。《(乾隆)晉江縣志》卷九《人物志》有傳。

黃汝亨,字貞甫。錢塘人。萬曆二十六年進士。授進賢知縣。遷南京工部主事,尋遷江西提學僉事。進江西布政參議,備兵湖西,逾年以祝釐便道還浙,遂謝病不復出。結廬南屏小蓬萊,題曰寓林,以著作自娛。揮翰如飛,詩文古色照人,尤工五言,詩格在陶謝間。晚修《武林實錄》未成。卒年六十九。《(民國)杭州府志》卷一四四《文苑》有傳。

是書《大學》一卷,《中庸》一卷,《論語》四卷,《孟子》四卷。每節後皆有黃氏訂補之文。書眉上刊"續遺"、"摘粹"、"稽古"。

按四書之名,定自朱熹,四書之並尊,亦始於朱熹。四書自元皇慶二年懸爲令甲,並詔用朱子集注,天下學子爭讀朱子之書,於是帖括制義之作接踵而生。又有羽翼朱注者,頗有發明,一字一句,推求語意,或設爲問答,不一而足。此類釋解四書之作,多爲場屋士子所用。是書最初應有周、莊合解四書之作,此爲黃氏訂補者。因此書流傳罕見,故錄《論語·學而》,以窺一斑。

周曰:此章是三叠語,非三平語,須以"時習"爲主,以"悅"字爲脉,以"君子"爲竟。蓋"時習"乃一生得力處,"悅"乃一生受用處。莊曰:下二節與首一節有淺深次第否?周曰:"學"至"時習"而"悅",別無進步處,只是性中之分量,一時形容不完,故以"朋來"足之,性中之境界,不從閱歷,不見得無窒無礙之妙,故以"不慍"形之。若以成己、成物、成德說者,急宜塗抹。

莊曰:聖人開口說個"學"字,是所學何事?周曰:"學"者復性之要路,"學"從心體上用功夫,總不外於"擇善""固執"。"時習"者,有日新又新、勿忘勿助之意,所以心與理會,以性復性之妙境,其悅也何如?莊曰:朋來而樂,是慶吾道之廣其傳否?周曰:非也。道原與人已同有者,朋來是得人以共學,得人以共習,有以遂其一體大同之願,而性分內事始完,豈不樂?莊曰:"人不知","人"字所包甚廣。周曰:所包雖廣,亦要領上言,朋來固樂矣,如或人之不知,所遇甚阨,亦惟知偕吾之朋,學習如故,略無一點含怒之意。樂至於此,樂之真也;悅至於此,悅之融也;習至於此,習之忘也;學至於此,學之就也。所以爲君子。"君子"句只承本節贊之,而悅樂意未嘗不在內。莊曰:"慍"雖含怒意,但細心會來,以理論,則成德君子何怒之可含?以字論,則"南風之薰兮,可以解吾民之慍兮"。天暑何嘗怒他,只是令人悶耳。周曰:亦有見。

黃貞父曰:此夫子開口便指點一生受用處,是洙泗之家風也。後面著許多爲聖爲賢的弟子,都從這裡過。學問妙處,全憑心裡體貼出來,若肯時時不放過,自然有得於心,豈不悅?至如朋來,此正學者之樂地;至如"不慍",此正學之火候已到,纔是"君子"。亦即明道先生"富貴不淫貧賤樂,男兒到此是豪雄"意。

續遺:聖人一生,只是個"學而不厭",學則那有盡頭?特爲世人苦難,而無自得之趣,故說此悦樂不樂境界,以鼓舞而欣動之。只玩本文三"不亦"字,便見想他循循善誘之意。

摘粹:朋爲同志,人是衆人。氣味相投,則千里相慕;形骸便隔,則白首如新。何怪之有?

稽古:朱子曰,爲學是自己當然之事,如吃飯要自家飽,既飽何必問人知不知?

黃汝亨序云:"今玉繩周君、見微莊君,地之相去千有餘里,風馬牛不相及也。矧莊君雋鄉書於丙午,周君雋鄉書於壬子,上公車之後先,又七年所矣。其合也不亦戛戛乎,難哉!庸詎知豪傑之興,共應風虎之會,癸丑一榜而二君並鑣先登,嗟嗟,孰謂一淵不兩蛟耶?且同事翰苑,值公餘,各舉《學》、《庸》、《論》、《孟》四經,紬繹討論,若庖丁解牛,批其郤,導其窾,每至於族怵然焉。或各出一見而不嫌異,或共成一議而不嫌同,彼此輸寫,期於傳四經之脉而止。故其揮毫成文出自天然,其取精於四經者多也。""余於斯合解一帙卜之也,但帙內間有貂不足,余因爲之狗尾續,二君其以狗尾視余也。"

《四庫全書總目》未收。《中國古籍善本書目》未著錄。

日人裝幀。

鈐印有"大森藏書"、"山下氏藏弆記"、"病居士"、"吉田氏"。

0216　明萬曆刻本新鍥四書心鉢　　　T855/0200

《新鍥四書心鉢》九卷,明方應龍撰。明萬曆方氏刻本。五冊。半頁十行二十五字,四周單邊,白口,無魚尾,書口下刊"方氏家藏"。框高19.7釐米,寬11.6釐米。題"四明寓白方應龍文伯甫著;父明崗方梧授;弟庠生方應登、男太皓、太冲、太嵓、太階、太岱述"。又有兄方見日、門人王佐、弟方應科等人仝校名銜。前有萬曆三十七年(1609)沈道原序,方應龍自序。

應龍,字寓白,號文伯,又號三千道人。四明人。

沈道原序云:"今東越方先生,人倫之雋,其文名走東西浙,言語妙天下。其經術出自尊翁明崗先生所授,家學淵源,庶幾鯉庭,其銓釋初不出點畫文象之間,而極深研幾,畫前之解,遂遇羲文,嘻其神也。"

此爲銓釋四書之通俗讀本。計《大學》一卷,《中庸》一卷,《論語》四卷,《孟子》三卷。書以"心鉢"爲名,蓋"成父志也,成聖賢之志也"。

《四庫全書總目》未收。《中國古籍善本書目》未著錄。日本加賀市立圖書館藏聖藩文庫書中有此本。

鈐印有"子孫永保雲煙家藏書記",日人之印。

0217　明萬曆刻本四書眼　　　T855/4241

《四書眼》十九卷,明梁知撰。明萬曆大來山房刻本。八冊。半頁八行十七字,四周單邊,白口,單魚尾,上刻評,書口下刻"大來山房"。框高20.5釐米,寬13.4釐米。前有萬曆二十四年(1596)楊起元序,萬曆三十九年(1611)蕭孔耆序;梁知撰《凡例》三則并紀事。題"東粵楊起元貞復父批評;南陽梁知無知父論次;廣陵蕭孔耆伯良父參訂"。

梁知,或即爲葉晝。清周亮工《書影》卷一云:"葉文通,名晝,無錫人。多讀書,有才情。留心二氏學,故爲詭異之行,跡其生平,多似何心隱。或自稱錦翁,或自稱葉五葉,或稱葉不夜,最後名梁無知,謂梁谿無人知之也。當溫陵《焚、藏書》盛行時,坊間種種借溫陵之名以行者,如

《四書第一評》、《第二評》、《水滸傳》、《琵琶》、《拜月》諸評,皆出文通手。"

又明錢希言《戲瑕》卷三"贋籍"條云:"比來盛行溫陵李贄書,則有梁溪人葉陽開名畫者,刻畫摹倣,次第勒成,託於溫陵之名以行……畫,落魄不羈人也,家故貧,素嗜酒。時從人貸飲,醒即著書,輒爲人持金鬻去,不責其值,即所謂《樗齋漫録》者也。近又輯《黑旋風集》行於世,以譏刺進賢,斯真滑稽之雄已。"

是書計《大學》一卷,《中庸》一卷,《論語》十卷,《孟子》七卷。爲評論四書之專書,以正文列於前,論次列於後。楊起元序云:"克己復禮爲仁,原是一句没頭面説話,到得顏氏子眼前,便請問其目。請問其目者,請問其眼也,有眼者固如此。今人讀書,一味瞎讀。仲尼既生,仍如長夜,真有以鍾爲日,以籥爲日也者,非戲論也。嗚呼哀哉!南陽梁子,夙具聖賢之骨,蚤辦聖賢之心,時開聖賢之眼,讀書瞥有見處,時時録之。一日持四書一編證予,余勉之曰:可謂'四書眼'矣。"

其《凡例》有云:"先師與李卓吾不同道,而亦亟稱卓吾,兩人相對,每危坐終日,各不出一語,真有相視莫逆之意。故其論次批評,間多暗合。此書凡與《四書評》同意者,已盡情删削,尚存百千之一二,則宣城之所最賞者云。"梁氏自云:"二十浮於菽林,即二十而沉於書圃,今又浮沉於東西南北者若干年,向時往南都,師事東粵先生,便有《四書眼》之役。"

楊起元於是書之評,頗有獨到之處,其《論語》卷一"論耳順"云:"耳順如自家家裏人説家裏話,提起便詳詳悉悉,無不知者,毫無隔礙,毫無思議,這是何等地位,何等光景!可易到乎?即知天命猶覺説道理,還有新奇可喜之意在,到此天命亦爲人事矣,直恁平常。"又如《孟子》下卷七"論民爲貴"云:"從來無如此快論,非真留心民命者,何以開此口眼。今人中得一進士便視民如土芥矣,豈知操汝生殺榮辱之天子尚在此民之下也耶?爲君爲臣者,俱不可不知此。"

正文前有"標目",每目之上多有楊氏批語,如"好甚"、"精絶"、"玅"、"得未曾有"、"好"、"徹極"、"亦好"、"是"、"妙極"、"慧"、"得孟旨"、"古今偉議"等。

《四庫全書總目》未收。《中國古籍善本書目》著録。湖北省圖書館及日本静嘉堂文庫亦有入藏。又日本內閣文庫有《四書評眼》十三卷,題楊起元等撰。

闕名朱筆圈點。

0218　明末刻本近聖居四書翼經圖解　　T855/8905

《近聖居四書翼經圖解》十九卷,明余應虬撰。明末近聖居刻本。十册。半頁十一行二十二字,四周單邊,白口,無魚尾,有圖。上欄十九行二十字。框高20.9釐米,寬11.7釐米。《大學》題"上虞倪元璐玉汝父、錢塘翁鴻業一巘父、古吳張采受先父、閩中黃文焕維章父全鑒定;古閩余應虬猶龍父纂輯;金壇張明弼公亮父參補;雲間錢肅樂希聲父考訂;莆陽余颺賡之父較閲"。前有商周祚序,黃端伯序,謝紹芳序。

余應虬,字陟瞻,號猶龍。建陽書林中人。曾師事黃端伯等人,屬坊肆中文化程度較高者。其研四書有年,曾參與《酉陽搜古奇編》及《四書徵》、《四書湖南講》等書參訂、刊刻諸事。

是書計《大學》一卷,《中庸》一卷,《論語》十卷,《孟子》七卷。每句除釋解外,又有參證、考證、附考。上欄爲考,極詳細述説本章旨意,通俗易懂。圖不甚多,但較精。

商周祚序云:"余子苦心下帷,博考群書,不知其歷幾寒暑。繪孔、孟之面目,描程、朱之鬚眉,筆筆宛然,豈惟貌肖,神亦附傳,翼經之功,不在禹下。"謝紹芳序云:"吾友余猶龍氏,讀書窮理,致知格物,深鑒是病,既彙輯講說以爲讀書正印,而且併錄圖於後,又從而解繹之。此不特令張華、武平一輩不得誇博洽於昔,而且可令人得象而忘言,妙解筌蹄,庶幾圖譜之學復大明於天下也夫。"

扉頁刊"四書引蒙翼經圖解。商冢宰發刊,近聖居藏板"。鈐有"近聖居藏板"印。

《四庫全書總目》未收。《中國古籍善本書目》著錄。華東師範大學圖書館及日本內閣文庫、尊經閣文庫亦有入藏。

鈐印有"洛下傳醫"等。

館藏有是書清代得板重印之本,然僅存《論語》十卷,又作者、副作者次序等亦有變動。

0219　明崇禎刻本四書備考　　　T855/7928

《四書備考》二十八卷《四書考異》一卷,明陳仁錫撰,陳義錫等參訂。明崇禎刻本。十四冊。半頁九行十九字,四周單邊,白口,單魚尾,書眉上刻注語。框高21.1釐米,寬13.4釐米。題"太史芝臺陳仁錫增定;弟和卿義錫、中卿禮錫、成卿智錫參訂"。前有崇禎七年(1634)陳仁錫序;《凡例》二十一則。

是書以凡見於四書之人物者,悉爲編輯。其次第先後,或以時,或以國,或以行業,或以食用動植,各從其類。取材除全鑑、古史之外,如詩賦、詞苑,多取其識見之宏博、文彩之富贍、用事之典覈者。書眉上所注,乃爲稗官、野乘及小節片言,皆有關切本書者。《考異》一卷,載四書字句異同,摭拾頗簡略。

《四庫全書總目》入經部四書類存目。《總目》云:"是書因薛應旂《四書人物考》而廣之,仍餖飣之學。"

《中國古籍善本書目》著錄。天一閣博物館及美國國會圖書館、日本內閣文庫、靜嘉堂文庫、東京大學東洋文化研究所亦有入藏。《中國古籍善本書目》又著錄陳氏《四書考》二十八卷《考異》一卷(明崇禎七年刻本),大陸有二十館以上入藏。按,此本疑與陳氏《四書考》同,取以相核,當可冰釋。

鈐印有"木堂圖書"、"赤穗城下南三木氏"、"袁德英印"、"碩鴻"。

0220　清乾隆刻本增補四書精繡圖像人物備考　　　T855/0694.7B

《增補四書精繡圖像人物備考》十二卷,明陳仁錫撰。清乾隆三十九年(1774)三多齋刻本。十二冊。半頁十三行三十字,四周單邊,白口,單魚尾,書眉上端刻批注,書口上刻"四書人物備考",下刻"文會"二字。框高20.2釐米,寬13.1釐米。題"太史芝臺陳仁錫明卿增定;弟義錫和卿重校;古吳唐光夔冠甫詳閱;秣陵陳銳又鋒參訂"。前有康熙五十八年(1719)陳仁錫序。

扉頁刻"增補四書人物備考。武進薛方山先生彙輯。長洲陳明卿先生增定。乾隆甲午年新鐫。精繡圖像。注釋無疑。三多齋梓行"。"甲午",爲乾隆三十九年。"三多齋"爲坊肆,《中國古籍版刻辭典》未收。

此本有襯頁,均爲《(光緒)續修廬州府志》。

鈐印有"鶴潭"。

0221　明刻本新刻乙丑科華會元四書主意金玉髓　　T855/4514

　　《新刻乙丑科華會元四書主意金玉髓》十四卷，明華琪芳撰。明金陵書林張少吾刻本。十冊。半頁十一行二十字，四周單邊，白口，單魚尾，書眉上刻批。框高22.5釐米，寬13.6釐米。題"房師太史楊慕垣訂；會元無錫華琪芳著；同年吳江龐承寵、晉江張維機、長洲管玉音、無錫吳道燁批；後學晉江郭偉校；太學建陽余昌祚閱；古吳書林張鍾福梓"。前有天啓五年(1625)楊世芳序。

　　華琪芳，無錫人。天啓五年進士。曾任少詹事。

　　是書《大學》一卷，《中庸》二卷，《論語》六卷，《孟子》五卷。以"金玉髓"名者，可見楊序。序云："昔人有言曰，看書悟一字如獲赤虹金，讀書悟一語如得鸂鶒玉。何也？鑛毓荆山，精儲漢水，語寶至赤虹之金、鸂鶒之玉極矣，無以加矣。然余以爲尚有加也，金玉之髓是也。金之精，玉之髓，悉次第臚列斯集中矣，遂以'金玉髓'名篇。"

　　書中各條均附有書地、書年、書人，皆爲琪芳歷年所纂輯書義，次第臚列，如："家庭課弟語"，採一百九十七條；"癸丑歲寓三元堂纂"，採一百三十條；"答門人郭萬祚問"，採二百四十二條。其《凡例》有云："集中書地書年又書人者，何也？先生髫年從父師句讀時，便知尊經翼傳，一切異說，盡行刪去，置之罔聞。稍長而交游眷朋，日相與講究者，信手信口，務求了悟，期於曉暢書義而止。壯而授業門人，意領神解，無藉支離，始知摸色象者，種種非真，多言說者，語語是妄。片言標旨，尚屬荃蹄，繁詞博綜，焉能浹洽？"

　　扉頁刊"新刻會元華芳侯先生四書主意金玉髓。房師楊太史訂正。翻刻者千里必究，金陵書林張少吾梓行"。

　　《四庫全書總目》未收。《中國古籍善本書目》未著錄。

0222　明末刻本三太史彙纂四書人物類函　　T882/1891

　　《三太史彙纂四書人物類函》十六卷，明項煜等撰。明末刻本。五冊。半頁十行二十六字，四周單邊，白口，無魚尾。框高22.3釐米，寬13.7釐米。題"雲間張鼐侗初父鑒定；古吳項煜仲昭父彙纂；長洲徐汧九一父考訂"。前有陳仁錫序。

　　項煜，字水心。吳縣人。天啓五年進士。官至詹事。李自成陷京師，與倪鴻寶、馬素相約死節，被門生黎志陞挾之以見自成，遂受職。自成敗，被人執送留都，繫獄，以助餉得出，後走四明，士人執而沉諸河。

　　是書《大學》一卷，《中庸》二卷，《論語》八卷，《孟子》五卷。

　　《四庫全書總目》未收。據《中國古籍善本書目》，項煜等又有《三太史彙纂四書人物類考》十六卷，或即此書。是書中山大學圖書館及日本内閣文庫亦有入藏。又日本内閣文庫有《新鐫項仲昭先生四書娜環集注》十九卷，爲明刻本。

　　鈐印有"棲鶯堂圖書記"、"黃龍窟藏"。

0223　明萬曆刻本鐫彙附雲間三太史約文暢解四書增補微言　　T855/0630

　　《鐫彙附雲間三太史約文暢解四書增補微言》十七卷，明唐汝諤撰。明萬曆金陵書林晏少溪、朱桃源刻本。五册。半頁上欄二十四行十二字、下欄十二行二十四字,四周單邊,白口,單魚尾。框高23.2釐米,寬14.1釐米。題"華亭赤城唐汝諤士雅父輯;門人潘煥文文子父參;同邑蔣方馨元復父校;寓金陵書林晏氏少溪、朱氏桃源全梓"。前有萬曆四十二年(1614)潘煥文序,萬曆四十三年(1615)懷泉氏撰《凡例》六則。

唐汝諤,字士雅。松江人。天啓中以貢生官常熟縣教諭。

是書《大學》一卷,《中庸》一卷,《論語》八卷,《孟子》七卷。上欄刻張以誠、董其昌、張鼐三太史有關四書之述解。

潘煥文序云:"歲丙午,余師士雅有《微言》之輯,嗣又與余不佞謀所以刪之,業已殺青告成,懸之國門,膾炙人口矣。有客自南來,復請以官板行世。余不佞重董其事,不憚丙夜之勞,曷辭達旦之苦,偕余師嚴加刪定,總之一稟紫陽注説,蘄無背於先民者也。刪成,走留都,謁晏老師,而請正之,并丏以序,合之太史約文暢解,以播寰中。"由序可知,萬曆三十四年汝諤《微言》成,然書今不見傳於世。

其《凡例》末則云:"刻《刪補微言》也,始之者士雅,參之者文子,而定之者清獻公之孫,頒佈而行之者則紫陽氏孫武陵、而余家宗子榮也。儻有謂奇貨可居,翻刻何咎,則三尺凜凜,斷不少貸,是以禁翻《刪補微言》刻。"

《四庫全書總目》有汝諤之《詩經微言合參》八卷,而不及此書。

《中國古籍善本書目》未著錄。日本東京大學東洋文化研究所亦有入藏。静嘉堂文庫有殘本。又内閣文庫藏有汝諤《三刻刪補四書微言》十四卷、《刪補四書微言》二十卷,皆明刻本。

日人裝幀。

鈐印有"橋"、"西居"、"池上幸二郎藏",皆日人印。

0224　明末刻本四書徵　　　　　　　　　T889/1148

《四書徵》十二卷,明王夢簡撰。明末刻本。八册。半頁九行二十五字,四周單邊,白口,單魚尾。框高21.4釐米,寬11.6釐米。題"湯睡庵先生鑒定;古宣王夢簡簡臣父彙輯;友馮昌年年生父、馮汝密向日父、貢日葵君向父仝訂"。前有崇禎元年(1628)馮昌年序,天啓七年(1627)貢日葵序,陳忠言序。

夢簡,字簡臣。世家姑山。少孤而敏,不以貧墜青雲志,昕夕下帷讀,寒暄弗輟。於學考輒冠黌序,嗣以南闈六躓,纂輯益富,其及門之蜚聲藝苑者不可枚舉。

是書《大學》一卷,《中庸》一卷,《論語》五卷,《孟子》四卷。徵者,證明、證驗也。此書之作,乃俾習四書者隨書佐證。夢簡於四書多有研討,貢日葵序云:"爰是翩翩然翱翔乎梓里,仍繙閲諸名公所考釋四書中際天極地之典故,一一精蒐裒益而彙集之,題其首曰'四書徵'。余見而韪復焉,躍然見聖賢之道、帝王之治、詩書禮樂、兵刑政事、衣冠爵秩、人物品格、宮室器用、制度文爲,以迄於日星河嶽、動植飛潛,凡四書所具載者,罔不次第臚列。"

《四庫全書總目》未收。《中國古籍善本書目》著錄。四川省圖書館、南京大學圖書館,及日本内閣文庫亦有入藏。

闕名圈點。日人裝幀。

鈐印有"樂歲堂圖書記"、"子孫永寶"、"平户藩藏書",日人藏印也。

0225　明崇禎刻本四書經學考　　　　　　　　　　　　T881/2952

《四書經學考》十卷《補遺》一卷，明徐邦佐撰。《續考》六卷，明陳鵬霄輯。明崇禎刻本。四冊。半頁九行二十字，四周單邊，白口，單魚尾。框高 20.3 釐米，寬 13.7 釐米。題"錢塘徐邦佐孟超父采輯；同社汪一麟彥徵父、張奇齡天生父參閱；汪逢吉修仲父教正"。前有崇禎元年(1628)趙林翹序，崇禎元年徐邦佐自序；徐氏撰《凡例》十三則。《續考》題"山陰陳鵬霄天羽父采輯；同社徐邦佐孟起父、沈逢新駿聲父參閱；杜若芳蘭如父參訂"。前有崇禎七年(1634)祁熊佳序；陳氏撰《凡例》九則。

徐邦佐，字孟超，號寶淡居士。浙江錢塘人。

陳鵬霄，字天羽，號寧靜居士。浙江山陰人。

《經學考》原爲邦佐錄以自考者，後因友人艱於繕寫，兼請公諸同好，故將原書重加參訂而成。其書以六經爲主，即於四書外，又附《周禮》、《爾雅》二種，爲讀書士子舉業之讀本，故多彙其全文，以備原委。

徐氏《凡例》有云："士人窮經強半爲舉業用，茲於四籍援用者，彙其全文，以備原委，庶立言之旨與援引之意，豁然在目。""引經復及名物者，《周禮》、《爾雅》亦經也，間以《廣雅》、《埤雅》、諸子百家輔之，以裏經之不逮，亦以補《人物考》之未足也。"

趙林翹序云："吾友徐孟超氏，窮經好古人也，呻唔之暇，集魯鄒之待徵者，漱以六經之芳潤，反博以約，匯頤於簡，令覽之者真如五河之吐流，源泉如一。且更參訂周考，人以世論，物以器辨，俾一開卷而犁然雜陳，莫不朗然於心目之間矣。"

《續考》之作，乃因《經學考》止引經之全文，所以備而之考，然有考無解，故鵬霄"乃廣搜精採，俾海内得睹全璧"，並加以解法，以令觀者燦然心目。

陳氏《凡例》有云："考者從流而溯其源也，解者從源而清其流也，有考有解，而不合匯旨以參之，終無益於舉業，故遠稽舊日宗公，近述今時名碩，從諸講意講旨中，正大精奧者，逐段逐句，一一採出。"

祁熊佳序云："吾友天羽、孟超、畹玉，不揮較讎考訂之勞，續《四書經學考》，編類點定，欲學者習其讀則核其詳，顧其名則究其寔，俾我朝收右文崇學之報，而儒者所爲尊經學古繇乎此，而不盡繇乎此也。"

《四庫全書總目》入經部四書類存目。按，邦佐此書先有崇禎元年自刻本，行款爲九行二十字，南京圖書館、浙江圖書館等五館入藏。又臺北"國家圖書館"藏本著錄爲十一卷，當將《補遺》一卷合併計算故。《中國古籍善本書目》著錄此本，中國國家圖書館(佚去《補遺》一卷)、北京大學圖書館，及日本尊經閣文庫、美國普林斯頓大學葛思德東方圖書館亦有入藏。

鈐印有"浦南"。

0226　明末刻本近聖居三刻參補四書燃犀解　　　　　T855/7922

《近聖居三刻參補四書燃犀解》二十一卷，明陳祖綬撰，明夏允彝等參補。明末近聖居刻本。五冊。半頁十一行二十一字，上欄十九行二十字，四周單邊，白口，無魚尾。框高 21.3 釐米，寬 11.5 釐米。題"晉陵陳祖綬伯玉父輯著；錢江黃澍仲霖父較閱；雲間陳子龍臥子父訂

經部

正"。前有夏允彝序;陳祖綬撰《凡例》九則。

陳祖綬,字伯玉。江蘇武進人。

燃犀,按南朝宋劉敬叔《異苑》卷七載,晉溫嶠至牛渚磯,水底有音樂之聲,水深不可測,人云下多怪物,嶠乃燃犀角而照之,須臾,見水族覆火,奇形異狀。後謂人明燭事物者曰燃犀。此書亦爲釋解四書之專書,重在參補。爲《大學》一卷,《中庸》三卷,《論語》十卷,《孟子》七卷。

上欄刻參補,題"雲間夏允彝彝仲父、金沙周鍾介生父、潭水余昌年眉生父參補"。允彝,字彝仲。松江華亭人。崇禎十年進士。博學善文,與同邑陳子龍、徐孚遠等結幾社,與復社東林相應。清兵入南京後投水自殺。《明史》有傳。

是書釋解,分"特解"、"醒解"、"剖解"、"辨解"、"証解"、"參証",釋解甚詳。夏允彝序云:"惟昔老友陳子伯玉,心悟華轉,奏刀砉然,嘗著有《四書副墨合參》。既而《燃犀解》出,當合喙聚訟之秋,特出獨斷之見,攝三寸管城子,折衷諸説,砥障橫流,稱百谷王。真不減溫太真燃犀炤海,水族隨類見形,罔遁系髮。解四子書,殆不可無此眼明手快也。惜乎哲人往矣,寥寥解者能有幾人?予不敏,浪爲之參補。"

《凡例》有云:"邇來標奇樹異,孰清妖祟之氛;叛正離經,誰衍聖賢之脉?是編也,雖以約爲主,實以詳爲要,融脉貫旨,考證今古,悉依傳注,不敢摭拾詖滛以干功令。真通天一犀,離炤當空,彼畔妖淵孼,無處於斯集矣。""每章先録全旨,後分節句,要使指歸洞徹,條理會元,故於本文關鍵加以圈點。""句解櫛字比句,批却剖宗,不以冗雜炫具,惟以精明了義,觀者豁通心目,頓悟希夷。""訂意則匯字句之川流,渾章節之衆妙,確加參訂,佐翼傳經,惟以一正標的,不以兩可分歧。""廣搜諸名公品選制藝、題旨,彙次編後,誠舉業之津梁、文家之穀率。""解訂意有未悉,復有剖、醒、精、特、辨證、玄微等解,附次講後,旁參可以廣識,互印可以達觀。""附考因經紀略,隨物博稽,前所未詳者,兹復廣搜《彙徵》、《備考》等書,重加纂入,論世知人,因物察則,靡有遺於斯籍。""注、疏、《性理大全》暨《蒙引》、《存疑》、《淺説》等書,熟讀者少,兹搜取其醇確發明聖賢當日心事者録之,以昭定解,而幽深頗僻者,不敢濫收。""楊維節先生著作如林,海内宗匠。而《遺旨》一書,尤見功苦,則簡其精要者附於講前,亦足爲羽翼傳注之功臣云爾。"

近聖居爲坊肆,刻書又有《新刊外科正宗》四卷、《皇明名臣言行録繹》二卷、《隱秀軒詩文集》八卷等。本館又有《近聖居四書翼經圖解》十九卷,亦近聖居刻本。

《四庫全書總目提要》未收。《中國古籍善本書目》未著録,僅有陳祖綬《四書副墨》不分卷,明末伊盧刻本。此本日本内閣文庫、静嘉堂文庫、尊經閣文庫亦有入藏。

鈐印有"竹陰書屋"。

0227　清初刻新刻錢希聲先生四書課兒捷解　T855/8552

《新刻錢希聲先生四書課兒捷解》八卷,明錢肅樂撰。清初人瑞堂刻本。三册。三節版:下節刻《四書》,中節、上節刻字義、句析及圖解。下節半頁十二行二十八字,小字雙行同;中節十一行五字,小字雙行同;上節小字二十二行六字。四周單邊,白口,單魚尾。無直行欄綫。框高 20.6 釐米,寬 11.8 釐米。題"鄞水希聲錢肅樂輯著"。前有錢肅樂序。

錢肅樂,字虞孫,一字希聲。浙江鄞縣人。崇禎十年進士,知太倉州,晉刑部員外郎。順治二年,清兵下杭城,起兵抗擊。南明唐王時,官大學士,終以憂憤絶粒,卒於舟中。乾隆時追謚忠介。學者稱"止亭先生"。著有《錢忠介公集》行世。事蹟具《明史》本傳。

卷一《大學》,卷二《中庸》,卷三至四《論語》,卷五至八《孟子》。此《四書》讀本,乃錢氏爲便捷教子課兒而編著,自序釋書名之義曰:"課兒者何?欲以解其所不解者而已。彼裂旨趣而詫蛇足者,依然不解也。即自有會通之味,猶獵其倫,煩其要,則雖然解也,亦未始有解也。其必爲之解者,姓字有考,名物有圖,如緣領然,如錐地然,如泥沙然。則持之聖經進後學,揭孔孟於中天,並朱程於日月,所云撥雲霧而見青天,斯解也,孰有捷於斯者乎?謂之以不解解之可,謂之以無所不解解之亦可。"

此本不避清諱。多簡體字。

扉頁刻"四書課兒捷解。錢希聲先生心著。二刻。人瑞堂梓。一、名公新破,一、字義詳訓,一、人物考實,一、繪圖便覽"。四周環花邊。又有圓形木記,圖繪一吹簫男子,臨濤而立,山石花木其後,殿宇隱約雲中。

按,據《中國古籍版刻辭典》載:"人瑞堂,明崇禎間金陵著名書坊之一,主人鄭尚玄,字幼白,富沙人。刻印過《對學匯贊》、《訂補全書備考》、《新鐫翰林三狀元會選二十九子品彙釋評》、《新鐫全像通俗演義隋煬帝艷史》。"館藏另有人瑞堂刻本兩種,一即明崇禎刻《隋煬帝艷史》,二爲明末刻《葛忉上先生選評古文雷橄》。《古文雷橄》扉頁亦鈐有圓形木記,圖像與此本一般,但細部有異,非同一刻。未知此木記是否人瑞堂印本標幟。

《四庫全書總目》、《續修四庫全書總目提要(稿本)》皆未收。《中國古籍善本書目》未著錄。各家書目亦鮮少見藏。臺北《"國家圖書館"善本書志初稿》著錄錢肅樂《新鍥錢太史四書尊古》三十六卷,明崇禎十三年刊本。

0228　明崇禎刻本四書說約

T855/3840

《四書說約》二十卷,明顧夢麟撰。明崇禎十三年(1640)顧氏織簾居刻本。十九册。半頁九行二十五字,四周單邊,白口,無魚尾,書口下刻"織簾居"。框高21.3釐米,寬11.6釐米。題"吳郡顧夢麟麟士纂輯;楊彝子常參定"。前有張溥序,錢肅樂序,楊彝序。

顧夢麟,又名夢麐,字麟士,別號織簾。江蘇太倉雙鳳里人。其母夢神人授以石麒麟而生,故名。少爲諸生,以高第廩於學校,中崇禎六年副榜,入太學。辟舉令下,巡撫張國維欲以先生應詔,力辭。與楊彝集三吳名士爲應社。其文雅馴,爲時所宗。又有《詩經說約》二十八卷、《四書十一經通考》二十卷、《織簾居文集》四卷、《詩集》四卷等。生於萬曆十三年,卒於順治十年,年六十九。《(嘉慶)直隸太倉州志》卷二七《列傳》有傳。

明代科試重四書,故研四書者甚衆,著作也多。約,約束;檢束。《論語·雍也》:"君子博學於文,約之以禮。"《淮南子·原道訓》:"約而能張,幽而能明。"是書《大學》一卷,《中庸》二卷,《論語》十卷,《孟子》七卷。

是書所載,理學爲主,明人講學風習,要不能免,而其考證名物之富,闡釋經義之詳,爲治四書說者不可忽也。故《太倉州志》夢麟傳中有云:"所著《四書說約》,海內翕然宗之。"

黃宗羲撰《顧麟士先生墓志銘》(載《南雷文定後集》卷二)云:"不知書院場屋之學,各自有溝澮耳。數百年以來,推明其義者,《大全》以外,蔡虛齋之《蒙引》、陳紫峰之《淺說》、林次崖之《存疑》,其書獨傳……又百年而麟士先生者出,融會諸書,削其繁蕪,抉其隱伏,名之曰《說約》。自《說約》出,而諸書俱廢,博士倚席而講,諸生帖坐而聽者,皆先生之說也。當是時,海內有文名之士,皆思立功於時藝,張天如以《注疏》,楊維斗以王、唐,艾千子以歐、曾,僅風尚一時,惟先生之傳,久而不衰。奈何世不說學,摘先生之書,存其二三,仍以先生之名書者,附注四書之上。

此如推曆者不通算學，而以歌括定分至、閏朔耳。家有其書，人習其傳，竟不知此外更有何物，不特經史之學亡，而先生之學亦亡矣。"

張序云："麟士此書，涵泳本文，始及朱注，涵泳朱注，始及他注，宋元國朝諸解羅列左右，長短悉見，而後以按括之。是案也，非顧子之言也，先儒言之而顧子明之，猶陸績之述《玄》，如網在綱，有條弗紊也。"

此書刻成於崇禎十三年，楊彝序云："其後戊寅秋，麟士《說約》繼作，則余兩人已不能數面相質，訂惟郵筒也，乃庚辰夏五而其刻遂成。"按，楊彝，字子常。常熟人。與麟士交最善。麟士久居彝所，兩人説經選文，每相契合。以析理正辭，確守傳注，變萬曆末年剽竊無稽、影掠禪宗之習，天下翕然成風，稱楊顧學，弟子著者數百人。彝後爲松江訓導，薦授都昌知縣，移疾歸，杜門不出。性孝友。年七十九卒。《常昭合志》卷九有傳。

扉頁刊"四書説約。楊子嘗、顧麟士兩先生手授。《註疏》、《大全》、《或問》、《語類》、《蒙引》、《存疑》、《淺説》、《合纂》、《備考》及《臆説》間附。吳門張叔簌梓"。鈐有"歷代不朽書"印。
《四庫全書總目》僅收明鹿善繼之《四書説約》，而不及此書。《中國古籍善本書目》著錄。中國科學院圖書館、上海圖書館、湖北省圖書館，及美國普林斯頓大學葛思德東方圖書館、日本內閣文庫（三部）、靜嘉堂文庫亦有入藏。

館藏有複本一部，存卷四至二〇，九冊。日人裝幀。
鈐印有"明治三十年八月由熊本歸誤落行李於海此本爲所浸濕者"、"内田氏圖書記"。

0229　明崇禎刻本四書十一經通考　　　　　T855/3840.2

《四書十一經通考》二十卷，明顧夢麟撰。明崇禎十七年（1644）刻本。六冊。半頁十行二十字，左右雙邊，白口，單魚尾。框高 19.5 釐米，寬 13.7 釐米。題"太倉顧夢麟輯著；王向訂閱"。前有崇禎十七年顧夢麟自序。

夢麟，又有《詩經説約》，本館入藏。

是書《大學》一卷，《中庸》二卷，《論語》九卷，《孟子》八卷。其所謂十一經者，乃指《易》、《書》、《詩》、《周禮》、《儀禮》、《禮記》、《春秋左傳》、《公羊》、《穀梁》、《孝經》、《爾雅》。"通考"者，乃彙考十一經各家之注疏於四書，而依次敘述之。

顧氏自序云："凡爲備考者，徒沿襲於薛仲常、陳錫玄之兩家，而不察本末，不窮訓詁，甚者後代之語，彊混前人，異端之文，躪躋正學，補亡贗鼎，秭官詩賦，樊然雜陳，實於聖賢之指無當也。於是《説約》之後，是考復成，質有道焉。略似類書，而非襲積；間同講説，而無空撰。人物典故之外，論辨反覆之内，則常爲文心題氣之所出，初若引人於博物君子之林，不知乃其制義深微之助也。自慚掛漏，則俟覽者許其非謬，或尚有以推而廣之也夫。"

《四庫全書總目》未收。《中國古籍善本書目》著錄。北京中央教育科學研究所、吉林省社會科學院圖書館，及日本內閣文庫亦有入藏。

鈐印有"擁書萬卷"、"墨禪"、"冰壺秋月"、"黎陽王氏藏書圖記"。

0230　清順治刻本四書大全辯　　　　　T855/1321

《四書大全辯》六十二卷首一卷，明張自烈撰。清順治八年（1651）李嵩陽刻本。三十九冊。

半頁九行十七字，四周單邊，白口，單魚尾。眉端刻評注，行間刻圈點。框高19.5釐米，寬14釐米。前有順治八年李嵩陽序；順治八年楊毓蘭跋；順治八年葉友柏、汪宥薦等《門人紀略》；永樂十三年（1415）御製《四書大全》序；永樂十二年（1414）、十五年（1417）聖諭；永樂十三年胡廣進書表；《四書大全》舊本《凡例》；明初纂修姓氏；張自烈《請重定〈四書大全〉第一疏》，《復請頒行〈四書大全辯〉第二疏》，《回奏頒行〈四書五經大全辯〉疏》，《進〈四書大全辯〉疏》；《四書大全辯》初本序六篇[崇禎十三年（1640）姜曰廣序，崇禎十二年（1639）吳應箕序，周鑣序，崇禎十二年方以智序，崇禎十二年劉城序，崇禎十三年沈壽民序]，崇禎十三年張自烈《部刻初本自序》，順治六年（1649）張自烈《重定閩鋟删本自序》。

張自烈，字爾公，號芑山。江西宜春人。明國子監生，入清後累徵不就。著述又有《古今文辨》、《正字通》及《芑山詩文集》等。有《芑山自傳》，載《豫章叢書》本《芑山文集》卷一七。

張氏以爲《四書大全》"去取頗謬於聖人，學者弗察"，特撰此書以辯正之，明崇禎十三年始刻於金陵，清順治六年再刻於閩南。是本乃經作者增删重訂，與初刻三十八卷本迥然有異。全書計《大學》二卷、《中庸》四卷、《論語》二十卷、《孟子》十四卷、《或問》五卷、《删正總論》一卷、《小注辯略》十卷、《小注釋義》六卷，共六十二卷，別附首一卷。

卷首載《四書大全辯》本末，自"公請梓行《四書大全辯》第一揭"至"江西蔡撫台頒行《四書大全辯》原牌"等公文、書札共三十五篇，合一册。與友人論《四書大全》書七札、增删《四書大全辯》義例八則、《四書大全辯》先儒姓氏、增删《四書大全辯》引用諸家姓氏、重鋟《四書大全辯》姓氏、《四書大全辯》删本姓氏、張氏家學姓氏、《四書》古詁總目、古本《大學》、石經《大學》、程明道改正《大學》、程伊川改正《大學》、古本《中庸》，合一册。明顧起元《中庸外傳》前語、《中庸外傳》略例、宋王應麟《論孟考異》、明陳仁錫《四書考異補》，合一册。

《大學》二卷。二册。題"後學張自烈、自熙、自勳增删"。前有朱熹《大學章句》序（張自烈集注），朱熹《讀大學法》（張自烈注）。卷末題"後學劉廷鑾較正"。

《中庸》四卷。二册。題"後學張自烈、自熙、自勳增删"。前有朱熹《中庸章句》序（張自烈集注），朱熹《讀中庸法》（張自烈注）。卷末題"後學余藩卿較正"。

《論語》二十卷。十二册。題"後學張自烈、自熙、自勳增删"。前有朱熹《四書論語集注序説》（張自烈集注），朱熹《讀論語孟子法》（張自烈注）。書分《論語》上十卷、《論語》下十卷，卷各自起訖。卷末題"後學余延勳較正"，或各題方中通、吳孟堅、金敦淳、吳遇、方爰發、余維樞、徐日旭、余藩卿、汪宥薦、余輝、余光魯等較正。

《孟子》十四卷。十册。題"後學張自烈、自熙、自勳增删"。前有朱熹《四書孟子集注序説》（張自烈集注）。書分《孟子》上六卷、《孟子》下八卷，卷各自起訖。卷末題"後學范又蠡較正"，或各題汪宥薦、金潞、江雲同、陳維崧、劉廷鑾、余聘卿、江聖麟、余楷等較正。

《或問》五卷，四册。題"後學張自烈、自熙、自勳定"。此書集錄諸儒之説，以爲朱熹《四書或問》釋義，惜無《論》、《孟》。卷一至二《大學或問》，卷三至五《中庸或問》。卷末題"後學游琯、汪志益同較"。

《删正總論》一卷。與《小注釋義》合册。題"後學張自烈論次"。前有張自烈題辭。此書專爲較正《四書》傳注紕繆之甚者，皆張氏舊時之作。題辭云："方重定《四書大全辯》，因錄舊論駁諸釋詁者，爲《删正總論》，凡十條，鋟示及門諸子，使得類通焉。學者推此以信《辯略》可也。"卷末題"門人余應辰、余振鴻同較"。

《小注辯略》十卷。三册。題"後學張自烈、自熙、自勳辯正"。前有張自烈題辭。卷一至三

《論語》上,卷四至六《論語》下,卷七《大學》,卷八《中庸》,卷九至一〇《孟子》上下。此爲《删正總論》之續,張氏題辭曰:"辯《四書大全》小注,始己卯秋,頗嚴去取。《删正總論》,蓋辯其紕繆甚者,什未既一二也。甲申洎今,洊更患難,流寓信州,窮不忘學。復偕季弟勳,暨及門金城、余楷諸人,卒業是書。諸家似是而非者,次第芟鬐,皆不見於小注,尤慮承學不悉小注得失,群言殽亂,害學術甚大。因摘取小注已芟者列於前,而以後先是正者附後,爲《辯略》十卷,與《删正總論》並存。"卷末題"門人金城、余楷同較",或各題"葉友柏、余光魯同較"、"吳朗、余爐同較"、"蕭一薦、蕭一其同較"、"金敦淳、徐日旭同較"、"吳遇、蔡沐同較"、"余藩卿、余聘卿同較"、"余起龍、金鍾英同較"、"程基璿、□□同較"。

《小注釋義》六卷。二册。題"後學張自烈、自熙、自勳輯訂"。卷一至二《論語》上下,卷三《大學》,卷四《中庸》,卷五至六《孟子》上下。此爲《四書大全辯》注中之注。如卷一《學而篇·時習章》"坐如尸立如齊"、"蛾子時術"二條,併注其出處,釋其語義。

概其要者,或如楊毓蘭跋所云:"考其義例,輯古本、石經及古詁,溯所自也。《删正總論》,舉大指也。《辯略》去取先儒,慎折衷也。它參互永樂以來諸儒,各附小注,間撼史事,與經傳相發,使業四子者,期適用而不徒爲曲說空言所蔽,明理學,裕經濟也。"

《經義考》載陸元輔評此書曰:"時論以其立異,毁其所鏤板。然亦有失有得也。"而《四庫全書總目》則極斥其陋:"《四書大全》誠爲猥雜,然自烈所辯,又往往强生分別,不過負氣求勝,借以立名。觀其首列揭帖、序文之類,盈一巨册,而所列參訂姓氏,至四百八十六人,非惟馬、鄭以來無是體例,即宋人盛相標榜,亦未至是也。"然則張氏以三百年來辨《四書大全》第一人,其書又豈可一筆否定哉!

是書編撰刊刻,曲折多艱,作者嘗於《重定閩鋟删本自序》中娓娓道來:"士習四子書三百餘年,莫有辯《大全》者,辯自予始。崇禎己卯秋,南大司成周公鳳翔,見予析別疑異,深中旨要,亟咨部鋟行。予時未奉朝旨,雖乙注國初舊本,未遽删,署曰《四書大全辯》,遠近購者踵至。姚子履中捐千金鏤版金陵,世稱金陵古本是也。太史姜公曰廣、同學周鑣、吳應箕、劉城、沈壽民、方以智皆有序。版成,屬武林何執摹印行世。會執客舍災,版幾毁,執棄妻孥槖匜弗顧,趣傔負版出,一時房廡具燼,版獨巋然存,告予曰:災不及版,書必傳。予曰:否,俟異時删定。庚辰,吳曖侯公峒曾視學江國,覽《大全辯》删本,韪之,呈詳御史臺徐公養心,請旨頒布。壬午疏上,尋報可。癸未,擬繕寫呈進。甲申國變,事遂寢。仲春,予避地信州葛川,偕家季次第修補,視金陵本加詳。及門余楷梓什之三四。乙酉,御史臺周公燦續題,復奉旨鋟就進御。亡何陪京黨獄興,周内知名士盡殺之,某司馬遍示都門,毁《大全》金陵本,坐偽學,逮予。友人潯督袁公繼咸,飛書抵葛川,謂時方禁學《大全》,宜輟梓,藏名山。予梓如初。丙戌,遭時不綱,廢書銜涕,思亡命自匿,弗果。戊子,將母還鄉邦,版留葛川。未幾先慈見背,私惟是書中隕,臣子誼闕死,無以塞罪。憶甲申余過閩灣上,與鄭子祖玄遇。鄭子期予合梓閩南先哲遺書,始《綱目》,次延平、考亭全集,予許諾。己丑,予赴鄭子約,謀卒事,辭先人丘墓,攜季笈《大全》稿就道,及門俞子寯、袁子世琦從。星夜跋涉千餘里,豺虎闞噑,人懷危栗。予曰:死生命也,毋惴。次光澤,邅卒中季,且執予,馳白當事。當事虩曰:二人者,賊諜也,磔以徇。予顧季曰:不幸失死所,若書何有!項當事蒐行篋《大全》,周視之,色稍稍懚,勔釋勿問。越三日,見鄭子。鄭子館予書帶草堂,唁曰:先生悃也,今乃益信斯文之未喪也,請先卒《大全》,次及《綱目》。迺庀工盡梓《大全》未竣者,發伾昇葛川版來潭上,合併以行世。率稱《四書大全辯》删本,與先是未删金陵本異。""蓋天幸存焉。不然,予首尾是書十二年,一厄於祝融,再厄於黨禁,三厄於邅卒,瀕死數矣，惡能於危蹙頓伏之餘，樂觀厥成哉！是書資家仲季補正爲多，後先襄梓，則友人余子垣維樞、鄭子祖玄、及門金子城、余子檣，皆悉心經傳，功頗相埒。"按，此序未署年，推究其文，當作於順治己丑（六年），則所謂閩刻者，亦宜在同年。

此本乃順治八年欽差提督江南等處學政、監察御史李嵩陽捐資重刻於南京。李序曰："《大全辯》屢鋟未就，今年春，亟馳書迓張子詣白門，矢鏤版傳世，而張子洒慨然笈書以來相見。"然則閩潭之刻，似未畢工。而《門人紀略》又言此書"一版於金陵，一版於潭陽，幾成復毀，識者惜之"。並曰："庚寅，江右直指趙卧齋先生聞《大全辯》副在名山，鳩十三郡屬，醵金壽梨棗，業經始，未卒事。今年夏，吾師李弦佩先生，名教己任，孳孳表章經傳，端書馳幣詣袁山，敦迫芑山來石城，出嚮所刪訂《大全》，捐資重新，以嘉惠天下萬世之習四子者。"是故無論閩刻"未就"或"復毀"，此李嵩陽刻本乃真得張氏原稿而後出轉全者也。

扉頁刻"四書大全辯。張爾公先生增刪。本衙藏板"，藍印。並鈐有"徐衙藏板翻刻必究"、"天未喪斯"印。日人裝幀。

《四庫全書總目》入經部四書類存目，但所錄三十八卷附錄六卷本，當爲初刻。《中國古籍善本書目》僅著錄河南省圖書館藏殘本一部，清初刻本，但於六十二卷外，並有附錄六卷，與初刻同。然據其子目所列附錄三種（《古本大學》一卷、《石經大學》一卷、《程氏改正大學》一卷），此本皆有，唯此本正書外別錄者遠不止六種，且未明確分卷，故不從《善本書目》，而統爲首一卷。且無以比對，難知其確爲李刻，抑或閩刻之僅存者也。又北京大學圖書館及日本內閣文庫也有收藏，但《北京大學圖書館藏古籍善本書目》著錄爲順治七年至八年刻本，附錄六卷；日本《內閣文庫漢籍分類目錄》則著錄順治八年序刊本，並分卷首作五卷。

鈐印有"麻谷藏書"。亦日人藏印。

0231　清初刻本新鐫四書說約大全合參

T856/1388

《新鐫四書說約大全合參》十九卷，清趙昕、陳晉等輯。清初武林□雨齋刻本。八冊。二節版：上節刻《新鐫四書說約大全合參》，半頁小字二十二行二十五字；下節刻《四書章句集注》，半頁九行十七字，小字雙行同。四周雙邊，白口，單魚尾。框高22.4釐米，寬13.5釐米。

趙昕，字雍客，號雪嶸。浙江餘姚人。順治十八年進士，授官嘉定邑，以積勞卒於任。幼工制舉業，兼善詩古文詞，與兄最先後名噪於時。性耽山水，時與名衲相過。家有"永和樓"，藏書甚富，遭洪水漂沒。著有《永和樓集》。《（嘉慶）餘杭縣志》卷二七《文藝傳》有傳。

陳晉，字太士，浙江會稽人。事蹟不詳。唯館藏康熙刻本《四書集注闡微直解》，陳晉名在"仝參"之列，或亦當時一選家耳。

是編凡《大學》一卷，《中庸》一卷，《論語》十卷，《孟子》七卷，乃纂輯《四書大全》、《說約》、《合參》等明人注釋而成，與《四書集注闡微直解》上節之《纂序四書說約合參大全》大同小異，皆坊刻俗本，專爲舉業者言也。

《大學》上節題"浙水趙昕雪嶸、陳晉太士、金鼎瑋悅公仝訂；同學張金鏡聖宣、纘高琴牧、銓衡遜士仝輯"。前有《大學》字體正訛，下節刻朱熹《大學章句序》。

《中庸》上節題"浙水趙昕雪嶸、陳晉太士、鍾運泰賫颺仝訂；同學鄭寧采素臣、朱世濚且漣仝參"。前有《中庸》字體正訛，下節刻朱熹《中庸章句序》。

《論語》卷一上節題"浙水趙昕雪嶸、陳晉太士、金鼎瑋悅公仝訂；同學張金鏡聖宣、纘高琴牧、銓衡遜士仝輯"。前有《論語》字體正訛、字句辨疑,下節刻朱熹《論語序説》;卷六上節題"浙水趙昕雪嵊、陳晉太士、金鼎瑋悅公仝訂;同學汪桓殿武、張琴次瑛、陳枚簡侯仝參"。

《孟子》卷一上節題"浙水趙昕雪嵊、陳晉太士、金鼎瑋悅公仝訂;同學王法平斧兩、胡爾桂丹五、羅文璧遂子仝參"。前有《孟子》字體正訛、字句辨疑,下節刻朱熹《孟子序説》;卷四題"浙水趙昕雪嵊、陳晉太士、金鼎瑋悅公仝訂;同學孫麟石庵、余瀍東觀、余沉駿李仝參"。

按,是本各書卷端題名輯訂者既多且異,今從扉頁刻識著錄編者。又卷端書名偶有作《新鐫四書全旨説約合參》,或《三刻四書全旨説約合參》;且其書頁,新鐫者字畫精細,字蹟模糊者,顯為舊刻後印。其究系補板後印,抑或拼板而成,甚不知其所以然也。然則是本不避清諱,字體、印紙及扉頁款式,皆似明清間物,因定為清初刻。

扉頁刻"四書集注大全説約合參。禹航趙雪嵊、會稽陳太士兩先生參訂。張聖宣、琴牧、遜士三先生輯。武林□雨齋梓。字選正韻,點畫無訛"。又刻識曰:"楊、顧兩先生《四書説約》出,而言理者莫不宗之,自此有劉上玉先生之《纂序》,更有歸、蔡、王、高諸先生之《重增》,暨三張先生之《合參》,厥功亦云茂矣。然而考訂不厭精詳,大旨惟期畫一,茲本坊特懇兩先生廣搜博採,補要芟繁,兼之音注詳明,鐫鏤精細,誠後學之津梁、書林之至寶也。識者鑒之。"并刻有"聖經賢傳"白文印。朱、藍二色套印。

《四庫全書總目》、《續修四庫全書總目提要(稿本)》均不收。《中國古籍善本書目》未著錄。諸家藏目皆少見載。

鈐印有"温故堂"、"福島藏書"、"小杉文庫"、"原思書屋"、"幸道之印"、"家在鳳闕乾"。多為日人印章。

0232　清康熙刻本四書大成　　　　T856/3116

《四書大成》三十八卷,清沈磊、陸堦撰。清康熙三十三年(1694)張鵬翮刻本。闕名朱墨兩色批注。十六冊。二節版:下節刻《四書章句集注或問》,半頁十行十八字,小字雙行同;上節刻沈、陸説義,半頁小字二十行二十字。四周雙邊,白口,無魚尾。行間刻圈點。框高 21.5 釐米,寬 14 釐米。題"遂寧張鵬翮鑒定;歸安沈磊、錢塘陸堦纂訂;歸安沈士靖附參;仁和王㷆、仁和王㠑、仁和沈遇、仁和馮文炳仝校"。前有康熙三十二年(1693)張鵬翮序,康熙三十三年顏光序,康熙三十三年嚴我斯序,康熙三十三年楊雍建序,康熙三十三年邵遠平序,康熙三十三年高士奇序,康熙三十三年楊肅序,康熙三十三年陸堦自序,康熙三十三年沈士靖序;校閲姓氏;校正姓氏;萬松書院傳習諸生姓氏。

沈磊,字石長。浙江歸安人。幼警敏,長益端毅。入清後,貧不自存,以經術教授,出其餘緒為制舉文,往往獲售,然意不屑也。其為教敦實詣,黜浮華,不言而躬行。交游多隱君子,與桐鄉張履祥、同郡吳最契尤合,於姚江《傳習錄》各有辨證。性孝友,居喪不用浮屠。年七十卒,學者稱"誠庵先生"。《(光緒)歸安縣志》卷三五《儒林傳》有傳。

陸堦,字梯霞。浙江錢塘人。明錢塘縣名臣陸運昌第三子,與兄圻、培、弟堲,皆以文學名世。參見《(康熙)錢塘縣志·人物傳》陸運昌、陸圻、陸培、陸堲傳。

是書凡《大學》一卷,《中庸》一卷,《論語》二十卷,《孟子》十四卷,《大學或問》一卷,《中庸或問》一卷,共三十八卷。《大學》前有朱熹《讀大學法》、《大學章句序》,《中庸》前有朱熹《讀中庸法》、《中庸章句序》,《論語》前有朱熹《讀論語孟子法》、《論語集注序説》,《孟子》前有朱熹《孟子序説》。下節於《四書章句集注或問》下,輯集宋明諸儒傳注,上節於沈磊、陸垶外,并有沈士靖説義。其説要以朱熹爲本。

此《四書》講義,張鵬翮撫浙期間,命陸垶增删補輯沈磊舊稿而親爲審定,并付梓行。此事經由,書序多有記述。陸垶序曰:"我浙張大中丞慨然以佐治教爲己任,撫浙以來凡六載,正己率屬,興利除弊,其所以致治之具皆已蠭舉,且試廣文,爲黌宫師帥,校士子以月課,觀風萬松書院,餼廩十一府英才,日考月會,務遵傳注,已俾昔聖昔賢,招揭日星,猶慮文教之未遍究也。歸安沈磊誠庵,先有《纂定四書》一集,删訂《大全》,附述己見,遺書垂二十年許。其從子抱牘以獻,大中丞垂覽周環,遂念陸垶謬有所輯,荷命並行彙編成帙。垶於是芟其繁複,增其挂漏,立'全旨'、'序講'、'節解'條目,以便觀覽,類皆五十年中所記載,其姓氏從來都忘縷舉,非敢爲郭象之竊也。起癸酉仲冬,訖甲戌夏五,次第呈繳報可,乃付鋟梓,命名《大成》行世。"

又沈士靖序曰:"靖先伯父誠庵,綜覽群書,尊信朱子,而尤悼朱子之意不大彰明於天下也。即永樂《大全》一書,駁雜重複,不足以爲定本,故就其書而删定之,靖爲序録成帙。今天子南巡,簡命張大中丞撫兹兩浙,於今六載,重禮義,尚廉恥,興文學,有大臣之度、君子之風。竊以先伯父生平置身名教,不輕許與,於大中丞之立身持行,整躬率物,當必有合也,故敢奉書以獻。而公特鑒其説之可與先聖賢相發明也,增以序講,暨陸梯霞先生輯解,合而刊之,靖有附參,亦間蒙採録,名曰《大成》,以行天下。"

又張鵬翮序曰:"越中沈磊、陸垶,舊有《四書大成》,考究博而取裁正,亦足以發明傳注之意,然猶未敢期其可傳,藏之於笥,至今而其書乃出,所謂天將使和其聲以鳴國家之盛者耶!余故於政事之暇,句櫛字比,而爲之裁定焉,付之剞劂,公諸海内,必有誦其言而得其所用心者,是亦行遠自邇,登高自卑之一助也夫!"

按,《(光緒)歸安縣志》卷三七《文苑傳》載:"沈士靖,字正與,號復庵,通經學古,不求聞達,於六經皆有論撰,尤長於説《詩》,貫串群言,聽者忘倦。遂寧張鵬翮撫浙時,聘主萬松書院講席,有《四書大成》、《毛詩序論》、《毛詩雜説》。"志書未詳《大成》始末,而誤爲士靖所著。但據志傳所言,《大成》刊成後,或即由士靖主講於萬松書院乎?是本前附"萬松書院傳習諸生姓氏",似可爲證。萬松書院在錢塘縣萬松嶺,明弘治間參政周近仁因寺爲院,康熙三十二年張鵬翮重修,聚兩浙士子,"餼廩十一府英才"。"萬松書院傳習諸生姓氏"載杭州、嘉興、湖州、寧波、紹興、嚴州、金華、衢州、台州、處州十府生徒凡一百有五人,宜皆傳習《大成》者也。故是本必與萬松書院有關,或張鵬翮專爲萬松書院諸生誦習而刻,亦未嘗不是。

《四庫全書總目》、《續修四庫全書總目提要(稿本)》皆未收。《中國古籍善本書目》未著録。安徽省圖書館藏清刻殘本四卷,有程瑶田批。日本《國立國會圖書館漢籍目録》著録有康熙三十二年序、武林書坊刊本。

鈐印有"披雲閣藏書",日人印。

0233　清康熙刻本四書朱子語類

T853/2943.11

《四書朱子語類》三十八卷,清張履祥、吕留良輯。清康熙四十年(1701)石門吕氏南陽講習堂刻本。六册。半頁十二行二十五字,左右雙邊,黑口,雙魚尾。行間刻圈點。框高20釐米,寬14.5釐米。目録頁題"後學桐鄉張履祥、禦兒吕留良摘抄"。前有目録;附吕公忠識語;吕公忠撰《凡例》十二則。

張履祥,字考夫,號念芝。浙江桐鄉人。居楊園,人稱"楊園先生"。明季諸生,受業山陰劉念臺。入清後,棄功名,隱居教授。其學初自陽明入,後歸宗程朱,自語爲學之旨:"祖述孔孟,憲章程朱","志存《西銘》,行準《中庸》"。亦重研求經濟,耕田十餘畝。又嘗執教呂氏家塾。康熙十三年卒,年六十四。著述又有《願學記》、《讀易筆記》、《讀史偶記》、《言行見聞錄》、《初學備忘錄》、《近古錄》、《經正錄》及文集等。事蹟具《清史稿》本傳、《清儒學案》卷五《楊園學案》。

呂留良,初名先輪,字用晦,號晚村。浙江石門人。明季諸生,入清後,棄科名,一意講學,論著一以朱子爲歸。嘗延請張履祥主其家數年,履祥歿,爲經紀喪葬。康熙二十二年卒。雍正中,因曾靜事興大獄,發冢剖棺,諸子、門生多牽連坐罪,著述銷毀,流傳者甚罕。事蹟具《清史稿》本傳、《清儒學案》卷五《楊園學案》。

此書雖採輯《朱子語類》有關《四書》者而成,卻仍在禁毀之列,《清代禁燬書目》著錄曰:"所鈔雖係《朱子語類》之文,但原書具存,此書係呂留良所輯,未便存留,應請銷燬。"書名或作《四書朱子語類摘鈔》。卷一至四《大學》,卷五至二五《論語》,卷二六至三二《孟子》,卷三三至三八《中庸》。

其編撰始末詳見呂公忠識語:"昔者先君子與楊園張先生欲續朱子《近思錄》,謂諸書皆經朱子手定,唯《語類》一編出於門人所記錄,其間或有初年未定之說,且條多繁複,雖同出一時之言,而記者之淺深工拙不無殊異,精別之爲難,遂相約採輯之功,當自《語類》始。甲寅之春,先生坐南陽村莊,既卒業,乃掩卷歎曰:'不知天假我年,得再看一過否?'然是歲而先生歿矣。癸亥之夏,先君子自知病勢日亟,皇皇然唯以續錄未成爲生平憾事。乃取張先生所定本,重加簡閱。易簀前數日,是書猶在几案,竟絕筆於《論語·泰伯》之篇。然則《語類》一書,爲先君子與張先生未竟之緒,而實其平生志念之所繫焉者也。先君子臨終,以稿本付公忠俾藏之,距今十有九年矣。公忠自惟惷愚不足以纂述前人之志,然又恐藏弆笥篋,日就蠹敝,一旦并其僅存之端緒而亡之,則公忠之爲罪滋大。乃取其中論《四書》數帙,合兩家之所採,彙而錄之,命曰《四書朱子語類摘鈔》,凡三十八卷,先以行於世。"是則公忠於是書,亦有編撰之功也。按,公忠,又名葆中,字無黨,康熙四十五年進士,嘗編著《呂用晦先生行略》。

《凡例》曰:"張先生所取稍寬,以尚欲覆閱也。先君子因張先生本而論定,故所取尤嚴。兩家雖所見略同,而出入不無小異,各存手眼,不欲混之。"故是編於每條之首加圈,以分別張、呂所錄,及兩家並用者,公忠採擷者則另爲標記,其他又有句讀、段落、綱要等種種標識。又《凡例》言所據底本:"《語類》惜少善本,今世所行,唯萬曆間高安朱吾弼所校刻,近又收得一二本,頗有較正,然亦僅成化以來重鋟,其中尚有字句之訛,止可闕疑,不敢輕改云。"

《續修四庫全書總目提要(稿本)》曰:"履祥、留良俱尊奉紫陽,深研有得,其抄此書,去取之間,具有精意,非同節錄。惟公忠刪履祥所抄'問盡心'等三條,謂與《集注章句》未吻合,且謂:'理解必歸畫一,方足爲學者篤信謹守,《四書》之有《集注章句》,所當畫一者也。'按公忠此說,未免自作聰明。朱子成《集注章句》在先,晚年所見更進,有未及追改者,略見於《語類》及《或問》、《文集》中,《語類》之異乎《集注章句》者,應細加審察,未可執一以繩也。"

扉頁刻"朱子四書語類。張楊園、呂晚村兩先生摘鈔"。又刻"南陽講習堂左□藏板"篆印。楷書寫刻。卷尾有長方形牌記:"右《四書朱子語類摘鈔》凡三十八卷,計共六百二十二版,康熙辛巳南陽講習堂較刊,旌德汪乘六繕寫,劉子禮鐫。"並刻有"南城人家"、"南陽村莊在王過此橋西"、"爲善讀書"印章。又扉頁後附頁有長方形牌記:"本坊精選新舊足冊好板書籍,倘有殘篇短缺,認明興賢堂書鋪唐少村無誤。"

據《中國古籍版刻辭典》載,"南陽講習堂"爲呂留良子無隱之書室名,有抄本《宛丘先生文集》、《道園學古錄》等行世,但未云有刻書。而《清人室名別稱字號索引》載呂葆中,亦有室名"講習堂"者。無暇細考,姑以呂氏冠之。又唐少村興賢堂書鋪牌記,已見載沈津《書城挹翠錄》之《明興賢堂刻本〈葛一龍集〉》書志,文字悉同。

《續修四庫全書總目提要(稿本)》入經部四書類,但著録爲《四書朱子語類摘鈔》,康熙四十一年刊本,并考曰:"據公忠自識,留良歿於癸亥夏,又十九年而刊行是書,蓋康熙四十一年壬午也。"按,自癸亥又十九年,若不計癸亥,則爲壬午年,若並計癸亥,則時在辛巳。此本因有卷尾牌記明言辛巳無疑,《續修四庫總目》所據版本或無此牌記,故作此推算。《中國古籍善本書目》未著録。中國科學院圖書館也有收藏。

鈐印有"保育庫書"。爲日人印章。

0234　清康熙刻本四書大全　　　　　　　　T856/7174

《四書大全》四十卷,清陸隴其撰。清康熙寶翰樓刻本。二十册。半頁八行二十三字,左右雙邊,黑口,雙魚尾。框高19.7釐米,寬14釐米。題"當湖陸隴其稼書手輯;受業席永恂漢翼、王前席漢廷參閲;姪禮徵用中、男宸徵直方較訂"。前有康熙四十一年(1702)仇兆鰲序,康熙三十七年(1698)席永恂序,王前席序,康熙二十年(1681)陸隴其自序,永樂十三年(1415)明成祖御製序;胡廣等進書表;胡廣《四書大全凡例》;《三魚堂四書大全》同校姓氏。

陸隴其,初名龍其,字稼書。浙江平湖人。康熙九年進士,授官嘉定、靈壽知縣。其學專宗朱子,以居敬窮理爲要,排斥陽明,不遺餘力。充養完粹,踐履篤實,家貧授徒,非義不取。康熙三十一年卒,年六十三。乾隆元年追諡清獻,贈內閣學士兼禮部侍郎。著書又有《讀禮志疑》、《古文尚書考》、《禮經會元疏釋》、《四書講義困勉錄》、《松陽講義》及《三魚堂文集》。事蹟具《清史稿》本傳、《清史列傳》卷八《大臣傳》、《清儒學案》卷一〇《三魚學案》。

此書係點讀增删胡廣《四書大全》而成,故仍其名,亦名《三魚堂四書大全》,蓋陸氏先世有堂名"三魚"。據隴其門人柯崇樸所撰先生行狀曰:"先生七世祖溥,官豐城縣丞,嘗督運夜渡采石,舟漏,跪祝曰:舟中有一錢非法,願葬魚腹。漏忽止。且視之,則水荇□三魚塞漏處。後世居泖上,築堂名'三魚'以此。"

是編各書卷端皆自題書名曰:《大學章句大全》、《中庸章句大全》、《論語集注大全》、《孟子集注大全》,并有副題曰"三魚堂讀本"。凡四十卷:《大學》一卷,《大學或問》一卷,《中庸》二卷,《中庸或問》一卷,《論語》二十卷,《論語考異》一卷,《孟子》十四卷。《大學》前有《大學章句序》、《讀大學法》,《中庸》前有《中庸章句序》、《讀中庸法》,《論語》前有《論語集注序説》、《讀論語孟子法》,《孟子》前有《孟子集注序説》。

夫稼書嘗謂,"四子書實爲理學之樞紐,《大全》一書又爲講學之淵源";又以爲《大全》一書,"其間意有所未及詳,説有所未及備者",須采擷諸儒,補其闕略。故曰置此書於案頭,句讀指畫,折衷考訂,終成此書。其書規模,約如自序所云:"舊本《四書大全》,予舊所讀本也。用墨筆點定,去其煩複及未合者,又採《蒙引》、《存疑》、《淺説》之要者附於其間。其萬曆以後諸家之説則別爲一册,不入於此。"其去取增删之旨,凡合於朱子者採之,不合者删之。

《四庫全書總目》曰:"是編取胡廣書,除其煩複,刊其舛謬,又採《蒙引》、《存疑》、《淺説》諸書之要,以附益之,自較原本差勝,然終未能盡廓清也。"又曰:"《大學》、《中庸》并載《或問》,亦仍《大全》之舊。卷末附載王應麟《論語孟子考異》，不知何人採擷《困學紀聞》爲之，非原有是書也。"

按，此本無《孟子考異》，但總卷數仍爲四十。《四庫全書》本亦四十卷，可知其《論語孟子考異》乃合爲一卷計，否則即成四十一卷。今檢日本《内閣文庫漢籍分類目録》著録清刊本，《論語考異》、《孟子考異》各爲一卷，總卷數正四十有一；而《四庫全書存目叢書》影印山東大學圖書館藏清康熙間嘉會堂刻本（《論語考異》、《孟子考異》各自起訖），即著録爲四十一卷。然此本王前席序謂曰："《三魚堂四書大全》四十卷，吾師子陸子所手定也。"是初刻原本確以四十計其總數，故從之著録。

是書之作，始於順治十五年，康熙二年初成書稿。自序曰："自戊戌至癸卯，用力六年而始畢。然是時雖粗知讀書之門户，而程朱之語録、文集皆未之見，敬軒、敬齋諸君子之書皆未之求。嘉隆以後陽儒陰釋之徒，改頭换面、似是而非者，猶未盡燭其蔀。自庚戌以來，乃始悉求諸家之書觀之，然後知向之去取，都未能當。有先儒見到之語，讀之若平澹，而實關學問之得失者，不知取也。有先儒一時之語，讀之若無病，而實開假借之途者，不知辨也。又有先儒微言奧義，《大全》諸書所不及載，或載而不詳者，則此本亦竟闕如。又有兩説互疑，當存疑而輒輕斷，當畫一而並存。每取而覆視之，輒赧然於心。"然序成之後，晚年復有改訂。據王前席序曰："壬申春，延吾師於曹溪別業，前席兄弟偕侯子秉衡，復得請業焉。敎學相長，尤得師友切磋之樂。每日講書三四章，反覆問難，退必奉是編讀之，輒用別本遵式標題。"又自序後附席永恂、侯銓、王前席小識，曰："謹按先生作此序時，距捐館越一紀矣。每憶永恂輩日侍函丈，先生方輯《困勉録》，必將是書翻閱參考，復用朱筆點次，遂成定本。"書既定而未及重爲之序，故此書付刻時，祇能冠以原序。

此書與《困勉録》，最爲稼書自重。自序附識曰："壬申臘月，將歸當湖，乃語永恂輩曰：吾一生學力盡在此二書，子其識之。"又陸公鏐《困勉録序》記曰："壬申臘月，造其齋，再三留余。卒歲，忽告余曰：余年來欲刻《大全》及所輯講義，蓋一生心血盡在於此。"惜其生前終未能酬志也。康熙三十七年，此書始由門人虞山席氏捐貲付梓，是爲初刻（參見清康熙刻本《四書講義困勉録》）。而四年之後，復有陸氏子嗣重刻之本，其事由見載仇兆鰲序：《大全》"初刻於吳門，草本多所脱漏，往往有字句舛訛者，有文義斷續者，有前後倒置者，有去取失真者。壬午春日，公子直方偕公之甥倪子幼貞、外孫曹子詒我、李子立誠，重梓西浙，較先刻一編尤爲精密。"

按，是本雖有仇序，卻未必"西浙"重刻之原本，何哉？蓋因扉頁有"寶翰樓梓行"一行也。據《中國古籍版刻辭典》載，"寶翰樓"爲明末清初吳郡人尤雲鶚之書坊名，始設於萬曆間，至道光間猶存，明以來刻書數十種，但未録此書。若此本"寶翰樓"即辭典所謂尤氏書坊，則此本乃刻於吳郡，而宜非"重梓西浙"者，或係書林據康熙四十一年陸氏刻本重鎸也。唯此本"玄"字避諱，"丘"、"弘"、"曆"均不避，刊刻時代，約略可知。

同校姓氏中"後學門人"具名八十六人，"姻戚同宗"具名三十八人。

間有抄配頁，書口下皆書"三魚堂"三字。《孟子大全》卷一四末頁補抄，末行題"受業趙鳳翔魚裳、後學姚廉中編次"。

扉頁刻"四書大全。平湖陸稼書先生點定。附録語類、蒙引、存疑、淺説、達説、説約。嘉會堂藏板。寶翰樓梓行"。

《四庫全書總目》入經部四書類存目，著録爲《三魚堂四書大全》，通行本。《中國古籍善本書目》未著録。按，此寶翰樓刻本，各家藏目少見。山東大學圖書館藏"清康熙間嘉會堂刻本"，今《四庫全書存目叢書》即據之影印。又《臺灣公藏普通本綫裝書目》著録"清康熙四十一年三魚堂刊本"(臺灣大學文聯藏);"康熙四十八年三魚堂刊本,一名三芝堂四書大全"(東海大學藏)。但《臺灣大學普通本綫裝書目》、《東海大學普通本綫裝書目》均未著録。又日本《内閣文庫漢籍分類目録》著録有清刊本,《東京大學總合圖書館漢籍目録》著録康熙三十七年吴縣席永恂嘉會堂校刊本,均不詳版本所據。又《北京大學圖書館藏古籍善本書目》著録"清抄文淵閣四庫全書本"殘本二部。唯此書既入《四庫》存目,何來文淵閣本?殊不可曉。

0235　清康熙刻本四書講義困勉録續録　　T856/7174.6

《四書講義困勉録》三十七卷《續録》六卷,清陸隴其撰,陸公鏐編。清康熙三十六年(1697)席氏刻本。十二册。半頁十二行二十二字,左右雙邊,黑口,雙魚尾。無欄綫,行間刻圈點。框高17.4釐米,寬13.2釐米。題"當湖陸隴其稼書纂輯;叔祖陸公鏐蒿庵編次;受業席永恂漢翼、王前席漢廷參閲;男宸徵直方、姪禮徵用中、寬徵觀上、外孫曹焕謀詒我、李文洽立誠仝較訂"。前有康熙三十八年彭定求序,康熙三十八年陸公鏐序,康熙三十八年席永恂序,康熙三十八年(1699)王前席序;陸公鏐撰《例言》八則;卷目。後有附録;陸宸徵跋,康熙三十六年陸禮徵跋,曹宗柱跋,李鉉跋。

陸隴其,參見清康熙刻本《四書大全》。

"困勉"者,困學勉行也。《例言》曰:"是編既脱稿,而難其名。適檢其書篋,得片紙,稼書自署其名曰'困勉録',蓋不欲徒研書理,直欲身體力行,志亦偉矣。故即以是名名之。"又王前席序曰:"録以'困勉'名者,蓋深鑑於世之濫刻講義,徒為士子博取科名之資,而於身心絶無與焉,故以此命名,所以自儆,而亦以儆人也。"又隴其子婿李鉉跋曰:公"嘗詔鉉曰,此予數十年從困勉中而探索之者也,學者即具生知之姿,宜加困勉之力,況在學利以下者哉!倘假數年而底於成,當以'困勉'名其書,子其識之。"

是編乃《三魚堂四書大全》之續作,《大全》自序所謂"其萬曆以後諸家之説則别為一册"者也。書分前後二編。前編三十七卷:《大學講義困勉録》一卷,《中庸講義困勉録》二卷,《論語講義困勉録》二十卷,《孟子講義困勉録》十四卷;後編六卷:《大學講義續困勉録》一卷,《中庸講義續困勉録》一卷,《論語講義續困勉録》二卷,《孟子講義續困勉録》二卷。附録載隴其《四書》札記三十二條。

《例言》云:"前編以彦陵張氏所輯講義為粉本而嚴其去取,復編明季諸先輩之説不啻百餘家附綴於上,始於順治戊戌,至康熙癸卯而書成。後編則甲辰以後所輯《朱子語類》,兼采吕晚村、仇滄柱兩先生講義、文評,諸名家制藝,至讀史而可以發明者,亦必附載。學有淺深,見有精麤,兩編不可合一,故擅加一'續'字别之。"

是編係陸隴其生前未訂之稿,藏諸書笥,未肯輕出,曰尚須整頓,及其殁,始由先生族叔公鏐編次成帙。公鏐序曰:"戊辰,余先歸,逾年而稼書擢侍御。辛未解組歸,余方幸桑榆聚首,得聞所未聞。壬申臘月,造其齋,再三留余。卒歲,忽告余曰:'余年來欲刻《大全》及所輯《講義》,蓋一生心血,盡在於此。'余喜甚,辭歸,不意越翌日而訃音至矣。吁,痛哉!其告余之言,若先知期至者。余往,憑尸而哭之,視其令殮畢,即請其稿以歸。乃《困勉》一書,皆蠅頭細楷,録於書眉空白間,棼如亂絲。余逐條繕寫之,三年而脱稿,然後再加編次。伊侄用中佐之,又諸及門相與較訂參閲之,乃登之梨棗。始於丁丑夏,竣於己卯秋,而兩書告成。"

經部

此書雖未定稿，卻有稼書手定《凡例》在。據陸禮徵跋稱："至壬申冬，思將此稿整頓，爲酌定《凡例》，曰：'《注疏大全》、《或問》已有成書，不必編入也。陸、王之學有《學蔀通辨》、《王學質疑》在，不必糾駁也。此錄當分學、問、思、辨、行五條：采宋元諸儒之言，是謂學；載明興以來及近年諸儒之言，是謂問；發先儒之未發，以愚按冠之，是謂思；考諸説之異同，以愚又按冠之，是謂辨；策勵儒生勿徒爲空言，以學者讀此章五字冠之，是謂行。而名之曰《困勉錄》。'禮謹錄公語，已入年譜中。"陸跋又稱後來公鏐所編，雖不能悉遵原例，卻亦大致符合："是編也，雖於學、問、思、辨、行五條不敢擅分眉目，然五者大略已具於中。凡吾同志，能細觀《大全》，又詳玩是錄，則書理殆無遺義，而與聖賢之精神吻合矣。"

此刻"始於丁丑夏，竣於己卯秋"，而終於壽梓者，全仗稼書門人席氏昆仲之力。陸禮徵跋詳載其事始末，曰："禮念公一生羽翼經傳、研精理學之苦心，足以垂訓後學，昭示來世，恨無力以傳之。適族祖蒿庵翁至泖濱請其稿以歸，章分節析，繕寫成册。禮乃走吴門，謀之書林沈氏。沈氏復之虞山，商之公門人席君漢翼、漢廷，合貲鋟版。議既定，沈氏扁舟過泖上，請於公之子宸徵，遂出原稿授之。蓋深幸是書得垂久遠也。乃以《大全》一書屬趙君旂公、侯君秉蘅，偕漢翼、漢廷爲之校訂。而《困勉錄》則家族祖蒿庵翁及禮重爲編次焉。"

《四庫全書總目》曰："明自萬曆以後，異學争鳴，攻《集注》者，固人自爲説，即名爲闡發《集注》者，亦多陽儒陰釋，似是而非。隴其篤信朱子，所得於《四書》者尤深。是編薈萃群言，一一別擇，凡一切支離影響之談，刊除略盡。其羽翼朱子之功，較胡炳文諸人，有過之無不及矣。"又曰："《續錄》中多採時文評語，似乎狹視《四書》矣。"

《四庫全書總目提要補正》引翁方綱《經義考補正》曰："《陸清獻公年譜》云：'作《困勉錄》凡例，而其書未就。'今所刊《困勉錄》，乃其爲諸生時纂輯明季《四書》講義，而趙魚裳等即以'困勉錄'名之，實非《困勉錄》也。"按，魚裳，趙鳳翔字，婁縣人，陸隴其門人，嘗編《陸稼書先生四書講義遺編》六卷。然此書編校者中並無"趙魚裳"名，似非覃溪先生所疑之書。

卷目頁後及諸書末卷卷終，皆題"受業嘉定侯銓秉蘅編"。《續錄》卷端題"仝較訂"者姓名中，原有"曹焕詒我"易作"李文瀚南皋"。

《四庫全書總目》入經部四書類，《續錄》入經部四書類存目。《中國古籍善本書目》未著錄。《臺灣大學普通本綫裝書目》著錄清康熙間嘉會堂原刊本，未詳所據。按，據《中國古籍版刻辭典》載，"嘉會堂"爲清康熙間常熟人席永恂與弟前席之室名，刻印過其師陸隴其《三魚堂文集》與《四書講義困勉錄》。若此説果是，則此刻亦即"嘉會堂"本矣。但謂"嘉會堂"爲席氏書堂，徵之書板，考之序跋，皆無足證。檢之《清人室名別稱字號索引》，席永恂既無室名"嘉會堂"，名"嘉會堂"者亦非席氏所有。或以"嘉會堂藏板"爲憑據，則既非本書志體例所取，存疑俟考，兹錄仍舊。又按，《四庫全書存目叢書》收入《續困勉錄》六卷，底本爲上海圖書館藏清康熙三十八年刻本，即同此本，蓋上圖以刻竣年著錄，而本志則依例著錄始刊之年也。

0236　清乾隆刻本四書講義困勉錄續錄

T856/7174.6B

《四書講義困勉錄》三十七卷《續錄》六卷，清陸隴其撰，陸公鏐編。清乾隆四年（1739）重刻後印本。十六册。是本版式行款、序跋卷目、内容文字，悉遵康熙原刻，唯版框尺寸略小，框高16.7釐米，寬13.2釐米。

扉頁刻"四書講義困勉錄。平湖陸稼書先生手輯。乾隆四年重鐫。嘉會堂藏板"。

北京大學圖書館也有收藏。

館藏複本一部,十六册。

0237　清康熙刻本四書明儒大全精義　　T856/3228

《四書明儒大全精義》三十八卷,清湯傳榘輯。清康熙四十四年(1779)刻後印本。三十二册。半頁八行二十三字,四周單邊,黑口,雙魚尾。行間刻圈點。框高19.7釐米,寬13.5釐米。題"長洲湯傳榘子方手輯;德清徐自洵又蘇參訂"。前有康熙四十四年張廷樞序,康熙四十四年湯傳榘自序;湯傳榘撰《義例》五則;參訂門人姓氏。

湯傳榘,字子方。江蘇長洲人。康熙二十七年進士,除清流知縣,居六年,多惠政,以母老力請終養。既歸,從學者衆,評選制義,所纂《四書合參》、《春秋講義》,與此書並行於世。以侍母疾積勞卒,年八十五。《(道光)蘇州府志》卷八五《宦績》有傳。

夫宋元諸儒說《四書》者既備於《四書大全》,是書則輯録有明一代諸儒《四書》解義,以爲《大全》"羽翼"、"輿衛"。凡《大學》一卷,《中庸》三卷,《論語》二十卷,《孟子》十四卷。《大學》前有朱熹《大學章句序》,《中庸》前有朱熹《中庸章句序》,《論語》前有朱熹《論語序說》,《孟子》前有朱熹《孟子序說》。

傳榘尊朱,其汰選明儒《四書》學說,一以紫陽爲權衡。自序曰:"明代歷年二百八十,其間儒者比肩接踵,然余嘗妄論明儒亦純駁互見。其純也,則以朱學之得傳;其駁也,則以王學之岐出。文清、敬齋、月川,接朱之派者也;龍溪、心齋、念庵,揚王之波者也。他如整庵、清瀾、莊渠、少墟、景逸、涇陽、蕺山諸先生,或則攘斥陽明而不能於紫陽毫釐盡合,或則尊崇紫陽而未能於陽明窠臼盡翻。其語録、文集、講義,以至《蒙引》、《存疑》、《淺說》諸書,又不下數十家,自《讀書》、《居業》二録醇乎醇者無論外,餘雖大醇如《困知記》,而不免有論理氣之小疵,雖異趣如《傳習録》,亦豈必無一言之幾於道耶?"又述此書編纂刊刻經由,曰:"余生不敏,未嘗涉聖學之藩籬,不過從帖括起見,嘗泛濫有明儒者諸書,見其有關於《四子書》者,輒案章劄記。自弱冠以後,强仕以前,約二十年之功,始則汰其不合於《集注》者,繼則汰其無神於《集注》者,而其存者已積成卷帙,幾等永樂朝所纂本子。嗣後一行作吏,此書遂棄置篋衍。年來奉母里居,復藉筆耕爲養,出以視數輩同志及問學之士,僉謂此書足繼永樂朝所纂本子後塵。而戚友徐子又蘇,每相過從,輒復互爲商榷,遂付開雕。"

按,自序稱"不過從帖括起見",《義例》亦云"於科舉之業更有裨益",是傳榘此書固爲舉業家言也。然則《義例》又謂亦有"因爲學術起見,亦附於後"者,"又不徒爲舉業家釋書起見矣"。則是書亦所謂"經學、制義皆宜"之又一實例也。又按,《中國古籍善本書目》著録爲康熙四十四年自刻本,未詳所據,或以自序云"遂付開雕"爲自刻乎?然此本張廷樞序云"其門人刻以行世",已與"自刻"之說不同。而湯傳榘撰《義例》更曰:"初恨吾力不能付梓,今坊人既鋟板以行,庶幾不至久而磨滅,有可以俟後人之論定焉耳。"則明言此本爲坊間所刊。故自序云"遂付開雕",未必謂"自刻"也,刊者當從《義例》所言而定。又是本用紙較新,宜爲後印。

《義例》五則,原無"義例"之名,蓋其實同凡例,故與此名。

參訂門人姓氏,具列長洲褚愈等一百三十三人姓名地籍。

扉頁刻"四書朱子大全精義。長洲湯子方先生纂輯。關中張大宗伯鑒定。大德堂藏板"。按,《香港中文大學圖書館古籍善本書録》著録此本有内封,題"康熙四十四年新鐫",并鈐"江南書院鑒定頒行”、“學耕堂珍賞”印記。疑此扉頁爲書林大德堂得板重印時添加。

《續修四庫全書總目提要(稿本)》入經部四書類，評曰：“是書純宗紫陽，雖遍採諸家，而引《讀書録》、《困知記》、《居業録》數書最多。”“搜羅甚富，別擇亦頗矜慎，視《大全》之竄易淆亂，尚爲勝之。至於説《四書》者，非朱學所能限，而明儒之説《四書》者，又不免爲帖括起見，是則不必爲傳槼責矣。又是書廣爲採摭，而卷首不載採用書目，亦其一憾。”按，卷首無採用書目，傳槼嘗解釋原因曰：“編輯成書者，例有纂入姓氏及採用書目，載之篇首。余往年鈔録時，私心不計其可成一編，將來出以問世，遂不志其所從來，又經數年鞅掌於外，未免多所遺忘，今欲一一記憶，恐反滋訛，是以姑闕。”

《中國古籍善本書目》著録，上海圖書館、天津圖書館入藏。中國科學院圖書館、香港中文大學圖書館及日本内閣文庫也有收藏。

鈐印有“雲煙家藏書記”、“子孫永保”。

0238　清雍正刻本駁吕留良四書講義　T856/6673.2

《駁吕留良四書講義》不分卷，清朱軾等撰。清雍正内府刻本。八册。半頁九行二十一字，四周雙邊，白口，單魚尾。行間刻圈點。框高 18 釐米，寬 12.9 釐米。前有雍正九年(1731)上諭；雍正九年朱軾等奏疏。

朱軾，字若瞻，號可亭。江西高安人。康熙三十三年進士，選庶吉士，改知湖北潛江縣，歷官刑部員外郎、陝西學政、光禄寺少卿、奉天府尹、通政使、浙江巡撫、左都御史。雍正時，授文華殿大學士兼吏部尚書、兵部尚書，署翰林院掌院學士，充《聖祖仁皇帝實録》總裁、會試正考官。乾隆元年，協辦總理事務，充《世宗憲皇帝實録》、《三禮義疏》總裁，是年卒，謚文端。湛深經術，尤邃於禮。其學以敬爲主，以致知力行爲工，以經史爲法。乾隆帝《懷舊詩》稱其：“每爲闡經旨，漢則稱賈、董，宋惟宗五子，恒云不在言，惟在行而已。”著述又有《周易注解》、《周禮注解》、《儀禮節略》、《歷代名臣名儒循吏傳》及文集。張廷玉撰墓志銘謂其家居時嘗刻《三禮》，及前儒議禮書爲《家儀》三卷，又增定《禮記纂言》，訂正《大戴記》、吕氏《四禮翼》、温公《家範》、《顔氏家訓》等書。事蹟具《清史稿》、《清史列傳》本傳，及《清儒學案》卷四九《高安學案》。

雍正六年，吕留良獄興，朱軾等奉旨撰文駁斥吕著《四書講義》，即成是書。全編未分卷帙，但各書頁碼自行起訖，而《論語》一書又別分“上論上”、“上論下”、“下論”，《孟子》別分“上孟”、“下孟上”、“下孟下”，頁碼併各自起訖，故或有著録作八卷者。是書編例，首行頂格大字節録《四書》章名或文句，次行低一格小字引吕留良《講義》語，復頂格大字書駁斥文。

雍正九年十二月十四日文華殿大學士兼吏部尚書朱軾、禮部右侍郎吴襄等，“爲崇正闢邪，以端學術，以覺愚蒙事”奏曰：“因奉旨著朱軾、吴襄總閲，方苞、吴龍應、顧成天、曹一士查閲，欽此欽遵。臣等隨將逆賊吕留良所著《四書講義》、《語録》諸書通行查閲。按其議論，妄誕支離，搜厥根原，粗疏鄙倍。總由逆賊以毫無底藴之學，肆其毫無忌憚之言，勦襲程朱，實與程朱繆戾，援引經傳，每與經傳舛訛。臣等根究原委，逐條摘駁，狂譚臆説，敗露無餘。謹抄録成帙，恭呈御覽。伏乞皇上睿鑒，敕令刊布直省學宫，俾僻遠寡識之士子，不至溺於邪説，於學術人心甚有裨益。”

雍正九年十二月十六日奉上諭曰：“頃者翰林顧成天奏稱，吕留良所刊《四書講義》、《語録》等書，粗浮淺鄙，毫無發明，宜敕學臣曉諭多士，勿惑於邪説，爰命在廷儒臣詳加檢閲。兹據大學士朱軾等,於其《講義》、《語錄》逐條摘駁,纂輯成帙,呈請刊刻,遍頒學宮。朕以逆賊所犯者,朝廷之大法也;諸臣所駁者,章句之末學也。朕惟秉至公以執法,而於著書者之爲醇爲疵,與駁書者之或是或非,悉聽之天下之公論,後世之公評,朕皆置之不問也。大學士朱軾等既請刊刻,頒布學宮,俾遠近寡識之士子不至溺於邪說,朕思此請亦屬可行,姑從之,以俟天下後世之讀者。"

《續修四庫全書總目提要(稿本)》入經部四書類,其評曰:"留良原書以朱注爲宗,駁者亦援據朱注,惟朱論一事辨一理,往往有前後異說者,駁者乃攟拾以爲創獲,不知早爲留良所吐棄也。然於詞句之失檢,考據之偶疏,亦非無一二有合者,惟大都膚末耳。"又曰:"乾隆間修《四庫全書》,是書竟未著錄,目亦不存,得毋以所駁尚不足勝原書,因而并沒之耶?"又曰:"蓋諸臣意在逢迎世主,正陳孔璋所云,箭在弦上,不得不發也。綜觀全書,雖所駁多有未當,而詞氣平和,視留良之痛斥禪學王學者,尚覺優之。則以朱軾、方苞諸人,平時亦素講理學故也。"

《中國古籍善本書目》未著錄。北京大學圖書館、中國科學院圖書館、遼寧省圖書館、湖南圖書館、美國普林斯頓大學葛思德東方圖書館,以及臺北"故宮博物院"圖書館、"國家圖書館"、"中央研究院"史語所傅斯年圖書館也有收藏。按,各館藏目多著錄爲雍正九年內府刻本,唯《中國科學院圖書館藏中文古籍善本書目》作雍正十一年刻本,宜有所據。或九年十二月十六日敕命刊布,內府於當年之內必不及付梓,或至十一年始鑴成乎?遼寧省圖書館作雍正內府刻本,謹慎也,今從之。又日本內閣文庫、東京大學東洋文化研究所藏書目錄有清刊本。

0239　清康熙刻本增訂四書大全　　　　　　　　T855/4208.3

《增訂四書大全》三十八卷,清汪份撰。清康熙汪份遜喜齋刻本。二十二冊。二節版:下節刻《四書大全》,半頁九行二十一字,小字雙行同;上節刻增注,半頁小字二十行十一字。左右雙邊,白口,單魚尾。行間刻圈點。書口下刻"遜喜齋讀本"。框高 22.6 釐米,寬 14.1 釐米。題"長洲汪份武曹手輯;吳縣張九葉傳之、長洲馮冑孟容、秀水陳鑑其言全訂"。前有康熙四十二年(1703)張廷樞序,康熙四十一年(1702)韓菼序,康熙四十一年汪份自序;附錄(即凡例)八則;永樂十三年(1415)明成祖御製序(長洲倪熹光書);永樂十三年胡廣進書表;《四書集注大全》凡例。

汪份,字武曹。江蘇長洲人。康熙四十二年進士,選庶吉士,授編修,典廣東鄉試。康熙六十年督雲南學政,未之官,卒,年六十七。氣和而性伉直。早年即以文學知名吳中,嘗與何焯評選有明以來諸家制義。著述又有《遜喜齋集》。《(光緒)蘇州府志》卷八八《人物志》有傳。

此本凡三十八卷,計《大學章句大全》一卷(上、中、下),前有朱熹原序、朱熹《讀大學法》;《中庸章句大全》一卷(上、中、下),改題"張九葉"爲"長洲陸介黃眉士全訂",前有朱熹原序,朱熹《讀中庸法》;《大學或問》一卷;《中庸或問》一卷;《論語集注大全》二十卷,改題"張九葉"爲"長洲徐葆光亮直全訂",前有朱熹原序說、朱熹《讀論語孟子法》;《孟子集注大全》十四卷,改題"張九葉"爲"長洲陸介黃眉士、吳縣馮汝軾學坡全訂",前有朱熹原序說。按,是本卷端皆各題其名,並無總書名,唯附錄全稱《增訂四書大全附錄》,似可依從,故定爲書名。

永樂間修《四書大全》,蓋取諸元倪士毅《四書輯釋》而小有增加,然《輯釋》已變亂改易朱子定說,以曲從己意。其謬誤誠如汪氏自序所言:"其於朱子《文集》、《語類》,或合數條爲一條而犬牙不相合,或分一條爲數條而散亂不可讀,或盡削虛字而至與本旨相違,或妄刪要語而失其用意所在,又或誤以他人語目爲朱子之言,或強以問者之語闌入答語之內。蓋凡《輯釋》中號爲朱子曰者,類往往經倪氏之點竄塗改,而非復作者之真也。"然則後人承訛襲陋,誤以改本爲紫陽之真,且清初傳本,更增衍《通旨》、《附纂》等後出叢龐之說,較之原本,又遜之遠甚,而讀者皆混然莫之辨。此即汪份《補注》所以作也。自序曰:"夫《四書》之有《大全》也,固將以遵暢朱子之微詞奧旨也。而乃襲用《輯釋》改壞之本,而不知其非,則其於朱子之書,不惟無所闡明,而反多所汨亂,斯其獲罪朱子而疑誤後人固已甚矣。又況原本今本,遞有增加,而舛謬益甚乎。嗟夫!此愚是書所爲不得不力與之辨也。"

是書之辨,首正《大全》襲用《輯釋》改本之非,而徐攻其增入諸儒雜說之謬。據附錄云,其下節所錄《大全》,悉仍故本,不改一字,本文後附載朱子《文集》、《語類》,及先儒之說有足發明朱子意者。若隆慶、萬曆以後講義新說,及作者己見,皆載於上節。按,附錄既同凡例,但不稱凡例,附錄首則曰:"倪道川氏作《輯釋》凡例,趙東山氏謂,凡例雖是著述通用,然不宜施之聖經賢傳之首。故愚於是書編次鄙見,止曰附錄,而不敢僭稱凡例。"此亦古書制度一特例,茲錄以見存。

又自序云,是書立意與張自烈《四書大全辨》迥異:"或曰:張氏《大全辨》一書,其詆《大全》不遺餘力,子之書得毋類是歟?曰:非也。愚之書以尊朱子爲主,而奉朱子之書以正《大全》襲用《輯釋》之謬者也。《大全辨》者,以攻朱子爲主,而據《大全》所用《輯釋》改壞之本,而妄以爲朱子病也。此其用意如冰炭方圓之不相入,烏得比而同之哉!"是汪氏乃以漢學爲朱子辨,然則其學又豈能鑿然以漢宋判哉?

韓炎序曰:"《增訂大全》一書,其有功於教學者匪小。""予嘗論科舉文字須兼通漢唐諸儒注疏,而折中於朱子,則士知說學而經義弗墜。"觀其言如窺清初學術之斑,治清學者宜毋忽之。

《四庫全書總目》、《續修四庫全書總目提要(稿本)》皆未收。《中國古籍善本書目》著錄,僅福建省圖書館有藏,但作《增訂四書集注大全》三十六卷。臆其未計《大學或問》、《中庸或問》,或缺此二卷耳。又日本內閣文庫也有收藏,但《大學章句大全》、《中庸章句大全》各分作三卷。日本東京大學圖書館藏本僅存《中庸章句大全》。

按,《四川大學圖書館古籍善本書目》著錄康熙汪氏遜喜齋刻本《四書大全》四十七卷,題汪份增訂。蓋其各以《大學章句序》、《讀大學法》、《中庸章句序》、《讀中庸法》、《論語集注序說》、《讀論語孟子法》、《孟子集注序說》、《論語考異》、《孟子考異》爲一卷,故較此本增多九卷。或疑即同此本,但此本無《論語考異》、《孟子考異》,故不敢輕斷。又《北京師範大學圖書館中文古籍書目》著錄《四書大全》一種,無卷數,題汪份輯,康熙四十一年文盛堂致和堂刻本。日本《東京大學總合圖書館漢籍目錄》著錄汪份撰《增訂四書大全》兩種,一爲康熙中據遜喜齋本重刻本,題文盛致和堂藏板,宜同北師大藏本,另一種爲清寶翰樓重刻本。此外,日本《國立國會圖書館漢籍目錄》著錄汪份撰《四書大全辨》四十二卷,有康熙四十二年刊(停霞軒藏板)本一部、日本嘉永七年江戶須原屋茂兵衛刊本一部。

0240　清乾隆刻本方百川先生經義

T856/0224

《方百川先生經義》不分卷,清方舟撰,方觀承輯評。清乾隆刻本。二冊。半頁十行二十字,左右雙邊,白口,單魚尾。行間刻圈點,書口下刻《四書》各書書名。框高18.5釐米,寬13.2釐米。題"觀承錄次"。前有方觀承序;方觀承撰《凡例》四則。

方舟,字百川,號錦帆。安徽桐城人,寄籍上元。康熙初諸生。與弟苞習制舉業,一時名士,多就正學業。既東游登萊,北過燕市,遘疾歸,卒年三十有七。《(道光)桐城續修縣志》卷一五《人物志》有傳。

方觀承,字遐谷,一字宜田,號問亭。安徽桐城人。雍正監生。嘗爲平郡王福彭記室,隨征準噶爾。乾隆時官至直隷總督,善治河。卒謚恪敏。工詩及書,政務之暇,不廢吟詠。詩作有《看鷳詞》、《薇香集》、《燕香集》、《叩舷吟》、《豎步吟》、《入塞詩》、《松漠草》、《懷南草》,又著《兩浙海塘通志》、《壇廟祀典》、《賑紀》、《畿輔義倉圖》、《卜魁風土記》、《從軍雜記》及《方恪敏公奏議》。事蹟具《清史稿》本傳。

是編收輯方舟《四書》經義凡六十八篇,計《大學》十篇,《論語》三十一篇,《中庸》十一篇,《孟子》十六篇。未分卷,但諸書頁碼各自起訖。按,《四書》排列次序,依程朱讀書法,當先《大學》,繼以《論》、《孟》,而後《中庸》,循序而進。注疏本則首《學》、《庸》而次《論》、《孟》,既以《學》、《庸》出自《禮記》,經宜在前,又因朱子解《學》、《庸》皆曰章句,《論》、《孟》皆曰集注,各自成書故也。而是編次序,乃一準於制科命題。

編者以爲,"所謂經義者,貴闡發聖賢精蘊,文成而法自立。先生經義,獨抒心得,自與古化";"先生之文,羽翼經傳,尤不可以帖括稱也。"故"以古文讀之",而評點兼及義理、文法。書中標識符號,各示其義,若《凡例》曰:"一曰精義,聖賢深微之理,古今得失之林,菁英萃聚,則用圈。一曰旨要,命意爭高,遣言獨造,思力凝注,則用點。一曰緒理,脈絡所通,機牙相接,鉤貫應合,則用單點。"每篇後集錄各家評議,或方苞,或鮑季照、韓慕廬、劉月三、張彝歎、朱師晦、左未生、何屺瞻、劉言潔、劉大山、劉素川、王雲衢、王崑繩、劉北固等,猶有不署名者,宜爲觀承自撰。

觀承與百川本源一脈,序記編書經由曰:"吾家百川、靈皋兩先生,在康熙中以文名天下,經義出而家弦户誦,稱曰二方。""百川先生命不稱才,英年早世,其遺文僅經義六十八首。余於舉子業拋棄日久,顧獨喜誦先生文,行役宦遊,常置一編行笥,暇輒取而玩味。茲以政事之餘,別爲評點,凡向用八股之説稱許者,概從删削,恐世之學者猶以時文視先生文也。"

寫刻本,字畫精湛。唯刊年無徵,雖避諱僅及"玄"字,然方序云"政事之餘,別爲評點",則是編之成已在乾隆間矣。

《四庫全書總目》、《續修四庫全書總目提要(稿本)》均未收。《中國古籍善本書目》著録清刻本,四卷,復旦大學圖書館收藏。美國普林斯頓大學葛思德東方圖書館也有收藏,《普林斯頓大學葛思德東方圖書館中文舊籍書目》著録爲四卷,清乾隆間精刊初印本。按,據志傳記載,百川"先卒數日,悉焚生平論著,惟《絡緯賦》、《擬庾亮南樓諡集序》、《廣詩説》,以爲人傳鈔得存"。此書雖得幸餘存,且獲壽棗,但傳本無多,知者鮮少,即蔣元卿《皖人書録》亦未見載,但其著録有光緒刻本《方百川稿》不分卷,未知內容是何。

鈐印有"體仁堂蔣氏書籍之章"。

0241 清乾隆刻本漱芳軒合纂四書體注   T856/4182

《漱芳軒合纂四書體注》十九卷,清范翔撰。清乾隆龍江書屋刻本。六册。二節版:上節刻《漱芳軒合纂四書體注》,半頁小字二十三行三十一字,四周單邊;下節刻朱熹《四書章句集注》,半頁九行十七字,小字雙行同,左右雙邊,白口,無魚尾。框高24.1釐米,寬14.3釐米。

版心下刻"龍江書屋"。上節題"苕溪范翔紫登參訂;受業沈世楣、王秉元、江發、朱光斗、吳吉文、閔德章、吳有文、蔡鴻逵、歸爾瑜、黃繼善、江秀、慎光祖、姪應兆、汝霖、汝雯仝校"。前有康熙三十一年(1692)范翔自序(抄配);同學訂正姓氏;受業校閱姓氏;范翔撰《例言》八則。

范翔,字紫登。浙江烏程人。康熙二十七年歲貢生。《(光緒)烏程縣志》卷一七《人物》有傳,但云:"彙萃先儒講解,著爲《四書體注》,明白切當,風行一時,爲初學制藝津梁。祀鄉賢。"并按:"既祀鄉賢,生平行誼必有可紀,斷不止高頭講章一部,而舊志不書,他籍莫載,俟考。"

此亦《四書》講章,自序曰:"(朱子)傳注無人不讀而忽略者多,無人不解而會通者少,則是讀注解注,而究未嘗體注也。"則書名《體注》,可以會其意也。"漱芳軒",翔書齋名。是編依《四書章句集注》分卷,凡《大學》一卷,《中庸》一卷,《論語》十卷,《孟子》七卷;若依上節《合纂四書體注》分卷計,則爲《大學》一卷,《中庸》一卷,《論語》二卷(上下),《孟子》二卷(上下)。書既以舉業者爲,自必宗朱不違。其採輯名家講義,則以呂留良,仇兆鰲兩家居多。

《大學》前有朱熹《大學章句序》,其上節刻《四書》字音辨僞序、《四書》句讀序、《大學》字音辨僞、《大學》疑字辨、《大學》句讀、《大學》字辨、《大學》全旨。《中庸》前有朱熹《中庸章句序》,其上節刻《中庸》字音辨僞、《中庸》句讀、《中庸》字辨、《中庸全旨》。《論語》前有《論語序説》,其上節刻《論語》字音辨僞、《論語》疑字辨、《論語》句讀、《論語》字辨、《論語》全旨。《孟子》前有《孟子序説》,其上節刻《孟子》字音辨僞、《孟子》疑字辨、《孟子》句讀、《孟子》字辨、《孟子》全旨。

自序曰:"余自壬子之役,得而復失,鍵户窮經,因有事於講義,爲同堂課本。彙集群書,博採名論,詳核其原委,剖斷其異同,斟酌其繁簡,聯貫其脈絡,隨見隨録,日積月累,竭一己之心思,歷十餘載之寒暑,而始竣。""春初,從遊吳子陛扶,丹書自武林來,盛稱此編,爲同人懸切,而同堂數子亦踴躍贊襄,力請付梓,以公海内云云。"按,自序作於康熙壬申,則是年書或已"付梓"。然此"龍江書屋"本,"弘"字已闕筆避諱,固非康熙原刻,唯未檢得嘉慶帝諱,而字體、印紙亦頗舊,姑以乾隆間刻本視之。

是本卷端題"仝校"者姓名,各卷略有不同。間有抄配頁,均爲日人手寫。

《四庫全書總目》、《續修四庫全書總目提要(稿本)》均不收。《中國古籍善本書目》未著録。各家書目,亦少記載。唯日本《内閣文庫漢籍分類目録》著録此書三種版本:一嘉慶元年榕城書屋刊本,一嘉慶十年刊本,一嘉慶十七年刊本。《東京大學總合圖書館漢籍目録》著録兩種版本:一嘉慶元年金閶書業堂刊本,一嘉慶二十三年郁記書屋等刊本(文林堂藏板)。又《北京師範大學圖書館中文古籍書目》著録光緒十七年廈門芸成齋刻本。

鈐印有"相浦藏書"、"綱淵藏書"、"秋月春風樓磯氏印"。皆日人藏印。

0242　清康熙刻本四書體朱正宗約解

T856/4242

《四書體朱正宗約解》十九卷,清胡士佺、陳澗輯。清康熙三十年(1691)寶翰樓刻本。十册。二節版:下節半頁十行二十四字,小字雙行同;上節半頁十行十一字,小字雙行同。四周單邊,白口,單魚尾。行間刻圈點。序言、《凡例》頁版心下刻"寶翰樓藏板"。框高21.5釐米,寬11.5釐米。題"宛陵胡士佺期儶、陳澗濱人輯著;男胡弘業漢基、姪胡延模天木、胡溶秋渠、侄陳炳文九霞、陳允文景虞、甥徐潁杜丞參訂"。前有康熙十七年(1678)胡士佺自序;《凡例》四則。

胡士佺,字期儶,安徽宣城人。陳澗,字濱人,亦宣城人。生平行蹟乏考。唯士佺姪溶秋渠氏,《(光緒)宣城縣志》有傳。

此亦《四書》講章、士子制義。然則書名"體朱"何謂耶？自序曰："體朱,予家讀書世號也。蓋考亭彰明大道,文行兼全,文不至則道不光,行不誠則道不立。考亭以文行體先哲,予先嚴亦欲予以文行體考亭,冀窺聖賢一隅,以無愧天地覆載之中也。自是《四書》、《六經》,以考亭爲印證,視聽言動,以考亭爲模型。"又何謂"正宗約解",自序曰："考亭神明,於實而虛,虛而實,正而變,變而正,左右方員,上下前後之際,而不失其矩。""今之《正宗約解》,以正爲變,變而期不爽其正之神,以博爲約,約而期不遺其博之理。無非欲表彰至道,無非欲躬行考亭,共天下好學者脱翰海迷津,遵周行大道。"

卷一《大學》,卷二至三《中庸》,卷四至八《論語》上,卷九至一三《論語》下,卷一四至一六《孟子》上,卷一七至二〇《孟子》下。其下節載《四書》全文,并分句釋義,"一句各有發明,合讀之則全篇具見"。於上節,則"先明章旨,次明節意",而後字釋其義,名物有注。其訓釋字義,未必遵從本義,《凡例》云："字句有異同有正變,據字本義而解,而用處不同,必視其所處之地而活解之,然後於本章之理相著。"故"此書上截於字句處,不獨釋本字義,而就本章事理神情注之,使觀者得其意而神明之,上下前後之脈,貫通無滯"。

他卷題名"參訂"者,別有"婿汪宇祐鹿吟、葉國楨思皇、洪球琳先、梅良勝千"、"受業陳書王麟、陳謨夏宗"。

此本爲蘇州書坊寶翰樓刊行。自序曰："丁巳春,金閶寶翰樓沈良玉,彬雅識時,慕道甚殷,請稿若渴。因與同鄉著作哲士陳子濱人商訂,共成此卷。"按,"寶翰樓",《中國古籍版刻辭典》見載,但云："明末清初吳郡人尤雲鶴書坊名,始創於萬曆間,至清道光猶存。"未知與此吳郡沈氏寶翰樓有何關係。

扉頁刻"四書體朱講義正宗全解。宛陵高溪胡期僊先生著。吳郡寶翰樓梓。康熙辛未年鐫"。鈐有"沈氏山樓藏書記"朱文印。

《四庫全書總目》、《續修四庫全書總目提要(稿本)》均不收。《中國古籍善本書目》未著録。日本内閣文庫也有收藏,但著録爲清寶翰樓刊本。

鈐印有"染井文庫"、"旭生堂圖書記"。

0243　清康熙刻本新刻四書通典備考　T855/0694.7

《新刻四書通典備考》十二卷,清唐光夔撰。清康熙三十三年(1694)文樞堂刻本。存七册。半頁十行二十五字,小字雙行同。四周單邊,白口,單魚尾。行間刻圈點,書眉上端刻批注。框高21釐米,寬11.8釐米。題"太史芝臺陳仁錫明卿父增定；古吳唐光夔冠甫父著；高沛作霖父、唐捷元垣之父參閱"。前有明陳仁錫《四書備考》序；目錄。

唐光夔,字冠甫。生平事蹟不詳。

是書係據明陳仁錫《四書備考》改編,不止書名稍易,且各書條目之名稱、内容、編次,乃至上欄别注,均較陳著《備考》或異。卷一《大學》,卷二至三《中庸》,卷四至八《論語》,卷九至一二《孟子》。館藏此本存卷一至八。

《四庫全書總目》謂陳氏《備考》乃"因薛應旂《四書人物考》而廣之",是並非廣其人物,實廣之以"禮樂、政教、山川、器用、飲食、飛潛、動植"之類,如《大學》之"肺肝"、"鳲鳩"、"府庫"、"百乘"、"淇澳菉竹"、"如磋琢磨"諸條目也。是書亦然。按,明代儒生以時文爲重,時文以《四書》

爲先,故薛應旂《四書人物考》、陳仁錫《四書備考》等書,向爲舉業家視爲枕秘,而坊間增訂翻刻或轉售書板重印者,至清代依然屢屢不絕。如《續修四庫全書總目提要(稿本)》著録《四書人物備考》十卷,題薛應旂輯、陳仁錫增定,康熙間刊本。《中國科學院圖書館藏中文古籍善本書目》著録《增補四書精繡圖像人物備考》十二卷圖一卷,題陳仁錫撰,康熙五十八年四美堂刻乾隆五十八年文盛堂印本。日本《東京大學東洋文化研究所漢籍分類目録》著録《增補四書精繡圖像人物備考》十二卷,題陳仁錫撰,明古吳越盛堂刊本。日本《國立國會圖書館漢籍目録》著録《增補四書精繡圖像人物備考》十二卷,題薛應旂撰、陳仁錫增定,乾隆三十五年積秀堂刊本。美國《普林斯頓大學葛思德東方圖書館中文舊籍書目》著録《增補四書精繪圖像人物備考》十二卷附圖一卷,題薛應旂原輯、陳仁錫增定,乾隆二十八年古吳聚秀堂刊本。

扉頁刻"重鐫四書通典人物備考。陳明卿先生增補。康熙三十三年二刻。文樞堂梓行"。《販書偶記》著録"康熙丙寅(二十五年)刊"本,或即此本之初刻者。

是本"玄"字不缺筆,亦清代坊間刻書避諱不嚴之一例也。

日人裝幀。

《四庫全書總目》、《續修四庫全書總目提要(稿本)》均不收。《中國古籍善本書目》未著録。各家藏目亦殊少見録。

鈐印有"含英咀華"。各卷首頁有同一印均被剜去。

0244　清康熙刻本正學儀型四書語録　　T853/1344

《正學儀型四書語録》二卷,宋張栻撰,清張嘉楨等輯。清康熙三十三年(1694)武林張氏遙述堂刻本。二册。半頁九行二十字,左右雙邊,白口,單魚尾。框高17.8釐米,寬12.2釐米。題"兩浙張大中丞鑑定;二十二世孫嘉楨、男道焜、德煜仝輯"。前有康熙三十三年張鵬翮序,康熙三十五年(1696)張志棟序,康熙三十七年(1698)張雲翼序,康熙三十三年張星耀序,康熙三十三年沈佳序,康熙二十九年(1690)包映奎序,康熙三十三年陳遇麒序,康熙三十三年吳農祥序。後有康熙三十三年張嘉楨暨道焜、德煜跋;裔孫同事參訂者名録。

張栻,字敬夫,號南軒。四川廣漢人。受學胡宏,領袖湖湘,爲一代理學名臣。孝宗初,以蔭補官,直秘閣兼侍講,在朝未期歲而召對至六七,所言大抵皆修身務學,畏天恤民。後除秘閣修撰、荆湖北路轉運副使,改知江陵府,以不得其職求去,詔以右文殿修撰提舉武夷山沖佑觀。卒年四十有八。著《論語解》、《孟子解》及朱熹編《南軒集》,俱入《四庫全書總目》。傳見《宋史·道學傳》。

張嘉楨,字仲隆。浙江仁和人。張栻第二十二世孫。

此張南軒論議《四書》語録,乃其裔孫自朱熹《四書集注》等書中輯成。其書名,於正文卷端分別題"正學儀型上論語録"、"正學儀型中庸語録"、"正學儀型下孟語録",卷末則作"四書語録卷上"、"四書語録卷下",書口上併刻"四書語録",諸序亦皆稱"四書語録",而扉頁則以"正學儀型"居中大字直書,版框上小字橫書"宋儒張宣公四書語録"。按,"正學儀型"四字,或疑原是浙江巡撫張鵬翮所題張宣公祠匾額,既題於卷端,用作書名,且扉頁亦以爲書名正題,輒固宜爲著録者依憑。然以內容論,書名《四書語録》自較切合,且亦不無依據。故擬作《正學儀型四書語録》著録。

卷上《論語録》,卷下《中庸語録》、《孟語録》。按,既爲《四書語録》,宜有《大學》,此闕。又

《中庸語録》卷端不題卷帙,但於書口題"卷下"。其《論孟語録》釋義文字,與《論孟解》,有不儘同者。

此書編纂刊行始末,詳載張嘉楨跋:"嘉楨始祖宋大儒張宣公《四書語録》一書,共二卷。此吾父惕庵先生、吾伯恐齋、素庵先生讀書芝院所集,皆散見朱文公《集注》并《大全》、《説統》諸書各條下。""嘉楨少從先子惕庵先生學,目見先生手輯始祖文字,朝吟夕誦,暑雖蚊蚋著體不復知,寒即皸瘃不忍釋也。經營且二十年,自以諸生老,不及表彰祖訓,終身抱恨,遂以'遥述'名其堂。而嘉楨伯父恐齋先生,先子所受業者也,實始共分析貫穿,兄弟三人,尋繹討論,至今顯顯在人心目間,而兩人化去,則已久矣。""嘉楨日抱遺書,貧寠不能剞劂,私自感愧。而伯雲臺公昔年力勸梓成,公之海内,終又貧窘因循。欣遇撫憲大中丞振興文教,闡揚道學,集《四書大成》,啓迪後學。竊幸上作而下應,不禁踴躍懽欣,録其遺書,并及所置祠處,陳情憲轅,因言春露秋霜之恫俎豆有缺。蒙中丞敕下有司,舉復祠典,移文學憲,動給學租,並賜匾額,更新榱桷,復荷頒錫弁序,爲後學指歸。楨益知所奮,興緣勉措,訓蒙修資,不一月而是書告成。喜極涕零,志立末簡。"著録刊年,因跋而定。唯三十五、三十七年二跋,宜後印補入。

卷末附族裔參訂者名録,自二十二代至二十四代孫凡四十九人。前有小識:"南軒宣公自西蜀遷居武林,子姓蕃衍,不及詳載,謹録武林祠下暨婺州、雲間裔孫同事參訂者名氏開後。"

按,嘉楨父名淳,號惕庵。伯父沆,號恐齋。皆錢塘諸生,府縣志有傳。伯父澹,號素庵,郡庠名士。雲臺伯,名瑞鳳,慷慨節俠,見重鄉黨。又張大中丞者,即首序撰者張鵬翮,字運青,浙江遂溪人,康熙進士,時任浙江巡撫。據跋云,輯此書者實爲張淳伯仲,而嘉楨喬梓,功在壽棗。唯此本卷端題署如斯,姑依從著録,讀者自宜明之。

扉頁刻"正學儀型。宋儒張宣公四書語録。兩浙張大中丞鑑定。武林後裔遥述堂梓行。詩稿全集即出"。按,張雲翼序有云:"先生詩文全集,尤昌明博大,皆有關世道之言,今刻於廬郡守見陽君署中。見陽亦吾宗之賢者,有功於先生之書,故並著之。"未知與"遥述堂"預告之"詩稿全集"有無淵源。茲録之,或於考溯是書版本源流者有助。

《四庫全書總目》、《續修四庫全書總目提要(稿本)》均未收。《中國古籍善本書目》未著録。諸家藏目絶少見録。

鈐印有"濟南黄氏家藏"。

0245　清康熙刻本四書繹注　　T856/1188

《四書繹注》不分卷,清王鋑撰。清康熙三十五年(1696)刻本。四册。半頁十行二十字,四周雙邊,白口,單魚尾。框高19.2釐米,寬13.4釐米。題"柘城王鋑初稿"。前有康熙三十六年(1697)陳善序,康熙三十五年王鋑自序;康熙三十五年張夏《讀四書繹注題辭》。後有康熙三十五年王鋑《書四書繹注後》。

王鋑,字長穎,號一雪,又號巨野老人。河南柘城人。御史應昌長子,早補邑庠,隨父巡按江南、浙江、直隸。父卒歸里,事母以孝聞。順治十二年拔貢,入北雍,以教習授上海縣知縣,有治聲。著述又有《讀書質疑》、《讀易餘論》。《(光緒)柘城縣志》卷三《人物志》有傳。

是編依《大學》、《中庸》、《論語》、《孟子》爲序,釋解《四書》文字義理。卷帙不分,唯各書頁碼自行起訖。又不録經文,但頂格書某某章,次行低一格輯録吕留良、陸隴其講義,并申己説於後。蓋撰者以爲,吕氏《四書講義》、陸氏《松陽講義》,"皆能於朱子之注《四書》有所發明。""惟是《四書》之注,自《大全》而後,而《蒙引》而《存疑》,而淺説而達説,迄於今蓋百有餘年矣。要皆以書説書,未有以書説理,以書説人人身心性命之理者也。兩先生,一則於制藝中明之,一則於政事之暇論之,總以發明乎朱子之注者,以發明乎人人身心性命之理,是孔子之道也。"此皆自序中言也。

按,志傳稱應昌學宗陽明,而其子鈖則尊程朱。鈖於《書四書繹注後》專論朱子《四書集注》,兹録其文,以窺其學脈之傳承:"讀朱子《四書集注》,其要有三。一要知講書、講學之合一。《論語》曰'學之不講',講者,講身心性命之理、日用常行之事也。自學者留心文義,始有講書、講學之異。朱子之注《四書》,講書也,亦即講學也。總期以發明乎聖人之道,使人人可見之於日用常行,得之於身心性命者也。否則,止知其注釋字義、訓解文義而已,非知朱子注書之義也。一要知内注、外注之合一。朱子之注《四書》,先解其字義文義,而後論其理,且雜採諸家之論以論其理。程子曰:凡看文字,須先曉其文義,而後可以求其意,未有不曉文義而見意者也。朱子之注《四書》,先解字義文義,亦此意也。若其總論道理,及雜採諸家之論以論其理者,蓋以聖賢精義,非語言文字可得而遽傳,故旁引之,曲説之,使人人由書册上返之於身心性命,見之於日用常行,故加圈以別之。若只在文義上講求,一心奔在册子上沉潛玩味者,皆其字義文義,把朱子論理處,及所採諸家之論以論其理者,曰'外注'而置之,吾恐亦未得朱子注書之義也。一要知朱子之説當以《四書集注》爲定。朱子文集、語録最多,中有未定之論,及門人所記未詳者。《四書集注》乃其末年定論,易簣時尚改《大學》注,須知朱子注書之真精神在此。若《大全》中所採,間有與注不同者,當以《集注》爲定。薛敬軒先生曰:朱子文集有未爲定説者,如'盡心知性'一段,與《孟子·盡心》'知性'集注不同,當以《集注》爲定。若務求新人耳目,旁採朱子之説之稍異,及諸先儒之説出入,以亂《集注》者,猶未知《四書集注》之精且確也。學者知此三要,方可以讀朱子之《四書集注》,於以克治乎身心性命可也,於以敦篤乎日用常行可也,即以之爲制舉業文字,亦無不可也!"

《續修四庫全書總目提要(稿本)》曰:"鈖之《繹注》雖云'發明乎人人身心性命之理',其實仍爲制舉業所取資。"又曰:"此書刻於康熙丙子,尚在留良獄未興前,獨免銷毀,未遭治罪,其亦有幸不幸歟!"

按,是書終未幸免禁毀之禍,《清代禁燬書目》之《禁書總目》、《補遺》及《清代禁書知見録》均有收録。《補遺》云:"即吕、陸《講義》,係柘城王鈖選輯,内有吕留良注釋,應請禁燬。"此本乃真幸存者也!又是本無明確刊年,唯康熙三十五年張夏題辭稱,鈖"纂有《四書繹注》,刻先竣,特手示余",則是年書板當已刻成,故據以著録。至於次年陳善序,自爲後來補入。然此本輯録吕文雖仍標明"吕氏",但書序中"吕"下空白二格,顯然剜去"晚村"二字,疑爲吕氏文字獄興後匆匆削芟,或此本印時已在雍正後矣。

《續修四庫全書總目提要(稿本)》入經部四書類。《中國古籍善本書目》未著録。中國科學院圖書館也有收藏,但著録爲五卷,康熙刻本。

0246 清康熙刻本石渠閣新訂四書講義童子問　T856/4424

《石渠閣新訂四書講義童子問》十卷,清蔣台梅參訂。清康熙蔣雲華石渠閣刻本。六册。半頁十二行三十三字,小字雙行同,四周單邊,白口,單魚尾。無欄綫,行間刻句點,版心下刻"石渠閣"。框高21釐米,寬11.9釐米。題"句曲蔣台梅鹽臣參訂;男九齡嵩年較正;書林蔣雲華梓行"。前有康熙十六年(1677)蔣先庚序。

蔣台梅,字鹽臣。江蘇句容人。事蹟乏考。

此乃為童子發蒙而說《四書》者也。卷一至四《論語》,卷五《大學》,卷六《中庸》,卷七至一〇《孟子》。其例,每字下訓釋字義,每句下講解句意。釋解淺白簡易,便宜童蒙,如《學而》篇"子"下注:"子,是孔子,姓孔,名丘,字仲尼,魯國人。""曰"下注:"曰,是說。"

蔣先庚序稱,是書但據方孟旋先生《四書》講義而參訂之,序曰:《四書》"藉朱子而定其傳,若羽翼其解者,有南軒、延平、西銘、河南各家,總以《大全》為統歸,又有《蒙引》、《淺說》、《兒訓》、《存疑》各講,究以《直解》為正宗。今者訓詁之書,分門雜出,鄙俚之譚,充梁塞棟,聞者為之噴飯,閱者棄之覆瓿,童子輩幾為俗氣薰蒸,浸肌入胃,不復洗滌陳腐邪垢。惟孟旋方先生講義,稍近先儒,舉業家奉為章程,又屢為坊人漫徵,里師改竄,深恨其非,茲一釐正其說。〇山童子,略資講貫,固已共信而服之,有不待語言而後明者,即以語言論之,無不根柢紫陽,體貼大小傳注,刺目開心,挑剔敏捷,雖片言單字,俱以《大全》、《直解》為歸。""以之播天下,遍黨術,每童子問之,而亦若有合也。似退之論張旭之書,子瞻論與可之竹,不徒快於言,更有快於心者,由是而資焉,其文章之故,自有不謀而兩得者,是亦進於童子矣,豈獨益一〇山童子哉!因序而梓之。"按,"孟旋方先生"及其"講義"均無考。又此書卷端題蔣台梅參訂,然則蔣先庚序卻未言及蔣台梅參訂事,反觀其"深恨其非,茲一釐正其說"云云,似謂釐正之事乃己所為。據序末署名,知先庚字震青,亦句曲人。未知此句曲二蔣是何關係,姑且據卷端題名著錄作者。又蔣序撰於"康熙十六年丁巳歲次孟夏日",雖曰"因序而梓之",卻未必真為此本之刊年。顧審其字體,似不在康熙後,而書中"丘"不作"邱","弘"不闕筆,亦可佐證,故暫定作康熙間刻本。"石渠閣"之名,又見載《中國古籍版刻辭典》,凡二家:一為明萬曆間人王世茂室名;一為明萬曆間寧波人蔣時機室名。與此本"石渠閣"似無淵源。而此本"石渠閣"是否"書林蔣雲華"室名亦無確證,但循常例著錄而已。

此本字體寫刻,但不甚精。

《四庫全書總目》、《續修四庫全書總目提要(稿本)》均不收。《中國古籍善本書目》未著錄。所見書目一無記載。

0247 清乾隆刻本四書朱子本義匯參 T856/1125

《四書朱子本義匯參》四十三卷首四卷,清王步青撰,王士鼇編。清乾隆十年(1745)敦復堂刻本。二十二冊。半頁九行二十三字,四周單邊,白口,單魚尾。行間刻圈點。書口下刻"敦復堂讀本"。框高20.3釐米,寬13.2釐米。題"金壇後學王步青輯;子士鼇編;孫維甸尚奮、乃昀爾畯校"。前有乾隆十年王步青自序;王步青撰《發凡》十八則;卷目。

王步青,字漢階,或字罕皆,號巳山。江蘇金壇人。雍正元年進士,改庶吉士,授翰林院檢討,以病假歸。尹會一官兩淮鹽運使時,於揚州重建安定書院,延為掌教,凡所訓迪,一遵白鹿洞遺規。早以制義名世,後以為因文見道,不若直溯道源,乃作《四書朱子本義匯參》,學者爭奉為圭臬。暮年猶勤學不倦,顏其齋曰"無逸"。乾隆十六年卒,年八十。著有《王巳山先生文集》行世。《清儒學案》卷六二《健餘學案》附傳。

是本正文卷端並無總書名,各書皆自題其名,曰《大學章句本義匯參》、《中庸章句本義匯參》、《論語集注本義匯參》、《孟子集注本義匯參》,唯《發凡》、《卷目》前,併冠以"四書朱子本義匯參",故從之,用作總名。其書名之義,則《發凡》有曰:"是集稟承本義,綴以匯參,義本《禹貢》'東迤北會爲匯'之文。竊謂講明斯理,譬若導水,然《四子書》乃其發源,群儒講學論道爲其支派,而《章句集注》則其總匯。"

此書凡《大學》三卷首一卷,《中庸》六卷首一卷,《論語》二十卷首一卷,《孟子》十四卷首一卷。其中《大學》卷首:朱熹《大學章句序》、纂讀《大學》綱領;《中庸》卷首:朱熹《中庸章句序》、朱熹《中庸集解序》、纂讀《中庸》綱領;《論語》卷首:《論語》序説、朱熹《論語要義目錄序》、朱熹《論語訓蒙口義序》、朱熹《論孟精義綱領》、《精義》綱領、《論》《孟》讀書之要、《語類》綱領;《孟子》卷首:《孟子》序説、朱熹《論孟精義綱領》(《孟子》部分)、《語類》綱領(《孟子》部分)。

《發凡》云:"《易》曰'同歸而殊途','一致而百慮'。要使殊途百慮統匯於同歸一致之中,此愚者編輯是書之微意,而兢兢乎惟恐失之者也。"蓋作者以爲,"《四子書》之本義,固以朱子爲宗,而朱子書之本義,則必折衷於《章句集注》",然則《四書大全》"未嘗稟《章句集注》爲權衡",自時厥後,"講章盛行,兔園學究,既没溺於高頭俗説而不知其陋,而嗜奇衒博之徒,則又考索愈煩,瞀惑滋甚";及朱子《章句集注》,"學者童而習之,口相沿以熟,遂忘乎其爲布帛之文,菽粟之味,探賾索隱,以務名家,而本義模糊,浸尋畔道,陽朱陰陸,異説蜂起,隆萬以下,蓋多有之"。故作此書,以"同歸、一致"於朱子《本義》之中。

其例於《四書章句集注》下,首錄朱子《四書或問》、《中庸輯略》、《論孟精義》、《語類》、《文集》可疏通證明者,以爲本義;其次選錄漢唐宋元明儒先注疏,參伍證明,而一以《章句集注》爲折衷。

《四庫全書總目》評論此書:"於語脈字義,推闡頗詳,在近時講章之中,尚較爲切實。"然又曰:"自明以來,科舉之學以朱子爲斷,然聖賢立訓以垂教,非以資後人之辨説,爲作語錄計也。即朱子《章句集注》,亦以明聖賢之道,非以資後人之揣摩,爲取科第計也。是書乃以場屋八比之法,計較得失,斯已逐影而失形矣。其發凡病汪份删纂《四書大全》,參取閻若璩、顧炎武之説,或與朱子相左,是未考漢學、宋學,各有源流。至於贋本《或問小注》,明知其依託朱子,而有意模稜,殆慮一斥其僞,即不能假朱子之名,鉗伏衆論,故存爲疑案,不欲顯言。不知其説可取,不必以贋本而廢之,其書非真,亦不必以其説可取,併諱其贋本,是是非非,當以其書爲斷,不必定使其書出朱子而後謂之是也。是又門户之見,未能盡化矣。"

自序載撰著刊行始末,曰:"步青生逢盛世,自爲諸生,二十六年登賢書,又九年成進士,入史館,凡五年,嬰疾告歸,仍理故業,於今復十有八年矣。追憶曩時從事帖括,習復《四子之書》,與生徒口講指畫,間有心得,剳記簡端,輒復塗乙不知幾更矣。三數年來,屏當一切,繙繹舊聞,研尋本注,仰見朱子竭一生之精神,發明《四子》之義藴,精微洞徹,銖兩悉稱,確然信以爲此朱子之本義,即孔、曾、思、孟之本義。""爰輯此書,竊取朱子所以注《易》之指,而惴惴乎懼弗當也。題曰《本義匯參》,藏之家塾,俾兒孫輩知所取裁。庶由是心解力行,以適於聖賢之路,毋徒以資帖括而已。書成,客有見之者,遂請授諸梓。夫步青則何敢遽爾!惟念平生鄉道之私所願,以質諸當代宗工而未果者,今其藉手正焉,儻幸鑒其愚而糾其繆。步青老矣,蓋尤跂予望之。"

《四庫全書總目》入經部四書類存目,但著錄爲《四書本義匯參》四十五卷(合各書卷首總計,少《論語》卷首、《孟子》卷首)。《中國古籍善本書目》未著錄。北京大學圖書館、北京師範大學圖書館、臺灣大學圖書館及日本内閣文庫、東京大學圖書館、東京大學東洋文化研究所也有收藏。唯《東京大學東洋文化研究所漢籍分類目錄》著錄爲乾隆十年常熟孫氏敦復堂刻本,未詳其由。此外,《北京大學圖書館藏古籍善本書目》又著錄清文會堂刻本一部。日本有天保七年(1836)加賀藩翻刻本、天保十一年(1840)大阪河內屋翻刻本。

鈐印有"綠猗堂藏書記"。

0248　清乾隆刻本四書朱子或問語類　　　　　　T853/2943.2

《四書朱子或問語類》三十六卷,清陳其凝輯。清乾隆十二年(1747)陳其凝刻本。六冊。半頁十行二十一字,四周單邊,黑口,雙魚尾。框高15.4釐米,寬9.6釐米。前有乾隆十二年納蘭常安序;乾隆十二年陳其凝《刻〈朱子或問語類〉附記》。

陳其凝,字秋崖。江蘇上元人。雍正八年進士,督學三秦、兩浙,官至太僕寺少卿。參見《(同治)上江兩縣志》卷十四《科貢譜》。

是編乃刪取《四書或問》、《朱子語類》而合輯成。正文卷端無總書名,唯編者《附記》及扉頁題名可執以爲據,今從扉頁著錄。全書並未明析卷帙,今但據各自頁數起訖,別其卷目:《大學》一卷,《中庸》一卷,《論語》二十卷,《孟子》十四卷。各卷卷端首行頂格題書名,次行低一格題篇名,再次行低兩格題章名,以下則先錄《或問》,次錄《語類》。

《附記》言輯刊始末:"今復奉命督學兩浙,浙水東西,文章華且麗矣,求其不悖《語》、《孟》之旨,而潛究於朱子之書者蓋寡。推其弊,皆講章之習誤之也。講章始於前明,沿習日久,其流益甚。操觚之士,好逸惡勞,樂趨簡便,人執一編,奉爲拱璧,日習於含糊影響之說,而《語》、《孟》之旨日遠日悖。""《朱子全書》頒行天下,宜人人誦而習之,迺學者每苦卷帙浩繁,望洋而歎,非有以開其塗而引其端不可也。今取《或問》、《語類》,刪其辨難之說,汰其重複之條,刻以成書,使讀書之士不致畏難而止……是此編實爲讀書窮理之士導之先路,多士其卒業焉。"是知此本刻於陳其凝浙江學使任內,疑其宜屬官版一類,但未敢確然耳。

納蘭序稱許是編,益在救士風之弊,曰:"我朝推崇正學,於《四書》獨尊朱註,而帖括者往往墨守章句,不觀《或問》、《語類》二書,是猶取布帛以爲衣,而未竟其幅也。先生督學兩浙,於今三年矣。力以矯正時趨,復慮學者不知求諸根原之地,復爲是刻,以資切劘,庶幾於聖賢之意,批窾導窾,𦘕然以通,而非僅爲緜章繪句之習也。"

《附記》末頁末行下題"湖郡潘大有鎸"。潘大有,吳興刻工,嘗雕刻寫體木活字,擺印南陵草堂本宋唐庚《唐眉山詩集》,精美不讓寫刻。是本字體仿宋,鎸刻頗佳。又卷前附頁有闕名墨筆抄錄《四庫全書總目‧四書或問》。

扉頁刻"四書朱子或問語類"。

《四庫全書總目》、《續修四庫全書總目提要(稿本)》均未收。《中國古籍善本書目》未著錄。所見藏目皆無記錄。

0249　清乾隆刻本四書自得錄　　　　　　T856/2243

《四書自得錄》十卷《續錄》一卷,清何如漋撰。清乾隆二十六年(1761)刻後印本。六冊。半頁十一行二十二字,左右雙邊,白口,單魚尾。框高17.4釐米,寬12.4釐米。題"南海後學何如漋輯;子爲梓編,孫燦校"。前有乾隆二十五年(1760)何如漋自序,乾隆二十四年(1759)馮成修序。後有乾隆二十六年董樞跋。

何如漋,字建則,一字澹泉。廣東南海人。雍正十一年進士。出知山東冠縣、長清、河南新鄭,多善政。解綬歸,囊橐蕭然,授徒自給,士翕然師之,歲常數百人。著述又有《讀易日鈔》。《(光緒)南海縣志》卷三九有傳。

此書所錄皆作者研讀《四書》之心得,故名"自得錄"。自序曰:"此余之所自得者也。今夫康莊之衢,如坻如矢,衆共由之;顯易之理,如日如星,衆共喻之,烏用豐干饒舌爲?我惟不敢蹈常襲故,而出管窺之見,以相質證。斯不過愚者自鳴一得之意云爾。"卷端書名各題作《大學自得錄》、《中庸自得錄》、《論語自得錄》、《孟子自得錄》,今總其名曰《四書自得錄》。

卷一《大學》,卷二《中庸》,卷三至六《論語》,卷七至一○《孟子》。其書但標章節,不錄原文,釋解以研究義理、體認身心爲本,或標己見,或援前說,而總禀於朱子《章句集注》。如自序曰:"惟取經傳本文,迴環諷誦,涵泳玩索,務使真精神真義蘊,躍然見於吾前而後已。稍有未愜,則取《集注》、《語類》、《或問》諸書,潛心而熟讀之,又次則取勉齋、雙峰、《蒙引》、《存疑》,暨我朝平湖、金壇諸公之論説,參互而考訂之。"

《續錄》亦以《學》、《庸》、《語》、《孟》爲次編錄,合一卷。卷端題"南海後學何如漋輯;子爲梓編;孫燦、灼,曾孫曰坰、曰壁校"。

自序曰:"余自束髮受書,竊有志於講明聖人之道,故嘗折衷群言,以求至當,然功候未至,不可強也。中年作吏,此事幾廢。壬戌歲,乞養南歸,因肆力以卒前功。""歲月既久,詮注遂多,家有敝帚,不忍棄也,因付之剞劂氏也。"按,何氏於乾隆七年自長清縣解任南歸,乾隆二十二年復知新鄭,自序乃乾隆二十五年"書於新鄭退思齋",是知《自得錄》"付之剞劂"即在此年,而次年董樞撰跋,宜在刻竣後矣。又此本《續錄》題名校者,較前錄多出曾孫一代,是《續錄》固爲後刻,但不知刊年耳。且前錄、續錄用紙一色而年代較遲,扉頁版式亦非乾隆間面目,則是本必爲後印無疑。或書坊得板重印,或翻刻重印,皆未始不可也。

扉頁刻"四書講義自得錄。太史馮潛齋先生鑑定。翻刻必究"。刻"尚友千古"印,又鈐有木戳印"敬業堂發兑"。按,潛齋,馮成修字也。

《四庫全書總目》、《續修四庫全書總目提要(稿本)》均未收。《中國古籍善本書目》未著錄。香港中文大學圖書館也有收藏。

鈐印有"廣島國學院"、"三輪田藏書",皆日人印。

0250　清雍正刻本四書典林　　T856/3133

《四書典林》三十卷,清江永撰。清雍正十三年(1735)汪氏鋤經堂刻本。十六册。半頁八行二十二字,左右雙行,白口,單魚尾。框高 19.6 釐米,寬 12.8 釐米。題"婺源江永慎修新編;同邑汪基方鎦參定;及門諸子校閱"。前有乾隆元年(1736)趙國麟序,雍正十三年汪勳跋,雍正十三年寶容恂序,雍正十二年(1734)吳之珽序,雍正十三年吳華孫序,雍正十二年江永自序;汪基題辭;江永撰《凡例》十四則;受業門人汪世望等附識,男逢聖等附識;引群書目;目錄。

江永,字慎修。江西婺源人。歲貢生,數十年棳户授徒,有欲進其書且舉之者,則以頹老辭。爲學長於比勘,明於步算鐘律聲韻,而尤深三禮,後世治漢學者奉爲先河,休寧戴震得之最多。乾隆二十七年卒,年八十有二。著述等身,有《周禮疑義舉要》、《禮記訓義擇言》、《深衣考誤》、《禮書綱目》、《律吕闡微》、《春秋地理考實》、《四書古人典林》、《鄉黨圖考》、《古韻標準》、《音學辨微》、《四聲切韻表》、《推步法解》、《近思錄集注》、《考訂朱子世家》等。事蹟具《清史稿》本傳,及《清史列傳》卷六八《儒林傳》、《清儒學案》卷五八《慎修學案》。按,蔣元卿《皖人書錄》

稱永一字春齋。但據此本《凡例》後汪世望等附識，乃稱"旮齋先生"，當是。

此乃類書，但爲時文稽典，制藝儲材，凡《四書》中三才五品、禮樂制度、草木蟲魚諸事，皆拈出列爲詞條，分類七百三十有奇，而以二十六部括之：卷一《天文部》，卷二《時令部》，卷三《地理部》，卷四至六《人倫部》，卷七《性情部》，卷八《身體部》，卷九至一〇《人事部》，卷一一《人品部》，卷一二《王侯部》，卷一三《國邑部》，卷一四《官職部》，卷一五《庶民部》，卷一六《政事部》，卷一七《文學部》，卷一八《禮制部》，卷一九《祭祀部》，卷二〇《衣服部》，卷二一《飲食部》，卷二二《宮室部》，卷二三《器用部》，卷二四《樂律部》，卷二五《武備部》，卷二六《喪記部》，卷二七《珍寶部》，卷二八至二九《庶物部》，卷三〇《雜物部》。

據其編例，每一詞目皆出典故，凡經史子集及雜書可以爲文料者，多爲網羅，仿《北堂書鈔》例，用數字提要，分注其下。如《天文部·日月類》"照臨"條下，引《邶風》"日居月諸，照臨下土"；《泰誓》"惟我文考，若日之照臨"。每類之下，仿《韻府群玉》體例編綴詞目，以提要字數由少至多爲序，偶有以事之先後爲次者，則爲變例。

吳華孫序曰："自唐以來，綴集經史百家之書而彙別之，大抵供詞客騷人之用，未有專資帖括者，有之自《典林》始。"然則，慎修何必專作此書以供帖括家驅策哉？受業弟子汪世望等附識，言之甚詳："右是編，吾師慎齋先生爲初學備作文之資糧也。先生嗜古力學，雅不喜以時文鳴，然爲諸生徒程式之作，原原本本，爾雅深厚，有識者亦共欽賞之。蓋先生持論，謂文章雅俗，視乎根柢淺深，欲速化者經書庋閣，僅僅株守墨腔，揣摩風氣，亦能投一時之好，其如俗，不可醫。何若夫探源群經，擷芳百氏，醞釀既久，書味古香，流於楮墨，惟典斯遠俗也。顧典亦難言矣，弱冠以前，精力未充，弱冠以後，意緒漸雜，其能探二酉、破萬卷者，百無一二。夫胸無典籍，則室滯空疏，即勉爲典贍，而食吐餘，譏餒飣，踵訛承謬，弊有甚焉。然則將爲初學設稽典之法，使取徑便而收效賒，莫如《典林》一書。"約而言之，要而言之，則若吳序所云："江子固欲變天下之學究爲秀才，而非欲秀才轉爲學究，以捷徑率之也。"

《續修四庫全書總目提要(稿本)》曰："是書雖爲舉業家儲材，而援引必確，排次不苟，可爲類書之式，並足供詞家之采獲、經學之參證。蓋永學素淹貫，即區區俗書，亦非他人可及也。"

是書乃江永坐館汪勳家時所編。汪勳跋曰："歲辛丑，余延家塾課諸子十餘年矣。先生家故貧，不趨聲利，訓讀暇，惟以著述自怡。謂時文取資經籍，類書尚少善本，手編《四書典林》三十卷，捃摭群言，分別門類，兼綜條貫，最便操觚取材，間有論辨，皆先生灼見。""是編尤切文藝，同門遂先授梓，以爲嚆矢。"又汪世望等附識曰："先生殫數載辛勤，嘉惠學者，望輩不敢私愛，偕同門醵資授梓，以公同好。別有《四書古人典林》十餘卷，俟編定即嗣刊，以成完書。"按，江永自序末署"雍正甲寅秋七月朔日婺源江永慎修氏書于蚺城汪氏耡經齋"，汪勳書跋在"雍正乙卯夏季"，是知《典林》始編於雍正十一年，次年秋脫稿，至十三年夏即付梓印，刻書出版者，汪氏耡經堂受業弟子世望等。至於"乾隆改元初秋日巡撫安慶都察院古副都御史"趙國麟序，或在殺青時書也。

扉頁刻"四書典林。星源江慎修編。耡經堂藏板"。

《續修四庫全書總目提要(稿本)》入經部四書類，但誤作雍正十五年刊本。《中國古籍善本書目》未著錄。香港中文大學圖書館、日本內閣文庫也有收藏。按，是書又有乾隆三十九年小酉山房袖珍本，臺北"中央研究院"史語所傅斯年圖書館有藏；乾隆六十年金閶函三堂重刻本，日本東京大學東洋文化研究所圖書館有藏。《皖人書錄》則著錄爲乾隆十二年金閶重刻本。

鈐印有"星川藏書"、"元章"、"北山彰印",皆日人印。

0251　清乾隆刻本四書古人典林　　T882/3133

《四書古人典林》十二卷,清江永撰。清乾隆三十九年(1774)光霽堂刻本。五册。半頁八行二十字,左右雙邊,白口,單魚尾。行間刻句點。框高19.1釐米,寬12.5釐米。題"新安江永慎修新編;及門諸子校閱"。前有乾隆十四年(1749)江永自序;目録。

江永,見清雍正刻本《四書典林》。

是編乃《四書典林》之續作,專爲《四書》人物考覆典故,體例倣前編。卷一至二《帝王部》,卷三《古臣部》,卷四《古賢部》,卷五至六《聖賢部》,卷七至八《諸侯部》,卷九至一一《大夫部》,卷一二《雜人部》、《列女部》。

自序曰:"嚮刻《四書典林》三十卷,謬爲當道鉅公許可,序而傳之。十餘年來,四方雕板相踵,遂風行海宇,家有其書。""《四書》古人有典故可考者二百餘人,宜倣前體,薈萃成完書。藝林有《四書人物備考》,昉於薛方山,迭相鈔録,增損不一,事無提要,既不便學者觀考。遍閱諸本,大都排纂無法,擇言不精,往往拾瓦礫而遺金玉;事詞蕪蕪,不知芟薙,其有節目關要者,又或遭刊落也,古人在《集注》當考其事者,又未經纂録也。經傳原文,臆爲數竄,文不連屬,妄爲牽引,書無其詁,漫而標題,在《四書》尤煩贅述,此皆書體之病。至援引之疏謬……又皆不能考覆辨正。夫鈔録故籍不自具眼,其費於鈔胥者幾何矣!兹編體裁一新,力矯前弊,事之隱僻未經蒐羅者尚有之,若其著在簡册、昭如日星者,固可一覽瞭然,足資學者無窮之取材矣。爰授諸梓,以續前編。"

《續修四庫全書總目提要(稿本)》稱,此書"大旨亦爲舉業而作,然視坊行諸本率而排纂,漫無類例,繁蕪者不知薙删,重要者及遭刊落,固迥殊矣。向來援引錯謬,永一一爲之訂正删削,其尤重要者,永並詳加考覆,使後此注家奉爲定論,又安得以舉業所用而鄙視之耶!"又曰:是書"方欲刊行而永適病歿,蓋絶筆也。其門人汪澎爲竟其志,並作後跋。"按,乾隆十四年自序云"爰授諸梓,以續前編",意謂當年已經付梓,而永歿於乾隆二十七年,豈是"方欲刊行而永適病歿"哉!即便言梓而未梓,亦不可謂之"絶筆"也。《總目》所言,或援於後跋,唯跋未獲睹,斷言亦難。

目録頁末行刻"徽婺東溪游允芳男梓行"。

扉頁刻"四書人物典林。新安江慎修編。乾隆甲午新鐫。光霽堂刊行"。

《續修四庫全書總目提要(稿本)》入經部四書類。《中國古籍善本書目》未著録。《北京大學圖書館藏古籍善本書目》著録有乾隆三十九年江澎刻本,"江澎"宜即《續修四庫總目》所云"門人汪澎",惟江耶汪耶?未見原跋,不敢輕斷。又《中國科學院圖書館藏中文古籍善本書目》著録乾隆三十九年集道堂刻本,《續修四庫全書》收入此書,底本即爲湖北省圖書館藏乾隆三十九年集道堂刻本,該本扉頁題刻"乾隆甲午新鐫,集道堂藏板"。與館藏本相較,二本版式行款、内容文字無不同,正文、自序、扉頁字體則仿近,甚至集道堂本目録頁末亦刻有"徽婺東溪游允芳男梓行"一行,以是推之,其中必有一本爲後來翻刻。又《臺灣公藏普通本綫裝書目》著録"中央研究院"史語所傅斯年圖書館藏乾隆三十九年小酉山房刊袖珍本。日本《京都大學人文科學研究所漢籍分類目録》著録有掃葉山房刊本。

鈐印有"穆濱"。

0252　清乾隆刻本四書疑問

T856/4438

《四書疑問》三十八卷，清李灝撰。清乾隆李氏自刻本。八册。半頁十一行二十三字，四周單邊，白口，單魚尾。無欄綫，行間刻句逗。框高20.1釐米，寬13.2釐米。題"南豐李灝述；男廷昱、（廷）光、孫天保、（天）相、（天）贊、（天）錦刊"。前有雍正十二年（1734）朱軾序，乾隆元年（1736）方苞序。

李灝，字柱文，號滄江。江西南豐人。嗜古力學，淹貫經史，有名諸生間三十餘年。雍正八年歲貢，乾隆元年薦試博學鴻詞不遇，後授官永寧訓導，課士有方。著述又有《五經疑問》、《苣堂類稿》。《（同治）南豐縣志》卷二五《人物志》有傳。

此書或稱《四書朱子疑問》。有明姚氏舜牧，學宗姚江，嘗著《四書疑問》十一卷，立說多與朱子異。此書雖同其名，立說亦有與朱子異處，然李灝乃遵朱之士，故此書之"疑"，乃大同小疑，猶朱軾序文所言："今按是編，就朱訂朱，不爲無見，因許可作朱子門中獻疑弟子。"

此書凡《大學疑問》二卷，《中庸疑問》二卷，《論語疑問》二十卷，《孟子疑問》十四卷。是編書例體式，不書經文傳注，但標立章節，如《大學疑問》卷上"大學之道節"、《論語疑問》卷十二"顏淵問仁章"；各章節下，首冠"朱子"二字，其下乃引述、評析朱熹之訓解闡釋；次冠以"諸家"，其下引述、論議宋元明及近儒之說。

按，李灝於雍正十一年、乾隆元年二度赴京，以此書就正同道。朱軾序云："歲癸丑，李生抵京師，偶出所參《六經解》及《四書朱子疑問》謁我輩。"方苞序云："丙辰，復以鴻詞就試，更出所訂《朱子疑問》商榷。"此書併獲朱軾、方苞嘉許。軾"嘉其篤學，執手登床，談論數月"，謂曰："竊歎朱子之學廣矣大矣，夫豈後學所克窺其津涯，探其奧奧！然此心此理，千聖同軌，義苟有疑，何妨直溯千載以上，面稽親質；義誠證合，安知前聖不神遊千載下，引爲知己！"方苞亦稱李氏此書，能"先得我心，早發其覆"。其序乃大發其慨曰："吾謂當今之害，不在異端、俗儒，并不在僞儒。僞儒之害，害其從事斯道者也。當今之害，患在群奉真儒，不知別白，貿貿焉，是其所非，非其所是，反授外道以入室操戈之柄，而害且遍天下。""朱子之學，孔孟以後所稱世間真儒也，其德其業雖集群聖之大成，而畢生纂述豈無前後異詞、彼此異見者乎？又豈無因人異說、考覆失是者乎？至於《語類》所編、文集所載，錯雜牴牾，頗若飛蓬亂繭，外吾教者，適樂藉此以售其黨邪陷正、陰釋陽儒之計。而寶全書者，方且曲意彌縫，左右調合，資以說經，作爲制舉義，是重朱適以輕朱也。""今李生，西江人也。西江之學，多左象山陸氏，而李生獨宗朱子，且於朱子知所抉擇。""余始喟然太息，謂李生是編，知者許爲紫陽功臣，不知者必斥爲狂爲僭，然而善讀朱子者，其必有以察之矣。"

又朱軾序曰："及安溪厚庵李公爲予言，聞西江有李生灝者，能自著書，堪引共語，緣是知有李生。李生者，吾鄉建郡人也，第李鳳岐公門下徒，因獲以所述郵獻。"所記可補志傳之無。

是本無明確刊年，朱、方二序亦未提及，意其梓行不能早於乾隆元年，唯書中"弘"字皆未避諱，可知爲乾隆早期刊印。蓋雍正十三年弘曆登極之初，嘗下諭曰："避名之典，乃文字末節，無關大義，所謂改寫宏字歷字不必行。嗣後凡遇朕名之處不必諱，若臣工名字有同而心自不安者，上一字少寫一點，下一字中間禾字書爲木字，即可以存迴避之意矣。"可知乾隆即位之初，避諱不嚴。及二十五年、二十八年、三十年、三十四年，避諱令接踵而下，刊書避諱始漸趨嚴。

扉頁刻"四書疑問。琴城李滄江先生手輯。桐城方苞先生鑒定。英德堂藏板"。

《四庫全書總目》、《續修四庫全書總目提要(稿本)》均未收。《中國古籍善本書目》未著録。各家書目亦少記載。

0253　清康熙刻本四書朱子大全統義　T856/4280

《四書朱子大全統義》十九卷,清萬人望輯。清康熙五十七年(1718)本立堂刻本。十五册。半頁十二行三十字,左右雙邊,白口,單魚尾。無欄綫,行間刻圈點,版心下刻"本立堂"。框高21釐米,寬13釐米。題"上元萬人望書巖彙輯"。前有康熙五十七年萬人望自序,康熙五十七年李沛霖序;引用先儒姓氏;同學參訂姓氏;《例言》五則。

萬人望,字書巖。江蘇上元人。生平行蹟,載籍莫考。此書李沛霖序略涉其事,雖有虛美之嫌,聊補無米之炊,茲節録之,曰:"予於戊寅、己卯間,謬事丹黄於金陵,因得交萬子書巖,二十餘年於茲矣。見其磊落奇偉,議論開闊,知其處家庭與親戚友朋情甚篤。久而知其制義之文皆足以發明《四子》之精藴。又久而見其嗣君卓越,及門英多,聯翩飛騰者歲不乏人,執經問業者爭先白下。"

是書乃作者"教授於平日,參而考之,互而訂之,積數十年之精力以成之",意在統合諸家之說,旨歸朱子之義,故名《朱子大全統義》。凡《大學》一卷,《中庸》一卷,《論語》十卷,《孟子》七卷。《大學》前有朱熹《大學章句序》,《中庸》前有朱熹《中庸章句序》,《論語》前有《論語序説》,《孟子》前有《孟子序説》。審其體例,乃於每章之下,首列"提綱","所以明書之要領";章下各句,先字義音訓,次"序講","所以盡書之曲折",再"集疏","所以展書之底藴";三項之後或有未定之議,輒偶出己意以折衷之。

自序曰:"蓋《大全》、《蒙引》、《淺約》,是非互見,即朱子《語類》、《文集》,間亦自相異同。天下無粹白狐,而有粹白裘,亦在乎綴之者而已。余是書指歸於諸家,說則總以朱子爲準,合乎朱者存之,異乎朱者逸之,而於朱子未定之論,則又總以《集注》爲準。權衡之下,務求至精至確,與本文緊相襯貼而止,明白曉暢,不冗不漏,雖不敢自謂能統其大義之所極,而其用意則存乎此矣。"

扉頁刻"四書朱子大全統義。江左萬書巖纂輯。本立堂梓行。康熙五十七年新鐫。明道解惑。翻刻必究",朱墨套印。又鈐有"本立堂藏板"白文印。

《四庫全書總目》、《續修四庫全書總目提要(稿本)》均不收。《中國古籍善本書目》未著録。各家藏目絕少見載。

0254　清康熙刻本四書朱子異同條辨　T856/4431.2

《四書朱子異同條辨》四十卷,清李沛霖、李禎撰。清康熙近譬堂刻本。三十二册。半頁九行二十一字,左右雙邊,白口,單魚尾。無欄綫,行間刻圈點,版心下有"近譬堂藏板"。框高20.8釐米,寬13.7釐米。題"都梁李沛霖、弟禎仝訂"。前有康熙四十一年(1702)李禎自序,康熙四十一年李沛霖自序;李沛霖撰《凡例》八則;《四書朱子異同條辨》先儒姓氏。

李沛霖,字岱雲。湖南武岡人。著述又有《四書諸儒輯要》。事蹟未詳。按,清康熙刻本萬人望《四書朱子大全統義》有李沛霖序,曰:"予於戊寅、己卯間,謬事丹黄於金陵。"又該書所附"同學參訂姓氏"中列有李沛霖,及其二子李學曾、李夢雷之名。

李禎,沛霖弟。事蹟未詳。

夫書名"朱子異同條辨"何謂耶？蓋撰者以爲，自來諸儒《四書》之説，雖併稱"從朱"，然多"名從而實違"者，故不得不爲異同之辨也。自序曰："今之讀《四子書》者，初未嘗深思力索聖人之道，第以爲吾從朱而已；而世之學者聞其從朱，則僉曰此不畔於道者。嗚呼，豈非名從而實違，習其所固然而不知其所以然者歟！""朱子之説亦既大且精矣！而後之學者，或執其辭而晦其意者有之，或得其意而誤其辭者亦有之；不然則見其粗而忘其精也，不然則明於此而昧於彼也，不然則知其一説而不知其又有一説而莫或貫之也。此非但數百年之後深體其説者蓋寡，即勉齋之徒親炙於朱子之門者，殆已不無相沿而繆戾者也。""此予自宋元明以迄於今諸儒之説，雖爲世所尊崇效法，而予斷然有異同之辨者也！"

是編凡《大學》三卷，《中庸》三卷，《論語》二十卷，《孟子》十四卷。據其編例：《四書》正文頂格大書，次行低一格書朱子《章句集注》，再次爲《或問》、爲《語類》；而後於"同"字下綴輯諸儒之説與朱子合者，於"異"字下綴輯與朱子不合者；其末有"辨"，先沛霖按，次禎按，皆其伯仲與諸儒商榷論辨之説也。

按，沛霖説書，旨遵朱子《章句集注》，而以《或問》、《語類》爲羽翼。其序曰：朱子既爲《章句集注》，"猶恐人之以自信己説爲疑，則有《或問》之假借以明焉；而猶恐《章句集注》之簡括難見，則又有《語類》之反覆以詳焉；而猶恐前人之精思要論或以已之兼該而隱，而又疑於説之未能盡取也，則又有《精義》、《輯略》之並存以備參焉。"又曰："吾嘗於《四子之書》之理玩索而未有明也，證之《章句集注》而合焉；於《章句集注》之理玩索而未有明也，證之《或問》、《語類》而又合焉。乃於《或問》、《語類》之説之理玩索而未有明者，證之前之游、楊、謝、吕，而有合有不合矣；證之後之勉齋、雙峰之徒，而亦有合有不合矣；即證之有明三百年之中虛齋、次崖之徒，有合有不合，而幽繆而顯畔者更不知其幾矣。而況今人之有合，不過踵前人之已合而合者也；今人之不合，亦不過踵前人之不合而不合者也。而一二傑出之士，如晚村、稼書之徒，其不踵前人之已合而有合者，吾安敢以爲非也；其不踵前人之不合而猶不合者，吾安敢以爲是也。"故是書辨諸儒與朱子異同，必參互《章句集注》、《或問》、《語類》乃至《精義》、《輯略》，而爲之準衡。是故亦必於《四書》經文之下，一句一辨，長篇累牘，卷帙浩繁，似爲繁瑣。然則撰者之意，固在爲朱子清理門户，而其實又豈不爲《四書》學釐清脈絡乎？且其搜羅宏富，資料翔實，釐畫有序，讀是書者，未嘗不可以《四書》學史視之也。

《凡例》末條紀編撰經由曰："予自總角時，往往以《章句》解書而明，以雜説解書而晦，即疑《大全》以下諸本不可盡信。於是備集諸家，妄加批抹，易其本者屢矣。後浸淫於朱子之全書者久，乃益斷然以己之所見爲不背於聖人之道。及余弟漸長，頗能參互其説。於是師友一堂，益發其不窮之趣，而兒輩亦因以卒業焉。本不敢公之於世，懼蹈狂妄之罪。既又痛聖人之道，不晦於畔朱之人，而即毀於從朱之人，亦可嘿嘿而已也。世之學者或更見予之不逮而攻其疾焉，則余年未老，猶得更訂而改其失也已。"

是本無明確刊年，李氏二序均一字不及刊印之事。但書中避諱止於康熙。據《中國人民大學圖書館古籍善本書目》著録，該館藏本之封面鐫"近譬堂梓行"。

此書後遭清廷抽毁，《清代禁燬書目》之《禁書總目》、《補遺》及《清代禁書知見録》均有載録。《補遺》云："内有吕留良《講義》七百零二條鏟除，餘書仍行世。"是本仍有"吕晚村曰"諸條，乃抽毁前印本。

《四庫全書總目》、《續修四庫全書總目提要（稿本）》均未收。《中國古籍善本書目》著録，清華大學圖書館等六館收藏。又北京大學圖書館、中國人民大學圖書館及日本内閣文庫、國會圖書館、東京大學東洋文化研究所、京都大學人文科學研究所、美國普林斯頓大學葛思德東方圖書館也有收藏。另《四川大學圖書館古籍善本書目》、《臺灣大學普通本綫裝書目》著録康熙四十一年藜光樓刻本，日本《東京大學總合圖書館漢籍目録》著録清據康熙近譬堂本重刻本。

0255　清康熙刻本四書諸儒輯要　　　　　　　　　　T856/4431

　　《四書諸儒輯要》四十卷，清李沛霖撰。清康熙五十七年(1718)三樂齋刻本。三十二册。半頁十二行三十一字，左右雙邊，白口，單魚尾。無欄綫，行間刻圈點，版心下刻"三樂齋"。框高19.8釐米，寬12.7釐米。題"都梁李沛霖岱雲參訂；男學曾魯堂、夢雷廣思仝校"。前有康熙五十七年李沛霖自序。
　　李沛霖，見清康熙刻本《四書朱子異同條辨》。
　　是書實爲《四書朱子異同條辨》之删簡重編，自序詳其改編之由及其書旨，曰："余於《條辨》一書，衆論並存，備爲參考，而又以己見析其是非，窮其精粗，使人對照分明，即愚所未逮，而人亦可考而知焉。猶嫌遺漏，方議加增，而世之學者已苦其繁，懼其檢閲之未便，而購買之貲費也。書賈力請芟削，益以總論、序説，爲初學簡易之門。夫初學而即求簡易，是先一貫而後多識，聖門無是教也。愚敢蒙背聖之譏哉！不得已而去其偏雜，輯其精言，贅以己説，雖簡而不至滲義，雖易而不至率略。務使觀總論而得其大綱，味序説而會其神理，參群言而識其精詳，與《章句集注》必無絲毫間隔。然後一章之旨既通，他章之旨並透，久之而孔與孟合，曾、思與孔、孟俱合，則所謂一本萬殊、萬殊一本者，未必不在於是。"
　　全書計《大學》三卷，《中庸》三卷，《論語》二十卷，《孟子》十四卷。《大學》前有《大學章句序》，《中庸》前有《中庸章句序》，《論語》前有《論語》序説，《孟子》前有《孟子》序説。其編撰體例，乃於每章之首，先舉"全旨"；每句之下，始則訓釋字義，次乃"序講"，繼爲"疏義"，末具"附參"。
　　扉頁刻"四書諸儒輯要。都梁李岱雲、兆恒參訂。古吴三樂齋梓行。康熙五十七年新鎸"。又鈐有"三樂齋藏板"(白文)、"翻刻必究"(橢圓形朱文)及人物圖像(圓形)印章。封面書簽刻印"三樂齋，四書諸儒輯要"。並鈐有"三樂齋"(橢圓形白文)印章。按，扉頁增題"兆恒參訂"，不知其由。又《中國古籍版刻辭典》載有"三樂齋"，但云"明末一刻書家之室名"。
　　《四庫全書總目》、《續修四庫全書總目提要(稿本)》均不收。《中國古籍善本書目》未著録。日本内閣文庫、尊經閣文庫也有收藏。

0256　清乾隆刻本四書諸儒輯要　　　　　　　　　　T856/4431B

　　《四書諸儒輯要》四十卷，清李沛霖撰。清乾隆五年(1740)三樂齋重刻本。三十六册。半頁十二行三十一字，左右雙邊，白口，單魚尾。無欄綫，行間刻圈點，版心下刻"三樂齋"。框高19.8釐米，寬12.7釐米。題"都梁李沛霖岱雲參訂；男學曾魯堂、夢雷廣思仝較"。前有康熙五十七年(1718)李沛霖序，乾隆六年(1741)陳起鯤序；《例言》十則；增訂四書諸儒輯要姓氏；目次。
　　此書又名《增訂四書諸儒輯要》，乃"三樂齋"據康熙五十七年三樂齋本校訂重刻之本。執校事者，江寧陳起鯤北溟氏也。重刻始末，詳載陳序："岱雲李先生《諸儒輯要》一書，詞簡而明，旨該而約，其中發明理奥者，倍爲剴切分明，凡看《四子書》者，覽此便豁然以解，甚至字句細微，靡弗剖而析焉,誠後學之津梁也。是編既出,一時紙貴,以故歷有年所,殘闕者十居其七。若不重爲更新,魯魚亥豕,訛以傳訛,不惟無補於後學,并負作者之苦心矣。余嘗有志未逮,適坊友過我,持《輯要》一書,屬之增訂。因不自揣,即本平日之詳閱者而參考之,補其殘闕,正其舛訛,庶使天下之讀是書者,以《朱注》、《大全》爲淵源,讀《朱注》、《大全》者,又以《四書》爲羽翼,則紫陽諸先正之與岱雲諸先生,並傳天壤,爲不朽盛事。"

是本版式、卷次,悉遵原書。其經注文字,持與館藏康熙本相校,亦幾無補正之處。則陳序所謂"補其殘闕,正其舛訛"者,實因當時傳世之"殘闕者"而言。唯此本前附《例言》十則,爲原本所無,茲錄之,以備學者參资:

"一、聖賢立言,一章有一章之旨,故必逐章揭出,使學者開門見山,爽豁心目,然硬立注脚,則意見必偏,强分枝節,則脈絡不貫。是書提挈綱領,分畫節次,總期曉暢條達,發明大意而止。一、是書有'全旨',有'敘講',有'疏義'。其'全旨'則融會通章,'敘講'則體貼口吻,'疏義'則薈萃歷代名儒暨本朝諸先正之說而參訂之。至於援引故實,皆學者所素習,故不多贅。一、講書當以朱子大注爲主,而衆說以補之。其有不盡與注合者,繁引以解書,則辨論愈多,書理愈晦。是書悉遵朱注,間有管窺,標以'附參',並列於後。一、《條辨》一書,同異鑿然,久爲海內許可,但卷帙浩繁,是非迭出,非胸有成竹,鮮不望洋而驚。茲書汰其異而歸於同,芟其煩而就於簡,庶學者一見了然,便於展玩。一、看書先要逐句逐字剖析詳明,然後挹其旨趣,尋其脈絡,探其神理,乃能一氣貫通,毫無窒礙,體認既深,則書理自透。一、各章有各章道理,如訥言敏行、敏事慎言之類,每每疊見,然語似相通,而宗旨各別,學者看此章只就此章推解,不必更及彼章,看彼章只從彼章尋求,不必更及此章,到融貫處,自能以一貫萬。一、看書心要虛要細,本之以虛,出之以細,乃能見理真切,體認入微,若一味牽混模糊,則似是而非,終無確見。一、看書貴明其當然,尤貴識所以然,而言理言學,更宜確有着落,着落有定,則資深逢原,觸處通貫,若不求諸心,將依樣葫蘆,終不知《四子書》爲何物矣。一、聖賢之書,要皆至當不易之理,非徒供人帖括,必須身體力行,方能言之親切有味。不然,便如不出戶庭,漫説天下形勝,雖若有據,終與已不相交涉世。一、書中圈點乃畫龍點睛之處,使學者閱之,自覺恍然心目。今坊本漫加圈點,令人目眩心迷,反不如不圈點之爲愈也。茲書圈點處,皆一章之關鍵、書中之緊要,閱者正不容忽過。"

扉頁刻"增訂四書諸儒輯要。都梁李岱雲、兆恒參訂。三樂齋梓行。乾隆五年重鐫"。並鈐有"三樂齋藏書"印章、人物圖像印記(圓形,圖像與康熙本扉頁不同)。

《四庫全書總目》、《續修四庫全書總目提要(稿本)》均不收。《中國古籍善本書目》未著錄。日本尊經閣文庫有收藏。

鈐印有"谷門精舍收藏"、"遠湖圖書"。

0257 清乾隆刻本四書左國彙纂　　　　　　　　　　　　　　　　T883/0242

《四書左國彙纂》四卷,清高其名、鄭師成輯。清乾隆三十九年(1774)三友堂刻後印本。六冊。半頁九行二十字,左右雙邊,白口單魚尾。行間刻句點。版心下間刻"三友堂"。框高16.8釐米,寬11.8釐米。題"南豐高其名實賓、南昌鄭師成二康仝纂;南昌鄭裕貽翼廷、鄭裕覡錫侯校錄"。前有乾隆三十五年(1770)魏之柱序;《例言》八則;目次。

高其名,字實賓,江西南豐人。鄭師成,字二康,江西南昌人。事蹟均不詳。

卷一魯昭公本末、魯定公本末、魯哀公本末、季文子、季康子、孟獻子、孟莊子、孟懿子、孟武伯、孟之反、陽虎、公山弗擾、臧文仲、臧武仲、子服景伯、南容、柳下惠、八佾、四分公室、公子遂殺子赤；卷二齊桓公本末、齊景公本末、管仲、晏子、崔杼、陳文子、陳恒、華周杞梁、秦穆公本末、勾踐事吳本末；卷三衛靈公本末、王孫賈、祝鮀、孔文子、公叔文子、蘧伯玉、甯武子、鄭子產、裨諶、世叔、子羽、子都；卷四晉文公本末、趙簡子、師曠、宮之奇、虞公、虢公、楚葉公、子西、子文、孫叔敖、楚書、宋桓魋、羿奡、冰、梁惠王、齊宣王。

《例言》云："是集舉《四書》内所載君公大夫文人學士生平事蹟見於《左氏》及《國》、《策》者，臚列成編。若《四書》内有其人，而《左》、《國》無其事，亦不旁採。欲初學擷《左》氏菁華，為行文之助，非如備考之僅供緗閱已也。"按，書中偶有採自《公羊》、《史記》者。並有非"君公大夫文人學士"之條目，如"八佾"、"楚書"、"冰"等。

是本寫刻，唯刷印較晚。又卷四末"梁惠王"、"齊宣王"，目錄中原無，宜為後來增入。且扉頁題書名曰"增補"，題刊年曰"新鐫"，顯然已非初刻。

扉頁刻"增補四書左國輯要。南豐高其名、（南）昌鄭師成仝纂。乾隆三十九年新鐫"。

《續修四庫全書總目提要（稿本）》入經部四書類，但著錄爲《增補四書左國輯要》，乾隆三十五年刻本。《中國古籍善本書目》未著錄。按，《臺灣大學普通本綫裝書目》著錄"乾隆三十九年重刻本《增補四書左國輯要》（即《四書左國彙纂》）"，疑同此刻。又《中國科學院圖書館藏中文古籍善本書目》著錄清乾隆百尺樓刻本。《臺灣公藏普通本綫裝書目》著錄"中央研究院"史語所傅斯年圖書館藏乾隆三十五年三多齋刻本。

0258　清嘉慶刻本四書典制類聯音注　　T889/7743

《四書典制類聯音注》三十三卷，清閻其淵編。清嘉慶元年（1796）刻本。十六冊。半頁九行二十五字，左右雙邊，白口，單魚尾。無欄綫，行間刻句點。框高19.1釐米，寬12.4釐米。題"桐城方春池先生鑒定；六安閻其淵鑑波編輯；姪模楷堂、男傑偉堂參閱；錢塘姚椿春木、仁和計蓋誠庵、仁和童人傑超臺、仁和唐奕宗牧山、錢塘金聶炳章、仁和趙虩季穆、錢塘張傳以南仝校"。前有乾隆六十年（1795）方于泗序，嘉慶元年閻其淵自序；《新增音注凡例》五則，原刻《凡例》十二則；分卷目錄。

閻其淵，字鑑波，號深庵。安徽六安人。附監生，道光元年舉孝廉方正，考取二等四名，賜六品服。《（同治）六安州志》卷二四《選舉志六·薦辟》有小傳。按，此書方于泗序，亦略涉其淵家世，序曰："閻生鑑波，古六能文士也。少孤且貧，母楊孺人達禮義，通《詩》《書》，每於孤鐙紡織時，即以經史課子，讀所著《琴餘小草》，縉紳先生競稱賢母焉。閻生事母孝，積學敦行，菑畬經籍。昔從余遊，文成運古，如自己出，余深嘉賞之。"又曰："閻氏家學淵源，累代任封疆，有赫赫名。閻生博雅宏通，即可本經術以用世，而克光先烈也。"今按《（同治）六安州志》卷二七《人物志二·宦績》有閻純璽傳，謂其原籍宣化，父星朗為六安州守備，純璽官工部郎中，出為廣西左江道，兩攝按察司篆，屢攝府事，著惠績致仕。未知與其淵先世有關否。

此書專取《四書》中典制人事，類分條析，各條目下，聯綴經史百家中相關文辭，並爲音注，亦爲便宜時文參閱之類書也。事條約千題，以三十三部括之，部各爲卷：卷一《天文部》，卷二《時令部》，卷三《地理部》，卷四《人倫部》，卷五《人品部》，卷六《帝王部》，卷七《古臣部》，卷八《古賢部》，卷九《聖賢部》，卷一〇《諸侯部》，卷一一《大夫部》，卷一二《雜人部》，卷一三《列女部》,卷一四《人事部》,卷一五《性情部》,卷一六《身體部》,卷一七《王侯部》,卷一八《國邑部》,卷一九《官職部》,卷二〇《庶民部》,卷二一《文學部》,卷二二《政治部》,卷二三《禮制部》,卷二四《祭祀部》,卷二五《喪紀部》,卷二六《樂律部》,卷二七《衣服部》,卷二八《飲食部》,卷二九《宮室部》,卷三〇《器用部》,卷三一《武備部》,卷三二《珍寶部》,卷三三《庶物部》。

各部前別具細目。如卷一《天文部》:天地、天、上帝、辰居星共、日月星辰、日月、日、月、日月食、星辰、星、辰、風、雷、雲、霓、雨、霜、露、雪。

此書乃增訂重刻本,其纂輯增訂刊刻經由,見諸自序:"余自束髮後,事舉子業,心知《四子書》包孕經史,無乎不貫,而資質儒下,不能浸淫醞釀,代聖賢立言,每於披覽之次,見有成語之相對相當者,輒不禁心焉志之,謂典籍益人,此亦一端也。自辰迄寅,筆耕十載,暇即取《四書》中典制約千種,比類而組織之,得三十三卷。適因浙水諸友慫恿付梓,竟為帖括家所嗜,兩年來坊間翻刻至再。余既悔是編之行,而坊刻訛謬甚多,尤重予過。不得已,亟為音注,詳加校刊,俾閱者因流溯源,由末返本,恍然於是編之為糟粕,聊以印證其所讀之經史焉。是則余之厚幸也夫。"除增音注外,《國邑部》增世系世次圖若干條,《古賢》、《列女》、《帝王》、《聖賢》、《衣服》、《飲食》等部,均增若干條。

扉頁"四書典制類聯音注。桐城方春池先生鑒定,六安閻其淵鑑波編輯。嘉慶元年仲秋。蕭山縣署藏板。翻刻必究"。

《四庫全書總目》、《續修四庫全書總目提要(稿本)》均不收。《中國古籍善本書目》未著錄。按,此書雖"坊間翻刻至再",卻存世無多,所見藏書目錄,均無見載,唯《販書偶記》、《安徽藝文志考》著錄有"嘉慶元年蕭山縣署刊巾箱本",亦不同此本,姑志之以存其目。

0259　清刻本四書總字音　　　　　　　　　　　　　　　　T885/5903

《四書總字音》不分卷。清秦文淵撰。清初百尺樓刻本。二冊。半頁六行十字,四周雙邊,白口,無魚尾,書口下刻"百尺樓藏板"。框高21.1釐米,寬12.8釐米。題"錫山秦文淵雲九輯;閩中陳正宣嘉浚校"。

秦文淵,江蘇無錫人。簡歷未詳,《無錫金匱縣志》無傳。

是書每字之下,皆以小字字音標之,如"鳳",標以"奉";"聲",標以"升";"沐",標以"木"。又闕名墨筆標以滿文之音,書眉上亦有注字及音標。

是書無序跋,疑非單刻。末有抄補一頁,並有闕名跋云:"此書嘉慶十二年八月在琉璃廠買得。十三年二月吉日,會本學漢教習喻二部在旁住滿單字為記。""此一篇乃係富城縣人本旗漢教習馬因在額五部家教書,住此一篇。嘉慶二十一年續,本年八月十八日住。"按,"住"應為"注"。

百尺樓,《中國古籍版刻辭典》未收。

《四庫全書總目》不載,但有秦氏所撰《秦氏七政全書》,入子部天文算法類存目。

0260　明嘉靖刻十三經注疏本論語注疏解經　　　　　　　　T935/1262B

《論語注疏解經》二十卷,三國魏何晏集解,宋邢昺疏。明嘉靖李元陽刻隆慶二年(1568)重修《十三經注疏》本。三冊。半頁九行二十一字,四周單邊,白口,無魚尾,書口下有刻工。框高19.4釐米,寬12.7釐米。題"魏何晏集解;宋邢昺疏"。

此爲李元陽刻《十三經注疏》之零種。

日人裝幀。序并卷一至二爲日人抄配。

鈐印有"明德館圖書章"、"明道館圖書章"、"崇德院圖書章"、"館庫庤本"、"秋田藩"。皆日人印。

0261　明刻本論語詳説　　T935/4422

《論語詳説》十卷,明曹端撰。明刻本。四册。半頁十二行二十三字,四周雙邊,黑口,雙魚尾。框高 20.4 釐米,寬 13.1 釐米。無序跋。

曹端,字正夫,號月川,河南澠池人。明初名儒。永樂六年舉人,官霍州學正,後改蒲州。《明史·儒林傳》有傳。

曹端有《四書詳説》,此當其一也。一部《論語》,自漢至今,研究而疏注者甚衆,各家注本不知凡幾。朱熹《集注》盛行後,何晏之集解本即廢,明代以來,以朱熹學説取士,故釋者更多。此本也爲釋解讀本,然僅存半數,爲"學而"、"爲政"、"八佾"、"里仁"、"公冶長"、"雍也"、"述而"、"泰伯"、"子罕"、"鄉黨",計十篇。

《四庫全書總目》未收。《中國古籍善本書目》未著録。

日人裝幀。

0262　明萬曆刻九經解本論語詳解　　T937/4248

《論語詳解》二十卷《讀論語》一卷,明郝敬撰。明萬曆四十六年(1618)郝千秋、郝千石刻《九經解》本。十二册。半頁十行二十一字,四周單邊,上白口,下綫黑口,單魚尾。框高 21.8 釐米,寬 13.8 釐米。題"京山郝敬著;男千秋、千石校刻"。

是書爲郝氏《九經解》之一。館藏有《周易正解》二十卷、《周禮完解》十二卷、《禮記通解》二十二卷、《春秋直解》十五卷。

卷二〇末刊"萬曆戊午仲夏京山郝氏刊刻"。

《四庫全書總目》未收。

鈐印有"四明盧氏抱經樓藏書印"。

0263　清稿本皇氏論語義疏参訂　　T933/2264.212

《皇氏論語義疏参訂》不分卷,清吴騫撰。稿本。清吴騫校,清周廣業、鮑志祖校,清唐翰題跋。四册。無行格,書口下題"拜經樓鈔本"。題"魏何晏集解;梁皇侃義疏;休甯吴騫参訂"。前有乾隆四十六年(1781)吴騫自序;吴騫撰《例言》十二則。附録《皇侃傳略》及歷代著録。

吴騫,字槎客,一字葵里,號兔牀。浙江海甯人。生於雍正十一年,卒於嘉慶十八年。諸生。以羸弱多病,早棄舉業。博文贍學,篤嗜典籍,藏書五萬卷,築"拜經樓"貯之。撰輯《愚谷文存》、《尖陽叢筆》、《拜經樓詩集》、《拜經樓詩話》等,編刻《拜經樓叢書》。

是書爲吴騫未刊稿,参見沈津《書城抱翠録》。自序曰:"梁皇侃《論語義疏》十卷,見於《隋》《唐》各志,及陸元朗《經典序録》,蓋唐世尤重之。自宋邢昺等爲《正義》後,遂隱而弗彰,迄今數百年，幾疑已絕於世。前歲武林汪君航海至日本，得其本以歸。予友鮑君以文，讀而異之，亟爲開梓，以廣其傳。數百年湮晦之書，一旦可使家學而人習之，謂非治經者一大幸與！既汪君復從日本得《七經孟子考異補遺》一書，疑即服元喬義疏敘中所稱神君彝與根伯脩在足利學同校讎之本也。予觀其中《論語》，知彼國《皇疏》亦有數本，畀汪君所獲者，將其新鍥之定本與？《七經孟子考異補遺》卷帙既繁，未有踵鮑君而授梓者。暇日，因取以校勘《皇疏》之同異，并平昔肄業所及，或聞諸師友談說者，輯而錄之，釐爲十卷，曰《皇氏論語義疏參訂》。掇拾補苴，無關著述，藏之家塾，以備童觀可爾。"

是稿曾經唐翰題鑒定收藏，封面有其題跋，曰："拜經秘笈，辛未三月二十六日得於滬沽書船，東洲新居所購，僅此秘笈，用番銀三餅又陸角。"又跋曰："拜經手錄有《七經孟子考文補遺》十三冊三十二卷，及《古文孝經》、《皇侃論語義疏》，借讀於鮑氏，就其所考經注錄之，名《補遺》。錄見於《題跋記》中。此從□估吳老得於書船，《補遺》中之一也。《義疏》全文，知不足齋已刊於叢書中，故不復錄，但據十卷中校勘之經注疏標出之，精密謹審，讀《義疏》之寶筏也。自序云'藏之家塾，以備童觀'，則固未嘗刊布矣，可不寶諸？辛未春三月二十八日翰題記於東洲新居。時五十六初度懸弧之辰，鄉僻憂居，抑塞無聊。慨人心之嶮巇，念倫紀之衰薄，身教而訟如未如之日也已矣。書附於簡端以志慨。"鈐印"唐翰題"。又跋曰："是本爲拜經初稿，改易再三審矣。同治十年三月二十六日，得於東洲新居。"

鈐印有"竹下書堂"、"鷦安校勘秘笈"。

0264　清稿本論語古韻　　　　　　　　　T955/4124

《論語古韻》二十卷，清左喬林撰。稿本。八冊。半頁八行二十字，無格。題"河間左喬林撰"。前有咸豐五年(1855)孔昭然序，丁學易序；程庭桂題辭；譚廷襄序，咸豐元年(1851)左喬林自序；左喬林撰《例言》十六則。

左喬林，字鷟莘。北直隸河間人。生平宦蹟不詳。唯據程庭桂題辭云："咸豐元年冬，科試保陽，教授左鷟莘喬林，以所著《論語古韻》見示，且求序。"又譚廷襄序云："同年鷟莘教授，好古士也，能文章，尤究心韻學。近出所著《論語古韻》一編見示。"

是書專爲《論語》辨古韻讀。自序曰："喬林幼讀《論語》，見有音節鏗然者心異之，及長而詳考，知其皆有韻也。久欲勒成一編，因衣食奔走，或作或輟，未能卒業。歲戊申，司鐸上穀，舉以語人，人多疑之。因博稽羣書，追憶舊聞，逐節詳注，因《論語》篇次，分爲二十卷。閱一載而藏事，顏曰《論語古韻》。非望人必如是讀也，亦遵夫子雅言之教，欲好古者覽之，知《論語》之有古韻也云爾。咸豐元年辛亥端陽節河間左喬林鷟莘識。"

是本謄寫工整，行側間有闕名小字補改。雖不識撰者字蹟，亦無左氏印信爲憑，然考之孔、丁、程、譚諸序，手書字蹟與用紙各各不同，且丁學易序末原鈐"臣學易印"、"字以堂號伯寬又號漢卿行一"二印，譚廷襄序末鈐印"臣廷襄印"、"求霓悔齋"二印，則是皆作序者原稿可決。故暫定稿本。

0265　明嘉靖刻本孟子　　　　　　　　　T965/4932B

《孟子》二卷，題宋蘇洵批點。明嘉靖二十年(1541)余氏自新齋刻本。二冊。半頁九行十八字,四周單邊,白口,雙魚尾。框高 18.5 釐米,寬 12.5 釐米。題"蘇洵批點本"。前有趙氏序。

此或爲現存蘇洵批點《孟子》之最早版本,此後尚有萬曆四十一年程開祐刻本、紀五常刻本等數種。

據《四庫全書總目》云:"考是書宋志不著録,孫緒《無用閒談》稱其論文頗精,而摘其中引洪邁之語,在洵以後,知出依托,則正德中是書已行矣。"

末有牌記,刊"嘉靖辛丑歲孟□余氏自新齋梓□"。自新齋爲建陽書肆,刻書甚多,今可見者即有《新刊憲臺釐正性理大全》七十卷、《新刊正續古文類鈔》二十卷、《新刊補遺標題論策指南綱鑑纂要》二十卷等十餘種。

是書序爲日人抄配。

《四庫全書總目》入經部四書類存目。所採用之本爲清康熙三十三年杭州沈季雲所校,其子心友所刻之本。《中國古籍善本書目》未著録。

0266 明萬曆刻三經評注套印本孟子

T965/4932

《孟子》二卷,題宋蘇洵批點。明萬曆閔齊伋刻《三經評注》三色套印本。二册。半頁八行十八字,左右雙邊,白口,無魚尾,書眉上刻批注。框高 27 釐米,寬 14.6 釐米。前有嘉靖元年(1522)朱得之序,末有萬曆四十五年(1617)閔齊伋跋。

此爲閔氏刻《三經評注》之一(另二種爲《考工記》、《檀弓》),本館是書有全帙。

是本乃閔氏據嘉靖間朱氏刻本重刻,三色套印。朱序云:"老泉絶世俗,退居山野,肆力於文章者數年,而後得其所謂規矩方圓之跡,而評點以表識之。""余時方謀梓傳,遂書此以釋或者之疑。"閔齊伋跋云:"老泉原評,朱黛犁然,具有指點法,顧傳者失之,今刻特存其舊,勿以點綴淋漓爲觀美而詫異也。"

此書流傳甚多。

鈐印有"楝亭曹氏藏書"、"玉森氏藏書"。

0267 明萬曆刻大魁四書集注本孟子集注

T853/2943DC.2

《孟子集注》七卷,宋朱熹集注。明萬曆書林余明臺克勤齋刻《大魁四書集注》本。四册。半頁九行十七字,四周雙邊,白口,單魚尾,上刻音注,有圖。框高 21.9 釐米,寬 14.4 釐米。題"朱熹集注"。前有序。

卷五末有圖,圖上方刻"余明臺刻行,四經六籍,承學宜知,字詳音反,畫辯差池,文場無誤,黌塾不迷,大魁天下,從此楷梯"。圖兩旁刻"芸館校讎五夜藜光輝北極,儒林矜式四方文教振中天"。卷七末有蓮蓋荷花牌記,刊"書林克勤齋余明台梓行"。又有圖。余氏克勤齋乃萬曆間建陽書肆,刻書今可見者約十種左右,如《活嬰秘旨推拿方脉》三卷等。

《中國古籍善本書目》未著録。

日人裝幀。

館藏有日本據明萬曆書林余明臺克勤齋刻《大魁四書集注》全帙。

0268　清嘉慶刻本載詠樓重鐫硃批孟子　　T965/4932C

《載詠樓重鐫硃批孟子》二卷，宋蘇洵撰。清嘉慶元年(1796)重刻朱墨套印本。四册。半頁九行二十字，四周單邊，白口，單魚尾。眉端行間刻評。版心下刻"慎怡堂藏板"。框高19.8釐米，寬13.8釐米。題"眉山蘇洵老泉氏原本；西湖沈李龍雲將氏較閱"。前有明嘉靖元年(1522)朱得之序，清康熙三十三年(1694)沈心友序。

此書亦屬文評一類。沈心友序曰："眉山老泉氏，無書不讀，獨沉酣於孟夫子之書，蓋知六經之外無文章，而六經之中，上承百代聖賢之道統，下開百代後學之文章，惟孟夫子之書，易爲啓發。遂細爲評定，俯示後學，不取書於書，而取書於慧，研究於字句之中，而神明於字句之外，令人讀之而知先秦兩漢唐宋百家之文章，莫不由孟夫子之書而出，則是書不僅爲聖賢道統淵源之書，而爲後學文章鼻祖之書也。"卷上《梁惠王章句》上下、《公孫丑章句》上下、《滕文公章句》上下；卷下《離婁章句》上下、《萬章章句》上下、《告子章句》上下、《盡心章句》上下。

《四庫全書總目》以爲此書乃後人僞託："考是書《宋志》不著錄，孫緒《無用閒談》稱其論文頗精，而摘其中引洪邁之語，在洵以後，知出依託，則正德中是書已行矣。此本爲康熙三十三年杭州沈季雲所校，其子心友刻之。然無所謂洪邁語者，豈經緒指摘，故削之以滅跡耶？抑並非孫緒所見之本，又僞本中之重僞耶？宋人讀書，於切要處，率以筆抹，故《朱子語類》論讀書法云：先以某色筆抹出，再以某色筆抹出。呂祖謙《古文關鍵》、樓昉《迂齋評注古文》，亦皆用抹，其明例也。謝枋得《文章軌範》、方回《瀛奎律髓》、羅椅《放翁詩選》，始稍稍具圈點，是盛於南宋末矣。此本有大圈，有連圈，有重圈，有三角圈，已斷非北宋人筆。其評語全以時文之法行之，詞意庸淺，不但非洵之語，亦斷非宋人語也。"

此本卷端題名"西湖沈李龍雲將氏較閱"，宜據康熙沈心友刻本重刻者。沈心友序曰："予總角時，先大人雲將公即詳爲較閱，命心友旦夕誦讀，手澤猶存。當今聖主右文，人才輩出，奇書秘輯，莫不風行，詎可令是書秘爲已有，不以行世耶？急授諸梓，以彰老泉氏及先大人教授兒曹之意云爾。"按，《總目》云"杭州沈季雲所校"，不知"季雲"是否沈李龍字號。

扉頁刻"蘇老泉批評孟子真本。正韻字體點畫無訛。嘉慶元年重鐫。慎詒堂藏板"。

《四庫全書總目》入經部四書類存目，但著錄書名爲《蘇評孟子》，版本爲康熙三十三年沈心友刻本。《中國古籍善本書目》未著錄。《北京師範大學圖書館中文古籍書目》著錄《蘇評孟子》，嘉慶元年慎詒堂套印本；并著錄康熙三十三年沈心友刻本《戴(載)詠樓重鐫硃批孟子》。又日本內閣文庫、美國普林斯頓大學葛思德東方圖書館也有收藏。

按，蘇洵評點《孟子》一書，因孫緒《無用閒談》已考其僞，故《總目》稱"正德中是書已行矣"。據朱得之序，是書於嘉靖元年已經刊行。而嘉靖二十年建陽余氏自新齋刻本，似爲現存蘇洵批點《孟子》之最早版本，本館亦有藏。此後又有萬曆四十一年程開祐刻本、明萬曆閔齊伋刻三色套印本、紀五常刻本等數種。清代除康熙沈心友刻本及嘉慶元年重刻本外，又有咸豐六年刻趙大浣《增補蘇評孟子》，及1921年上海廣雅書局石印本、上海錦章圖書局石印本。

0269　明弘治刻本中庸章句大全　　T917/4208

《中庸章句大全》一卷《中庸或問》一卷《讀中庸法》一卷，明胡廣等輯。明弘治八年(1495)

熊氏種德堂刻本。二册。半頁十二行二十三字，四周雙邊，黑口，雙魚尾。框高 20.2 釐米，寬 12.9 釐米。

此爲種德堂刻《四書集注大全》之零種，然《中國古籍善本書目》未著錄。

《或問》末有書牌，刊"四書大全，舊板漫滅，翻刻訛謬。本堂敬求頒降原本，命善書者抄謄繡梓，印行天下，視他本大不侔矣，幸相與寶之。弘治八年乙卯秋菊月種德堂謹識"。種德堂爲建陽熊氏坊肆名，刻書甚多，今可見者，即有二十餘種，如《新刊補注釋文黃帝內經素問》十二卷等。

鈐印有"井岡邑願淨寺渡邊藏"、"新瀉縣越後刈羽都第五大區小三區井岡渡邊氏"。

0270　清康熙刻本顧涇陽先生學庸意　　T855/3835

《顧涇陽先生學庸意》三卷，明顧憲成撰。清康熙張純修刻本。三册。闕名圈點。半頁十行二十字，左右雙邊，下黑口，單魚尾。版心上鐫"學庸意"。框高 19.6 釐米，寬 13.4 釐米。題"古燕後學張純修較"。前有張純修題辭。

顧憲成，字叔時，別號涇陽，江蘇無錫人。萬曆八年進士，授户部主事，因上疏語侵執政，被旨切責，謫桂陽州判官。歷遷至吏部郎中，以廷推閣臣忤帝意，削職歸。後又起光禄少卿，辭不就。卒諡端文，學者稱"涇陽先生"。又有《小心齋札記》、《涇皋藏稿》、《顧端文公遺書》等。

《中庸》本闡述天人之奥，宋代諸儒研求性道，將其訂爲要籍，後世爲之作解者甚多。憲成姿性絶人，幼即有志聖學，故不爲一切懸虛奇妙所惑，與弟允成倡修邑之東林書院，偕同志講學其中。此本爲述《中庸》之意，其用"意"者，當自《易》"繫辭上"之"書不盡言，言不盡意"，故逐節訓解，以授門生弟子，其大旨在教人識性。卷上《大學》，卷中、卷下爲《中庸》。

張純修題辭云："顧端文公未第時，授書涇皋，弟子雲集，及虞山、松陵、檇李諸家，先後聘主西塾，從而問業者益衆。說書課文，咸有定期，吳越間故設夜航，至日，並於清晨來泊，館下諸生羅列聽講，公隨叩隨竭，初無倦容，擇其中可與語上者，相與參求性命微言秘旨不可得聞，其可得而聞者，則諸生所録講義，固操觚之正的，亦拜獻之先也。明自嘉隆以後，異説滋繁，往往薄傳注爲不足遵，而公以曠代逸才，體曾思語氣，守程朱解説，析理最透，敷辭最醇。"

此本爲張純修所刻。題辭云："純修私淑有年行，次第爲之流傳，嘉惠後學。"純修，字子敏，號見陽，一號敬齋，河北豐潤人，隸漢軍正白旗。由貢生官廬州知府。擅山水，善鐫印，尤妙臨摹。工倚聲，與納蘭性德相唱酬。按，《顧端文公遺書》亦純修所刻，款式字樣悉同此本。

《四庫全書總目》僅收憲成《小心齋札記》、《顧端文公遺書》、《涇皋藏稿》，而不及是書。《中國古籍善本書目》經部四書類未著録。

0271　清乾隆刻本學庸説文　　T898/4421

《學庸説文》十二卷，清李凱撰。清李氏寒香亭刻本。六册。半頁十一行二十五字，左右雙邊，白口，單魚尾。行間刻圈點。版心下刻"寒香亭"。框高 19.5 釐米，寬 13.6 釐米。題"鄞江後學李凱圖凌氏編纂"。前有乾隆十八年(1753)李凱自序；朱熹《大學章句序》，朱熹《中庸章句序》；目録。

李凱，字圖凌。浙江鄞縣人。雍正八年進士，授官紹興教諭。能詩，尤工詞曲，嘗作《寒香亭傳奇》。《(民國)鄞縣通志·文獻志·人物類·文學》有傳。

其學遵朱，嘗謂《學》、《庸》精嚴莫過《章句》，唯"《章句》之精，按之經之本文而定"，故不可"數典而忘其祖"，一以《章句》爲斷，而不探求本經之真。是書解說《學》、《庸》，即以探本爲旨。卷一至四《大學》，卷五至一二《中庸》。

此書撰作於紹興府學教諭期間，自序曰："凱少習於父師之教，凡所指授，多與俗下講章異。迨後進而求之者十餘年，退而尋之者又十餘年，然今且遲暮，司教越之郡庠，與諸生復理故業，盡取朱子之說與群儒之所云者，彙而觀之，則往往瞀然其若來。於是一空所有，若生平未見《學》、《庸》者，惟涵泳本文數十過，窮其理矣，復探其意，探其意矣，復審其辭，優游而饜飫之，以待其味之自浹。然後求之《章句》，則潔淨精微，覺與古聖賢之心妙合而無間者也。求之《或問》、《語類》，則離合固有之矣，就其合者冰解的破，固《章句》之所賴以發明者也。至諸儒之說，純駁不倫，或是或非，一以經文爲斷。不揣固陋，薈萃其精，附以管見，都爲一集。凡所去留，期悉合乎《章句》之本義，實不敢少背乎經傳之本文而已矣。善乎，范甯之序《穀梁》也，曰'傳以通經爲主，經以必當爲理'。夫注《穀梁》而必本《春秋》，凱其敢貌爲遵朱，不探其本，蒙蒙然若唐人之墨守鄭義，而不知有《禮經》者哉！客有請授之梓者，自惟學識憒愚，固不敢妄爲刊播。然以生平困學之久，儻藉以質之當代名公鉅儒，有爲憫其愚而糾其謬者，則凱雖駑鈍，或賴以與有聞焉。"

是本刊年，若據自序云"客有請授之梓者"，似可定爲乾隆十八年刻本。然此本版心下刻"寒香亭"，既《鄞縣通志》謂凱著有《寒香亭傳奇》，則"寒香亭"宜在李府，此本應是李氏自刻本，而非乾隆十八年"客"氏所刻。由是可知，此本未必刻於乾隆十八年作序之時。今檢日本《內閣文庫漢籍分類目錄》，見有"嘉慶十五年刊(寒香亭)"本，意其必有所據，或扉頁，或序跋。甚疑館藏此本即爲嘉慶所刻，唯無以比對，故暫作清寒香亭刻本。

《四庫全書總目》、《續修四庫全書總目提要(稿本)》均未收。《中國古籍善本書目》未著錄。日本內閣文庫藏有"嘉慶十五年刊(寒香亭)"本。又《北京大學圖書館藏古籍善本書目》著錄乾隆十八年寒香亭刻本，上海圖書館、華南師範大學圖書館也有乾隆十八年寒香亭刻本，疑亦嘉慶所刻。

0272　清乾隆刻本學庸竊補學庸竊補提要　　T898/7924

《學庸竊補》十四卷附《學庸竊補提要》二卷，清陳孚輯。清乾隆十五年(1750)簡王府刻本。八冊。半頁十行二十一字，四周雙邊，白口，單魚尾。行間刻句點。框高20.5釐米，寬14.3釐米。題"武進陳孚石美纂輯；弟一飛天衢、弟見龍文明、次男銓㮄姓蔡起北、受業天津崔柏齡介千、五寨張文焘融朗、受業崇安潘從龍覲天、同邑呂祖萊瀍度參訂"。前有乾隆十五年簡親王序，乾隆十二年(1747)孫嘉淦序，乾隆十四年(1749)潘思榘序，乾隆十一年(1746)程景伊序，乾隆十一年錢維城序，乾隆十一年錢度序，乾隆十三年(1748)丁廷讓序，乾隆十二年劉於義序，乾隆十二年陳一飛跋，乾隆十一年陳孚自序；乾隆十年(1745)陳孚撰《附記》十三條。

陳孚，字石美，江蘇武進人。生平事蹟，志書未載。據此書劉於義序云："陳甥孚，幼聰敏，能文章，食餼膠庠，恂恂自好，意其爲科第中人，而久困諸生，抑塞侘傺。"孚弟一飛，雍正十年舉人。

此書綴輯宋以來先儒之說而成，其名《竊補》者，《附記》釋曰："竊補云者，非敢僭擬朱子補傳之意，不過竊彼以補此，竊此以補彼，或於此竊其一二，或於彼竊其三四，或於彼補其全段，或於此補其片言，要皆竊前人之意，補前人之説，非敢師心自用也。"

全書凡《大學竊補》五卷附《大學竊補提要》一卷，前有朱熹《大學章句序》；《中庸竊補》九卷附《中庸竊補提要》一卷，前有朱熹《中庸章句序》。是編以説理爲主，其説以朱子爲宗，而采諸儒析理之精者參互闡明，偶有剪裁貫串出於己意，則以"愚按"別之。《總目》二卷，皆程朱以來諸儒論説《學》、《庸》要旨。

《續修四庫全書總目提要（稿本）》曰："觀其剪裁之間，甚有斟酌，非僅治舉業者所必資也。"

是編凡十數易稿始成，其刊行亦倍嘗艱辛。《附記》曰："愚賦資鈍拙，手録經書講義，類聚群分，委曲繁重，始壬午，終癸巳，而《四書》《五經》稿成。甲午以後，《學庸》又另爲纂本。乙巳歲，館於城西之渦湖。八月望前，書笥被竊，《四書》原稿遂失。幸另本獨存，後乃博採諸名家本，參互考訂。甲午迄今，已三十載，竊欲公之天下，而一貧無力付梓。《學庸》既能問世，《論孟》諸經，即當嗣出。"按，"甲午"爲康熙五十三年，是年《學庸》始爲纂集。

又自序曰：書稿成，"自嫌學殖淺薄，未敢出而問世，欲求所謂理學大儒而取衷焉。詎料歲月如馳，膠庠食餼，歷十餘科，其間躓場屋者半，丁艱疾病者半。戊申而後，傾覆流離，無復生理。癸丑入都，倏焉七載。每於匍匐困頓之餘，重爲詮次，而空囊羞澀，僅以自娛。夫身被堯舜之澤，不克稍自振拔恥也。竊愧幼無所學，壯無所行，碌碌庸人，於世毫無所補，則亦焉能爲有無哉！每思劬勞罔極，屬望最深，乃煢煢羈旅，痛抱終天，躑躅京畿，君門萬里，故人日就彫零，一身亦將衰老，猶然客館孤燈，慷慨自負曰：'窮經將以致用，讀書所以明理'，豈不爲市童所鄙笑耶！" "己未冬，硯友卜君磊軒蒞任南安，藉以歸省墳墓。庚申小春，衝寒再北……迴首故鄉，寒暑忽又七易矣。安得大人先生，深探理學，樂善不倦，既蒙鑑賞，復藉梓行，以償我生平之虛願乎！"按，"戊申"爲雍正六年，"癸丑"爲雍正十一年，"己未"爲乾隆四年，"庚申"爲乾隆五年。自序則書於乾隆十一年丙寅正月，是時陳孚正攜書稿，客居"京師西內城旅次"，謀付剞劂，而尚無佳音，故沮喪之情，溢於言詞。

乾隆十五年，是編終獲簡親王資助，梓印行世。簡親王刻書序曰："宗室理學簡親王鑒定……陳生孚，精心研究，博考儒先之説，爲《學庸竊補》一書，搜擇融洽，如繩穿珠貫，開卷了然，而其説之踳駁而不純者，概行芟削。其用心之苦、別擇之嚴，有數十年於此者，指南學者，洵可翼經傳而並行也夫！乾隆丙寅仲冬批。庚午仲秋敬刻。"按，乾隆十一年"批"時，和碩簡親王爲神保住，而至乾隆十五年"敬刻"時，已由德沛承襲王爵。

扉頁刻"學庸竊補。武進陳石美纂輯。乾隆庚午新鐫。道南堂藏板"。鈐有"翻刻必究"印章。

《續修四庫全書總目提要（稿本）》入經部四書類，唯其著録九卷誤，作乾隆十一年刻本亦誤。《中國古籍善本書目》未著録。中國人民大學圖書館也有收藏。

0273　清乾隆刻本御定仿宋相臺岳氏本五經　T115/1121

《御定仿宋相臺岳氏本五經》九十六卷附考證，宋岳珂編。清乾隆四十八年（1783）武英殿刻本。五十五冊。半頁八行十七字，四周單邊，白口，雙魚尾，書口上方刻"乾隆四十八年武英殿仿宋本"。框高20釐米，寬13釐米。前有乾隆四十八年弘曆御撰《五經萃室記》並題識。

《周易》十卷，魏王弼、晉韓康伯注。《周易略例》，魏王弼撰，唐邢璹注，陸德明音義。

《尚書》十三卷,漢孔安國傳,唐陸德明音義。
《毛詩》二十卷,漢毛亨傳,鄭玄箋,唐陸德明音義。
《禮記》二十卷,漢鄭玄注,唐陸德明音義。
《春秋經傳集解》三十卷,晉杜預撰,唐陸德明音義。附《春秋年表》一卷,缺名撰。《春秋名號歸一圖》二卷,蜀馮繼先撰,宋岳珂重編。

弘曆御撰《記》云:"蓋自乾隆甲子時,薈萃宋元明三代舊版,藏之昭仁殿,名曰'天禄琳琅'。其時即有岳氏所刻之《春秋》,未詳其所由來,亦不過與別部《春秋》一例載之'天禄琳琅'之書而已。茲復得岳氏所刻《易》、《書》、《詩》、《禮記》四種,而獨缺《春秋》,因思'天禄琳琅'中或有其書,命細檢之,則岳氏之《春秋》故在,其版之延袤分寸,無不吻合。而每卷之後,皆有木刻亞形'相臺岳氏刻梓荆溪家塾'印,大小篆隸文楷書不等,且每頁之末俱刻篇識,如《易》之乾坤卦、《書》之堯舜典之類。其用心精而紀類審,即宋版之最佳者,亦不多見也。至於收藏家,則《易》、《書》、《詩》,蓋同經七八家而略有異,藏《禮記》者四家,藏《春秋》者三家。夫岳氏之書,既分而合,幸合則不可使復分。但'天禄琳琅'之書久成,所錄諸書,皆以四庫分類,架貯昭仁殿,其丙申以後所獲之書,別庋於御花園之養性齋,以待續入,茲徹出昭仁殿之《春秋》,以還岳氏《五經》之舊,仍即殿之後廡所謂'慎儉德室'者,分其一楹,名之曰'五經萃室'。""遂命選善書者,如影宋鈔之例,通鋟其《五經》正本以壽世。"

岳氏荆溪家塾本之考證,可見《中國版刻圖録》第一册56頁之説明。

《中國古籍善本書目(徵求意見稿)》著録,首都圖書館、廣東中山圖書館等七館也有入藏,然疑並非同板,若能兩本相核,或可冰釋。按,《仿宋相臺岳氏本五經》,清光緒二年(1876)江南書局有翻刻本。1924年,奉新宋氏卷雨樓有影印本行世,原有之乾隆帝璽印及明"晉府書畫之印",又"季振宜"、"滄葦"等印俱套色。

0274 清康熙刻本六經圖考   T149/4260

《六經圖考》六卷,宋楊甲撰,宋毛邦翰補。清康熙潘宷鼎禮耕堂刻本。十二册。半頁九行二十字,四周單邊,白口,單魚尾。框高19.6釐米,寬13.2釐米。版心下刻"禮耕堂"三字。前有明萬曆四十三年(1615)顧起元序,宋乾道元年(1165)苗昌言原序,清康熙六十一年(1722)潘宷鼎序。

楊甲,字鼎卿。重慶昌州人,布衣。生平事蹟不詳。《四庫全書總目》曰:"甲字鼎卿,昌州人,乾道二年進士,《成都文類》載其數詩,而不詳其仕履。"又宋陳思《兩宋名賢小集》:"楊甲,字鼎卿,重慶昌州人。大觀時遊京師,頗有聲望,嘗仕於蜀。旋以事去官,寓居靈泉山中,有《棣華館小集》一卷。"清厲鶚《宋詩紀事》:"甲字鼎卿,乾道二年進士,仕不顯。"清陸心源《儀顧堂題跋》曰:"甲字嗣清,四川遂寧人。乾道二年對策,言恢復之志不堅者二事,上覽對不悦,置第五,賜文林郎,清議推之,有聲西州。初試邑,有部使者頗以繡衣自驕,怒其不降意,誣刻以罪。趙衛公爲白於當路,劾牘竟不下。隱居靈泉山,著有《棣華小槀》。見岳珂《桯史》及《四川通志》、《宋元詩會》小傳。"是宋時除重慶昌州楊甲外,別有一潼川遂寧之楊甲,歷來記載多混同。

毛邦翰,衢州江山人。《四庫全書總目》謂"不知何許人,嘗館撫州教授"。陸心源跋曰:"衢州江山人,紹興二十七年進士,乾道初官撫州州學教授,終於轉運判官。見《浙江通志》。"

楊氏撰著《六經圖》在南宋紹興中,邦翰所補則在乾道間。苗昌言序曰:"陳大夫爲撫之期年,又取《六經圖》命泮宮職講肄者編類爲書,刊之於學","合爲圖三百有九"云云。併附參編者姓名,曰陳森、劉濤、毛邦翰、徐世聞、危幾安、龔迪、吳翬飛、黄松年、崔崇之、唐次雲、李自修、趙元輔等。苗序所云"陳大夫"者,即陳森。是此書由撫州守陳森屬教授毛邦翰等補而刻之也。《六經圖》者,集《易》、《書》、《詩》、《周禮》、《禮記》、《春秋》六經之圖、表、譜,而統名曰圖。宋陳振孫《直齋書錄解題》引《中興館閣書目》載毛邦翰補本,凡《易》七十圖、《書》五十五圖、《詩》四十七圖、《周禮》六十五圖、《禮記》四十三圖、《春秋》二十九圖。總數與苗序所云正符。此《六經圖考》,首爲《大易象數鉤沉圖》一卷,二册,七十圖;次《尚書軌範撮要圖》一卷,一册,五十五圖;三《毛詩正變指南圖》一卷,三册,四十五圖;四《周禮文物大全圖》一卷,二册,六十八圖;五《禮記製度示掌圖》一卷,二册,二十三圖;六《春秋筆削發微圖》一卷,二册,四十一圖。總三百有二圖,較邦翰補本原數少七。又《直齋書錄解題》載東嘉葉仲堪本有圖四百三十六,《四庫全書》本凡圖三百二十有四,皆與此本不合。唯胡玉縉《四庫全書總目提要補正》載江西廣信府上饒縣學石刻《六經圖》與之相同,但各經圖數亦不盡符合。

潘宋鼎序曰:"陳撫州之書,鮮行於世。明計部大夫汝南方公刻而嘉惠后學,詞臣江寧顧先生序而傳之。然其書長尺有五,廣二尺餘,若置諸几之小者,則溢於外,携以游,則篋不能容。蓋内府所藏,不便於玩讀。今改梓焉,若坊本群書之式,則無適而不可。"又曰:"兹《圖考》一書,始而慮世之不明其意也,象而圖焉;繼以圖之,或虞其散也,易圖而成書焉;今又以書之弗良於讀也,斂其式以便於人。余雖愚闇鈍滯,勞勞簿書俗史之爲,弗能肄業於此,而區區之心,庶幾窮經之士知所考焉。猶之我非遠行客,而爲行人修其津梁,又假指南以爲迷於道者贈也,其亦無負此書矣乎!"是知此《六經圖考》乃潘氏據明吏部方公刻本重訂,而增其名曰考也。按,潘宋鼎,江南溧陽人,康熙己丑進士,官江夏知縣,雍正四年任西安知府。

扉頁刻"宋布衣楊先生撰。六經圖考。禮耕堂重訂"。

苗昌言原序殘闕,且屬補刊。

《四庫全書總目》經部五經總義類收入,但非此本。《中國古籍善本書目》未著錄,但錄有明萬曆四十三年吳繼仕熙春樓刻本、明刻本、明萬曆衛承芳刻本、明萬曆四十四年郭若維刻本、明崇禎五年王與胤刻本、明崇禎十二年仇繼楨刻本等。臺北《"國家圖書館"善本書志初稿》著錄明萬曆四十三年南京吏部刊本一種,然據其首册扉頁牌記上欄題"熙春樓藏版",宜爲吳繼仕所刊者。按,歷代舊目,絶少著錄此本。唯邵氏《四庫簡明目錄標注》載"康熙中江氏、潘氏二刊本",又邵章《續錄》載"康熙間禮耕堂重訂刊本",第未詳潘刊即禮耕堂重訂本也。今各館藏目亦鮮見存錄,所見僅《京都大學人文科學研究所漢籍分類目錄》、《東京大學總合圖書館漢籍目錄》等有"禮耕堂本"入載,抑潘氏重訂之本亦"鮮行於世"乎?

0275 清乾隆刻本六經圖　　　　　　　　　　T154/8234

《六經圖》十二卷,清鄭之僑撰。清乾隆八年(1743)鄭氏述堂刻本。六册。半頁九行二十四字,四周雙邊,白口,單魚尾。書口下刻"述堂"二字。框高21釐米,寬13.7釐米。題"后學潮陽鄭之僑東里編輯"。前有乾隆八年鄭之僑序;《凡例》八則。

鄭之僑,字東里。廣東潮陽人。乾隆二年進士,官鉛山縣知縣、寶慶府知府。《(光緒)潮州府志·選舉志》有傳。

卷一至二《易經圖》,卷三至四《尚書圖》,卷五至六《詩經圖》,卷七至八《春秋圖》,卷九至一

○《禮記圖》,卷一一至一二《周禮圖》。各經前皆有鄭之僑撰源流一篇。

是書係之僑知鉛山縣時,據廣信府學石刻《六經圖》摹本補正之作。其自序曰:"之僑仰承休明,而致知格物之功,不知所以用力。遽出而治鉛,士民昏昧益甚。辛酉春,尋恢鵝湖遺址,道範峩然,始覺異同之辨,後人自紛意見,而治性之功,宗旨若合符節,並悟'六經皆我注脚'一語,親切有味。僑因以朱陸之同,白諸生也。諸生若信若疑,間出所藏《六經圖》對叩,其係摹石於信州學舍。披閱梗概,編次工密,疆理井然,先儒表章聖經,厥功鉅哉。迺細按其奇偶之分,日星之度,疆域廟堂之制,車服禮器甲兵之隆殺,以迄鳥獸草木之名,舛錯頗多,不知者竟以雜僞誣其真本,是誣賢以誣經也。""僑爲心性憂,僑何得不爲經學憂乎!爰公餘挑燈,按規求矩,手自摹畫,於碑碣之訛者正之,其殘缺者補之,歷數寒暑而圖成。以質諸生,諸生以爲有裨初學,請付開雕。""乾隆捌年癸亥歲長至日後學潮陽鄭之僑東里書於鵝湖之述堂。"

饒宗頤《潮州志·藝文志》著錄《六經圖》引雷鋐序略曰:"廣信學宮原有《六經圖》石刻,備學者窮經稽古之資。吾門鄭君東里宰鉛山,每至鵝湖書院,與諸生講論經學,按圖指劃,患其校訂未精,譌舛間出,爰細加考正。凡易象天文、列國疆域,一字稍差,則陰陽異位,南北殊方,莫不釐然各歸其所。明堂之制,禘祫之禮,積爲聚訟,悉纂先儒成書,折衷定論。更融會六經之源流,漢唐以來之著述,示學者以各經之大旨。"又引《潮州藝文志》饒鍔曰:"鄭東里《六經圖》,乃其令鉛山時所作。信州鉛山,舊有鵝湖石刻《六經圖》本。明時廬江盧謙官永豐知縣,曾得石刻,重編刊行,即今所傳《五經圖》六卷是也。其後楊魁植、文源父子,復析《春秋》三傳爲三,刻於長春,名《九經圖》。二書皆於原本參錯竄亂,未足以資考證。東里是書,蓋亦取信州學宮石刻爲藍本,凡《易》四卷八十二圖,《書》四卷六十六圖,《詩》四卷三十七圖,《春秋》四卷二十八圖,《禮記》四卷六十六圖,《周禮》四卷六十四圖,合二十四卷三百四十三圖。其篇目一仍石刻,而石刻有缺誤者,則取先儒圖考正之,故圖數較舊本爲多。又每經圖首條,敍經書傳授源流,大抵以《漢書藝文志》及陸氏《經典釋文》敍錄掇拾成編。各圖注解,亦時附以考證。""鄭氏此書,大體明晳,抉擇具有苦心。雖其間如《虞書》十二章服圖,繪日爲三足鳥形,月爲白兔擣藥狀,及《周禮》墨車圖以兩轅中夾四馬,殊與古典古制不合,有疏考證,然終不能因是遂蔑視全書也。"

據各家著錄,鄭之僑述堂刊本《六經圖》當有二刊,一爲此本,一爲乾隆九年刊二十四卷本。饒氏《潮州藝文志》所錄,正是二十四卷本,但卷數倍析,而圖數仍舊。然鄭氏爲何此年再刊,則未究其詳。

陸耀遹《金石續編》曰:"廣信府學石刻《六經圖》,撰書摹勒人皆不著,惟《周易》下《序卦圖》後,《尚書》下《律度量衡圖》後,並有'思可録'三字。"按此本二圖後,正有"思可録"三字,確證鄭氏《六經圖》本於信州學宮石刻無疑。

又《四庫全書總目提要補正》著錄宋楊甲《六經圖》,胡玉縉案曰:"《明一統志》江西廣信府名宦載,元盧天祥至元中守信州,興學校,崇詩書,刻《六經圖》於石,立兩廡下。則知今廣信府《六經圖》石刻,即元至元中盧天祥所立,蓋本昌州《六經圖》碑,宋紹興中楊甲所著者。"

據是書《凡例》云:"原石圖六面,前後皆刻,每經各分上下,高五尺,廣三尺,置之几席間,未免幅長席隘,展開不便。用彷本經冊式,略加剪裁,各附詮解,共成十二卷,非以割截争異製也,總期學者之開卷便覽也。"又云:"是圖編次配合,疎密相間,源委井然,精緻之至,幾若天設。且獨建於信州學宮,昌明經學,學校實有光輝。茲仍存其舊式,附於簡末,俾遐邇有志學校者,依是編而鎸圖於石,於以表章聖經,嘉惠來學,僑實有厚幸焉。"是知鄭氏刻圖之舉,在推廣普及信學之石刻圖經也。

扉頁刻"六經圖。後學潮陽鄭之僑東里編輯。乾隆捌年鐫。新訂嗣出,述堂藏板"。

《四庫全書總目》未收。《續修四庫全書總目提要(稿本)》、《中國古籍善本書目》均未著錄。青海省圖書館、臺灣師範大學圖書館、東海大學圖書館、日本京都大學人文科學研究所、內閣文庫亦有入藏。

館藏複本一部,六册。

0276　清康熙刻本石齋先生經傳九種　　T152/4037

《石齋先生經傳九種》五十六卷,明黃道周撰,清鄭開極訂。清康熙三十二年(1693)鄭開極刻清修補印本。三十六册。半頁九行十八字,左右雙邊,白口,單魚尾。框高20.2釐米,寬13.9釐米。

黃道周,字幼平,一字螭若。福建漳浦人。明天啓二年進士,授編修,爲經筵展書官,崇禎中官少詹事。以文章風節高天下,嘗因"黨邪亂政"罹罪,削籍下獄,謫戍廣西,後復官。明亡,事唐王,拜武英殿大學士,督帥抗清,戰敗被執,不屈至死。工書善畫,學貫古今,於經史百家、天文地志無不博洽。以自幼坐卧銅山孤島石室中,學者皆尊稱其爲"石齋先生"。著述又有《榕壇問業》、《續離騷》等。事蹟具《明史》本傳、《明儒學案》。

鄭開極,字肇修,號幾亭。福建侯官人。清順治十八年進士。康熙中,督學兩浙,教諸生先行誼後文章。假歸家居四十年,當事罕覿其面。建宗祠,置祭田,以厚宗族。始獲石齋先生《孝經集傳》,校訂鋟版以行,繼而刊梓《易象正》、《三易洞璣》、《洪範明義》、《月令明義》、《表記集傳》、《坊記集傳》、《緇衣集傳》、《儒行集傳》,合爲《石齋先生經傳九種》。《(民國)閩侯縣志》卷六九《人物志》有傳。

扉頁刻"晉安鄭肇修訂。石齋先生經傳九種。孝經集傳、易象正、三易洞璣、洪範明義、表記集傳、坊記集傳、月令明義、緇衣集傳、儒行集傳"。

《孝經集傳》四卷。三册。題"黃道周集傳;後學晉安鄭開極、海昌沈珩仝較"。前有清康熙三十二年張鵬翮序,康熙三十一年鄭開極序,康熙三十年沈珩序;目錄。鄭序曰:"竊聞鄉先正石齋黃公考注經傳,其功甚偉,而《孝經集解》一書尤稱醇備,乃後學未之獲睹也。海寧沈昭子先生,著書明道,以微言墜緒爲己任。一日,削札遠及,奉是編寫本見貽,爰拜受以莊誦焉。分經別傳,則朱考亭之刊誤也;次第篇章,則劉中壘之今文也。《儀禮》二戴《記》以爲疏義,則六家之同異可無論也。小傳則公之所發明,大傳則兼採游、夏、思、孟之所闡述也。微義五、著義十二,則公之自序其節目也。旨該而義切,其爲《集傳》也若是,至德要道,不粹然明備也耶!"《四庫全書總目》謂"是書作於廷杖下獄之時","其自序中所謂五微義十二著義者,實其書之綱領","其推闡頗爲詳洽,蓋起草於崇禎戊寅,卒業於癸未,屢變其例而後成,故較所注《禮記》五篇成於一歲之中者爲精密云。"

《易象正》十二卷初二卷終二卷。十一册。題"漳浦黃道周輯;晉安鄭開極重訂"。前有清康熙三十二年鄭開極序;目錄序次;《春秋説象凡例》十八條。扉頁刻"黃石齋先生原本。易象正。芥舟藏版"。《四庫全書總目》曰:"此書孟應春謂崇禎庚辰道周在西庫始創爲之,成二十四圖。逮過北寺,毒痛之下,指節初續,又爲六十四象正。劉履丁則云三十年前道周即有《易本象》八卷、《疇象》八卷,蓋是書之槀本也。道周初作《三易洞璣》,以卦圖推休咎,而未及於諸爻之變象。是編則於每卦六爻皆即之,卦以觀其變,蓋即左氏内外傳所列古占法也。""雖其以大傳所釋十一爻俱爲明之卦而作，未免附會。故朱朝瑛曰：'《易象正》，道周自爲《易》也，孔子之所不盡言，言之不盡意也。'"其初卷上下發明圖象，十二卷發明象爻，終卷上下發明圖書，凡十六卷。

《三易洞璣》十六卷。六册。題"漳浦黄道周輯；晉安鄭開極重訂"。前有清康熙三十二年鄭開極序。扉頁刻"新鐫黄石齋先生原本。晉安鄭肇修訂。三易洞璣。芥舟藏版"。卷一至三《宓圖經緯》，卷四至六《文圖經緯》，卷七至九《孔圖經緯》，卷一〇至一二《雜圖經緯》，卷一三《餘圖總緯》，卷一四至一六《貞圖經》。《四庫全書總目》曰："是編蓋約天文曆數，歸之於易。其曰三易者，謂伏羲之易、文王之易、孔子之易也。曰洞璣者，璣衡古人測天之器，謂之易測天，毫忽不爽也。""故是書之作，意欲網羅古今，囊括三才，盡入其中。雖其失者時時流於禨祥，入於駁雜，然易道廣大，不泥於數，而亦不離於數，不滯於一端，而亦不遺於一端，縱橫推之，各有其理。"

《洪範明義》二卷初一卷終一卷。三册。題"漳浦黄道周輯；晉安鄭開極重訂"。前有清康熙三十二年鄭開極序，黄道周原序；目錄。扉頁刻"新鐫黄石齋先生原本。晉安鄭肇修訂。洪範明義。芥舟藏版"。石齋原序曰："《明義》四卷，其上卷皆言天人感召、性命相符及好德用人之方，下卷皆言陰騭相協、彝倫條貫，旁及陰陽曆數之務，初終兩卷，乃正定篇章，分別倫序，以及聖神授受之統。"《四庫全書總目》曰："是編乃崇禎十年道周官左諭德掌司經局時，纂集進呈之書。"又謂之雖穿鑿牽合、附會臆説，"惟其意存啓沃，借天人相應之理，以感動恐懼修省之心，其文不盡合於經義，其意則與經義深有合焉。"

《月令明義》四卷。一册。題"漳浦黄道周輯；晉安鄭開極重訂"。前有清康熙三十二年鄭開極序；目錄；《月令明義圖》十三則。扉頁刻"新鐫黄石齋先生原本。晉安鄭肇修訂。月令明義。芥舟藏版"。《四庫全書總目》曰："崇禎十一年，道周官少詹事，注《禮記》五篇以進，此其一也。"又謂其"別立經文"，"自爲月令，蹈唐人之失，殊爲未協。特其所注，雜採《易》象、《夏小正》、《逸周書》、《管子》、《國語》，參稽考證，於經義頗有闡發，其臚舉史傳，亦意存規戒，非漫爲推衍禨祥。則改經雖謬，而其因事納誨之忱，則固無悖於經義也。"

《表記集解》二卷《春秋表記問業》一卷。三册。題"漳浦黄道周輯；晉安鄭開極重訂"。前有清康熙三十二年鄭開極《表記坊記緇衣儒行集傳序》，黄道周《表記集傳原序》；目錄。扉頁刻"新鐫黄石齋先生原本。晉安鄭肇修訂。禮記集傳。坊記、表記、緇衣、儒行。芥舟藏版"。是書爲所進《禮記》注五篇之二。道周原序曰："古者窺測天地日月，皆先立表以別陰陽。表正則景立，表邪則景邪。體存於表，而用在於制。故表之爲政，猶君之有身，天之有極，不可不審也。《表記》四十三章，皆以仁立表，以義制之。《春秋》之義不盡於《表記》，而《表記》之義盡於《春秋》。《表記》主於仁義，歸餘於卜筮，以明文質之原，達於天德，猶《易》之有上經。《表記》四十三章，今約從三十有六，以發明《春秋》大義云云。"《四庫全書總目》謂其"彊立篇名，隨心標目，尤爲自我作古，無所師承"，"而必以《春秋》證之，於經旨亦爲牽合。然其借《春秋》之義，互證旁通，頗有發明。"

《坊記集解》二卷《春秋坊記問業》一卷。三册。題"漳浦黄道周輯；晉安鄭開極重訂"。前有黄道周《坊記集傳原序》；目錄。此爲道周所進《禮記》注五篇之三。是書之體，以《坊記》爲經而分三十章，章各爲目而下舉《春秋》事蹟以證。《四庫全書總目》有"舍形而論其影"之譏，然亦謂之"固非漫無根據，盡出附會"，"第其意存鑒戒，於君臣父子夫婦兄弟之間，原其亂之所自生，究其禍之所終極，頗爲剴切。"

《緇衣集傳》四卷。四册。題"漳浦黄道周輯；晉安鄭開極重訂"。前有目錄。此爲所進《禮記》注五篇之四。是書分篇二十三章，亦各創立名目，復採經史關於好惡、刑賞、治道之大者凡二百餘條，以繫於篇。《四庫全書總目》曰："道周此書，意主於格正君心，以權衡進退，所重在君子小人消長之間，不必盡以章句訓詁繩也。"

《儒行集傳》二卷。二册。題"漳浦黄道周輯；晉安鄭開極重訂"。前有目錄。此爲所進《禮記》注五篇之五。分篇十七章。《四庫全書總目》曰："其所雜引歷代史傳，以某某能自立，某某爲剛毅，意在上之取士，執此爲則，以定取舍之衡。蓋經爲儒者言，道周之傳，則爲用儒者言也。"

此本諸卷書頁間有字迹漫漶及補板後印者，且"禛"、"弘"避諱而顯然剜改，是乾隆以後修補重印可知。

《四庫全書總目》按其子目收入各部類。《中國古籍善本書目》未著錄。《東京大學總合圖書館漢籍目錄》著錄。《中國叢書綜錄》著錄清康熙三十二年晉安鄭肇刊道光二十八年長洲彭蘊章補刊印本。然遍查此本，不見道光長洲彭氏補刊之蹟，未知是此本刊落，抑書板又經轉手。但《綜錄》言刊者爲鄭肇實誤，按清康熙三十二年張鵬翮序云："鄭公肇修，夙推閩中碩望"，又鄭氏名開極，正與肇修相合。恐《綜錄》編時誤解扉頁"晉安鄭肇修訂"之意，以爲名鄭肇者修訂，而實則爲名鄭肇修者訂也。

鈐印有"谷邑文會堂德記自在江浙蘇閩揀選古今書籍"。

0277　清康熙刻本初學辨體增删定本　T154/2972

《初學辨體增删定本》不分卷，清徐與喬輯評。清康熙十七年（1678）易安齋刻本。十三册。半頁九行二十六字，四周單邊，白口，無魚尾，無欄綫。書口下刻"增删定本"四字，書眉上刻評，行間刻圈點評語。框高20.2釐米，寬11.6釐米。前有康熙十七年徐與喬自序；徐與喬《例言》；徐與喬《初學辨體經部史部或問》。

徐與喬，字揚貢，號退山。江蘇崑山人。清順治十八年進士。肆力經史，杜門著述，每讀一書，必反覆參互，下逮方言物考、音義章句，無不通以訓詁，絲分縷析而後止。著述又有《五經讀法》，《續修四庫全書總目提要（稿本）》收錄。《（道光）崑新兩縣志》卷二七《文苑》有傳。

是書蓋取經史典籍可爲文章根柢者，採擇評釋。輯評諸書，皆各自起訖，且不題卷帙。

經部：《易經》，一册。題"京畿楊爾茂先生鑒定；西浙邵瞻兩先生論政；崑山徐與喬揚貢輯評；男泓、昌、京德、立心、亦愈、士祺、向撰、亨懋較"。前有宋程頤《周易序》；徐與喬《讀易》；目次；《朱子易圖説》；《易方位》。

《詩經》，二册。題"崑山徐與喬揚貢輯評；壻余之垣、王緝禔、王梓全較"。前有徐與喬《讀詩》；宋朱熹《詩經序》；目次。

《尚書》，一册。題"崑山徐與喬揚貢輯評；姪樹穀、樹聲、樹敏全較"。前有徐與喬《讀尚書》；徐與喬《尚書今文古文之辨》；漢孔安國《古文尚書原序》；目次。

《春秋》，二册。題"崑山徐與喬揚貢評輯；壻王春深、吴麟緎全較"。前有徐與喬《讀春秋》；宋胡安國《春秋序》；《春秋王國侯國興廢考》；目次。

《禮記》，二册。題"崑山徐與喬揚貢輯評；姪廷諤、廷讚、奕憇全較"。前有徐與喬《讀禮記》；宋陳澔《禮記序》；目次。

史部：《國語》，一冊。題"崑山徐與喬揚貢輯評；男泓、昌、向揆、士祺、立心、亦愈、京德、亭慤仝較"。前有目次。

《戰國策》，與《國語》合一冊。題"崑山徐與喬揚貢輯評；姪言顧、亨愚、奕憲、樹楣、以藻、之旻、世準、之昂、廷訡仝較"。

《史記》，一冊。題"崑山徐與喬揚貢輯評；姪襄恩、廷詒、廷詵、樹本、樹屏、以翼、以絲、以巖、世滋仝較"。前有目次。

《後漢書》，與《漢書》合一冊。題"崑山徐與喬揚貢輯評；姪世溥、世溶、世洽、之墨、奕懋、奕熹、世灝、樹庸、奕慈仝較"。前有目次。

徐與喬序曰："學為文者，六經其權輿也。古文辭之奇麗，莫加於經，體之正變靈奧，亦莫加於經。自六經以下，有章法無句法，有句法無字法。六經鍊字成句，鍊句成章，鍊章成篇，百家掇其一字，演衍百千萬言。""學士大夫，身心民物之治，自文章始。文者，心之聲也。昔孔子之教，文行並修，顏氏子之學，博先而約後，況下焉者乎！余昔為《初學辨體》之選，謂父兄之教子弟，勿急攻時藝，而先學古以植其本。其時古學之不講，垂二十年，選僅自《左》、《國》始，以為之兆也。今天下咸知學古矣，乃增益之，經史子集分四部，庶幾學者溯源達流，知古學之本。"

徐與喬《例言》曰："經史評注，卷帙盈萬，約之千八百，蓋為好書而力不能多得者，苦心籌度，寧費鐫工，以省紙值。是故片言可豁，輒附於旁；旁不能容，始載於上；上不能悉，乃附篇尾及段末。讀者以次披覽，條理秩然。至其評語，或言事，或言理，或言文，必可備作古之材，資制義之用，然後登。不敢濫及各家之說，皆標姓氏，其或合幾家鎔成一段，則不便分標，非敢私也。間附鄙見，別以愚見附於後云。"又曰："是編奉楊大夫子教屬稿。丙辰之春，丁巳夏，攜藁旌陽。旌陽鐫工甲天下。大尹閻錦濤謀授之梓，而督學使者邵瞻兩先生謬承鑒定，捐俸鳩工。時施愚山、梅淵公、鮑載杭諸君子相遇，並加釐正，門人張有功、汪若遽、胡玉成董剞劂事。會大尹遷內翰去，工未竣，攜歸里門。我友朱柏盧叔詹水重加核定，弟彥國、文饒、子靜、子羽、鄩侯、日巘，謀卒業焉，而伯鳴弟子抄經史，朝夕考正尤詳。其較訂則劉御蓘、董縵雲、胡振安、吳位三、董乾二、朱成子、堉余堯如、王孝移、王建伯、王庚陽、吳素傳，咸有力焉。男泓、亦愈、昌、士祺、向揆、立心，書寫編次頗能勤云。"是知揚貢先生輯評《初學辨體》，本有經史子集四部，而是刻僅其中經史耳。

扉頁刻"徐揚貢先生輯評。經史初學辨體。易、詩、書、春秋、禮記、國語、國策、史記、漢書、後漢書。易安齋梓行"。《易經》卷內有簡冊形牌記，刊文曰："今學士動稱學古尚矣，古之學者經經緯史，貫串百家，經史弗攻，猥云學古，遺其本矣。顧十三經之堂奧難通，二十一史之源流莫辨，初學欷望洋焉。茲編聚經籍之精英，掇史家之膏腴，先釐詮釋，次輯批評。詮釋則彙漢唐以來先儒之解而不專於宋，批評則采宋元以前名賢之筆而非始於明。方古本之有注無評，兼助發其旨趣；較時選之有評無注，加搜討乎疏箋。楷鐫工良，楮列十八行，而文詞星爛；版籍精約，集成千百葉，而經史珠聯。將錦囊有燦筆華，雖磐室無嫌紙貴。"

是刊楷書寫刻，內有闕名朱墨兩色圈點。其史部《史記》卷係他刊配補，且裝訂錯次，扉頁刻"史記"。

《四庫全書總目》、《續修四庫全書總目提要（稿本）》、《中國古籍善本書目》均未著錄。諸家書目亦罕見載，唯《臺灣大學普通本綫裝書目》子部雜纂之屬著錄《經史辨體》二十五卷，十二冊，清徐與喬評輯，清康熙十七年敦化堂增刪訂本。

鈐印有"明倫館印"、"安政七改"、"松山"。

經 部

0278　清康熙刻本初學辨體增删定本　T154/2972C.2

　　《初學辨體增删定本》不分卷，清徐與喬輯評。清康熙易安齋刻補板印本。二十册。半頁九行二十六字，四周單邊，白口，無魚尾，無欄綫。書口下刻"增删定本"四字，書眉上刻評，行間刻圈點評語。框高 19.6 釐米，寬 11.6 釐米。總目書名下題"第二刻增删定本。京畿楊爾茂先生鑒定；西浙邵瞻兩先生論政；崑山徐與喬退山評輯；弟與岡伯鳴全訂；男泓志古心、亦愈韓若、士祺抱一、須昌董能、主懋禮宗、交廕廣淵、享怸樂原、京悳九行全較；門人吴台碩位三、董德華滋邁、汪振軒若濂、張宅俊有功、董本龍乾二、沈士芳曲江、王誠子孚、顧元衡漢平、胡錫祥玉成、陳棟松羊、秦偕彥超、徐之屏憲百編次"。前有康熙十七年(1678)徐與喬自序；徐與喬《例言》；總目；徐與喬《初學辨體經部史部或問》；《讀經史子集法》。

　　補刊書頁板框尺寸略小，字體相近。各書卷端題署或有異同。若《易經》題"京畿楊爾茂先生鑒定；西浙邵瞻兩先生論政；崑山徐與喬揚貢輯評；男泓志、亦愈、須昌全較"。《詩經》題"崑山徐與喬揚貢輯評；弟與岡伯鳴參訂；壻王春深、吴麟絨全較"。《國語》題"崑山徐與喬揚貢輯評；男亭懋、主懋、享怸全較"。

　　《易經》一册，《詩經》二册，《尚書》一册，《春秋》六册，《禮記》二册，《國語》一册，《戰國策》一册，《史記》二册，《漢書》三册，《後漢書》一册。

　　總目於經部、史部下列子部、集部，但無細目，注曰"嗣編"。

　　《讀經史子集法》一篇，乃引柳子厚《答韋中立書》、蘇老泉《上歐陽内翰書》語而評述之。

　　扉頁刻"崑山徐揚貢先生輯評。初學辨體。易、詩、書、春秋、禮記、國語、國策、史記、漢書、後漢書。易安齋藏板"。内有闕名朱筆圈點。

　　鈐印有"小竹齋"。

0279　清雍正刻本讀書小記　T118/4114

　　《讀書小記》三十一卷，清范爾梅撰。清雍正七年(1729)張芃刻本。十二册。半頁十行二十四字，左右雙邊，白口，單魚尾。書口下間刻"濠上存古堂藏板"。框高 19 釐米，寬 13 釐米。前有雍正七年徐陶璋序，宋祖昱序，雍正七年靳之隆序，雍正七年張芃序，范爾楫序；《凡例》八則；目録。後有靳之昇《雪庵苑先生傳》。

　　范爾梅，字梅臣，一字雪庵。山西洪洞人。康熙五十一年歲貢生。其學遠宗程朱，近取薛瑄。於《易》學尤邃。考論樂律，其所發明，多先儒所未及。居常教授生徒，務以《大學》八條目爲兢兢。人稱薛瑄之後，河東又一大儒。《(民國)重修洪洞縣志》卷一四《人物志》有傳。

　　是書原係范氏隨筆札記，及其歿，弟爾楫乃輯稿成書，取名《讀書小記》，以原兄初志。復經門弟子增補，凡十九種：

　　《大學札記》一卷。題"雪庵范爾梅手著；後學范鋐金、岳宏勳、靳璠校集"。

　　《中庸札記》一卷。題"雪庵范爾梅手著；後學范鋐金、岳宏勳、靳璠校集"。

　　《論語札記》二卷。卷一題"雪庵范爾梅手著；後學范鋐金、靳之昇、張昌基校集"。卷二題"雪庵范爾梅手著；後學范鋐金、岳宏勳、孫宗楚校集"。前有康熙三十三年范爾梅識語。

　　《孟子札記》二卷。卷一題"雪庵范爾梅手著；後學靳之昇、孫宗楚、孫鍾靈校輯"。卷二題

"雪庵范爾梅手著;後學范鋐金、孫宗楚、靳璠校集"。前有范爾梅撰《讀孟語錄》。

《大易札記》五卷。題"雪庵范爾梅手著;後學范季隨編集;靳之隆校閱;張芃校閱"。卷四題"雪庵范爾梅手著;後學范季隨編集;張芃校閱;靳之昇校閱"。前有雍正元年(按,原題"康熙癸卯")范季隨序。

《易卦考》一卷。題"河東范爾梅著;後學張芃校"。前有康熙五十二年《都諫陳南麓先生手評》;宋祖昱序。

《婁山易輪》一卷。題"河東范爾梅著;後學張芃校輯"。前有康熙四十三年范爾梅《易輪引》。

《尚書札記》一卷。題"河東范爾梅手著;後學靳之昇校閱"。前有靳璠《尚書隨筆小引》。

《毛詩札記》二卷。題"河東范爾梅著;後學孫宗楚校閱"。前有孫宗楚《詩引言》;范爾梅《雪庵說詩》。

《春秋札記》五卷。題"雪庵范爾梅手著;後學孫鍾靈、范季隨校集"。前有孫鍾靈《春秋小引》。

《禮記》一卷。題"河東范爾梅著;後學靳之隆校輯"。

《周禮》二卷。題"河東范爾梅著;後學靳之昇、張芃校輯"。卷二題"河東范爾梅著;後學靳之昇校正"。前有康熙五十九年序。

《琴律考》一卷。題"河東范爾梅著;後學張芃校輯"。前有范爾梅小識。

《樂律考》一卷。題"河東范爾梅著;後學靳之昇校輯"。

《語錄》一卷。

《明儒考》一卷。凡論薛文清公讀書錄、白沙陳氏、敬齋胡氏、陽明王氏、正學方氏、月川曹氏、文莊羅公、甘泉湛氏、羅氏、椒邱何氏、康齊吾氏、惺堂史氏、昌陽張氏、一峯羅氏、潛谷鄭氏、文恪王公、溪泉鄭氏、荊州唐氏、楓山章氏、後渠崔氏、涇野呂氏、苑洛韓氏、洨濱蔡氏、斛山楊氏、念庵羅氏、瞿塘來氏、心齋王氏等。

《序記傳文墓表》一卷。

《贊銘啓》一卷。

《詩》一卷。

按,末五種五卷係據卷首目錄分帙,原書頁碼前後相續,總爲一卷,書口題"雪庵文集"。

范爾楫序曰:"予仲兄梅臣氏,生癯然弱不勝衣。自其髫年,研究聖籍,居常授教生徒,懇懇遵正義,不敢少弛。積其論著,可成重帙。窘於貧,無抄撮訂集之資,又或爲人持去,多不存。迨易簀後,檢笥中,僅得所偶筆於經書及易圖、樂律若干言。邑文學張薪,醇儒也,慨然欲取而表章之,使遂不湮。"

張芃序曰:"先生著述,先生之弟楫臣先生,今已彙錄成書。芃聞之心動,曰:'此先大人數十年之夙志也。'亟求之,苦次披閱,得未曾有。或以《五經》解《四書》,或以《四書》解《五經》,或以此經解彼經,或以彼經、或以古今人物事寔解經書。左右逢原,奇快驚人,有目共睹,無俟贅言。至於詩文,少作居多。其晚年著作,被無知家人付之丙丁,可勝太息!間有一二存者,皆他人珍藏。但楫臣先生年已七十,倩人抄錄,未免魯魚。因徧求親友並及門,得其真筆,與上齋靳公、豐齋靳公、垂帛岳公、龍川孫公、漱石孫公、奐玉靳公、堂弟昌基,小心對証,差少訛謬。至萬無考正,並深奧不解者,姑闕其疑,以俟博雅君子。然其大要,不外於主敬存誠,希賢希聖,以復其固有之性而已。"

又《凡例》細述輯刻經由、至要,特錄之以備考。其曰:"一、是書乃先生隨筆札記,教授生徒,初非有意著作。先生之弟楫臣先生,原其初志,顏之曰《讀書小記》,今仍之。原本缺文集,且老年佳製皆缺略無存,遍爲搜羅,僅得其概。""一、是書惟《易》、《尚書》、《詩》爲完書。《春秋》得之長公王君,少二本,故詳略不均。《禮記》得之及門栘植楊君,然亦略而不詳。倘得佳本,尚容續補。""一、《周禮》原本少首卷,故《天官》一册,無從考核,俟得原本,再爲訂正。""一、《易輪》、《易卦考》乃兩次所成。《易輪》係先生親授,《易卦考》乃失《易輪》粉本而後作者,大意雖同,詳略各異,故寧兩存,以爲後學津梁。至於重出之圖,不敢妄刪,恐頭緒不清,後學無處着手。但分前後集,以便一目了然。""一、《琴律考》、《樂律考》亦前後成書,大異小同,亦兩存之。但苦無所附,因思《禮》有《樂記》,附諸《禮》後,不敢亂經。""一、先生尚有《鄭世子樂書》、《韓苑洛志》、《樂律吕新書》,並古儒先之言樂者,輯錄成書,倘得大用,寔有作樂之具。故先生嘗曰:'《樂記》、《史記樂書》、《蔡氏律吕新書》、李文利《律吕元聲》,並《哨餘譜》、《九宮譜》諸書訂正之,務與九經論樂之旨相符,可成一部樂書。'非虛言也! 先刻《琴律》、《樂律》二考,以見梗概。博雅君子如果許可,尚容續刻。""一、先生之學,得之薛文清《讀書錄》居多,故明儒中亦深許之。嘗訓及門曰:'讀《讀書錄》,亦可以聞道。'""一、先生批閱未見者甚多,經見者尚有《朱子或問》、《語類》、《五經大全》、《性理大全》、《讀書錄》、《四書説》、《蒙引淺説》、《月令廣義》、《武備志》諸書,卷帙浩繁,難以遽刻,爲布先聲,以告同志。"

是書於後世評價不高,《四庫全書總目》曰:"其書非手訂,故多闕略。其所爲諸經札記,皆隨意綴語,初非依經立訓。《易輪》、《易卦考》則專主《圖》、《書》卦變之義。《樂律》、《琴律考》,則採自明鄭世子載堉《樂律》,無他發明。"

《續修四庫全書總目提要(稿本)》評《大易札記》曰:"其注不全列經文,不字解句釋,祇舉某卦某爻某節,總論其大義,意在推闡心性理氣之學,而多引史事以相參證,其間比附頗多不切。凡此皆師心自用,故無知妄作若是,而爾梅猶翛翛然自鳴得意,吁,可怪也!"

評《易卦考》曰:"繳繞於《河》《洛》先後天之數位,爲説愈繁而愈不可究詰。爾梅譏朱子《本義》所載卦變圖令人目迷,若觀彼自所爲圖,豈但目迷,是真所謂謬妄無識之尤已。"

評《婁山易輪》曰:"其支離無當,與《易卦考》諸圖同。"

評《尚書札記》曰:"是書首有靳璠小引,稱其洞見大原,於訓詁之外,別有見解,爲五峰功臣。今觀書,論理治,所見平平。所考《禹貢》地理諸條,有合有不合。惟欲刪《盤庚》三篇,謂其文晦澀,其事不足爲後世法。此論殊謬。代易時移,古書不足爲後世法者多矣,論者以文從字順議古文,至欲廢之,爾梅乃欲以晦澀廢今文,抑何相反乎! 近世有作《五經》節本者,大都祖爾梅之意,去晦澀而存平易,爲習時文者便揣摩耳。"

評《大學札記》曰:"所記無甚深義,惟重訂'格致'傳,添所謂'致知在格物者'一句,接以'物有本末'四句、'知止而後有定'五句、'自天子以至於庶人'五句、'子曰聽訟吾猶人也'六句,直是妄作。"

評《中庸札記》曰:"是書着語甚簡,時饒妙諦,俱領會在語言之外。又説理之語,每以五言小詩出之,似格言亦似歌括,亦創見也。"

評《孟子札記》曰:"書中評文處多,解義處少,時有雋思,無涉經旨。惟説孟子不見諸侯,引陳后山詩:'當年不嫁惜娉婷,傅粉施朱學後生。不惜卷簾通一顧,怕君着眼未分明。'意極貼合,訓詁家所説不出也。"

是本楷書精刻。扉頁刻"讀書小記。河東范雪莽著。雍正七年鐫。敬恕堂藏板"。《易輪》

缺第七頁。據范序、張序及《凡例》，是本宜張芃所刊。

《四庫全書總目》入子部儒家類存目。《續修四庫全書總目提要(稿本)》分列著錄《大易札記》、《易卦考》、《婁山易輪》、《尚書札記》、《大學札記》、《中庸札記》、《孟子札記》，別錄康熙刊本《讀詩小記》一卷。《中國古籍善本書目》未著錄。《中國叢書綜錄》著錄雍正七年敬恕堂刻本。中國國家圖書館、中國科學院圖書館、北京師範大學圖書館、南京圖書館、杭州大學圖書館、山西省圖書館及美國普林斯頓大學葛思德東方圖書館亦有入藏。又《續修四庫全書總目提要(稿本)》著錄《大易札記》、《易卦考》、《婁山易輪》，作"濠上存古堂刊本"。

0280　清乾隆刻本群經補義　T154/3133

《群經補義》五卷，清江永撰，江鴻緒編。清乾隆江鴻緒刻本。二冊。半頁十行二十二字，左右雙邊，白口，單魚尾，書口下間有刻工。框高19.2釐米，寬13.2釐米。題"新安江永慎修著；受業姪鴻緒成基編次；及門諸子同輯；姪孫錞、孫錦波校梓"。前有乾隆二十五年(1760)江永《讀書隨筆敘》；《讀書隨筆目錄》；乾隆五十七年(1792)金榜序；《群經補義目錄》。

江永，字慎修。江西婺源人。康熙時諸生。為學長於比勘，明於步算、鐘律、聲韻，而於三禮尤深。嘗一至京師，桐城方苞、荊溪吳紱質以禮經疑義，皆大折服。已歸家居，而朝廷求經術之儒，有欲進其所為書且舉之者，則以頹老辭。其與元和惠氏同時並起，後世治漢學者皆奉為先河。其學一傳而為休寧，再傳而為金壇、高郵，傳衍光大，尤甚於惠氏。乾隆二十七年卒，年八十有二。著有《周禮疑義舉要》、《禮記訓義擇言》、《深衣考誤》、《禮書綱目》、《律呂闡緯》、《春秋地理考實》、《鄉黨圖考》、《古韻標準》、《四聲切韻表》、《音學辨微》、《推步法解》、《近思錄集注》等。事蹟具《清史》本傳、《清儒學案》卷五八"慎修學案"。

卷一《周易》、《尚書》、《詩》，卷二《春秋》，卷三《儀禮》、《禮記》，卷四《大學》、《中庸》、《論語》、《孟子》，卷五雜說、訂序說附。

是書原名《讀書隨筆》，合《周禮疑義舉要》在內，凡十二卷。《周禮疑義舉要》係原書卷三至九，《群經補義》乃原卷一至二及卷一〇至一二。皆讀書有得，隨筆詮釋之作。

《讀書隨筆敘》曰："學以通經為要，經義如海，茫無津涯，操蠡以勺，亦隨取而隨獲。今哀所記錄，得十二卷，以經為主，雜說附之。易學、禮學及步算、聲音、地輿之學有專書者，詳其本書，不盡采錄也。"

金榜序曰："此江慎修先生《讀書隨筆》原書敘目也。自三卷至九卷，本名《周禮疑義舉要》，先生以其為隨筆箋答之書，又《夏》、《秋》二官未卒業，因改名《讀書隨筆》，而以散見群經諸條依經類次之，為十二卷。先生歿，史館檄取其遺書。同門戴東原以隨筆之名難以繕進，取其說《周禮》七卷，復名《周禮疑義舉要》，其說群經五卷，更名《群經補義》，今據以錄入《四庫全書》者是也。"

《四庫全書總目》稱此書多能補注疏所未及，唯有過矯鄭義者為未允，然其他條則多典確不磨，辨析尤為精核，於《禹貢》之輿地，《春秋》朔閏，皆考證賅洽，於經文注義，均有發明，固非空談者所及，亦非捃拾為博者所及也。

又金榜序曰："先生之族子鴻緒為刻《群經補義》，同門方睎原欲並刻其《周禮疑義舉要》而未遑也，其子起泰、起謙乃校刊之。榜既幸二書之並行，又嘉起泰兄弟之克成父志也，爰取先生《讀書隨筆》原敘，並手定目錄冠於前，以存舊觀，而述其分合之由如此。"今版本項著錄即據此而定。

扉頁刻"讀書隨筆。新安江慎修著。羣經補義。周禮疑義舉要並刻。書業堂藏板"。

按,此刻與江起泰兄弟所刻《周禮疑義舉要》,嘗以《讀書隨筆》總名行世,《中國叢書綜錄》著錄,上海圖書館、復旦大學圖書館亦有收藏。又此書另有道光十年寶仁堂刊《璜川吳氏經學叢書》本,以及《皇清經解》諸刊本。

鈐印有"吳興姚伯子觀元鑑藏書畫圖籍之印"、"蔣知讓"、"妙吉祥盦"、"求善價而沽酒"、"少泉蔡氏珍藏"。

0281　清乾隆刻本經玩　　　　T154/3134

《經玩》二十卷,清沈淑撰。清乾隆刻本。六册。半頁九行十六字,左右雙邊,白口,單魚尾,框高16釐米,寬11.3釐米。總目下題"常熟沈淑著"。沈淑《經玩題辭》末題"同學孫泮思洛、潘元疇莘士、顧謙載齡同校;外生姚承烈纘西、平江後學顧學海、吳門再姪元輅重校;姪樅、男栻、槩校字"。前有雍正三年(1725)沈淑序;雍正七年(1729)沈淑《經玩題辭》;《經玩總目》。

沈淑,字季和,一字立夫,號頤齋。江蘇常熟人。雍正元年進士,選庶吉士,授編修。以峭直少合,又善病,乞歸養母,杜門著書。其言閎博精確,所學尤長於《詩》、《周禮》、《儀禮》。著述《周官翼疏》、《經玩》,並爲《四庫全書總目》收錄。《(光緒)常昭合志稿》卷二六《人物志》有傳。

是編凡收書四種,輯爲八帙。金帙、石帙爲《陸氏經典異文輯》六卷,絲帙、竹帙爲《經典異文補》五卷《春秋三傳經文考異》一卷,匏帙、土帙、革帙爲《春秋左傳分國土地名》二卷《左傳職官器物宮室》二卷,木帙爲《注疏瑣語》四卷。

沈淑序曰:"雨中少酬酢,得展書卷,欲尋指趣,又悶然無所得,輒作雕蟲之技,紬陸氏《經典釋文》中文字之異者,錄爲六卷,而以經傳中文字互異,及注疏、《史》、《漢》、《說文》諸書所引經傳文異者補之,復得六卷。京邸書少,所見未能翔實,目所過又多漏略,將賡續之,存此以爲嚆云。"

沈淑《經玩題辭》曰:"病中無賴,撿故紙,得《陸氏經典異文輯稿》諸稿。嗟乎!治經而及此,真所謂玩物喪志者矣。蓋乙巳夏秋交苦雨而爲之,不可以爲訓也。顧自去秋至今,病不少差,經傳指趣既不能窺尋,即欲復作無益如乙巳之秋,亦不可得,豈非不幸與!好事者令予存之,因名之曰《經玩》,識數語於卷首。"

清周中孚《鄭堂讀書記》曰:"《陸氏經典異文輯》六卷,皆錄《釋文》中文字之異者。《經典異文補》六卷,以經傳中文字互異,及注疏、《史》、《漢》、《說文》諸書所引經傳中文異者,補《釋文》之未補。《春秋左傳分國土地名》二卷,以杜元凱《釋例》有《土地名》,未見其書,據注分國而成。《左傳職官》一卷,以春秋列國官號甚雜,因分輯之,并載注疏之說,與《周官》參校,以見侯國之差錯。《左傳器物左傳宮室》合一卷,凡見他經者不載。《注疏瑣語》四卷,亦摘字爲綱,略輯注疏文釋之。其蒐采雖勤,而不能有所考證,甚至《經典遺文補》全引僞申培《詩說》,以爲《毛詩》異文,尤失考也。"

按,是書有雍正沈氏孝德堂刻本見諸藏目,唯檢是本避諱已至高宗,如《陸氏經典異文輯》卷一第十五頁"曆"作"歷",卷六第一頁"弘"闕筆,《春秋左傳土地名》卷一第二十一頁"弘"作"宏"。若以爲原刻之後印,輒未見"孝德堂"字樣,故暫定乾隆刻本。

扉頁刻"常熟沈季和著。經玩"。沈淑序末刻"吳門湯士超鐫"。寫刻頗精。

《四庫全書總目》入經部五經總義類存目。《中國古籍善本書目》未著錄。中國科學院圖書館亦有收藏。又《中國叢書綜錄》著錄清雍正三年常熟沈氏孝德堂刊本，中國國家圖書館、上海圖書館等十館有藏，而《北京師範大學圖書館中文古籍書目》、《中國人民大學圖書館古籍善本書目》、《普林斯頓大學葛思德東方圖書館中文舊籍書目》、《東京大學總合圖書館漢籍目錄》等，併著錄清雍正七年孝德堂刊本或清雍正七年序常熟沈淑孝德堂刻本，宜當同刊。臺北"國家圖書館"藏一舊鈔本，卷首存朱紱《經玩提要》。

鈐印有"荊玉山人"。

0282　清乾隆刻本御覽經史講義　　T154/4434

《御覽經史講義》三十卷首一卷目錄一卷，清蔣溥等纂輯。清乾隆武英殿刻本。二十四冊。半頁十行二十字，四周雙邊，白口，單魚尾。框高 18.7 釐米，寬 13.8 釐米。前有乾隆十四年(1749)允祿等奏議；乾隆二十年(1755)蔣溥等進表；《凡例》八則。

蔣溥，字質甫，號恒軒。江蘇常熟人。大學士廷錫子。雍正八年進士。乾隆時官至東閣大學士，兼管戶部尚書，並歷任會典館副總裁、文獻通考館正總裁、會試正總裁。工寫生，有父廷錫遺法。卒謚文恪。

目錄一卷，具列總目及各卷目錄。其總目著錄：上諭一卷十五篇，《周易》八卷二百二十五篇，《書經》六卷一百九十五篇，《詩經》五卷一百九篇，《春秋》一卷十四篇，《禮記》四卷五十八篇，《周禮》二卷二十四篇附《論》、《孟》、《孝經》四篇，史三卷五十五篇，性理一卷十七篇，共十一卷七百十六篇。

允祿奏議引乾隆二年詔旨曰："朕在潛邸，六經諸史皆嘗誦習。自承大統，勤惕萬幾，少有餘閒，未嘗不稽經讀禮。今祥練既逾，畢誼所奏，令諸臣日繕經史奏議，理得施行，在朕廣挹群言，可以因事監觀，隨時觸發。而覽諸臣所進，亦可考驗其學識，或召見講論，則性資心術，並因此可覘。但畢誼止及史臣，而朕意科道職司獻替，應令一體錄呈。其規條應如何酌定，並分日按班呈奏事宜，着總理事務王大臣定議具奏。"

又奏議曰："謹酌定規則，分別詳列伏候聖裁。一、《詩》、《書》、《易》、《禮記》、《周禮》，擇有關於天德王道者，《春秋》三傳，擇聖人定是非之難辨以植綱常者，先標經文，下注先儒義疏。一、諸史內擇用人行政實有關於治亂安危者，節略史文，下注先儒史斷。一、奏議必擇伉直剴切、寓目警心、濟於實用者，或其辭意繁委，亦得芟薙支蔓，獨提其要。一、經史奏議既經繕錄，必各有所見，應附列所見，用臣謹按云云一段於後。一、逐日進呈，不拘條數，約以千言為度。經史奏議，隨意敷陳，不必各項俱備，亦不必拘經文次序及時代先後，所錄皆古人成言，可無忌諱。一、翰林、詹事為一班，科、道為一班，輪班進摺。每日只用一人，周而復始。翰詹自講讀學士、少詹事迄編檢而止，其科道之不由科目者，各自忖所學。滿洲科道，清漢文俱准繕錄。於每日辦事引見後，列奏事處進呈候旨。凡值不進本日期，則停其進奏。一、諸臣進奏或蒙召見，原以驗其學識，廣其心志，俾得成材備用。宜各就所見，繕寫封進，不得彼此商榷。"

又奏議引乾隆十四年詔旨曰："朕初意欲博綜古義，廣挹群言，以成執兩用中之治。且可因言觀人，究悉諸臣學識之高下、心術之直偽，其有闌入時政，於事理未當者，間加訓飭。自舉行以來，諸臣按日奏御，朕一一披閱，十餘年於茲矣。""且已行之十餘載，漸成故套，進呈經史之處着停止，所有積年留存諸摺，交尚書房翰林，擇其有裨經義政治者，薈萃成編，用廣中祕之藏，朕將親覽焉。"

蔣溥等進表曰:"臣等奉旨纂輯《御覽經史講義》告竣,謹繕寫進呈,伏候睿鑒。""臣等於詮次之下,敬繹敷言一十五條,三千餘言。""詳加校勘,審定去留。解經務取夫謹嚴,論史尤登其簡要。名臣之有奏議,附史以傳;性理暢於先儒,與經為翼。錄一十二年所積,為三十一卷之書。"

進表末署名:蔣溥、劉統勳、汪由敦、嵇璜、介福、錢陳群、嵩壽、觀保、彭啓豐、金德瑛、莊存與、錢汝誠。

《四庫全書總目》曰:"考講義之作,莫盛於南宋,其解經者,如袁燮《毛詩講義》之類,其論史者,如曹彥約《經幄管見》之類,皆經筵所陳也。其更番奏御者,謂之故事,李曾伯《可齋雜稿》、孫夢觀《雪窗集》中皆有之。其體徵引古書於前,附列論斷於後,主於發揮義理,評議是非,與講義之循文衍說者,為例小殊,而即古義以抒所見,則其意也。""乾隆二年,特詔翰林詹事六科十三道諸臣,論奏講議。或標舉經文,下列先儒義疏,而闡明其理蘊;或節取史事,下列先儒評品,而辨析其得失,略如宋人故事之例。其敷陳中理者,溫綸嘉勉,或持論未當者,即召對開示,命復繕以進,則宋世未聞是事。""因勅大學士蔣溥等編為此帙,併以訓諭改定者,恭錄簡端。"

《四庫全書總目》入子部儒家類。《中國古籍善本書目》未著錄。故宮博物院圖書館、遼寧省圖書館、臺北"故宮博物院"圖書館亦有收藏,皆著錄為乾隆二十年武英殿刻本。又《臺灣大學普通本綫裝書目》著錄清乾隆十四年武英殿刊本殘九卷,《中國科學院圖書館中文古籍善本書目》著錄清乾隆刻本一種。此書又收入清于敏中輯《摘藻堂四庫全書薈要》,乾隆三十八年鈔本,今藏臺北"故宮博物院",《中國叢書綜錄》收錄。

鈐印有"天爵堂王氏述菴藏"、"得此書費辛苦子孫勿褻敬謹珍藏"。

0283 清雍正刻本文章練要   T154/1139

《文章練要》二十卷,清王源評訂。清康熙、雍正間王匡刻本。存五冊。半頁九行二十二字,左右雙邊,白口,雙魚尾。書眉上刻評,行間刻評點。框高18.5釐米,寬13.4釐米。

王源,字崑繩,號或庵。河北大興人。康熙三十二年癸酉科舉人。早隨父寓高郵,從魏禧治古文,好《春秋左傳》。年四十餘,始游京師,遂以古文名,公卿皆降爵齒而與之交,館閣排纂文史,必就質焉。著述又有《春秋宗孟》、《或庵文集》。《大清一統志》、《畿輔通志》有傳。

是編乃王或庵先生批評文章之合刊,凡三種:卷一至一〇《左傳評》,卷一一至一四《孟子評》,卷一五至二〇《莊子評》。館藏此本闕《左傳評》。

《孟子評》四卷。二冊。題"大興王源評訂;男兆符參閱;孫男匡全較"。前有雍正八年王匡序;凡例;目錄。後有王匡跋,清闕名跋。

是書全錄或節鈔《孟子》七篇,第選其最精而有心得之妙者,條分縷析,提要鉤玄,兼采朱注、蘇評,與評語相發明。卷一一梁惠王上(全錄)、下(錄五章);卷一二公孫丑上(錄五章)、下(錄二章),滕文公上(錄三章)、下(錄六章);卷一三離婁上(錄六章)、下(錄六章),萬章上(錄七章)、下(錄三章);卷一四告子上(錄十三章)、下(錄六章),盡心上(錄五章)、下(錄二章)。

扉頁刻"孟子。王或庵先生評訂。居業堂藏板。如有翻刻,千里必究"。

《莊子評》六卷。三冊。題"大興王源評訂;男兆符參閱;孫匡全較"。卷一九、卷二〇題"大興王兆符述評;婿全較;男匡參閱"。前有程城序;王兆符撰《凡例》;目錄。後有丙申年王兆符跋,庚戌年王匡跋,清闕名跋。

是書但論《莊子》文章,不論其說是非,亦不論其所引人名與所引古今人事言之有無。卷一五《內篇》:逍遥遊、齊物論;卷一六《內篇》:養生主、人間世、德充符;卷一七《內篇》:大宗師、應帝王;卷一八《外篇》:駢拇、馬蹄、胠篋、在宥、秋水;卷一九《外篇》:達生、四子方、知北游;卷二〇《雜篇》:徐無鬼、則陽、寓言。

扉頁刻"莊子。王或庵先生評訂。居業堂藏板。如有翻刻,千里必究"。

據王兆符、王匡序跋所言,王源《文章練要》原規劃"六宗"、"百家"二門,"六宗"首選《左傳》,"百家"首選《公》、《榖》。但王源生前僅《左傳評》書成刻行,并留有"六宗"之《孟子評》稿及《莊子評》未竟稿。後經子兆符整理續補,由孫匡先後梓行。兹節錄序跋於下,以備參資。

王匡《莊子評》跋曰:"先王父天資穎悟,積學淵深,而性尤好古,手不停披。中年鄉薦後,授徒四方,窮年兀兀,惟在搜羅載籍,評注簡編。既取六宗之首《左氏》、百家之首《公》、《榖》三傳,細加發明,名其集曰《文章練要》,而梓以行世。晚年既批《孟子》,而後尤酷愛《莊子》,詳爲注釋。"

王兆符《莊子評》跋曰:"先君子《文章練要》,其窮索探討之功既數十年,然惟《左傳》成書,其餘皆未遑落之紙筆。歲庚寅,始將《孟子》、《莊子》抄閱,期自此數年而六宗、百家彬彬乎其燦著矣。而錄《莊子》外篇未畢,遽焉溘逝。於戲,先君子之不幸歟?抑《文章練要》之不幸也!"

清闕名《莊子評》跋曰:"或庵公曠世奇才,別出手眼,批評六宗、百家,應假之天年,竟其盛業,乃評《莊子》未終,遽溘然長逝。繼之以子,而續評二卷書始成,然猶未遑問世。又繼之以孫,乃能付之梨棗。"程城《莊子評》敘曰:"北平王或庵先生有所評《文章練要》,余向得其《左傳評》讀之。"又曰:"《文章練要》有六宗,《莊子》其一也。"

王匡《孟子評》跋曰:"庚戌冬,匡先刻所選《莊子》文若干篇,而囊資已竭,深以《孟子》一宗不能並梓爲憾。姐夫申志綸嘗喜是編得千載不傳之秘至,是爲匡助付剞劂。此先人之幸,而亦不僅先人之幸也。"

按王匡跋《孟子評》,時在"歲次庚戌塗月朔",是知《莊子》、《孟子》二評均刻於"庚戌"年。據匡《莊子評》跋云:"先君子既捷南宫,慨然於親志之未成,續選外篇、雜篇,補評六篇於後,合爲六卷,大小旁批,細心揣合,如出一手。方欲付諸剞劂,而賷志以没。匡時在襁褓,呱呱無知,致祖父積世之勤,湮没巾笥十有餘載矣。"以王兆符康熙六十年中式進士推算,"庚戌"應是雍正八年。又《左傳評》乃王源生前由程城捐貲刊刻,故總合三書之《文章練要》刊年,宜著錄爲康熙、雍正間。

又據《四庫全書總目》著錄王源撰《或庵評春秋三傳》不分卷,其曰:"是書本名《文章練要》,分六宗百家。六宗以《左傳》爲首,百家以《公羊傳》、《穀梁傳》爲首。然六宗僅《左傳》有評本,百家亦惟評《公羊》、《穀梁》二傳而已。"是知《文章練要》之名,亦嘗爲或庵評《春秋三傳》所用。而此本《文章練要》,則專爲"六宗"三書所用。

《總目》又曰:"經義、文章雖非兩事,《三傳》要以經義傳,不僅以文章傳也。置經義而論文章,末矣;以文章之法點論而去取之,抑又末矣。真德秀《文章正宗》始錄《左傳》,古無是例,源乃復沿其波乎。"館臣議論,亦可移此。

《四庫全書總目》、《續修四庫全書總目提要(稿本)》均不收。《中國古籍善本書目》未著錄。《北京大學圖書館藏古籍善本書目》著錄清康熙程城刻本《左傳評》,《北京師範大學圖書館中文古籍書目》著錄居業堂刊本《文章練要左傳評》,日本《東京大學總合圖書館聯合目錄》著錄清刊三興堂印本《文章練要左傳評》。

鈐印有"有不爲齋"。

0284　清抄本五經異義纂　　　　　　　　　　　　T141/0498.84

《五經異義纂》一卷《拾遺》一卷,清莊述祖撰。清袁氏貞節堂抄本,清袁廷檮臨盧文弨校并識、羅振玉跋。一册。半頁十行二十一字,藍格,四周雙邊,綫口,單魚尾。框高19.8釐米,寬13.7釐米。版心下刻"袁氏貞節堂抄本"。卷端題"許慎撰;鄭君駁;南蘭陵莊述祖輯"。

莊述祖,字葆琛。江蘇武進人。乾隆四十五年進士,知濰縣。精研經義,覃思獨辟。著有《尚書古今文考證》、《毛詩考證》、《五經小學述》等。《清史稿》卷四八〇有傳。

是書但將五經文字之異議者纂爲一編,亦莊氏考訂經義之作。此本係由袁氏貞節堂從盧文弨抱經堂校本抄出,書中有袁廷檮朱筆臨盧文弨校。卷尾袁廷檮題識曰:"乾隆五十八年五月,借抱經堂校本録。鈔胥不知,悉依原本,間有從盧氏改增寫正者,今以墨圍志之。袁廷檮臨校畢謹識。"《拾遺》卷末題:"六月甲子校畢,又愷。"另有闕名墨筆校。

是本曾藏羅振玉處,經鉴定爲袁廷檮貞節堂"臨盧氏抱經堂校本者"。羅跋曰:"又愷先生手書校語,精整絶倫,可見前輩用力之勤,可敬佩。此書未刻入《珍蓺宧叢書》,亦未刻入《抱經堂叢書》,殆是稿本。近人所著《國朝未刊遺書志略》,但載莊氏《論語别記》,亦不及此,不知有他人刊刻否。光緒甲辰得之吴中。戊申正月十七日上虞羅振玉題。"按,沈津《書城抱翠録》收録是書,亦考定其并未刊刻。

鈐印有"羅振玉印"、"唐風樓"、"王簡齋"。

0285　清乾隆刻本易堂問目　　　　　　　　　　　　T154/2322

《易堂問目》四卷,清吴鼎撰。清乾隆三十七年(1772)鄒容成刻本。四册。半頁十行二十一字,左右雙邊,綫黑口,單魚尾。行間刻斷點。框高17.9釐米,寬12.7釐米。題"臣吴鼎輯"。前有乾隆九年(1744)吴鼎序,乾隆三十七年諸洛序,乾隆三十七年鄒容成序。

吴鼎,字尊彝,以家塾名易堂,故亦稱易堂先生。江蘇無錫人。乾隆九年以孝廉舉經學,授國子監司業,官至翰林院侍讀學士。深於《易》,所著《易例舉要》、《十家易象集説》,皆爲《四庫全書總目》收録。

是書在鼎爲諸生時所作,據鼎自序曰:"六經疑義蓁多,三禮爲甚,古人云紛如聚訟,殆有以也。讀經者頗以糾紛爲苦,因每經擇其尤難者,條舉大事,設爲問難,以啓其端。有經諸儒論定者,即引諸儒之説斷之,有未定,即附臆見商榷,以示歸宿。"其例倣漢廷册問之體,設爲問難,故稱"問目"。凡分十三門:卷一《郊社》、《禘祫》、《時享》、《廟制》、《律吕》五門,卷二《易》、《書》二門,卷三《詩》、《周禮》、《儀禮》三門,卷四《禮記》、《春秋》、《諸經》三門。

清周中孚《鄭堂讀書記》曰:"其書雖爲對策而設,而經傳中諸大端已具於斯,原始要終,無少罅漏,亦窮經者所必需之書也。"《續修四庫全書總目提要(稿本)》則稱此書亦"有義雖正而無取者"之類。

當鼎膺薦舉時,此書曾與所著《易象集説》等書進呈御覽,由翰林及中書官繕寫,藏諸内府。而此本則由易堂先生女壻鄒容成刻於乾隆三十七年。鄒序曰:"先生既歿,與内兄朝綸、娘文及友壻華君廷琳,發篋中書,見所著《易象集説》、《集説》附錄《易問·中爻考卦變考》、《春秋四傳選義》、《易堂問目》、《考律緒言》,共若干卷,皆進呈原本。容成録其副而藏之,而《問目》一書,外間轉寫甚多,不無烏焉之謬,爰取定本,登諸梨棗。"

扉頁刻"進呈原本。易堂問目"。

《續修四庫全書總目提要(稿本)》入經部群經總義類。《中國古籍善本書目》著録江蘇常熟市圖書館藏本,題"清吳卓信批並跋"。中國科學院圖書館亦有收藏,並著録清刻本、清刻後印本兩種。北京師範大學圖書館藏有清乾隆九年吳鼎序刻本。日本京都大學人文科學研究所藏端溪刊本。

鈐印有"迎暉閣藏板"、"疑義相與析"、"介邑文會堂自在江浙蘇閩揀選古今書籍發兌"。

0286　清乾隆刻本古經解鉤沉　T154/8943

《古經解鉤沉》三十卷,清余蕭客撰。清乾隆刻本。十冊。半頁十一行二十字,四周雙邊,黑口,無魚尾。框高 18.1 釐米,寬 12.8 釐米。題"吳郡余蕭客仲林"。

余蕭客,字仲林,別字古農。江蘇長洲人。年十五,通五經,即知氣理空言,無補經術。家窶貧而性嗜書,聞有異書,必假鈔寫或得觀乃已,故富於書而多善本。嘗執贄受業於惠松崖先生門下。直隷總督方觀承延修《畿輔水利志》,以目疾歸。教授鄉里,閉目口授,生徒極盛。深於"選學",因名其樓曰"選音"。生平著述甚多,除《古經解鉤沉》外,別有《文選音義》、《文選雜題》、《選音樓詩拾》行世。事蹟具《清史》本傳,江藩《漢學師承記》、《清儒學案》皆列其傳。

卷一序録,載余氏前後二序、《凡例》十則、古經解姓氏書目及目録;卷二《周易》;卷三至五《尚書》;卷六至七《毛詩》;卷八《周禮》;卷九至一○《儀禮》;卷一一至一四《禮記》;卷一五至二一《左傳》;卷二二《公羊》;卷二三《穀梁》;卷二四《孝經》;卷二五《論語》;卷二六至二七《孟子》;卷二八至三○《爾雅》。

前序曰:"《隋》《唐》三志,注者百數十家,今存者十家,爲書十有三,然則其一得傳已非不幸。講疏義疏,盛於六朝,今則唐唯四人得傳,賈、孔爲盛,然公彥《三禮疏》中之《禮記》,穎達《周易疏》外之《玄談》,已不復見。其自宋明帝《周易》而下,劉焯、劉炫《書》、《春秋》以前,有録無書,復非注之可比。蓋《毛詩》箋傳一經或有二家,南北舊疏九經至無一種。當時得失未可強同,遺事餘文零落可憫。暇日因讀注疏,摘其所引,并李鼎祚《周易集解》二十七家舊説,益以史傳神官、百家雜注及《太平御覽》、《册府元龜》諸巨編所載,凡涉經義,具有成書,今所不傳,盡《玉海》而止,罔不畢取,仍注所出,其不注者,《周易》則出李鼎祚《集解》,《尚書》以下即出本經注疏。遠自周室,迄於唐代,凡得三十卷。其間多寡,亦微有準繩,辭條豐蔚則撮其精英,一二僅存則隨條輒録。名曰《古經解鉤沉》,言古以別於現行刊本,言經解不以注疏以并包異同,鉤沉則借晉楊方《五經鉤沉》之名而義不必借。"

後序曰:"己卯杪秋,蕭客從事鉤沉,載寒暑易。""壬午二月,目疾甚,百方自療。四月未盡,復轉入虛損,頭不得俯不得回顧,行不得盤旋,回顧盤旋,眩暈耳鳴輒通夕不止。""壬午夏五月,扶疾繕寫。八月,書二十九卷畢。先以己卯十月作前序,是歲九月作後序及録,并前序爲序録第一卷。""今之所集先儒姓氏及所撰署名,僻者近半,缺而不論則讀者茫如,隨條附見則繁而寡要,不得不別爲一卷,略述源流,非敢自命古人造作同異,飾《詩》《書》以驚愚,買名聲於天下者也。本名《古注疏鉤沉》。文游曰:疏以命名始吳陸機,其作注下之注始劉宋張該,不若經解之目本后倉《曲臺記》,義雖不同,《新舊唐書》已相承分類。遂定今名,前序曰《古經解鉤沉》者,亦今所追改也。"

《凡例》曰:"蕭客少無過人之性,中復貧病相兼,三十以後居然濩落此集。雖庀立規條,然病中塗抹,易稿再三,其間或舊注失收,或前後倒置,或本非散失,誤行採入,不能保無一二牴牾。然亦有明知其誤,如崔寔有《四民月令》,無《禮記月令》注,而《白帖》指爲注《月令》。《穀梁》有糜信注,無庾信注,而《太平御覽》兩三處並作庾注。司馬彪有《續漢書郡國志》,無《禮記》注,而《太平寰宇記》指爲注《禮記》。若此之類,憑臆改定,則恐實有其書,棄而不錄,則恐貽譏挂漏。承訛襲謬,受教大方,雖非闕疑,抑亦慎言之體。"

《四庫全書總目》曰:"自宋學大行,唐以前訓詁之傳,率遭掊擊,其書亦日就散亡。沿及明人,說經者遂憑臆空談,或蕩軼於規矩之外。國朝儒學昌明,士敦實學,復仰逢我皇上稽古右文,詔校刊《十三經注疏》,頒行天下,風教觀摩,凡著述之家,爭奮發而求及於古,蕭客是書其一也。其敘錄備述先儒名氏爵里及所著義訓,其書尚存者不載,或名存而其說不傳者亦不載。餘則自諸家經解所引,旁及史傳、類書,凡唐以前之舊說有片語單詞可考者,悉著其目,雖有人名而無書名,有書名而無人名者,亦皆登載。又以傳從經,鉤稽排比,一一各著其所出之書,並仿《資暇集》、《龍龕手鏡》之例,兼著其書之卷第,以示有徵。又經文同異,皆以北宋精本參校,正前明監本之訛缺。"

清耿文光《萬卷精華樓藏書記》著錄是書,並引清齊召南《寶綸堂集》載《古經解鉤沉序》曰:"吳中余君仲林,篤志窮經,數十年博搜載籍,凡漢後唐前諸儒解經之可備舊聞未入《五經正義》,及他經疏與義疏引入他經者,條分縷析,類以本經,共成三十卷,自作序錄,題曰《古經解鉤沉》。宋末有王厚齋,好古敏求,獨集二漢解經之見他書者,君子稱其學冠一代。今仲林氏《鉤沉》經不止九,解經不止漢,網羅散失,編次犁然,斯真可謂好學也已。"耿案云:"是書實倣厚齋之意,爲我朝輯古書之第一。"

清江藩《漢學師承記》曰:"《古經解鉤沉》已入《四庫》經部。當日戴震謂是書'有鉤而未沈者,有沈而未鉤者'。然沈而未鉤,誠如震言,若曰鉤而未沈,則震之妄言也。今核考其書,豈有是哉?惟皇侃《論語義疏》,其書出於著《鉤沉》之後,且爲足利贗鼎,何得謂之'鉤而未沉者'乎?藩爲先生受業弟子,聞之先生曰:'《鉤沉》一書,漢晉唐三代經注之亡者,本欲盡采,因乾隆壬午四月得虛損症,危若朝露,急欲成書,乃取舊稿錄成付梓,至今歉然。吾精力衰矣,汝能足成之,亦經籍之幸也。'"

清周中孚《鄭堂讀書記》曰:"其但錄舊文,不加論斷,實本於衛氏《禮記集說》之例,所謂'他人著書惟恐不出於己,余此編惟恐不出於人'也。如此著述,極得古人務實之意。近汪韓門_{師韓}反訾之,以爲《鉤沉》之書專掃落葉,所載或詞意甚淺,非窮經者所需。此論未公,吾不憑也。"

扉頁刻"古經解鉤沉"。"弘"字闕筆避諱,"炎"字不避,因據以爲乾隆刻本,蓋"取舊稿錄成付梓"之原刊,其時當距乾隆壬午年不遠。

是書又有道光京江魯氏補刊本,《萬卷精華樓藏書記》著錄者即是,其曰:"是書原本未見_{據柳記,原刻非善本,}_{坊間修補,脫誤甚多},魯氏購得殘板,由柳賓叔處得其全書,正誤二百七_{十五字}補脫八十_字,以成是本。其原引舛錯者亦不臆改。前有乾隆六十年王鳴盛序,道光二十年魯慶恩序,次重刊姓氏,陳維謙序_{序重},柳榮宗_{賓叔之弟,字德齋,}_{叔名興恩,榜名興宗}校勘記,次提要。"據王鳴盛序曰:"坊友以余君仲林有《古經解鉤沉》,重爲鋟版,而問序於予。"是原刊之後,復有書坊重刊。然據柳榮宗校勘記曰:"據王光祿序",此板係坊間重刻。今細審之,是原板殘缺,坊間爲修補者,脱誤甚多。"以爲魯氏購得殘板乃乾隆原刻而經坊間修補之板。今細作比對,誠信王西莊所言爲實。

《四庫全書總目》入經部五經總義類。《中國古籍善本書目》著録吉林省圖書館藏四庫底本。又北京師範大學圖書館、臺灣東海大學圖書館藏有清刻本,日本《京都大學人文科學研究所漢籍分類目録》著録有乾隆二十四年自序刊本,皆未究其詳。

鈐印有"孔憲逵印"、"柳泉"。

0287　清乾隆刻本經讀考異　T154/1423

《經讀考異》八卷補一卷《句讀敘述》二卷補一卷,清武憶撰。附《翟晴江四書考異内句讀》一卷,清翟灝撰。清乾隆五十八年(1793)武氏小石山房刻本。五册。半頁十行二十一字,左右雙邊,白口,單魚尾。框高18.6釐米,寬13.3釐米。題"偃師武憶學;男穆淳編",或題"偃師武憶學"。前有乾隆五十四年(1789)王增序。末有乾隆五十八年武憶後序。

武憶,字虛谷,一字小石,號授堂。河南偃師人。乾隆四十五年進士。官山東博山縣知縣,以忤和珅罷官。旋主講啓文、清源兩書院,授徒以自給。嘗從大興朱筠游,學問醇粹,淹貫群籍。其講學依據漢儒師授,不蹈空虛臆説之習。生平篤嗜金石。著述別有《群經義證》、《三禮義證》、《金石三跋》、《授堂金石文字續跋》、《偃師金石記》、《授堂文鈔詩鈔》、《讀史金石集目》、《古錢譜》、《授堂剳記》等,凡數百卷。室名小石山房。《清史》有傳。

翟灝,字大川,一字晴江。浙江仁和人。乾隆十九年(1754)進士。官金華衢州府學教授。著有《四書考異》七十二卷,貫串精審,爲世所推。《清史》有傳。

《經讀考異》卷一《易》,卷二《書》,卷三《詩》、《周禮》、《儀禮》,卷四《禮記》,卷五《春秋左氏傳》,卷六《春秋公羊傳》、《春秋穀梁傳》、《爾雅》,卷七《論語》,卷八《孟子》。補卷凡三十二則,其題若《易》之"乾象曰天行健君子以自強不息"等。

《句讀敘述》上卷"句讀之始"、"句讀名義"、"古曰言今曰句"、"經句長短之異"、"章句之學"、"授讀之難",下卷"誤讀之弊"、"訂正諸讀破析"。補卷録《撼言》、《五代會要》等言句讀者十三條,憶自爲考訂者五條。

王增序曰:"偃師武進士虛谷,博貫群經,著述甚富。進士欲以經術教天下後學,其來清化也,實以授余族弟裕栻與次兒思錫經爲事。每日坐西齋,口講指畫,剖析疑義,如犀分水,彙而輯之,乃成是書。"

武憶後序曰:"《經讀考異》八卷《敘述》二卷,合十卷,又補二卷,綴輯少具倫次,蓄已數歲,不敢一际於人。自丁未館西霞先生西齋,日課兩生,與之授讀。因檢昔所究心,故讀至某字屬句世已口習不復可破,及塾師堅執一讀不能兼通他讀,或一字而上屬下屬於文皆可兩從,輒有義證求其致確時,爲兩生言之。後於他方二三從游者,亦有所授焉。由是日益流聞於外,同人多欲搆寫。予苦無以悉應其求,乃竭貲覓工較刻,凡閲歲而成。"

《續修四庫全書總目提要(稿本)》曰:"是編爲憶授徒清化時著,誠小學之所先事。"并舉引兩例,謂之"俱極明允,可概其餘,至《句讀敘述》,則與此書相爲表裏。"

又附卷《翟晴江四書考異内句讀》卷首有武憶識語曰:"予述《經讀考異》既刊行,始見翟君《四書考異》,句讀離析,多爲證明,實足補予所未及。又其泛引群解,間與予懸相合者,亦益證此理之同也。"

扉頁刻"乾隆五十四年歲次己酉三月朶。經讀考異,小石山房藏版"。知是刊始自乾隆五十四年,而竣於乾隆五十八年。

《續修四庫全書總目提要(稿本)》收入經部群經總義類。《中國古籍善本書目》未著錄。中國國家圖書館、上海圖書館等八館,臺北"國家圖書館"、臺灣大學圖書館、日本東京大學圖書館亦有入藏。此書另有清道光二十三年偃師武氏授堂重刻《授堂遺書》本以及《皇清經解》諸刊。

0288 清乾隆刻本稽古日鈔　　　　T154/1303

《稽古日鈔》八卷,清張方湛等輯。清乾隆二十九年(1764)秋曉山房刻本。四冊。半頁十行二十四字,左右雙邊,白口,單魚尾,書口下刻"秋曉山房"。框高 17.5 釐米,寬 12.1 釐米。題"長洲彭芝庭先生鑒定;震澤張方湛玉川、震澤王逸虬繞九、震澤郁文澄齋、元和蔣輝廷宣同輯;華亭董椿賡雲、震澤陳汝樹庭嘉校訂"。前有乾隆二十九年彭啓豐序。

張方湛等事蹟乏考。

卷一《易經》,卷二《書經》,卷三《詩經》,卷四《周禮》、《儀禮》,卷五《禮記》,卷六《春秋》附《三傳》,卷七《論語》、《孝經》、《孟子》、《爾雅》、《四書集注》、《河圖洛書》,卷八《諸經傳授注疏》、《諸經序次》、《諸經闕佚》、《諸經圖譜》、《僞經》、《擬經附經續經補經》、《歷代表章聖經》、《石經》、《緯書》。

是書概爲經學釋詞耳。諸如《易經》之"古今易"、"變卦",《書經》之"孔傳大序"、"六宗",《詩經》之"四詩"、"詩序",《周禮》之"異名有六"、"綱領有三",《儀禮》之"《儀禮》爲本經"、"十七篇實十五篇",《禮記》之"注解六家"、"三家禮範",《春秋》之"五始"、"春王正月",《論語》之"齊魯論"、"經傳源流",《孝經》之"考證",《孟子》之"外篇",《爾雅》之"五雅",《四書集注》之"後儒注解",《河圖洛書》之"圖書異說",以及"漢儒師法"、"續尚書"、"擬禮"、"白虎觀論議諸儒"等。或稽考古義,或采時儒之說,既精且博,以適於經術所用。

彭啓豐序曰:"張子玉川、王子繞九、郁子澄齋,皆學而有誠者。所編《稽古日鈔》,始事於癸未之秋,期年而成。會粹諸家,網羅衆說,凡夫書契以來,竹漆丹鉛,無不搜拾。取先儒之辯駁,折衷經典。""昔馬貴與仿《通典》之例,增補缺漏,爲《文獻通考》,寔爲經世閎略。今是書穿穴群籍,得其要領,盡其端委,其杜氏、馬氏之功臣與!"按,彭啓豐,字翰文,號芝庭,又自號香山老人。江蘇長洲人。雍正五年一甲一名進士。官至兵部右侍郎致仕。《清史稿》有傳。

扉頁刻"稽古日鈔。彭芝庭鑒定。乾隆二十九年鐫。秋曉山房藏板"。

《四庫全書總目》、《續修四庫全書總目提要(稿本)》均未收。《中國古籍善本書目》未著錄。北京師範大學圖書館、臺灣大學圖書館以及日本東京大學亦有入藏。

0289 清乾隆刻本一輻集　　　　T5481/1834

《一輻集》十八卷,清項淳撰。清乾隆五十五年(1790)殖蔭軒刻本。六冊。半頁十行二十四字,左右雙邊,白口,單魚尾。框高 17.8 釐米,寬 12.5 釐米。題"古歙項淳任田;受業汪超直卿、程鶴慶鶴坡校訂"。前有乾隆五十五年項景序,項淳自序。末有劉清望跋,黃桂林跋。

項淳,字任田,號芸堂,安徽歙縣岩溪人。乾隆二十六年進士。授中書,陞吏部主事,假歸不出,歷銓曹外郎有聲。移疾歸,益力學生徒,從者日衆,設教於里之青士居。卒後,門人立祠於其地,以志思慕。淳又有《一幅集續編》十二卷。《(道光)歙縣志》卷八之五《文苑》有傳。

此本皆淳里居時課諸子侄所作,其隨拈一義,多引前賢緒論,互相發明。每年自爲一卷,皆注明年份。卷一乙未,卷二丙申,卷三丁酉,卷四戊戌,卷五己亥,卷六庚子,卷七辛丑,卷八壬寅,卷九癸卯,卷一〇甲辰,卷一一乙巳,卷一二丙午,卷一三丁未,卷一四戊申,卷一五己酉,卷一六至一八補錄。

項景序云:"余與弟幼同筆硯,長共晨夕,知其嗜學能文,始終無閒。庚午舉於鄉,越十年,遂成進士。薇省銓曹,歷任九載,余曰宦情濃書味淡矣。丙戌旋里,談別後情事,公餘之暇,猶然青燈一卷也。繼而課子姪授生徒,潛心經傳,杜門不出,蓋日駸駸乎神與古。家所藏書,丹黄並下,幾廿餘年,所有會心,登記成帙,今刻已告竣。"

項淳自序云:"余乙酉冬告假歸里,閒課諸子姪讀書,時以疑義質証。然其閒於聖賢之門逕,典文之異同,尚多隔膜。爰本先儒論説,考核明白,另爲録出,間附管見,庶幾首尾貫穿,次第秩如。自乙未至今十餘載矣,積若干卷,諸生請梓之,以備畢亡。余曰,此淮南俶真之誚矣,有之可以備數,無之未害於用。謂之一幅,嗚謙乎,其自嘲也云爾。"

目録頁末刊"古歙虬村黄敬斯鐫"。此本有扉頁,刊"一幅集。乾隆庚戌鐫。殖蔭軒藏板"。

《續修四庫全書總目提要(稿本)》、《中國古籍善本書目》著録。中國國家圖書館、上海復旦大學圖書館、中國科學院圖書館、安徽歙縣博物館也有入藏。《臺灣公藏善本書目》未收。

鈐印有"風雨樓"。

0290　清乾隆刻本五經揭要

T154/7246

《五經揭要》二十一卷,清周蕙田撰。清乾隆五十三(1788)至五十七年(1792)許寶善自怡軒刻本。十六册。二節版:下欄半頁九行二十一字,小字雙行同;上欄半頁小字十八行十一字。左右雙邊,白口,單魚尾。前有乾隆五十四年(1789)沈初序。

周蕙田,字蓉裳。事蹟乏考。

茲編合《周易揭要》、《書經揭要》、《詩經揭要》、《春秋揭要》、《禮記揭要》五種,蓋爲士子應試而作。《春秋揭要·凡例》云:"是書爲初學計,義取至精,辭歸極約,故顔之曰'揭要'。"

《周易揭要》三卷。二册。框高18.7釐米,寬11.7釐米。前有宋朱熹《周易》序;《周易卦歌》;許寶善撰《凡例》四則。卷一周易上經,卷二周易下經,卷三繫辭傳上下、説卦傳、序卦傳、雜卦傳。

《凡例》云:此書以朱熹《本義》爲主,間有未晰者,附以《程傳》,併漢唐以來諸儒之説有足補《傳義》所未及者,亦采擇一二,但資初學便讀。諸儒疏解異同不一,則遵《御纂周易折中》,以合於殊途同歸之旨。《傳義》、諸説有必讀者,注於下欄經文之下,可緩讀者載在上欄,以作参考。其出題之處,旁用單圈標出。

《書經揭要》六卷。二册。框高19.5釐米,寬11.6釐米。前有漢孔安國《書經》原序;許寶善撰《凡例》五則;目録。卷一虞書,卷二夏書,卷三商書,卷四至六周書。

《凡例》云:此書所取注疏訓解,以宋蔡沈《集傳》爲主,其他諸家則博稽約取。有融會諸説而出之者,以一按字別之。經文下傳説爲必讀者,可緩讀者則録於上欄。凡經文出題之句,悉用圈出。

《詩經揭要》四卷。四册。框高19.2釐米,寬11.7釐米。前有宋朱熹《詩傳》序;許寶善撰

《凡例》七則。卷一國風,卷二小雅,卷三大雅,卷四頌。

《凡例》云:是書節繁揭要,務求合乎朱熹《詩集傳》音叶亦悉遵《集傳》。詩柄及訓詁字義,注於下欄經文之下,篇旨及章釋,錄在上欄。經文出題之處,用單圈標出。詩譜、詩圖及鳥獸草木之名則略之。

《春秋揭要》二卷。二册。框高19.6釐米,寬11.7釐米。前有宋胡安國《春秋》序;許寶善撰《凡例》五則。卷上隱、桓、莊、閔、僖、文公,卷下宣、成、襄、昭、定、哀公。

《凡例》云:是編於左氏、公、穀、胡氏四傳,各有所取,務求至當。四傳之外,漢唐宋元諸儒傳說可采者,亦輯錄其要。凡必讀者注於經文下,可緩讀者錄於上方。其可以出題者,皆用圈標出。

《禮記揭要》六卷。六册。框高19.6釐米,寬11.7釐米。前有宋陳澔《禮記》序;許寶善撰《凡例》九則;目錄。卷一曲禮上下、檀弓上下,卷二王制、月令、曾子問、文王世子,卷三禮運、禮器、郊特牲、内則、玉藻、明堂位、喪服小記,卷四大傳、少儀、學記、樂記、雜記上下、喪大記,卷五祭法、祭義、祭統、經解、哀公問、仲尼燕居、孔子閒居、坊記,卷六中庸、表記、緇衣、奔喪、問喪、服問、閒傳、三年問、深衣、投壺、儒行、大學、冠義、昏義、鄉飲酒義、射義、燕義、聘義、喪服四制。

《凡例》云:是編主取陳澔《禮記集說》,其他諸家傳義,亦輯錄其要,若聚訟紛紛,無所適從者,則遵《欽定禮記義疏》。每篇目下必有解題,約采諸家之論,著所以名篇之意。凡訓釋有必讀者,注於經文下,可緩讀者錄在上方。出題之處,用單圈標出。

沈初序文記述是書編撰刊行始末,曰:"許穆堂侍御主講玉峰書院,刻有《四書便蒙》行世。歲戊申,又刻《五經揭要》一書,係周子蕙田輯錄,杜子綱校正,而侍御復加閱定者也。工將竟,屬余序之。方今聖天子諭廷臣請以五經分年試士,海内操觚之家,莫不肄習群編,請求賅備,而況東南人文淵藪,薦紳先生退而講學,豈無廣益子弟而嘉惠後進者。夫分年試士之議,昉自朱子。欲令天下學者,《易》、《詩》、《書》爲一科,子、午年試之;《春秋》三傳爲一科,卯年試之;《三禮》爲一科,酉年試之,蓋閱十二年而五經一周。今鄉會試輪年出題,四年之後,則五經通試矣。學者非其素習,一旦欲盡通前人之説,豈不甚難。今得句梳字櫛,一目了然,而又薈萃古人切要之旨,以折衷御案,卷帙無多,所貽甚博。在見聞未廣者,固當奉爲圭臬,即在明通淹雅之士,記事纂言亦貴簡約,得此書,當共歎爲先得我心,無煩抄撮之勞。"

按,許寶善,字㪺虞,一字穆堂,上海青浦人,乾隆二十五年進士,官至浙江、福建道監察御史。早以詞章鳴,客莊親王邸,名流引重。晚年歷主鯤池、玉峰、敬業書院。著有《穆堂詞曲》、《自怡軒詩》。《(光緒)青浦縣志》卷一九《文苑》有傳。青浦縣清代屬松江府,故自署地籍雲間。許寶善《春秋揭要·凡例》亦記刊行之事,曰:"丙午歲,刻《四書便蒙》問世,見者咸謂便於家塾。欲續刻五經,苦無善本,每耿耿於懷焉。今春,周子蕙田以素所輯五經注説示余,簡而明,約而該,既便於讀,復周於解,允爲愜心。貴當《春秋》先有成帙,因與杜子綱參訂付梓。其《易》、《書》、《詩》、《禮》嗣出。"

全書有總扉頁,刻"五經揭要。雲間許寶善穆堂氏閱定,玉峰周蕙田蓉裳氏輯錄,杜綱草亭氏參訂。乾隆己酉年春鐫。自怡軒藏版。翻刻必究"。

《周易揭要》扉頁,刻"周易揭要。雲間許寶善穆堂氏閱定,玉峰周蕙田蓉裳氏輯錄,杜綱草亭氏參訂。乾隆戊申年冬日鐫。自怡軒藏版。翻刻必究"。

《書經揭要》扉頁,刻"書經揭要。雲間許寶善穆堂氏閱定,玉峰周蕙田蓉裳氏輯錄,杜綱草亭氏參訂。乾隆戊申年冬鐫。自怡軒藏版。翻刻必究"。卷六末刻"崑山程郁文刻"。

《詩經揭要》扉頁，刻"詩經揭要，雲間許寶善穆堂氏閲定，玉峰周蕙田蓉裳氏輯録，杜綱草亭氏參訂。乾隆己酉年春鐫。自怡軒藏版。翻刻必究"。

《春秋揭要》扉頁，刻"春秋揭要，雲間許寶善穆堂氏閲定，玉峰周蕙田蓉裳氏輯録，杜綱草亭氏參訂。乾隆壬子春鐫。自怡軒藏版。翻刻必究"。

《禮記揭要》扉頁，刻"禮記揭要，雲間許寶善穆堂氏閲定，玉峰周蕙田蓉裳氏輯録，杜綱草亭氏參訂。乾隆壬子春鐫。自怡軒藏版。翻刻必究"。

按，扉頁題刊年與書序紀年小有出入。如沈初序云"歲戊申，又刻《五經揭要》"，但《五經揭要》扉頁刻題"己酉年春鐫"。又許寶善《春秋揭要·凡例》謂先刻《春秋》，"《易》、《書》、《詩》、《禮》嗣出"，但據各書扉頁所題，卻是《易》、《書》戊申年刊最早，其次《詩》己酉年刊，《春秋》、《禮記》壬子年刊最晚。今按扉頁著録出版年。又許寶善著《自怡軒詩》，則"自怡軒"宜爲許氏書室。

是本《書經揭要》、《詩經揭要》有闕名朱筆圈評題識，密行蠅字，内容多係徵引摘録原書未載之注疏傳説。

《續修四庫全書總目提要(稿本)》未收。《中國古籍善本書目》未著録。日本國會圖書館、內閣文庫有收藏。又山東省圖書館編《易學書目》著録《周易揭要》三卷，清乾隆五十三年許寶善刻本，宜是《五經揭要》本零種。《易學書目》又著録清梁溪浦氏刻《五經揭要》之《周易揭要》三卷。臺北"國家圖書館"臺北分館藏清同治十二年刊本《書經揭要》六卷。

鈐印有"谷澤"、"谷澤藏書"、"北越苫屋德兵衛直江津今町港"。

0291　清乾隆刻本西漢儒林傳經表

T160/7213

《西漢儒林傳經表》二卷，清周廷寀撰。清乾隆五十六年(1791)周氏營道堂刻本。二册。半頁十行二十字，四周單邊，白口，單魚尾。框高19釐米，寬12.1釐米。題"新安周廷寀輯次"。前有乾隆五十六年胡虔善序；目録。

周廷寀，字贊平，一字霽原。安徽績溪人。嘉慶三年順天舉人，分發廣東，攝龍川縣令。嘗從歙縣胡虔善游，於古今典籍，備識途徑。別著《韓詩外傳校注》。

是書述西漢儒林授受諸經源流。卷一《易》家第一(自商瞿一傳至衛咸十二傳)，《易》家第二(自費直一傳至田將永二傳)，《書》家第三今文(自伏生一傳至馮賓九傳)，《書》家第四古文(自孔安國一傳至桑欽七傳)；卷二《詩》家第五魯(自申公一傳至龔舍五傳)，《詩》家第六齊(自轅固一傳至皮容六傳)，《詩》家第七韓(自韓嬰一傳至髪福六傳)，《詩》家第八毛(自毛公一傳至陳俠五傳)，《禮》家第九(自高堂生一傳至慶咸七傳)，《春秋》家第十公羊(自董仲舒一傳至左咸六傳)，《春秋》家第十一公羊(自胡毋生一傳至公孫弘二傳)，《春秋》家第十二穀梁(自江公一傳至蕭秉五傳)，《春秋》家第十三左氏(自賈誼一傳至陳欽八傳)。

胡虔善序曰："周生贊平校注《韓詩外傳》既成，書以屬諸梓人。復據《漢書儒林傳》，參之《藝文志》，洎儒林諸人之自有傳者，以爲《傳經表》二卷，而并刻之。嗚呼，經之傳也，綦難矣。自暴秦焚坑，典文滅息，偶語挾書，重以厲禁。漢室代興，六籍不絕如引髪。續及孝武以降，朝廷勸學，當路明儒，諸儒相與掇拾於煙灰煨燼之餘，網羅於簡編散逸之後，然後以此名其家而傳其學，淵源授受，若昭穆之嬗代者然。孟堅承襲子長，是用傳述，俾一代之學，流派皎如，所以著傳經之難,而後之學者,祭川先河,宜無忘本始也。贊平乃復依倣譜牒體例,表而出之,以與孟堅相表裏,其亦可爲儒流稽古之一助與。"

是書依譜牒法式述流派淵源,若《書》家第四古文:一傳孔安國,二傳都尉朝,三傳庸生,四傳胡常,五傳徐敖,六傳塗惲,七傳桑欽,并各繫以傳略,間作考訂。上下四欄,每欄一傳。

《續修四庫全書總目提要(稿本)》謂其記述傳承源流,"不無小誤。如《書》家歐陽高爲歐陽生子,受《書》倪寬,列四傳,高當列六傳,今列五傳非也。《詩》家齊詩有蕭望之而無白奇,然尚見於注中。《春秋》家左氏有賈誼而無張蒼,則遺其本矣"。

扉頁刻"西漢儒林傳經表。乾隆辛亥開雕。營道堂藏板"。卷末刻"從子宗杭參校"。

《續修四庫全書總目提要(稿本)》入經部群經總義類。《中國古籍善本書目》著錄,中國國家圖書館等六館收藏。中國科學院圖書館、日本東都大學人文科學研究所亦有入藏。另《北京圖書館古籍善本書目》又著錄營道堂同年所刻之三卷本一種,未詳卷帙所差,内容有何異同。

鈐印有"莫友芝圖書印"、"莫繩孫印"。

0292　清乾隆刻本省吾堂五種

T110/9619

《省吾堂五種》二十七卷,清蔣光弼輯。清乾隆省吾堂刻本。十二册。無序跋。

蔣光弼,字少逸,江蘇常熟人。

《五經同異》三卷,顧炎武撰。半頁十行二十一字,左右雙邊,上黑口,下白口,單魚尾,書口下刻"省吾堂"。框高 18 釐米,寬 12.5 釐米。題"崑山顧炎武亭林撰;常熟蔣光弼少逸校刊;錢朝錦秋槎參校"。

《周易本義辯證》五卷,清惠棟撰。半頁十行二十一字,左右雙邊,上黑口,下白口,單魚尾,書口下刻"省吾堂"。框高 18.1 釐米,寬 12.7 釐米。題"長洲惠棟定宇撰;常熟蔣光弼少逸校刊;太倉蕭掄子山參校"。《凡例》八則。

《九經古義》十六卷,清惠棟撰。半頁十行二十一字,左右雙邊,上黑口,下白口,單魚尾,書口下刻"省吾堂"。框高 18.1 釐米,寬 12.1 釐米。題"長洲惠棟定宇撰;常熟蔣光弼少逸校刊;錢朝錦秋槎參校"。

《石經考》一卷,清萬斯同撰。半頁十行二十一字,左右雙邊,上黑口,下白口,單魚尾,書口下刻"省吾堂"。框高 18.5 釐米,寬 12.7 釐米。題"鄞縣萬斯同季野撰;常熟蔣光弼少逸校刊;錢朝錦秋槎參校"。

此《四種》附有《古文尚書考》二卷,清惠棟撰。半頁十行二十一字,左右雙邊,白口,單魚尾。框高 17.6 釐米,寬 12.7 釐米。題"東吳惠棟定宇撰"。前有乾隆十五年沈彤序、乾隆五十七年錢大昕序。

扉頁刻"五經同異。顧亭林先生著。省吾堂藏板","石經考。萬季野先生著。省吾堂藏板","周易本義辯證。惠定宇先生著。省吾堂藏板","九經古義。惠定宇先生著。省吾堂藏板","古文尚書考。惠松崖先生纂。乾隆五十七年刊。讀經樓定本"。

《中國叢書綜錄》著錄《省吾堂四種》,中國國家圖書館、上海圖書館等十八館入藏,《古文尚書考》一種皆不收。《中國古籍善本書目(徵求意見稿)》著錄,入經部群經總義,清華大學圖書館也有入藏。

0293　清道光刻本經義未詳説　　T154/2924

《經義未詳説》五十二卷,清徐卓撰。清道光徐氏讀未見書齋刻本。存二十四册。半頁九行二十一字,左右雙邊,白口,單魚尾。書口下刻"讀未見書齋"。框高17.4釐米,寬12.1釐米。題"休寧徐卓犖生萄牖氏學"。前有道光七年(1827)徐卓自序。

徐卓,字犖生,又字陶友,亦作萄牖。安徽休寧人。道光十三年進士,主講黟祁書院。著述又有《休寧碎事》、《白岳紀聞》、《聲韻合表》、《節序日考》等。

是爲解説經義之作,存卷一至卷四〇。卷一《周易》一上下經,卷二《周易》二繫詞、説卦、序卦、雜卦,卷三《尚書》一虞書,卷四《尚書》二夏、商書,卷五至六《尚書》三、四周書,卷七《毛詩》一國風,卷八《毛詩》二小雅,卷九《毛詩》三大雅,卷一〇《毛詩》四三頌,卷一一至一二《毛詩》五、六篇名,卷一三至一六《春秋》一、二、三、四經,卷一七至一八《春秋》五、六三傳,卷一九《周禮》一天官、地官、春官,卷二〇《周禮》二夏官、秋官、考工記,卷二一《儀禮》一士冠禮,卷二二《儀禮》二士昏禮、士相見禮,卷二三《儀禮》三鄉飲酒禮、鄉射禮,卷二四《儀禮》四燕禮、大射禮,卷二五《儀禮》五聘禮,卷二六《儀禮》六公食大夫禮、覲禮,卷二七《儀禮》七喪服、士喪禮,卷二八《儀禮》八既夕禮,卷二九《儀禮》九士虞禮、特牲饋食禮,卷三〇《儀禮》十少牢饋食禮、有司徹,卷三一《禮記》一曲禮上下,卷三二至三三《禮記》二、三檀弓上下,卷三四《禮記》四王制,卷三五《禮記》五月令,卷三六《禮記》六曾子問、文王世子、禮器、郊特牲,卷三七《禮記》七内則、玉藻、明堂位,卷三八《禮記》八少儀、學記、樂記、雜記、喪大記,卷三九《禮記》九祭法、祭義、祭統、經解、哀公問、孔子閒居,卷四〇《禮記》十坊記、表記、奔喪、問喪、閒傳、深衣、投壺、儒行、大學、昏義、鄉飲酒義、射義、四制。

自序記是書撰述、刊刻緣起,曰:"時余習静山中,獨寐寤言,面山覃思。維古之人,學山至山,高山仰止,景行行止。怒焉思學之不殖,念諸經訓未詳夥。迺立度限,日搆一二則。厥祖纂鄭,厥鵠纂朱,鉤稽諸子,搏搦百家。凡義之同異,必加叢攢,毋或删易,間參己意,博厥旨趣,得其會通。嚴寒九十日中,咸滌濯屏營,夜寐夙興,罔敢怠遑。成《經義未詳説》,都爲十二卷。忘言未能,庸申諸鉛槧,仰企當世精博通儒,薙蕪彌罅,俾就私淑之心。客有好古成美,披閲再三,輒然稱容,謂惠茲讀經者,有所貫通,無虞室礙,詳人所未詳,言匪無稽,業乃不朽。余竊滋惑,辭曰:非敢也某。道光七年十二月徐卓自敍於松蘿山之讀未見書齋。"

扉頁刻"經義未詳説"。扉頁後有牌記,刻"讀未見書齋藏板",左下端刻"文富堂書鎸"。

《續修四庫全書總目提要(稿本)》未收。《中國古籍善本書目》著録,僅上海圖書館有藏。按,是刊雖近在道光,但存世極少,且相關書目文獻著録之卷數差異甚大。據徐卓自序云成書十二卷,上海圖書館藏本即録此數。然據《安徽通志稿·藝文志》、《清史稿藝文志及補編》所載,乃多至五十四卷。而《販書偶記》又著録道光七年讀未見書齋刊本《經義未詳説》五十二卷。今此本實存四十卷,是不止十二之數無疑,而《禮記》之後,尚缺《論語》、《孝經》、《爾雅》、《孟子》四經,故依《販書偶記》所見,録爲五十二卷。唯兩者關係如何,是五十二卷乃十二卷之續刻,抑另爲一刊,又五十四卷爲何刊,皆以未見上圖藏本而難知其詳也。

鈐印有"雲輪閣"、"荃孫"。

經部

0294　明天啓刻本五雅　　　　　　　　　　　　　　　　　T5070/1785

《五雅》四十一卷,明郎奎金編。明天啓六年(1626)郎氏堂策檻刻本。十二册。半頁九行二十字,四周單邊,白口,無魚尾,書口下刊"堂策檻"。框高 21.4 釐米,寬 13.1 釐米。前有張堯翼序,天啓六年郎奎金序。

郎奎金,字公在。仁和人。

是書《爾雅》二卷,題"晉郭璞景純注;明葉自本茂叔重訂;郎奎金公在糾譌",前有郭璞序。《小爾雅》一卷,題"漢孔鮒纂集;宋咸注釋;明朱師賓重訂;郎璧金糾譌"。《逸雅》八卷,題"漢劉熙成國撰;明石九鼎禹冶重訂",前有劉熙序。《廣雅》十卷,題"魏張揖纂集;隋曹憲音釋;明葉自本重訂;郎奎金糾譌",天啓六年吳本泰序。《埤雅》二十卷,題"宋陸佃撰;明葉自本茂叔參閱;郎奎金公在糾譌",前有宣和七年(1125)陸宰序。以上各雅皆自有扉頁,除《埤雅》扉頁刊"遵宋板訂定,堂策檻藏板"外,余四雅皆刊"堂策檻訂定,武林郎衙藏板,翻刻必究"。

郎奎金序云:"經有五,雅亦有五者何?存雅以準經也。何稱乎《五雅》?《爾雅》昉于周公,沿踵滋繁。舊有《全雅》一書,今汰《爾雅翼》,入以孔鮒《小爾雅》,合劉熙《逸雅》,張揖《廣雅》,併《埤雅》得五焉,是曰《五雅》。""故通乎雅者,夫然後能疏經滯,解經縛,駁經訛僞,是故取五以準經也。余先子淵靖嗜古,經學不減王、鄭。晚一官拓落,益復肆力研討。嘗彙輯五書,命不肖曰:雅之亡也久矣,雅存則經存,小子識之。不肖苦山伏讀,手澤未湮,爲讎校殺青以傳。"據此序,則《五雅》原爲奎金之父所輯。奎金父名兆玉,字完白,萬曆四十一年進士,曾任淮安府同知,又著有《古周禮》六卷。

《凡例》六則,其一云:"諸雅舊刻,不無魯魚帝虎之譌,使讀者咯咯,今搜笥中善本讎梓,庶免落葉之病。"又云:"《小爾雅》不多見,向載逸史,終非精確,兹復參古本糾正,以廣其傳。""雅以輔經,子焰既張,經脉幾熄,故特付殺青,以存雅道。"

明代除郎氏此書外,又有畢效欽編《五雅》七十三卷,爲《新刊注釋爾雅》三卷、《廣雅》十卷、《重刊埤雅》二十卷、《爾雅翼》三十二卷、《釋名》八卷。

此本扉頁刊"五雅。堂策檻訂定。爾雅、廣雅、小爾雅、逸雅、埤雅"。又鈐有"五車一板"、"龍躍雲濤"、"讀書坊吳勝甫發行"印。

《四庫全書總目》未收。《中國古籍善本書目》著録。中國國家圖書館、上海圖書館等四十八館,臺北"國家圖書館",及日本東京大學東洋文化研究所、內閣文庫、京都大學人文科學研究所亦有入藏。

鈐印有"懷堂"、"僅之所薄"、"衛印台瑞"、"發思古之幽情"、"文清家世"、"黄氏多識艸堂藏書印"。

0295　明刻遞修本爾雅注疏　　　　　　　　　　　　　　　T5075/1262B

《爾雅注疏》十一卷,晉郭璞注,宋邢昺疏。明刻遞修本。十册。半頁九行小字二十一字,左右雙邊,黑口,雙魚尾。框高(卷一第十九頁)17.5 釐米,寬 11.9 釐米。題"郭璞序;邢昺疏"。前有邢昺序(抄配)。

此書卷一第一頁至十八頁爲後人抄配。

239

全書紙張皆染色充舊。金鑲玉裝。

遞修之頁有四周單邊黑口雙魚尾者,也有四周單邊白口者,書口上方刻字數,下記刻工名。刻工有吳三、楊尚旦、元善、余富、黃仲、王才仁、劉京、廷、用、吳五、江三。另較早者刻工有考思、榮郎。

《四庫全書總目》入經部小學類。《中國古籍善本書目》著錄,有元刻明修本,行款同此本。中國國家圖書館、上海圖書館等七館亦有入藏。此本不知與國圖、上圖等館所藏同否?

原鈐印有"徐乃昌積學齋藏書記",但爲哈佛館藏章所掩。

0296　清乾隆刻本爾雅正義　　T5078/1213

《爾雅正義》二十卷,清邵晉涵撰。清乾隆五十三年(1788)邵氏面水層軒刻本。九册。半頁九行二十一字,四周雙邊,白口,單魚尾。框高17.4釐米,寬11.7釐米。題"文淵閣校理翰林院編修加二級教習庶吉士充國史館纂修官邵晉涵撰集"。前有邵晉涵自序;目錄。

邵晉涵,字與桐,又字二雲,號南江。浙江餘姚人。乾隆三十六年進士,會《四庫》開館,與戴震等同徵入館編纂,改庶吉士,授編修,擢左中允,洊升侍講學士。善讀書,四部七錄靡不研究,尤長於史。嘗輯薛居正《舊五代史》,又著《孟子述義》《穀梁正義》《韓詩内傳考》《史記輯評》《舊五代史考異》《皇朝大臣謚蹟錄》《南江詩文鈔》《南江札記》等。嘉慶元年卒,年五十有四。事蹟具《清史稿》本傳,及《清史列傳》卷六八《儒林傳》、《清儒學案》卷九八《南江學案》。

卷一《釋詁上》,卷二《釋詁下》,卷三《釋言》,卷四《釋訓》,卷五《釋親》,卷六《釋宫》,卷七《釋器》,卷八《釋樂》,卷九《釋天》,卷一〇《釋地》,卷一一《釋丘》,卷一二《釋山》,卷一三《釋水》,卷一四《釋草》,卷一五《釋木》,卷一六《釋蟲》,卷一七《釋魚》,卷一八《釋鳥》,卷一九《釋獸》,卷二〇《釋畜》。

是書據唐石經暨宋槧本及諸書所徵引者,審定《爾雅》經文,增校晉郭璞注,並仿唐人正義之例,以郭注爲主,兼采劉歆、樊光、李巡、孫炎、沈旋、顧野王、裴瑜諸家注,分疏於下。其考訂之尤者,猶若自序所云:"郭注體崇矜慎,義有幽隱,或云未詳。今考齊、魯、韓《詩》,馬融、鄭康成之《易》注、《書》注,以及諸經舊説,會粹群書,尚存梗概,取證雅訓,辭意瞭然,其跡涉疑似,仍闕而不論,確有據者,補所未備,附尺壤於崇丘,勉千慮之一得,所以存古義也。"又云:"郭氏多引《詩》文爲證,陋儒不察,遂謂《爾雅》專用釋《詩》。今據《易》、《書》、《周官》、《儀禮》、《春秋三傳》、《大小戴記》,與夫周秦諸子、漢人撰著之書,遐稽約取,用與郭注相證明。"又云:"草木蟲魚鳥獸之名,古今異稱,人輯爲專書,語多皮傅。今就灼知副實者,詳其形狀之殊,辨其沿襲之誤,其未得實驗者,擇從舊説,以近古爲徵,不敢爲億必之説,猶郭氏志也。"

自序未署年月,然序曰:"歲在旃蒙協洽,始具簡編,舟車南北,恒用自隨,意有省會,復多點竄。十載於兹,未敢自信,而中年意思零落,性多遺忘,耳目所接,時或失焉。抱殘守獨,凜凜乎以不克闚過爲懼,勉出所業,就正當世。"按,"旃蒙協洽"爲干支"乙未",歲在乾隆四十年。以是年"始具簡編",而"十載於兹",可推知作序之時,或在乾隆五十至五十一年間。

葉德輝《郋園讀書志》曰:"邵氏雖主郭注作疏,而疏中采摭兩漢劉、李、樊、孫異文故訓,不厭求詳,亦不拘守疏不破注之例,故與郭注時有同異,於經訓多所發明,誠不刊之作也。"又曰:"邵氏與郝懿行《爾雅義疏》齊稱,郝詳於聲音訓詁,其於名物制度,不及邵之精深。或者不察,謂郝懿行勝於邵氏,真耳食之談也。"

《續修四庫全書總目提要(稿本)》曰:"國朝治小學訓詁者,當以是書與郝氏《爾雅義疏》、王氏《廣雅疏證》最爲精當。郭氏注《爾雅》十八年,邵氏且二十八年,其用力專且久也。錢大昭歎其書之精博,不特與邢疏優劣判若天淵,即較之唐人《詩》、《禮》正義,亦有過之無不及。"

此書刊於乾隆五十三年,次年邵氏嘗作校刊修訂。凡後印者,目錄後皆有"己酉重校"四字。此本無,乃初印未修本。又世間傳本或附陸德明《釋文》三卷,此本無。據葉景葵《卷盦書跋》曰:"曾見翁蘇齋評閱本云,附刻陸氏《釋文》,係依葉林宗抄本校刻。"

目錄頁末行下端有"琉璃廠西門内金陵文炳齋劉德文鐫刻"小字二行。

扉頁刻"爾雅正義。餘姚邵氏家塾本。乾隆戊申年夏新鐫。面水層軒藏板"。按,《清人室名別稱字號索引》載邵晉涵有室名"面水層軒"。

《續修四庫全書總目提要(稿本)》入經部小學類。《中國古籍善本書目》著錄上海圖書館等五館藏清張敦仁等批校本七部。北京大學圖書館、中國科學院圖書館、北京師範大學圖書館、中國人民大學圖書館、四川大學圖書館、臺灣大學圖書館,以及日本内閣文庫、國會圖書館、東京大學東洋文化研究所、京都大學人文科學研究所等也有收藏。唯諸多藏本未必皆初刊初印,惜少有辨別者。又各家書目多著録爲餘姚邵氏家塾刻本,今從《中國古籍善本書目》著録。按,此書又收入《皇清經解》,通行於世。

鈐印有"循陔堂"、"平野碧山所藏"。

0297　清嘉慶刻本爾雅蒙求　　T5078/4454

《爾雅蒙求》二卷,清李拔式編。清嘉慶三年(1798)自刻本。四册。半頁八行(寬四行窄四行),四周單邊,白口單魚尾。框高22.2釐米,寬13.2釐米。前有嘉慶三年李拔式自序。

李拔式,字竹岑。事蹟不詳。

卷上釋詁、釋言、釋訓、釋親、釋宮、釋器、釋樂,卷下釋天、釋地、釋丘、釋山、釋水、釋草、釋木、釋蟲、釋魚、釋鳥、釋獸、釋畜。寬行書《爾雅》正文。窄行書音注,但別四聲,或直注一音;偶及校字,如《釋詁》"厎",旁注"止,坊本作廢"。

此《爾雅》童蒙讀本,無注釋,僅簡易音注,但以徑寸大字工楷書寫,以便學童摹寫誦讀爲特色。李拔式序曰:"昔鄭夾漈謂,《爾雅》出自箋注未行之先,蓋憑《詩》、《書》而作,《爾雅》明則百家箋注可廢。是故童子入小學,未讀諸經,宜先讀此書。然讀者往往艱於成誦,久或並字之形聲而俱忘之,斯與不讀何以異。今年長夏無事,爰集宋本洎各善本,以及《釋文》諸韻書,正其譌音譌字,錄以徑寸楷書,俾誦讀之餘,即可摹寫,書法日進,則此書亦浸淫而爛熟,所謂事半功倍,於童子實有神焉。書成,用質同人,咸以爲善,因梓而廣之。概省注釋及音之反切,爲便初學,故均從簡易也。"

《續修四庫全書總目提要(稿本)》曰:"其法讀與寫交相爲用,立意極善,苟依此刻,以教學童,令其讀寫並行,其字可因日日臨寫而熟識,其書亦可因日日臨寫而不忘,必能事半功倍,較之孫侣等之《爾雅直音》等書,僅便於學童誦讀者,法良意美,殊有足多也。"

是本書法刻印俱精。"玄"、"胤"、"弘"、"曆"避諱。卷末題"秀水張丹鳴刊"。

扉頁刻"爾雅蒙求。嘉慶三年仲冬新鐫。蟠根書屋校訂"。

《續修四庫全書總目提要(稿本)》入經部小學類,但著錄爲嘉慶間刻本。《中國古籍善本書目》未著録。日本内閣文庫也有收藏。又《日本國立國會圖書館漢籍目録》著録此書,但作"不分卷,嘉慶三年刊(姑蘇七映堂藏板)"。

鈐印有"披雲鑑藏"、"張水亭藏書印"。

0298　清康熙刻本埤雅　　　　　　　　　　T5085/7126

《埤雅》二十卷,宋陸佃撰。清康熙刻本。四册。半頁十行二十一字,四周雙邊,白口,雙魚尾。版心下刻字數。框高18.5釐米,寬13.2釐米。題"中大夫守尚書左丞上柱國吳郡開國公賜紫金魚袋陸佃撰"。前有宋宣和七年(1125)陸宰序,明建文二年(1400)張存重刊序;總目。

陸佃,字農師。浙江山陰人。少游王安石門,熙寧三年進士,授蔡州推官,累官至左丞,後出知亳州,卒於官。著述頗富,惜多佚失,存者另有《爾雅新義》。事蹟具《宋史》本傳。

是書專爲鳥獸蟲魚草木釋名,初曰《物性門類》,後易名《埤雅》。埤者,附也,增也。陸宰序曰:"既注《爾雅》,乃賡此書,就《埤雅》言,爲《爾雅》之輔也。"

卷一至二《釋魚》,卷三至五《釋獸》,卷六至九《釋鳥》,卷一〇至一一《釋蟲》,卷一二《釋馬》,卷一三至一四《釋木》,卷一五至一八《釋草》,卷一九至二〇《釋天》。

莫伯驥《五十萬卷樓群書跋文》摘引明《王遵巖集》讀《埤雅》一文曰:"陸農師於名物可謂多識矣,然其爲書,有自亂其法,所引雖博而非其著書本旨,不足相證而反以自病者,亦多矣。"《四庫全書總目》則曰:"其説諸物,大抵略於形狀,而詳於名義,尋究偏旁,比附形聲,務求其得名之所以然,又推而通貫諸經,曲證旁稽,假物理以明其義。""然其詮釋諸經,頗據古義,其所援引,多今所未見之書,其推闡名理,亦往往精鑿。謂之駁雜則可,要不能不謂之博奥也。"

此本無明確刊年、刊者,唯卷終刻有"後學顧棫校本"一行,又張序末署"是歲天運庚□八月中秋日京口後學張存性中序"。此特徵與葉德輝《郋園讀書志》著録之"康熙庚辰顧棫刻本"悉同。據葉氏考證曰:"宋陸佃《埤雅》二十卷,常熟顧棫刻本,前張序重刻年月'天運庚'下缺一字,余斷爲'庚辰'。蓋顧氏刻有歸有光《震川尺牘》、錢謙益《牧齋尺牘》,序稱'康熙己卯',則此必爲庚辰所刻無疑。"然則葉説似是而非也。

按,張存序曰:"書成,授其子宰,始敘以傳之,時宣和七年矣。其後五世孫叡,由秘閣修撰來知贛州,再用刻於郡庠。歷世既久,悉毀於兵燹,間有遺編,多爲世俗秘而藏之,人罕得聞,豈非斯文之一厄歟!當天子□□□□會奉議大夫江西□□□按察□司僉事古閩林公瑜,字子潤,巡按贛上,公莫遑他務,首以興起斯文爲己任,乃訪於耆民黄維,得是書以讀之,所謂釋魚獸鳥蟲木草天之文,皆有補於學也。於是診於衆曰:'吾欲散是書與四方學者共之,當今屬官,誰可與者?'僉曰:'莫如太守陳大本克承公意也。'乃命鳩工刻之。既告成,俾序於首簡。"是知張序之版本,乃江西按察司僉事林瑜、贛州太守陳大本所刻。檢之《中國古籍善本書目》,著録有"明建文二年林瑜、陳大本刻本",又《中國版刻圖録》亦載是本書影,并曰:"建文二年江西按察使司僉事林瑜、贛州知府陳大本刻於贛州,源出宋開慶間贛州郡齋本,建文朝刻書,傳世頗罕,此爲僅見之本。"乃知張序時在明初,而顧棫爲康熙間人,兩者焉能相提並論!此葉氏失察一也。其二,葉氏雖稱顧棫刻本,卻未詳明依據,今檢此本卷二〇終有"後學顧棫校本"一行,不知是否即葉氏所據。但云"顧棫校本",並非等同顧棫刻本,若僅僅以此爲據,恐不能定爲顧刻。按,顧棫之名,併見《中國古籍版刻辭典》、《歷代藏書家辭典》,稱其字漢章,清康熙間常熟人,室名"如月樓",著有《經典春秋字辨》、《群經音辨》,又嘗刻印《牧齋尺牘》、《震川尺牘》、《埤雅》。但所言不逾葉氏，並無新證，亦不足爲憑。今考此本，雖無明確刊年，但"玄"字缺筆，"丘"字不避諱，是必刻於雍正三年之前，而顧械刻歸、錢尺牘在康熙三十八年，此本既由顧氏校正，則刻印年代宜以康熙爲近。

是本楷書寫刻，然刷印較晚。

扉頁刻"埤雅"。

《四庫全書總目》入經部小學類。《中國古籍善本書目》未著録。中國人民大學圖書館、四川大學圖書館、北京師範大學圖書館、臺北"故宫博物院"及日本京都大學人文科學研究所、東京大學東洋文化研究所也有收藏，但多著録爲清康熙間顧械刻本，或清顧械校刻本。而臺北《"國家圖書館"善本書志初稿》著録"天運庚辰（明崇禎十三年）刊清康熙間印本"，日本《東京大學總合圖書館漢籍目録》著録"明顧械校，清康熙重刻本"，則殊誤也。

《埤雅》版本甚多。其宋刻本，晁、陳二志均有著録，惜久佚無傳。其次，羅振常《善本書所見録》、傅增湘《藏園群書經眼録》載有元刊本，然未必是。而明刻存世者，據《中國古籍善本書目》、《中國叢書綜録》等著録，即有建文二年林瑜、陳大本刻本，成化十年劉廷吉刻本，成化十年劉廷吉刻嘉靖二年王俸重修本，嘉靖元年贛州府清獻堂刻本，嘉靖新安畢氏刻《五雅》本，萬曆胡文焕《格致叢書》本，天啓六年武林郎氏堂策檻刊《五雅全書》本，以及刊年不詳之明初刻本、明初刻遞修本、明刻本多種。葉德輝《郋園讀書志》著録明仿宋黑口本，並曰："《埤雅》明本甚多，而以此本爲最善。孫星衍《平津館鑒藏書籍記續編》明版類所稱'黑口版，每葉二十行，行二十字，每卷後皆有音釋，別本《釋天》後有後缺二字，此本無之'者，即此本也。"又曰："《四庫全書總目》經部小學類著録爲浙江巡撫採進本，云'刊本，《釋天》之末，注後闕二字，然則併此書亦有脱佚，非完本矣'。是館臣未見此刻本，故亦不知有音釋。"今檢此本，每卷後併無音釋，目録頁卷二〇《釋天》後有"後缺"二字，顯然與明仿宋黑口本非屬同一版本系統。

鈐印有"醉鄉圖書"、"長善館章"，皆日人印。

0299 抄本讀雅筆記

T5078/4412

《讀雅筆記》三卷，清李雰撰。抄本。一册。半頁九行二十一字，無框格。題"南通州李雰鐵垣著；同里袁運泰校刊"。無序跋。前有李懿曾識語。

李雰，字鐵垣，江蘇南通州人。

卷上專論本經，中卷專論注疏，下卷爲爾雅碎金。

李懿曾識語云："先君子自乾隆甲午後，杜門治經，窮極根柢，以《爾雅》爲六藝鈐鍵，嗜之尤篤。歲庚子，《讀雅筆記》三卷成，以授不肖兄弟。戒之曰：'中多絓漏，勿以示人。'不肖志之，不敢忘。嘉慶己未北上，謹藏箱篋，京邸雒誦，間爲同人所窺，輒驚爲瓌寶，索讀卒業。不肖堅謝之。甲子南旋，友人袁君棣庵見之曰：'此當公諸海内，勿私爲枕秘也，請代梓之，可乎？'懿不敢忘先君之言，既又念先君謙德不自滿，而是書經緯條貫，實爲可傳，故不敢終秘而從其請。"

金鑲玉裝。按，此書有清嘉慶刻本，並有嘉慶九年胡長齡序，此抄本佚去。

《續修四庫全書總目提要（稿本）》著録云：是書"皆記其研考雅學平日有得之作，與尋常摘記出於摭拾者不同。其補釋、注疏、未釋條内，所補各釋皆有依據，尤非剽竊者比，頗可爲治雅學者研求之助。下卷所附碎金，就經文及注疏之語，妃儷成文，屬對自然，匠心獨運，亦足與筆記共傳也。"

0300　明崇禎刻津逮秘書本急就篇　　　　　　T5161/5434

《急就篇》四卷,漢史游撰,唐顏師古注,宋王應麟音釋。明崇禎毛氏汲古閣刻《津逮秘書》本。二冊。半頁八行十九字,左右雙邊,白口,無魚尾,書口下刊"汲古閣"。框高18.9釐米,寬12.7釐米。題"漢黃門令史游撰"。前有顏師古序,淳熙十年(1183)羅願序,王應麟序。

史游,河東人。約生於孝武之世,因家貧自幼賣入宮廷,於少府黃門供役奔走,并任抄録等職。孝元時爲黃門令,勤心納忠,有所補益。爲文深刻,書法精妙,工隸及隸草。約卒於孝元之世。

今本三十四章,二千一百四十四字(末一百二十八字爲漢以後人所加),是書因首句有"急就"二字,故以名篇。《漢書·藝文志》:"元帝時,黃門令史游作《急就篇》。"宋晁公武《郡齋讀書志》云:"急就者,謂字之難知者,緩急可就而求焉。"

書依姓名、錦繡、飲食、衣服、臣民、器物、蟲魚、服飾、音樂、形體、兵器、車馬、宮室、植物、動物、疾病、藥品、喪葬等類別編成韻語,以三、四或七字爲句,教學童識字,爲啓蒙之字書。

0301　明萬曆刻本説文解字　　　　　　T5120.2/0498.10A

《説文解字》十二卷,漢許慎撰,宋李燾重編。明萬曆二十六年(1598)陳大科刻本。六冊。半頁七行十四字,四周雙邊,黑口,雙魚尾。框高24.1釐米,寬17.1釐米。前有萬曆二十六年陳大科序。

李燾,字仁父,一字子真,號巽巖。丹稜人。紹興八年進士。官至敷文閣學士,贈光禄大夫。謚文簡。事蹟具《宋史》本傳。

此實爲《説文解字五音韻譜》。陳大科序云:"余嘗折肱是書,窮年彌不能竟其學。頃乃得粵兩生共斯業,朱生完擅工大小篆,爲日討其點畫,文無害;劉生克平博極群書,爲雜治其異同,發明其創意。得二篇,久之,舊本半朱墨其上矣。因重刻於白狼書社,以存岐陽鄒嶧之遺焉。"大科,字思進,號如岡。通州人。隆慶五年進士。累官右都御史,兼兵部侍郎,頗著直聲,後出總督兩廣。序末自署"明資善大夫都察院右都御史兼兵部右侍郎前太常寺卿吏科給事中",則此書爲大科刻於廣東也。

《四庫全書總目》入經部小學類存目,然作十卷。《中國古籍善本書目》著録。中國國家圖書館、上海圖書館等三十九館、臺北"國家圖書館",及美國國會圖書館、日本東京大學東洋文化研究所、京都大學人文科學研究所亦有入藏。

日人裝幀。

鈐印有"鬼寧獨立"、"水石之居"、"殿父氏藏"。

0302　明天啓刻修補印本重刊許氏説文解字五音韻譜　T5120.2/0498.10BC.2

《重刊許氏説文解字五音韻譜》十二卷,宋李燾撰。明天啓七年(1627)世裕堂刻梅墅竹韻居得板修補印本。六冊。半頁七行十四字,左右雙邊,白口,單魚尾。框高19.9釐米,寬14釐米。前有徐鉉序并舊牒。

經　部

牒後末行刊"天啓七年世裕堂重梓"。按,此本和館藏另一部確爲同板,卷一第七頁、第九頁,卷二第一頁等斷板皆一致。

扉頁刊"許氏説文,石渠閣訂閲,梅墅竹韻居較梓"。

《中國古籍善本書目》著録明天啓七年世裕堂刻本。上海圖書館、山東省圖書館等二十一館,及美國國會圖書館、日本内閣文庫、京都大學人文科學研究所亦有入藏。

日人裝幀。末有日人題記:"全部校了。昭和廿四年四月廿六日,午前八時四十分。七十九翁"。

鈐印有"洪受疇印"等。

0303　明天啓刻修補印本重刊許氏説文解字五音韻譜　T5120.2/0498.10B

《重刊許氏説文解字五音韻譜》十二卷,宋李燾撰。明天啓七年(1627)世裕堂刻雲林五雲堂得板重修補印本。存十一册。半頁七行十四字,四周單邊,白口,單魚尾。框高19.5釐米,寬13.8釐米。前有徐鉉序并舊牒。

牒後末行刊"天啓七年世裕堂重梓"。此本和館藏另一部確爲同板。(此本第一頁及它頁爲重刻,故爲四周單邊)

扉頁刊"許氏説文,石渠閣訂閲,雲林五雲堂藏板",然今第一册遺失。

鈐印有"蘊真堂"。

0304　明刻本重刊許氏説文解字五音韻譜　T5120.2/0498.10

《重刊許氏説文解字五音韻譜》十二卷,宋李燾撰。明刻本。十二册。半頁七行十四字,左右雙邊,白口,單魚尾。框高19釐米,寬14.2釐米。前有徐鉉序并舊牒。又有陳大科《刻説文解字序》。

按,此書題"重刊"者,明代所刻計七種,爲弘治十四年車玉刻本(七行十四字,四周雙邊,黑口)、嘉靖七年郭雨山刻本(七行十四字,四周雙邊,白口)、萬曆四十七年張經世等刻本(七行十四字,四周雙邊,白口)、天啓七年世裕堂刻本(七行十四字,左右雙邊,白口),又明刻本兩種,均七行十四字,内有左右雙邊、白口及四周雙邊、黑口之别。又明刻本一種,亦七行十四字。此哈佛本或爲三種之一。

此本有佚名臨清吴廣霈校并跋。陳大科序、徐鉉序部分皆抄配。

鈐印有"文睿"、"端貞"、"梁印九元"、"修竹吾廬"。

0305　明崇禎刻本説文長箋　T5097/4839

《説文長箋》一百卷首二卷《解題》一卷《六書長箋》七卷,明趙宧光撰。明崇禎四年(1631)趙均小宛堂刻本。四十八册。半頁十行二十字,左右雙邊,白口,單魚尾。框高21.1釐米,寬13.9釐米。題"漢太尉祭酒鄹慎説文;唐敕書郎徐鉉韻譜;明祭酒諸生趙宧光長箋;男趙均書篆字;明大司徒李宗延刊定;郎官鎦(劉闗)應遇效刊"。前有崇禎四年錢謙益序,崇禎六年(1633)曹學佺序,萬曆三十四年(1606)趙宧光自序,崇禎四年趙均後序。

趙宧光，字凡夫，一字水臣，號廣平。吳縣人。讀書稽古，精於篆書。與妻陸卿子隱於寒山，足不至城市。夫婦皆有名於時。

曹學佺序云："余友趙凡夫，篆文書法，究心有素，而復息影於寒山，斷絕人事，精思博采，以致力於此者，又若干年，而始成《長箋》一書，尚未付之剞劂也。凡夫謝世後，厥嗣靈均懼沒父志，殫力鑴之。""凡夫之箋《説文》也，亦猶夫《爾雅》之釋經傳，與夫《方言》、《釋名》之翼《爾雅》也。惟至《説文》，始有類意，若再以形以聲而求其類，與屋上架屋奚異，故余又不得不以《長箋》爲《説文》功臣也。"

趙均序云："今是書厥怡，一以補鄦氏未盡，一以糾徐氏誤失，務欲引經明字，引字明經，并在人而不在我，失於古而不於今，續前人未竟，啓後人未發。""其輔翼徐、鄦二氏意義，則釐爲百卷，而區分條別，又與二氏埒麗者，則百卷而外，積累其軸，亦幾及之。更爲解題，揭其綱領。""均於是重理殘編，粗爲訂正，再經踰歲，遂事殺青。而又有述作、體用等部，則詳之解題條目中行於世矣。諸書尚存家塾，未能俱事梨棗，姑再以俟之歲月云。"

是書《解題》一卷，乃宧光釋其平生所著字學之書七十餘種，然其虛實存佚，今皆不可考。此《長箋》用李燾《五音韻譜》之本，所列諸字於原書多所增删，增者加方圍於字外，删者加圓圍於字外。其字下之注，謂之長語，所附論辨，謂之箋文，故以"長箋"爲名。每卷後刊有"長洲顧聽元方繩較"。

《四庫全書總目》入經部小學類存目。《總目》於此書評價不高，云其所注所論，疎舛百出，并引顧炎武《日知録》所摘《長箋》誤處十餘條，以爲皆深中其失。

《中國古籍善本書目》著録。中國國家圖書館、上海圖書館等二十五館，臺北"國家圖書館"，及美國國會圖書館、日本尊經閣文庫、內閣文庫、京都大學人文科學研究所亦有入藏。

鈐印有"瓜壽"、"泰和蕭敷政蒲邟氏珍藏"。

0306　清康熙刻本説文廣義

T5098/2123

《説文廣義》十二卷，清程德洽輯。清康熙程自莘成裕堂刻本。十六冊。半頁九行二十字，左右雙邊，白口，單魚尾。卷一第一頁版心下刻"成裕堂"。框高 20.1 釐米，寬 14.4 釐米。題"漢許慎説文；後學程德洽篆輯"。前有康熙五十一年(1712)汪份序，馮昺序，康熙五十一年程德洽自序；程德洽撰《凡例》九則。

程德洽，字學瀾，江蘇長洲人。行蹟志傳莫載，唯此書《凡例》稍涉其事，曰："某賦性顓愚，不能通曉世事。童年嗜古，習久成癖，家藏斯、冰以下石刻，暨宣和印史諸書，卷軸頗備。"又馮昺序曰："程子既甚好古學，書得晉唐人遺法，少嗜圖章，工於篆刻。又其家多集録古書，及金石文字，以爲玩好之娛。"

卷一至二《上平聲》，卷三至四《下平聲》，卷五至八《上聲》，卷九《去聲》，卷一〇至一二《入聲》。每卷前各有目録。

是書專用爲篆學參考。自序曰："洽童年即好奇字，留心篆學，研功覃思，亦既有年。因以許氏《説文》爲經，以諸書爲緯，窮搜博採，廣《説文》之義，彙輯成書。至《説文》中所不載者，如凸凹二字，見於《蒼頡篇》，及《晉書》所紀昚姓之類，則寧從其闕，不敢自我作古，喜新而立異也。"又曰："洽幸生盛世，有志稽古，因不揣譾陋，用輯是書。固知雕蟲小技，無裨實學，然以廣前人之所未備，使好古之士、講求篆學者知所參考，未必無少補云。"

箋注悉仍《説文》徐鉉本之舊,唯於許氏所載本字之下,增廣篆文而已。《凡例》云:"是書原刻止載小篆,不及古文籀書。今亦就小篆增廣,而餘體則概缺如,恐博而無當,反失之繁雜故也。如古文籀書爲原刻所載,亦有一字兩體,下注或從云云者,則皆仍而不改云。至於本文原注,則但勤加校讎,斷不容妄有增損,不知而作之咎,庶其免乎。"

《四庫全書總目》曰:"是書本許氏《説文》,而旁採諸家篆文,並列於下,然不著出處,蓋李登《摭古遺文》之流,又不及《金石韻府》尚云某字本某書矣。"

是本無明確刊年,諸序亦未言及,唯書中避諱止於康熙,可供鑒定參證。

扉頁刻"説文廣義。長洲程自莘較刊。成裕堂藏板"。并鈐有"成裕堂圖書"印章。卷一第一行下刻有"程自莘氏較刊"陰文印、"成裕圖書"陽文印。

《四庫全書總目》入經部小學類存目。《中國古籍善本書目》著録,但作康熙五十一年成裕堂刻本,上海圖書館、復旦大學圖書館、華東師範大學圖書館有藏。北京大學圖書館、日本京都大學人文科學研究所、美國普林斯頓大學葛思德東方圖書館也有收藏。按,王夫之撰有同名之書《説文廣義》三卷,收入《船山遺書》。

鈐印有"京都學校藏書之印"、"大御學都可佐文庫"、"緣山建場惠照之文庫"、"無窮會神習文庫",皆日人印。

0307　清乾隆刻本説文字原集注

T5098/4426

《説文字原集注》十六卷附《説文字原表》一卷《説文字原表説》一卷,清蔣和撰。清乾隆自刻本。八册。半頁六行,大字不等,小字雙行二十一字,四周雙邊,綫黑口,單魚尾。框高 20 釐米,寬 13 釐米。題"欽賜舉人充三分四庫書篆隸校對臣蔣和謹撰恭擬進呈本"。前有乾隆五十二年(1787)蔣和自序;蔣和撰《凡例》九則;目録。

蔣和,字仲龢,一作重和,或作仲淑,號醉峰,一作最峰。江蘇金壇人,移家無錫。祖衡,小楷冠絶一時,號江南拙老,因又自稱小拙。乾隆間充《四庫》館篆隸總校,五十一年欽賜舉人,官國子監學正。善山水、人物、花卉,兼工寫照,尤擅指畫;書學承祖法,工隸書。著述又有《漢碑隸體舉要》、《書法正宗》、《寫竹簡明法》等。《中國美術家人名辭典》有小傳。

初,唐李騰集李陽冰篆書,書《説文》敘目五百四十部,賈耽題名《字原》,刊石滑州,單行於世。後有宋僧夢英篆書《字原》,咸平二年立碑長安學中。其注解則散見卷帙,未有成編。是書採掇諸注解,集爲一編,因名《字原集注》。

卷一字原敘目,卷二四十一部(部一至四十),卷三三十七部(部四十二至七十八),卷四四十七部(部七十九至一百二十五),卷五三十三部(部一百二十六至一百五十八),卷六三十三部(部一百五十九至一百九十一),卷七四十五部(部一百九十二至二百三十六),卷八五十部(部二百三十七至二百八十六),卷九四十五部(部二百八十七至三百三十一),卷一〇三十六部(部三百三十二至三百六十七),卷一一五十部(部三百六十八至四百十七),卷一二三十三部(部四百十八至四百五十),卷一三二十八部(部四百五十一至四百七十八),卷一四三十四部(部四百七十九至五百十二),卷一五十二部(部五百十三至五百二十四),卷一六十六部(部五百二十五至五百四十)。附卷:《説文字原表》、《説文字原表説》。

是書編例,凡五百四十"部敘仍按《説文》";每部首列正字及徐鉉音切,次列《説文》篆字,兼取《汗簡》、《復古編》、《六書通》及周伯琦《字原》、《六書本義》等書與《説文》小異者,再次爲隸變之字;注解首行"取其近情著理者"爲"正義",次行爲"別義",再次行爲"辨正",其"臣和謹按"者,用附己見;又間附其父驥、祖振生之説。

附卷《説文字原表》,分五百四十部首爲五類,以象天、人、地、干、支之數:"一"以下二百八十六部爲一類,"人"以下一百九十二部爲一類,"二"以下三十四部爲一類,"甲"以下十二部爲一類,"子"以下十六部爲一類。以此五類相生者,分別旁行直下,著之以表。旁行則横列同欄,直下則直系下欄,其層遞相生者,則依此類推。《説文字原表説》乃爲解説此表五百四十部首"旁行直下"之關係。

《續修四庫全書總目提要(稿本)》於《説文字原表》曰:此表"支節相貫,脈絡分明,使人開卷,即能於其支節脈絡,一目了然。更於表後附之以説,於五百四十部之銜接,逐字加以略釋,使人於表有所扞格者,可求之於説,以會其通。其於《説文》部居之支節脈絡,分別旁行直下,一一尋繹而出,可謂極辨析之能事。"又曰:"當乾隆末葉,《説文》之學甫經萌芽之際,蔣氏以校書中秘,得窺一切關於《説文》之著作,能研討許書,別其部居,以上下左右形義絶不相蒙之'一人二甲子'五部,立以爲綱,從而旁行直下,循其支節脈絡,創製此表。不惟較之徐氏《部敘》,僅依許氏原書前後各七篇之舊,分'一'與'人'兩大類者,無牽强附會之病。而以'、'部系於'血'下,以'門'部遥與'宀'接,其視段玉裁《説文解字注》,以'、'與'門'均不蒙上者,亦細密有加。正未可因其所作,僅限於許書部居,無關於文字之宏恉,而於其尋繹之細、辨析之清,遂概置弗取也。"

此書係蔣和纂輯以進呈御覽,始編於乾隆四十九年,五十二年告成。自序曰:"臣以菲材忝列篆隸校對,於是得窺天府之秘奧,極藝苑之大觀,抑何幸歟!謹於急公餘晷,復加採掇,迄今三載,輯《説文字原集注》十六卷,爰敬謹繕寫校覆成書,冒瀆聖聰,仰邀訓示,無任悚惶,謹序。"

按,自序撰於乾隆五十二年,但云"繕寫校覆成書",而不言刊刻之事,是作序之時尚未付梓。特此本扉頁鈐有"校集秘書"、"江南小蔣"、"拙老人孫"印章,當爲蔣和自刻之明證,唯刊年未詳。但據《中國人民大學圖書館古籍善本書目》著録,該館藏乾隆五十三年刻本,封面鐫"乾隆戊申鐫",四周單邊,與此本版式不同。按常理推之,該本當後出於蔣和自刻本。則此本刊年,約在"乾隆五十二年春二月二十五日"序日之後,至"乾隆戊申"之前。是本楷書寫刻頗精,未知是否蔣和手書摹刻。

扉頁刻"説文字原表説"。並鈐有"校集秘書"、"江南小蔣"、"拙老人孫"印章。

《續修四庫全書總目提要(稿本)》入經部小學類,但著録爲乾隆五十三年刻本;又別録蔣和《説文字原表附説》一卷,乾隆間寓齋刻本,并爲提要一篇。《中國古籍善本書目》亦著録乾隆五十三年刻本,北京大學圖書館、浙江圖書館藏名家批校本。此外,中國科學院圖書館、中國人民大學圖書館、北京師範大學圖書館、湖南圖書館等館所藏,均爲乾隆五十三年刻本。唯臺北《"中央圖書館"普通本綫裝書目》著録乾隆五十二年刻本,《私立東海大學圖書館普通本綫裝書目》著録乾隆五十二年蔣氏刻本,日本《京都大學人文科學研究所漢籍分類目録》著録乾隆五十二年序刻本,不知與此本同否。

0308　清乾隆刻本説文字原考略　　T5108/2363

《説文字原考略》六卷,清吳照輯。清乾隆五十七年(1792)吳氏南昌寓館刻本。四册。左右雙邊,白口,單魚尾,行款無定數。框高21.1釐米,寬15.2釐米。題"南城吳照照南輯"。前有乾隆五十七年吳照自序；總目。

吳照，字照南，號白庵、白翁、青芝山人。江西南城人。詩書畫時稱三絶。乾隆五十四年選貢生，官大庾縣教諭。後棄官歸，遍游東南名山川，一時名公卿如王鳴盛、王昶、畢沅諸先生，皆倒屣相迎。每談論當世事，慷慨激昂，自負有經世才。善飲酒，賓客常滿，醉中題詩作畫，頃刻數十幅，得其片羽，競相寶貴。著述又有《聽雨齋詩集》、《老子説略》。《（同治）南城縣志》卷八《文學》有傳。

此書乃《説文偏旁考》之重編。自序述其編纂經由曰："照頻年游歷燕齊吳楚，車塵馬跡，倦而求息，將朝齏暮鹽，爲糝焉之計。今夏五月，遂攜家累，僦居南昌，交游既寡，剥啄甚稀。念飽食無所用心，聖人所戒，博弈猶賢乎已。乃取曩者所輯《説文偏旁考》，重加排纂，自《玉篇》、夢英、忠恕，及伯琦、南原所訂偏旁五百四十之文，皆合而參之。而南原《隸辨》昔所依據者，刪十之七八，存篆隸相承之由而已。昔諸家分部，升降損益，細加考訂，綴詞篇末。既削許氏五百四十字解，而楚金部敘，固許氏之羽翼也，統名之曰《字原考略》。至於五經異字及漢制，雖與字原無涉，以其爲《説文》所引，摘錄以資檢閱。而史游《急就篇》、洪适《擬急就篇》，有神於小學者，咸附錄焉。"是則其書雖屬重編，然其書例、内容，已與原編全然不同。

卷一《説文》偏旁五百四十部，《玉篇》偏旁五百四十二部，夢英篆書偏旁五百四十部，附《筆跡小異》（從張有《復古編》錄出）；卷二《汗簡》古文偏旁五百四十部，周伯琦《説文字原》偏旁五百四十部，《隸辨》偏旁五百四十部，附聯綿字（從張有《復古編》錄出），附《六書略》五則；卷三《説文》五百四十字解，《説文》原序，《説文》後序；卷四《説文部敘》；卷五附《説文》引經字異，附《説文》引漢制；卷六附《急就篇》，附《擬急就篇》。所輯諸書末，併附編者案識。

《續修四庫全書總目提要（稿本）》曰："吳氏此編，五、六卷以下，所錄無關宏恉。其四卷以前，以《説文》偏旁爲主，而以各家所定之偏旁不同於《説文》者次之，爲之考其異同，以窮其變。以《説文》五百四十字解爲主，而以徐氏《部敘》次之，論其不可拘守，以爲會通。其於字之偏旁説解，提綱挈領，可謂能識其原矣。惟五百四十偏旁，爲編列諸字部居之原，五百四十字解，爲說解諸字形聲之原，尚非始製諸字賦形賦聲之原。其賦形賦聲之原，所有古籀小篆之中，一切反倒省半疊合之體，其形無非從獨體及附有不成文之獨體合體，相益而成；其聲無非從聲在字外之體，相益而諧。必盡識獨體與附有不成文之獨體合體，而後乃可識諸字形聲之原。若僅從偏旁字解求之，殊不足以窮諸字形聲之原。第吳氏此輯，雖不足以窮諸字形聲之原，而尚考諸字形聲之原者，能從此編入手，固亦可得略窺其梗概也。"

又《續修四庫全書總目提要（稿本）》云"前有段玉裁、王鳴盛兩序"，此本缺。

總目末刻"乾隆五十七年歲在壬子冬十一月南城吳氏鋟板南昌寓館"。

扉頁刻"説文字原考略。乾隆五十七年壬子冬十一月鋟於南昌寓館，凡六卷，南城吳照手輯"。

《續修四庫全書總目提要（稿本）》入經部小學類。《中國古籍善本書目》未著錄。中國科學院圖書館、北京師範大學圖書館、湖南圖書館，以及日本内閣文庫、日本京都大學人文科學研究所、美國普林斯頓大學葛思德東方圖書館也有收藏。

鈐印有"立教館圖書印"、"白河文庫"、"乘名文庫"、"鳴鶴秘笈"。皆日人印。

0309 清同治刻本説文廣義校訂

T5098/1153.2

《説文廣義校訂》三卷末一卷，清吳善述撰。清同治衢城張文錦齋刻本。四册。莫伯驥跋。

半頁十行二十字，左右雙邊，綫黑口，單魚尾。框高19.4釐米，寬13.7釐米。題"鎮海吳善述稿"。前有同治十三年(1874)吳善述自序。

吳善述，字蛟川，號潏城，浙江鎮海人。

是書爲糾正王夫之《説文廣義》之作。吳善述自序云："(王夫之)論學以朱子爲宗，《國朝先正事略》列先生於名儒中，敘其所著書四十餘種，説經者二十種。歿後，其子貢生敔上其書於督學潘太史宗洛，得以《易》、《書》、《詩》、《春秋》四經《稗疏》，《易》、《詩》二經《考異》入《四庫》、上史館，立傳儒林。道光庚子，族孫世佺始刻其書，咸豐間毀於兵燹。同治初年，粤匪既平，曾爵督國荃，先生同鄉，爲捐俸重鋟其書於金陵，《説文廣義》其一也。癸酉冬月，西安嚴敬齋明經以秋試購自武林，攜書見示，凡三卷，簡首無序，題曰船山遺書二十三。展玩終卷，窺見其學長於水道，又於語助虛字深有理會，但不免有過泥之處。其於六書未窺精藴，書名《説文廣義》，然於許書尚少研究，他書更尠參稽也。蓋先生於考訂之功，未能精審，故其説經之書，經學家鮮引及之，亦無一種刻入阮刊《經解》者。其入《四庫》之書，目錄中稱其得失互見，純駁相半，惟易疏無貶辭。此書專論字學，其所匡謬辨訛之處過於自信，目無古今，自來著述家未有臆説之多、毁人之甚如此書者，其中論説非無可取，而乖謬之言誤人不淺，故爲校而訂之，以貽同志云。"

莫伯驥跋云："《説文廣義校訂》三卷，原書爲王氏夫之撰，清同治間，鎮海吳善述校訂。自序稱，原書匡謬辨訛之處過於自信，目無古今，自來著述家未有臆説之多、毁人之甚如此書者，其中論説非無可取，而乖謬之言誤人不淺，故爲校而訂之。卷末並條舉原書，有不知字畫者，有不知字訛者，有不審經訓者。分晰言之，且謂王肆口罵人，不知養氣，其批評王書可謂盡矣。近人章太炎之言曰，昔徐初治許書，方在草創，曾未百歲，而荆舒字説橫作，自是小學破壞，言無典常。明末有衡陽王夫之，分文析字，略視荆舒爲愈。晚有湘潭王闓運，亦言指事會意不關字形。此三王者，異世同術，後雖愈前，乃其刻削文字，不求聲音，譬瘖聾者之視書，其揆一也(《國故論衡》上第四頁)。文字之學，前代如周伯琦、趙凡夫之著述，至不足取，而章氏專舉介甫、船山者，以其爲學者之所引重也。船山志節皎然，遺書如《張子正蒙》等編，均可不朽。學莫貴乎求是，言莫要乎不支。《廣義》一書，不作可也。吳氏糾繩此書，亦非無謂。乃序首援《四庫提要》謂，船山著作純駁互見，曉嵐藉書諧媚，又惡足語學術之淵微哉！莫伯驥記。"

卷三末刻"受業龔應榮炳文、范登倬舉儕、男廷撰邁卿、廷採進卿同校字"。"衢城張文錦齋刻字"。

此書刊刻甚晚，但重莫伯驥跋。伯驥，字天一，廣東東莞人。光緒四年生，卒於1958年。莫氏藏書達五十萬卷，有《五十萬卷樓藏書目錄》。

0310　明刻本大廣益會玉篇

T5112/3861

《大廣益會玉篇》三十卷，梁顧野王撰，唐孫强增字，宋陳彭年等重修；《玉篇廣韻指南》一卷。明刻本。十六册。半頁九行小字三十四字，四周雙邊，黑口，雙魚尾。框高24.2釐米，寬17.5釐米。前有大中祥符六年(1013)牒；顧野王自序；自啓。

顧野王，字希馮。吳人。七歲讀五經，九歲能屬文，長而遍觀經史，精記默識。梁亡入陳，天嘉初補撰史學士，仕終黃門侍郎、光祿卿。

《四庫全書總目》入經部小學類，作《重修玉篇》三十卷。

《中國古籍善本書目》著錄。按，經部小學類圖書中，以此書及《洪武正韻》、《五音類聚四聲篇》版本最爲複雜。二十多年前,余曾就此三書版本審定費去頗多時日,當時所能調集之版本及書影均在二十種以上。此爲明刻本,封面題"明經廠本玉篇"。據《中國古籍善本書目》,明刻本之不同版本即有七種之多。

0311　清康熙刻本汗簡　　　　　　　　　　　　　　　　　　　T5114/0254

《汗簡》七卷,宋郭忠恕撰。清康熙四十二年(1703)汪立名一隅草堂刻本。二册。半頁八行,大小字數不等,左右雙邊,白口,無魚尾。汪立名序版心下刻"一隅艸堂"。框高21.4釐米,寬14.7釐米。前有清康熙四十二年汪立名序;宋李建中題字;郭忠恕自序;郭忠恕修《汗簡》所得凡七十一家事蹟;宋天禧二年(1018)李直方後序;節錄《圖畫見聞記》、唐潘遠《紀聞談》、周越《法書後苑》、劉向《別錄》四條;目錄。後有宋鄭思肖跋。

郭忠恕,字恕先。河南洛陽人。少能屬文,七歲舉童子。後周廣順中,召爲宗正丞,兼國子書學博士,改《周易》博士。善畫屋木林石,書法兼工篆楷,尤精字學。宋太宗時,令刊定歷代字書,授國子監主簿。卒於太平興國二年。著述又有《佩觿》、《論八分書》、《論古文》、《論書體》。事蹟具《宋史》本傳。

此古文字書,初無撰人名字,經宋李建中考證,爲郭忠恕編撰。郭氏自序曰:"汗簡者,古之遺像,後代之宗師也。蒼頡而下,史籀已還,爰從漁獵得其一二,傳寫多誤,不能盡通。臣頃以小學蒞官,校勘正經石字,緜是諮詢鴻儒,假借字書,時或採掇,俄成卷軸。乃以《尚書》爲始,石經《説文》次之,後人綴緝者殿末焉。遂依許氏各分部類,不相間雜,易於檢討,遂題出處,用以甄別,仍於本字下直作字樣之釋,不爲隸古,取其便識,與今文正同者,惟目錄之外,不復廣收。《切韻》、《玉篇》,相承紕繆,體既煩冗,難繕牋毫,有所不知,盡闕如也。"

《四庫全書總目》曰:"其分部從《説文》之舊,所徵引古文凡七十一家,前列其目,字下各分注之。時王球、呂大臨、薛尚功之書皆未出,故鐘鼎闕焉。其分隸諸字,即用古文之偏旁,與後人以真書分部、案韻繫字者不同。"又曰:"後來談古文者,輾轉援據,大抵從此書相販鬻。則忠恕所編,實爲諸書之根柢,尤未可以忘所自來矣。"

是書或著錄作《汗簡》三卷附《目錄敘略》一卷。此本則分上中下各二卷,並合"略敘目錄"一卷,共爲七卷,乃汪立名據朱彝尊藏舊抄本刊印。汪序曰:"郭宗正《汗簡》,見《宋史藝文志》,與《佩觿》並列。自夏英公集古文韻而下,凡小學之書,亡不援據。然其書恒不多見,若晁氏《讀書志》、《直齋書錄解題》,及《崇文書目》,皆但載《佩觿》而未有及此者。書缺簡脱,在當世藏弆家已如是,帷蓋縢囊之割散,不足歎也。近從秀水潛采堂朱氏獲見舊抄本,凡六卷,後有序目一卷,編次古雅,不改許叔重始'一'終'亥'之序。嘗慨近今所行《説文》,緯以四聲,無復舊本面目,是猶引唐法讞漢獄,其不可必有辨者矣。是編不没,庶幾古小學之遺焉。錢唐汪立名梓諸家塾,而幟厥緣起於端。因其謄寫工善,遂用原本鏤版。卷末有鄭所南跋尾一篇,並仍之。康熙歲在昭陽協洽涂月臘日。"

按,"昭陽協洽"與癸未相應,是爲康熙四十二年。又汪序自稱"錢唐汪立名",然今人諸書卻多以汪爲徽籍。如《清人室名別稱字號索引》載,汪立名,婺源人,有齋室名"一隅草堂"。又《中國古籍版刻辭典》"一隅草堂"條云,清康熙間安徽婺源人汪立名室名,立名字西亭,通六書,著有《鐘鼎字源》,嘗刻《汗簡》及《白香山詩集》、《唐四家詩》、《中州名賢文表》、《天下名山記抄》、《名山圖》等書。而《皖人書錄》則謂,汪立名字西亭,歙縣人,由內閣中書升郎中,出知順寧、辰州府，攝兵備道事，工詩文，善六書，除前述諸書外，又撰刻《今韻箋略》。然則錢唐汪立名果然歙縣汪立名乎？徽州、錢唐，一葦之航，新安人氏向多遷徙吳越之地，或汪氏亦然乎？今考《（康熙）錢唐縣志》、《（民國）重修婺源縣志》，皆莫載其名，僅《（民國）歙縣志》卷六《人物志·宦蹟》有傳，但並無移籍或寄籍錢唐之記載。唯是志卷一〇《藝文志》載汪立名著《鐘鼎字源》，而《中國古籍善本書目》收錄康熙五十五年汪氏一隅草堂刻本《鐘鼎字源》，似亦可證爲同一人也。

鄭思肖跋，末署"庚寅六月"。據《歷代人物年里碑傳綜表》載，鄭思肖生於南宋開禧二年，卒於元至元二十年，則"庚寅"當爲宋紹定三年。然此表又曰：一作生於宋嘉熙二年，卒於元延祐三年；一作生於宋淳祐元年，卒於元延祐五年。若依此説，則"庚寅"已在元至元二十七年矣。

按，《汗簡》一書，於汪刻之前，僅以抄錄傳世，現存最早者，爲中國國家圖書館藏明弘光元年馮舒抄本，有馮舒、黃丕烈跋。據《愛日精廬藏書志》載馮跋曰："崇禎十四年，借之山西張孟恭氏，久置案頭，未及抄錄。今年乙酉，避兵入鄉，居於莫城西之洋蕩村。大海橫流，人情鼎沸，此鄉猶幸無恙。屋小炎蒸，無書可讀，架上偶攜此本，便發興書之，二十日而畢。"又《愛日精廬藏書志》著錄"孫氏本芝抄本"下，載陳鴻記跋一篇，亦言及此事，曰："崇禎辛巳，余年二十有四，讀書於吳門維斗師之古柏軒。秋日，同張君孟恭步至城隍祠右市古書籍舖中，見此《汗簡》，狂喜欲舞，急解金購歸。後馮己蒼假來抄得。"

馮抄素有良譽，然此本卻未能稱善，馮跋嘗曰："但此書向無別本，張本亦非曉字學者所書，遺失譌謬，未可意革。李公序云，'趙'字、'舊'字下，俱有'臣忠恕字'。今'趙'字下尚存，'舊'下則亡之矣，確然知其非全本也。既無善本可資是正，而所引七十一家，予所有者，僅僅始'一'終'亥'本《説文》、《古老子》及《碧落碑》而已，又何從訂其譌謬哉！亦姑存其形似耳。"雖然，但歷來藏家，併以善本視之，唯其較勝於汪刻耳。《堯圃藏書題識》曰："《汗簡》一書，錢唐汪立名所刊，出於竹垞舊藏鈔本，舊刻無聞焉。錢遵王《讀書記》謂屠守居士藏書率多善本，此殆是也。《汗簡》，字學中不甚重，潛研老人曾言之。然論古書源流，是書何可廢哉。且屠守居士鈔於明代，較竹垞所藏更舊，因急取之。"《鐵琴銅劍樓藏書目錄》更詳作校比，曰："此書今有錢唐汪氏刻本，出自秀水潛采堂，然以此本（馮抄）校之，有可以補正者甚夥。如……凡此諸條，雖亦未能無譌，要勝汪刻爲多。"又二本異處，馮抄本目錄在卷七，汪刻目錄在卷首。據馮跋云："目錄八紙，應在第七卷，今七卷首行尚存'略敘目錄'四字。古人著書，多有目錄是他人作者，故每云書若干卷目錄幾卷，即一人所作目錄，亦或在後，徐常侍所校《説文》，其明證也。今人一概移置卷首，非是。今此本目錄亦在第七卷，後人知之。"故《儀顧堂續跋》曰："汪本出自曝書亭，移目錄於首，此本目錄在卷七，猶存漢人舊式。"

馮抄《汗簡》著聲書林，傳錄者既衆，作僞之奸亦遂而生焉。據傅增湘考證，原藏歸安陸心源皕宋樓之"馮已蒼手抄本"，即爲坊間贗本。按之《儀顧堂續跋》云："有'虞山錢曾遵王藏書'朱文長印，即《敏求記》所著錄，後歸愛日精廬者。"後該本流落日本静嘉堂文庫，傅增湘東渡訪書，嘗獲檢閱，《藏園群書經眼錄》曰："此書筆蹟庸俗，乃近數十年中鈔胥所傳錄者，斷非馮氏手蹟，其錢遵王藏印亦僞，陸氏殆爲買人所紿耳。憶己未秋余遊淮南，聞書估陳蘊山言，昔年在常熟購得馮己蒼手寫《汗簡》，爲崇禎末避兵鄉中所書，有手跋數行。然則真本固在常熟，存齋所得爲贗鼎無疑矣。"又《鐵琴銅劍樓藏書目錄》亦著錄有"屠守居士手鈔本"《汗簡》，云"卷首末有'馮舒之印'、'癸巳人虎孫'、'士禮居藏'、'黃丕烈'諸朱印"。以瞿氏目力，似無可疑。鐵琴銅劍樓藏珍善版本，後多歸國圖庋架，則《北京圖書館古籍善本書目》所載明弘光元年馮舒抄本，或即瞿氏舊藏。然《鐵琴銅劍樓藏書目錄》雖注有黃丕烈藏印，卻未著錄有黃丕烈題跋，以"黃跋"之重要,瞿氏絶無遺忘之理。則又疑國圖藏本未必瞿氏舊藏。果若不是,則兩者必有其一爲贗。唯未見原本,但以理推之,姑妄言之耳。

是本寫刻。扉頁刻"汗簡"。

《四庫全書總目》入經部小學類,但作三卷附《目録敘略》一卷。按,《四庫》本取自兩淮馬裕家藏本,但據《四庫採進書目·兩淮商人馬裕家呈送書目》著録,乃爲七卷,宜爲館臣審訂後改易。《中國古籍善本書目》著録南京圖書館藏江聲校本、中國國家圖書館藏朱文鈞跋本。又北京大學圖書館、香港中文大學圖書館,及日本内閣文庫、東京大學東洋文化研究所、京都大學人文科學研究所也有收藏。上海圖書館自美籍華人翁萬戈先生處購得常熟翁氏舊藏善本八十部,其中也有此本,上有翁同龢題跋。

按,此書又有道光二十八年俞明震蕴玉山房刻本(版心刻"一隅草堂")、光緒九年上海點石齋石印本、光緒十一年吴縣朱記榮槐盧家塾據汪氏一隅草堂本重刻本、民國八年上海文瑞樓石印本、民國二十三年商務印書館《四部叢刊》據瞿氏藏馮抄本景印本,以及光緒十六年廣雅書局刻鄭珍箋正本。

館藏複本一部,三册。鈐印有"磊闇所見"、"漢學者今井清藏書印"。

0312　明末刻本漢隸字源　　　　　　　　　　　　T5114/5445.3

《漢隸字源》五卷《碑目》一卷《附字》一卷,宋婁機撰。明末毛氏汲古閣刻本。六册。半頁五行小字十七字,左右雙邊,白口,無魚尾,書口下有"汲古閣"。框高23.9釐米,寬16.3釐米。前有慶元三年(1197)洪景盧序。

婁機,字彦發。嘉興人。乾道二年進士。寧宗朝累官禮部尚書兼給事中,權知樞密院事兼太子賓客,進參知政事,提舉洞霄宫。事蹟具《宋史》本傳。

洪序云:"其書甚清,其抒意甚勇,其考覈甚精,其立説甚當,其沾丐後學甚篤。凡見諸石刻,若壺鼎刀鏡、盆槃洗甇,著録者三百有九,起東京建武,迄鴻都建安,殆二百年,濫觴于魏者僅卅而一。"

是書《碑目》記漢魏各碑所立之年,所存之地,以次編列。又依《禮部韻略》二百六部分爲五卷,皆以真書標目,而以隸文排比其下。韻不能載者十四字,附五卷之末。其文字異同,亦隨字附注,足爲考證之資。

《四庫全書總目》入經部小學類。《中國古籍善本書目》著録。中國國家圖書館、上海圖書館等四十餘館,臺北"國家圖書館",及美國國會圖書館、日本静嘉堂文庫、内閣文庫亦有入藏。

0313　明刻本六書正譌　　　　　　　　　　　　T5115/7221

《六書正譌》五卷,元周伯琦撰。明刻本。五册。半頁五行小字二十字,四周雙邊,綫黑口,雙魚尾,書口上端刻"六書正譌卷之×"。框高19.7釐米,寬12釐米。題"鄱陽周伯琦編注"。前有至正十一年(1351)周伯琦序。末有至正十二年(1352)吴當後序。

周伯琦,字伯温,號玉雪坡真逸。饒州人。至正間累官參知政事,博學工文章,尤以篆隸真草擅名。

是書以《禮部韻略》韻部分隸諸字,以小篆爲主,先注制字之義,而以隸作某字、俗作某字,辨別於下,略如張有《復古編》之意。

《四庫全書總目》入經部小學類。《總目》云,此書及《説文字原》"二書推衍《説文》者半,參以己見者亦半,瑕瑜互見,通蔽相仿,不及張有《復古編》之精密,而亦不至如楊桓《六書統》之糅雜,采荇采菲,無以下體,姑存以備一解,亦兼收幷蓄之意云爾"。

是書傳世之本,最早有元至正十五年高德基等刻本,又有明嘉靖元年于鏊刻本、明崇禎四年宋晉刻本、明崇禎七年胡正言十竹齋刻本。此本或在嘉靖本之前。序及後序抄配極精。

《中國古籍善本書目》未著録。

鈐印有"竹下書堂"、"鵑安校勘秘籍"、"子龍"。

0314　明崇禎刻本六書正譌　　　　　　T5115/7221C

《六書正譌》五卷《説文字原》一卷,元周伯琦撰。明崇禎四年(1631)宋晉刻本。六册。半頁五行小字二十字,左右雙邊,白口,單魚尾。框高24.5釐米,寬15釐米。題"鄱陽周伯琦編注"。前有至正十一年(1351)周伯琦序,至正十五年(1355)宇文公諒序。《字原》前有崇禎四年宋晉序,至正九年(1349)周伯琦序,周伯琦篆書敘贊,嘉靖元年(1522)黄芳序,至正十二年(1352)吴當後序。

宋晉序云:"晉自少壯頗娱涉獵,得勝國時番易周氏所著《説文字原》幷《六書正譌》。晉合而觀之,言簡意明,喜而不寐,即捐貲廣購,奈坊無售者,遂命膳繕而付之剞劂,名以《合刻字原正譌》。"按,宋晉爲明末總督東廠官旗辦事司禮監掌印太監。

《中國古籍善本書目》未著録。

《正譌》卷五末刊"男宗義同門人謝以信校正"一行。王重民《中國善本書提要》著録元至正間刻本,卷末也有此行。日本京都大學人文科學研究所亦有入藏。

鈐印有"愛蘭人珍賞"、"王氏珍玩"、"玉卿"、"析津漁隱"、"子子孫孫永保之"、"北平王悦庵藏書印"、"友白園圖書記"、"石庫藏書"、"王氏家藏"、"小珊"、"希世有"、"存雅齋"、"汪氏家藏"、"小松珍藏"、"北平翁方綱藏書印"、"項子京家珍藏"、"吴氏家藏"、"張康侯圖書印"、"婁東張氏鑒藏"、"嘯園讀書臺記"。印多僞。

0315　明崇禎刻清印本六書正譌　　　　　　T5115/7221B

《六書正譌》五卷,元周伯琦撰。明崇禎七年(1634)胡正言十竹齋刻清印本。五册。半頁五行小字十八字,四周單邊,白口,單魚尾,書口下有"十竹齋"。框高20.5釐米,寬14釐米。題"元鄱陽周伯琦編注;明海陽胡正言訂篆"。前有至正十一年(1351)周伯琦序。

胡正言,字曰從,別號默庵道人。原籍安徽休寧人,後寄寓江蘇上元。家在南京鷄籠山側,齋前因種翠竹十餘竿,昕夕博古,對此自娱,故名其齋曰"十竹齋"。十竹齋刻書約二十餘種,在明末極負盛名。《十竹齋箋譜》、《十竹齋書畫譜》即其中最重要者。

此本扉頁題"六書正譌。元周伯琦先生著。古香閣藏板"。此爲清代刷印本。按,翁方綱《復初齋詩集》卷三五有《題明胡曰從篆六書正譌後示饒州學官弟子》云:"遺跡坡邊留玉雪,漫從竹下溯金陵。凡將正要追文惠,撼古寧煩向李登。講解切磋來塾序,沿洄原委得師承。此邦經術於何補,仰企先民倍戰兢。"

《中國古籍善本書目》著録。南京圖書館等二十餘館,臺北"國家圖書館",及美國國會圖書館、普林斯頓大學葛思德東方圖書館、日本静嘉堂文庫、内閣文庫、京都大學人文科學研究所亦有入藏。

鈐印有"九華室藏"、"素頣居"、"矢野藏書"、"咏歸樓藏書記"。

0316　明正德刻本六書本義　　　　　　　　　　T5101/4803

《六書本義》十二卷《圖》一卷,明趙撝謙撰。明正德十五年(1520)胡東皋刻本。二册。半頁十四行二十八字,四周單邊,白口,雙魚尾。框高 21 釐米,寬 14.2 釐米。題"餘姚趙古則編注"。前有洪武十一年(1378)趙撝謙自序,林右序,洪武十三年(1380)鮑恂序,徐一夔序。

趙謙字撝謙,初名古則,以字行。餘姚人。幼孤貧,寄食山寺。長游四方,與朱右、謝肅、徐一夔輩定文字交。博究六經百氏之學,尤精六書。又作《聲音文字通》,時目爲考古先生。洪武十二年,命詞臣修《正韻》,撝謙年二十八應聘入京師,授中都國子監典簿。久之,以薦召爲瓊山縣學教諭。二十八年卒於番禺。《明史》卷二八五《文苑》有傳。

鮑恂序云:"其書首論六書綱領,次論古今字體,至於末乃作六書總論。及六書各爲一論,猶以爲未盡,又各分爲一部,凡若干卷,以詳言之。其剖析曲盡而不遺,其引證切當而不紊,凡五謄寫,始克成編,其用功可謂至矣。"徐一夔序云:"取許叔重而下諸家論著之書,考其得失,推子母之相生,俾各歸其類;正五方之言語、律吕、四聲,而以子母相生之例統之。爲凡例以提其綱,爲圖説以括其要,分爲十類,著爲十二篇,釐爲三百六十部。於是六書之義明,而六書之用無譌舛之患矣。"

《四庫全書總目》入經部小學類。《四庫》館臣以是書辨别六書之體頗爲詳晰,其研索亦具有苦心,故録而存之,以不没撝謙之所長。

此本卷一二末有牌記,刊"先生邑人胡東皋守寧國之明年,爲正德庚辰,喜得此書,遂翻刻之"。東皋,字汝登,號方岡。餘姚人。弘治十八年進士。歷南京刑部郎中,累進右副都御史,巡撫寧夏,又改撫鄖陽。未幾召還内臺,以抗直忤執政,會太廟災,自劾去。

《中國古籍善本書目》著録。中國國家圖書館、中國社會科學院考古研究所、北京大學圖書館、西北大學圖書館亦有入藏。按,此書又有明正德十二年邵贊刻本、明萬曆三十八年楊君貺刻本。

鈐印有"錢謙益印"、"絳雲樓"。疑僞。

0317　清乾隆刻本增訂金壺字考　　　　　　　　T5085/3333.6

《增訂金壺字考》十九卷,宋釋適之撰,清田朝恒增訂。《金壺字考二集》二十一卷《補録》一卷《補注》一卷,清田朝恒撰。清乾隆刻本。四册。八行十六字,小字雙行三十二字,左右雙邊,白口,單魚尾。框高 15.2 釐米,寬 12 釐米。題"古衲適之原編;石門田朝恒增訂"。前有乾隆二十四年(1759)田朝恒自序;田朝恒撰《發凡》十二則;乾隆二十六年(1761)蔡履元跋;目次。《二集》題"石門田朝恒續編"。前有乾隆二十七年(1762)田朝恒自序;目次。

釋適之,南宋時人。所著《金壺記》三卷,載《六藝之一録》"歷朝書論"。生平行實無考。

田朝恒,字石齋。浙江石門人。歲貢生。參見《(光緒)石門縣志》卷七《選舉志》。

此蒙學字書，《發凡》云："學者要讀經，先須認字，認字不真，於經義便錯。是集聊具梗概，爲幼學導夫先路。"按，釋適之《金壺字考》一卷，取字七百餘條，多以連文爲主，且多不讀本音之字，如"身毒"、"姑射"、"金日磾"之類，所注甚簡，唯音讀，弗論其他。田氏因而闡之，增廣其字，詳益其注，引經據典，分門別類，故名其書曰《增訂金壺字考》。

上冊卷一《卿雲》，卷二《祋袡》，卷三《河壖》，卷四《頖宮》，卷五《甄陶》，卷六《毋追》，卷七《飣餖》，卷八《葭莩》，卷九《三鱣》；下冊卷一〇《露紒》，卷一一《句讀》，卷一二《岐嶷》，卷一三《駘蕩》，卷一四《瓿甊》，卷一五《親串》，卷一六《顓頊》，卷一七《僕射》，卷一八《便章》，卷一九《訴訴》。

自序曰："《金壺字考》者，釋氏適之摘錦搜奇，審音聲，辨疑似，將使操觚家寓目了然，弗錯失夫金根、杕杜，意良厚也。覆其注釋之字，則未盈千，豈此中墨汁且有所靳，而不欲多用與？竊嘗依文推類，綴録簡端，積之既久，奚翅什倍原注。或未該洽，亦爲援據本來，以疏通其義，非敢競勝也。吾儒有言，讀書須用劄記，又曰讀書耐訛字。藉適之舊本，勉循吾劄記功夫，而學識膚淺，正懼訛字之未耐也。"

越三年，又續編《二集》及《補録》、《補注》。自序曰："前者增訂《金壺字考》，得一十有九卷，意未足也。料簡舊聞，節其可與前集互參者，又得二十有一卷，前集所闕略，並爲《補録》一卷、《補注》一卷。"

《二集》上冊卷一《卿靄》，卷二《三朔》，卷三《曲江》，卷四《幅隕》，卷五《浦樓》，卷六《琅玕》，卷七《戶慊》，卷八《逢掖》，卷九《花酥》，卷一〇《蘭蓀》，卷一一《倉庚》；下冊卷一二《芝宇》，卷一三《書倉》，卷一四《坊表》，卷一五《溶曳》，卷一六《悔吝》，卷一七《亞旅》，卷一八《陸羽》，卷一九《烏臺》，卷二〇《三宥》，卷二一《習習》。《補録》一卷，原按："原編所列偶有未録，今補"；《補注》一卷，原按："前集注釋有未備處，今補"。

《續修四庫全書總目提要(稿本)》謂，是編"竟似類書而非字書，視適之原編，又等而下之矣"。按，清丁日昌《持静齋書目》即歸於子部類書類。然則徵稽典籍，固類書編纂法門，但字書釋義，並需書證，且此編注字釋詞，大富於原編，《續修四庫總目》所言未必是也。

是本無明確刊年，但在乾隆間無疑。

《發凡》末題"受業沈楠渚南、姪尹衡耕堂仝較"。

扉頁刻"金壺字考。石齋增訂。貽安堂藏板"。《二集》扉頁刻"金壺字考二集。石齋續編。貽安堂藏板"。

《續修四庫全書總目提要(稿本)》入經部小學類，著録作原刻本。《中國古籍善本書目》未著録。中國科學院圖書館、中國人民大學圖書館、臺北"中央研究院"史語所傅斯年圖書館及日本國會圖書館也有收藏。

0318　明崇禎刻套印本廣金石韻府　　T5116/2913A

《廣金石韻府》五卷，明林尚葵、李根撰。明崇禎九年(1636)蓮庵刻朱墨套印本。六冊。半頁六行，四周單邊，白口，無魚尾。框高22.3釐米，寬14.3釐米。題"毗陵朱雲時望父輯篆；雲間俞顯謨子昭父較正；福唐林尚葵朱臣父參廣；晉安李根阿靈父較定"。前有崇禎九年(1636)費道用序，嘉靖十年(1531)豐坊序，俞顯謨序，崇禎九年林尚葵序；李根撰《凡例》十一則。

林尚葵，字朱臣。莆田人。

李根，字阿靈，一字雲根。侯官人。

此書乃補明朱雲《金石韻府》之作。用朱墨兩色套印，校以四聲部次。朱色書爲古文籀篆之字，墨色書則爲楷書，并各注其所出。《四庫全書總目》謂其所引諸書，今已什九不著録，尚葵等何自得觀，今核之所列之目，實即夏竦《四聲韻》，而稍摭郭忠恕、薛尚功之書以附益之。然《總目》又云，觀其備陳群籍，而獨遺竦書之名，則諱所自來，故滅其迹可知矣。《四庫》館臣此説有誤。查李根《凡例》第一則有云："舊有夏竦《集古文韻》、釋道泰《古文韻選》，皆略而不詳，以二韻合一，重者損之，逸者益之，復考鐘鼎古文以系之。"疑館臣未見《凡例》，故有此説。

林尚葵序云："不佞性有癖嗜，生平喜字學，輒廢寢食從之。每歎篆籀爲三代以上同文，古意精妙，殊不可忽。久欲彙梓，適阿靈李兄雅有同好，因以朱氏舊集而爲之，增其缺遺，訂其□訛。書成，改庵黄太史顔其編曰'廣金石韻府'。"

卷五目録頁"二十二昔"後均遭書賈割裂，正文亦佚去。扉頁刻"廣金石韻府。蓮庵藏書"，并鈐有"縣紙硃文，定價壹兩，本衙藏板，翻刻千里必究"，"是集刻自嘉靖庚寅歲，閲今百年有奇，原板銷没。兹博搜異文參廣，梓以公之海内，庶考古者有所稽焉。蓮庵主人識"之木記。

《四庫全書總目》入經部小學類存目。《四庫全書存目叢書》經部第 119 册收入，底本乃據中國科學院圖書館藏清康熙刻朱墨套印本。《中國古籍善本書目》未著録。日本内閣文庫著録有明末刊三色套印本。又日本刻有是書，一爲日本文元二年(1737)户倉屋喜兵衛刻本，中國科學院圖書館、遼寧省圖書館、南京圖書館入藏；一爲日本天明六年(1786)刻本，清華大學圖書館入藏。

0319　清康熙刻套印本廣金石韻府

T5116/2913B

《廣金石韻府》五卷《纂集玉篇偏旁形似釋疑文字》一卷《考古書傳》一卷，明林尚葵、李根撰。清康熙刻朱墨套印本。十册。半頁六行十二字，小字雙行二十四字，四周單邊，白口，無魚尾。框高 21.7 釐米，寬 14.2 釐米。題"古閩林尚葵朱臣甫廣輯；李根阿靈甫較正"。前有康熙九年(1670)周亮工序。

林尚葵，字朱臣。福建福清人。李根，字阿靈，一字雲谷。福建晉安人。二人事蹟，志書莫載。按，此書明崇禎九年蓮庵刻本卷端題名爲"福唐林尚葵"、"晉安李根"。此本周亮工序稱"莆陽林朱臣、晉安李雲谷"。《四庫全書總目》謂林尚葵"莆田人"、李根"晉江人"。今暫從明本題名著録。

明嘉靖間，朱雲編成《金石韻府》一書，是編因朱集而增廣之，故以"廣"名書。乃纂集夏商以來鐘鼎碑銘篆籀之文於一編，分韻敘次。卷一《上平聲》，卷二《下平聲》，卷三《上聲》，卷四《去聲》，卷五《入聲》。書中篆文用朱色套印，下注出處。

《纂集玉篇偏旁形似釋疑文字》，專爲《玉篇》偏旁形似者釋義，如"血"、"皿"、"肉"、"月"，"女"、"母"、"毋"之類。其版心題名"字略"，故書目著録或以《字略》爲附卷之名。《考古書傳》爲徵引文獻目録。

《四庫全書總目》曰："所引諸書，今已什九不著録，尚葵等何自得觀？今核之所列之目，實即夏竦《四聲韻》，而稍摭郭忠恕、薛尚功之書，以附益之。觀其備陳群籍，而獨遺竦書之名，則諱自來，故滅其跡可知矣。"

是書撰成於明崇禎九年。館藏明崇禎九年蓮庵刻朱墨藍三色套印本，有崇禎九年林尚葵序,謂"久欲彙梓,適阿靈李兄雅有同好,因以朱氏舊集而爲之"。又有李根撰《凡例》,亦曰:"予與林朱臣讀書蓮庵,相謂而言……於是裒集是編。"則此書之編撰者,當爲林、李二人無疑。然據此本周亮工序所言,亮工非但"共爲考訂",且爲發其端者,序曰:"《金石韻府》一編,海內好古之家所共推爲問字金科者,自錫山朱時望採輯至今,幾二百年,亦以時好不屬,漸至湮沒矣。予性嗜古,留心篆刻,偶從舊籨中獲睹是編,喜其茹衆書之淵博,入元音之總會,點畫聲音,合而一之,較用修所定,尤爲遠過。因與莆陽林朱臣、晉安李雲谷,共爲考訂。凡九經古本,及《岣嶁》、《石鼓》諸碑,莫不取而較勘之,下至《志林》說部之編,苟有資於採佐,不之棄也。以故譌者正,疑者析,即所未備者,亦間補其十一,則林、李二子之功不可誣,而予得樂觀其成也。夫以朱臣、雲谷之才,素號通敏,而予前後於閩者十二載,從予商質者未嘗易寒暑,閱數年以及於今,始得再見成書,而加廣焉。"特茲錄存,以俟來者考訂。

是本無明確刊年、刊者。據《中國古籍版刻辭典》"賴古堂"條載:周亮工書室名,嘗刻《廣金石韻府》;又"大業堂"條載:明金陵周希旦書坊名,嘗刻《廣金石韻府》。此書周亮工序未言刊刻之事,雖扉頁題"賴古堂重訂"、"大業堂藏板",但亦不能理解爲"賴古堂"或"大業堂"刊印。唯是本不避清諱,氣息亦舊,而刻時又必在康熙九年周亮工作序之後,因擬作康熙刻本。

扉頁刻"廣金石韻府。賴古堂重訂。大業堂藏板"。並鈐有"懷德堂圖書"白文印。

《四庫全書總目》入經部小學類。《中國古籍善本書目》未著錄。此本存世頗多,北京大學圖書館、中國人民大學圖書館、中國科學院圖書館、青海省圖書館、臺北"國家圖書館"、"中央研究院"史語所傅斯年圖書館、香港中文大學圖書館、日本內閣文庫、國會圖書館等,均有收藏,但各館藏書目錄大多著錄爲康熙九年大業堂刻本或周亮工賴古堂刻朱墨套印本。其中《中國人民大學圖書館古籍善本書目》著錄該館藏本"封面鐫'大業堂藏板',原鈐'賴古堂藏書'"。今《四庫全書存目叢書》係據中國科學院圖書館藏康熙刻朱墨套印本影印。又臺北新文豐出版公司據臺北"國家圖書館"藏本影印,收入《石刻史料新編》第二輯第16冊。

按,是書最初刊本爲明崇禎九年蓮庵刻朱墨藍三色套印本,本館有藏。此外又有清咸豐七年巴郡張氏理董軒刻本、日本元文二年生白堂刻本。

鈐印有"蕙谷"、"憶鼎樓中"、"戟門啓事"、"家在黃山六六峰"。

0320　明崇禎刻本金石韻府　　　　　　T5116/2913

《金石韻府》五卷,明李根撰。明崇禎十三年(1640)林樹聲刻朱墨套印本。五冊。半頁六行,四周單邊,白口,無魚尾。框高21.9釐米,寬14.2釐米。題"毗陵朱雲時望父輯篆;雲間俞顯謨子昭父較正;晉安李根阿靈父廣定;漳溪林樹聲上苑父覆梓"。前有嘉靖十年(1531)豐坊序,俞顯謨序,崇禎十三年李宓序,崇禎十三年林樹聲序。

《金石韻府》原爲明朱雲所撰。朱氏寓雨舟先生澂江草堂,得縱觀其所藏古金石文,遂取夏竦、薛尚功、楊桓諸家所著書增損之,並按四聲排列。雲間俞顯謨得有史彬繕寫之本,付之梨棗,即今傳世之明俞顯謨刻朱印本。後又有明刻朱印本行世。

此本雖題"金石韻府",實爲《廣金石韻府》。李宓序云:"近三山李阿靈,精心科斗,研究六書。舊有朱、俞所刊《金石韻府》傳之海內,阿靈廣而增之,可者取之,不可者釐正之,盡朱、俞所未盡,名曰《廣金石韻府》。而吾漳林君上苑又從而覆梓之,以公同好,復見三代面目於胸中,而列盤盂觴豆於掌上。上苑以橫經瑰瑀之才，讀書半豹文義之餘，研心古學，斯舉也，先得我心所同然耳。"

林樹聲序亦云："余觀《金石韻府》，相傳已非一日，留心其巧，恍乎置身鼎彝之上，寓目其采，亦足奪人雲錦之思，況其依韻次第，又堪助騷人賦客之資。曾是佳山秀水，不盡收羅金符石帖中哉。是集也，始於朱與俞輯較之，近李阿靈廣而定之，缺遺差訛，正別已詳。但友人攜來不數部，好事者強予復公之世，予遂諾而梓焉，且再廣李阿靈所欲傳四方之志云爾。"

扉頁刊"金石韻府。紫山草堂藏書"。

《四庫全書總目》入經部小學類存目，然作"國朝林尚葵、李根同撰"。《中國古籍善本書目》著録有明俞顯謨刻朱印本、明刻朱印本兩種，餘皆清抄本，此本則不見著録。

鈐印有"緑漪書屋"、"田藩文庫"、"田安府芸臺印"。

0321　明萬曆刻本摭古遺文再增摭古遺文　T6129.1/4411

《摭古遺文》二卷，明李登撰；《再增摭古遺文》一卷，明姚履旋增補。明萬曆二十二年(1594)姚履旋等刻本。二册。半頁八行，四周單邊，白口，無魚尾。框高19.1釐米，寬14.4釐米。前有萬曆二十二年李登序。

此書本夏竦篆韻之體，取鐘鼎古文，以韻分編，其韻併東於冬，併江於陽，併侵於真，併肴於蕭。分齊微二韻之字於支灰，分覃咸鹽三韻之字於寒先，分蒸韻之字於青庚，而從《廣韻》分真諄桓寒各爲二，大抵皆以意杜撰。所列古文，亦皆不著所出，未可執爲依據。

李登，字士龍，一字舜庸，號如真。上元人。少入京庠，督學耿定向擇諸生之俊，登其一也。隆慶初，以選貢充太學生，授新野令，至則崇重學校，士風以振。邑有水患，爲築堤三，成梁一，民咸利之。以抗直忤時，改崇仁教諭，講明鄒魯之學。去官家居三十餘年，建講堂，以集四方向學之士。性孝友，精六書之學，直探其奥。卒年八十有六。傳見《(同治)上江兩縣志》卷二二《鄉賢》。

姚履旋，字允吉。上元人。曾爲巴東知縣。嘗編采諸書所訪方孝孺殉難後事爲《遜志齋外紀》。

李登序云："乃姚允吉氏索靚不置，至是復偕王崑石氏鋟之梓。允吉又補余所未備，以公諸同好。"

扉頁刊"摭古遺文。如真李先生輯。太原齋藏板"。末有"萬曆廿年壬辰夏六月六日廣東山海舍盡完如真先生紀事"二十四字。

《四庫全書總目》入經部小學類存目。《中國古籍善本書目》著録，上海圖書館、南京圖書館等十四館亦有入藏。此書又有明萬曆三十一年李思謙刻本，上海圖書館、南京圖書館、臺北"國家圖書館"等十六館入藏。

0322　清乾隆抄本摭古遺文再增摭古遺文　T5116/4411

《摭古遺文》二卷，明李登撰；《再增摭古遺文》一卷，明姚履旋增補。清乾隆浮玉洲人抄本。一册。半頁八行十字，小字雙行二十字，無行格。前有乾隆二十三年(1758)浮玉洲人跋。

浮玉洲人跋曰："明如真生李登，萬曆朝上元人，歎古文之既湮，爰從藏書家貸而録之。録其異於今文而有義意可尋者,同於今文而字畫簡妙者,別出今文之外亦有義意存焉者。其同於小篆者,過於繁密者,奇衺不可究詰者,置不錄。錄成,以聲別卷,以韻列次。姚允吉氏,又搜補其所未備,名之曰《摭古遺文》,鋟之梓。粵自大篆作,而蝌斗之文一變再變,而爲小篆,而急就,而草篆。世遠則變多,變多則失古,周鼎秦碑,博雅君子有茫然不識者矣。且海寓同文,布帛菽粟,真楷草行。間有嗜古之士,好匀整而習小篆,若以古文示之,則群嗤以爲怪。古文雖存,其孰從而求之! 余於方外友案頭見有是集摹本,借錄而弆之,非曰好古,亦李生恐其湮没之意也。乾隆二十三年四月二十二日,浮玉洲人識於瑞芝精舍。"

《四庫》館臣以爲:"是書本夏竦篆韻之體,取鐘鼎古文,以韻分編。其韻併冬於東,併江於陽,併侵於真,併肴於蕭,分齊、微二韻之字於支、灰,分覃、咸、鹽三韻之字於寒、先,分蒸韻之字於青、庚,而從《廣韻》分真、諄、桓、寒各爲二,大抵皆以意杜撰。所列古文亦皆不著所出,未可執爲依據。又出《金石韻府》之下矣。"

書中古文用墨筆書寫,釋文今字用朱筆書寫。

《四庫全書總目》經部小學類收錄此書。館藏別有明萬曆二十二年姚履旋等刻本。

鈐印有"吴江凌枚"、"恕父所藏"、"凌枚"、"恕父"、"種蕉館"、"鄭道乾珍藏印"。

0323　明刻本新校經史海篇直音　　T5116/2538

《新校經史海篇直音》五卷。明刻本。五册。半頁十行,四周單邊,白口、黑口相間,雙魚尾。框高19.4釐米,寬12.1釐米。

是書不著撰人,前爲"背篇列部之字引",正文部分皆以字之部首編排。據王重民《中國善本書提要》云:"卷端有背篇列部之字五葉,持校《四聲篇》首卷,即大金丙辰松水昌黎門人洺川寶慶進添補之新集背篇列部之字,及辛卯重編增改雜部,然藉此又知是書當纂成於成化辛卯以後也。"

按,是書有十卷、五卷之分。此五卷本版本較複雜,《中國古籍善本書目》著錄明代刻本七種,此一種不知與孰本相同。又此本補板甚多。

扉頁刊"校正大字經史海篇直音,聖朝頒降。字義六書咸有據,音聲四海悉皆通"。

日人裝幀。

0324　明萬曆刻本重刊詳校篇海　　T5125.9/4536.2B

《重刊詳校篇海》五卷,明李登撰。明萬曆三十六年(1608)刻本。五册。半頁十行小字三十字,左右雙邊,白口,單魚尾。框高22.9釐米,寬15釐米。前有萬曆三十六年李登序;《凡例》十一則。

此書初經趙欽湯增訂,再經李登校輯,爲當時較通行之字書。登序云:"我舊公祖新盤趙翁……取《篇海》舊本爲藁草,而參考者自《正韻》而下,如《韻會》、如《集韻》、如《集成》等書,悉采而輯之,則知《篇海》舊本之載者傷於濫,而注則傷於疏,濫者思以損之,疏者思以益之。宦轍所至,輒貯行笥。當尹我應天時,正討論修飾時也。數年來兹,復總督南糧,猶以政暇隨檢隨注,幾以成書,而縮於政務,未克成也。謂朽夫登嘗從事於藝學,雖有精力不逮而尚能佐校訂之役,舉而屬之。登黽勉而不敢辭,有所請質,則虛心而聽之,所未安者,不輕聽也。於以見小物之克勤,邇言之必察,斷斷休休之度,可占識矣。久之,任登恣所損而酌所益。公曰:可稱成書矣。遂捐俸入梓,以惠域中,且擬留板通都,不隨歸轍,意至厚也。是書行,舊本似在可廢。"

扉頁刊"重刊詳校篇海全書",鈐有"本衙藏板"印。

《四庫全書總目》未收,僅有李登《六書指南》二卷及《書文音義便考私論》五卷。《中國古籍善本書目》著録,福建省圖書館、湖北省圖書館等八館亦有入藏。據著録,登又有《重刊訂正篇海》十卷,明崇禎七年刻本。

日人裝幀。

0325 清順治刻本重刊詳校篇海　　T5125.9/4536.2

《重刊詳校篇海》五卷,明李登撰。清順治十八年(1661)刻本。十册。半頁十行小字三十字,左右雙邊,白口,單魚尾。框高22.3釐米,寬14.9釐米。前有順治十八年喬庭桂序,明萬曆三十六年(1608)李登序;《凡例》十一則;總目。

李登,字士龍,一字舜庸,號如真。江蘇上元人。隆慶初,以選貢充太學生,官新野縣丞,改崇仁教諭。去官家居三十餘年,建講堂,集四方向學之士。性孝友,精六書之學,著述又有《六書指南》、《攟古遺文》。卒年八十有六。《(同治)上江兩縣志》卷二二《鄉賢》有傳。

此爲明《重刊詳校篇海》重修本,版式行款悉遵萬曆本,喬序名曰《重修詳校篇海序》。每卷分前後二册,每册前有子目。

是本不避清諱。

《續修四庫全書總目提要(稿本)》入經部小學類,然謂明趙伯年撰。《中國古籍善本書目》未著録,但著録明萬曆三十六年自刻本,館藏亦有此明本,詳見明萬曆刻本《重刊詳校篇海》。《北京大學圖書館藏古籍善本書目》著録爲"明趙年伯輯、李登校編",一爲明萬曆三十六年南京刻本,另一清康熙五十六年刻本。《中國人民大學圖書館古籍善本書目》著録明趙欽湯輯、李登校編,萬曆四十六年趙楨等刻本,注云乃翻刻明萬曆三十六年刻本。

鈐印有"怡目館經籍記"、"侯官朱氏藏書"。

0326 明萬曆刻本六書總要　　T5116/2313

《六書總要》五卷《綱領》一卷附《正小篆之訛》一卷《諧聲指南》一卷,明吳元滿撰。明萬曆十二年(1584)刻本。五册。半頁十四行二十五字,四周單邊,白口,單魚尾。框高21.3釐米,寬13.8釐米。題"新安吳元滿編集"。前有趙用賢序,萬曆十二年吳元滿自序;《凡例》九則。《諧聲指南》前有萬曆十一年(1583)吳元滿序;《凡例》十則。

吳元滿,字敬甫。歙人。萬曆時布衣,精字學。結小樓,積書數千卷,坐卧其中,足不窺户外。又有《六書正義》十二卷、《六書泝原直音》二卷、《隸書正譌》二卷。

是書分數位、天文、地理、人倫、身體、飲食、衣服、宫室、器用、鳥獸、蟲魚、草木十二部,承元代戴侗《六書故》及楊桓《六書統》之緒論。所分部首,皆以象形爲主,謂之正生,而指事會意以下,則有正生、變生、兼生之别,不取許慎《説文》,概爲諧聲之説。其字皆以柳葉篆寫之,謂其有鳥跡遺意。《四庫全書總目》云,其所謂古文,大抵出於杜撰,又往往自相矛盾。

吳氏自序云:"滿不揣愚陋,會合三家爲一,裒集諸説所長,述《六書泝源》十六卷。取象形二百七十文，指事二百五十六文，會意八百八十四字，諧聲七千一百七十字，闕疑五十三字，缺意八十字，共八千七百二十字。復周禮舊制，六藝群書之詁，皆訓其意。而天地鬼神、山川草木、鳥獸蚰蟲、王制禮儀、世間人事，莫不畢載。草稿雖成，尚未謄錄。以注疏浩瀚，無力鋟版，乃刪去諧聲字六千八百五十，別集《諧聲指南》一卷，摘取象形、指事、會意，及諧聲復可爲聲母者，并闕疑一千八百三十字，字數不多，而要領具在，因名曰《六書總要》。"

卷一第一頁書口下有刻工黄鋑。闕名圈點。

《四庫全書總目》入經部小學類存目。《中國古籍善本書目》著錄。中國國家圖書館、上海圖書館等十館，臺北"國家圖書館"，及日本東京大學東洋文化研究所亦有入藏。

鈐印有"北平王悦庵藏書印"、"王悦庵書畫印"、"悦庵珍賞"、"節堂秘襲"、"節臺鑑賞"、"王氏慶蘭"、"古道一翁"。

館藏有複本一部，五册，内闕《諧聲指南》一卷。

0327　明萬曆刻本翰林重考字義韻律大板海篇心鏡　T9305/4234

《翰林重考字義韻律大板海篇心鏡》二十卷首一卷，明劉孔當撰。明萬曆二十四年(1596)書林葉天熹刻本。八册。半頁十行十二至十三字不等，四周單邊，黑口，雙魚尾。框高22.5釐米，寬14.8釐米。題"庶吉士喜聞劉孔當重訂；安福淨吾彭應起校錄；書林會廷葉天熹鋟行"。前有何鹿門序，萬曆二十四年劉孔當序。

劉孔當，字任之。江西安福人。萬曆二十年進士。以翰林編修奉册荆藩，謁假里門，倡建識仁書院，與叔元卿力振良知之學，復命，卒於京。著述甚富，居官十四年，故廬不蔽風雨，田數畝，僅給饘粥而已。《(同治)安福縣志》卷一一《人物》有傳。

劉序云："歷蠹金匱秘藏，直玉堂清暇，採粹錦於往哲，匯心鏡於明旨，統之正韻，以一其槩；窺之六經，以難其意；析之分毫，有三呼而五夫者；辨之點畫，有一字而四解者；參互考訂，別異會同。斤斤然理軌纖紀，餖飣鼉噓，則余之分門列部，庶幾近裁割門之製美錦者也。""乙未冬，書成，余託隣姻彭君淨吾復加參閱，付剞劂氏，廣布海内，以正蒙求，而爲蔡鑑云。"

是書分上下層。下層首一卷爲蒼頡製字式等；卷一析字有《六書》、《八體》、《五音》、《四聲》等，卷二《天文門》，卷三至四《地理門》，卷五《人物門》、《聲色門》，卷六《器用門》，卷七至九《身體門》，卷一〇至一一《花木門》，卷一二《宫室門》、《飲食門》，卷一三至一四《鳥獸門》，卷一五《干支門》、《卦名門》、《文史門》、《珍寶門》，卷一六至一八《人事門》，卷一九《衣服門》、《數目門》，卷二〇《通用門》。上層首一卷爲《十字釋義》等，卷一《異施字義》，卷二至四《分毫字義》，卷五《書經難字》等，卷六《詩經難字》，卷七至八《禮記難字》，卷九《春秋》、《小學難字》，卷一〇至二〇《韻律》。

卷二〇末有荷蓋蓮花牌記，刊"萬曆丙申歲太吕月葉會廷梓"。葉氏，名天熹，會廷其字也。建陽人。此書卷一〇至一二配複印本。

《四庫全書總目》未收。《中國古籍善本書目》著錄。中國國家圖書館、南京圖書館等六館，及日本内閣文庫亦有入藏。

鈐印有"閻魔庵圖書部"、"岡本藏書記"、"至樂莫如讀書"、"中山元亨藏書之記"，皆日人印。又有"賈可璧"小圓印，賈爲美國人，曾任美國哥倫比亞大學東亞圖書館主任。

0328　明萬曆刻本字彙　　　　　　　　　T5172/4502

《字彙》十二卷首一卷末一卷附《韻法直圖》一卷《韻法橫圖》一卷，明梅膺祚撰。明萬曆四十三年(1615)梅士倩、梅士杰刻本。七册。半頁八行小字二十四字，四周單邊，白口，書口中有墨釘以替代魚尾。框高 21.3 釐米，寬 12 釐米。題"宣城梅膺祚誕生音釋"。前有萬曆四十三年梅鼎祚序。

梅膺祚，字誕生。宣城人。少學《易》，爲諸生，誦通將受餼，徙而游國子，精治六書，悟其終始於《易》。

梅鼎祚序云："吾從弟誕生之《字彙》，其峕其終，悉以數多寡，其法自一畫至十七畫，列二百十有四部，統三萬三千一百七十九字。每卷首爲一圖，俾檢者便若指掌，閱者曠若發矇。其義則本諸《説文》、《爾雅》而下之箋譯。微固者，遵所舊聞，裁以己意，而刊其詭附，芟其蔓引，以卒歸於雅。"

是書以地支分爲十二集，每字注音釋義。簡化部首爲二百十四部，同部首字以筆畫多寡排列之。首卷爲運筆、從古、遵時、古今通用、檢字。末卷附錄，辨形指誤、以助閱者辨別四聲，熟悉反切。《康熙字典》部首，即沿襲此書。查《四庫》本《康熙字典》提要，有云"世所通用者，率梅膺祚之《字彙》"。

此本爲梅氏子士倩、士杰所刻。鼎祚序云："二子士倩、士杰能讀父書，而梓行之。"卷末有日人題記，"天保十五甲辰年夏求之，東都高村所藏之信。""天保十五"年即弘化元年，也即清道光二十四年。

《四庫全書總目》未收。《中國古籍善本書目》著錄。上海圖書館、浙江圖書館等十館，及日本尊經閣文庫、内閣文庫、京都大學人文科學研究所亦有入藏。臺北"國家圖書館"藏本佚去《韻法直圖》一卷《韻法橫圖》一卷。

鈐印有"高林氏記"、"速子權"、"江都穀詒堂長尾氏圖書"、"鶴誥齋藏"。

0329　明萬曆刻本字考　　　　　　　　　T5116/1433

《字考》不分卷，明夏宏撰，黃元立續訂。明萬曆四十五年(1617)高揚刻本。一册。半頁六行十四字，四周單邊，白口，單魚尾。框高 21 釐米，寬 12.7 釐米。題"蓼人黃元立可予甫續訂"。前有萬曆四十五年黃元立序，末有萬曆四十五年高揚跋。

夏宏，字用德，號銘乾。海陽人。

是書分考誤寫字、考疑似字、考誤讀字三篇。《四庫全書總目》經部小學類存目收《字考》二卷，上卷同此本，下卷爲通用古字、通用聯字。《總目》謂是書意在訂六書之譌，而不能深研古義，但神販於近代韻書、字書之間，離《佩觿》、《字鑑》諸書，蓋不可以道里計矣。

高揚跋云："是考之刻，蓋與權黃先生，得之前政善刀而藏之也，余特請以公同志。緣嘗周旋於六陽何先生，先生固嫻六韻者，時爲詩文柬剳，有一字點畫之疑，必考訂真確而後發之。曰一畫之訛，即非本字，字義失而文義并失，識者絶倒矣。余領其説，亦竊有志未逮。得是考，不覺躍然，蓋幸以何先生之教，收黃先生之功，且幸以兩先生之所明，開天下之所蔽，此又余所壽剞劂之意也。"

《中國古籍善本書目》未著錄。

0330　清康熙刻本六書通　　T5117/7402

《六書通》十卷，明閔齊伋撰，清畢弘述篆訂。十冊。清康熙刻乾隆印本。半頁八行十二字，小字雙行二十四字，四周雙邊，白口，無魚尾。框高21.2釐米，寬14.8釐米。題"海鹽畢宏述既明篆訂；苕溪閔章含貞、程昌煒赤文同校"。前有清順治十八年(1661)閔齊伋自序，康熙五十九年(1720)畢弘述序；《凡例》九則。

閔齊伋，字及武，號寓五，一作遇五。浙江烏程人。明諸生，不求進取，耽著述，世所傳朱墨字版、五色字版謂之閔版者，多其所刻。《(光緒)烏程縣志》卷一六《人物》有傳。

畢弘述，字既明，號念園。浙江海鹽人，其先居歙，父粹濤始遷澉水。能文章，工詩書，圖章棋畫，靡不妙絶一時，而篆隸尤直逼秦漢，片紙隻字，世得之若琪璧焉。其詩本諸性情，不事雕飾，著有《念園詩草》。《(光緒)海鹽縣志》卷一七《文苑》有傳。

茲編之旨，在乎通古今字體之變。閔齊伋自序曰："《六書通》者何？通六書之變也。孰通之？《說文解字》之孰也。"其書以《說文》之字，楷書標首，下列三代秦漢古文籀文，以及鼎彝符印，有變體必載，使觀者得其變通。字字依《洪武正韻》，分卷按四聲：卷一至二《上平聲》，卷三至四《下平聲》，卷五至六《上聲》，卷七至八《去聲》，卷九至一〇《入聲》。唯卷端不標卷數，但於首行下刻"某聲第某"。每變體篆文下，皆注出處。如止單文無變體者，則標以"附通"，附於相關篆文之下。如"弓"字諸變體下，附通"穹"字；"宗"字諸變體下，附通"琮"、"賓"、"悰"三字。

自序曰："叔重爲倉史功臣，倉史之道千古不墜者，叔重之力也。第謂字當止於《說文》之文，而餘皆棄而不錄，則非倉史之意矣，亦非天地鬼神之意矣。昔倉史氏創爲五百四十字，天雨粟而鬼夜哭，何爲者？以爲五百四十字之變，將不可勝窮，必且十三經，必且廿一史，必且諸子百家，必且篆隸真草，貫天地之化，奪鬼神之靈，於是焉在夫，是以天爲之瑞，而鬼以之感也。""是故一代之同文，即爲一代之變體，變故相尋，充塞宇宙，而五百四十字者，方新而未艾也。故曰：貫天地奪鬼神者，存乎變。""若是乎，變之不可以不通也。"

《四庫全書總目》曰：是書"大致仿《金石韻府》之例，以《洪武正韻》部分，編次《說文》，而以篆文別體之字，類從於下。其但有小篆而無別體者，則謂之'附通'，亦併列之。不收鐘鼎文，而兼采印譜。自稱通許慎之孰，不知所病正在以許慎爲孰也"。按，館藏另有乾隆刻本載吳省蘭序，則以爲此書例仿元戴侗《六書故》，序曰："元永嘉戴氏《六書故》，以今文爲經，篆古爲緯，稍變許氏連首之舊，自言書病乎不盡通，通則極文字之變，不能逃焉。近世海鹽畢氏，略仿其例，而以宫韻爲序次，所采較多，檢尋良便。其曰'通'，猶之曰'故'也。"

此書成稿之日，閔齊伋已年八十有二，及其身歿，其書亦湮没無聞。六十年後，畢弘述始得遺稿，於是乎增補篆訂，與同好共謀刊印。畢弘述序曰："《六書通》爲五湖閔寓五先生稿本，余得之苕溪程子赤文家……義精而體詳，有功後學不淺。惜殘闕，且淹没而不復傳。余爲之討求數載，增補篆訂爲成書，同學諸公爲之參訂，相與贊成，授梓人。諸公好古如斯也，先生學古之學不淹没而果傳哉！"

書中"玄"字缺筆避諱；"丘"、"禛"、"曆"均不避；"弘"字於注文中不避，於楷書字頭則闕末筆，卷端題名"畢弘述"之"弘"亦缺末筆，疑後印時剜去。按，此本刊者刊年未詳，雖有畢弘述自序，固不足爲畢氏原刻之確證，姑且依諱字定其大概。

扉頁刻"六書通。五湖閔寓五先生稿本。基聞堂□□"。

卷末有墨筆一行，題"庚子安永九年秋八月望觀鵝室主人置"，下鈐印"武元蕃印"。按，安永係日本年號，安永九年即乾隆四十五年。

《四庫全書總目》入經部小學類存目。《中國古籍善本書目》未著錄。中國國家圖書館、中國人民大學圖書館、華東師範大學圖書館等十五館也有收藏，但多著錄爲康熙五十九年刻本，或康熙五十九年基聞堂刻本，或康熙五十九年畢氏基聞堂刻本。今《四庫全書存目叢書》即據中國人民大學圖書館藏本影印。

按，是書流布廣，傳本夥，據各家藏目記載，尚有乾隆間刻本、光緒四年繡谷留耕堂刻本、光緒十九年上海校經山房石印本、光緒二十一年上海鴻寶齋石印本、宣統元年上海掃葉山房石印本、民國上海廣益書局石印本。

鈐印有"杉原處士"、"武元蕃印"、"菜亭"，皆日人印。

0331　清乾隆刻本六書通　　　　　　　　　　　　T5117/7402B

《六書通》十卷，明閔齊伋撰，清畢弘述篆訂。清乾隆刻本。十六册。半頁八行十二字，小字雙行二十四字，四周雙邊，白口，無魚尾。框高20.8釐米，寬14.8釐米。題"海鹽畢弘述既明篆訂；苕溪閔章含貞、程昌煒赤文同校"。前有順治十八年(1661)閔齊伋序，康熙五十九年(1720)畢弘述序，康熙五十九年程煒序，康熙五十九年張涵序；附《徵刻小啓》；乾隆六十年(1795)吴省蘭題辭；《凡例》九則；同人姓氏。

程、張二序爲館藏康熙刻本《六書通》(T5117/7402)所無，因於是書之流傳發現、整理刊印均有敍述，兹録之如下。

程煒序云："晟溪閔寓五先生，好古讀書，生明季，能遠紹倉頡微旨，於三代秦漢諸篆法，返搜備其形體，窮討溯其本源，參互辨其疑似，勞精竭神者五十餘年，輯成書，題曰《六書通》。而先生老死，是書流傳散失，幾付之荒煙。而又六十餘年，煒得之，煒交於畢殿揚先生。先生弟既明先生，工文詞，善書，尤精篆籀諸法，余因殿揚先生以《六書通》請正焉。先生一見驚絶，謂周秦古法復見於今，惜殘闕非全書，且傷其幾於泯滅也，爲之加參考篆訂。閲四載，書成，且付之梓人，以傳於後。嗚呼，兩先生學同也，攻苦同也，前後相間六七十年而共成是書，非天之不忍喪之哉，又非特歐、蘇之於昌黎，徐、裴之於龍門矣。"

張涵序云："比畢子既明過余，手一編相示，曰：此吴興閔寓五先生所詮次《六書通》也。余讀其立例，以韻爲序，先標楷書，而篆法之變，以次綜比，源流異同，鑿鑿精晰，不禁躍然，以爲先得我心。蓋其用心實勤，而嘉惠後學爲不淺矣。既明謀授梓人，以公同好。嗚呼，以先生用心之勤，且久如此，而六書之學之沉晦而不明如此，凡有心者，其忍令菁華之墜於地而不一傳之耶？余以宦薄，不能獨任其事，而淮之南北，率多振古好奇之士，余爲慫恿而成此舉，行見是書一出，流傳日廣，古人六書之微旨，焕然復昭於天下，實稽古者之一快也！余聞閔先生篤學貧者，既没而其書流落人間，數十年後，乃得既明表章，相與謀爲是舉。夫世間奇書知復何限，不幸遇非其人而零落於破窗敗壁間，僅以爲覆醬瓿、易餅餌之具者，何可勝昔。而既明乃能增篆考訂，壽諸不朽，豈非幸哉！然則今日能成既明之志，而表章是書者，謂其功不在閔君下可也。"

此本有扉頁，刻"六書通"。"玄"、"弘"字避帝諱。

0332　明崇禎刻本篆林肆考　　　　　　　T6129.8/8244

《篆林肆考》十五卷，明鄭大郁輯。明崇禎十四年(1641)潭陽劉肇麟刻本。二册。半頁十行，四周單邊，白口，無魚尾。框高20.5釐米，寬11.1釐米。題"溫陵鄭大郁孟周父輯；柘浦徐廣廣居父訂；松源葉樞機仲父較；潭陽劉肇麟禎甫父梓"。

鄭大郁，字孟周，福建溫陵人。

此書爲殘本，存卷一〇至一五，爲"百家姓篆法"。

《四庫全書總目》未收。《中國古籍善本書目》著録，中國國家圖書館、河南省圖書館等四館亦有入藏。是書又有明崇禎藜光堂劉榮吾刻本。

鈐印有"蕉雨亭"。

0333　明萬曆刻本同文千字文　　　　　　　T6129/3125

《同文千字文》二卷，明汪以成輯。明萬曆十年(1582)刻本。四册。半頁五行十字，四周單邊，白口，單魚尾，書口下間有刻工。框高20.5釐米，寬13釐米。前有任兆麟序，萬曆十年汪以成序。

"同文"者，指文字相同。《禮·中庸》："車同軌，書同文。"是編先以每字楷法，取其通俗，次以古篆、八分、行草諸體，溯源訖流，以盡其變。又加以音切，以求正名，再考其偏旁點畫等，亦爲明代通俗之字書。

汪以成序云："不佞待詔南宮，雅志古學，是以八法之妙，稍悉六書之奧。龘探輒采周侍郎所綴千文，下自隸楷，上溯頡籀，商敦周鬲之銘，秦碑漢碣之勒，以及長史顛蹟，右軍草聖，薈蕞叢萃，鬱成編帙。窮其孳乳，字爲之疏；辨其魚豕，文爲之箋。義取斷章，無關成句……歙邑博浙右田先生子秋，才誇天禄、石渠，學併康成、玄晏，兼之意氣，薄與過從，力贊其成。遂出所著《大明同文集》，相與參訂，同授剞劂，青簡爰汗，敢爲偏者之投，聊備一家之學。其曰《同文千字文》，亦因田先生所命云。"序中所云《大明同文集舉要》，亦汪以成所刻，北京大學圖書館等四館、臺北"國家圖書館"亦有入藏。

今人張志公有《蒙學書目稿》，載有關千字文之書約七十種，然未收此書。

此本有刻工黄鎮、黄池等。

《四庫全書總目》未收。《中國古籍善本書目》著録明萬曆十年汪氏經義齋刻本，浙江圖書館、遼寧省圖書館等九館亦有入藏。此本無"經義齋"字樣。

0334　明萬曆刻本簡文編　　　　　　　T5161/2144

《簡文編》五卷，明伍袁萃輯。明萬曆三十五年(1607)伍毓耆、伍毓昚貽安堂刻本。一册。半頁九行二十二字，四周單邊，白口，單魚尾，書口下刊"貽安堂"。框高20.9釐米，寬11.5釐米。前有萬曆二十九年(1601)伍袁萃序。

伍袁萃，字聖起。吴縣人。萬曆八年進士。授貴溪知縣，平賦清徭，懲積蠹，出冤獄，陞兵部主事，終養歸，服闋起原官，陞武選副郎，備兵抗嚴，尋改視學政、湖廣布政司參議，分守湖南，引疾歸，仕官三十餘年，無腴田廣宅，所得俸錢置義田贍族。又有《權書》、《逸我軒集》、《貽安堂稿》。《(乾隆)長洲縣志》卷二四有傳。

是書乃彙古書史中言簡而有文者爲一編,以訓兒輩之用。分《左傳》、《國語》、《國策》、《史記》、《漢書》,頁數各自起訖。伍序云:"及視兩浙學政,校諸生文,至結處率空疏淺陋,因彙古書史中言簡而有文者爲一編,檄有司頒示之,會遷秩,不果。兹林居多暇,更加袞益,以訓兒輩。先師有云,辭達而已矣。故片言居要,即可垂世。"

書末刊"萬曆丁未夏月之吉","男毓耆、毓吞授梓,錢紹起校正"。

《四庫全書總目》未收。《中國古籍善本書目》未著録。《江蘇藝文志・蘇州卷》(1996年江蘇人民出版社版)於此書下注"佚"。日人裝幀。

鈐印有"世秀之印"、"佐忠□"。

0335　清順治刻本篆書正　　T6129.8/4560

《篆書正》四卷,清戴明説撰。清順治十四年(1657)胡正言刻本。四册。半頁八行十三字,四周單邊,白口,單魚尾。框高20.2釐米,寬13.1釐米。題"滄洲戴明説道默纂著;郡人劉夢患骨參定;後學馬鳴蕭子乾編;男戴王綸經碧、縉紳黄較"。前有順治十四年闕名序(闕末頁);賜鑾堂撰《凡例》八則。

戴明説,字道默,河北滄州人。崇禎七年進士。累遷兵部給事中,李自成入京師,明説從之。入清起原官,累仕至户部右侍郎,尋以不奏銷錢糧及徇私注差等事,罰俸降級。出爲河南汝南道,遷廣西布政使,擢户部尚書。旋以瞻徇虧缺額税,調太常寺少卿,遷右通政、太僕寺卿。丁母憂,復被劾,遂革職,尋死。事蹟詳《清史列傳・貳臣傳》。

是書俱按畫數編次,共一百二十部。卷一三十一部,卷二二十四部,卷三二十九部,卷四三十六部。又末另設單部,凡字難入邊傍者悉載此備考。

闕名序云:"因窮遡六書,備摭諸家,體欲簡以易,義意欲明以辨,邊傍點畫欲嚴以確。自乙亥迄丁丑,帙龐備嗣,此耳目增損,心手出入,及名山大川,殘蠹秘笈之淵瀾,講席騷壇之同異,淬勵所不逮者復十餘歲,務規其正者而止,集甫成,患骨亡矣。""今隸法相沿,篆本久蕪,八體之中,刻符摹印兩家存焉,俗師失真益謬,余故急求其正者,從厥原也。"

《凡例》云:"是集文雖四編,時踰廿載,博參先正,旁攬夙儒,既蒐金石之菁英,頗稽蝌蚪之隱秘,然不敢侈博載籍,用懼貽災棗梨,至測蠹之未備,或管豹之難全,敬俟大方,聿廣同好。"

金鑲玉裝。此本有扉頁,刻"篆書正。戴巖犖先生纂著。永魁齋藏板"。闕名序佚去末頁,或戴明説撰。此書"胡正言刻本"之依據,從《中國古籍善本書目》著録。

《四庫全書總目》、《續修四庫全書》、《續修四庫全書總目提要(稿本)》未收。《中國古籍善本書目》著録,上海圖書館、山東省圖書館、北京大學圖書館等七館也有入藏。又《中國科學院圖書館中文古籍善本書目》著録。

0336　清乾隆刻本千文六書統要　　T5161/7276.47

《千文六書統要》二卷,清胡正言撰。附《篆法偏旁正譌歌》一卷,明李登撰,胡正言補篆。清康熙十竹齋刻本。四册。半頁六行,大小字數不等,四周單邊,白口,單魚尾。版心下刻"十竹齋"。框高18.2釐米,寬12.8釐米。題"柏林李仲卿先生、澪陰李香嚴先生仝鑒定;海陽胡正言曰從氏輯篆"。前有康熙二年(1663)李縉明序,康熙二年李皋序(殘),闕名序(殘);序文古字釋。

扉頁刻"千文六書統要。李仲卿、李香嚴兩先生鑒定。十竹齋藏板"。原鈐木記"三多齋發兌"。

《續修四庫全書總目提要(稿本)》分作二書著錄,併入經部小學類文字目。《中國古籍善本書目》著錄,北京大學圖書館、天津圖書館等十館有藏,又清華大學圖書館等五館藏本無附卷。《北京圖書館普通古籍總目》著錄明刻本;《北京大學圖書館藏古籍善本書目》著錄明末刻本;《中國科學院圖書館藏中文古籍善本書目》著錄清初十竹齋刻本。臺北"國家圖書館"也有收藏,為康熙二年海陽胡氏刊本。

鈐印有"節堂藏書"、"柳柳室印"。

0337　清康熙刻本正字通　　　　　　　　　　　　T5172/1321

《正字通》十二卷首一卷,明張自烈、清廖文英撰。清康熙二十四年(1685)吳源起清畏堂刻本。三十八冊。半頁八行十二字,小字雙行二十四字,四周雙邊,白口,單魚尾。框高20.3釐米,寬13.2釐米。題"南昌張自烈爾公、連陽廖文英百子全輯"。前有康熙二十四年吳源起序,康熙十一年(1672)龔鼎孳序,康熙九年(1670)廖文英自序;《凡例》十則;引證書目;總目。

是書按天干分集,以集爲卷,子集一、二畫(上集八部、中集一部、下集二十部),丑集三畫(上集二部、中集三部、下集四部),寅集三畫(上集八部、中集五部、下集十部),卯集四畫(上集一部、中集三部、下集七部),辰集四畫(上集三部、中集一部、下集九部),巳集四畫(上集一部、中集七部、下集二部),午集五畫(上集九部、中集八部、下集六部),未集六畫(上集二部、中集十部、下集十部),申集六畫(上集一部、中集二部、下集四部),酉集七畫(上集三部、中集九部、下集八部),戌集八、九畫(上集三部、中集十一部、下集六部),亥集十畫至十七畫(上集八部、中集二部、下集十八部)。每集前各附目錄。

總目卷端首行下有小字注曰:"舊本首末卷附亥集後。"按,是本有"《字彙》舊本首卷",但未見"舊本末卷"。總目後有小識。

"《字彙》舊本首卷"各篇爲:"運筆"(筆畫順序)、"從古"(俗字當從古字。注曰:"古人六書各有取義,遞傳於後,漸失其真,故於古字當從者,紀而闡之")、"遵時"(古字當從今字。注曰:"近世事繁,字趨便捷,徒拘乎古,恐戾於今,又以今時所尚者,酌而用之")、"古今通用"(注曰:"字可通用,好古趨時,各隨其便")、"檢字"(難檢部首表)及字目表(按筆畫順序排列)。卷端首行下有小字注曰:"宣城梅膺祚誕生音釋。"

避諱止康熙,"胤"、"弘"均不避。

《四庫全書總目》入經部小學類存目。《中國古籍善本書目》未著錄。北大圖書館有藏,十二集三十六卷,清康熙清畏堂刻本。中國人民大學圖書館也有收藏,康熙間刻本。臺北"故宮博物院"藏康熙十年張氏弘文書院刊本。

鈐印有"□□世家家藏書畫"。

0338　清康熙刻本康熙字典　　　　　　　　　　　　T5173/0735

《康熙字典》十二集三十六卷《總目》一卷《檢字》一卷《辨似》一卷《等韻》一卷《補遺》一卷

經部

《備考》一卷,清張玉書等奉敕纂修。清康熙五十五年(1716)內府刻本。四十冊。半頁八行十二字,小字雙行二十四字,四周雙邊,白口,單魚尾。無欄綫。框高 19.3 釐米,寬 13.2 釐米。前有康熙五十五年御製序(陳邦彥書);康熙四十九年上諭;總閱官纂修官校勘官名錄;《凡例》十八則。

張玉書,字素存。江蘇丹徒人。順治十八年進士,選庶吉士,授編修,歷禮部尚書,官至大學士,學問淵雅,風格嶷然,輔政二十年,卒諡文貞。著有《張文貞集》傳世。事蹟詳見《清史稿》本傳。

《康熙字典》原名《字典》,清康熙四十九年敕令編纂,五十五年修成。全書共收字四萬七千有餘,分部二百十四,各部首字按筆畫排序,同部首各字亦按筆畫排序。全編按地支分爲十二集,每集分上中下三卷,共三十六卷;別附《總目》、《檢字》、《辨似》、《等韻》、《補遺》、《備考》各一卷,總計四十二卷。《檢字》列部首難檢之字。《辨似》列筆畫近似、音義顯別之字。《等韻》分"字母切韻要法"、"等韻切音指南"二篇。《補遺》收有音有義之冷僻字及部分異體字。《備考》收有音無義或音義全無之字。其例每字之下有雙行小字注音、釋義、書證。注音用反切、直音,附叶音。釋義先本義,次別義。書證多舉篇名,按時代序次。若有考辨,則加案語。

《四庫》館臣稱之"凡古籍所載,務使包括無遺","去取得中,權衡盡善"。

扉頁刻"御製。康熙字典",並刻印龍紋圖案。

按,《康熙字典》修成,遂付武英殿刊印,故亦稱殿本,本館所藏即是。然此本文字時有訛奪,道光間,武英殿正總裁王引之奏言:"《字典》一書當年成書較速,纂輯諸臣間有未及詳校者,應加校正。"奏準,奉敕校勘,道光十一年蕆事,仍付武英殿刊印。校訂重刻本共糾謬改誤二千五百八十八條,并綴合校記,附刻《考證》十二冊。誠後出轉精,較康熙殿本爲勝。重刻本向罕流傳,鮮爲人知,及 1996 年上海古籍出版社據原本影印,始爲通行。

《四庫全書總目》入經部小學類。《中國古籍善本書目》著錄,中國國家圖書館、上海圖書館等三十二館有藏。臺北"故宮博物院"、"國家圖書館"臺灣分館等也有收藏,臺灣大學圖書館著錄爲康熙四十九年武英殿刻本,疑誤。

鈐印有"解氏文字禪樓藏書印"。

0339　清康熙刻本六書分類　　　　　T6129.8/2444

《六書分類》十二卷首一卷,清傅世垚輯。清康熙四十四年(1705)聽松閣刻後印本。十三冊。半頁八行字數不計,四周單邊,白口,單魚尾。書口下刻"聽松閣"。框高 19.2 釐米,寬 12.9 釐米。題"汝南傅鷥祥淑岩甫命書;男世垚賓石氏手輯;世磊友石氏參訂;同里周呈兆際美甫鑒定;男天辰撫五氏補校;天健一庵氏授梓"。前有康熙四十年(1701)周呈兆序,康熙二十三年(1684)王隌序,康熙四十四年周天健序,康熙四十四年李來章序,康熙三十八年(1699)朱泂序,康熙二十三年何源濬序,康熙三十八年胡簡敬序,康熙三十八年閻錫爵序,康熙三十八年李根茂序,康熙三十八年羊和秦跋,康熙三十八年賴帝夢跋;傅世垚撰《凡例》十六則。

傅世垚,字賓石,號帚庵,河南汝陽人。嗜古篤學,方自髫年即蜚聲藝苑,主持壇坫,經史而外,諸子百家,莫不手披目覽,心領神會。康熙十八年,以博學鴻詞薦,旋授按延津教諭,遷四川資陽縣知縣,乞養歸,閉門著述,卓然成一家言。博極典墳,沈酣風雅,著述之富,擬於等身,而尤銳志於字學。

是書爲傅世垚十七歲時奉其先君之命草創成帙，十九歲時又增訂繕寫一編，藏之篋箱。每游遠方，必攜以相隨，遇有相知舊家，必首詢以篆文有無，既得一書即逐字增集内，每至忘寢食。卷一一畫、二畫；卷二至三三畫；卷四至六四畫；卷七五畫；卷八至九六畫；卷一〇七畫；卷一一八畫、九畫；卷一二十畫至十七畫。首一卷爲總目、考古書傳、檢字、辨疑。其書分部一依梅膺祚《字彙》之例，分門列字，每字以小篆古文，俱以説文爲準，次於楷書之後，楷書多從俗寫，使人便於檢識，一目了然。

李來章序云："汝陽傅君賓石，既稟異姿，又承家傳，且生晦伯、於田兩先生之鄉，習其流風，學稱宏博矣，而於篆隸尤有夙癖。三十年來，探索搜括，區别體製，著有《六書分類》一書，最爲精核，好古者咸嘉之。都使周君毅公，好古君子也，欲爲刻之於南海。乙酉春，予于役羊城，獲過高軒，毅公因舉原本相授，俾加讎正。""乙酉"，爲康熙四十四年。

朱泂序云："汝陽賓石傅先生……尤鋭志於字學，所著有《六書分類》若干卷，是其幼年時所定稿本也。歲己卯，養疴杜門，日事鈔略，遠溯上古，旁及諸家，考究精嚴，窮極源委，可謂毫髮無遺憾矣。"

羊和奏跋云："今歲夏，復取昔年所輯《六書分類》一書重爲增訂，上自禹碑石鼓、周鼎商彝，下迄秦漢，探峋嶁之奇，蒐汲冢之秘，以及盤盂几杖、鐘鼎尊匜，無不蒐羅考究，罔有遺缺，復印證於諸家成書，增補其未備，博洽詳明，固已盡美盡善。"

《凡例》云："六書沿流既久，繕寫出於多手，不無魚魯豕亥之弊。是集參考羣書，嚴加釐正，謬文害理者一概芟除。間有一文兩書俱載，而筆畫稍别，亦必並登，以俟精於古學者相體擇用。由於去古既遠，辨識最難，故不妨兩存，以資淹博。""是書繕寫，總出己手，讎校再四，可免差訛。尤慮對訛字如掃落葉，仍冀有心惠師一字於此，欲下西江坐具矣。""余平生心力輯成此書，迄今凡三脱稿，原期再延一二十年方付剞劂，未免又增幾番參廣。不意戊寅春仲，偶感奇疾，卧病掩關，壯游已倦，諒應此生難以再輯，因於己卯夏日，獨居繕寫，閲五月而告完。檢點篇中，尚有勉勗成書之憾，用付兒曹，謹加什襲。"

此本有扉頁，刻"篆文第一種"；"六書分類。尋菴秘書"。

《四庫全書總目》入經部小學類存目。《四庫全書存目叢書》經部第203册收入，底本爲北京師範大學圖書館藏本。《中國古籍善本書目》未著録。清華大學圖書館（三部）、中國科學院圖書館、香港大學馮平山圖書館也有入藏。北京大學圖書館有此書，作清康熙三十八年寶仁堂刻本。美國普林斯頓大學葛思德東方圖書館有康熙四十四年周天健聽松閣廣東刊燕詒堂印本、康熙四十四年周天健聽松閣廣東刊寶仁堂印本。

鈐印有"三石文庫"、"高橋"。

0340　清乾隆刻本六書分類

T6129.8/2444B

《六書分類》十二卷首一卷，清傅世垚輯。清乾隆五十四年（1789）聽松閣刻嘉慶元年（1796）印本。十三册。半頁八行字數不計，四周單邊，白口，單魚尾。書口下刻"聽松閣"。框高20釐米，寬13.1釐米。題"汝南傅世垚賓石氏輯篆；孫錫桂月樵氏校閲；孫錫信秉直氏命刊；孫錫類繩祖氏校閲；曾孫應奎汪平氏授梓；姪曾孫應壁蔚園氏敬臨；曾孫應台耀平氏校閲；韓城世晚解復子通氏校閲"。前有乾隆五十四年王杰序，乾隆五十四年紀昀序，乾隆五十五年畢沅序，乾隆五十四年王昶序，傅應奎序；傅世垚撰《凡例》十四則。《凡例》後有乾隆五十四年傅應奎跋，嘉慶元年傅錫信跋。《辨疑》後有乾隆五十四年蔣和跋。

傅應奎跋云："謹按是書成於康熙中，於聖祖廟諱皆從宋《禮部韻略》之例，敬避不載。今奎校付剞劂，請序於紀大宗伯，宗伯謂：書雖編於當時，而刊刻則在今日，世宗廟諱、皇上御名亦宜一體敬避，以昭臣子恭慎之義。既從公之教，因併附記《凡例》之末焉。"

傅錫信跋云："先祖所輯《六書分類》，乾隆己酉刊於韓城官舍。聖祖廟諱、世宗廟諱、太上皇帝御名已敬避不載。茲於皇上御名，遵《韻略》之例，敬避不載。"

蔣和跋云："和自丙申歲集《隸通》十二卷，廣求篆隸諸書，因見《六書分類》，如獲至寶，凡有識者一見，亦莫不愛而慕焉。至甲辰，以欽賜江浙三分《四庫全書》，和謬充篆隸校對，因公急迫，所著《隸通》欲鋟問世未果，緣窺天府之秘奧，極藝苑之大觀，於是又輯《說文字原集注》一書，將《分類》中'辨疑'在《字原》內者逐條編入。戊申冬，汪平傅明府以卓異近接天顏。己酉春，和晤明府於旅舍，始知《分類》一書即汪平公曾祖賓石先生所著，承繼先業，已歷四世，未得付梓，今歲正擬開雕，乃相與酌定成式，囑其弟蔚園公臨摹以授剞劂，和復猥荷嘉，命再加釐定。"

是書爲傅應奎刻於陝西韓城官舍，王杰序有云："曾孫明府汪平來宰韓城，政事之暇，補輯殘賸而謀付諸鎸木家。"此本有扉頁，刻"六書分類。紀大宗伯鑒定。維隅堂藏板"。此本《凡例》較康熙本刪去二則，又內容上也有變動。

《中國古籍善本書目》不收。香港大學馮平山圖書館有藏，扉頁刻"六書分類。紀大宗伯鑒定。乾隆歲次己酉。維隅堂藏板"。臺灣大學圖書館（兩部）、日本東京大學東洋文化研究所、京都大學人文科學研究所也有入藏。

0341　清乾隆刻本隸辨　　T5118/3844

《隸辨》八卷，清顧藹吉撰。清乾隆八年(1743)黃晟刻本。八册。半頁十二行二十字，隸書大字占四小字，四周單邊，綫黑口，單魚尾。框高18.9釐米，寬14.2釐米。前有乾隆八年黃晟重刻序，顧藹吉自序；目錄。後附康熙五十七年(1718)項綱識語。

顧藹吉，號南原，江蘇長洲人。按，重刻序末署"天都黃晟"，或其原籍黃山天都。生平仕履不詳，唯《御定佩文齋書畫譜》卷首載"康熙四十六年四月十一日杭州行在奏准校刊官生"下題"歲貢生候選訓導臣顧藹吉"，又《御定佩文韻府》卷首載"康熙四十九年十一月奉旨開載纂修監造官員職名校錄官生"下題"貢生臣顧藹吉"。

是書摭集漢碑，鉤摹隸字，按韻編次，考信析疑，故名"隸辨"。藹吉自序曰："《隸辨》之作，竊爲解經作也。字不辨則經不解，古文邈矣。漢人傳經，多用隸寫，變隸爲楷，益失本真。""於是銳志精思，采摭漢碑所有字，以爲解經之助，有不備者，求之《漢隸字原》，準以《說文》，辨其正變，或省或加，靡不兼載。譌者非立，疑者闕之，從古文奇字及假借通用者，隨字附之，下注碑名，並錄碑語，群書有證，則引爲據。恐生眩惑，不憚辭繁，類以四聲，便於討閱。碑字出自手摹，諦審無差。《字原》乃多錯謬，舩船再再，體或不分，血皿明多，形常莫別。悉從《隸釋》、《隸續》，詳碑定字，指摘無餘。別有《漢隸分韻》，字既乖離，跡更醜惡，所弗取也。復依《說文》次第，纂偏旁五百四十字，括其樞要。又列敘諸碑之自，折中分隸之說，各爲之考，以彰信析疑。筆法傳授，雖云茫昧，而規矩可師，亦綴篇末。竭其愚才，積三十年之久，然後成書，統爲八卷。所撰經疑，於茲搜攬。藏諸家塾，貽我後人。世有同志，亦無隱焉云。"

卷一《平聲上》,卷二《平聲下》,卷三《上聲》,卷四《去聲》,卷五《入聲》、《疑字》,卷六《偏旁五百四十部》,卷七《碑考上》,卷八《碑考下》、《隸八分考》、《筆法》。

《四庫總目》評曰:"今考此書,字形廣狹,與世所刻婁機《漢隸字源》相同,是陰以機書爲稿本。""所云'不備之字,始求之《字源》',殆不足憑。又每字下所引碑語,亦多舛錯。"究之,"或讀碑字偶不及檢",或"僅據《隸釋》,未見原碑",甚者"現存之碑亦僅沿襲舊刻,未及詳考,乃云採撫漢碑,其亦誣矣。""惟其於婁機以後續出之碑,盡爲摹入,修短肥瘠,不失本真,則實足補《字源》之闕。所纂《偏旁》一卷,五百四十部能依說文次第,辨正精核。又附《碑考》二卷,碑之存者注今在某處,亡者引某書云在某處,具有引證,以年代先後爲次,條理頗爲秩然,則較《字源》碑目爲詳核。後附《隸八分考》、《筆法》二篇,採輯舊說,亦均有裨後學,與婁氏書相輔而行,固亦不必盡以重儓譏也。"然余嘉錫《四庫提要辨證》據引清人桂馥、阮元、李慈銘等說,以爲"顧氏尚能識古字通假之義,故其句讀不誤,而提要之說,轉不免以不狂者爲狂也"。

是書初由項絪刊於康熙五十七年,即世傳項氏玉淵堂本。中國人民大學圖書館藏本扉頁鐫刻"項氏玉淵堂藏"。此本係乾隆八年黃晟據項氏玉淵堂原本重刻。黃氏《重鋟隸辨序》曰:"頃見玉淵堂所鋟顧南原先生《隸辨》一書,體廣釋詳,譌證贗訂,一以解經識字爲宗,承先啟後攸系,洵熙翰鴻制也。顧行世未幾,祖龍忌劫,間有藏是集者,珍如和璧隋珠,什襲罕發。俾生同時,而有有幸、有不幸之歎。不揣固陋,取原本重校。點畫波率,枯藤驚蛇,模合符節。鳩工歲餘,全帙告竣。雖不敢於是書炫功,而南原先生稽古之厚功,玉淵主人壽世之深心,不致不沒如綫者,抑亦藝學之一助也夫!"

扉頁刻"隸辨。顧南原撰集。玉淵堂原本"。卷終無刻印。

《四庫全書總目》入經部小學類。《中國古籍善本書目》僅著録上海圖書館藏清人批校康熙項氏玉淵堂本。中國國家圖書館、北京大學圖書館、中國科學院圖書館、四川大學圖書館、青海省圖書館及臺灣大學圖書館、臺北"中央研究院"史語所傅斯年圖書館等均藏此黃刊。又《香港中文大學圖書館古籍善本書錄》著錄乾隆黃晟刊本,然注記框高與館藏此本不同,內封亦無"玉淵堂原本"五字,而其卷末刻"江寧甘瑞祥家鐫"七字,則爲此本所無。除康熙項刻、乾隆黃刻外,是書又有同治十二年刻本、光緒十三年上海蜚英館石印本、民國掃葉山房石印本等。

0342　清康熙刻本字學正本

T5117/4409

《字學正本》五卷,清李京撰。清康熙八年(1669)高夢說刻本。五冊。半頁七行十字,小字雙行二十字,四周雙邊,白口,單魚尾。版心下刻卷數。框高 20.8 釐米,寬 14.5 釐米。題"晉長平李京元伯考輯"。前有康熙八年高夢說序;李京撰《凡例》八則;《四聲循環圖》;鑒定參閱者姓氏;總目。

李京,字元伯。事蹟莫考。按,卷端題名京籍"晉長平",《四庫全書總目》卻云"高陽人",高陽縣屬河北,似與"晉長平"無涉,查《高陽縣志》,亦無其名,不知館臣何以爲據。又據《地名大辭典》載,縣名長平者,均在河南,亦非晉之長平。唯山西古有長平城、長平郡,今地屬高平縣,一屬晉城縣,京或以古地名自稱,然稽之地志,併乏記載,姑闕如待考。

是書以小篆爲字之本,正字體筆畫之謬,故名《字學正本》。《凡例》"辨正本"條曰:"篆文變爲楷書,後世遂分兩途,更雜以行草,而筆畫益謬,不知何爲正字,何爲本字。夫正者,正其譌畫,端正不苟是也;本者,本諸篆文,木本根原是也。今乃以正字爲本字,以本字爲古文,又有以古文而通俗,譌此以爲彼者,世代相沿,莫知考究。是書凡字必注某正字、某本字,復贅其辭曰俗作某。"

是書遵《説文》本旨,正字體音義,按中原之音,平、上、去聲各分十七韻,入聲分八韻,皆從聲立類,依聲分卷。卷一《上平聲》(東鐘、江陽、支思、微齊、居魚、呼模、皆來、灰雷、遮奢),卷二《下平聲》(先咸、蕭豪、哥戈、家麻、庚青、尤候、真文、覃寒),卷三《上聲》(董腫、講養、紙似、尾薺、舉語、汦姆、蟹解、賄壘、者野、銑產、筱巧、舸果、賈馬、梗静、有厚、軫吻、感旱),卷四《去聲》(宋用、絳漾、寘寺、未霽、具遇、固悟、泰夬、隊纇、蔗舍、霰豔、嘯號、箇過、駕禡、敬證、宥候、震問、願翰),卷五《入聲》(尾物、質錫、術律、曷合、藥覺、點洽、麥白、屑葉)。各卷併有分目。

《凡例》八則:曰遵《説文》,曰分韻類,曰正音義,曰考譌謬,曰正古文,曰辨正本,曰清濫同,曰正反切。觀其標目,則是書之大概,可盡見矣。

《四聲循環圖》,乃爲反切法作圖示意。圖附説曰:"反切一道,門法良多,初學欲求解悟,每厭其煩。兹即東、董、凍、篤四聲,謬爲此圖。或順而切之,或逆而切之,或衝而切之,俱用'丁顛'字貫下,無不得之聲,舉一可以概百矣。亦此道之捷徑也。"

《四庫全書總目》以爲,是書引《漢書·郊祀志》,以證張有《復古編》之誤,"頗爲近古"。其駁正周伯琦《六書正譌》杜撰之證,"間有可採",亦有"考之不審"者。又云:是書"於周氏書採摭頗備,而張氏書反多挂漏。且依中原音韻分部,全乖唐宋之舊法,既有變古之嫌,而以《説文》篆體,盡改隸字,或窒礙而不可行,又不免泥古之過,均不可以爲訓者也。"

是本爲高夢説所刻。高序曰:"予友李子元伯,覃精研思於字學者,蓋歷二十餘年,深慨俗學之謬,乃折衷《説文》,本篆籀以通楷隸,編彙成集,額之曰《字學正字》。予受之卒業,乃喟然嘆曰:字學之不明久矣,子能使學者咸知返古,而又適於今之用,《説文》而後,誠不可無是書以翼之也……予不敢私爲帳中秘,梓而廣之,以公諸同志。"

扉頁刻"字學正本。中和堂鑑定。本衙藏板"。並鈐有長方形朱印木記:"字學久已失傳,是集窮源溯流,最爲真切,如闈牘難從本字,閱注內隸作某字,即可通時用也。"又鈐朱印木記"本衙藏版"。

高夢説序首行原鈐印"蕉窗",序末鈐有"高夢説印"、"易庵"、"信州太守章"。《凡例》末行"晉長平李京元伯謹識"下,原鈐"李京"、"元伯"二印。

《四庫全書總目》入小學類存目。《中國古籍善本書目》未著錄。中國人民大學圖書館、臺灣師範大學圖書館,及日本內閣文庫也有收藏,唯皆作康熙八年刻本。

0343　清康熙刻本篆字彙

T5117/2341

《篆字彙》十二卷,清佟世男編。清康熙多山堂刻本。十二册。半頁八行十二字,小字雙行二十四字,左右雙邊,白口,無魚尾。版心刻"多山堂"。框高 20.6 釐米,寬 12.9 釐米。題"遼陽佟世男偉夫編;桐城胡正宗文江、方正琇揚光全參"。前有康熙三十年(1691)梁佩蘭序;目錄。

佟世男(一作世南),字偉夫。漢軍鑲黃旗人,原爲滿族佟佳氏,後改漢姓佟,先世由撫順徙居遼陽。康熙中官知縣。著有《冬白堂詞》。《(民國)遼陽縣志》卷一四《文學志》佟世思傳附傳。

是書爲篆字之彙編,分二百一十四部首,依筆畫序列,并按地支分十二集(著錄以集爲卷):

子集（一畫、二畫），丑集（三畫前），寅集（三畫後），卯集（四畫上），辰集（四畫中），巳集（四畫下），午集（五畫），未集（六畫前），申集（六畫後），酉集（七畫），戌集（八畫、九畫），亥集（十畫至十七畫）。其例，每字皆圈以方框，下繫篆文，并簡注音義。

梁佩蘭序曰："彙本重篆，而冠正字於其上，使閱者知某字某篆，或一字而一篆，或一字而數篆至數十篆。諸凡鐘鼎金石錄古文大小篆，無不備載……真篆學之全書也。"《四庫全書總目》則以爲："其書本梅膺祚《字彙》，各繫以篆文。篆文所無之字，則依楷書字畫，以意造之，不可以爲典據也。"

卷終刻"順德羅傪子書、楊文貴鐫"。刊年未詳。避諱至康熙。

扉頁刻"篆字彙。遼陽佟偉夫編。多山堂藏板"，並鈐有"翻刻必究"印章。

《四庫全書總目》入經部小學類存目。《中國古籍善本書目》未著錄。中國國家圖書館、上海圖書館、北京師範大學圖書館，及日本內閣文庫、國會圖書館、東京大學圖書館也有收藏。《四庫全書存目叢書》收入，底本爲上海圖書館藏康熙本。《北京圖書館普通古籍總目》第十卷"文字學門"另著錄一康熙間刻本，題"錫環堂藏板"。《北京大學圖書館藏古籍善本書目》著錄康熙刻本。《香港中文大學圖書館古籍善本書錄》著錄康熙刻本，八行十一字，小字雙行二十二字。此外又有咸豐二年漁古山房重刊本。

0344　清康熙刻本六書準　　T5117/3220

《六書準》不分卷，清馮鼎調撰。清康熙刻本。二冊。半頁七行，小字雙行二十七字，篆文大字占小字雙行三字，四周單邊，白口，單魚尾。框高 22.1 釐米，寬 13.9 釐米。題"華亭馮鼎調雪鷗父述；男昶世東臨氏敬校"。前有順治十七年（1660）馮鼎調自序；馮昶世跋。

馮鼎調，字雪鷗，上海松江人。按，《（嘉慶）松江府志》著錄此書，但無其傳。

馮氏自序嘗云："讀書而不解字義，如有眶無瞳；欲解字而不通六書，如瞽者失相。"故纂輯此書，以明六書之學。是書編例，乃按象形、指事、會意、諧聲分爲四"屬"，假借、轉注則寓於其中，每屬再分平、上、去、入四聲。其闡釋六書之義，博採諸家，較正誤差，崇真辨譌，間參己意。

《四庫全書總目》曰："其書雖力闡古義，而於六書本旨，多所未明。如'社'之一字，《説文繫傳》從示土聲，此書不見《繫傳》，乃以'社'爲會意字。又如'風'之一字，《説文》從虫凡聲，此書不知'風'之古音，而以爲從蟲省聲。則其他概可知矣。"

此書由馮鼎調子昶世始刻，昶世跋曰："辛丑歲，先君子彌留時，親授斯編，諄諄囑昶梓以問世，因而嘆曰：人間不復有《廣陵散》矣！昶涕泣再拜受命。珍襲以來，又逾十年，惟恐湮沒弗彰，上負先人遺志，特授諸剞劂，用公同好。"按，是跋既云辛丑歲又逾十年授諸剞劂，則始刻當在康熙八九年間。然此書康熙間另有他刊，而扉頁題"傳忠堂"又不能證實爲馮氏齋室，故僅憑馮昶世跋，仍不足以定爲馮昶世刻本。唯此本不避清諱，刊印宜在康熙早期，或即馮刻，亦未始不可也。

扉頁刻"六書準。華亭馮雪鷗先生輯。傳忠堂藏板"。

卷終有清道光十四年盛文浩題跋："夫六書者，六篆也，曰象形、曰指事、曰會意、曰諧聲、曰假借、曰轉注也。其假借、轉注寓於象形、指事、會意、諧聲內也。凡學者宜參究其源，則精進矣。謹附於後，以備博雅之考證耳。道光甲午春仲書於小蘭圃之西窗，秋汀盛文浩書後。"

《四庫全書總目》入經部小學類存目，但著錄爲四卷。《中國古籍善本書目》著錄，甘肅省圖書館、福建師範大學圖書館有藏。北京師範大學圖書館也有收藏,《四庫全書存目叢書》即據以影印。又《中國人民大學圖書館古籍善本書目》著録清康熙間馮氏刻本,版式行款、封面題字,均同此本。《北京圖書館普通古籍總目》著録康熙間杭州彙賢齋刻本。

鈐印有"盛文浩印"、"秋汀"。

0345　清雍正刻本六書例解六書雜説八分書説六書辨通　T5117/4284

《六書例解》一卷《六書雜説》一卷《八分書説》一卷《六書辨通》五卷《辨通補》一卷《辨通續補》一卷,清楊錫觀撰。清雍正至乾隆楊氏蘭秘齋刻乾隆五十一年(1786)馮浩補板印本。六册。《六書例解》半頁九行二十二字,四周單邊,黑口,雙魚尾。框高20.4釐米,寬13.5釐米。題"金山楊錫觀述"。前有乾隆五十一年馮浩《六書例解辨通》總引;雍正十二年(1734)黄之雋《篆學三書序》,雍正十三年(1735)焦袁熹序。《六書辨通》半頁八行十三字,小字雙行二十六字,四周單邊,黑口,雙魚尾。框高19.9釐米,寬14.1釐米。題"金山楊錫觀編輯"。前有乾隆八年(1743)黄之雋序,乾隆七年(1742)楊錫觀自序;《例言》五則。

楊錫觀,字顓若,晚號門月居士。上海金山人,世居洛北村,簪紳舊族。幼孤,事母至孝。壯年隨瑄入閣,學於京師,身入人海,心澹世味,不妄交游,試屢不售,歸以明經終志。顓若篤學多文,古文學韓昌黎,詩出入唐之中晚。尤好篆隸之學,遍搜秦漢碑,手追心摹之。爲人和而介,方而通。別著《篆學三書》、《清夜録》、《顓若文稿》、《蘭秘齋詩鈔》。《(光緒)金山縣志》卷二〇《儒林傳》有傳。

《六書例解》一卷,乃據《説文》六書條次之例,增廣其文,詳解其義。凡六篇:指事、象形、諧聲、會意、轉注、假借。每篇首尾,各爲文分述六書之義,其間則以字例爲解。黄之雋《篆學三書》序轉述楊氏著書之旨,曰:"保氏所教六書,班固謂象形、象事、象意、象聲、轉注、假借六者,造字之本。鄭玄謂象形、會意、轉注、處事、假借、諧聲。許慎謂一指事、二象形、三諧聲、四會意、五轉注、六假借。序次互異。學者滑利過目而莫之省。楊子闡明厥義,定許氏所次爲不可易。謂書契代結繩,皆爲事而作,事寓於形,形成而聲從,聲從而意見,轉注、假借,其後起者。遂錯綜小篆,肌分理劈,貫串融洽,於是乎作《六書例解》。"

《六書雜説》一卷,凡九則,依次爲:"六書統於指事"、"指事象形分界"、"指事會意分界"、"諧聲從方音而多"、"古今人轉注"、"又轉注説假借有二義"、"方中履六書通説"、"變换偏旁之文多後增"、"遵篆倍篆體"。

《八分書辨》一卷,專論八分書,謂"八分即漢隸、今楷之别名"。

《四庫全書總目》持説多批評,謂《六書例解》一書,"大抵陽尊許慎《説文》,而陰以魏校《六書精藴》爲藍本,故於制字之義,多所未明。其《六書雜記》,論六書分界,亦多强生辨別。至《八分書説》一卷,申歐陽修、洪適之説,以八分爲隸,而謂今之楷書爲八分,引據牽合,亦失於考證"。

《六書辨通》五卷,專辨通假之字。通其可通者謂之"通",辨其不可通者謂之"辨"。其書仿洪適《漢隸分韻》、婁機《漢隸字原》例,用韻編次:卷一《上平聲》,卷二《下平聲》,卷三《上聲》,卷四《去聲》,卷五《入聲》。每卷前各有目録。每組通假文之下,分注本字創制之義,若形、若聲、若事、若意、若轉注,蓋以本義明,則假借之可否自明。音切從孫愐《唐韻》。

是書乃《六書例解》"假借"條之擴充。自序曰:"宋徐鉉云:六籍舊文相承,傳寫多求便俗,漸失本原，不可觀矣。此慨形體之失，小學廢置也。而其中假借一塗，紛綸雜糅，尤不容無辨。僕昨於《例解》末條，曾箋疏數百字，簡陋寡當，每思竟其緒，苦桑榆之末，目眊心盲，益滋舛謬。而不諒僕者，目僕爲老蟬魚，隘前例之略，慫恿續之，以備觀覽。因勉效隙光，箋《六書雜說》數則。又增廣末例非所借者，蒐羅獵祭，得千餘條，名曰《六書辨通》。"

黃之雋序稱："楊子之著書也，其道達於經綸，一比而合之，一理而分之。凡字之見經傳者，以聲通者，以形通者，以義通者，以轉通者，以借通者，又或以譁而通，以譌而通，以俗而通，以省而通。不通所可通，失則拘，少見多怪，若驪黃聊駱之皆馬也，可以不辨矣。通所不可通，失則混，是非雜糅，若萱郎稊稗之皆禾也，不可以不辨矣。顓若氏彙而通之，以同其不同；疏而辨之，以不同其同。考據精博，心力湛勇，以立此不朽之言也。"然《四庫全書總目》則以爲，"古人假借，多取音同，不求義合"，而楊氏卻謂之"於義不通"，乃與古人不合。且於見諸經典之通假字，"乃多失載，亦未爲賅備"。

楊氏諸書成書年代，在雍正、乾隆間。馮浩《六書例解辨通》總引曰："雍正甲寅、乙卯間成《六書例解》、《雜說》、《八分書辨》，乾隆壬戌成《六書辨通》五卷，又有《補》、《續補》。大旨謂六書中相通多在轉注、假借，假借更易混淆。《辨通》之作，就假借一例言之，可其可，不可其不可，理豪析芒，博稽詳證，助注疏而裨經典，一例既明，引伸觸類，六書咸得其義。余近年收其鋟版，稍有訛缺，覓初印本校補。惜乎《篆學三書》，僅存一序，原標嗣出，豈竟未訖工耶？余於六書，研究未深，徒觀其尊尚之正，援據之審，辨釋之確，紹五經無雙之絶學，綜群說而歸一，是功與徐騎省兄弟亞矣。余抱痾瑟縮，不克泛淞泖之棹，屬女人訪其從孫心源，乃得聞其概。嗟乎！文人窮年著述，敝精耗神，類皆自信必傳。顧傳不傳，又似有數，身後遺書零落湮滅，呑恨於荒墳破屋間者，豈少哉！余雖未全知顓若，但爲傳播此編，不泯其苦心，亦可無憾於終古矣。"又此編《六書例解》扉頁題"蘭秘齋藏板"，而"總引"云楊氏著《蘭秘齋詩鈔》，是"蘭秘齋"即楊錫觀書室。由此可知，書成以後，楊氏并有刊印之舉，唯數十年後，書板轉歸檇李馮浩所有，校補重印，傳播於世。據茲考證，此本或即馮浩得板重印之本也。唯此編《六書辨通》扉頁題"嘉禾瑞石軒藏版"，據《清人室名別稱字號》載，馮浩並無室名"瑞石軒"者。若"瑞石軒"確爲他氏齋室，則書板又經轉讓，而此本已非馮浩後印本矣。又，是編於各家藏目，或有分二書著錄者。按《例解》、《辨通》，版式行款小異，刊印不在一時，若所藏確是楊氏初印本，視爲二書，無可厚非。但以"總引"觀之，馮浩後印時已將二書合爲一編，故凡藏本爲後印者，不宜分作二書。

馮浩字養吾，號孟亭，浙江桐鄉人。乾隆十三年進士，入翰林，充國史館纂修，與修《續文獻通考》。歷官湖南巡撫、御史。以疾歸里，遂不復出，家居四十年，僑寓郡城，優閒養望，著述自娛。先後主龍城、崇文、戢山、鴛湖諸書院講席。以行輩漸高，海內士大夫至其地者，咸式廬造謁，巋然負東南之望。長子應榴、幼子集梧，皆通籍，同朝爲官。桐邑族望，當稱首屈一指。著述有《孟亭居士詩文稿》、《橫塘紀聞》、《玉谿生詩詳注》、《樊南文集詳注》。

是本雖屬得板重印，但字蹟尚清晰，唯馮浩《六書例解辨通》總引、《六書例解》扉頁，及黃之雋《篆學三書序》部分書頁係抄配。

《六書例解》扉頁刻"六書例解。金山楊顓若譔。蘭秘齋藏版。秦篆韻編、漢隸偏旁點畫考、正字啓蒙短箋三書嗣出"。此頁係影寫，"六書例解"四字篆書，其他隸書。

《六書辨通》扉頁刻"六書辨通。金山楊顓若譔。嘉禾瑞石軒藏版"。鈐有"收百世之闕文，采千載之遺韻"印章。

《四庫全書總目》入經部小學類存目，但分作二書著錄，且《六書辨通》作四卷。《中國古籍善本書目》未著録。各家藏目著録此書版本,幾無一致。《北京圖書館普通古籍總目》第十卷"文字學門",著録爲乾隆五十一年刻本,嘉禾瑞石軒藏版。《北京大學圖書館藏古籍善本書目》、《湖南省古籍善本書目》著録爲乾隆八年嘉禾瑞石軒刻本。《臺灣大學普通本綫裝書目》著録爲"《篆學三書》附《六書辨通》,雍正十三年蘭秘齋刻本"。日本《内閣文庫漢籍分類目録》著録爲乾隆八年序刻本。而上海圖書館藏本則分別著録,《六書辨通》"乾隆八年刻本",《六書例解》"雍正十三年刻乾隆五十八年馮浩修補重印本",《四庫全書存目叢書》即據以影印。《中國科學院圖書館藏中文古籍善本書目》亦分二書著録,但别題《篆學三書》(《六書例解》、《六書雜説》、《八分書辨》),雍正刻本;《六書辨通》,乾隆刻本;又自擬總書名曰《楊顒若小學二種》,版本著録爲"清匯印本"。另《北京師範大學圖書館中文古籍書目》僅著録《六書辨通》,乾隆八年刻本。《臺灣師範大學普通本綫裝書目》僅著録《六書例解》、《六書雜説》、《八分書辨》,雍正十三年刻本。

按,楊錫觀別著《篆學三書》,"三書"者何耶? 據馮浩"總引"云:"惜乎《篆學三書》,僅存一序,原標嗣出,豈竟未訖工耶?"此本《六書例解》扉頁題:"秦篆韻編、漢隸偏旁點畫考、正字啓冢短箋三書嗣出",則"三書"自明。然而黄之雋《篆學三書序》卻謂《六書例解》、《秦篆韻編》、《正字啓冢短箋》三書,未究孰是,姑存闕疑。唯《中國科學院圖書館藏中文古籍善本書目》以《六書例解》、《六書雜説》、《八分書辨》爲《篆學三書》,殊無根柢。而《臺灣大學普通本綫裝書目》著録《篆學三書》,以子目未詳,無從考辨。

館藏複本一部,六册。但闕馮浩《六書例解辨通》總引、《六書例解》扉頁。《六書辨通》扉頁鈐有"高氏家藏"印章。封面書簽、卷端鈐印有"平盦"。

0346　清乾隆刻本六書故六書通釋　　　　T5114/4522

《六書故》三十三卷《六書通釋》一卷,元戴侗撰。清乾隆四十九年(1784)李鼎元師竹齋刻本。十六册。二節版:下欄半頁七行十七字,小字雙行同;上欄僅刻一字,無行界。四周單邊,白口,無魚尾。框高 22.1 釐米,寬 14.5 釐米。題"永嘉戴侗著;西蜀李鼎元校刊"。前有元延祐七年(1320)趙鳳儀序,清乾隆四十九年李鼎元序,戴侗自序;目録;戴侗撰《凡例》三則。

戴侗,字仲達,浙江永嘉人。據《姓氏譜》載,侗於南宋淳祐中登進士第,由國子監簿守台州。恭帝德祐初,由秘書郎遷軍器少監,辭疾不起,終莫之詳。又據趙鳳儀序云,侗"父蒙從學於武夷,兄仔舉郡孝廉,父子昆弟自爲師友"。

是編大旨以六書訓解字義,凡立字目(偏旁)四百七十九,分九部:卷一《數》,卷二至三《天文》,卷四至七《地理》,卷八至一六《人》,卷一七至二〇《動物》,卷二一至二四《植物》,卷二五至三一《工事》,卷三二《雜》,卷三三《疑》。

是本上欄以楷書書字目及該部首諸字,如卷一〇列字"白"及"皆"、"魯"、"者"等;下欄首列此字之鐘鼎文或篆文,而後訓釋字義。《凡例》云:"凡文象形者,十而九傳寫轉易,或趨簡省,或加繆巧,浸失本真。今各原其取象制文之本初,以爲次序,雖稱古文籀文而不當物者注之下方。"又云:"凡訓義正而通者大書,不著所出,衆之所同,非一家言也。義之隱者,表其所出,示有徵也。義之疑者,注於下方,疑於義者,雖先秦古書皆退之,覆於義者,雖後出必進之。"

《六書通釋》一卷,凡三十一則,皆議論六書,並闡是書本旨。如曰:"天下之物,猶有出於六書之外者乎? 其寡已矣。凡天地萬物之載具於書,能治六書者,其知所以治天地萬物矣。許氏之爲書也,不以衆辨異,故其部居殽雜,不以宗統同,故其本末離散。凡予之爲書也,方以類聚,物以群分,以辨其衆;父以聯子,子以聯孫,以統其宗。宗統同,衆辨異,故眡繁若寡,御萬若一。天地萬物之富,不可窮勝也,以是書而求之,則若數二三焉。故曰知治六書者,其知所以治天地萬物矣。"又曰:"侗之爲書也,先契以本。文立一以起數,是故數爲首,次二曰天,凡本乎天者皆從上,次三曰地,凡本乎地者皆從下,次四曰人,次五曰動物,次六曰植物,次七曰工事。七者備矣,歸於雜,綴疑於末,而六書之道盡焉。天地之大也,日月星辰之昭也,山川丘陵之廣也,人事之殷也,物產之夥也,古今之長也,治之以七者,皦如也,簡而不遺,繁而不亂,知吾説者之於天地萬物也,其如示諸掌兮。"此即侗書分部不同於《說文》之理論也。

李鼎元序曰:"是編大旨主於以六書明字義,謂字義明則貫通群籍無不明。凡分九部,盡變《説文》之部分。其論假借之義,謂前人以令、長爲假借,不知二字皆以本義而生,非由外假,若'韋'本爲韋背,借爲韋革之'韋','豆'本爲俎豆,借爲豆麥之'豆',凡義無所因,特借其聲者,然後謂之假借,説最詳辨。於群經子史百家之書,莫不爰據,約而不遺,通而不鑿,誠有益於經訓。"

《四庫全書總目》曰:"惟其文皆從鐘鼎,其注既用隸書,又皆改從篆體,非今非古,頗礙施行。元吾丘衍《學古編》曰:'侗以鐘鼎文編此書,不知者多以爲好,以其字字皆有,不若《説文》與今不同者多也。形古字今,雜亂無法,鐘鼎偏旁,不能全有,卻只以小篆足之,或一字兩法,人多不知……六書到此,爲一厄矣云云。'其訾謀甚至,雖不爲不中其病,然其苦心考據,亦有不可盡泯者。略其紕繆,而取其精要,於六書亦未嘗無所發明也。"

莫伯驥《五十萬卷樓群書跋文》曰:"元時極重侗書,如曾氏所著《書史會要》序,已盛稱之。蓋有元之世,如包希魯之《説文解字補義》、楊桓《六書統》等作,皆欲於六書之學有所整理。近世番禺徐氏灝著《説文段注箋》,亦多采侗説,蓋亦此意也。至楊桓《六書統》象形、會意、轉注、形聲四例,大致因戴氏門目而衍之。蓋變亂古文,始終侗,而成於桓。迄明魏校諸人,不根古學,穿鑿尤多,僞錯之罪彌甚,而其源則導自侗。然此書可取之處,則館臣已言之,且存此以考小學之源流,亦學人所勿棄也。"

此本爲李鼎元重刊於京邸"師竹齋"。李序曰:"前明嶺南張萱,曾刻於滸墅,後板歸嶺南,流傳於世者甚少,購之書肆,絕不可得。余在翰林,職司校理,得見宋刻原本,恐其流傳日少,六書之故,無從求正,因手自抄錄,細加讎校,選工重刻,以公同好。時大清乾隆四十九年清和月西蜀綿州李鼎元墨莊氏書於京邸之師竹齋。"

按,鼎元字墨莊,四川綿州人。乾隆四十三年進士,授內閣中書。嘉慶四年充冊封琉球副使,官至兵部主事。文才奇偉,爲詩風骨高峻,與從兄弟調元、驥元俱有詩名,時稱"綿州三李",著有《師竹齋集》。唯鼎元序稱據"宋刻原本"重刊,恐不其然。案之戴侗自序,未嘗言刊印之事,但云:"爰摭舊聞,輯成三十三卷、《通釋》一卷,其所不知,固闕如也,即其所知,亦焉□自是乎哉!姑藏家塾,以俟君子。"及趙鳳儀序,始謂倡刻此書,趙序曰:"延祐戊午,予來領郡命,其孫奎出諸家藏。郡博士與諸儒咸謂是書誠有益於經訓,宜傳以惠後學。余既鋟《四書》與郡志,明年,捐俸廩以倡刻,而庋諸閣。"則是書最早不過元刻,而鼎元所見"宋刻原本",或即元延祐趙鳳儀刻本也。今元刻已無存,所存最早者,爲明萬曆張萱刻本,即《中國古籍善本書目》著錄之明萬曆三十六年清真館刻本,蓋萱號清真居士,室名清真館。據《五十萬卷樓藏書跋文》載"明萬曆博羅張萱刻本",有張氏題辭,略云:"通籍西省,日獲請祕閣所藏古今言六書者數十百家,而捃摭之爲《字觿》,凡三百卷。因得元儒戴侗《六書故》於祕閣塵編中,則抄本也。一時縉紳先生始知有《六書故》,競相抄謄,費至二十餘金。戊申,余典權吴關,還里迎母。八年橐筆,諸所著述幾籯,寓於白門舊館,爲祝融氏所妒,並《字觿》而舉群失之。數欲再爲揗擳,而古今成言六書在秘閣者,弗獲再請。乃攜此抄本,授梓權署中。"是知明萬曆張萱刻本源出秘閣抄本,較乾隆李鼎元刻本源出元刊,又遜一籌。故李刻雖晚,仍不失其版本校勘價值。

扉頁刻"六書故。乾隆甲辰重鐫。師竹齋藏板"。

《四庫全書總目》入經部小學類。《中國古籍善本書目》未著録。中國國家圖書館、北京大學圖書館、四川大學圖書館、青海民族學院圖書館、臺北"故宮博物院"、臺灣大學圖書館,以及日本國會圖書館、東京大學圖書館、尊經閣文庫、静嘉堂文庫、美國普林斯頓大學葛思德東方圖書館也有收藏。按,《中國古籍善本書目》著録明萬曆三十六年清真館刻本,中山圖書館、吉林省圖書館有藏;又著録明刻本,湖南圖書館有藏。又《北京圖書館普通古籍總目》第十卷"文字學門",著録有清刻本、清抄本。

鈐印有"臣昌敬觀"、"芸我室珍藏印"。

0347　明初刻本廣韻　　T5125/794B

《廣韻》五卷。明初刻本。存一册。半頁十二行小字三十二至三十三字不等,四周雙邊,黑口,雙魚尾。框高(卷五)22.5釐米,寬 13 釐米。

此本存卷五。李致忠定此本爲"明初刻萬曆重修本",誤。此本有鈐印"八千卷樓珍藏善本"、"八千卷樓"、"當歸草堂"。查《善本書室藏書志》卷五,著録有是書之明開封府翻元刻本。志云:"按此書世行凡二本,一爲宋陳彭年等所重修,一即此本。不著撰人名氏,舊有孫愐《唐韻序》,此則無之。朱竹垞序重修本云,以此本比重修者,注文獨簡,當是明代内府刊版,中涓欲均字數,取而删之。然《四庫提要》據《永樂大典》引此本皆曰陸法言《廣韻》;引重修本皆曰宋重修《廣韻》……此本則爲元時所刻,非明中涓所删也。是本前有萬曆己未開封府楚應城王城序,謂開郡已鐫之梨棗,内有殘缺,韻猶弗廣,余不韻不能廣,於原刻之外而補綴簡篇,再見《廣韻》之全云云。與《玉篇》版口一式,當爲明初翻元而萬曆補修之版所刷者歟!"按,萬曆四十七年開封府刻本,有丁丙跋,今藏南京圖書館。此本字體、紙張都在明初,絶無正、嘉以後面目。此書明代所刻頗多版本。疑此本或與中國國家圖書館藏明初刻本同。

0348　明刻本廣韻　　T5125/794C

《廣韻》五卷。明刻本。五册。半頁十二行小字二十七字,四周雙邊,黑口,雙魚尾。框高 21.8 釐米,寬 12.8 釐米。

此本天寶十年孫愐《唐韻序》原佚,1921 年八月二十五日,馬敘倫用遵義黎氏《古佚叢書》覆元泰定乙丑菊節圓沙書院本補寫。

鈐印有"夷初"、"馬印敘倫"、"天馬山房藏書"。

0349　明嘉靖刻本重編廣韻　　T5087/2934

《重編廣韻》五卷,宋陳彭年等撰,明朱祐檳重編。明嘉靖二十八年(1549)益藩刻本。十五册。半頁九行十五字，四周雙邊，黑口，雙魚尾，書眉上刻注。框高 22.2 釐米，寬 14.9 釐米。前有嘉靖二十八年益王序。

朱祐檳，憲宗第六子。封益王。弘治八年之藩四川建昌。好書史，愛民重士，性儉約，日素食，嘉靖十八年薨。謚端。

序云："惟我太祖高皇帝，以天縱之聖，稽古右文。混一之初，詔詞臣編定《洪武正韻》，會四方之極，正中原之音，或合或分，各極其妙，頓洗陋習，遠復古道，誠萬世不刊之典，同文之治，猗歟盛哉！我先考端王，體道好古，潛心典籍，尤加意於韻書，故深得其肯綮。常愛宋學士謂：江左制韻，但知縱有四聲，而不知衡有七音，誠探韻書之賾，極中沈約之失。乃於國政之暇，躬自編次，以《廣韻》附於《正韻》，復增入《玉篇》。凡切韻、七音諧協而分爲二韻者，更入本韻；字各分屬於母，一本於《正韻》之成規，以遵我國家之制作；增入《玉篇》，以博文字之用；又各分母而次第之，以便檢閱：可謂博而有要，渙而有統者矣。夫有要，則不苦其難；有統，則不流於汎。要二書而同歸，一貫之道備哉。不惟嘉惠來學，尤有以仰弼我太祖考文之治也。惜乎手澤尚新，編成未梓，予敢不上繼先志，以廣其傳邪？"據序，知重編之役，在益王朱祐檳時，而此本爲其子厚煇所刻。厚煇，嘉靖二十年襲封益王，性樸素，外物無所嗜。精研書法，真草小篆，爲世所珍，詩文淵深雋永。三十五年薨。謚莊。端王、莊王俱見《明史》卷一一九《列傳》。

《四庫全書總目》未收。《中國古籍善本書目》著錄。中國國家圖書館、上海圖書館等八館，臺灣"國防研究院"圖書館，以及美國普林斯頓大學葛思德東方圖書館亦有入藏。

鈐印有"佗府內庫圖書"。

0350　明刻本韻補

T5125/2345

《韻補》五卷，宋吳棫撰。明刻本。五冊。半頁九行十七字，左右雙邊，白口，無魚尾。框高 18.6 釐米，寬 12.8 釐米。前有乾道四年(1168)徐蕆序。

吳棫，字才老。建安人。宣和六年進士。召試館職不就，紹興中爲太常丞，後出任泉州通判，明恕能斷。朱熹謂近代訓釋之學，唯才老爲優。所著又有《書裨傳》、《詩補音》、《楚辭釋音》等。

古韻，自宋以前無專書，此實首創之著。是書凡用書五十種，俱見序後之"韻補書目"。自云："其用韻，已見《集韻》諸書者皆不載，雖見韻書而訓義不同，或諸書當作此讀而注釋未收者載之。凡字有一義即以一條爲證，或二義、三義，即以二三條爲證。"

《四庫全書總目》入經部小學類。《總目》云此書泛取旁搜，無所持擇，"自宋以來，著一書以明古音者，實自棫始，而程迥之《音式》繼之，迥書以三聲通用雙聲互轉爲說，所見較棫差的，今已不傳。棫書雖牴牾百端，而後來言古音者，皆從此而推闡加密，故闢其謬而仍存之，以不沒篳路藍縷之功焉。"

此書今尚存有宋刻本、元刻本。明代存三刻，一嘉靖元年何天衢刻本、一許宗魯刻本、一明刻本。此本所刻之字多作古體，如"削"作"劋"、"書"作"書"、"四"作"亖"、"優"作"優"、"又"作"叕"。臺北"國家圖書館"有明刊古體字本，當即此本。疑《中國古籍善本書目》著錄之"明刻本"，或亦同此本。

鈐印有"項墨林鑑賞章"、"天籟閣"、"子京父印"、"墨林秘玩"、"項元汴印"。"甓水柯氏藏書"、"靜寄軒圖書記"、"淞州藏書"、"東吳徵士"、"枚庵流覽所及"、"積學齋徐乃昌藏書"、"徐乃昌讀"、"積餘秘笈識者寶之"。按,項氏五印俱僞。

0351　明萬曆刻本大明萬曆乙亥重刊改併五音類聚四聲篇萬曆己丑重刊改併五音集韻

T5125.9/4536.1

《大明萬曆乙亥重刊改併五音類聚四聲篇》十五卷《萬曆己丑重刊改併五音集韻》十五卷,金韓道昭撰。明萬曆三年(1575)至十七年(1589)刻本。二十四册。半頁十行,四周雙邊,白口,雙魚尾。框高 30.3 釐米,寬 18.9 釐米。題"滹陽松水昌黎郡韓孝彦次男韓道昭改併重編"。前有正德十五年(1520)滕霄序;嘉靖己未修補五音篇韻字板序説(本讚);泰和八年(1208)韓道昇舊序。《五音集韻》題"滹陽松水昌黎郡韓道昭改併重編"。前有崇慶元年(1212)韓道昇序并道昭自序,又舊序二篇。

韓道昭,字伯暉,號昌黎子。"松水",即今河北省靈壽縣傾井村。靈壽韓氏爲唐代文豪韓愈後裔,故道昭自稱昌黎郡韓氏。

《四聲篇》乃以《玉篇》五百四十二部依三十六字母編排,再以《類篇》及《龍龕手鏡》等增雜部三十有七,共五百七十九部。凡同母之部,各辨其四聲爲先後,每部之内又計其字畫之多寡爲先後,以便於尋檢。是書成於金明昌、承安間,迨泰和八年韓道昭改併爲四百四十四部。明成化丁亥,僧文儒等校刊,增題"五音類聚"四字。

《五音集韻》所收之字,大抵以《廣韻》爲藍本,而增入之字,則以《集韻》爲粉本。又併舊韻二百六部爲一百六十部,將小韻按三十六字母排列。《四庫全書總目》云其"尤足訂重刊《廣韻》之譌。其等韻之學,亦深究要渺,雖用以顛倒音紐,有乖古例,然較諸不知而妄作者,則尚有間矣"。

是書版本極爲複雜,此本滕序云:"而□□刪補詳校,彙萃二編,則國朝沙門戒璿也。厥後大慈仁寺釋真空又考諸家篇韻,凡經史所不載,重譯貝經、玄言、梵語、絶域荒徼之文,搜羅纂入,而部分訓釋亡遺焉。又作爲檢《篇韻貫珠集》、《玉鑰匙門法》,提綱撮要,指示捷簡矣。《篇海》、《集韻》故刊於成化之初,而歲久字多漫滅。今僧録左善世大慧寺子淨,持行高嚴,尤邃於梵學,乃囑其徒衍法寺覺恒募緣重鋟諸梓,而真空實校正之,併以《貫珠集》、諸《門法》及安西劉士明所著《切韻指南》一卷刻焉。於時司禮太監張公雄實振貲倡施,而一時貴人達官景從争先,正德乙亥告成。嗚呼! 諸士用心殫力亦勤矣哉! 其大有功於六書音切之傳也。"

《五音集韻》卷末刊"大明萬曆乙亥夏日重刊五音集韻至己丑孟秋吉日完"一行。卷一第一頁第三行下有小字,刊"比丘明懽助刊"。《中國古籍善本書目》著録明萬曆三年至十七年崇德圓通庵釋如彩刻本,又有"如彩刻重修本"。此本無崇德圓通庵釋如彩刊刻之依據,又是本應附《新編經史正音切韻指南》一卷(元劉鑑撰)、《新編篇韻貫珠集》一卷(明釋真空撰),今亦俱缺。臺北"國家圖書館"亦有入藏。

《四庫全書總目》僅收《五音集韻》,入經部小學類。

鈐印有"智積寺記"。

0352　明萬曆刻重修本古今韻會舉要小補

T5127/0262

《古今韻會舉要小補》三十卷,明方日升撰。明萬曆三十四年(1606)周士顯刻重修本。二十二册。半頁八行小字雙行二十四字，四周單邊，白口，單魚尾。框高20.8釐米，寬13.9釐米。凡例題"永嘉方日升子謙編輯；雲杜李維楨本寧校正"。前有袁昌祚序，王光蘊序，周士顯序，李維楨兩序。

方日升，字子謙。永嘉人。少負穎質，世其家學。從王光蘊修舉子業，垂成而弗克。攻六書之學，至忘寢食。又旁通韻語，善詩賦書法。

此書乃爲補元熊忠《古今韻會舉要》而作，爲方氏館於京山李維楨家，費三年而成者。按，《舉要》一書，凡一萬二千六百五十二字，此《小補》以一字而數音、一音而數義，諸書確有可據而《舉要》不收者補之。李維楨云"一字數音，云見某韻而某韻失收者補之；一字數義，義出某書有據者補之，有義而無出者仍之。一字而一音者，別爲獨音。其字先後之序，一準《韻會》；其音則以本音爲主，而餘音以平上去入爲序附之；其義則以本義爲主，而餘義附之。此二凡者一準《說文》，其諸書所載音義，或有訛誤則闕之"。

又周士顯序云："子謙受而櫛文比字，考部定班，字數一準《韻會》，字體音義一準《說文》，有一字數音、一音數義而《韻會》失收者校增而竄補之。補音者十之二，補義者十之六，本子史百家補者十之二，本古經傳注補者十之八。上下數千年，出入《十三經》，反覆箋什序傳訓故疏義數十家，一言有合，按例掌記，臚列無遺。"

是書乃周士顯任建陽令時所刻。士顯，字思皇。湖廣京山人。萬曆二十九年進士。據《建陽縣志》，士顯萬曆三十一年至三十五年在任。李維楨序云："適思皇拜建陽令，建陽故書肆婦人女子咸工剞劂，思皇沾沾自喜。是書之行，信有時乎？抑天欲踐吾言也。"

扉頁刻"李本寧先生輯韻會小補。本衙藏板"。又鈐有"本館重加校訂，一字不敢存訛"印。卷三〇末刊"書林余彰德、余象斗同刻"。按，余彰德，字泗泉，有萃慶堂。余象斗，字仰止，有雙峰堂。兩人皆閩人，亦書林中翹楚，刻書甚多，此當爲周士顯屬二余所梓行者。又本書《凡例》十五則，補正《韻會舉要》遺漏舛誤說文例十三則。書末并刻有序文、凡例、目錄及卷一至三〇各卷之頁數。

《四庫全書總目》僅收《古今韻會舉要》，而不及此書。《中國古籍善本書目》著錄此重修本。上海圖書館、浙江圖書館等十二館，及美國國會圖書館亦有入藏。

按，《小補》之原刻與重修之別在：原刻卷一第一頁書口上有魚尾，周士顯序後有"萬曆丙午上元日雲杜周士顯書於建陽之日涉園"，而重修本卷一第一頁書口上無魚尾，周士顯序後僅有"周士顯書"，而不署年月等。

日人裝幀。

鈐印有"大谷氏"、"前野氏家藏"、"越溪"、"洵美堂圖書記"等。

0353　明刻本洪武正韻

T5127/2907

《洪武正韻》十六卷，明樂韶鳳、宋濂等撰。明劉以節刻本。十册。半頁八行十二字，四周雙邊，黑口，雙魚尾。框高22.1釐米，寬14.3釐米。前有洪武八年(1375)宋濂序。

是書爲明代洪武八年編成的一部官韻，故以"洪武"命名。奉旨編撰者共十一人，爲樂韶鳳、宋濂、王僎、李叔允、朱右、趙壎、朱廉、瞿莊、鄒孟達、孫蕡和答祿與權。編撰原則"壹以《中原雅音》爲定"。編竣後，"復恐拘於方言"，又請汪廣洋、陳寧、劉基、陶凱等人閱看，前後六次方才定稿。

其書大旨斥沈約《四聲》爲吴音,并平、上、去三聲各爲二十二部,入聲十部,共七十六韻部,較前代韻書有很大變化。注釋則以毛晃《增修互注禮部韻略》爲藍本,稍有增損。分韻歸字,近似元代周德清《中原音韻》。

《正韻》自洪武八年成書後,後世即多有翻刻,版本也極爲複雜,所見是書明刻三十餘種,如不加以細察,極易誤辨。此劉以節刻本,所刻時間應在嘉靖間,卷末有"巡按直隸監察御史臣劉以節謹刊"一行。按,以節,廣東海陽人。嘉靖三十二年進士。

《四庫全書總目》入經部小學類。《中國古籍善本書目》著録。浙江圖書館、北京大學圖書館等十七館亦有入藏。

0354　明隆慶刻本洪武正韻　　　　　T5127/2907B

《洪武正韻》十六卷,明樂韶鳳、宋濂等撰。明隆慶元年(1567)衡藩刻本。五册。半頁八行十二字,四周雙邊,黑口,雙魚尾,書口下有刻工。框高 22 釐米,寬 14.3 釐米。前有洪武八年(1375)宋濂序,明隆慶元年衡王序。

衡王序云:"是書出自中秘,寰宇景仰,而艱得捧閲。閩肆膽鋟,殊讎校靡確,敬遵式壽梓,以揚同文之化焉。"按,衡王爲朱厚燆,嘗辭禄五千石以贍宗室,宗人德之,隆慶六年薨。

是書刻工有沈世楫、紀存義、賀東州、勇、相、光等。

《中國古籍善本書目》著録。上海圖書館、南京圖書館等二十館,臺北"國家圖書館",及美國普林斯頓大學葛思德東方圖書館,日本東京大學東洋文化研究所、内閣文庫亦有入藏。

鈐印有"金澤學校"。

0355　明萬曆刻本洪武正韻高唐王篆書　　T5127/2907.2

《洪武正韻高唐王篆書》五卷,明樂韶鳳、宋濂等撰,明朱厚燆篆書。明萬曆十二年(1584)沈大忠時習軒刻本。五册。半頁八行,四周雙邊,白口,雙魚尾,書口下記刻工及字數。書口上刻"時習軒"。框高 22.3 釐米,寬 14.3 釐米。題"皇明衡藩新樂王誠軒載璽、賜進士知青州府事成吾沈大忠同校"。前有萬曆十一年(1583)朱載璽序,萬曆十二年商河王懷善道人序,萬曆十二年沈大忠序。末有萬曆十二年朱翊讓後序。

朱厚燆,衡藩新樂王朱載璽之從父,封高唐王。博學篤行,嘉靖中曾獲賜敕獎諭者。見《明史》卷一一九《列傳》。

朱載璽序云:"《洪武正韻》者,我聖祖訂萬世之訛,示一王之法,其同文之政,於斯爲盛矣。兹我高叔,資性善書,匹休斯籀,乃以《正韻》篆爲古文,是欲使當世好文之士,既知今,尤博古;既遵時王,尤仰前哲。然亦襲諸篋笥,晦而弗彰,幸兹沈公梓以傳之。"

沈大忠,字成吾。慈谿人。萬曆五年進士。初任工部主事,遷刑部。出守青州,興利革弊,多善政。奉差詣定海,閲視軍器,整肅行伍,鬚鬢爲之盡白。《慈谿縣志》卷三九《列傳》有其傳。此書當爲沈氏任職青州時所刻。

是書刻工有趙錦、禹克勤、陳三策、查仲孝、馬增、夏子忻、楫、紀。

《四庫全書總目》未收。《中國古籍善本書目》著録,中國國家圖書館、上海圖書館、山東省博物館、雲南大學圖書館亦有入藏。

鈐印有"宛平王氏家藏"、"慕齋鑒定"、"北平黃氏萬卷樓圖書"。按,王氏即王崇簡,宛平人。崇禎十六年進士。官至禮部尚書。家藏秘本甚多。諡文貞。黃氏即黃叔琳,字昆圃。順天大興人,王士禛門人,康熙三十年進士。官至浙江巡撫。嘗以文學政事受知康熙、雍正、乾隆三朝,推爲巨儒。

0356　明萬曆刻本洪武正韻彙編　　　　　　　　　T5127/7234

《洪武正韻彙編》四卷,明周家棟輯。明萬曆刻本。四册。半頁九行,小字二十八字,四周雙邊,白口,單魚尾,書口上方題"正韻彙編×卷"。框高22.1釐米,寬15.2釐米。題"楚黄隆之甫周家棟輯;淮南方之甫吳光義、鄒都世其甫朱光祚校"。前有何湛之序。

周家棟,字隆之,號鶴陽。湖北黃安縣太平里人。萬曆十七年進士。授臨海令,清理徭役,民懷其惠。尋擢御史,巡鹽兩浙,老穉數百里遮道歡呼曰,此我曩時父母也。卒祀名宦。見《(道光)黃安縣志》卷八《宦績》。

此書以筆畫分卷,"每畫從起筆處至住筆處算做一畫"。卷一爲一畫,卷二爲二至四畫,卷三爲五至六畫,卷四爲七至十七畫。

何湛之序云:"先生曰,某某作某形,某某歸某韻,據其宗,兼其派,博其稽,窮其奧。蘭臺金匱,編國乘者藉焉;海語徵聞,編野乘者標焉。旁蒐乎六書,比類列形,有精意焉……漢之歌,楚之騷,周之雅頌,可復作焉。因聲以吹天地之氣,因氣以識人物之名,因名以定禮、樂、形、政之實。角音而民也,徵音而事也,金音而秋也,木音而春也,迭領其候而宫也。單出而爲聲也,成文而爲音也,嗚嗚裊裊、鬱邑以調而成韻也。韻和氣和,而人物之和、天地之和應也,豈曰小補之哉?"

《四庫全書總目》未收。《中國古籍善本書目》著録,浙江省圖書館、北京大學圖書館等九館亦有入藏。日本尊經閣文庫有《增補洪武正韻彙編》十卷,周家棟撰。日本寬文刻本。

鈐印有"一觴一詠"、"沈印閫崐"、"東山外史肖岩沈氏藏書畫印"。閫崐,字肖岩,晚號東山外史。浙江湖州人。貢生,官上虞訓導,性喜藏書。

0357　明嘉靖刻本經史通用古今直音　　　　　　　T5116/1221

《經史通用古今直音》四卷,題明邵真人撰。明嘉靖十六年(1537)劉氏安正書堂刻本。二册。半頁十行十五字,四周雙邊,白口,間有綫黑口,雙魚尾。框高18.8釐米,寬12.2釐米。題"通妙邵真人編集;清瀏喻道純校正;雲中張道中重校"。前有成化八年(1472)宗璞序。

宗璞序云:"至我國朝纂集《洪武正韻》、《瓊林雅韻》,其音聲點畫,視古昔尤備。然書法有六,曰象形、曰指事、曰諧聲、曰會意、曰假借、曰轉注,世異言殊,用之者易流於舛繆。他如魯魚亥豕之訛,又不能悉辯。弘濟真人以正邵公深病其難,而慨然有志於古今書法之同,間嘗披閲《道藏》經典直音難字,證於經末,而因謀成書,以便後學。既而嗣法張道中復爲音釋,而其間尤多缺略。迨及邵公高弟道録正一清瀏喻公,痛思其師所集之書手澤尚新,慮恐亡逸,蔑以成前人之志,遂旁求博采,重復校訂,因各條其部類,岐爲四卷,而且簡明便易,目之曰《經史通用直音》。磨歷數載,書成,將壽諸梓,以廣其傳。"

經部

是書序後刊"通妙邵真人編集,清瀏喻道純校正,雲中張道中重校,書林熊氏諸梓刊行"。目錄頁後有荷蓋蓮花牌記,刊"嘉靖丁酉歲安正書堂刊"。卷四末也有牌記,刊"時嘉靖甲午年劉氏安正堂刊"。按,甲午爲嘉靖十三年,丁酉爲嘉靖十六年。熊氏也爲福建書林。此或爲嘉靖十三年據熊本刊板後,十六年再爲重刻。安正書堂爲建陽劉宗器之坊肆,刻書甚多,今可見者幾近三十種,其中小學類書又有《新增説文韻府群玉》二十卷、《類聚古今韻府續編》四十卷等。

《四庫全書總目》未收。《中國古籍善本書目》未著錄。

鈐印有"藤本文庫"。

0358　明成化刻嘉靖萬曆遞修本新編併音連聲韻學集成　T5134/0432B

《新編併音連聲韻學集成》十三卷《直音篇》七卷,明章黼撰。明成化十七年(1481)刻嘉靖二十四年(1545)張重,萬曆九年(1581)高薦遞修本。十九册。半頁八行注文二十四字,四周雙邊,黑口,雙魚尾。框高(卷一第二頁)21.4釐米,寬12.9釐米。總目題"吳練川畊隱章黼集"。前有成化十二年(1476)桑悅序,成化十七年徐博序,劉魁序;《凡例》十一則。總目前有章黼識語。

章黼,字道常,别號守道。嘉定人。博洽多識,隱居教授,不求聞達。

是書之作,乃因《篇韻》音切間有差謬,故搜閲《三蒼》、《爾雅》、《説文》、《字林》、《韻集》、《韻略》、《玉篇》、《廣韻》、《字説》等書,按司馬温公三十六字母,自約爲一百四十四聲,辨開闔以分輕重,審清濁以訂虚實。極五音六律之變,分爲四聲八轉之異,聲韻區分,開卷在目,共四萬餘字,每查一字,而四聲隨之,名之曰"韻學集成"。又别爲《直音篇》,乃韻之鈐鍵,便於學者檢覽。是書之撰,始於宣德壬子,成於天順庚辰,計二十九年苦心焦思,始克成編。

是書刊刻頗費周折。劉魁序云:"成化五年己丑,道常卒,臨終以書屬其子冕刻梓以傳。冕力不給,則徧以求諸人,亦無所遇也。""越六年乙未,浙江僉憲豐潤吳君廷玉以行水至縣,嘉冕之志,始命工刻之。宰邑吳君克明實綜理焉。《直音》將完,克明以政最入内臺,而《韻學集成》竟輟工無繼之者。又五年庚子孟冬,予按崑山,冕抱其書、狀其事而來謁,且曰小人今年八十矣,是書無成,死無顔見父於九泉。言已泣下,匍匐而不能起。""冕之情意懇切,則誠有可悲者矣。署其狀尾,令邑庠教諭莆田李長源師生繕寫,藏之學宫,以待後之賢者終其功焉。時縣丞臨淄趙智見之,以爲後之視今亦猶今之視昔,矧吾邑之先民乎,事誠在我。乃募邑中好義者劉奕、葛名、陳瀚輩捐資召工,甫及年而功過半矣。明年春,知縣獻人劉翔至自朝覲,工遂以完。"

章黼識語云:"予不幸,早失怙恃,學識寡陋,年逾三旬,偶致傷足,跬步難行。課蒙家塾,因覽諸《篇韻》音切,間有差謬不一,欲爲更定。由是夙夜孜孜纂集編録,足疾見瘳。繕寫自宣德壬子歲起,至正統丙寅稿成,重理之,歷丙子,凡數脱稿,迄天順庚辰書完,計帙二十本。嗟!予耄矣,目眵手顫,書之誤者,添政於傍,尚賴賢敏校正,精書鏤梓流通,不亦美乎?"

嘉靖間,因火,板毁十之一,故嘉靖、萬曆均有修補。

此本缺《直音篇》。卷一第一頁上方損去。卷一三配明萬曆三十四年練川明德書院刻本。

《四庫全書總目》入經部小學類存目。《中國古籍善本書目》著録。上海圖書館、福建省圖書館等七館有全帙,臺北"國家圖書館"亦有入藏。

0359　明萬曆維揚資政左室公文紙印本重刊併音連聲韻學集成　T5134/0432

《重刊併音連聲韻學集成》十三卷《直音篇》七卷，明章黼撰。明萬曆六年(1578)揚州知府虞德燁維揚資政左室刻公文紙印本。二十册。康有爲題識。半頁八行小字二十四字，四周雙邊，白口，雙魚尾，書口下有刻工及字數。框高23.6釐米，寬14.1釐米。姓氏題"明嘉定練川章黼輯著；鉅鹿守軒陳世寶重訂；洪洞理軒董光裕、文安蒲汀姜璧、泰和青螺郭子章參閱；義烏紹東虞德燁重刊；慈谿獅峯秦應騘、江陵雲谷樊大通、休寧瑞谷吳子玉同校正"。前有成化十二年(1476)桑悅序，成化十七年(1481)徐博序，劉魁序。《直音篇》前有成化十三年(1477)侯方序，嘉靖三十八年(1559)張情序，嘉靖二十四年(1545)張重序，天順四年(1460)章黼題。

此本爲揚州知府虞德燁所刻。姓氏後有牌記，刊"萬曆戊寅孟夏梓於維揚資政左室"。按，德燁，字光卿，號紹東。浙江義烏人。隆慶五年進士。由行人選兵科給事中，遷揚州知府，陞廣西副使，以憂歸。此書用紙爲公文紙，有"嘉靖四十三年"、"隆慶四年"以及"揚州"等字樣，可見是本爲虞德燁在揚州任上用廢舊之公文紙所印。虞氏又刻有《吕氏春秋》二十六卷。

是書刻工有劉卞、李仁、徐智、李方、劉貴、張遂、劉榮、杜文忠、張元、余海、凌承、余芳、李葵、未志、鄭元、劉鸞、蕭應元、徐林、蕭春、余立、魏國用、魏國志、祁如、陳尚志、王棟、曹洪、高科、希林、戴奉、趙印、劉直、彭尊、劉鋭、李奎、周明、余奉、易甫、胡成。

康有爲題識云："明板《韻學集成》，爲吾南海孔氏岳(嶽)雪樓藏書，甲寅歸我萬木草堂。康更生記。"按，甲寅爲民國三年，時康有爲五十七歲。

《四庫全書總目》入經部小學類存目。《中國古籍善本書目》著録，浙江圖書館、中山圖書館等八館藏有全帙。日本内閣文庫亦有入藏。

鈐印有"康有爲印"。

0360　明嘉靖刻本奇字韻　T5130/4293

《奇字韻》五卷，明董難撰。明嘉靖刻本。一册。半頁九行二十字，左右雙邊，白口，單魚尾，書口下有刻工。框高18.1釐米，寬12.8釐米。題"滇董難著"。無序跋。

董難，字西雨。太和人。幼警敏。既長，習舉子業，已而棄之，酷嗜吟咏。

《四庫全書總目》入經部小學類，作"明楊慎撰"。《總目》云："是編標字體之稍異者，類以四聲，故曰《奇字》。考六書以《說文》所載小篆爲正，若衛宏、揚雄所學，則別於古文奇字，以非六書偏旁所可推也。"

按，楊慎有《古音叢目》五卷《古音獵要》五卷《古音略例》一卷《轉注古音略》五卷《古音餘》五卷《古音附録》一卷《奇字韻》五卷，明嘉靖李元陽刻本。此本疑即慎著之零種，或另有所刻。《雲南通志稿》卷一五六云："成都楊慎謫居永昌，難往從之游，寓蕩山樓寫韻，彙集《轉注古音》，難與其役。時謂慎之有難，猶揚雄之有侯芭也。"

刻工有陳添禄、石伯勝、羅福勝、元慶、陸八、陳友孫、余農、余本立、葉采、王仲元、華福、吳長春、吳茂生、順生、王浩、吳天育、謝元夢。

鈐印有"碧山文庫"、"三重縣林墅町油田氏"。

0361　明隆慶刻本詩韻輯略　　　　T5134/3663

《詩韻輯略》五卷，明潘恩撰。明隆慶刻本。五册。半頁八行小字二十四字，左右雙邊，綫黑口，單魚尾。框高20.8釐米，寬14.2釐米。前有隆慶三年(1569)潘恩序。

潘恩，字子仁，號湛川。上海人。六歲能辨四聲。嘉靖二年進士。累官山東副使，坐以試録忤旨，謫河源典史，四遷復爲江西副使，進浙江左參政。禦倭有功，尋以右副都御史巡撫河南，劾徽王載埨貪虐，以左都御史致仕。卒諡恭定。事蹟具《明史》卷二〇二本傳。

潘序云："近刻《古今韻傳》行於時矣，第注釋不具，開卷茫然，點畫訛謬，俗書孔多，義理淆雜。余病繙閱之難，乃於暇日取《韻會》諸編視之，尋文疏義，去複芟繁，繕寫成帙，以便覽觀，藏之家塾，名曰《詩韻輯略》。夫音韻之衷，權輿於詩，故繫之以詩名云爾，其義則不止言詩也。"

《四庫全書總目》未收。《中國古籍善本書目》著録，除此外，又有天啓二年刻本、明刻本(二種)。此本中國國家圖書館、上海圖書館等九館，及美國國會圖書館亦有入藏。

鈐印有"石蓮閣所藏"、"去華私記"、"時來私印"。

0362　明刻格致叢書本新刻韻學大成　　　　T9305/4440

《新刻韻學大成》十二卷，明李攀龍撰。明胡文焕刻《格致叢書》本。七册。半頁十行二十字，左右雙邊，白口，無魚尾。框高19.5釐米，寬13.3釐米。題"濟南李攀龍于鱗編輯；錢唐胡文焕德父校删"。前有胡文焕序。

李攀龍，字于鱗。歷城人。少孤家貧，稍長嗜詩歌，日讀古書，里人共目爲狂生。舉嘉靖二十三年進士。歷陝西提學副使，家居十年復出，累遷河南按察使。母喪，以毁卒。詩以聲調勝，毁之者謂爲模擬剽竊，好之者推爲一代宗匠。與謝榛、吴維岳、梁有譽、王世貞並稱五子。

胡文焕序云："《韻學大成》一書，其有神於詩家尚矣，蓋將藉其事類而非藉其韻也。故有韻而無事類者，余盡削之，且非獨韻之爲然，即詩料亦盡削之。削之者以其無所藉也，而藉之者無以長其心思、入其化域也。洒若《韻府群玉》也者，事復備於此者也，苟不切於詩家之藉弗録矣，反韻宜録也，然而又非詩家之恒體弗録矣。夫事不貴多而貴切，體不貴備而貴恒，此余《韻學事類》所由作也。"

此爲胡文焕刻《格致叢書》零種。文焕，字德甫，號全庵，又號抱琴居士。錢塘人。生于明萬曆前。其刻書處爲文會堂，設在杭州；在南京又設思蓴館，亦刻書，然仍用文會堂牌記。刻書時間應在萬曆二十年至萬曆末年間。文焕刻有《百家名書》一百三種二百二十九卷、《壽養叢書》三十五種七十二卷、《胡氏粹編》五種二十卷，其最大宗者即《格致叢書》，今存一百九十八種六百四卷。《格致叢書》收有攀龍《新刻五倫詩選》一卷、《新刻詩學事類》二十四卷、《新刻韻學事類》十二卷。此書題名《新刻韻學大成》，而據胡序，或即《新刻韻學事類》也。

0363　明萬曆刻本鐫玉堂釐正龍頭字林備考韻海全書　　　　T5116/4414

《鐫玉堂釐正龍頭字林備考韻海全書》十六卷首一卷，明李廷機輯。明萬曆二十三年(1595)書林劉雙松安正堂刻本。八册。半頁十一行上欄小字十五字，下欄十三字，四周雙邊，白口,單魚尾,上刻注。框高20.2釐米,寬12.3釐米。題"晉陽九我李廷機脩輯;金甌我玉林一新校閱;書林雙松劉朝琯梓行"。前有萬曆二十三年李廷機序。

卷一《天文門》、《時令門》,卷二《地理門》,卷三《人物門》、《聲色門》,卷四《器用門》,卷五《身體門》,卷六《花木門》,卷七《宮室門》、《飲食門》,卷八至九《鳥獸門》,卷一〇《干支門》、《卦名門》、《文史門》、《珍寶門》,卷一一至一三《人事門》,卷一四《衣服門》、《數目門》,卷一五《通用門》,卷一六《背部門》、《經史門》。

李廷機序云:"我也,由文教之路,握文教之樞,豈忍天下音韻不辨,而同文之世有若此之悖哉?是以取生平之究正《海篇》,出櫃加閱,筆做古本定門,注則不倣古本錯音,義同古本建號,字則不同古本亂陳,井井有條,秩秩有序。又慮天下曉所音之字,而讀之韻不同,拳拳然,欽遵高皇帝之《正韻》於上,名曰《韻海全書》,付夫剞劂。"

是書每部門下又分部首,便於檢字,每字之下列有切音,并略釋之。如"㵎,音姜,凍也"。上欄刻"品定韻類平聲利用字釋"。首一卷題"新鐫玉堂鰲正龍頭字林備考韻海全書"。

扉頁刊"重訂字林備攷韻海全書。李林二太史洪武遵韻。書林安正堂劉元初梓行"。卷一六末有荷蓋蓮花牌記,刊"皇明萬曆乙未歲冬月書林安正堂劉雙松梓"。按,此安正書堂劉雙松(朝琯),或即劉宗器之後人。劉雙松刻書甚多,今可見者幾近二十種。

《四庫全書總目》未收。《中國古籍善本書目》著錄。上海華東師範大學圖書館、臺北"國家圖書館"亦有入藏。是書又有明萬曆書林周曰校刻本,重慶市圖書館、美國普林斯頓大學葛思德東方圖書館入藏。日本內閣文庫所藏不知何本。

鈐印有"隆守"、"西莊文庫"、"桂窗"、"岡田真之藏書"。

0364　明萬曆刻本三台館仰止子考古詳訂遵韻海篇正宗

T5127/8923

《三台館仰止子考古詳訂遵韻海篇正宗》二十卷,明余象斗撰。明萬曆二十六年(1598)余氏書林雙峰堂刻本。四冊。半頁九行,上欄七字,下欄十四字,四周雙邊,上白口,下黑口。框高20.8釐米,寬12釐米。題"三台館山人仰止余象斗纂;國子監祭酒九我李廷機校;書林雙峰堂文台余氏刊"。前有萬曆二十六年余象斗序。

余象斗,字仰止,號三台山人。建安縣人。余氏爲建陽書林中之佼佼者,刻書頗多,尤以通俗讀物、小說、小類書等流傳最廣。

是書卷一《蒼頡始制文字》等,卷二《天文門》、《時令門》,卷三至四《地理門》,卷五《人物門》、《聲色門》,卷六《器用門》,卷七至九《身體門》,卷一〇至一一《花木門》,卷一二《宮室門》、《飲食門》,卷一三至一四《鳥獸門》,卷一五《干支門》、《卦名門》、《文史門》、《珍寶門》,卷一六至一八《人事門》,卷一九《衣服門》、《數目門》,卷二〇《通用門》。

其題"遵韻"者,乃遵《洪武正韻》;"海篇"者,當爲字學也。余氏自序云:"爰加綜覈,嚴別真贗,稽其字形,校其字義,叶其字音,別類分門,品式具在,欽欽然一禀之乎《洪武正韻》。是編出,用以探墳典,窺子史,魯魚亥豕,必有分矣。因額之曰《遵韻海篇正宗》,而付之剞劂氏。"

又上欄所刻爲集類四聲、字義異施、四書難字、《易經》難字等,分毫字義、韻律等。

卷二〇末有荷蓋蓮花牌記,刊"萬曆戊戌春月余文台繡梓"。

《四庫全書總目》未收。《中國古籍善本書目》著錄。北京師範大學圖書館、美國國會圖書館亦有入藏。按,是書又有明萬曆三十年葉近山刻本,臺北"國家圖書館"有明萬曆四十八年刻本。

0365　明刻本陳明卿太史考古詳訂遵韻海篇朝宗　T5116/7928

《陳明卿太史考古詳訂遵韻海篇朝宗》十二卷,明陳仁錫撰。明奇字齋刻本。十册。半頁十行大字二十字,小字三十九字,四周單邊,白口,無魚尾。框高 20.8 釐米,寬 11.9 釐米。題"長洲陳仁錫明卿父閱;景陵譚元春友夏父訂"。前有陳仁錫序。

卷一《蒼頡始制文字》等,卷二《天文門》、《時令門》、《地理門》,卷三《地理門》、《人物門》、《聲色門》,卷四《器用門》、《身體門》,卷五《身體門》,卷六《花木門》,卷七《宫室門》、《飲食門》、《鳥獸門》,卷八《鳥獸門》、《干支門》、《卦名門》、《文史門》、《珍寶門》,卷九《人事門》,卷一〇《衣服門》、《數目門》、《通用門》,卷一一四書、《易經》、《詩經》、《書經》、《禮記》、《春秋》、小學難字等,卷一二《韻律》。

陳序云:是書之撰,"從蒼頡之創始,以迄我《洪武正韻》,有字即採,無奥不搜,至經傳子史之廣爲收錄","且也點畫端謹,音釋詳確,以至宫商角徵羽之五音無不調,與夫從古以來所彙之韻無不正,任天下舉奥奚而稽考之,靡足以窮其藏,即審聲而調音,與作詩而問韵,又靡不足以應其求也。豈猶乎坊刻之缺而不全、全而不詳者比哉?是編也,執一而應萬,萬殊而統一,其與水之浩浩洋洋、無際無涯而罔不朝宗者何以異?老氏之言曰:海善下爲百谷王。余亦曰:此編善納爲群書宗,爰顔曰朝宗。"

扉頁刻"海篇朝宗。陳明卿太史訂。奇字齋梓行",鈐有"翻刻究治"。按,奇字齋應爲江蘇贛榆縣書坊,曾刊有《國雅》二十卷等。

《四庫全書總目》未收。《中國古籍善本書目》著録。上海圖書館、南開大學圖書館、中國科學院圖書館,及日本内閣文庫亦有入藏。

鈐印有"田安府芸臺印"、"泉之印"、"通天氏"、"獻葵樓圖書記"、"田藩文庫"。

0366　明崇禎刻本新刻洪武元韻勘正切字海篇群玉　T5116/4837

《新刻洪武元韻勘正切字海篇群玉》二十卷《大藏直音》三卷,明黄道周輯;《篆林肆考》十五卷,明鄭大郁輯。明崇禎十四年(1641)書林劉欽恩藜光堂刻本。九册。半頁十行二十字,四周單邊,白口,無魚尾,書口下刊"藜光堂"。框高 20.3 釐米,寬 11.6 釐米。題"長洲陳仁錫明卿父閱;書林劉欽恩榮吾父梓"。前有崇禎十二年(1639)鄭大郁序,崇禎十四年鄭大郁又序。《大藏直音》題"潭水佛弟子余文熙用晦父較閱;劉欽恩榮吾父刊刻"。前有崇禎十三年(1640)黄道周序。《篆林肆考》題"温陵鄭大郁孟周父輯;柘浦徐廣廣居父訂;松源葉樞機仲父較;潭陽劉肇麟禎甫父梓"。前有崇禎十五年(1642)徐廣序。

黄道周,字幼玄,一字螭若,號石齋。漳浦人。天啓二年進士。崇禎初官右中允。以文章風節高天下,嚴冷方剛,不諧流俗,公卿多畏而忌之。福王時官禮部尚書,南都覆,唐王以爲武英殿大學士,率師至婺源,與清師遇,兵敗不屈死。謚忠烈。

是書計三集,第一集爲《海篇群玉》,卷一《分毫字義》、《字義》,卷二《天文類》、《時令類》,卷三《地理類》,卷四《人物類》、《聲色類》,卷五《器用類》,卷六至八《身體類》,卷九至一〇《花木類》,卷一一《宫室類》,卷一二至一三《鳥獸類》,卷一四《干支類》、《卦名類》、《文史類》、《珍寶類》、卷一五《人事類》、卷一六《人事類》、《衣服類》、卷一七《數目類》、《通用類》、卷一八《四書難字音義》、卷一九《詩經難字考》、卷二〇《書經難字考》、《禮記難字考》、《春秋難字考》。第二集爲《藏經直音篇》，分三卷。第三集爲篆法，卷一五言篆訣歌、七言篆訣歌、篆體異同辨，卷二篆法字形，卷三八部辨疑、《毛詩》刻石篆，卷五至九詩韻篆，卷一〇至一四百家姓篆，卷一五百家雙姓篆。

其題"海篇"者，"海"指《五音篇海》、"篇"指《玉篇》。鄭大郁序云："蓋《五音篇海》者，金玉與秘，推廣《玉篇》，區其畫段者也，主類形而形各繫之諸母。《五音集韻》者，荆璞取司馬公之法，添入《集韻》，隨母隨切者也，主類聲而聲各隸之諸母。迨昌黎韓彥昭改《玉篇》歸於五音，逐三十六母，取切大備矣。兹重加刪補，彙萃群玉，分天文、地理、人事，別而新之，俾觀者了然。"鄭氏又序云："討其點畫，詳明訓詁，嚴考諸本之異同，發明古人之創意，歷敘篆文，合以古籀，博采通人，將以理群類，解謬誤，分別部居，萬物咸覩，靡不具備，庶乎學者有所適從……因付梓之，以存周漢唐宋諸家之遺焉。"

《篆林肆考》徐廣序云："吾友鄭孟周精深斯道，凡史籀、秦羽人、許慎、李陽冰、徐鉉等筆志，靡不參究推訂，領其本末分合，而妙以手傳心意……乃搜諸家篆法，暨於姓氏詩韻等，次第彙成，命曰《篆林肆考》。"

扉頁刊"群玉海篇。黃石齋先生彙編。藜光閣梓行"，并有鈐印"翻刻必究"。

《四庫全書總目》未收。《中國古籍善本書目》僅著錄《篆林肆考》十五卷二種，一作明崇禎十四年劉肇麟刻本，一作明崇禎藜光堂劉榮吾刻本。日本內閣文庫亦有入藏。

鈐印有"新邨氏貯藏記"。

0367　明萬曆刻本韻法直圖韻法橫圖

T5133/4503

《韻法直圖》一卷，明梅膺祚撰；《韻法橫圖》一卷，明李世澤撰。明萬曆四十二年(1614)刻本。一冊。半頁八行十六字，四周單邊，白口，單魚尾。框高22釐米，寬11.7釐米。題"宣城梅膺祚誕生譔"。《韻法橫圖》前有梅膺祚序，題"上元李世澤嘉紹識"。

此二種乃膺祚撰《字彙》十二卷後之附錄。然和館藏《字彙》明萬曆四十三年刻本後所附二種相核，雖字體相似，但絕不同板，當爲另一刻本。

梅膺祚序云："嘉紹，故如真先生子。先生曾爲字母詩括，家學淵源所自來矣。余先是得《韻法直圖》，其字從上而下也。是圖橫列，則以橫名，一直一橫，互相胎合，猶《易》卦然，先天後天，其圖不同而理同也。韻法二圖，蓋倣諸此。甲寅春，并屬之梓。"甲寅，萬曆四十二年。

鈐印有"山陽丁氏珍藏"、"韻漁□購"、"積學齋徐乃昌藏書"。

0368　清康熙刻本音學五書

T5128/3891

《音學五書》三十八卷，清顧炎武撰。清康熙張弨刻本。二十冊。半頁八行十二字，左右雙邊，白口，單魚尾。框高20.4釐米，寬14釐米。卷一第一頁第一行下刻"音學五書"。姓氏題"東吳顧炎武亭林纂著；甥徐乾學健庵、秉義果亭、元文立齋參閱；後學張弨力臣較訂；男葉增、葉箕同書"。前有崇禎十六年(1643)曹學佺序、顧炎武序；顧炎武後序；姓氏；附《答李子德書》；顧炎武又後序。末有徐乾學等跋，顧炎武再後序。

經　部

　　顧炎武，初名絳，字寧人，號亭林，江蘇崑山人。明諸生。性耿介絶俗，官兵部職方郎中。明亡，周游四方，載書自隨。康熙時，舉鴻博，薦修《明史》，均不就，後卜居華陰以終。又著有《日知録》、《天下郡國利病書》、《亭林詩文集》等。

　　亭林其學，凡國家典制、郡邑掌故、天文儀象、河漕兵農之屬，莫不窮究原委，晚益篤志六經，精研考證，遂開清代樸學之風。是書計《音論》三卷、《詩本音》十卷、《易音》三卷、《唐韻正》二十卷、《古音表》二卷。

　　顧炎武序云："炎武潛心有年，既得《廣韻》之書，乃始發寤於中，而旁通其説，於是據唐人以正宋人之失，據古經以正沈氏唐人之失，而三代以上之音，部分秩如，至賾而不可亂。乃列古今音之變，而究其所以不同，爲《音論》三卷；考正三代以上之音，注三百五篇爲《詩本音》十卷；注易爲《易音》三卷，辨沈氏分部之誤，而一一以古音定之，爲《唐韻正》二十卷；綜古音爲十部，爲《古音表》二卷。自是而六經之文乃可讀，其他諸子之書，離合有之而不甚遠也。"

　　後序有云："此書自創始至於卒業二十年，所過山川亭障，無日不以自隨，凡五易稿，而手書者三，亦已勤矣。然而久客荒壤，於古人之書多所未見，日西方莫，遂以付之梓人。"

　　此書爲張弨所刻，又後序云："張君弨與其二子葉增、葉箕，若二君者，亦儒林之罕覯者也，其工費則取諸鬻産之值而秋毫不借於人，又區區之素志也。"姓氏後刻"旌德周希亨、瑾刻"。是書又有清林春祺福田書海銅活字印本，十三卷，計《音論》三卷、《詩本音》十卷，中國國家圖書館、上海圖書館等七館入藏。

　　《四庫全書總目》將五書分開著録，入經部小學類。《中國古籍善本書目》著録清康熙六年張弨符山堂刻本，天津圖書館、安徽省圖書館等二十九館也有入藏。

0369　清康熙刻本諧聲品字箋　　T5175/2322

　　《諧聲品字箋》不分卷，清虞德升撰。清康熙十二年(1673)刻二十三年(1684)印本。三十二册。半頁八行十二字，小字雙行二十四字，四周單邊，白口，無魚尾。無欄綫，眉間刻注音，版心下刻"乙"。框高20.4釐米，寬13.7釐米。題"錢塘虞咸熙興宗氏草創；男德（下闕字）、孫（下闕字）"。前有康熙十五年(1676)黄機序，康熙十六年(1677)孫在豐序，康熙二十六年(1687)裘充美序，康熙九年(1670)陸宗淵序；虞嗣集撰《凡例》十二則；康熙十六年虞德升撰《諧品應詰》；仲秉撰《讀諧聲品字箋》；《全書總訣》(目録)。

　　虞德升，字聞子。浙江錢塘人。生年未詳，卒於康熙十六年。生平行蹟待考。

　　是編取六書諧聲之義，品列字數，統攝字、韻之學，合而爲一。如孫在豐序曰："吾鄉沈休文以韻學傳世，海内翕然宗之，莫不奉爲彀率；而宣城梅君《字彙》一書，綜核義類，至詳且賅，學者尚焉。二書合而葉韻以知聲，數畫以求字，一展卷而瞭如指掌，幾幾乎金科玉律矣。夫休文之考訂韻學也，辨清濁於毫芒，審去留於喉吻，其高下疾徐之節，皆一出於天籟之自然，而不可易者，但其一音而分爲兩韻，一韻而合以衆音，初學狃於見聞，不能以遽曉。而梅君《字彙》，則又止詳字義，而於音節聲律之間略而不講。此錢塘虞君《諧聲品字箋》之所由作也。"

　　《全書總訣》題曰："諧聲五十七，分諧三十九。開九十六門，居千五百母。審音既逼真，於義復明剖。摘要二萬餘，字字皆師友。"蓋其法總五十七聲，分三十九字，合九十六音，共千六百母，而六萬有奇之字畢歸之，使學者可因聲以檢字。

　　其五十七聲依次爲：天聲第一：天諧、年諧；地聲第二：地諧、意諧；中聲第三：中諧、庸諧；和聲第四：和諧、呵諧；燦聲第五：燦諧、爛諧；發聲第六：發諧、達諧；新聲第七：新諧、綸諧；語聲第八：語諧、眇聲第九：眇諧；論聲第十：論諧、畯諧；堪聲第十一：堪諧、談諧；思聲第十二：思諧、時諧；齒聲第十三：齒諧；牙聲第十四：牙諧、丫諧；齶聲第十五：齶諧、藿諧；鼻聲第十六：鼻諧、息諧；叚聲第十七：叚諧、獻諧；敲聲第十八：敲諧、韶諧；推聲第十九：推諧、誰諧；太聲第二十：太諧、岱諧；素聲第二十一：素諧、附諧；會聲第二十二：會諧、誨諧；可聲第二十三：可諧；貌聲第二十四：貌諧、肖諧；矣聲第二十五：矣諧；偉聲第二十六：偉諧；也聲第二十七：也諧；羲聲第二十八：羲諧、微諧；皇聲第二十九：皇諧、綱諧；創聲第三十：創諧、仗諧；六聲第三十一：六諧、穀諧；罕聲第三十二：罕諧；而聲第三十三：而諧；頡聲第三十四：頡諧、頰諧；聖聲第三十五：聖諧、令諧；景聲第三十六：景諧；書聲第三十七：書諧、廚諧；講聲第三十八：講諧；解聲第三十九：解諧；引聲第四十：引諧；佐聲第四十一：佐諧、儒諧；話聲第四十二：話諧、靶諧；尤聲第四十三：尤諧、憂諧；賒聲第四十四：賒諧、佘諧；假聲第四十五：假諧；借聲第四十六：借諧、射諧；諧聲第四十七：諧諧、皆諧；聲聲第四十八：聲諧、靈諧；轉聲第四十九：轉諧；注聲第五十：注諧、序諧；夫聲第五十一：夫諧、孚諧；右聲第五十二：右諧、奏諧；總聲第五十三：總諧；共聲第五十四：共諧、衆諧；譜聲第五十五：譜諧；字聲第五十六：字諧、勢諧；藪聲第五十七：藪諧。

卷端書名下有小字"乙集"。每諧前各有字目。

裘充美序曰："吾鄉虞聞子先生，著爲《諧聲品字》之書，以爲啓口操觚之規範。音則協五土之中而歸於正，字則考千古之是而辨其訛；聲以少而統多，注由詳而返約；淺爲語言文字之筌蹄，深極性命理道之精蘊，洵得和氣於心而知天於學者也。"而《四庫》館臣則以爲："諧聲僅六書之一，不能綜括其全，故自來字書、韻書截然兩途。德升必强合而一之，其破碎支離，固亦宜矣。"

是書始由虞德升之父咸熙草創，復經德升考稽闡繹，閱數十年始成是箋，及康熙十二年，德升甥陸魯詹、昭明兩君出資付梓，而德升子嗣集（字爾成）則爲之補撰《凡例》。故有"其三世苦心，發千古藝林未啓之奧"之歎。唯此本刷印已時至康熙二十三年秋。其事由始末，具見虞嗣集撰《凡例》末題識、仲秉《讀諧聲品字箋》等。茲節錄其文於下。

題識曰："寒家書香，七世相承，先祖考最淹洽，而尤精書契源流之學。先君子嘗謂不肖曰：銀根杖朾，奉爾祖提耳之命居多。先子畢生稽古，遵所聞而闡繹焉，皆會歸六書之內，綜覆成書，藏之笥篋，不下十年所。歲在癸丑，中表昆陸魯詹、昭明，請授厥氏，竭蹶襄事。甫問世，丁巳冬，先子遂謝世。余復以饑驅，餬口四方，韞藏庋閣，又數年矣。今甲子秋，新安程伊在先生，深信是書爲有功於世，糾合同志，彙金貿側理，廣爲流傳。檢視梨棗，第見手澤如新，而墓草已經八宿。嗚呼，未逢紙貴，空餘身後之名，弗克負薪，時切紹庭之念。"

《讀諧聲品字箋》曰："箋本始於興宗先生，書未就，甫成一帙，復災於火。先生本其意而成之，仍題曰'興宗先生草創'，所以表父之志也，亦善則歸親意與。""先生令嗣爾成，博雅君子也。能獨任校讎之責，剔蠹正繆，再離寒暑無暇晷焉。""先生少喜遊，足跡幾徧天下。所至必載書以從，旁稽博考，蓋閱數十年，是箋始成。乃先生有賢甥陸魯詹、昭明兩君，獨深信是書爲有功於世，慨爲付梓，以廣其傳。陸君誠賢矣。"

避諱止康熙，"丘"、"弘"、"曆"不避。

《四庫全書總目》入經部小學類存目。《中國古籍善本書目》未著錄。北京大學圖書館也有收藏。

鈐印有"藏真"。

0370　清康熙刻本康熙甲子史館新刊古今通韻　T5128/2142

　　《康熙甲子史館新刊古今通韻》十二卷,清毛奇齡撰。清康熙二十三年(1684)史館刻本。六册。半頁十行二十字,小字雙行同,四周單邊,白口,無魚尾。框高19.8釐米,寬13.7釐米。題"翰林院檢討臣毛奇齡撰本"。前有龍紋"御覽"木記,康熙二十四年(1685)毛奇齡《進韻書疏》,康熙二十四年毛奇齡《進韻書表》;序首;王熙等序,金鋐序,李天馥序,徐乾學序,高士奇序;毛奇齡撰《緣起》;毛奇齡撰《論例》二十三則;《韻表》(分合表、通轉表、四聲表、兩界表);圖(七音圖、四門圖);《韻目》,《古韻目》。

　　毛奇齡,一名甡,字大可,號秋晴,一曰初晴,又以郡望稱西河。浙江蕭山人。康熙己未以廩監生召試博學鴻詞,授翰林院檢討,纂修明史。嘗以所輯《古今通韻》十二卷進,聖祖稱其淵洽。後以病乞歸,卒。博覽載籍,於學無所不窺,好議論,工詩、古文辭。撰述之富爲一時冠。所著文集、經解諸書凡數百卷,收入《四庫全書總目》者多達二十八種。事蹟具《清史稿》本傳、《清史列傳》卷六八《儒林傳》、《清儒學案》卷二五《西河學案》。

　　卷一一卷首題有小字三行:"舊時進呈稿原止十卷,後因卷帙多寡不均,另爲增減,析作十二卷,與舊稿微有不同。"

　　"御覽"龍紋木記書頁之後半頁,刻有篆文書寫之目録,依次爲"疏、表、序首、序、緣起、論例、韻表、圖、韻目、古韻目、卷一、二、三、四、五、六、七、八、九、十、十一、十二"。

　　毛氏撰《緣起》曰:"有宋迄今七八百年間,文人學士其以辭賦名家者,皆不免有沿誤。則律韻亂於劉淵,古韻亂於吳棫,世皆貿貿焉而不察也。方今啓闢文教,詔丞相、御史、諸卿大夫及内外郡國,舉天下有學之士試之,一如古制科用人遺法,親覽舉文,較嚴於禮部南省諸試。其中詩賦軼韻者,便爲摘發,較其輕重,以定等第。凡嫌韻、奸韻,研辨精析,雖帝歌爛漫,舜叶明康,亦豈有過? 乃未經頒輯,册書典韻,闕焉有待。因於修史之暇,退乘餘晷,據平時胸臆所記,審别揚扢,仍就宋代相傳《禮韻》參訂諸本,録其字之可準用者,嚴加刊定。即古音通轉,亦復逐韻考覆,編入各部,使辭賦家有所繩檢。雖其書成自簡陋,而踵事增華,不廢草昧。因敢飾陋就簡,與同館史官徐嘉炎、李澄中等,互相質難,僥幸無誤,然後勾本院學士恭呈,并於齊宿捧呈之頃,敘諸委折,以爲是書譔述所由始。庶後之君子,可覽觀焉。"

　　《四庫全書總目》稱:"是書爲排斥顧炎武《音學五書》而作。創爲五部、三聲、兩界兩合之説。""蓋其病在不以古音求古音,而執今韻部分以求古音。又不知古人之音亦隨世變,而一概比而合之。故徵引愈博,異同愈出,不得不多設條例以該之,迨至條例彌多,矛盾彌甚,遂不得不遁辭自解,而叶之一説生矣。皆逞博好勝之念,率率以至於是也。然其援據浩博,頗有足資考證者。存備一家之説,亦無不可,故已黜而終存焉。"

　　扉頁刻"古今通韻。康熙甲子史館新刊。本衙藏板,翻刻必究"。鈐"昭代同書"大方印、"奉旨留覽敕知禮部"龍紋圓印。

　　《四庫全書總目》入經部小學類。《中國古籍善本書目(徵求意見稿)》收録,作清康熙二十四年學者堂刻本,中國人民大學圖書館、北京師範大學圖書館等十七館收藏。又中國國家圖書館藏本著録爲康熙二十四年刻本,《中國科學院圖書館藏中文古籍善本書目》著録爲康熙刻本,臺灣大學圖書館、臺北"中央研究院"史語所傅斯年圖書館著録爲康熙二十四年史館刊本,日本內閣文庫、京都大學人文科學研究所著錄爲康熙二十三年刻本，美國國會圖書館作清初刊本，東京大學圖書館作清康熙刻本。

鈐印有"孔廣根印"。

館藏複本一部，六册。框高19.6釐米，寬13.7釐米。無"御覽"木記。扉頁刻"古今通韻。西河毛先生撰。學者堂藏板。史館定本"，原鈐"學者堂珍藏"大方印、奎星圓印。藏書印有"鵜飼家藏之記"、"子子孫孫寶用"。

0371　清康熙刻本古今韻略　　　　　　　　　T5128/1274

《古今韻略》五卷，清邵長蘅撰。清康熙三十五年(1696)宋犖刻本。五册。半頁九行十四字，小字雙行二十八字，四周單邊，黑口，單魚尾。框高19.7釐米，寬13.9釐米。卷端題"商丘宋牧仲先生閱定；毗陵邵長蘅子湘篆；商丘宋至山言校"。前有康熙三十五年宋犖序；目錄；邵長蘅撰《例言》。後有卷尾。

邵長蘅，一名衡，字子湘，號青門山人。江蘇武進人。少稱神童，十歲爲諸生。長工詩古文。性坦易。著述又有《青門簏稿》、《青門旅稿》、《青門賸稿》、《邵氏家錄》，并編集王士禎、宋犖《二家詩鈔》。

卷一《上平聲》，卷二《下平聲》，卷三《上聲》，卷四《去聲》，卷五《入聲》。

《例言》中，"論今韻"六則、"論古韻"七則、"評宋元韻書"七則。

卷尾"附删字"卷端首行題"删正舊韻字如左"，下小字原注"收注中加圈字不在删數"。

是書大旨概見宋犖序。《西陂類稿》不載此序，兹悉錄其文。序曰："予自束髮，喜稱詩，顧未究心韻學。年來數與子湘上下其議論，予始而疑，中而信，既乃舍然以喜。子湘之言曰：'今韻宗梁沈約氏，夫人而言之，而約所譔《四聲》一卷久已亡。繼之者隋陸法言氏，而法言所譔《四聲切韻》亦亡。嗣是有唐孫愐氏，而愐所譔《唐韻》五卷今亦亡。今宋元韻之存者，略可指數。《廣韻》宋祥符間所修也，《集韻》宋景祐間奉敕修也。《禮部韻略》，宋時列之官學者也；毛晃氏，仍《禮韻》而增益之者也；平水劉淵氏，仍《禮韻》而通併其部分者也；元黃公紹氏作《韻會》，仍劉韻而廣其箋注者也。三家者，遞有增字，字寖以多。《禮部韻》初裁九千五百九十字，至《韻會》乃有一萬二千六百字矣，然尚不足當《集韻》四之一。最後有陰氏兄弟著《韻府》，乃大加刊削，僅存八千八百廿字，又不專主劉韻，頗多遺漏。顧明初至今用之學者，或尊之爲沈韻，或指之爲平水韻，皆是書也。今韻非沈韻不待言，校劉韻少三千字，則今韻之非劉韻較然易辨。而世儒罕見劉氏元本，乃承譌襲舛，三百餘年相習而不察，可怪也！'其論古韻曰：'今韻僅供律用，而古韻之用頗廣，不專在詩。邇來博雅之士，漸知講求古韻，顧義各齟齬。或主陳第古無叶音之說者，引陸德明語，以爲古人韻緩，不煩改字，於是夜當讀户，行當讀杭。推其說，使人鉤釽析亂而難從。創爲五部、三聲、兩界之說者，每韻三聲通押，而又通及所通之三聲，音義汎濫。循其說，使人滉漾而後靡所畔岸。某愚，亡似亡能，特立一家之說，第以謂叶音當主吳棫才老氏。蓋紫陽朱氏常取之以釋毛詩釋騷矣，今四子經書訓詁悉宗朱氏，朱氏宗之，吾從而詆排之慎也。通轉則不盡主吳氏。平韻如真、文、元、寒、删、先之六韻通轉，仄韻如質、物、月、曷、黠、屑之六韻之類，考之杜、韓詩而合，則舍吳氏而宗杜、韓。杜、韓曰可通，後之人曰不可通，愚也！'蓋子湘學有原本，其持論能篤信古人如此。予聞而韙之，乃悉發所藏舊版韻書凡若干家，俾祖業焉。子湘謬以予爲知言，發凡起例，必折衷於予。庚三年，書成，名曰《古今韻略》，謁予敘。予觀是書援據精確,增刊不苟,注釋簡而核,典而不蕪,蔚乎韻學之集成已。顧謙言之曰'略'何? 居原子湘之意,亦以今本沿用已久,不欲變更以駴耳目。故今韻仍陰氏之舊,第刪正其訛,復六十餘字,增收七百八十餘字,以存毛、劉諸家之大凡。古韻依才老韻補,省其復字,而僅益以楊氏古音,及今增三百四十餘字,若曰是略焉云爾。子湘續學著書,負海內名久。予每論當代古文家,輒爲子湘首詘一指。是書乃其碎金,而其衣被後學之功,正復不淺。予故具述作者之大指,敘其篇端,爲鋟版以行。或曰:世俗少見多怪,橐駝馬腫,是書出,將無驛駭其增改沈韻者? 予笑曰:庸有之,今夫蜀之日、粵之雪,吠者怪耳,日與雪怪乎哉? 子湘姓邵氏,名長蘅,江南之武進人。著有《青門簏稿》、《旅稿》、《賸稿》若干卷行於世。康熙丙子皋月商丘宋犖敘。"

周中孚《鄭堂讀書記》謂此書"堪稱韻書之善本"。

扉頁刻"古今韻略。毗陵邵子湘纂。宋漫堂先生閱定"。

《四庫全書總目》、《續修四庫全書總目提要(稿本)》均未收。《中國古籍善本書目》著錄中國國家圖書館、上海圖書館、杭州市圖書館藏此刻之名家批校本。中國科學院圖書館、北京師範大學圖書館、中國人民大學圖書館(封面鐫"振藻堂藏板")、四川大學圖書館、青海省民族學院圖書館、臺灣大學圖書館、臺北"中央研究院"史語所傅斯年圖書館,以及日本東京大學圖書館、京都大學人文科學研究所、美國普林斯頓大學葛思德東方圖書館也有收藏。此書又有日本文化二年據宋犖刻本翻刻本。

0372 清康熙刻本類音 T5128/3659

《類音》八卷,清潘耒撰。清康熙潘氏遂初堂刻本。四冊。半頁十一行二十二字,左右雙邊,白口,單魚尾。版心下有刻工。框高20.7釐米,寬14.5釐米。目錄頁題"吳江潘耒撰本"。前有目錄。

潘耒,字次耕,號稼堂,晚號止止居士。江蘇吳江人。康熙十七年以布衣舉博學鴻詞科,除翰林院檢討,與修明史,進充日講官知起居注兼纂修世祖實錄。工詩文,擅長史學,旁及小學、曆法、算數、宗乘、道藏諸學。嘗師事顧炎武,稟承其教,其史學則自少得諸兄樨章,賦學則未所自得也。著述又有《遂初堂集》。傳見《清史稿》。

卷一《音論》(聲音元本論上下、南北音論、古今音論、全分音論、反切音論),卷二《圖說》(五十母圖說、四呼圖說、二十四類圖說、一百四十七韻說、平聲轉入圖說、等韻辨淆圖說),卷三《切音》(平聲二十四類、上聲二十四類、去聲二十四類、入聲十類),卷四至五《韻譜》(平聲二十四類),卷六《韻譜》(上聲二十四類),卷七《韻譜》(去聲二十四類),卷八《韻譜》(入聲十類)。

《四庫全書總目》曰:"耒受業於顧炎武,炎武韻學欲復古人之遺,耒之韻學則務窮後世之變。""其法蓋因等韻之法,而又推求以己意,於古不必合,於今不必可施用,亦獨成一家之言而已。李光地《榕村語錄》曰:'潘次耕若肯將其師所著《音學五書》撮總纂訂,令其精當,豈不大快。却自出意見,欲駕亭林之上,反成破綻,以自己土音,影響意揣,便欲武斷從來相傳之緒言,豈可乎?'是亦此書之定評也。"

寫刻甚精。刻工姓名有吳志、九如、君直、天祥、仁九、天一、之山、順甫、坤生、中山、亮臣。"玄"、"鉉"、"眩"闕筆,避諱止於康熙。

扉頁刻"類音。潘稼堂太史著。遂初堂藏板"。潘氏遂初堂嘗刻印顧炎武《亭林遺著十種》與《日知錄》、徐枋《居易堂集》、潘檉章《松陵文獻》及自著《遂初堂集》。

《四庫全書總目》入經部小學類存目。《中國古籍善本書目》著録,中國國家圖書館、上海圖書館等十六館均有收藏。臺灣大學圖書館、臺灣師範大學圖書館作康熙五十一年刻本。《北京圖書館古籍善本書目》著録雍正遂初堂刻本。

鈐印有"古瀛洲施氏杏雨樓珍藏"、"穀士"。

0373　清康熙刻本重訂馬氏等音　　　　　　　　　T5127/4514

《重訂馬氏等音内集》一卷《外集》一卷,舊題槃什馬氏撰,清梅建重訂。清康熙四十七年(1708)梅建刻本。二册。半頁九行二十字,左右雙邊,白口,單魚尾。框高21.1釐米,寬14.1釐米。題"習安梅建啖熊氏較正"。前有康熙四十七年(1708)梅建啖熊氏序;目録。

此書撰者舊題"槃什馬氏",據梅建序云:"余乃取《馬氏等音内外集》而刪之增之且刊之","原集語義欠斟酌,而書'槃什馬氏'著,果著自馬氏歟,在余則創見,因仍名之曰《馬氏等音》"。"槃什馬氏"無考。重訂者梅建,字啖熊。貴州普定人。康熙辛酉年以舉人知高平縣,性廉介,精於吏治,發奸摘伏不少爽。建宗程書院,集雋異其中,時時授以文義。又立義學,俾寒人子胥得誦《詩》、《書》。後解組去,高平人建祠祀之。《(雍正)山西通志》卷九六《名宦》、《(乾隆)貴州通志》卷三〇《人物》有傳。又《四庫全書總目》稱"此本爲康熙戊子宣城梅建所刊",顯誤。梅建序自署"習安",習安州元時屬雲南普定路,明正統三年始改屬貴州。"宣城"之説,或館臣妄植明梅膺祚之籍貫也。

梅建序述其重訂緣起及此書省約易學之特點,曰:"字學自有等韻以來,凡經書子史,莫不載有反切,上字定位,下字定音,按位索音,當無差謬。得魚忘筌,得兔忘蹄,前此等韻亦可置之不道,而余乃取《馬氏等音内外集》,而刪之增之且刻之,何哉?蓋有等韻而後有反切,若第知反切而不知等韻,口一誤呼,譌其位即譌其音,縱或偶中,而茫無所據,心何以安?得非逐流失源耶!夫學貴有本,吾儕所可自信者無他,事事求其心之所安而已。我是以由此刪、增、刊之役。按等韻出自佛書,繼此者無慮數十家,由四十二母約爲三十六母,類皆法繁旨秘,非留心數閲月弗能曉。宣城誕生公又約爲三十二母,可謂簡而明矣。然亦必於四十四目中每一目三十二字縱橫讀之,學者亦憚其難。《馬氏等音》更約爲二十一母,所必讀者三章,一韻首,一轉全聲,一即此二十一母也。合計之,三章所宜熟識者,僅三十五字耳。學者會其意第須片時,了於口則不出一二日,易莫易於此矣。"

《内集》目録:必讀三章(縱讀韻首章、衡讀字母章、轉全聲章、附五聲指掌圖)、五聲切字法、切舊訣(附二十一母指掌圖)、宫音五聲十三韻圖、商音五聲十三韻圖、角音五聲十三韻圖、徵音五聲十三韻圖、羽音五聲十三韻圖、傳響射字法(附讀法、射法、傳書法)。

《外集》目録:敘略九條、提綱十二則、五聲説、廿一字母説(附圖歌六則)、舊等韻新等音新收舊管開除實在説(附圖數六則)、統五音廿一字母圖、十三韻説(附圖解六則)、辨古無入聲之誤説。

《四庫全書總目》評曰:"其書自立新意,併三十六母,爲見、溪、疑、端、透、泥、邦、滂、明、精、清、心、照、穿、審、曉、影、非、微、來、日二十一母,而緯以光、官、公、裩、□、垂、□、規、戈、國、孤、骨、瓜十三韻。以舊譜四聲爲未備,增爲五聲,曰平上去入全。又謂舊譜有無入之韻,皆爲錯誤,立借入之法以通之。其刪併字母,即蘭廷秀《韻署易通》括以早梅詩之説也。其四聲外增一全聲,即周德清《中原音韻》陰平陽平之説也。其借用入聲,即葉秉敬《韻表》之説也。其末附

《傳響射字法》矜爲神妙者,即宋趙與時《賓退錄》擊鼓射字法也。而實皆未見諸書。檢所引證,不過據《洪武正韻》及《字彙》、《韻法》橫直二圖,私心揣測,以成是編。其中惟平分陰陽稍合古法,米芾《畫史》嘗明此義,而晉李登《聲類》以宮商角徵羽各爲一篇,當即其源。然以全聲列入聲後,如通桶痛突同、灘坦炭忒壇,則究非先發後歛之序。總之一知半解,自生妄見而已。"

梅氏自序曰:"此集乃我大姪孫□字叶鳴者,得自霑益州明經張虞功之手,而錄以寄我者,九姪楷司直、十姪栻世範、二姪孫琮蒼右也,佐我考訂者,則四姪杰人長、五姪標人表、門人明德符。並書之不忘所自,且不獨居其名云。康熙戊子清明前三日習安梅建啖熊氏題於古長平署中。"按,高平縣本戰國趙長平地,則是本確系習安梅建於康熙四十七年知高平縣任上所刊。

《四庫全書總目》入經部小學類存目。《中國古籍善本書目》著錄康熙四十七年思補堂刻本,北京大學圖書館、上海圖書館有藏。今《四庫全書存目叢書》即據北大藏本影印。又臺灣師範大學圖書館也有收藏。

是本襯紙全用某詩集印紙。鈐印有"吳興姚氏遂雅堂鑑藏書畫圖籍之印"、"姚氏藏書"。

0374 清乾隆刻本萬言肆雅

T5161/7781B

《萬言肆雅》一卷,清屈曾發撰。清乾隆三十七年(1772)刻本。一册。半頁十行十六字,四周雙邊,白口,單魚尾。框高18.6釐米,寬14.1釐米。題"臣屈曾發次韻"。前有乾隆三十七年錢大昕序;乾隆三十六年(1771)屈曾發《進萬言肆雅表》;屈曾發撰《例言》七則。後有乾隆三十七年屈曾發跋語。

屈曾發,字省園。江蘇常熟人。乾隆戊午科舉人,候選知縣。夙攻訓詁,尤喜文字之學。

此蒙學識字之書,仿周興嗣《千字文》例,取習用之字一萬,體兼古今篆隸,以四言歌行編排,文辭雅馴,每詞之下注以音訓,因名《萬言肆雅》。若其開篇之詞曰:"天地祝生,渾沌未判。"小字注曰:"祝,古始字。按邵子以自有天地,至窮盡爲一元,一元有十二會,一會萬八千年,子會生天,丑會生地,寅會生人。《鶡冠子》'兩儀未分,其氣渾沌',注:元氣未判,猶言囫圇也。音忽淪。"

跋語自述編著原委,曰:"曾閑居多暇,泛覽書林,見夫操觚之家,登登莫辨,胄冑不分,字學荒蕪,教無其術。因括經史子集習見之字,旁採古今籒隸重文之體,著《萬言肆雅》一篇。文成一萬,字無復體。非敢謂鋪張洪休,揚厲偉績,亦庶幾辨別點畫,識認偏旁。束髮之子,童而習之,既可免伏獵弄麞之嗤笑,亦得窺鴻猷駿烈之端倪。則是編也,附於《凡將》、《急就》之篇也可,比於康衢、華封之謠也可。"按,乾隆三十六年春二月,弘曆東巡泰岱,迎鑾諸臣,多獻詩賦,而屈氏獨以是書恭進,得備乙覽,一時以爲榮遇。卷前載屈曾發進《萬言肆雅》表,有"遂殫廿載壁魚之力,以成《萬言肆雅》之辭"云,乃知是書始編於乾隆之初。

據《例言》云:《康熙字典》所載共四萬一百六十九字,其習用者實在得一萬四千餘字。今除篇中編取萬字外,附見因注者三千七百四十二字,所遺者不及十分之一;凡習用之字,各體具載,注中仍分別注明;字見四子書及照邊旁讀者,音注概從省略,餘則詳注,俱用直音,間用反切;字注"某從某"者,體雖各殊,本屬一字,注"某通某"者,本屬兩字,兼或通用;字有點畫稍殊、音義迥別者,注中間辨一二,以醒耳目;注中引用諸書,一以標來歷,示非杜撰,一以釋字義,俾讀者易曉,間有斷章取義者,因限卷帙,概從摘錄。

錢大昕序曰:"常熟屈君省園,精於小學,仿周興嗣之體,撰《萬言肆雅》一篇,凡一萬言,無重複者。歌頌聖德，詞必雅馴；具訓童蒙，體兼通俗。昔史游《急就》之篇，文便於誦習；王褒講德之論，義主於鋪張。屈君茲編，殆兼而有之矣。""予從閭谷前輩所得其副本讀之，既嘉屈君用心之勤，更欲讀其書者，因是而究篆隸行楷流變之原，審形聲以通詁訓。斯不特干祿之資，抑亦復古之漸也乎！"

《續修四庫全書總目提要（稿本）》曰："綜括全書，乃有二弊，即以《例言》所云論之：一，例云'字有古文籀文、本體俗體之不同，凡習用之字，篇中各體具載，注中仍分別注明，若僻字則未備收，附見音注，加圍以標之'。按重文形體之變，《字典》所收，多著出處，以便考證，此則泯去其蹟，有失形體嬗變之真，此其一也。二，例云'字見四子書及照邊旁讀者，音注概從省略，餘則詳注，俱用直音，間有無可直音者，則用反切'。按反切之法，乃濟直音之窮，直音之弊，正坐一無同音之字則其法窮，說見陳澧《切韻考通論》。況反切之法行之已久，而此獨用直音，無乃昧於音史之變，此其二也。矧《康熙字典》一書，所收本屬蕪雜，王引之奉敕斠訂時已譏其非，而省園乃竟取此，毋亦陋歟！"

扉頁刻"萬言肆雅。乾隆壬辰新鐫，豫簪堂藏版"。

是本楷書寫刻。跋語末行刊"近文齋穆大展刻"一行。又《進表》末行刻小字"江蘇常熟縣戊午科舉人候選知縣臣屈曾發恭進"一行。

《四庫全書總目》未收。《續修四庫全書總目提要（稿本）》入經部小學類訓詁目，著錄同治九年重刻本。《中國古籍善本書目》未收錄。《北京圖書館普通古籍總目》第十卷"文字學門"蒙求類著錄此本，《北京大學圖書館藏古籍善本書目》子部類書類亦有收錄。

鈐印有"存誠堂藏書印"、"吳興鄭宜輅章"、"愛古香主人"、"項水南陽郡韓氏偉虞子印記"。

0375　清乾隆刻本佩文詩韻提綱　T5134/2116

《佩文詩韻提綱》二卷《新編佩文詩韻提綱四聲譜廣注》二卷，清倪璐撰。清乾隆四十三年(1778)克復堂刻本。四冊。《佩文詩韻提綱》，半頁十行二十四字，四周雙邊，白口，單魚尾，框高19.1釐米，寬12.6釐米，題"漢皋玉華倪璐輯注；序東倪璈參訂"。《新編佩文詩韻提綱四聲譜廣注》，半頁十行二十字，四周雙邊，白口，單魚尾，框高18.5釐米，寬12.7釐米，題"漢皋玉華倪璐輯著；序東倪璈較字"。前有乾隆四十三年蘇鶴成序，乾隆四十三年倪璐自序；《凡例》五則；《詣遽王子或問》；《佩文詩韻四聲》目次；《佩文詩韻提綱》卷首（即目錄）。

倪璐，字玉華，漢皋人。潛心等韻之學，別著《詩韻歌訣初步》、《風俗通韻》等。生平行蹟不詳。

是書例仿王士瑗《韻府提綱》而稍有變更，以便初學識字知韻。自序曰："讀書必先識字，識字必由等韻。余曩者遵司馬溫公《指掌圖》程式，以集《詩韻歌訣初步》，以及《四聲譜廣注》，以為字韻兼該，可無不識之字，亦無不曉之韻矣。數年來，亦自頗蒙共賞，但猶有不知捧讀而不曉查閱者。余夙夜思維，別尋津渡，率不可得。去年冬天，偶獲詣遽王先生所著《韻府提綱》一策，閱竟不覺欣然，曰：此真可酬我夙願也。醇庵李先生為《韻府提綱》序曰：辨晰詳核，考據明確，且分門以字典例，檢閱尤易，濟世便方，莫此書為最善也。誠然哉！夫王子之書，謹依《佩文韻府》各字之下標以韻目，俾人知入某韻。以為知入某韻將必識其為某字，是為嫻習聲律、明反切者爾也。初學之士，於等韻一書未經師傳口授，不曉反切，縱使知入某韻，難必識其為某字也。余亦依《佩文韻府》各字之下標以韻目，韻目之左，著以字母，為前所集二藝之提綱。凡遇一字,一舉手得矣。余不敢自謂妥便,殆亦稍有益於初學也云爾。乾隆四十三年歲次戊戌仲秋穀旦書於克復堂。"

《佩文詩韻提綱》卷上一畫至四畫,卷下五畫至十二畫。卷前各有目録。《新編佩文詩韻提綱四聲譜廣注》卷上一東至十五删,卷下一先至十五咸。

《凡例》略云:是編效仿《韻府提綱》,亦按《字彙》以偏旁畫數取字;是編檢出字樣或以《詩韻歌訣初步》,或以《四聲譜廣注》,按目尋母,一掀即得;是編非謂不曉反切者依此則可矣,如專務此以查閲爲主,猶不免爲强記之功,非爲己有,須於讀書作文之暇,先將東、先、蕭、肴、豪五韻依次讀熟,口吻之間,自然順利,不旬日則餘韻皆可能讀矣;韻既讀熟,讀出之字,須知歸母,將三十六字一一咀嚼,細細體貼;讀古書有切無音之字,亦同是編取法,凡遇切脚,先將上字查出,知是何母,再將下字查出,知入某韻云云。

《詣遽王子或問》系以答問形式對《凡例》作補充説明。如設問曰:"是編編輯之初,切音務詳,注釋必備,今皆從删,止及韻首,何也?"又問曰:"是編仿《字彙》例矣,而《字彙》分部二百有餘,此則删去三之一,其删去部中字,則或列之卷首,或附載他部,得無亂人意乎?"

又蘇鶴成序曰:"洎我朝聖廟時纂定《字典》、《佩文韻府》兩書,遠紹往統,昭示來兹,建中和之極,集古今音義聲韻之大成。由是名臣碩士則有安溪李文貞公《訂韻》,吾邑司寇王公《音韻闡微》,長洲邵子長蘅《韻略》,西河毛公奇齡《通韻》,要皆恪遵《字典》、《佩文》,由繹成書,或簡而該,或詳而確,亦如孔門高第,學焉而各得其性之所近者。雖總不及《字典》、《佩文》損益唐宋韻之盡美盡善,率皆各成一家,羽翼《字典》、《佩文》,示初學者以津梁之助。阜城倪子玉華,著有《佩文詩韻歌訣初步》、《佩文四聲譜廣注》三集,皆發明李、王、邵、毛四家緒論,以啓窮鄉僻壤之腹笥淺隘者。初學得之,如開榛莽。今又選《詩韻提綱》質之於余,余覽之畢,真可作摘埴索途者之彼相也。爰從臾之,亟付諸梓。"

扉頁刻"佩文詩韻提綱。中水語年蘇老先生鑒定。克復堂梓行,乾隆戊戌仲秋新鐫"。

此書坊所刻讀本,刻印不精,校字尤疏。

《四庫全書總目》、《續修四庫全書總目提要(稿本)》、《中國古籍善本書目》均未收,但《續修總目》有倪璐著《詩韻歌訣初步》五卷、《風俗通韻》不分卷;《善本書目》著録乾隆二十五年克復堂刻本《詩韻歌訣初步》。

0376　清乾隆刻本詩韻瑶林

T5134/2126

《詩韻瑶林》八卷,清程伊園撰。清乾隆五十二年(1787)刻本。四册。半頁八行十二字,小字雙行二十四字,左右雙邊,白口,單魚尾。無欄綫。框高 15.5 釐米,寬 11.4 釐米。前有汪鋼序;《凡例》六則;目録。後有伊園居士跋。

撰者字號籍里、生平行蹟不詳。據汪鋼序稱"吾友程君伊園",則姓程無疑;然據撰者跋自署"伊園居士",則伊園當是其號。又汪序云伊園"既成進士後,益肆力於古,其於古音及等韻之學,源流洞徹",是知其亦乾隆時一進士也。

是書猶《佩文韻府》之簡編。伊園居士跋自述撰輯刊印緣起,曰:"韻學之傳,由來久矣。惟《佩文韻府》集韻學之大成,博采兼收,實臻美備。第卷帙繁富,寒儒力難購藏,舟車艱於攜帶。坊間向有《含英》一刻,操觚家便之,然細加校勘,收字既多罣漏,隸事亦復舛訛,未免貽誤初學。年來家居多暇,取韻藻中便用者手録之,得字三十餘萬,分爲八卷,重加釐正,置諸案頭,自備省覽,即以課諸子侄,非欲特持以問世也。適友人見之,謂宜公諸同好,子侄輩亦苦於繕寫,並請付梓。因思是編之輯,本屬胥抄,但以視《含英》擇之較精,取之較詳耳,又何庸吝惜焉!遂取群玉之意,名曰《瑶琳》,授之剞劂,或於雕蟲祭獺不無小補。若夫尋源溯本,以攬《佩文韻府》之大全,則是編也,亦祇崑山片玉也夫!乾隆丁未春三月伊園居士自識。"

卷一至二《上平聲》,卷三至四《下平聲》,卷五《上聲》,卷六至七《去聲》,卷八《入聲》。

《凡例》六則,處處與坊本《含英》比較,以示其書特點,茲節錄之:一、韻書既有定本,字數未便遺漏。《含英》於尤、沃等韻常用之字亦多失落,茲集敬遵《佩文韻府》全録,細加校勘,並無遺漏。一、《含英》遇有一字數見者,不審字義異同,概注詳見某韻,以省卷帙,其中訛誤頗多。茲集仍照《韻府》各字注明字義,分收韻藻,以免貽誤。一、韻有字體相似、字音相同者,必加考核,庶免蒙混,《含英》中訛錯,悉依《韻府》訂正。一、茲集所采注釋,悉本《韻府》,較《含英》已增一倍,而采擇更加詳審焉。一、《含英》所收韻藻,大概具本《韻府》,而他集典故偶亦增入,茲集間有他采,《含英》中遇有雅馴者,亦並附收,特爲標出,未敢掠美。

扉頁刻"詩韻瑶林。乾隆丁未春鎸。尋樂齋藏版"。楷書寫刻甚精,較一般坊刻韻書,有若霄壤。

《四庫全書總目》、《續修四庫全書總目提要(稿本)》均未收。《中國古籍善本書目》未著録。各館藏目亦鮮見收録。

鈐印有"博覽詩籍禪道等書"。

0377 清乾隆刻本問奇一覽   T5117/4451

《問奇一覽》二卷,清李書雲輯。清乾隆刻本。二册。半頁九行二十字,小字雙行同,左右雙邊,白口,單魚尾。框高19.2釐米,寬12.2釐米。題"廣陵李書雲輯;吳門朱素臣較"。前有乾隆三十一年(1766)汪燾序;目録。

李書雲,字秘園,江蘇揚州人。事蹟志傳無載。唯清吳偉業《梅村集》卷一二有《送李書雲、蔡閶培典試西川詩》,曰:"柳陌征衫錦帶鉤,詔書西去馬卿游。棧縈秦嶺千盤細,水落巴江萬里流。兵火才人羈旅合,山川奇字亂離搜。莫愁沃野猶難問,取得揚雄勝益州。"又清吳綺《林蕙堂全集》卷二五載《桂枝香·飲李書雲黃門齋中觀劇》詞,曰:"重歸丁鶴,正雪霽蓬壺。臘舒梅萼,人向西園對酒。酒酣歌作,山香初試花奴舞。更催齊、念奴絃索,玉簫吹鳳。瑶箏排雁,串珠搖落。""羨顧曲,周郎如昨,料記拍紅紅。應自非錯,響徹涼州。一夜飛雲停閣,英雄兒女俱陳跡。算人生惟須行樂,此時耳熱。烏烏擊缶。古今誰若。"

明有張位《問奇集》、郭良翰《問奇類林》,皆考論諸字形聲訓詁之書。"奇"者,奇字也。是編類同,故亦以"問奇"名其書。卷上分毫字辨、同音異用、誤讀諸字、異音駢字、誤寫諸字、通用諸字;卷下一字二音、一字三音、一字四音、一字五音、一字六音、一字七音、一字八音、一字十音、附切韻捷法、各方鄉音。

汪燾序曰:"《問奇一覽》暨《音韻須知》,總爲書若干卷,廣陵李秘園先生所輯,皆有神小學之書也。""先生之爲是書,其論偏旁,則本於豫章張氏,若新都楊氏,而益以經史之奧僻駢字,及轉音通用,而詁訓亦隨字並見。其講音韻,則本於高安周氏,分陰陽,區清濁,而所謂切韻捷法者,則本於檇李陳氏,而實出於宋之劉須溪。經以字母三十六,而緯以四聲,即《元音統韻》中之經緯韻、雙聲疊韻,不煩思索而即得,便之尤便者也。夫是二書,苞括偏旁,辨析翻切,兼綜詁訓,卷帙簡而易尋,考訂審而可據,庶幾紹述前人,洵足有補學者,不可以耳目之近而忽之也。惟是行世既久,不無漫漶缺佚。余既爲之修整,而復識以此者,以見先生當日著撰之崖略云。"按,此本無《音韻須知》。又汪序自言"修整"重印此書,唯不能僅憑序言確定版本,故此本刊年仍以諱字爲斷。

《續修四庫全書總目提要(稿本)》曰:"觀其所輯,蓋全本張明成《問奇集》,而略有改略,故曰'一覽'也。如'分毫字辨'、'誤讀諸字'、'一字數音'、'各地鄉音',兩書同綱,其餘亦大體相似。"

扉頁刻"問奇一覽。祕園元本。孝經堂藏板"。

《續修四庫全書總目提要(稿本)》入經部小學類,但與《音韻須知》併錄。《中國古籍善本書目》未著錄。《中國科學院圖書館藏中文古籍善本書目》著錄乾隆刻本,但作三卷,未知確如其實否。《北京大學圖書館藏古籍善本書目》亦二書併錄,作清乾隆二十九年李書雲刻乾隆三十一年汪濤重刻本。按,作汪燾重刻,或從汪序"余既爲之修整"一語而來,但不解作"乾隆二十九年李書雲刻"何耶?《續修四庫全書總目提要(稿本)》著錄此書版本有康熙間刊本,《北京圖書館普通古籍總目》第十卷"文字學門"亦著錄有康熙間刻本,爲何李書雲自刻本反而晚至乾隆二十九年?且汪序有云"惟是行世既久,不無漫漶缺佚",乾隆二十九年至三十一年僅隔二年,焉能稱"行世既久"哉?故其著錄殊難置信。又,中國國家圖書館另藏有乾隆間聞見齋校刻本。

鈐印有"張肇芳"、"九如"。

0378　清乾隆刻本韻歧　　　T5128/3161

《韻歧》五卷,清江昱輯。清乾隆湘東署齋刻本。二册。半頁九行小字雙行二十二字,左右雙邊,綫黑口,單魚尾。框高17.1釐米,寬13.3釐米。題"廣陵江昱賓谷綴輯"。前有乾隆二十五年(1760)吳鴻序,乾隆二十六年(1761)盧見曾序,"岣嶁年愚弟曠敏本"序,乾隆二十六年吳世賢序,"乾隆商橫執徐小至常寧段永孝"序,江昱自序;目錄。後有乾隆二十五年江恂跋。

江昱,字賓谷,號松泉。江蘇江都人。貢生。平生喜爲韻語。著述又有《尚書私學》、《松泉詩集》、《瀟湘聽雨錄》等,皆入《四庫總目》。

卷一《平聲上》,卷二《平聲下》,卷三《上聲》,卷四《去聲》,卷五《入聲》。

《四庫全書總目》曰:"是編於官韻之中,擇其一字數音者,各分別字義異同,蓋亦宋人押韻釋疑之類。"

寫刻甚精。每卷卷尾刻"男德堅、德堪、姪德量同校"。

扉頁刻"韻歧。廣陵江賓谷綴輯。湘東署齋刻"。

《四庫全書總目》入經部小學類存目,但作四卷。《中國古籍善本書目》未著錄。北京大學圖書館存乾隆刻本殘一卷(卷一)。中國科學院圖書館藏乾隆刻本。北京師範大學圖書館藏乾隆二十五年刻本,又光緒七年覆刻乾隆本。

鈐印有"積學齋徐乃昌藏書"、"南陵徐乃昌校勘經籍記"、"式古訓齋藏書"。

0379　清咸豐刻本華英通語　　　T5196/1442

《華英通語》一卷,清子卿編著,清子芳重訂。清咸豐十年(1860)刻本。二册。正文字行橫排。四周雙邊,白口,單魚尾。框高15.4釐米,寬11.3釐米。前有咸豐十年養拙山人序;目錄;《凡例》五則;《字種》(英文字母表)。

子卿、子芳,生平事蹟不詳。或非真名,概粵人通英語而司譯者也。

此書原未署編著者姓名。據養拙山人序曰:"余友子芳,自少肄業於英人書塾,至今歷年久矣。凡英國言語文字,靡不留心考究,及披閱前輩所刻《華英通語》一書,別類分門,亦已有條不紊。然類中所刻,不無遺漏之處,貿易家每惜其有所未備,而且唐音不正,故特勷此逐類參訂,將日用應酬事款,間有未備者,補其闕略,無關世務者,稍爲刪除,訂正語音。庶幾覽是書者,風韻雖別以華英,而應答無虞其齟齬,未始非習語者方便之門也,是爲序。咸豐庚申清明節後養拙山人謹志。"知此編由名子芳者,據"前輩所刻《華英通語》"而"重訂",第序不詳"前輩"姓名。及檢館藏日本萬延元年刻本《增訂華英通語》,有譯者福澤子圍序曰:"庚申之春,余從某君航海至桑方西斯港,適得清人子卿所著《華英通語》一篇於在港清商。仲夏歸國之後,乃欲上梓,以公諸同志焉。""但其所譯皆用其國文字,故學者自非諳支那音者,則縱令解其義,弗能識其音也,況賈豎牙儈之輩乎!此乃余所以甘淺陋而譯之也。"福澤子圍,即福澤諭吉也。又該本刊載咸豐乙卯何芝庭舊序曰:"吾友子卿,從學於英人書塾者,歷有年所,凡英邦文字,久深切究。恒慮華言英語,不異北轍南轅。爰將日用應酬事款,別類分門,既成一帙,名曰《華英通語》,以公同好。"乃知《華英通語》之書,初由清人名子卿者編著,時在咸豐五年(1855)。又日譯增訂本載"原書凡例"與庚申重訂本《凡例》,二者無一差異。可知子芳重訂所據之"前輩所刻《華英通語》",亦即咸豐乙卯子卿所編之書。

是書爲我國早期漢英詞典,主要收錄中英民間通商交流所需之常用語詞文句,分類編排。凡四十一類,依次爲:數目、時節、天文、地理、房屋、器用、首飾、房物、寫字房什物、工器、職份、人倫、百工、國寶、五金、玉石、茶葉、紬緞布疋、藥材、通商、疾病、身體、刑法、顏色、瓜菜、果子、草木、食物、炮製、飛禽、走獸、魚蝦、酒名、各埠、船隻、單字、二字、三字、四字、長句、單式。

《凡例》五則:"一,凡所傳之英語,因我漢書或無此音,故間有未能畢肖者,然有英字之可考,亦不難於所悟。蓋神而明之,存乎其人耳。一,凡漢字內有小字,務於牙舌唇齒喉五音辨別清楚,方與英語相肖,不然,是差之毫釐,而謬之千里矣。一,凡漢字內有兒字者,須以華人正音調之。一,凡相問之語,必用此了字煞尾。一,凡用漢字注脚內有小字相相連,須要急口合讀之,此一定不易之法也,學者其究心焉。"

所列詞條皆以漢字作詞頭,行下爲英文,再下爲漢字注音。其注音之漢字多用"唐音"。如"字種"(英文字母表)中"J"注音"這","O"注音"阿","數目類"中"七"注音"些呍"等,皆粵語音讀。所採文句亦多粵地口語。如"三字類"(即三個漢字構成之句):"俾我過"/"Let me pass"/"咧 味 怕士";"話我知"/"Tell me"/"爹兒 味";"長句類":"鴉片唔系甚有價"/"Opium does not sell very well now"/"坷卑奄 打時嘢 些兒 威兀 威兒 嘢";"我唔出得咁多咯"/"I can't give so much"/"埃 奸特 劫父 酥 乜辭"。

扉頁刻"華英通語。咸豐庚申重訂。西營盤恒茂藏板"。按,"西營盤",香港地名。

《續修四庫全書總目提要(稿本)》未收,各家公私藏目亦罕見著錄。按,是本刊印不精,距今未久,謂之善本,恐猶不及。第其書性質特殊,堪爲近代中英辭書出版史文獻之補。且書中所列詞條語句,又頗能透析當時中英通商貿易之信息,如交易之物品、價格,及其交接往來之方式等。此等民間實用讀本,向爲收藏家鼻嗤,留存既少,傳世自鮮,故此收入書志,以爲相關研究者提供綫索。

0380　清同治刻本英語集全　T5196/0614

《英語集全》六卷,清唐廷樞編。清同治元年(1862)廣東刻本。六冊。半頁六行二十字,四周雙邊,白口,單魚尾。版心下刻"緯經堂板",眉間有小注。框高19.9釐米,寬13.7釐米。題"羊城唐廷樞景星甫著;兄植茂枝、弟庚應星參校;陳怒逸溪、廖冠芳若谿仝訂"。前有同治元年張玉堂序,同治元年吳湘序,唐廷樞自序;《讀法》;《切字論》;《字母》;目錄。

唐廷樞,字景星。廣東南海人。生於清道光十二年,卒於光緒十八年。少時就讀於香港馬禮遜教會學堂,精熟英語。及長,就職港英政府、海關翻譯、怡和洋行總買辦。同光間,應李鴻章邀出任輪船招商局總辦,復主持河北唐山開平礦務局,是近代洋務派重要人物。

此書亦近世早期中英雙語音釋詞語會話彙編類讀本,英文譯名爲"ENGLISH WORDS CORDLECTED COMPLETE",或"THE CHINESE AND ENGLISH INSTRUCTOR"。其編著緣起具見唐序:"余幼時偶與二三友人到澳門一遊。及抵澳,見番人樓臺廟宇,宏壯可觀,其炮臺船隻堅固,卻與内地不同。心疑之,欲究其人從何而來,所能何事。但想言不通字不達,欲究無從,莫若先學其文字,便可彼此言語相通。即決意請西洋國博學者,受之師。後兩月,一長者問余所學,告以故。長者曰:何不學英語乎?英國比諸西洋國尤勝,其藝尤巧,其人在我國貿易尤多。余曰然。遂就學數年,頗得其緒,深究之,略能通曉音義。惟此洋務中人多來問字,余見煩擾,因輯此書,以作閉門避煩之計,將及半,因見此書未能濟世,輒棄之。旋游閩江浙諸省,到洋務所在,來問字者尤多,因覷諸友不通英語,吃虧者有之,受人欺瞞者有之,或因不曉英語受人凌辱者有之,故復將此書較正,惟其不足以濟世,不過爲洋務中人稍爲方便耳。此書系照本國書式分別,以便查覽,與別英語書不同,且不但華人可能學英語,即英人、美人,亦可學華語也。緣美國即花旗國,與英國本屬同宗,其分國以來,歷及百載,兩國字話均屬相同。書中所書番字,不但英美兩國,即歐羅巴所屬各國,如法蘭西國、俄羅斯國、普羅斯國、阿士地裡亞國、查文尼國、意大利國、西班牙國、西洋國、荷蘭國、黄旗國,均係同音同字,獨其字瓣安排不同,故其解法亦不同也。外國人到我國貿易,最大莫如英美兩國,而別國人到來,亦無一不曉英語,是與外國人交易,總以英語通行。粵東通商,百有餘載,中國人與外國交易者,莫如廣東最多,是以此書系照廣東省城字音較準,以便兩相通用。"

是書所收詞句,多切華通商貿易日常之用,各卷詳目如下。卷一天文、地理、時令、帝治、人體、宮室、音樂、武備;卷二舟楫、馬車、器用(一、二、三)、工作、服飾、食物、花木;卷三生物百體、玉石、五金(内附外國銀錢伸中國銀兩圖式)、通商稅則(一、二、三)、雜貨、各色煙、漆器牙器絲貿、疋頭;卷四數目、顔色、一字門、尺寸、斤兩、茶價、官訟、句語(短句)、句語(長句);卷五人事(一字句至四字句);卷六疋頭問答(零碎)、疋頭問答(成單)、賣茶問答、賣肉問答、賣雞鴨問答、賣雜貨問答、租船問答、早辰問答、早膳、問大餐、小食、大餐、晚餐、僱人問答、晚間囑咐、買辦問答、看銀問答、管倉問答、出店問答、探友問答、百病、醫藥。

此書按我國舊籍版式編排刻印,竪行分列詞條,并有中英雙語音釋。即在中文詞語和相應之英文詞語下,并用中文標注英文讀音,英文標注中文讀音。如卷六"租船問答"類中"裝人去花旗金山"一句,竪行刻字,下爲此句英譯讀音之中文標注,"都 騎黎 啤臣啫 都 加利科尼",其右行横排用英文標注此句(粵語)讀音,"Chong yan hii fa ki kam shan",行下横排此句之英文,"To carry passengers to California"。又如卷三"通商稅則"類中"孔雀毛"詞條,竪行下中文標注英文讀音"卑角士 啡打",再下爲中文價格"每百張肆錢",右行橫排英文標注中文讀音"Kung tseuh mo"、英文詞語"Peacocks Feathers"、英文價格"To. 4,0 per 100"。雙語對譯,其旨正在"不但華人可能學英語,即英人美人亦可學華語也"。

是編采録語詞文句大多涉及中外貿易之相關知識。如卷四"茶價"類篇首先簡述兩國貨幣兌換及計價方式之差異:"查外國商人來中國貿易,最大莫如絲茶兩種,惟系中國均以本國秤交和,照本國平碼收銀,而該貨到外國,則以磅秤沽之,所收系屬紅毛銀。在外國商人,未有不曉其茶每百勉價銀若干兩,即合外國每磅紅毛銀幾何。惟系華商,雖知外國每磅沽出紅毛銀若干,亦多有未曉計合中國每百勉該若干兩。甚至有華商附寄茶葉到外國售賣,雖有外國行情單觀覽,亦無從推算其數,誠爲可惜!再中國買賣雖以銀兩爲準,而外國貿易則以紅毛銀爲率,但系銀水上落不一,而載貨船銀高低不同,所以難於一一核計。今按中平船銀水,略舉一二而言之,諸君便能自己推算矣。"又曰:"查外國買賣銀水,時價不同,有時每員洋錢只買得匯票銀四個司連,有時買到五個司連之多。但以常價計之,均在四個半司連九個邊尼左右。兹將買賣茶價按照每員四個半司連之價開列於左,茶葉每百勉價銀拾兩,即系英國每磅邊尼柒個壹伍陸云。"書中諸如此類者甚多,皆近代中西民間通商貿易之難得史料。

卷首《讀法》一篇,是對"以漢文音英文"之規則和標號的說明。如"將該句之徬畫一直綫,其應相連處便相連,其應分斷處即分斷。俾讀者易於審辨,宜相連讀者則相連讀之,宜分斷讀者則分斷讀之,音自正矣。《切字論》一篇,因論中外音切異同,規定"一漢字音外國字,多有其音而無其字,不得不擇其最相近音之字,徬加一口,並將各字編列一定切法,俾觀者易於晰覽"。又卷一卷首有《切音撮要》一篇。

據張玉堂序曰:此書"凡閲三年而脱稿,標題曰《華英音釋》,今將付剞劂,抱卷質余"云云,則其書初名《華英音釋》。

扉頁刻"英語集全。同治元年六月。羅惇策題"。并英語扉頁。

又西文扉頁橫排:"英語集全/YING ü TSAP T'SüN/or/THE CHINESE AND ENGLISH INSTRUCTOR/by/T'ONG TING-Kü/CANTON/1862"。

又 PREFACE: This book, entitled the Ying ü t'sün(English words collected complete), is compiled in six volumes, and is bound in the octavo shape. It is arranged in the Chinese style under different heads, but in most instances they come in the alphabetical order. It is written by the author, a native of Canton province, in the Canton dialect, chiefly to suit the Canton people who have transactions, or are connected, with foreigners. The words are first given in Chinese; then the pronunciation of such words, written in English; then the meaning of those words in the English language: and lastly, the pronunciation of the English words written in Chinese, so that the book is not only useful for Chinese to learn English. But at the same time it will enable foreigners to learn Chinese. As the words are arranged under different headings, references can easily be made. The book also contains a copy of the Tariff, and many other useful tables, such as times and seasons, weights and measures, &e. Canton, 21 April, 1862

《續修四庫全書總目提要(稿本)》未收。各家藏目亦鮮見録。按,是書之出較《華英通語》更爲晚近,然所載近代中外經貿通商之信息,亦較《華英通語》更爲豐富,故一并收録志之。